797,885 Books
are available to read at

Forgotten Books

www.ForgottenBooks.com

Forgotten Books' App
Available for mobile, tablet & eReader

ISBN 978-0-282-10677-5
PIBN 10598350

This book is a reproduction of an important historical work. Forgotten Books uses state-of-the-art technology to digitally reconstruct the work, preserving the original format whilst repairing imperfections present in the aged copy. In rare cases, an imperfection in the original, such as a blemish or missing page, may be replicated in our edition. We do, however, repair the vast majority of imperfections successfully; any imperfections that remain are intentionally left to preserve the state of such historical works.

Forgotten Books is a registered trademark of FB &c Ltd.
Copyright © 2017 FB &c Ltd.
FB &c Ltd, Dalton House, 60 Windsor Avenue, London, SW19 2RR.
Company number 08720141. Registered in England and Wales.

For support please visit www.forgottenbooks.com

1 MONTH OF FREE READING

at
www.ForgottenBooks.com

By purchasing this book you are eligible for one month membership to ForgottenBooks.com, giving you unlimited access to our entire collection of over 700,000 titles via our web site and mobile apps.

To claim your free month visit:
www.forgottenbooks.com/free598350

* Offer is valid for 45 days from date of purchase. Terms and conditions apply.

English
Français
Deutsche
Italiano
Español
Português

www.forgottenbooks.com

Mythology Photography **Fiction**
Fishing Christianity **Art** Cooking
Essays Buddhism Freemasonry
Medicine **Biology** Music **Ancient Egypt** Evolution Carpentry Physics
Dance Geology **Mathematics** Fitness
Shakespeare **Folklore** Yoga Marketing
Confidence Immortality Biographies
Poetry **Psychology** Witchcraft
Electronics Chemistry History **Law**
Accounting **Philosophy** Anthropology
Alchemy Drama Quantum Mechanics
Atheism Sexual Health **Ancient History**
Entrepreneurship Languages Sport
Paleontology Needlework Islam
Metaphysics Investment Archaeology
Parenting Statistics Criminology
Motivational

Leitfaden

für das Preußische

Jäger- und Förster-Examen.

Ein Lehrbuch für den Unterricht

der

Forstlehrlinge auf den Revieren, der gelernten Jäger bei den Bataillonen und zum Selbstunterricht der Forstaufseher.

Von

G. Westermeier,

Königlich Preußischer Forstmeister zu Köpenick und Docent der Forstwissenschaften an der Königl. Landwirthschaftlichen Hochschule zu Berlin.

Mit 140 Holzschnitten, einer Spurentafel, 3 Bestimmungstabellen und 7 Beilagen.

Achte vermehrte und verbesserte Auflage.

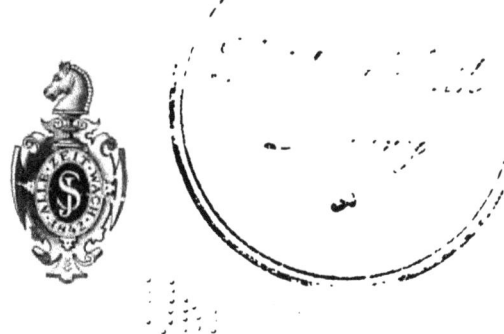

Berlin.
Verlag von Julius Springer.
1895.

Alle Rechte, insbesondere das der Uebersetzung in fremde Sprachen, vorbehalten.

Druck von Th. Hofmann in Gera.

Vorwort zur achten Auflage.

> Motto: Ein Lehrbuch soll uns die Nutzanwendung und Uebertragung der Lehren in die Praxis, mithin nur absolut zuverlässige und bewiesene Thatsachen und Gesetze bringen; alles Zweifelhafte und Spekulative muß entweder ganz fernbleiben oder doch als Solches kenntlich gemacht werden.

Die vorliegende achte Auflage ist einer gründlichen Durchsicht unterworfen und sind viele wünschenswerthe Verbesserungen vorgenommen worden, namentlich in den Fachwissenschaften. Trotz Streichungen an anderen Stellen ließ es sich leider nicht vermeiden, daß das Buch etwas angewachsen ist. Die Nummern der Paragraphen habe ich wie in den früheren Auflagen unverändert gelassen. Der besseren Orientirung wegen sind die Seiten mit Inhaltsüberschriften versehen worden. Die Literatur ist bis April 1895 berücksichtigt. Ich hoffe, daß es mir gelungen ist, das Lehrbuch auf den heutigen Standpunkt unserer Wissenschaft und Wirtschaft zu bringen — ohne dem Motto, das mein Leitstern bei allen Neubearbeitungen des Buches gewesen ist und dem ich diesmal einen Platz eingeräumt habe, untreu geworden zu sein.

Den zahlreichen Gönnern und Freunden des Buches, die so freundlich waren, mir Anerkennung zu zollen, spreche ich meinen verbindlichsten Dank aus.

Koepenick, den 27. Juni 1895.

Westermeier.

Verzeichniß der benutzten Werke.

Die mit einem Stern versehenen Werke werden zu eingehenderem Studium besonders empfohlen.

1. Raumlehre.

*Baeber: Lehrbuch der Physik. 7. Auflage.
*Baeber: Lehrbuch der Chemie. 7. Auflage.

2. Naturgeschichte.

*Altum: Forstzoologie. 2. Auflage.
Leunis: Analytischer Leitfaden. 10. Auflage.
Nördlinger: Die deutsche Forstbotanik.
Seubert: Grundriß der Botanik.
*Prantl: Lehrbuch der Botanik für Lehranstalten. 8. Auflage.
Westermeier: Systematische Bestimmungstabellen.

3. Mathematik und Meßkunde.

*v. Hallerstein: Lehrbuch der Mathematik.
Baur: Niedere Geodäsie.
*Grothe: Forstliche Rechenaufgaben. 4. Auflage.

4. Standortslehre.

*Grebe: Gebirgskunde, Bodenkunde und Klimalehre. 4. Auflage.
G. Heyer: Bodenkunde und Klimatologie.

5. Waldbau.

*Carl Heyer: Waldbau (4. Auflage von Hesse).
*Burkhardt: Säen und Pflanzen nach forstlicher Praxis. 5. Auflage.
Cotta: Waldbau. 9. Auflage.
Rey: Waldbau.
*v. Fischbach: Lehrbuch der Forstwissenschaft. 4. Auflage.
*Pfeil: Die deutsche Holzzucht.
Gayer: Waldbau. 2. Auflage.
Grunert: Forstlehre. 4. Auflage.
Ebermayer: Lehren der Forstwissenschaft. 3. Auflage.
Gustav Heyer: Verhalten der Waldbäume gegen Licht und Schatten.
*W. Weise: Leitfaden für den Waldbau. 2. Auflage.

6. Forstschutz.

Grebe: Der Waldschutz und die Waldpflege. 3. Auflage.
Ratzeburg: Die Waldverderber und ihre Feinde. 7. Auflage von Judeich.
*Heß: Forstschutz. 2. Auflage.
Berger: Forst- und Jagdschutz in Deutschland, bes. Preußen.
*Oehlschläger und Bernhardt: Die preußischen Forst- und Jagd-Gesetze mit Erläuterungen. 4. Auflage.
Kohli: Sammlung der preußischen Forst- und Jagd-Gesetze. 2. Auflage.
Kunze: Die preußischen Jagdpolizeigesetze.

7. Forstbenutzung.

*Gayer: Forstbenutzung. 8. Auflage.
Stötzer: Waldwegebau. 2. Auflage.

8. Verwaltungskunde, Verwaltung, Kassenwesen rc.

*Radtke: Handbuch für d. Preuß. Förster. Golub. W./Pr. 1895. 2. Aufl.

9. Jagdlehre.

*G. L. Hartig: Lehrbuch für Jäger. 10. Auflage.
*Regener: Jagdmethoden und Fanggeheimnisse. 6. Aufl. von v. Schlebrügge.
*Diezel: Erfahrungen aus der Niederjagd. 8. Auflage.
v. Nolde: Jagd und Pflege des europäischen Wildes.

Inhalts-Verzeichniß.

Vorbereitender Theil.
Einleitung.

	§§
Begriff von Wald und Forst	1
Bedeutung der Wälder	2
Begriff von Forstwissenschaft und Forstwirthschaft	3
Eintheilung der Forstwissenschaften	4
Allgemeine Eintheilung der Naturkörper	5

I. Grundwissenschaften.
A. Naturgeschichte.
Allgemeines.

Bedeutung der Naturgeschichte	6
Organische und unorganische Körper, Charakteristik der drei Naturreiche	7
Systeme der Naturwissenschaften	8

a. Forstzoologie.

Eintheilung des ganzen Thierreichs	9

Säugethiere.

Allgemeines	10
Handflatterer (Fledermäuse)	11
Raubthiere (Marder, Otter, Fuchs, Wildkatze)	12
Nagethiere (Hase, Mäuse, Wühlmäuse, Biber 2c.)	13
Zweihufer (Hohlhörner, Hirsche)	14
Vielhufer (Wildschweine)	15

Vögel.

Allgemeines über Vögel	16
Raubvögel (Eulen, Falken)	17
Singvögel (Schwalben, Drosseln 2c.)	18
Schreivögel (Eisvögel, Wiedehopf 2c.)	19

	§§
Klettervögel (Kukuk, Spechte)	20
Tauben	21
Hühnervögel (Fasan-, Auer-, Birk-, Feldhuhn)	22
Laufvögel (Trappe)	23
Watvögel (Wasserhühner, Schnepfen, Regenpfeifer ꝛc.)	24
Schwimmvögel (Enten, Gänse, Schwäne)	25
Die übrigen Klassen der Wirbelthiere	26

Insekten.

Allgemeines	28
Nacktflügler (Pflanzenwespe und Schneumonen ꝛc.)	29
Käfer, Allgemeines	30
Marienkäfer ꝛc.	31
Bockkäfer, Borkenkäfer, Rüsselkäfer, Maikäfer, Sandkäfer, Laufkäfer ꝛc.	32—35
Schmetterlinge, Allgemeines	36
Die Kleinschmetterlinge (Motten, Wickler)	37—38
Spanner (Frostspanner, Kiefernspanner ꝛc.)	39
Eulen (Saateule, Kieferneule)	40
Spinner (Kiefernspinner, Nonne, Goldafter ꝛc.)	41
Holzbohrer (Weidenbohrer, Blausieb, Kiefernschwärmer)	42
Fliegen und Netzflügler (Libellen, Florfliegen)	43
Grabflügler (Heuschrecken, Grillen)	44
Halbflügler (Blattläuse)	45
Uebergangsbemerkungen zum Pflanzenreich	46

b. Forstbotanik.
Allgemeiner Theil.

Begriff und Eintheilung	47
Die Ernährungsorgane	48
Die Wurzeln	49
Die Blätter	50
Der Stamm (Jahresringbildung; Markstrahlen, Rinde)	51
Die Fortpflanzungsorgane (männliche und weibliche und Zwitterblüthe)	52
Die verschiedenen Blüthenformen (Kätzchen, Dolde ꝛc.)	53
Wurzelbrut und Stockausschlag	54
Pflanzensystem von Linné	55
Entstehung und Wachsthum der Holzpflanzen	56

Specieller Theil.
A. Laubhölzer.

Botanische Uebersichtstafel der Waldbäume und Waldsträucher	57

B. Forstunkräuter.

Bodenanzeigende Unkräuter	58

C. Mathematik.

§§

Einleitung (Größe, benannte und unbenannte Zahl) 60

a. Zahlenlehre und Arithmethik.

Allgemeine Begriffe 61
Die vier Species der gemeinen Brüche 62
Rechnen mit Decimalbrüchen 63
Einfache Regeldetri 64
Zusammengesetzte Regeldetri 65
Zinsrechnung 66

b. Größenlehre und Geometrie.

Erklärung, Maaße und Gewichte 67
Vermessung von Flächen (Winkel) 68
Die Dreiecke 69
Die Vielecke 70
Vermessungen mit Instrumenten 71
Abstecken von Linien im Felde 72
Messung von geraden Linien 73
Messung von krummen Linien 74
Vermessung eines Grundstücks 75
Theilen der Figuren 76
Nivelliren 77
Höhenmessen 78
Vermessung von Körpern 79
Berechnung prismatischer Körper 80
Berechnung von kegelförmigen Körpern (Bäumen, Beständen) . . 81
Fragebogen zu den Grundwissenschaften.

Praktischer Theil.

II. Fachwissenschaften.

A. Standortslehre.

Einleitung und Definition 82

I. Die Lehre vom Boden.

Entstehung der Erde 83
Die krystallinischen Schiefergesteine 84
Die aufgeschwemmten Gebirge 85
Die Durchbruchsgebirge 86
Der Sand 87
Thon, Mergel (Lette), Lehm 88
Der Kalk 89

§§

Eisenverbindungen im Boden (Raseneisenstein, Ortstein)	90
Die auflöslichen Salze	91
Die Bodenmengungen	92
Humusboden	93
Die physikalischen Eigenschaften des Bodens	94
Bodenmächtigkeit (Nahrungsschicht, Untergrund)	95
Bodenfeuchtigkeit und Bodenwärme	96
Bodenbindigkeit	97
Bodenneigung	98
Steiniger Boden	99
Beurtheilung des Bodens	100
Untersuchung des Bodens selbst und Bodenbestimmungstabelle	101
Beurtheilung nach der Bodenflora	102

II. Die Lehre vom Klima.

Definition	103
Die atmosphärische Luft	104
Bedingungen des Witterungswechsels	105
Luftwärme (Dürre, Frost, Auffrieren, Frostrisse)	106
Luftfeuchtigkeit (Nebel, Regen, Thau, Reif, Schnee ꝛc.)	107
Barometer, Thermometer, Blitz, Höfe um Sonne und Mond ꝛc.	108
Luftbewegung (Weltwinde und örtliche Winde, Sturm)	109
Die verschiedenen Klimas in Deutschland	110
Die Standortsgüte und Standortsklassen	111

Fragebogen zur Standortslehre.

B. Waldbau.
Einleitung.

Einleitung und Definition	112
Die verschiedenen Betriebsarten	113
Umtriebszeit	114
Wahl der Umtriebszeit, Periodeneintheilung	115
Wahl der Holzarten	116
Wahl der Betriebsarten	117

Gründung der Bestände.
Hochwald.
Natürliche Verjüngung.

Wesen und Zweck der natürlichen Verjüngung	118

a. Natürliche Verjüngung durch Schlagstellung.

Zweck der natürlichen Verjüngung	119
Vorbereitungshieb	120
Besamungsschlag	121

	§§
Auszeichnung der Schläge	122
Die Nachhiebe	123

b. Natürliche Verjüngung durch Ausschlag.

Niederwaldwirthschaft	124
Kopfholzbetrieb	125
Schneidelholzbetrieb	126

c. Künstliche Verjüngung.

Saat oder Pflanzung?	127

Holzsaat.

Beschaffung des Samens	128
Aufbewahren des Samens	129
Prüfung des Samens	130

Das Säen.

Allgemeines (Saatzeit)	131
Saatmethoden	132
Samenmengen	133
Bodenbearbeitung (Allgemeines)	134
Lockerung des Bodens	135
Bodenbearbeitung zu Vollsaaten	136
Bodenbearbeitung zu Streifensaaten	137
Ausstreuen des Samens	138
Unterbringen des Samens	139
Schutzmaßregeln bei Aussaat zarter Holzarten	140
Schutz der Saaten	141

Holzpflanzung.

Allgemeines	142
Benutzung schon vorhandener Pflanzen, Transport und Verpackung	143
Erziehung von Pflanzen	144
Anlage von Wandersaatkämpen	145
Pflanzkämpe	146
Anlage von ständigen Kämpen (Forstgärten)	147
Verschulen von Laubholzpflanzen	148
Beschneiden der Pflanzen	149
Pflege des Kampes	150
Verschulen von Nadelholzpflanzen	151

Pflanzung im Freien.

Verschiedene Arten der Pflanzung	152
Vorzüge von Verbandspflanzungen	153
Wahl des Verbandes	154
Regellose Pflanzung	155
Herstellung des Pflanzverbandes	156
Berechnung der Pflanzenmengen	157

	§§
Pflanzzeit	158
Anfertigung der Pflanzlöcher	159
Einsetzen der Pflanzen	160
Schutz der Pflanzen	161
Pflanzen von Senkern und Stecklingen	162
Schlußbemerkung über die Pflanzung	163

Mittelwaldbetrieb.

Allgemeines	164
Anlage und Betrieb von Mittelwäldern	165

Waldpflege.

Pflege der Bestände bis zur Haubarkeit	166
Der Läuterungshieb	167
Durchforstungen, Allgemeines	168
Die Durchforstung als Bestandspflege	169
Allgemeine Durchforstungsregeln	170
Entästungen	171
Bodenpflege	172

Flugsand und Ortsteinkulturen.

Dünenbau	173
Binden des Flugsandes im Binnenlande	174
Ortsteinkultur	175

Gemischte Bestände.

Fünf Regeln für die Mischung von Beständen	176
Wechsel der Holzarten	177

Charakteristisches unserer wichtigsten Waldbäume.

Die Eiche, Allgemeines	178
Eichenhochwald und Lichtungsbetrieb	179
Eichensaaten	180
Verschulung von Eichen	181
Eichenschälwald	182
Die Rothbuche, Allgemeines	183
Vorbereitungshieb	184
Samenschlag	185
Schlagnachbesserungen	186
Künstliche Pflanzenzucht von Buchen (Saatkamp 2c.)	187
Die Schwarzerle (Saatkamp, Kulturmethoden 2c.)	188
Die Weiden	189
Die Kiefer, Allgemeines	190
Kulturmethoden (Pflanzung einjähriger Kiefern 2c.)	191
Die Fichte, Allgemeines	192
Kulturmethoden der Fichte	193
Fragebogen zum Waldbau.	

C. Forstschutz.

Einleitung und Definition 194

I. Forstschutz gegen Beschädigungen der Natur.
A. Gegen die rohen Naturkräfte.

Sturm und Wind 195
Frostgefahr 196
Gefahr durch Schnee, Duft und Eis 197
Gefahr durch Hitze und Dürre 198
Gefahr durch Feuer 199
Gefahr durch Wasser 200
Gefahr durch Nässe und Versumpfung (Entwässerung) 201

B. Beschädigungen durch organische Wesen.
1. Aus dem Pflanzenreich.

Durch Unkraut und Graswuchs 202

2. Aus dem Thierreich.
a. Durch Säugethiere.

α. Durch Wild (Fütterung!) 203
β. Durch Mäuse 204

b. Durch Vögel.

Schädliche Vögel 205

c. Durch Insekten.

Allgemeines über Insektenschaden 206
Schutz und Vorbeugungsmaßregeln 207

Insektenfraß in Kiefern.

Der Kiefernspinner 208
Die Kieferneule 209
Der Kiefernspanner 210
Die kleine Kiefernblattwespe 211
Die große Kiefernblattwespe 212
Der Maikäfer 213
Der große Rüsselkäfer 214
Der kleine Rüsselkäfer 215
Der Kiefernmarkkäfer 216
Die Werre 218

Insektenfraß in Fichten.

Die Nonne 219
Der Fichtenborkenkäfer 220

Insekten auf Lärchen und Tannen.

Die Lärchenminirmotte und der Tannenborkenkäfer 221

Insektenfraß in Laubhölzern.

Allgemeines 222
Der Rothschwanz 223
Der Eichenprocessionsspinner 224
Der Schwammspinner 225
Der Winter- und Blattspanner 226
Der Eichenwickler 227
Die spanische Fliege und andere schädliche Insekten (auf Eschen, Birken, Rüstern, Pappeln ꝛc.) 228
Die nützlichen Thiere 229

II. Schaden durch Menschen.

Allgemeines 230

A. Uebergriffe der Berechtigten.

Art der Uebergriffe 231
Uebergriffe Holzberechtigter (bei der Abfuhr, der Raff- und Leseholzsammler, der Bauholz- ꝛc. Berechtigten) 232
Uebergriffe Weideberechtigter 233
Uebergriffe bei anderen Nebennutzungen 234

B. Uebergriffe der Unberechtigten.

Der Grenznachbaren 235
Diebstahl an Nebennutzungen 236
Diebstahl an Holz (Forstdiebstahlsgesetz) 237
Gesetze zum Schutze der Forstbeamten und die polizeilichen Befugnisse derselben 238
Fragebogen zum Forstschutz.

D. Forstbenutzung.

Einleitung und Definition 239

Die technischen Eigenschaften des Holzes.

Allgemeines 240
Trockenzustände des Holzes 241
Reif- und Splintholz 242
Widerstandsfähigkeit des Holzes 243
Tragkraft des Holzes 244
Festigkeit des Holzes 245
Härte des Holzes 246
Spaltbarkeit des Holzes 247
Biegsamkeit des Holzes (Elasticität, Zähigkeit) 248
Dauer des Holzes 249
Mittel zur Erhöhung der Dauerhaftigkeit 250
Schwinden, Quillen und Werfen des Holzes 251

§§
Brennkraft des Holzes 252
Fehler, Krankheiten und Schäden des Holzes 253

I. Hauptnutzung.
A. Gewinnung des Holzes.
a. Organisation der Holzhauer.
Annahme der Holzhauer 254
Instruktion und Disciplin derselben 255
Verlohnung 256

b. Werkzeuge der Holzhauer.
Zum Fällen und Aufarbeiten 257
Zum Roden 258

c. Die Holzfällung.
Fällungszeit oder Wadel 259
Anlegen der Holzhauer 260
Arten der Fällung 261
Sortiren des Holzes im Allgemeinen 262
Sortiren des Bau- und Nutzholzes, der Rinde, des Brennholzes 263
Aufmessen, Aufsetzen und Rücken der Hölzer 264
Nummeriren, Buchen und Abnahme 265

B. Abgabe des Holzes.
a. Verkauf und sonstige Abgabe. 662
b. Transport des Holzes.
Zu Lande 267
Bau und Erhaltung von Abfuhrwegen 268
Zu Wasser 269

C. Verwendung des Holzes.
a. Bauholz.
Hochbau 270
Erdbau (Röhrenholz, Eisenbahnschwellen, Grubenbau 2c.) 271
Wasserbau (Brückenbau, Wassermühlen, Uferbau 2c.) 272

b. Nutzholz.
Handwerkerholz (Stellmacher, Böttcher, Drechsler, Tischler 2c.) . . . 273
Acker- und Gartenbauholz 274
Holz zu technischen Zwecken (Schiffbau, zu Mühlen und Maschinen 2c.) . . 275
c. Brennholz. 276

II. Nebennutzung.
A. Vom Holze selbst.
Rinde zum Gerben 277
Harz 278
Raff- und Leseholz 279

Mast- und Baumfrüchte 280
Futterlaub 281

B. Nebenbenutzungen vom Waldboden.

Streu 282
Weide und Gras 283
Torf 284
Erdarten und Steine 285
Waldbeeren, Pilze ꝛc. 286

C. Forstliche Nebengewerbe.

Köhlerei 287
Theerschwelerei 288
Pech- und Kienrußhütten 289
Fragebogen zur Forstbenutzung.
Einrichtung der Staatsforsten (Organisation des Personals, Uniformirung,
　Eintheilung der Forsten ꝛc.) 290

Anhang.
Jagdlehre.

Einleitung 291
Welche Thiere sind jagdbar? Was heißt jagen? 292
Von den Jagdgewehren (Büchse, Büchsflinte, Flinte) . . 293
Munition und Laden 294
Von den Regeln beim Schießen (mit Büchse, mit Flinte) . 295
Von den Fangapparaten (Schwanenhals, Tellereisen, Schlagbaum, Dohnen) 296
Von den Fangmethoden und Witterungen 297
　1. Der Fuchsfang.
　2. Der Fang von Marder, Dachs, Iltis, Fischotter.
　Der Krammetsvogelfang (Dohnenstieg).
Von den Wildfährten und Spuren 298
Vom waidmännischen Tödten und Aufbrechen des Wildes . 299
Die Jagdkunstsprache 300
　1. Beim Rothwild.
　2. „ Damwild.
　3. „ Schwarzwild.
　4. „ Rehwild.
　5. „ Hasen.
　6. „ Fuchs.
　7. „ übrigen Raubzeug.
　8. „ Federwild.

XVI

	§§
Die verschiedenen Jagdmethoden	301

    1. Anstand.
    2. Der Pirschgang (das Pirschen, Waidewerken).
    3. Das stille Durchgehen.
    4. Die Treibjagd (Holz- und Feldtreiben).
    5. Die Suche.

	§§
Der Schutz der Jagd	302

Beilagen:

	Seite
I. Auszug aus dem Jagdpolizeigesetz	443
II. Das Jagdschongesetz	446
III. Das Waffengebrauchsgesetz	448
IV. Das Forstdiebstahlsgesetz (vom 15. April 1878)	449
V. Strafbestimmungen des neuen Feld- und Forstpolizeigesetzes	457
VI. Auszug aus dem Regulativ (vom 1. October 1893)	467
VII. Examenaufgaben	474

Alphabetisches Register.
Uebersichtstafel der wichtigsten Forstinsekten.
Spurentafel.

Druckfehler-Verzeichniß.

Seite 251: Zeile 6 von unten: lies Ballenpflanzen statt Ballensaaten.
Seite 264: Zeile 16 von oben: lies ältere Pflanzen statt ältere Ballen.

Vorbereitender Theil.

Einleitung.

§ 1.
Begriff von Wald und Forst.

Unter „Wald" ist jede größere mit wild wachsenden Holzpflanzen bestandene Fläche zu verstehen. Dagegen nennen wir gewöhnlich „Forst" einen fest abgegrenzten Wald, der nach bestimmten wirthschaftlichen Regeln begründet, eingerichtet, erhalten und genutzt wird. Gegensatz: Gehölz, Busch, Gebüsch, Park, Anlagen, Plantage ꝛc.

§ 2.
Bedeutung der Wälder.

Sie liegt in zwei Punkten begründet. Die Wälder liefern uns das zum täglichen Leben mit seinen unendlich vielen Bedürfnissen nothwendige Holz und werthvolle Nebenprodukte. Hierdurch werden sie unmittelbar nützlich.

Mittelbar werden die Wälder bedeutungsvoll dadurch, daß sie die Boden- und Luftfeuchtigkeit und damit die Quellen- und Regenmenge eines Landes erhalten; die Wälder beschützen den Boden vor den aushagernden Strahlen der Sonne und verhindern wieder das Entweichen der Bodenwärme durch ihre Beschirmung; sie schützen mithin den Boden vor Hitze und Kälte und gleichen den schädlichen plötzlichen Wechsel der Temperatur aus. Die Wälder setzen den Stürmen kräftigen Widerstand entgegen und beschützen eine Gegend vor dem verderblichen Einfluß zu warmer und zu rauher Winde; in den Gebirgen nützen sie auf den steilen Hängen dadurch, daß sie Abschwemmungen, Erdrutsche, Lavinenbildungen ꝛc. verhindern; in der Ebene binden sie die lockere Erde und verhindern die verderbliche Verbreitung von Flugsand. Die Bedeutung des Waldes liegt also hauptsächlich in der Holzerzeugung und in seinem wohlthätigen Einflusse auf Boden und Klima, in gleicher Weise ist er nützlich für die Gesundheit der Menschen.

Westermeier, Leitfaden. 8. Aufl.

§ 3.
Begriff von Forstwissenschaft und Forstwirthschaft.

Unter Forstwissenschaft ist der Inbegriff aller planmäßig geordneten Lehren zu verstehen, welche eine zweckentsprechende Bewirthschaftung und Verwerthung der Wälder zeigen.

Unter Forstwirthschaft ist die praktische Anwendung der Regeln der Forstwissenschaft auf den Wald und sämmtliche Forstgeschäfte zu verstehen.

§ 4.
Eintheilung der Forstwissenschaft.

Eine erschöpfende Eintheilung des großen Gebietes der gesammten Forstwissenschaft hier zu geben, würde zu weit führen und dem Zwecke des Buches, das hauptsächlich für die praktisch thätigen Förster berechnet ist, nicht entsprechen. Es folgt deshalb eine solche Eintheilung, wie sie für die Behandlung dieses Buches maßgebend sein soll und wie sie dem wissenschaftlichen und praktischen Standpunkte von Förstern anzupassen sein dürfte.

Die Forstwissenschaften bestehen theils in Erfahrungssätzen über die zweckmäßigste Bewirthschaftung der Forsten, theils in Wissenschaften, welche gewissermaßen die Grundlage jener Erfahrungssätze bilden. Letztere setzen sich aus den Naturwissenschaften und der Mathematik zusammen und werden „Grundwissenschaften" im Gegensatz zu ersteren, den „Fachwissenschaften", genannt, welche in einer geordneten Zusammenstellung aller der Lehren bestehen, welche die Bewirthschaftung der Forsten unmittelbar angehen. Dazu kommen noch die sogenannten „Nebenwissenschaften", welche die Staats- und Rechtswissenschaften in Bezug auf die Forsten, die forstliche Baukunde — namentlich den Waldwegebau —, das Kassen- und Rechnungswesen, die Jagd und Fischerei begreifen.

Unserem Zwecke gemäß greifen wir aus den gesammten Forstwissenschaften nur folgende für den Förster wichtigen Zweige heraus und theilen danach dieselben ein in:

I. Grundwissenschaften.

A. **Naturgeschichte.**   B. **Mathematik.**
a. Forstzoologie. b. Forstbotanik.   a. Zahlenlehre. b. Größenlehre.

II. Fachwissenschaften.

A. Standortslehre.   C. Forstschutz.
B. Waldbau.   D. Forstbenutzung.

III. Anhang.

Jagdlehre.

Die für uns wichtigen Theile der Naturlehre (Chemie und Physik) werden in den betreffenden Kapiteln der Fachwissenschaften, soweit dies nöthig erscheint, kurz erklärt werden. Die allgemeine Zoologie und Botanik finden ihre Berücksichtigung in der Forstzoologie und Forstbotanik, die Mineralogie ist in die Standortslehre eingeflochten. Die Forst- und Jagdpolizeilehre, soweit sie für den Schutz des Waldes und seiner Produkte wie der Jagd zu wissen nothwendig, findet sich in der Lehre vom Forstschutz und von der Jagd, sowie hinten in den Beilagen, welche die wichtigsten gesetzlichen Bestimmungen im Auszuge mit einigen das Verständniß erleichternden Erläuterungen enthalten. Die Holz- und Landmeßkunst, den Wegebau, sowie das Wichtigste aus der Abschätzung behandelt die Mathematik resp. die Forstbenutzung, welche mit dem Forstschutz zusammen auch die wichtigsten Gebiete aus dem Geschäftskreise der Förster berühren. Um die Auswahl in der einschläglichen Literatur zu erleichtern, ist ein Verzeichniß von guten Lehrbüchern vorgeheftet.

Dies möge zur Erleichterung des Studiums und der Orientirung in vorliegendem Buche, sowie zur Rechtfertigung der obigen Eintheilung dienen. Die Waldertragslehre, die Waldwerthberechnung, Verwaltungskunde 2c. sind nur hier und da berührt und konnten als den speciellen Aufgaben der Verwaltung resp. dem Gesichtskreise und der forstwissenschaftlichen Bildung der Förster ferner liegend eingehendere Besprechung nicht finden.

Da an einer anderen Stelle des Buches sich nicht mehr Gelegenheit finden wird, über den Haupttheil der Grundwissenschaften, die Naturwissenschaften etwas Allgemeines zu sagen, was zu dem Verständniß der alltäglichen Vorgänge im Walde und in unserer sonstigen Naturumgebung zu wissen nothwendig, so mögen hier einige einleitende Gedanken in gedrängtester Kürze folgen.

1*

§ 5.
Allgemeine Eintheilung der Naturkörper.

Alles das, was wir mit unseren Sinnen wahrnehmen können, ist Natur; die einzelnen Theile der uns umgebenden Natur nennen wir, sobald sie eine gewisse Selbstständigkeit besitzen, Naturkörper. Entweder sind diese Naturkörper unverändert und ursprünglich (eigentliche Natur), oder sie sind durch menschliche Kunst und Kultur so verändert und umgeformt, daß wir sie nicht mehr Naturkörper im eigentlichen Sinne nennen. Ein Haus z. B. nennen wir nicht mehr einen Naturkörper, sondern etwa ein Kunstwerk; es ist eine solche Umformung der einzelnen Bestandtheile, die wir sonst Naturkörper nennen, wie Holz, Steine, Erden ꝛc. vorgenommen, daß der Begriff der Natur, d. h. des Ursprünglichen ganz verloren gegangen ist. In gleicher Weise können wir Alles, was uns im täglichen Leben umgiebt, die feinsten Kunstwerke wie die allergewöhnlichsten Bedürfnißstücke auf Körper, wie sie draußen in der Natur vorkommen, zurückführen, und so rechtfertigt sich der obige Satz, daß Alles, was wir mit unseren Sinnen wahrnehmen können, „Natur" ist. Im engeren Sinne verstehen wir jedoch unter „Natur" den Inbegriff aller der Naturkörper, welche sich nach bestimmten Gesetzen, die wir Naturgesetze nennen, entwickeln und wie sie sich überall im Weltraum resp. auf unserer Erde ursprünglich, von Menschenhand noch unberührt oder unverändert vorfinden. Die Naturgeschichte beschäftigt sich mit der Beschreibung der Naturkörper, sie umfaßt die Thierlehre (Zoologie), die Pflanzenlehre, (Botanik) und die Lehre von den Gesteinen und Metallen (Mineralogie); die Naturlehre beschäftigt sich mit den Naturgesetzen; sie umfaßt die Chemie und Physik; beide — Naturgeschichte und Naturlehre — zusammen bilden die „Naturwissenschaften", welche die Erkenntniß der ganzen Natur anstreben. Das Gebiet der Naturwissenschaften ist so ungeheuer groß, daß eine einzelne Menschenkraft kaum ausreicht, auch nur einen Haupttheil derselben zu beherrschen, geschweige denn mehrere Haupttheile oder die gesammten Naturwissenschaften. Deshalb ist es Sache der einzelnen Fachwissenschaften, sich das Nothwendige herauszusuchen und von den gesammten Naturwissenschaften nur soviel als zum Zusammenhange und allgemeinen Verständniß gehört, zu behandeln. Es finden also hier nur die den Forstmann interessirenden Theile der Naturwissenschaften Berücksichtigung, soweit sie der künftige Förster verstehen kann und muß.

I. Grundwissenschaften.
A. Naturgeschichte.
Allgemeines.

§ 6.
Bedeutung der Naturgeschichte.

Wir kommen nun zur eigentlichen Naturgeschichte, welche uns mit den Merkmalen der Naturkörper soweit bekannt macht, daß wir sie von einander unterscheiden und in die verschiedenen Reiche, in die sie getheilt sind, einreihen können; wir wollen an ihrer Hand lernen, wonach man z. B. den Hirsch und die Eiche im Walde, den Stein in der Kiesgrube ꝛc. erkennt.

§ 7.
Organische und unorganische Körper; Charakteristik der Naturreiche.

Eine erste Verschiedenheit besteht darin, daß der Stein, z. B. der Kiesel aus einer ganz gleichmäßigen Masse gebildet wird; zerschlägt man ihn, so bleiben die Stücke ihrem Wesen nach genau das, was sie waren, nämlich Kieselsteine, nur sind sie kleiner geworden. Die Eiche im Walde besteht dagegen aus einer ganz ungleichartigen Masse, aus Blättern, Blüthen, Rinde, Holz, Wurzeln, Säften ꝛc. Nehmen wir einen Theil davon, z. B. ein Blatt, ein Stück Rinde, so haben wir nicht wieder eine Eiche, sondern ganz anders beschaffene Theile derselben. Die einzelnen Theile, welche zusammen das Ganze, hier also die Eiche ausmachen, nennt man Werkzeuge oder Organe, weil sie gewisse Verrichtungen haben, ohne welche das Ganze (Individuum genannt) nicht gut fortbestehen kann. Alle mit Organen ausgestatteten Naturkörper heißen organische oder lebendige, z. B. Thiere, Pflanzen, im Gegensatz zu den unorganischen oder leblosen, z. B. Steine, Erden.

Die Eiche zeigt durch Wachsen, sowie Erzeugung von Blüthen und Früchten, Leben und Bewegung. Anders ist es bei Thieren, z. B. dem Hunde, ebenfalls einem mit Organen ausgestatteten lebenden Wesen. Der Hund kann laut werden durch Bellen und Winseln, er kann laufen und springen, kann fressen, wann und was er will; er kann sich also willkürlich bewegen, ernähren, fortpflanzen, kurz er hat

viel mehr und viel ausgebildetere Werkzeuge zu seinem Leben als der fest=
gewurzelte und empfindungslose Baum. Auf derartige Verschiedenheiten
hin theilt man das ganze Naturreich ein, indem man alle lebenden
Wesen mit willkürlicher Bewegung und Empfindung **Thiere** und ihre
Gesammtzahl auf der Erde das **Thierreich**, alle lebenden Wesen
ohne Empfindung und ohne freiwillige Bewegung **Pflanzen**, ihre
Gesammtheit das **Pflanzenreich**, und alle Naturkörper ohne Werk=
zeuge und Leben **Mineralien** oder **Gesteine**, ihre Gesammtheit
das **Mineralreich** nennt.

Die wissenschaftliche Naturgeschichte des Thierreichs nennt man
Zoologie, des Pflanzenreichs **Botanik**, des Mineralreichs **Mineralogie**.

Während der Unterschied und die Grenze zwischen dem Mineral=
reich oder den unorganischen Naturkörpern und den organischen ganz
klar und scharf gezeichnet ist, ist derselbe zwischen Pflanzenreich und
Thierreich nicht so scharf, indem die kleinsten und einfachsten Pflanzen
und die allerniedrigsten Thiere, wie sie namentlich im Wasser und auf
dem Meeresboden vorkommen, sich so nahe berühren, daß die Natur=
forscher nicht genau wußten, welche sie zu dem Pflanzenreich und
welche sie zu dem Thierreich zählen sollten; es giebt Thiere, z. B. die
Polypen, welche fest gewachsen sind, und Pflanzen, z. B. die bekannte
Sinnpflanze (Mimōsa), welche Empfindung zeigen.

§ 8.
Systeme der Naturwissenschaften.

Die obige Eintheilung der Naturkörper in die drei Reiche —
Thierreich, Pflanzenreich, Mineralreich — genügt jedoch nicht, um
dieselben genau von einander unterscheiden und wissenschaftlich scharf be=
zeichnen zu können, wie wir uns an einem Beispiel klar machen werden.

Unsere Hauskatze zeichnet sich durch gewisse Merkmale vor anderen
Thieren aus; sie hat gewisse Farbe, gewisse Größe, Kopf= und Zehen=
bildung, gewisse Gewohnheiten ꝛc. und bildet deshalb die bestimmte Art
„Hauskatze, félis doméstica"; es giebt aber noch viele andere Katzen=
arten, z. B. Tiger, Löwe, Panther, welche dieselben wesentlichen Merk=
male in Bau und Lebensweise und nur äußere Unterschiede, wie Größe,
Farbe ꝛc. haben und deshalb anders benannt werden. Jedes Thier
führt in der Wissenschaft, wenn es richtig bezeichnet werden soll, zwei
Namen, den seiner **Gattung** (hier Felis!) und den seiner **Art** (hier

doméstíca!). Nun giebt es aber noch viele andere Thiere, die wie das Katzengeschlecht von Fleisch leben und darum ein ähnliches Gebiß und ähnliche Verdauungswerkzeuge haben müssen, z. B. die Hunde, Hyänen, Bären ꝛc. Jede bildet eine Familie, sie alle bilden wieder eine Ordnung unter dem Namen „Raubthiere".

Andere Thiere leben nicht vom Raube und von Fleisch, sind deshalb anders gebaut, haben jedoch mit den Raubthieren ein Haarkleid, vier zum Gehen, Klettern oder Schwimmen eingerichtete ähnliche Beine und das Gebähren von lebendigen Jungen, die von der Mutter mit Milch gesäugt werden, gemeinschaftlich. Man faßt alle diese Thiere deshalb in eine Klasse — die Klasse der Säugethiere — zusammen.

Die Vögel, Amphibien, Fische bilden für sich wieder Klassen des Thierreichs und haben mit den Säugethieren zusammen ein inneres gegliedertes Knochengerüst, dessen Haupttheil Rückgrat oder Wirbelsäule genannt wird, gemeinschaftlich, weshalb man alle in eine größere Thiergruppe — Kreis — zusammenfaßt und „Wirbelthiere" nennt. In ähnlicher Weise theilt man nun auch die übrigen Thiere, das Pflanzenreich und das Mineralreich ein und nennt solche Eintheilung eines Reiches ein System. Derartige Systeme sind nun von unseren großen Naturforschern verschiedentliche aufgestellt, die man natürliche nennt, wenn nahe verwandte Naturkörper möglichst nahe im System zusammenstehen, künstliche, wenn willkürliche Merkmale, z. B. bei den Thieren die Gliedmaßen, bei den Pflanzen die Blüthen ꝛc. zum Unterscheidungsmerkmale gewählt und damit natürlich verwandte Naturkörper auseinander gerissen werden.

a. Forstzoologie.

§ 9.

Zur Ermöglichung einer Uebersicht, in welche Klasse die den Forstmann und Jäger interessirenden Thiere gehören, folgt hier eine systematische Zusammenstellung der Kreise, Klassen und Familien des gesammten Thierreiches in absteigender Reihenfolge:

I. Kreis: Wirbelthiere.

Rothblüthige Thiere mit rückenständigem Nervensystem, welches von einem knorpeligen und knöchernen Gerüst gestützt und geschützt wird.

1. Klasse: Säugethiere.

Behaarte warmblütige Wirbelthiere, deren lebendige Junge mit Milch gesäugt werden.

1. Ordnung: Zweihänder z. B. der Mensch.
2. " Vierhänder z. B. Affe.
3. " Handflatterer z. B. Fledermäuse.
4. " Raubthiere z. B. Fuchs.
5. " Insektenfresser z. B. Igel, Maulwurf.
6. " Nagethiere z. B. Maus, Hase.
7. " Zahnarme z. B. Ameisenbär.
8. " Einhufer z. B. Pferd, Esel.
9. " Zweihufer z. B. Hirsch, Ziege, Gemse.
10. " Vielhufer z. B. Schwein, Elephant.
11. " Flossenfüßer z. B. Robben, Walroß.
12. " Walthiere z. B. Walfisch, Delphin.
13. " Beutelthiere z. B. Känguruh.
14. " Schnabelthiere z. B. Schnabelthier.

2. Klasse: Vögel.

Mit Federn bedeckte warmblütige eierlegende Wirbelthiere.

1. Ordnung: Raubvögel z. B. Falke, Bussard.
2. " Singvögel z. B. Finke, Drossel.
3. " Schreivögel z. B. Widehopf, Nachtschwalbe.
4. " Klettervögel z. B. Kukuk, Spechte.
5. " Tauben z. B. Wilde Tauben.
6. " Hühnervögel z. B. Auerhahn, Rebhuhn.
7. " Laufvögel z. B. Trappe, Strauß.
8. " Waatvögel z. B. Schnepfe, Reiher.
9. " Schwimmvögel z. B. Gans, Ente, Möve.

3. Klasse: Reptilien.

Beschuppte oder bepanzerte kaltblütige lungenathmende Wirbelthiere, welche Eier legen, aus denen den Alten ähnliche Junge schlüpfen.

1. Ordnung: Schildkröten.
2. " Krokodile.
3. " Eidechsen.
4. " Schlangen.

4. Klasse: Amphibien.

Kaltblütige, meist nackte Wirbelthiere mit Lungen- und in der Jugend mit Kiemenathmung; aus ihren Eiern schlüpfen den Alten unähnliche Junge.

Die verschiedenen Froscharten.

5. Klasse: Fische.

Kiemenathmende kaltblütige im Wasser lebende Wirbelthiere mit Flossengliedern.

1. Ordnung: Knochenfische z. B. Karpfen ꝛc., unsere gewöhnlichen Fische.
2. „ Schmelzschupper z. B. Stör.
3. „ Selachier z. B. Hai, Roche.
4. „ Rundmäuler z. B. Neunaugen.
5. „ Röhrenherzen z. B. Lanzettfischchen.

II. Kreis: Gliederfüßler.

Thiere mit geringeltem Körper und beweglich eingelenkten gegliederten Gliedmaßen.

I. Klasse: Insekten.

Gliederfüßler mit einem Fühlerpaar und sechs Beinen an der Brust.

1. Ordnung: Nacktflügler — Wespen, Bienen, Ameisen.
2. „ Käfer.
3. „ Schmetterlinge.
4. „ Fliegen z. B. Flöhe, Fliegen, Mücken.
5. „ Netzflügler z. B. Libellen.
6. „ Grabflügler z. B. Grille, Heuschrecke.
7. „ Halbflügler z. B. Blattläuse, Wanzen.
8. „ Flügellose z. B. Läuse.

2. Klasse: Tausendfüßler.

Gliederfüßler mit zahlreichen fast gleichgebildeten beintragenden Körperringeln, scharf abgesetztem Kopfe und einem Paar Fühler, z. B. Sandtausendfuß, Randassel, Skolopender.

3. Klasse: Spinnenthiere.

Gliederfüßler, Kopf und Brust zusammengewachsen, mit einfachen Augen und acht Beinen, der Hinterleib ohne Glieder.

Spinnen, Milben.

4. Klasse: Krebsthiere.

Gliederfüßler mit vier Fühlern und vielen Beinen an Brust und Hinterleib (mindestens 10).

Zehnfüßler z. B. Krebse.

III. Kreis: Würmer.

Wurmförmige Thiere, deren langgestreckter Leib glatt oder querrunzelig und aus gleichen Theilen zusammengesetzt ist.

1. Klasse: Räderthiere — äußerst kleine Wasserthierchen.
2. „ Ringelwürmer z. B. Blutigel, Regenwurm.
3. „ Rundwürmer z. B. Spulwürmer, Trichine.
4. „ Plattwürmer, z. B. Bandwürmer, Saugwürmer.

IV. Kreis: Weichthiere.

Weiche schleimige Thiere mit einem durch theilweise Verdoppelung der weichen Körpertheile gebildeten Mantel.

1. Klasse: Kopfweichthiere, Kopffüßler z. B. Schnecken.
2. „ Kopflose Weichthiere z. B. Muscheln, Sackträger.

V. Kreis: Strahlthiere.

Thiere mit strahlig um einen gemeinsamen Mittelpunkt gestellten Körpertheilen.

Seeigel, Seesterne, Seelilien ꝛc., Quallen und Polypen, meist im Meere lebende, oft angewachsene und Pflanzen ähnliche Thiere.

VI. Kreis: Formlose Thiere.

Sehr kleine einfach gebaute Thiere von unbestimmter Gestalt.

Schwämme, Aufgußthierchen oder Infusorien, Wurzelfüßler.

Aus dem gesammten Thierreich wählen wir nur die für den Forstmann wichtigen Gattungen heraus, deren Kenntniß für denselben nothwendig wird:

1. Klasse: Forstlich wichtige Säugethiere.

§ 10.
Allgemeines.

Die Säugethiere sind mehr oder minder mit Haaren bedeckt, von denen man Grannen oder Oberhaar und Wolle oder Unterhaar unterscheidet. Die Haare werden jährlich, meist plötzlich im Frühjahr und Herbst gewechselt; verdickte Grannen können allmählich in Borsten und Stacheln übergehen. Manche haben nur einerlei Haare (Huftiere), viele beide Haararten.

Die Haut besteht aus der unteren dickeren gefäß- und nervenreichen Lederhaut und der dünnen empfindlichen Oberhaut, welche sich an einzelnen Stellen zu den sog. Oberhautgebilden (Schwielen, Nägeln, Krallen, Hufen, Hörnern ꝛc.) verdickt.

Das Skelett (Figur 1) zeigt deutlich Knochen des Kopfes, des Rumpfes, der Gliedmaßen und des Schwanzes. Am Kopf unterscheidet man Schädel-, Gesichts- und Kieferknochen. Der Hals hat meist sieben (selten sechs oder acht)

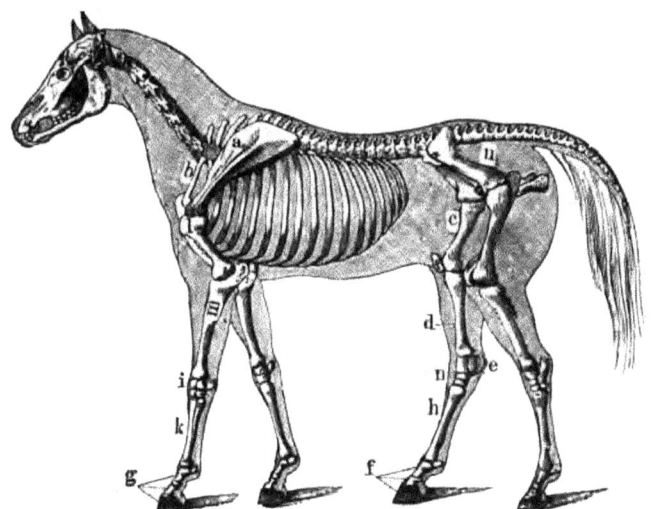

Figur 1.
Skelett des Pferdes in den Körper eingezeichnet.

Wirbel. An der Wirbelsäule des Rumpfes unterscheidet man die Brustwirbel mit den säulenförmigen bogigen flachen Rippen, die Lendenwirbel mit langen und breiten seitwärts und nach vorn gerichteten Fortsätzen und die Kreuzbeinwirbel, die verwachsen und mit den Hüftbeinen fest verbunden sind. Die Schwanzwirbel richten sich nach der Länge des Schwanzes (höchstens 46!)

Ein breiter flacher dreieckiger mit hoher Leiste versehener Knochen, das Schulterblatt (a), liegt im Fleisch über den vorderen Rippen, an dieses schließt sich bei vielen Säugethieren (den grabenden, fliegenden und greifenden) zur Verbindung des Oberarmes mit dem Brustbein jederseits das **Schlüsselbein** (b) an. Fast alle Säugethiere haben zwei Paar Beine; die Vorderbeine bestehen aus Oberarm (l), Unterarm (m) (mit Elle und Speiche) und Hand (h) (mit Handwurzel (i), Mittelhand (k) und Vorderzehen!) (g). Die **Hinterbeine** sind durch den kugligen Knopf des Oberschenkels in die tiefe Pfanne des unten geschlossenen Beckens (u) eingelenkt und bestehen aus Oberschenkel (c), Unterschenkel (d) (Schien- und Wadenbein!), der Kniescheibe (o) und dem Fuß (Fußwurzel (n), Mittelfuß (h), Hinterzehen!) (f).

Die Zähne liegen einreihig in die Kieferknochen eingeteilt, sind sehr mannigfaltig und systematisch von größter Wichtigkeit. Der Zahn besteht aus einer knochigen Wurzel und der aus Zahnbein und Schmelz gebildeten Krone. Man unterscheidet **Schneidezähne**, deren obere stets im Zwischenkiefer stehen, **Eckzähne**, die nur in der Einzahl neben den ersteren stehen und **Backenzähne**.

Die Haupteigenthümlichkeiten der für die Unterscheidung der Säugethiere äußerst wichtigen Zahnbildung werden durch in Bruchform gesetzte Zahlen veranschaulicht, deren Zähler die oberen, deren Nenner die unteren, deren fettgedruckte die größeren, die anderen die kleineren Zähne darstellen. Die mittleren Bruchzahlen bezeichnen die Schneidezähne, die rechts und links sich anschließenden die Eckzähne und die äußeren die Backenzähne, z. B. $\frac{4}{3} \cdot \frac{1}{1} \cdot \frac{6}{6} \cdot \frac{1}{1} \frac{4}{3}$ bedeutet: oben wie unten 6 kleinere Schneidezähne, jederseits ein großer Eckzahn, oben 4 und unten 3 kleinere Backenzähne jederseits. Sind die Backenzähne, wie oft vorkommt, von verschiedener Größe, so wird ihre Anzahl getrennt und in besonderer Bruchform geschrieben, z. B. $\frac{1.1.2}{1.2} \cdot \frac{1}{1} \cdot \frac{6}{6} \cdot \frac{1}{1} \cdot \frac{2.1.1}{2.1}$. Da nun links wie rechts die gleichen Zähne auftreten, so vereinfacht sich die Formel durch Weglassen der Backen- und Eckzähne links, mithin heißt die obige Formel in ihrer Abkürzung: $\frac{6}{6} \cdot \frac{1}{1} \cdot \frac{2.1.1}{2.1}$.

Die Sinnesnerven entspringen aus dem Gehirn, die Gefühls- und Bewegungsnerven theils vom Gehirn, theils von dem in der Wirbelsäule befindlichen Rückenmark. Am meisten ist bei den Säugethieren der **Geruchsinn** entwickelt, am wenigsten der Tastsinn. Zwei durch Lider verschließbare Augen vermitteln den Gesichtssinn, den Gehörsinn gewöhnlich vorstehende, oft sehr bewegliche Ohrmuscheln, die Geschmacksnerven liegen in der Zunge und am weichen Gaumen. Das **Verdauungssystem** besteht im Allgemeinen aus Mundhöhle, Speicheldrüsen, Schlund, Magen, Dünn- und Dickdarm, das **Herz** aus zwei Vorkammern und zwei Herzkammern, Brust- und Bauchhöhle sind durch das Zwerchfell getrennt, dessen Hebung und Senkung vorzugsweise das Ausstoßen und Einziehen der Luft aus den als Athmungsorgane dienenden **Lungen** bewirken. Am Eingange der Luftröhre liegt als Stimmorgan der **Kehlkopf**. Manche Säugethiere können klettern, graben, schwimmen, fliegen; sie nähren sich theils von Pflanzen, theils von Thieren, theils von beiderlei zugleich, was für ihre Zahnbildung wichtig ist; manche fallen in den sog. **Winterschlaf**, indem die Bluttemperatur bis auf 1^0 R. sinkt, Herzschlag und Athmung beinahe aufhören und das aufgespeicherte Fett als Ersatz der Nahrung dient.

§ 11.

Die beiden ersten Ordnungen enthalten keine forstlich wichtigen Thiere.

3. Ordnung: Handflatterer.

Säugethiere mit vollständigem Gebiß und Flughäuten zwischen den verlängerten Vorderzehen und Beinen.

1. Familie: Insektenfressende Fledermäuse. Es sind Dämmerungs- und Nachtthiere, welche eifrig auf Insekten Jagd machen und dadurch für Wald, Garten und Feld sehr nützlich werden. Ihre 1—2 Jungen tragen sie im Fluge mit sich herum. In der Ruhe und im Winter während der Erstarrung hängen sie oft klumpenweis an den Hinterbeinen in Gebäuden.

Vespertilio murīnus, Riesen-Fledermaus; die größte, spannt 36 cm, spitze Ohren viel länger als Kopf, langsam flatternd auf Straßen und Plätzen. V. serotīnus, ziemlich groß, spannt 31 cm, Ohren wenig länger als Kopf, nußbraun, gewandt fliegend an Waldrändern. V. noctŭla, spannt 34 cm, breite muschelförmige Ohren, jagt sehr schnell um die Gipfel der höchsten Waldbäume, hat sehr spitze Flügel. V. pipistrellus, Zwergfledermaus. Kleinste und gemeinste Art; überall an Wohnungen, auch im Walde; spannt 20 cm.

§ 12.

4. Ordnung: Raubthiere.

Säugethiere mit scharfhöckrigem Gebiß, langem Eckzahn (e) (Fig. 2), oben wie unten keinen Vorderzähnen (Schneidezähne) (s) und einem hervorragendem scharfen Backenzahn (r) (Reißzahn); sehr muskelkräftig, theils Zehen-, theils Sohlengänger; nähren sich meist von warmblütigen Thieren, doch

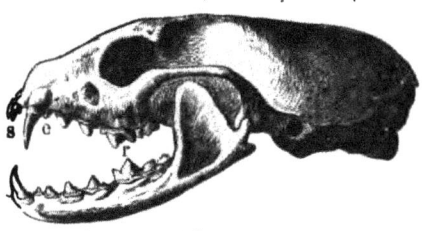

Figur 2. Schädel des Marders.

auch von Leichen; wenn die Höckerzähne nicht scharf sind, nähren sie sich auch von Pflanzenkost.

1. Familie: Bären.

2. Familie: Marder $\frac{3\,(2)}{4\,(3)} \cdot \frac{1 \cdot 1}{1 \cdot 1}$. Der zweite Schneidezahn (untere Vorderzahn) des Unterkiefers aus der Zahnreihe zurückgestellt (Figur 2). Körper langgestreckt, walzenförmig. Beine kurz, fünfzehig; Sohlengänger.

Meles taxus, gem. Dachs. $\frac{6}{6}\,\frac{1}{1} \cdot \frac{311}{411}$. Nährt sich meist von Waldfrüchten, Wurzeln und Larven, nimmt aber auch Eier und Junge von Jagdthieren; ist also forstlich nützlich, jagdlich schädlich. Schwarz und weiß gestreift, Unterfeite und Beine schwarz; am Tage und im Winter, ohne zu erstarren in Höhlen mit Kesseln, 60 cm lang.*)

Mustēla mártes, Baummarder. $\frac{6}{6}\frac{1}{1}\frac{311}{411}$. Braun mit dottergelbem Kehlfleck, in Wäldern meist auf Bäumen, sehr blutdürstig und kleinem Geflügel und Wild schädlich. 54 cm.

M. foīna, Steinmarder. Braun, aber mit weißem Kehlfleck, in Gebäuden, dem Hausgeflügel sehr schädlich, klettert ebenfalls sehr gewandt, 50 cm. Beide Marder mit gestrecktem Körper.

M. putórYus, Iltis. $\frac{6}{6}\frac{1}{1}\cdot\frac{211}{311}$. Etwas kleiner als die vorigen (40 cm lang!) und weißbräunlich; Unterseite und Beine tief braun. Gefährliches Raubthier auf Geflügel, Eier und kleine Säugethiere; eine weiß-gelbliche Abart das Frettchen, M. fūro.

M. ermínĕa, Hermelin, 30 cm lang. Sehr gestreckt, kurzbeinig. Im Sommer braun, mit weißer Unterseite, im Winter weiß, Schwanzspitze immer schwarz, und M. vulgāris, Wiesel, 20 cm lang, bräunlich, unten immer weiß; beide sehr nützlich durch Mäusevertilgung, aber der niederen Jagd schädlich.

Lutra vulgāris, Fischotter. $\frac{6}{6}\frac{1}{1}\cdot\frac{311}{311}$. Dunkelbraun, unten heller, Körper 60 cm, der breitgedrückte Schwanz 60 cm. Zehen mit Schwimmhäuten; lebt in Uferhöhlen, geht Nachts auf Beute, wird der Fischerei außerordentlich schädlich. Sommer- und Winterpelz gleich werthvoll.

3. Familie: Hunde. $\frac{6}{6}\frac{1}{1}\cdot\frac{312}{412}$. Zehengänger mit gleich langen Beinen; die Vorderbeine fünf-, Hinterbeine vierzehig; stumpfe nicht zurückziehbare Krallen.

a. Wölfe. Cānis lúpus, Wolf und Cānis familiāris, Haushund mit über 100 Racen, die in Haus- und Jagdhunde zerfallen.

b. Füchse. Körper schlank, Schnauze spitzer, Schwanz lang und buschig.
Cānis vúlpes, gem. Fuchs. Gewöhnlich fuchsroth mit weißlicher (Silberfuchs) oder schwärzlicher Unterseite (Brandfuchs).

4. Familie: Katzen. $\frac{6}{6}\frac{1}{1}\frac{(1)111}{21}$. Rauhe Zunge, schärfster und größter Reißzahn, dicke Pfoten und Tatzen mit scharfen, zurückziehbaren Krallen; schleichende Zehengänger, meist nächtliche Raubthiere.

Löwe, Tiger, Panther ꝛc.

Fēlis lynx, Luchs. 1,5 m lang; Ohren mit Haarpinseln; sehr kurzer Schwanz. Sehr schädlich.

Fēlis cátus, Wildkatze. 60 cm lang, der Schwanz halb so lang als der Körper. Grau mit dunklen Querbinden; Schwanz buschig mit schwarzer Spitze und drei schwarzen Ringeln unten, an den Sohlen ein unbehaarter Strich (Sohlenfleck), auffallend stärker als die Hauskatze.

Von der nächsten (5.) Ordnung — Insektenfresser — ist der bekannte gem.

---

*) Die Maßangaben beziehen sich stets auf die Körperlänge von Schnauzenspitze bis zur Schwanzwurzel, also immer ohne den Schwanz. Die ⌣ über den Silben bedeuten, daß dieselben kurz, die —, daß sie lang auszusprechen sind, ein ´, daß sie zu betonen sind.

Igel, Erinācĕus europæus, zu nennen, der durch Vertilgung von schädlichen Insekten und Mäusen nützlich wird, und der durch Vertilgen von Insekten nützliche bekannte Maulwurf, Tálpa europǣa.

§ 13.
6. Ordnung: Nagethiere.

Säugethiere mit zwei meißelförmigen Schneidezähnen vorn in jedem Kiefer und von gestrecktem Körper. Zwischen Schneide- und Backzähnen große Zahnlücken; leben von Pflanzentheilen und sind deshalb schädlich; sie sind sehr fruchtbar, viele sammeln Wintervorräthe.

1. Familie: Hasen. $\frac{2}{2} \cdot \frac{0}{0} \cdot \frac{5\,1}{5}$. Löffelförmige Ohren, Hinterbeine lang, rauh behaarte Sohlen; trinken nie.

Lepus tímĭdus, Hase. Ohr länger als Kopf.

L. cunícŭlus, Kaninchen. Ohr kürzer als Kopf, kleiner und gedrungener.

2. Familie: Mäuse. $\frac{2}{2} \cdot \frac{0}{0} \cdot \frac{3}{3}$. Kopf schlank, Schnauze spitz mit Schnurrhaaren. Schwanz lang, nackt, selten kurz und fein behaart; Ohren lang.

Mus decumānus, gem. Ratte. 26 cm lang. Die Ohren erreichen angedrückt das Auge nicht, Schwanz kürzer als der Körper.

Mus silvátĭcus, Waldmaus. 10 cm. Ohren halbe Kopflänge; Pelz oben bräunlich gelb, Füße und Unterleib weiß. In Wäldern sehr schädlich, springendes Laufen, weil Hinterbeine viel länger.

Mus agrārius, Brandmaus. Ohren $1/3$ der Kopflänge. Oben röthlichbraun mit schwarzen Rückenstreifen, also dreifarbig. Meist auf dem Felde.

3. Familie: Wühlmäuse. Kopf dick, stumpfschnauzig; Ohren kurz, versteckt, Schwanz höchstens $2/3$ der Körperlänge.

Arvicŏla amphíbĭus, Wühlmaus, auch als Wasserratte, Mollmaus bekannt und berüchtigt. Im Walde, auch in Feld und Garten außerordentlich schädlich durch unterirdisches Benagen von Wurzeln; hat unterirdische Gänge. Wo sie häufig, ist ihr gefährlichster Feind, das Wiesel, sorgfältig zu schonen. Sie ist 15 cm lang, Ohren im Pelz versteckt, einfarbig braungrau, doch wechselnd, unten heller; unsere größte Maus.

Arvicŏla arvālis, Feldmaus. 9 cm. Ohren von $1/3$ Kopflänge, Schwanz $1/3$ Körperlänge, oben gelbgrau, unten und Aftergegend weißlich; in Feldern und daran stoßenden Beständen oft sehr schädlich und Landplage.

Arvicŏla glareŏlus, Röthelmaus. 10 cm. Ohren von halber Kopflänge, Schwanz $1/2$ Körperlänge, oben rothbraun, unten weiß; klettert vorzüglich und wird in den Zweigen wie unten an Stämmchen durch Benagen der Rinde an Lärche und Laubhölzern schädlich.

4. Familie: Schwimmnager, Cástor fiber, Biber. $\frac{4 \cdot 2 \cdot 4}{4 \cdot 2 \cdot 4}$. 90 cm, der Schwanz 30 cm lang, braun, Hinterfüße mit Schwimmhaut, nackter breiter Schuppenschwanz, sehr große Nagezähne; lebt in Flüssen und Seen, wo er mit Sand überwölbte Holzbauten macht. Werden durch Fällen und Benagen selbst von starken

Hölzern sehr schädlich; bei uns nur noch selten an der Elbe und Mulde. Sein Pelz wie namentlich das am Bauche in sackartigen Drüsen abgesonderte Bibergeil sehr kostbar.

5. **Familie: Hörnchen.** Das bekannte Eichhörnchen, Sciūrus vulgāris, wird durch Benagen der Rinde, Verbeißen der Triebe, Verzehren der Samen und Vernichten der Singvögelbruten sehr schädlich, namentlich in Nadelhölzern; wo sie überhandnehmen, muß man sie mit allen Mitteln verfolgen.

Myóxus avellanārius, Haselmaus. $\frac{2}{2} \cdot \frac{0}{0} \frac{1}{1} \frac{2}{2} \frac{1}{1}$. Ein ockergelbes bis rothbraunes mäuseähnliches Thierchen mit kurz behaarten am Ende büscheligem Schwanz, 8 cm lang, wird ähnlich wie das Eichhörnchen schädlich; selten. M. glis, gem. Siebenschläfer: ähnlich — 10 cm — jedoch grau mit schwarzbraunem Augenkreis.

In der 7. Ordnung kommen keine forstlichen Thiere von Bedeutung vor, ebenso kann die 8. Ordnung der Einhufer mit den Gattungen Pferd und Esel als bekannt vorausgesetzt werden; desto wichtiger ist die nächste, welche die hauptsächlichsten Jagdthiere enthält.

§ 14.

9. Ordnung: Zweihufer.

Säugethiere mit fehlenden oder selten nur zwei seitlichen Schneidezähnen im Oberkiefer, verwachsenen Mittelfußknochen, zwei behuften Zehen und eigenthümlichem Wiederkäuermagen. Derselbe besteht aus 4, seltener aus 3 Abtheilungen.

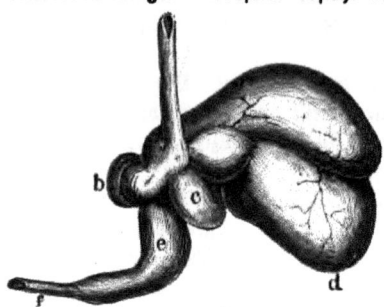

Figur 3. Wiederkäuermagen.

Die erste derselben, die größte sackartige Ausstülpung, in welche der Schlund (Figur 3a) mündet, heißt Pansen (d); hinter dieser liegt eine zweite kleine mit netzförmigen Falten besetzte Abtheilung, der Netzmagen (c), die dritte mit blättrigen Falten im Innern heißt Blättermagen (b), die vierte längsgefaltene Magenhöhlung, der sog. Labmagen (e), endet im Darmkanal (f). Die grob mit der Zunge abgerupfte Speise gelangt unzerkleinert in den Pansen, von da in den Netzmagen, wo sie zu kleinen Bissen geformt wird und wieder in den Mund steigt, um dort „wiedergekäut" zu werden. Der so entstandene Speisebrei kommt dann direkt in den Blättermagen, von diesem durch den Labmagen in den sehr langen Darmkanal. Bei einigen fehlt der Blättermagen (Kameel).

1. **Familie: Hohlhörner.** Mit überhäuteten Stirnzapfen und hohlen bleibenden Hörnern. Hierzu gehören die Gattungen der Ochsen, Schafe, Ziegen und Antilopen, von denen nur der Steinbock, Capra ibex, und die Gemse, Antilōpe rupicăpra, erwähnt werden.

2. **Familie: Hirsche.** $\frac{0}{8} \cdot \frac{0(1)}{0} \cdot \frac{6}{6}$. Die Männchen tragen auf den kurzen Stirnzapfen Geweihe, welche fest und meist verästelt sind und jährlich abgeworfen werden. Die Augen mit Thränenhöhlen, die Nebenklauen entwickelt.

Das Reh, Cérvus capreólus, der Edelhirsch, C. élaphus, der Damhirsch, C. dāma, der Elch, C. álces, Geweih mit kurzer runder Stange und sehr breiter zweitheiliger vielzackiger Schaufel. Kopf dick und plump; außerordentlich durch Schälen schädlich. Die anderen Familien, wozu die Giraffen, Kameele ꝛc. gehören, interessiren uns nicht. Das Nähere über die Hirsche in den betr. Kapiteln des Anhangs über Jagd.

§ 15.
10. Ordnung: Vielhufer.

Plumpe Säugethiere mit nackter borstiger Haut, getrennten Mittelfußknochen und mehreren mit Hufen bekleideten Zehen.

1. Familie: Elephanten. 2. Familie: Tapire.
3. Familie: Schweine. $\frac{6}{6} \cdot \frac{1}{1} \frac{43}{133}$. Der seitlich zusammengedrückte Kopf mit knorpliger Wühlscheibe und hervorstehenden Eckzähnen; an den schlanken Beinen vier Zehen, von denen zwei seitlich höher gerückt sind und nicht auftreten. (Dies ist für die Fährtenbestimmung im Schnee und lockeren Boden charakteristisch!)

Sus scrōfa, Wildschwein. Schwarz, gelblich melirt; die Jungen (Frischlinge) gelb mit braunen Streifen. — Dazu gehören auch die Familien der Nashörner und Flußpferde.

Die letzten Ordnungen der Floßenfüßer, Walthiere, Beutelthiere und Schnabelthiere werden als forstlich durchaus unwichtig übergangen.

2. Klasse: Vögel.

§ 16.
Allgemeines.

Mit Federn bedeckte warmblütige eierlegende Wirbelthiere.

Die zu Flügeln umgestalteten vorderen Gliedmaßen dienen nebst dem steuernden Schwanz zur Luftbewegung, die hinteren zur Bodenbewegung, zum Klettern oder zum Schwimmen; die zahnlosen Ober- und Unterkiefer sind mit einer Hornscheibe überzogen und bilden den Schnabel, der Leib ist mit Federn bedeckt, an welchem man Dunen (Flaumfedern) und sog. Contur- (Licht- oder Umriß-) Federn unterscheidet. Letztere zerfallen wieder in kleines Gefieder, welches zur Bedeckung dient und das große Gefieder, welches in Flügel- (Ruder-) und Schwanz- (Steuer-) Federn zerfällt und zur Luftbewegung dient. Die einzelne Feder besteht aus dem Kiel und der Fahne. — Zwischen dem kleinen Gefieder befinden sich nackte Stellen, namentlich an der Bauchseite, zur besseren Erwärmung der Eier beim Brüten (Raine).

Skelett der Vogelschwinge.

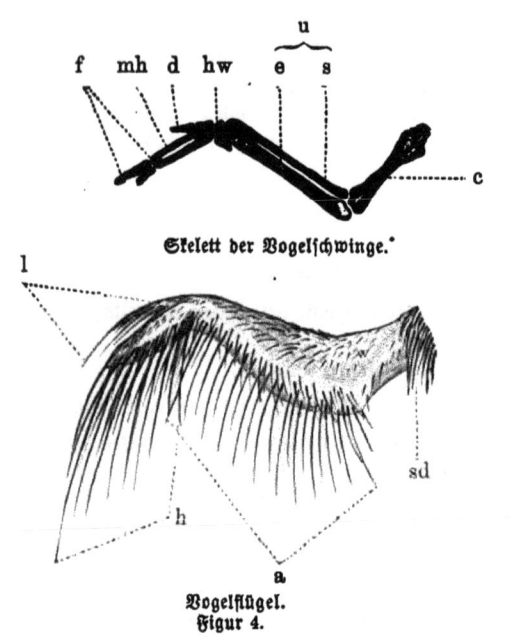

Vogelflügel.
Figur 4.

Der Flügel besteht aus Oberarm (Figur 4 c) mit kleinen Deckfedern, Unterarm (u) mit Elle (e) und Speiche (s), ein Paar Handwurzelknochen (hw) und der Hand mit doppeltem Mittelhandknochen (mh), 2 Fingern (f) und dem Daumen (d) mit den Schwungfedern 1. Ordnung (untere Figur h), die sehr stark sind und schwach schraubenförmig gedreht erscheinen; der Daumen der Hand trägt den zu Seitenbewegungen nöthigen Lenkfittich (l). Am Unterarm sind die breiteren schlafferen, meist als Fallschirm dienenden Schwungfedern 2. Ordnung (a). Durch Gebrauch und Witterung nutzen die Federn so ab, daß sie jährlich 1—2 mal (Herbst- und Frühjahrs-Mauser) in der sog. „Mauser" erneuert werden müssen. Nach Jahreszeit, Alter und Geschlecht ist die Farbe der Federn bei denselben Vögeln oft verschieden. Zur Erhaltung der Federn salben die Vögel dieselben oft mit Fett aus der über der Schwanzwurzel befindlichen sog. Bürzeldrüse.

Der Leichtigkeit beim Fliegen wegen sind die Knochen nicht mit Mark, sondern mit Luft gefüllt, auch haben sie in der Brust- und Bauchhöhle Luftsäcke.

Von den Sinnesorganen ist Geruch und Geschmack sehr vernachlässigt, dafür Gesicht und Gehör um so mehr entwickelt. Die meisten Vögel haben zwei Kehlköpfe, wovon der untere zur Stimmbildung (Singmuskelapparat) bestimmt ist. Die Lunge steht durch Schläuche mit den Luftknochen in Verbindung. Das Vogelei besteht aus Schale, Luftraum, Eiweiß und Dotter. Die Anzahl der Eier schwankt zwischen 1—30, ihre Gestalt ist sehr verschieden, die Farbe wechselt nur zwischen Arten von Weiß, Braun und Grün, kein Ei ist dreifarbig. Die

Eier werden entweder einfach auf den Boden gelegt oder es werden mehr oder weniger kunstvolle Nester gebaut, welche die ausgebrüteten Vögel entweder sofort verlassen (Nestflüchter) oder längere Zeit noch bewohnen (Nesthocker). Das Brüten dauert 12—45 Tage, je nach der Gattung. Am Schnabel unterscheidet man 1. die beiden Kiefern, 2. die Firste (Schnabelrücken), 3. die Kuppe (Vorderende des Oberschnabels), 4. die Zügel, Gegend zwischen Augen und der Schnabelwurzel, 5. die Nasenlöcher, 6. die Wachshaut an der Wurzel (gelb oder blau), 7. den Zahn (eckiger Vorsprung am Oberschnabel bei den Raubvögeln).

Das Bein besteht 1. aus dem kurzen im Fleisch versteckten Oberschenkel, 2. dem meist ebenfalls versteckten Unterschenkel (fälschlich oft Schenkel genannt!), 3. dem Fuße, nur aus einem Knochen — dem Laufe — mit den Zehen (Krallen) bestehend, deren Anzahl zwischen 2 bis 4 schwankt und auf welche allein aufgetreten wird. Die Füße sind sehr verschieden gestaltet und bilden vielfach die Grundlage der Eintheilung. Fuß und Zehen verbindet das Fersengelenk. Die langen vorstehenden Federn am Unterschenkel mancher Vögel nennt man Hosen.

Der Gesang erschallt nur während der Fortpflanzungszeit. Nach der Gewohnheit, den Aufenthaltsort zu wechseln oder theilweis oder ganz beizubehalten, unterscheidet man Zug-, Strich- und Standvögel. Die Zugvögel, die meisten unserer Vögel, machen im Herbst und Frühjahr große Wanderungen, die Strichvögel machen nur kleinere Wanderungen in ihrem Gebiet, die Standvögel halten immer dieselbe Gegend.

§ 17.
I. Ordnung: Raubvögel.

Starke Luftvögel mit hakig übergreifendem, am Grunde mit einer Wachshaut überzogenem Oberschnabel und starken hakig gekrümmten Raubkrallen (3 Zehen vorn, 1 Zehe hinten), von denen die äußere Zehe häufig nach hinten gewendet werden kann (Wendezehe!). Sie nähren sich meist von lebendigen warmblütigen Thieren. Die unverdaulichen Theile derselben — Haare, Federn, Knochen — werden in der Regel im Kropfe vom Fleisch geschieden und dann in Ballen — Gewölle genannt — durch den Schnabel wieder ausgeworfen. Sie trinken nie. Die kunstlosen Nester meist an hohen Standorten.

1. Familie: Eulen. Die Augen nach vorn gerichtet und mit einem Federschleier umgeben, ebenso hinter den Ohren oft halbkreisförmige starre dichte Federn. Die Beine meist bis auf die Krallen dicht befiedert. Wendezehe. Meist Höhlenbrüter, weiße rundliche Eier; durch Vertilgen von Mäusen und Insekten sehr nützlich. Meist Nachtraubvögel.

a. **Käuze, glattköpfig.** Strix alūco, Waldkauz. 36 cm*), grau bis braun mit welligen dunklen Flecken. Kopf und Augen sehr groß. Am Tage in hohlen Bäumen an Waldrändern. Außerordentlich nützlich. Stimme: hu, hu, hu, huit huit. Strix nóctŭa, Steinkauz, Drosselgröße, grauweiß gefleckt, sehr nützlich. Strix flámmĕa, Schleierkauz. 31 cm, grau mit weißen schwarz umrandeten Perlflecken, lange Läufe mit Borstenfedern. Meist auf Thürmen und in Gebäuden, sehr gemein.

b. **Ohreulen, mit aufstehenden Ohrbüscheln und gelben Augen.** Strix ōtus, Waldohreule. 36 cm, lange Ohrbüschel, feurig gelbe Augen, rostbraun mit dunkler Federmitte; in jungen schlechten Nadelholzbeständen. Sehr nützlich.

Strix būbo, Uhu. Adlergröße, in Zeichnung der vorigen ähnlich. Der Jagd sehr schädlich, deshalb zu verfolgen.

2. **Familie: Falken.** Schnabel kurz, am Grunde am höchsten, die Augen von einem Knorpel (Supercilialknorpel) überragt. Der Unterschenkel mit verlängerten Federn, (Hosen), Zehen stets nackt und mit derselben Wachshaut wie der Schnabel. Tagesraubvögel. Eier mit rothbraunen Flecken ganz bedeckt. cfr. den Schlüssel.

Falken
- Schnabel gerade beginnend, starkhakig, zahnlos; Kopf- u. Halsfedern spitz lanzettlich. **Adler.**
  - ohne Wendezehe
    - Läufe bis zur Zehenwurzel befiedert: Aquĭla — 1. Adler.
    - Läufe bis zur Hälfte befiedert Haliāĕtos — 2. Fischadler.
  - mit Wendezehe; Läufe bis zur Zehenwurzel nackt: Pandĭon — 3. Flußadler.
- Schnabel schon von der Wurzel an hakig, mit oder ohne Zahn; Kopf- und Halsfedern breit rundlich. **Falken.**
  - Oberschnabel mit tiefem Ausschnitte vor der Spitze: (Zahn!) Falco — 4. Falke.
  - Oberschnabel ohne tiefen Ausschnitt
    - Schwanz gegabelt: Mĭlvus — 5. Milan.
    - Schwanz abgerundet
      - Läufe kaum so lang als Mittelzehe: Astur — 6. Habicht.
      - Läufe länger als die Mittelzehe: Bútĕo — 7. Bussard.

Kennzeichen der Adler.**)

Schnabel länger als die Hälfte des Kopfes.
- Lauf bis an die Zehenwurzel befiedert
  - über 75 cm lang
    - Schwanz lang, weiß, abgerundet, Lauf hell, a. fúlva Steinadler.
    - Schwanz kurz, gerade, von Flügeln bedeckt a. imperiālis Kaiseradler.
  - bis 70 cm lang
    - Nasenlöcher eirund, nicht eingebuchtet, Lauf 8 cm lang a. naévia Schreiadler.
  - „
    - Nasenlöcher rundlich mit Wulst. Lauf 11 cm lang a. clānga Schelladler.

---

*) Die Maßangaben beziehen sich auf die Länge des Körpers.
**) Nach v. Riesenthal, Kennzeichen unserer Raubvögel. Charlottenburg-Berlin. Selbstverlag des Verfassers. Preis 1 Mark. Ein klassisches Buch, das auf das Beste hiermit empfohlen wird.

Raubvögel: Falken.

Schnabel länger als die Hälfte des Kopfes {
  Lauf zum größten Theil nackt {
    90 cm lang, Schwanz keilförmig, Füße gelb — haliaëtos albicilla — **Seeadler**.
    bis 75 cm lang, Schwanz nicht keilförmig, Füße graublau {
      die kleinen Augen ohne Schleier, ohne Hosen — pándion haliaëtos — **Fischadler**.
      die großen Augen mit Schleier, mit Hosen — circaëtos gállicus — **Schlangenadler**.
    }
  }
}

Die Adler sind alle große starke Vögel; der starke Schnabel ist an der Wurzel gerade, dann sehr gekrümmt, mit langem Haken und schrägen Nasenlöchern; auf Nacken und Halsseiten stets starre, lanzettliche Federn (Adlerfedern!); die langen breiten Flügel haben 27 Schwingen, von denen die vierte immer die längste ist; im Fluge stark gespreizt. Die Zehen sind sehr kräftig, stark gekrümmt und sehr scharf. Mittelzehe immer kürzer als der Lauf. Die Adler sind alle der Jagd= resp. der Fischerei schädlich, sind jedoch in Deutschland überall selten.

Kennzeichen der Falken.

Im Oberkiefer ein scharf ausgeschnittener Zahn, der in den Einschnitt des Unterkiefers paßt. Nasenlöcher kreisrund; um die Augen nackter Kreis. Zweite Schwinge stets die längste, deshalb sehr spitze Flügel. {

  Edelfalken {
    Flügel erreichen beinahe das Schwanzende, Mittelzehe (ohne Kralle) kürzer als Lauf {
      der starke Schnabel von der Wurzel aus fast halbkreisförmig gekrümmt — **Isländischer Falke** F. cándicans.
      der weniger starke Schnabel von der Wurzel an mehr gestreckt — **Sakerfalke** f. sáquer (lanárius).
    }
    Flügel erreichen das Schwanzende ganz, Mittelzehe länger als Lauf — **Wanderfalke** f. peregrīnus.
    Flügel überragen den Schwanz, Mittelzehe doppelt so lang als Außenzehe — **Lerchenfalke** f. subbúteo.
    Flügel erreichen das Schwanzende nicht, Mittelzehe fast doppelt so lang als Außenzehe — **Zwergfalke** f. aésalon.
  }

  Rothfalken {
    Mittelzehe nur 1/3 länger als Außenzehe {
      Augenkreis Wachshaut und Füße gelb {
        Krallen schwarz — **Thurmfalke** f. tinnúnculus.
        Krallen gelblich-weiß — **Röthelfalke** f. cénchris.
      }
      Augenkreis, Wachshaut und Füße roth, Krallen gelblich-weiß — **Rothfußfalke** f. rúfipes.
    }
  }
}

Von oben aufgeführten Falken interessiren uns besonders 1. der **Wanderfalke**. Der ganze Oberkörper ist in der Jugend graubraun, im Alter graublau, die weiße Brust ist dunkel gebändert, die Füße in der Jugend bläulichgrün, im Alter gelb. Länge 47 cm. ♂ viel kleiner als ♀. Sicheres Kennzeichen der **schwarze Zügel**. Kommt überall vor und ist mit der gefährlichste und gewandteste Raubvogel auf alles Geflügel, das er jedoch nie im Sitzen schlägt. 2. Der **Lerchenfalke**. Die kleinere Ausgabe des vorigen. 32 cm lang, ebenfalls mit schwarzem Zügel, sonst bunter wie 1. Oberseite fast schwarz, öfter mit röthlichem Nackenfleck. Kopf, Halsseiten und Brust weiß, Unterbrust gefleckt. Hosen und Hinterleib roth mit schwarzen Tupfen. Jugendkleid etwas abweichend. Sehr verbreitet, namentlich in Feldhölzern; schlägt alle Vögel, die er irgend zwingen kann, aber ebenfalls nur im Fluge, und ist sehr schädlich. 3. Der **Thurmfalke**. 33 cm lang. Kopf und Schwanz aschblau, Rücken und Schultern rothbraun mit schwarzen Punkten, Vorderseite gelblichweiß mit schwarzen Schaftflecken, Wachshaut und Füße gelb, Krallen stets schwarz. Rüttelt viel im Fluge. Nützlich durch Vertilgung von Mäusen und Insekten, selten schädlich durch Schlagen kleiner Vögel! (nur im Sitzen). Alle diese Falken sind Zugvögel und kennzeichnen sich durch die spitzen Flügel schon von ferne.

Kennzeichen der Milane.

Schwanz gegabelt	Schwanz 7 cm tief gegabelt, Flügel reichen bis an den Anfang der Gabel, röthlich gefärbt	m. regālis **Rother Milan**.
	Schwanz nur 3 cm tief gegabelt, Flügel reichen bis an die Spitze der äußeren Schwanzfedern, dunkel gefärbt	m. migrans (ater) **Brauner Milan**.

1. Der **rothe Milan** (Gabelweihe) ist sehr verbreitet und als großer rothbrauner Raubvogel mit dem auffallend gegabelten Schwanz nicht zu verkennen; obwohl er gelegentlich kleines Wild und Geflügel schlägt, wird er durch Kröpfen von Aas, Mäusen und Ratten, Amphibien und Insekten auch wieder nützlich. Er ist nur dann zu verfolgen, wenn er entschieden schädlich wird. 2. Der **braune Milan** ist dunkel gefärbt, Füße und Wachshaut hochgelb. Vom Bussard, mit dem er vielleicht zu verwechseln ist, unterscheidet ihn der lange und schwach gegabelte Schwanz und der schnellere sehr elegante Flug, die rundlichen schräg gestellten Nasenlöcher sowie das Fehlen von Borsten im Augenkreis sicher. Ist seltener und viel schädlicher als 1, namentlich der Fischerei, auch als Nesträuber. Beide sind Zugvögel.

Kennzeichen der Habichte.

Flügel schneiden mit der Hälfte des Schwanzes ab, 4. Schwinge die längste.	50—60 cm lang, starke Läufe, im Nacken kein weißer Fleck	a. palumbārius **Hühnerhabicht**.
	33—40 cm lang, dünne Läufe, im Nacken ein weißer Fleck	a. nīsus **Sperber**.

1. Der **Hühnerhabicht** (großer Stößer, Taubenstößer) ist graubraun mit dunkler Bänderung auf der Brust, oben ohne dieselbe. Jugendkleid bussardähnlich

mit langen braunen Schaftflecken. Der lange Schwanz mit 5 (4—6) Bändern. Füße gelb. Augen röthlich. Im Fluge kennzeichnen ihn die kurzen stumpfen Flügel mit ihrem kurzen schwirrenden Flügelschlag, der lange Schwanz und fast versteckte Kopf. Durch seine Frechheit, Gewandtheit und weil er alles zu bewältigende Wild und Geflügel im Fluge wie im Sitzen schlägt, noch gefährlicher als der Wanderfalke für die niedere Jagd und allgemein.

2. Der Sperber ist fast ebenso gezeichnet wie 1, nur hat ♂ braunrothe Querzeichnungen auf weißem Grunde; die geringere Größe, die dünnen langen Läufe und der weiße Nackenfleck unterscheiden ihn sicher von demselben, ebenso wie die kurzen Flügel von allen ähnlichen Vögeln. Noch gemeiner wie 1 und ebenso schädlich, deshalb unablässig zu verfolgen. Beide Habichte sind Strichvögel.

Kennzeichen der Bussarde.

4. Schwinge am längsten, jedoch nur wenig länger als die 3. und 5. Mittelzehe kürzer als Lauf.
{ Borsten im Augenkreis. { auf hinten ganz, vorn halb nackt, Schwanz mit 12 (10 bis 14) Binden b. vulgāris Gemeiner Bussard. Lauf bis an die Zehen befiedert, nackter schmaler Längsstreifen an der Hinterseite b. lágopus Rauhfußbussard.
Ohne Borsten im Augenkreis! Schwanz immer mit 3 breiten dunklen Querbinden (die dunkle Schwanzspitze ungerechnet), Zügel und Läufe beschuppt. Pérnis apívorus Wespenbussard.

1. Der gemeine Bussard ist 50—55 cm lang und nach seinem Kleide kaum zu beschreiben, da dasselbe von weiß bis schwarz mit allem möglichen Abweichungen wechselt. Die halbmondförmigen Nasenlöcher, oben mit fast geradem Rand und die Borsten im Augenwinkel kennzeichnen ihn noch am besten. Das Auge ist nie gelb. Im Fluge charakterisiren ihn der kurze Schwanz, langsamer Flügelschlag, vieles Kreisen mit „hiää"-Geschrei. Sehr verbreitet. Da, wo er der Jagd nachweisbar schädlich wird, ist er zu verfolgen, sonst als eifriger Vertilger von Mäusen ꝛc. zu schonen. Strichvogel. 2. Der Rauhfußbussard ist nur vom Oktober bis April hier und — weil schneller und gewandter — wohl etwas gefährlicher. Außer den oben angegebenen Kennzeichen charakterisiren ihn noch das stets rothbraune Auge, die stets dunkle Färbung am Bauche und ein großer dunkler Fleck auf dem Unterflügel. 3. Der Wespenbussard ist nur Sommergast und der harmloseste von obigen drei Bussarden. Er stellt den Wespen und Hummeln nach, auch wohl kleinen Vögeln. Gegen die Wespen schützen ihn die charakteristischen harten Kopffedern. Ziemlich selten.

Kennzeichen der Weihen. Circus.

Ebenso leicht wie die Weihen an dem das Gesicht umrahmenden Federschleier (eulenartig) als Gattung zu erkennen sind, so schwer sind die einzelnen Arten zu unterscheiben.

24 Raubvögel: Weihen.

{eulenartiger Schleier um den Kopf; 3. Schwungfeder stets die längste} {Schnabel stark u. mehr gestreckt — Schleier setzt ab} {der innere Einschnitt der 1. Schwinge ragt kaum 1 cm über die Spitze der vordersten Flügeldeckfeder hinaus. 2.—5. Schwungfeder außen bogig verengt; 1., 3., 5. stumpf eingeschnitten — c. aeruginōsus **Rohrweihe**.
innerer Einschnitt ragt bis 3 cm hinaus. Die Schwungfedern außen bis zur 4. verengt, innen bis zur 3. eingeschnitten — c. cineracĕus **Wiesenweihe**.}

{Schnabel schwach und stärker gekrümmt — Schleier geht unt. d. Schnabel zusammen} {der innere Einschnitt liegt an der Spitze der vordersten Deckfedern} {Schwingen wie bei 1 — c. cyanĕus (pygargus) **Kornweihe**.
Schwingen wie bei 2 — c. pállĭdus **Blaßweihe**.}

Alle Weihen horsten auf dem Boden und sind an ihrem leisen schwebenden bogenförmigen Fluge zu erkennen. Zugvögel. 1. Die **Rohrweihe** ist 56 cm lang, braunroth gefärbt, Augen und Füße gelb, Krallen schwarz; wird den Bruten allen Wassergeflügels, sowie Fischen und deren Laich verderblich und ist zu verfolgen. 2. Die **Wiesenweihe** ist 43 cm lang und an den langen schmalen Flügeln kenntlich; ♀ braun mit gelblicher Zeichnung, ♂ aschblau mit weißlicher und röthlicher Zeichnung; fast ebenso schädlich. Die **Kornweihe**; etwas größer und gebrungener wie 2, aber noch auffallender blau und weiß gezeichnet. Vernichtet viele Bruten von auf dem Boden nistenden Vögeln (Rebhuhn, Lerche ꝛc.) und ist der Jagd entschieden schädlich. Die **Blaßweihe** ist selten und ähnelt 3, doch ist sie blasser. Die drei letzten Weihenspecies vertilgen auch Mäuse.

Zum Schluß sei bei den Raubvögeln noch besonders darauf aufmerksam gemacht, daß sie sämmtlich Mäuse und Insekten vertilgen; manche von ihnen verzehren jedoch hiervon nur so wenig, daß sie durch das Rauben von nützlichen Thieren und Vögeln, auch von Hausgeflügel, vielmehr schädlich sind.

Als nützlich zu schonen sind nur meistens die **Bussarde, Thurmfalken, die bei Abend fliegenden Weihen und die Eulen mit Ausnahme des Uhu's**. Alle übrigen Raubvögel sind schädlich oder doch überwiegend schädlich; die noch hierher gehörigen Familien der Geier sind als forstlich und jagdlich für uns unwichtig übergangen.

§ 18.
2. Ordnung: Singvögel.

Nesthocker mit Singmuskelapparat (zweiter Kehlkopf), 3 Zehen nach vorn, 1 nach hinten (Sitzfüße), klein bis mittelgroß, Gesang und Nestbau auf höchster Stufe; mit Ausnahme der Körnerfresser (Finken, Ammern, Lerchen), welche jedoch, wenn sie Junge haben, ebenfalls der Insektennahrung bedürfen, durchweg nützlich.*)

1. Familie: **Schwalben**. Bei uns 4 Arten. Zugvögel.

---

*) Wenn in dieser Ordnung nichts dabei bemerkt ist, so sind die betr. Familien und Arten nützlich; bei den schädlichen wird die Schädlichkeit besonders hervorgehoben.

Singvögel. 25

2. Familie: Fliegenschnäpper. Zugvögel.
3. Familie: Würger, Lānius excŭbĭtor. gr. Würger.

Kaum Drosselgröße; schwarzweiß, oben aschblau, Stirn hell; an Waldrändern, spechtartiger Flug, rüttelt über seiner Beute, greift auch Wirbelthiere (Mäuse, kleine Vögel) an. Nachäffer von allerlei Tönen. Stand- und Strichvogel. Schädlich. Verwegener Räuber.

4. Familie: Raben. Zerfallen in die Gattungen der Heher, Elstern, Dohlen und Raben.

Gárrŭlus glandārius, Eichelheher; sehr bunt und scheu, frißt Baumfrüchte und plündert Vogelnester; pflanzt Eicheln; mehr schädlich. Der Nußheher, G. nucifrăga, ist selten.

Pīca caudāta, gem. Elster; überwiegend schädlich durch Vertilgen der Vogelbrut; bei Kiefernraupenfraß jedoch zu schonen, da sie auch behaarte Raupen frißt.

Córvus córax, Kolkrabe. Sehr groß, Haushahngröße, schwarz mit Schiller. Stand- und Strichvogel; nistet bereits im Februar auf sehr hohen Waldbäumen; Adlerflug; paarweis in bestimmt abgegrenztem Revier. Ueberwiegend schädlich. Seltener.

Die beiden Krähenarten, die violett schwarze Córvus frugĭlĕgus, Saatkrähe, stets in großen Zügen, wie die theilweis aschgraue mehr einzeln lebende, Córvus córnix, Nebelkrähe mit ihrer grünlich schwarzen Spielart C. corōne. C. frugĭlĕgus hat spitze Flügel, welche den Schwanz ganz bedecken. Sind wohl überwiegend nützlich, obwohl sie auch Vogelnester, Saaten und Obstgärten plündern und kleines Wild schlagen. In gleicher Weise ist die bekannte Dohle Corvus monēdŭla als überwiegend nützlich zu bezeichnen.

Zur folgenden Familie der Pirole gehört der nützliche Kirschenpirol, Orĭŏlus gālbŭla; Männchen leuchtend gelb und schwarz, Weibchen und Junge grünlich. Drosselgroß, schnell und unregelmäßig fliegend; sehr auffallend! (Pfingstvogel!), durch Plündern der Kirschbäume öfter schädlich; bleibt nur von Pfingsten bis August hier.

Zu den nützlichsten Thieren gehört der Staar, Stúrnus vulgāris, den wir durch Brutkästen an unsere Gärten und Culturen (namentlich gegen Engerlinge!) fesseln müssen.

7. Familie: Drosseln. Túrdus. Erste Schwinge sehr kurz, die dritte am längsten. der Schnabel an der Spitze mit einer Kerbe, meist 26 cm, 5 blaugraue rothgefleckte Eier,

Gefieder schwarz; Amseln
 ⎰ Oberbrust mit weißlichem Schild: T. torquātus 1. Schildamsel.
 ⎱ Oberbrust wie ganzer Körper tiefschwarz (♂) oder schwarzbraun — dunkelbraun gefleckt (♀): T. mérŭla 2. Schwarzdrossel.

Gefieder buntfarbig; Drosseln
 untere Flügeldeckfedern schwarzgrau oder weißlich
  ⎰ Flügel mit hellen Querbinden schwarzbraun: T. viscívŏrus 3. Misteldrossel oder Schacker.
  ⎱ Flügel ohne Querbinden; Schwanz schwärzlich; Kopf und Bürzel bläulich aschgrau: T. pilāris 4. Wachholderdrossel
 untere Flügelfedern rostfarbig
  ⎰ Weichen rostfarbig — Augenstreif deutlich rostgelb: T. iliăcus 5. Weinvogel.
  ⎱ Weichen weißlich — Augenstreif undeutlich; T. músĭcus 6. Krammetsvogel (Singdrossel).

Die Drosseln sind alle durch Insektenvertilgung besonders nützlich; leider wird ihnen wegen ihres delikaten Fleisches in den sog. „Dohnenstiegen" sehr nachgestellt, sie kommen unter dem Namen „Krammetsvögel" als Leckerbissen in den Handel.

8. **Familie: Sänger.** Ueberaus artenreich, meist kleine lebhafte Vögel mit langen dünnen Beinen und kurzem Fluge; nur Sommergäste; kunstvolle Nester mit 5 Eiern. 1—2 Bruten. Zu ihnen gehören unsere beliebten und bekannten Singvögel. Man theilt sie in folgende Arten ein: die Schmätzer (Stein- und Wiesenschmätzer), die Erdsänger (Nachtigall, Blau- und Rothkehlchen, Rothschwänze), die Buschsänger (Schwarzplättchen und Grasmückenarten), die Laubsänger (Laub-Spottvogel) und Rohrsänger (Drossel-, Schilf-, Sumpfrohrsänger).

9. **Familie: Meisen.** Körper gedrungen, Nasenlöcher mit Federn oder Borsten, Flügel kurz, Schwanz etwas gablig. Zehen mit krummen Klammerkrallen, die ihnen das Klettern ermöglichen. Standvogel.

Zu dieser Familie gehören die Goldhähnchen.

Régulus ignicapíllus und R. flāvicapíllus, feuerköpfiges und gelbköpfiges Goldhähnchen, unsere kleinsten Vögel, laubgrün; zahlreich in Nadelhölzern, besonders nützlich.

Die eigentlichen Meisen sind bekannt; für unsere Wälder, namentlich aber für die Obstgärten überaus nützlich. Es werden nur genannt: die Kohlmeise, Pārus mājor. Rücken grün, Unterseite gelb mit schwarzem Längsstrich, Scheitel schwarz, Wangen weiß. Der vorigen sehr ähnlich die nur im Nadelholz vorkommende Tannenmeise: Pārus āter, ferner die Sumpfmeise (Höhlenbrüter), die Blaumeise, Haubenmeise ꝛc.

Sítta europāēa (caésYa), gemeine Spechtmeise, ist der bekannte im Walde sehr häufig vorkommende und vorzüglich kletternde, oben blaugraue, unten rostfarbene kleine Vogel, fälschlich wohl Baumläufer genannt. Die Baumläufer gehören vielmehr zur folgenden Familie der Klettermeisen, welche an den langen steifen Schwanzfedern kenntlich sind und stets von unten nach oben die Bäume kletternd nach Insekten absuchen, in Wäldern und Obstgärten nützlich. Die folgenden Familien der Bachstelzen und Lerchen sind für uns unwichtig.

13. **Familie: Finken.** Da sie meist von ölhaltigem Samen leben, so werden sie überwiegend schädlich; nur zur Zeit, wenn sie Junge haben, vertilgen sie viel Insekten. Von den überaus zahlreichen Arten werden nur erwähnt der bekannte Buchfink, fringílla coelebs, ferner der Bergfink, der Grünfink, der Kanarienvogel, der Hänfling, der Zeisig, der Distelfink, Kirschkernbeißer, der Sperling ꝛc.; hierher gehört auch der bekannte Dompfaff oder Rothgimpel, Pyrrhūla vulgāris, der Fichtenkreuzschnabel mit gekreuzter Schnabelspitze, Lóxĭa curviróstra, ferner das Geschlecht der Ammern, von denen die Goldammer, Emberīza citrinélla, am bekanntesten ist.

Alle diese Vögel leben meist von Körnern, allerlei Sämereien, Blüthenknospen ꝛc. und werden, obgleich sie zeitweis auch Insekten vertilgen, entschieden schädlich. Manche sind als gute Sänger oder gelehrige und unterhaltende Vögel in den Stuben beliebt.

§ 19.
3. Ordnung: Schreivögel.

Nesthocker mit 10 Handschwingen, getäfelten und befiederten Läufen.

1. **Familie: Eisvögel.** Großer Kopf und Schnabel bei kleinem gedrungenem Bau, meist brillant blau, grün oder kupferfarben schillerndes Gefieder; einsam an Bächen, Gräben und Flüssen, schädlich für Fischerei.

2. **Familie: Wiedehopfe.** Úpŭpa épops, gem. Wiedehopf, bräunlich lehmfarben, Flügel und Schwanz schwarz, weiß gebändert; auf dem Kopf eine eben solche Haube; nützliche Höhlenbrüter.

3. **Familie: Nachtschwalben.** Caprimŭlgus eurōpaēus, gemeine Nachtschwalbe, auch Ziegenmelker genannt. 29 cm. Graues fein gezeichnetes Gefieder. Nacht- und Dämmerungsvogel, am Tage liegt er auf dem Boden oder auf horizontalen Aesten. Auf lichten Waldstellen oder an Waldrändern. Sehr nützlich.

Zu den Schreivögeln gehören auch noch viele ausländische Familien, z. B. die prächtigen Colibris, Nashornvögel, ferner die Racken (Blauracke!), die Segler 2c.

§ 20.
4. Ordnung: Klettervögel.

Nesthocker mit Kletterfüßen. (Zwei Zehen vorn und zwei Zehen hinten), gürtelartig geschilderte Läufe. Die mit geradem oder schwach gebogenem Schnabel leben von Insekten, die mit starkem und gekrümmtem Schnabel von Früchten und Körnern. Mit Ausnahme des Kukuks brüten sie in natürlichen oder selbst gemeißelten Baumhöhlen.

Cŭcŭlus canōrus, gemeiner Kukuk. Beine und Krallen gelb, Hals und Oberkörper aschblau, Unterseite weiß mit schwarzen Querstreifen. Nur im Sommer bei uns. Hauptvertilger von haarigen Baumraupen, deshalb sehr nützlich. Legt seine 6—8 Eier, je eins in die Nester von kleinen Singvögeln, die sie ausbrüten müssen.

Spechte. Schnabel mittellang gerade, Zunge weit vorstreckbar, vorn hornig widerhakig und sehr klebrig, um die Insekten aus den gemeißelten Löchern hervorzuholen; der Schwanz mit sehr starken Federn, der letzte wagerechte platte Schwanzwirbel dient beim Klettern und Meißeln als Stütze (Kletterschwanz!), die inneren Hinterzehen kleiner als die äußeren, oft verkümmert. Sehr bunte Farben, klettern ruckweis nur baumaufwärts. Durch Insektenverfolgung nützlich, fressen jedoch auch Ameisen und Sämereien. Stand- resp. Strichvögel.

Schwarzspechte. Gefieder schwarz, nur der Scheitel (♂) oder nur das Genick roth (♀); Rabengröße: Picus mártǐus 1. Schwarzspecht.

Gefieder oberseits weiß und schwarz; Schwingen weiß gebändert. Buntspechte.

mit 4 Zehen:

- Hinterleib unten roth; Unterrücken und Bürzel schwarz:
  - ein schwarzer Halsstreif vom Mundwinkel herab; Hinterkopf roth (♂) oder — nebst dem Scheitel schwarz (♀); 24 cm (schwarzes Gesicht): P. májor 2. Großer Buntspecht.
  - ein schwarzer Halsstreif erst unterhalb der Ohren beginnend; Hinterkopf roth (♂); 22 cm; seltener (weißes Gesicht): P. médǐus 3. Mittlerer Buntspecht.
- Unterseite ohne Roth, weißlich; Unterrücken weiß und schwarz gebändert; Scheitel roth (♂) oder weißlich (♂); 16 cm; im Laubholz: P. mínor 4. Kl. Buntspecht

mit 3 Zehen; Scheitel gelb (♂) oder weiß (♀); 34 cm P. tridáctylus 5. Dreizehiger Specht.

Gefieder grün; Hinterkopf roth; ein rother (♂) oder schwärzlicher (♀) Backenstreif; 34 cm: P. vírǐdis 6. Grünspecht.

§ 21.
5. Ordnung: Tauben.

Nesthocker mit knorpelschuppig bedeckten Nasenlöchern und Spaltfüßen.

Colúmba palúmbus, Ringeltaube. 50 cm. Taubenblau, unten weinroth im Alter. An den Halsseiten ein großer weißer Fleck (Ring), ebenso an den Vorderrändern der Flügel, schädlich.

C. oēnas, Hohltaube. 44 cm. Ganz mohnblau, auf den Flügeln einzelne schwarze Flecke. Zugvogel. Ruft: „Huhu", „Huhuhu".

C. túrtur, Turteltaube. Viel kleiner, 29 cm. Rostroth, wenigstens die vier äußersten Schwanzfedern mit weißer Spitze; Schulterfedern bräunlich mit bunklen Flecken. Ruft: „Turturr, turturr". Sehr schädlich für Nadelholzsaaten.

Alle drei Taubenarten sind Zugvögel und forstlich schädlich.

An den Küsten und auf den Inseln kommt noch die der Hohltaube sehr ähnliche Felsentaube C. livIa vor, unserer Haustaube am nächsten verwandt.

§ 22.
6. Ordnung: Hühnervögel.

Schwerfällige Erdvögel mit kurzem kuppig gerundetem Schnabel, kräftigen Gangbeinen und Sitzfüßen (3 Zehen vorn, 1 Zehe hinten), bei den Männchen oft 1 bis 2 Sporen; suchen scharrend ihre aus Grünfutter, Körnern und Insekten bestehende Nahrung am Boden. Meist Standvögel.

1. Familie: Aechte Hühner. Das Männchen stets, das Weibchen meist mit nacktem Fleck an den Wangen, fliegen schlecht, laufen vorzüglich, Nasenhöhlen befiedert.

Phasiānus Gallus, das Haushuhn.

Phasiānus colchYcus, gemeiner Fasan. Rothbraun, Hals und Kopf grün (♂); ♀ oben grau, braun gefleckt; düstereres Gefieder als ♂. Ph. pictus, Goldfasan, Ph. nycthémŏrus, Silberfasan, und viele Spielarten; ferner gehören hierher die Pfauen, Puter, Perlhühner.

2. Familie: Waldhühner. Schnabel kurz, stark gewölbt, über den Augen eine mondförmige rothe rauhe nackte Stelle, Hinterzehen höher als Vorderzehen. Fliegen mit Geräusch.

Tetráo urogállus, Auerhahn. Putengröße, dunkel, schieferschwarz, verlängerte Kehlfedern, Lauf ganz befiedert, Schwanz abgerundet. Henne nur Haushahngroß, rostfarben mit vielen schwarzen Flecken und Bändern, also bunt. 5—12 Eier.

T. tétrix, Birkhuhn. Haushahngröße, schwarz und stahlblau, Flügel mit weißer Doppelbinde, Schwanz stark leierförmig gegabelt (Spiel!), Henne Haushuhngröße, fast ebenso gefärbt wie die Auerhenne. 6—12 Eier.

T. bonāsYa, Haselhuhn. Rebhuhngröße, rostbraun, weiß und schwarz gescheckt: Lauf halb befiedert, im Gebirge, fliegt gut.

3. Familie: Feldhühner. Nackte Stellen am Auge fehlen oder klein, Nasenhöhlen unbefiedert.

Pérdix cinērĕa, Feldhuhn (Rebhuhn!) in Völkern bis zum Frühjahr, wo sie sich in Paare trennen.

Der Hahn durch einen kastanienbraunen hufeisenförmigen Fleck am Bauche und rothe oder gelbe Wärzchen um die Augen ausgezeichnet. Junge Hühner haben gelbliche, alte Hühner haben grau-bläuliche Füße.

Cotúrnix commūnis, gemeine Wachtel, viel kleinerer Zugvogel; braun mit gelbweißen Schaftstrichen; über Auge und Scheitel ein gelbweißer Streif; Kehle des ♂ schwarz.

Alle Hühnervögel sind Nestflüchter und Standvögel mit Ausnahme der Wachtel.

§ 23.
7. Ordnung: Laufvögel.

Erdvögel mit verkümmerten oder stumpfen gewölbten Flügeln, kräftigen Beinen und Lauffüßen (3 Zehen vorn).

Meist ausländische Familien, von denen am bekanntesten die Strauße (einziger Vogel mit nur zwei Zehen!) und die Kasuare. In Deutschland nur die gem. Trappe, Otis tarda, von Putergröße, rostbraun mit schwarzen Querstreifen, Kopf und Hals aschgrau, Federbart beim Männchen, mittelhohe Stelzbeine. Truppweis auf Feldern in der Ebene.

§ 24.
8. Ordnung: Waatvögel.

Sumpfvögel mit langem Halse und Waatbeinen (sehr langer Lauf!), lange, seltener mittellange meist gerade Schnäbel, Nasenlöcher mit feinen Ritzen, Schwanz kurz, Beine im Fluge nach hinten gestreckt.

1. Familie: Wasserhühner. Vorderzehen lang, zum Theil mit Schwimmlappen, gehen und schwimmen nickend, schlechte Flieger, gute Läufer und Schwimmer.

Fulīca ātra, gem. Bleßhuhn. Der mittellange seitlich gedrückte Schnabel setzt sich als schwielige, grell weiß gefärbte Platte bis hoch auf die Stirn fort. Schnabel und Stirnplatte weiß, sonst schieferfarben. Entengröße; 47 cm. Hat etwas thranigen Geschmack.

Gallinŭla (fulica chlórŏpus, gem. Teichhuhn (Wasserhenne, schwarze Ralle), 31 cm, Zugvogel; grüne Beine, Gefieder oben olivenbraun, sonst schiefergrau, Stirn schön roth. Auf Teichen und Binnenseen.

Crex pratēnsis, gem. Wiesensumpfhuhn oder Wachtelkönig, 28 cm. Im Gefieder der Wachtel ähnlich, etwas größer. Knarrt im Frühjahr Abends auf Wiesen, wohlschmeckend.

Grus cinérĕa, gem. Kranich. 120 cm, aschgrau, kahler Oberkopf mit Borsten, hintere Schwingen kraus, Hals und Beine storchähnlich, langer Schnabel.

Rállus aquātĭcus, Wasserralle. 28 cm. Schnabel etwas länger als Kopf, schwarz, Weichen weiß gebändert.

2. Familie: Schnepfenartige Vögel. Schnabel dünn, lang, theils weich. Erste Schwinge ein ganz kleines Federchen. Die Hinterzehe klein, etwas höher, gute Flieger. 4 birnenförmige, gelbliche oder weißgrünliche braunfleckige Eier im ärmlichen Neste. Wohlschmeckende Vögel, theils sehr theure Leckerbissen.

Schnabel mit gerundeter Spitze; Scheitel und Stirn aschgrau, Hinterkopf mit rothgelben Querbinden; Rebhuhngröße, Scolŏpax rusticŏla, 1. Waldschnepfe*)

Schnabel mit flachgedrückter Spitze; Scheitel schwarzbraun, mit hellem Längsstreif.
{ Flügeldeckfedern mit weißem am Schaft nicht unterbrochenen Spitzenfleck 25 cm, Turteltaubengröße: Sc. major 2. Doppelschnepfe.
Flügeldeckfedern mit rostgelblichen, am Schaft unterbrochenen Spitzenfleck 23 cm, Drosselgröße: Sc. gallināgo 3. Bekassine.
Scheitel schwarz, zu beiden Seiten gelb gestreift, Lerchengröße: Sc. gallinŭla 4. II. Bekassine.

Trínga púgnax, Kampfschnepfe. Drosselgroß, sofort kenntlich an dem aufrichtbaren langen Federkragen um den Hals und den langen nackten Beinen; das Gefieder ist sehr verschieden, im Allgemeinen jedoch das gewöhnliche Schnepfengefieder. Kämpfen stark zur Paarungszeit. Eier wohlschmeckend.

Totănus fúscus, großer, rothschenkliger Wasserläufer, schwarzbraun, turteltaubengroß, Schnabel unten roth, viele ähnliche Arten auf süßen Wassern, eßbar.

Limŏsa aegocephăla, Pfuhlschnepfe (Gaiskopf!), taubengroß, sehr lange Beine, breitspitziger gerader Schnabel, Mittelkralle innen am Rande gesägt, Vorderkörper rostroth, im Winter dunkel, Schwanz schwarz, an der Wurzel weiß. Auf dem Zuge bei uns in Sümpfen.

Numénĭus arcuāta, großer Brachvogel (Doppelschnepfe), Oberrücken und Schultern braun mit rostgelben Flecken, Unterleib weiß mit braunen Querstrichen, Flügel schwärzlich mit weißen Flecken; Füße bläulich; Stockentengröße, 60 cm. Sehr langer bogiger Schnabel, Beine lang, alle Vorderzehen durch Spannhaut verbunden.

N. phaeŏpus, II. Brachvogel. Halb so groß, schaarenweis auf dem Zuge auf den Feldern, wo er sein Pfeifen hören läßt. Kopf dunkel mit gelbem Mittelstrich. Schnepfengröße. Beide Brachvögel nebst ihren Eiern wohlschmeckend; ihr Gefieder ist schnepfenartig.

3. Familie: Regenpfeifer. Mittellanger kuppenförmiger Schnabel, die kräftigen Beine ohne Hinterzehe, fliegen und rennen schußweis schnell; auf offenen Flächen.

Charádrĭus aurātus, Goldregenpfeifer. Turteltaubengroß, oben dunkelgrau mit grünen oder gelben Fleckchen. „Tute" bei den Jägern genannt. Wohlschmeckend.

Vanéllus cristātus, gem. Kiebitz. Bekannt. Eier theure Leckerbissen.

4. Familie: Reiher.

Ardĕa cinérĕa, gem. Fischreiher. 1 Meter; oben aschgrau, unten weiß. Vorderhals mit 2 schwarzen Streifen. Hinterzehe groß, in einer Ebene mit den 3 Vorderzehen, sehr hochbeinig. Nistet gesellig auf hohen Bäumen. Fliegt mit eingezogenem Kopfe. Sehr schädlich für die Fischerei.

Ferner gehören hierher die Störche. Bekannt.

Die Schnepfen und Regenpfeifer liefern mit sehr wenig Ausnahmen ein vorzügliches Fleisch und werden deshalb vielfach gejagt; im Allgemeinen sind sie durch Insektenvertilgung nützlich.

---

*) Die von der Jägerei unterschiedenen Arten: der größere lebhafter gefärbte „Eulenkopf" und die kleinere, düstere „Stein- oder Dornschnepfe" sind specifisch nicht verschieden. Letzteres sind wohl jüngere Männchen oder weniger entwickelte Individuen aus rauheren Gegenden. (Vergl. „Die Waldschnepfe" von Dr. Hoffmann. Stuttgart bei Thienemann.)

Schwimmvögel.

§ 25.
9. Ordnung: Schwimmvögel.

Wasservögel mit Schwimmhäuten zwischen den Zehen.

Colymbus cristātus, großer Haubentaucher. Entengröße, unten glänzend weiß, rostfarbene Krause am Halse, mit Schwimmlappen. Sehr gesuchtes Pelzwerk.

Ente. Schnabel flach, breit, vorn mit einem Nagel, an den Rändern mit Querblättchen oder Zähnchen (Lamellen), vier Zehen, die drei vorderen mit ganzen Schwimmhäuten; fliegen schnell. Erpel lebhafter gefärbt als Ente.

Schwimmenten: Anas bóschas, Stockente, auch Märzente. 60 cm. Flügelspiegel*) violettblau mit weißer Einfassung. Füße gelblich-roth; außer dem Prachtkleide Erpel wie Ente einfach graubraun. Stammart der Hausente. Hals bei ♂ grünlich, bei ♀ grau.

A. clypeāta, Löffelente. 50 cm. Schnabel vorn auffallend breit und gewölbt mit langen kammartigen Lamellen. Füße gelblich-roth.

A. crécca, Krickente. Nur taubengroß; **kleinste Ente**, Beine aschgrau, Schnabel schwärzlich, **grüner Spiegel**, Schwanz 16 Federn; mit ihr sehr ähnlich, aber durch **grauen Spiegel** unterschieden A. Querquédŭla, Knäckente, Schwanz 14 Federn. Die Spitzente, A. acūta, groß, kenntlich am langen dünnen Hals und den wie ein **Spieß hervorragenden Mittelschwanzfedern**. A. strépĕra, Schnatterente, groß, **weißlicher Spiegel** Schnabel und Füße schwarz gelblich. A. penélope, Pfeifente, mittelgroß, Schnabel verschmälert, bleifarben mit schwarzem Nagel, Mundspalte gleich Lauf.

Zu den Tauchenten, die sich durch gedrungenen Körper und mit Hautsaum versehener Hinterzehe auszeichnen, gehören die mittelgroße A. ferīna, Tafelente, mit hellaschfarbenem Spiegel, und A. clángula, Schellente, mit weißem Spiegel. Außerdem noch zahlreiche minder wichtige Arten.

Die Enten sind Tag- und Nachtvögel, brüten einzeln im Wasserkraut, auch auf Bäumen und in Höhlen, fliegen hintereinander im schrägen Längsstrich oder in Keilform.

Anser cinérĕus, Grau- oder wilde Gans. 95 cm. Röthlicher Schnabel von Kopflänge ohne Schwarz, Beine fleischfarben. Sehr schädlich und scheu. Stammart unserer zahmen Gans. Außer der Graugans wird den Feldern noch die Abart A. segétum, Saatgans, sehr schädlich, die kleiner ist (85 cm) und orangefarbenen Schnabel mit schwarzer Wurzel und Kuppe, auch mehr orangefarbige Beine hat; nur die Jungen schmackhaft.

Cygnus olor., Höckerschwan. 160 cm. Nackte Stelle zwischen Auge und Schnabel schwarz, im Alter der rothe Schnabel mit schwarzem Stirnhöcker; weiß, an den Ostseeküsten, vielfach gezähmt.

C. músicus, Singschwan. Nackte Stelle zwischen Auge und Schnabel gelbfleischfarben, ebenfalls weiß, ohne Höcker, singt nicht, sondern schreit ähnlich den Gänsen; auf dem Zuge gesellig.

Die folgenden Familien der Ruderfüßer (Pelikane, Kormoran), der Möwen (Seeschwalbe und eigentl. Möwen) und der Sturmvögel übergehen wir, da sie hauptsächlich Meervögel sind.

---

*) Spiegel nennt man den auffallend anders gefärbten Fleck auf dem Flügel.

§ 26.

Die dritte, vierte und fünfte Klasse der Wirbelthiere, welche die Reptilien, Amphibien und Fische umfaßt, haben für den Forstmann entweder gar keine oder doch eine so untergeordnete Bedeutung, daß wir sie hier ganz übergehen können.

§ 27.

Von dem zweiten Kreise, welcher die Gliederfüßler begreift, haben für den Forstmann nur die Klasse der Insekten und von diesen hauptsächlich die ersten drei Ordnungen, nämlich die Ordnungen der Nacktflügler, der Käfer, der Schmetterlinge und in geringerem Grade die Ordnung der Grabflügler und Halbflügler Interesse; die forstlich wichtigen sind ausführlich besprochen und beschrieben in den Kapiteln des Forstschutzes, welche über die Beschädigungen der Wälder durch Insekten handeln. Es folgt hier nur eine ganz kurze Charakteristik zur Erleichterung der Erkennung der verschiedenen Ordnungen, Familien und Gattungen nebst Aufzählung der für uns interessanten Insekten.

II. Kreis. 1. Klasse: Insekten.

Gliederthiere mit 1 Fühlerpaar und 6 Beinen an der Brust.

§ 28.
Allgemeines.

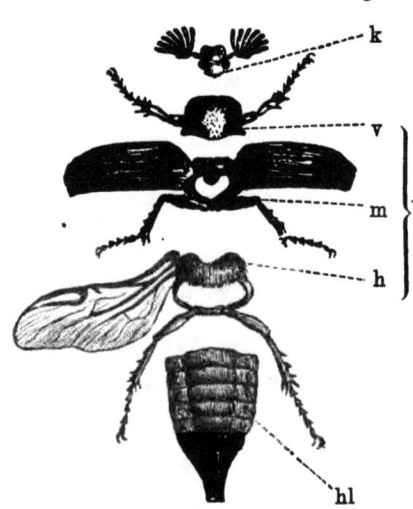

Der Körper der Insekten sondert sich scharf in Kopf (Figur 5, k), Brust (b) und Hinterleib (hl). Der Kopf trägt Fühler, Augen und Mundtheile. Die vielgliedrigen Fühler sind sehr mannigfaltig gebildet in Bezug auf Länge und Form; letztere ist faden=, borsten=, schnur= sägen= 2c. förmig, bald geknöpft, gebrochen 2c.; dieselben dienen nicht nur zum Tasten, sondern vermitteln auch Geruchs= und Gehörsempfindungen. Die Augen sind entweder einfach oder zusammengesetzte (Netz=!) Augen mit oft vielen Tausenden sechsseitigen gewölbten Feldern. Die Mundwerkzeuge dienen entweder zum Beißen oder zum Saugen; sie bestehen aus

Figur 5. Insektenkörper nach seinen Theilen.

Insekten: Allgemeines.

Oberlippe, zwei Oberkiefern, zwei Unterkiefern mit einem Tasterpaar und einer mit zwei Tasten versehenen Unterlippe. Die **Brust** besteht aus drei Ringeln: Vorder- (v), Mittel- (m) und Hinterbrust (h); die Vorderbrust trägt das erste, die Mittelbrust das zweite Fußpaar und bei geflügelten Insekten das erste Flügelpaar, die Hinterbrust das dritte Fuß- und zweite Flügelpaar. Die Beine liegen in einer pfannenförmigen Vertiefung und bestehen aus Hüfte, Schenkelring, Schenkel, Schiene und dem mehrgliedrigen Fuß und den Klauen; je nachdem die Füße zum Gehen, Laufen, Springen, Schwimmen, Graben oder Rauben dienen, sind sie verschieden gebaut und benannt. Die **Flügel** sind höchstens in der Vierzahl vorhanden, von Adern durchzogen und bald dünn durchsichtig, bald lebrig; das vordere Paar ist bald halb, bald ganz zur festen Decke erstarrt. Der **Hinterleib** besteht aus 4—11 Ringeln, die letzten beiden Ringel sind häufig zu Legestacheln, Legebohrern, Griffeln, Zangen, Giftstacheln umgebildet. Die Haut der Insekten ist meist ein fester Panzer und dient als äußeres Skelett zum Ansatze der **Muskeln**; die letzteren sind sehr zahlreich und außerordentlich kräftig. Seitlich am Hinterleib befindliche Oeffnungen führen in ein stark entwickeltes **Röhrensystem**, in welchem die Athmung vor sich geht. Viele Larven können vermittelst eigener **Spinndrüsen** feste Gespinnste verfertigen, vollkommene Insekten können ihre Eier häufig durch eine Kittsubstanz anheften, mit Gespinnst überziehen ꝛc. Die Nerven liegen hauptsächlich am Bauch (als Knötchenfäden), von wo sie sich in den übrigen Körper verzweigen. Je nachdem die Insekten in vier verschiedenen Lebensformen als Ei, Larve, Puppe und vollkommenes Insekt oder nur in drei Formen als Ei, Larve und Insekt sich entwickeln, unterscheidet man Insekten mit vollkommener Verwandlung (Metamorphose) oder Insekten mit unvollkommener Verwandlung; daneben kommen auch Insekten ohne Verwandlung vor, die nur den Zustand als Ei und Insekt kennen. Die Verwandlung geht stets in der Reihenfolge vor sich, daß aus dem Ei die Larve, aus dieser die Puppe, aus der Puppe sich das Insekt entwickelt.

Das Insekt wächst nicht mehr, sondern nur die Larve! Die mannigfaltigen Lautäußerungen der Insekten werden theils durch das Schwirren der Flügel, theils durch Reiben äußerer Körpertheile, theils durch Ausströmen der Athmungsluft hervorgerufen.

Die Insekten werden durch Zerstören von Pflanzentheilen (Holz, Blättern, Blüthen, Früchten ꝛc.), durch Befallen von Menschen und Thieren als Schmarotzer ꝛc. schädlich; andere produciren Honig, Wachs, Seide, Farbstoffe, Arzneien, räumen faulende und kranke Stoffe fort resp. verwandeln sie in nützliche Dungstoffe, übertragen den Blüthenstaub ꝛc. und werden dadurch nützlich. Manche leben in staatlicher Gemeinschaft, andere führen kunstvolle Bauten auf. Es kommen mehrere Hunderttausend Arten vor.

Mit 4 Flügeln	Vorderflügel härter als Hinterflügel und von ungleichem Stoffe	Vorderflügel hornig	ganz hornig: Coleóptĕra Käfer.
			am Grunde hornig, an der Spitze häutig: Hemíptĕra Halbflügler z. B. Blattläuse.
		Vorderflügel pergamentartig, Hinterflügel häutig, breiter und längsgefaltet: Orthóptĕra Grabflügler z. B. Heuschrecke.

			ganz oder theils mit Schuppen bedeckt: Lepidóptĕra Schmetterlinge.
Mit 4 Flü- geln	alle Flügel von gleichem Stoffe	nackt und glas- artig, durch- sichtig	Flügel geadert, höchstens mit 12 bis 14 Zellen: Hymenóptĕra Nacktflügler z. B. Wespen. Flügel netzförmig, immer über 20 Zellen: Neuróptĕra Netzflügler z. B. Libellen.

Mit 2 nackten durchsichtigen Flügeln, statt der 2 fehlenden Hinterflügel meist 2 gestielte Knöpfchen: Díptĕra Zweiflügler
z. B. Fliegen.

Ohne Flügel: Áptĕra Flügellose
z. B. Läuse.

Käfer, Halbflügler, Netzflügler, Aderflügler, Schmetterlinge haben eine vollkommene, die übrigen Insekten eine unvollkommene Verwandlung; Käfer,
Ader-, Netz- und Grabflügler haben beißende, die übrigen saugende Mundtheile.

§ 29.
1. Ordnung: Nacktflügler (Hymenóptĕra).

Insekten mit kauenden und leckenden Mundtheilen, vier häutigen schmalen durchsichtigen wenig geaderten Flügeln, die zur Artenbestimmung wichtig sind, und vollkommener Verwandlung. Die ♀ mit Legebohrer oder Giftstachel. Die Larven meist Maden. Die Insekten schwirren in summendem Fluge lebhaft umher; sie wirken nützlich, indem sie theils schädliche andere Insekten vertilgen, theils durch Uebertragen des Blüthenstaubes beim Honigsammeln die Befruchtung der getrennt geschlechtlichen Waldbäume befördern; seltener schädigen sie Pflanzen.

1. Familie: Pflanzenwespen. Sírex gigas, Riesenholzwespe. 3 cm lang, schwarz und gelb, sitzender Hinterleib mit langem Legebohrer; die farblosen Larven haben nur Brustbeine, fressen schädlich in Nadelhölzern im Stamme große Larvengänge.
S. juvēncus, Holzwespe. 13—26 mm. Stahlblau. Im Kiefernholze schädlich.

2. Familie: Gallwespen. Mückengroße Wespen mit Brustbuckel und seitlich zusammengedrücktem Hinterleib, welche zum Ablegen der Eier zarte Pflanzentheile (Blätter ꝛc.) anstechen und so zu eigenthümlichen Wucherungen, unter dem Namen „Gallen" bekannt, Veranlassung geben. Am bekanntesten sind die Gallen an der Unterseite der Eichenblätter, vom Stich der Cýnips quércus fól herrührend; nützlich ist Cýnips tinctórĭa, deren Gallen zur Tintenfabrikation verwandt werden.

3. Familie: Schlupfwespen oder Schneumonen. Gestielter Hinter-
leib, in der Mitte am breitesten, von oben nach unten zusammengedrückt, an der Spitze desselben der empfindlich stechende Legebohrer; Fühler lang, borstenförmig, zitternd tastend. Schmale Flügel, ganzer Körper langgestreckt, dünn, Beine lang. Außerordentlich nützlich, indem die Weibchen andere schädliche Insekten, und zwar in allen Verwandlungsstadien, Raupen, Eier, Puppen anstechen, sie mit Eiern belegen und so indirekt durch die nachher ausschlüpfenden jungen Schneumonen tödten. Die meisten Schneumonen sind auf bestimmte Insektenarten und Verwandlungsstadien angewiesen; je nach der Größe bewohnen sie einzeln oder oft zu Hunderten das an-
gestochene Wohnungsthier als Maden; sobald sie sich zu Insekten entwickelt haben,

schlüpfen sie aus. Sie bilden das Hauptgegengewicht gegen Raupenfraß, indem sie sich gleichzeitig mit den Raupen zu vermehren pflegen.

Ichneúmon circumflēxus, gebog. Ichneumon. Groß, röthlich-gelb, mit sichelförmigem Hinterleib, einzeln in der gr. Kiefernraupe; Ichneúmon globātus, klein, zu Hunderten in derselben. 4. bis 5000 Arten Ichneumonen bekannt.

4. Familie: Ameisen. Bekannt; werden durch Tödten vielen Ungeziefers, Wegräumen fauler Stoffe ꝛc. sehr nützlich.

5. Familie: Grabwespen. Sphex. Graben sich Höhlen in Holz oder Erde, schleppen allerlei Insekten hinein, die sie durch einen Stich gelähmt haben, belegen sie mit Eiern und mauern dann die Höhlen zu. Meist schwarze Farbe mit brauner oder braunrother Zeichnung, langen Beinen und Flügeln, kurzen geraden Fühlern.

Von den folgenden Familien der Wespen und Bienen interessirt uns nur die große bekannte Horniß, Véspa crābro, da sie durch Schälen junger Eschentriebe schädlich wird.

§ 30.
2. Ordnung: Käfer (Coleóptera).

Insekten mit kauenden Mundtheilen, festen Flügeldecken und vollkommener Verwandlung. Der Mund ist zum Beißen eingerichtet, die Fühler bestehen meist aus elf Gliedern, doch wechselt ihre Zahl zuweilen zwischen vier und zwischen dreißig; diese sind, was zur Unterscheidung dienen kann, faden-, borsten-, keulen-, fächer-, säge-, kammförmig, bald gerade, bald geknickt. Von den drei Brustringeln ist der erste das freibewegliche Halsschild (vergl. Figur 5) und trägt das erste Beinpaar, in dem zweiten ist das zweite Beinpaar und erste Flügelpaar eingelenkt, der dritte große Ringel trägt das zweite Flügel- und letzte Beinpaar. Das erste Flügelpaar ist hart und dient zum Schutze, das zweite häutig und dient zum Fliegen. Die Beine sind bald Laufbeine (meist!), bald Grab-, Spring-, Schwimmbeine; am Fuße (dem untersten Hauptgelenk, Tarsus) befinden sich 1—5 Glieder, deren verschiedene Zahl ebenfalls als Eintheilungsgrundlage dient, die allerdings etwas mangelhaft ist, da manche Ausnahmen vorhanden sind. Sie ist hier zu Grunde gelegt.

§ 31.

Mit vier Fußgliedern, eines jedoch verkümmert. Die Marienkäferchen, kleine unten flachscheibige, oben gewölbte fast kreisrunde bunte Käfer. Ihre laufenden Larven vertilgen Blatt- und Schilfläuse, deshalb nützlich. Hierher gehört das bekannte Marienwürmchen und ähnliche Arten.

§ 32.

Mit fünf Fußgliedern, das letzte Glied jedoch verkümmert und verborgen, deshalb scheinbar viergliedrig. Hierher gehören die schädlichen Blattkäfer, Chrysomēla pópuli, álni, cápreae etc. und die in Saatkämpen schädlichen Erdflöhe (mit Springbeinen), ferner folgende große Familien:

Die Bockkäfer (Cerāmbyx) mit kräftigem gestrecktem Körper und langen bis sehr langen Fühlern. Die gelb-weißlichen Larven sind vorn breiter als hinten, gestreckt, mit stark abgeschnürten Ringeln, weich mit hornigem Kopfe und starken Kiefern, Füße meist verkümmert, leben meist im Holze, wo sie oft sehr schädlich fressen. (Großer Wurm in Eichen ꝛc.)

C. carchārĭas, Pappelnbockkäfer, in Pappeln sehr schädlich. C. heros, unser größter Bockkäfer (großer Wurm), in Eichenstämmen sehr schädlich, nicht viel kleiner ist C. faber (in Eichen), beide sehr große braune Käfer mit langen Fühlern.

Die Borkenkäfer (Figur 6): mit walzigem Körper, kleine bis sehr kleine schwarze und braune Käfer, Larven weiß, ohne Beine und Augen, gekrümmt; am schädlichsten Bóstrĭchus typŏgrăphus (Fichte), oft schädlich B. stenŏgrăphus (Kiefer), beide mit Lothgängen*), B. larĭcis (Lärche, Kiefer), geschwungener Lothgang, B. cúrvĭdens (Weißtanne), unregelmäßige doppelarmige Wagegänge, B. chalcŏgrăphus (Fichte), Sterngänge, B. dispar, monŏgrăphus (kleiner Wurm in Eichen), dryŏgrăphus, bogige Gänge in Laubhölzern. Die Unterart der Bastkäfer ist kenntlich an der rüsselartigen Verlängerung des Kopfes. Hylesīnus pinipĕrda (Kiefer), großer Lothgang mit Krücke oben, H. minor (Fichtenrinde), Familiengänge. Die Unterart der Splintkäfer ist am ansteigenden und dann fast rechtwinklig abgestürzten Hinterleib zu erkennen. Eccoptogáster scólythus (Ulme), kurze breite Lothgänge, E. destrūctor (Birke), sehr langer Lothgang.**)

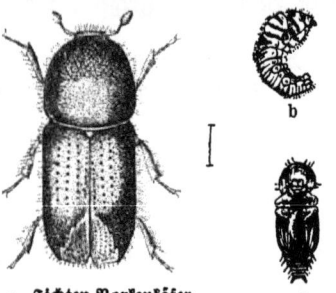

Figur 6. a. Käfer. b. Larve. c. Puppe.
a. Fichten-Borkenkäfer.

Die obigen drei forstlich wichtigen Gattungen lassen sich leicht nach folgendem Schlüssel unterscheiden:

Erstes Fußglied viel kürzer als die drei folgenden zusammen:

Halsschild = ½ des Körpers. Hinterleib schief abgestutzt: Splintkäfer, Eccoptogáster.

Halsschild = ¼ des Körpers. Hinterleib nicht schief abgestutzt, Kopf vorgestreckt und vorn allmählich dünner. Bastkäfer, Hylesīnus.

Halsschild ⅓ des Körpers. Kopf nicht vorgestreckt, von oben nicht oder kaum sichtbar: Borkenkäfer, Bóstrichus.

Die Rüsselkäfer (Figur 7). Kopf rüsselförmig verlängert, meist sehr harte Flügeldecken; farblose gekrümmte fußlose weiche Larven mit behaarten Wülsten. Sehr schädlich an allen Pflanzentheilen. Curculĭo pini und notātus, bekannt als Nadelholzverderber. C. ater, schwarz mit rothen Beinen, frißt an den Wurzeln von Nadelhölzern.

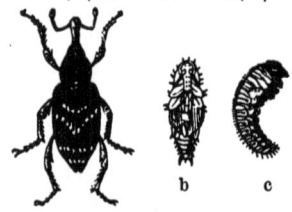

a. Großer Rüsselkäfer.
Figur 7. a Käfer. b Larve. c Puppe.

*) Lothgänge nennt man solche Fraßgänge, welche senkrecht am Stamme hinauf laufen; Wagegänge, welche wagerecht von rechts nach links laufen; Sterngänge, welche radien- oder sternförmig von einem Mittelpunkt verlaufen.
**) Das Nähere über die merklich schädlichen Insekten findet sich in den Kapiteln über Forstschutz, die zu vergleichen sind (§§ 208 u. ff.).

§ 33.

Die vorderen Beinpaare mit fünf, das letzte mit vier Fußgliedern.

3. B. Lytta vesicatōria, spanische Fliege, 17—20 mm, smaragdgrün, oft auf Eschen sehr schädlich.

§ 34.

Sämmtliche Beine mit fünf vollständig entwickelten Fußgliedern.

3. B. Clērus formicārĭus, Ameisenkäfer. Schwarz mit schmaler zackiger rother und einer breiteren weißen Binde, 7 mm. Sehr nützlich durch Vertilgung der Borkenkäferbrut.

Buprestis virĭdis, Buchenprachtkäfer. 7 mm, blau, auch grünlicher Metallglanz mit kurzen Beinchen und Fühlern, verwüstet zuweilen Buchenheister, die mit der Larve ausgerissen und verbrannt werden müssen. Kenntlich ist der Fraß an den geschlängelten Gängen, welche sich schon von außen durch schwache Wölbung der Rinde verrathen, auch blättert die Rinde ab.

Lucānus cérvus, Hirschkäfer. Bekannter sehr großer Käfer mit Geweih; lebt in Eichen, seine Larve in anbrüchigem Holze.

Die Familie der Mistkäfer, die hier folgt, ist nützlich durch Aufräumen fauliger Stoffe.

Melolóntha, Maikäfer. Das Männchen hat 7 große, das Weibchen 6 kleine Fühlerblätter.

Melolóntha vulgaris, gemeiner Maikäfer. 26 mm, etwa 30 Eier in der Erde bis 40 cm tief, die Engerlinge anfangs gesellig, später einzeln; in Norddeutschland 4 Jahre, in Süddeutschland 3 Jahre Entwicklungszeit; die Verpuppung in einer Erdhöhle; aus der Puppe entwickelt sich der Käfer bereits im November vor dem Flugjahre und bohrt sich im Mai aus.

M. hippocästäni, kleiner, nur 21 mm, Hinterleibspitze plötzlich verjüngt, die Flügeldecken mit schwarzem Rand; schwer vom eigentlichen Maikäfer zu unterscheiden; liebt mehr Sandboden, in gleicher Weise, vielfach noch mehr schädlich, Generation 4—5jährig.

§ 35.

Die folgenden Familien der Aaskäfer oder Moderkäfer, z. B. die bekannten Todtengräber, leben in Leichen von Thieren, im Aase, im Miste ꝛc. und werden durch Aufräumen derselben, manche räuberische Arten von Staphylinus auch durch Vertilgen von Insekten nützlich. Wichtiger für uns ist die letzte Familie der Käfer, die Laufkäfer; dieselben sind theils selbst, theils als Larven sehr nützlich durch Insektenvertilgung. Sie haben borstige elfgliedrige Fühler, meist zangenartige Oberkiefer, womit sie empfindlich kneifen können und schlanke zum schnellen Laufen eingerichtete Beine. Hiervon sind wichtig:

Cicindēla, Sandkäfer. Großer Kopf mit Zangen, vorgequollene Augen, Beine lang und dünn, die Flügel dunkel metallglänzend mit gelblicher Querbinde, 8—17 mm groß. An sandigen Stellen lebhaft laufend oder ruckweis fliegend. C. hybrĭda, grau kupfergrünlich, und silvática, dunkel broncebraun mit gelber Zeichnung, C. campéstris, grün. Sind nützlich durch Vertilgen kleiner Insekten.

Cárăbus, Laufkäfer. Haben nur Flügeldecken, keine Unterflügel, sind deshalb auf den Boden angewiesen, woselbst sie namentlich am Abend und in der Nacht allerlei Insekten rauben. Am wichtigsten sind:

C. sycophäntus, Puppenräuber. Ziemlich groß, Decken blauschwarz bis goldgrün, prächtig. Er und seine Larve sind Hauptfeinde des Kiefernspinners, der Nonne und Processionsraupe.

C. inquisītor. 17 mm. Broncebraun; viel auf jungen Bäumen mit Raupen- und Puppenvertilgung beschäftigt.

C. cancellātus. 17—28 mm. Broncegrün bis broncerötlich, Decken mit drei Längsrippen, dazwischen Reihen mit Kettenpunkten. Häufigste Art.

C. nemorālis. 20—24 mm. Schwarz, Decken violett broncefarben, bläulich gerandet, fein gerieft mit 3 Reihen Grübchen. Häufig.

§ 36.
3. Ordnung: Schmetterlinge (Lepidóptĕra).

Insekten mit saugenden Mundtheilen, vier beschuppten Flügeln und vollkommener Verwandlung. Einige Schmetterlinge nehmen gar keine Nahrung, die übrigen nur wenige stets flüssige, aus Blüthensaft bestehende Nahrung vermittelst eines zusammenrollbaren Saugrüssels zu sich. Sie vermehren sich durch Legen von hartschaligen Eiern verschiedener Form und Farbe, die bald unbedeckt bleiben, bald mit Wolle oder Klebstoff überzogen werden; ihre Zahl ist stets bedeutend.

Figur 8. 16 beinige Spinnerraupe.   Figur 9. 10 beinige Spannerraupe.

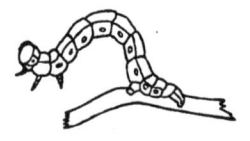

Die Larven der Schmetterlinge sind unter dem Namen „Raupen" bekannt. Sie haben Kauwerkzeuge und an der Unterlippe Spinndrüsen, womit sich viele eine Hülle (Cocon) spinnen; der Leib besteht aus 13 Ringeln (Figur 8); die ersten drei auf den Kopfringel folgenden Ringel tragen die 3 eigentlichen (Brust-) Beinpaare, welche schwach gegliedert sind; außerdem besitzt jede Raupe 2—5 Paar verkümmerte, sogenannte unechte Beine, so daß im Ganzen 5—8 Paar vorhanden sind. Der 4., 5., 6., 7. Ring ist stets beinlos. Während der 3—5 maligen Häutung verändern die Raupen oft ihre Farbe: viele Raupen sind nackt (Figur 9), andere mit verzweigten Dornen oder Haaren, die zuweilen giftig sind, versehen. Die Raupen sind sehr gefräßig; zur Verpuppung verkriechen sie sich in die Erde, in Spalten und Ritzen von Bäumen und häuten sich dort verborgen zur Pupp, die immer ruht. Die Zeit der Verwandlung ist verschieden lang; zuweilen mehrere Mal im Jahre oder einmal im Jahre, manche gebrauchen mehrere Jahre. Man theilt die Schmetterlinge in Klein- und Großschmetterlinge ein.

Wir berühren, wie bei den vorhergehenden beiden Ordnungen, nur die forstlich wichtigen zur Erleichterung der Orientirung und soweit sie nicht ausführlich beim Forstschutze besprochen werden.

§ 37.

A. Die Kleinschmetterlinge.

1. Familie: Motten (Figur 10). Kleine bis sehr kleine Schmetterlinge, Flügel sehr schmal, oft zugespitzt und dann sehr lang befranzt; in der Ruhe spitz dachförmig gefaltet, dicht um den dünnen Leib liegend. Die Raupen haben theils verkümmerte, theils 7—9 Paar Beine, Raupen wie Motten laufen behende.

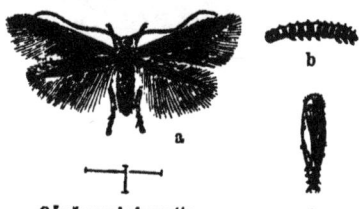

Lärchenminirmotte.
Fig. 10. a Schmetterling. b Raupe. c Puppe.

Tínĕa tapetzēlla, Pelzmotte, Weiß, ein Fleck an der Flügelspitze violettgrau. T. sarcitēlla, Kleidermotte. Nacken weiß, wollig graubraun; ihre Räupchen sind sehr gefürchtet in Pelzen und Kleidern.

T. larYcinnélla, Lärchenminirmotte (Figur 10). Sehr klein, bleifarbig, mit schmalen, breit gefranzten Flügeln. Auf Lärchen schädlich.

§ 38.

2. Familie: Wickler (Fig. 11). Die borsten- oder fadenförmigen Fühler kürzer als der Leib; Vorderflügel länglich dreieckig; der Vorderrand derselben am Grunde schulterförmig gebogen, nicht gefranzt. Die Flügel in der Ruhe nicht spitz, sondern stumpfdachförmig. Die nackten oder nur dünn behaarten Raupen

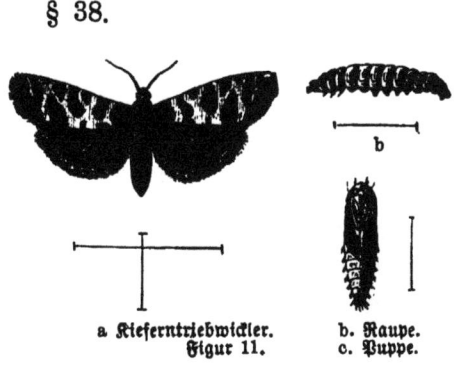

a Kieferntriebwickler. b. Raupe.
Figur 11. c. Puppe.

verspinnen häufig beim Fraße die Blätter, 16 Beine.

Tórtrix viridāna, Eichenwickler 18 mm. (Die Größenangabe betrifft bei den Schmetterlingen stets die Spannweite der Flügel.) Leicht kenntlich an der grünen Farbe. T. budliāna, Kieferntriebwickler (Figur 11). 15—19 mm. Vorderflügel orangeroth, gelb und silberfarben gefleckt. Eier an der Mittelknospe junger Kiefern, die junge Raupe höhlt den wachsenden Trieb aus, wodurch sich derselbe einbiegt und nachher in dieser Krümmung (posthornähnlich) oft weiter wächst. T. turiŏnāna Kiefernknospenwickler, zerstört die Spitzknospen junger Kiefern. T. hercyniāna, wird in den Fichtennadeln, T. zebēāna an der Rinde junger Lärchen schädlich; bemerklich an Auftreibungen der Rinde.

B. Die Großschmetterlinge.

§ 39.

3. Familie: Spanner (Figur 12). Fühler borstenförmig, beim ♂ zuweilen gekämmt; dünner schmächtiger Körper, große breite Flügel, die in der

♀
a
b
Kiefernspanner.
Figur 12.
c

Ruhe meist ausgebreitet bleiben. Die Raupen leicht kenntlich, da sie stets nackt sind und stets nur 5 Paar Beine (Figur 12b) haben; sie bewegen sich spannend, indem sie den Hinterleib in Bogenform nachziehen; in der Ruhe halten sie sich oft mit dem letzten Beinpaar fest und richten den übrigen Körper senkrecht auf oder züngeln mit ihm (Figur 9).

Geomētra brumāta, Forstspanner. 2 cm. Vorderflügel blaß bräunlich mit feinen welligen Querlinien; das ♀ dunkelgrau mit verkümmerten Flügeln; ♂ fliegt im Vorwinter; ♀ legt seine Eier im Gipfel an Laubknospen ab.

G. piniārYa, Kiefernspanner (Fig. 12). 3 cm. ♂ dunkelbraun mit hellgelbem, ♀ mit rostfarbenem zackigem Mittelfeld. Fühler der ♂ stark gekämmt.

G. defoliārYa, Blattspanner. G. grossulāria, Stachelspanner.*)

§ 40.

4. Familie: Eulen (Figur 13). Körper, namentlich Brust kräftig, Kopf mit Schleier, Hinterleib sich zuspitzend; dichte Behaarung, meist borstenförmige

♀
a
b
Kieferneule.
Figur 13.
c

Fühler, bei ♂ und ♀ ganz gleich; trüb gefärbte aber fein gezeichnete ziemlich schmale mittelgroße Flügel, in der Ruhe dachförmig gefaltet oder wagerecht. Die 16-(selten 12—14) füßigen Raupen meist nackt, seltener behaart. Fliegen im Dunkeln.

Nóctŭa sĕgĕtum, Saateule. 5 cm. Vorderflügel heller oder dunkler grau mit feinen dunkleren Zeichnungen, Hinterflügel weiß. Die graublaue nackte Raupe öfter in Saatkämpen schädlich.

---

*) Vergleiche über die Schmetterlinge die betr. Paragraphen im Forstschutz.

N. pinipĕrda, Kieferneule (Figur 13). 3 cm. Vorderflügel fleckig leberroth bis grau-grünlich; weiße Flecken. Nackte sehr langgestreckte Raupe, grün mit hellen Längsstreifen. Puppe mit 2-spitzigen After. Auf Kiefern schädlich.

§ 41.

5. Familie: Spinner (Fig. 14). Körper dick, plump, behaart und stumpf

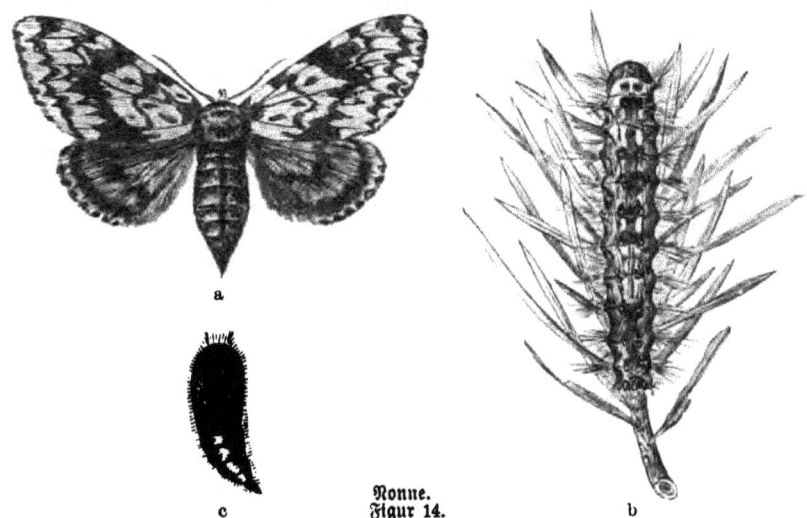

Nonne.
Figur 14.

auslaufend, die mittellangen Fühler sind beim ♂ stark gekämmt, beim ♀ meist borstenförmig. Die breiten Flügel in der Ruhe steil dachförmig gefaltet. Raupen nackt oder borstig oder lang behaart. Die gedrungenen Puppen in Gespinnsten.

Bómbyx*) (Gastrópacha) pini, Kiefernspinner. 5—8**) cm. Graubrauner Vorderflügel mit gelblich braunen Querbinden und einem halbmondförmigem weißem Fleckchen. Die behaarte Raupe grau mit dunklen Längszeichnungen und blausammtnem Einschnitt auf den 2. und 3. Ringel. Sehr schädlich in Kiefern.

B. neústrĭa, Ringelspinner. 2—3 cm. Hell oder dunkelgelb mit einer breiten dunklen Querbinde. Die schwach behaarte Raupe leicht kenntlich am blauen Kopf und blauen und rothen Längsstreifen. Schädlich in Laubholz und Obstgärten.

B. processiōnĕa, Eichenprocessionsspinner. 1,5—3 cm. Flügel farblos grau mit dunkler Querbinde; die vorderen Flügel mit schwachen Mondfleckchen. Die braunen schwarzfleckigen Raupen ziemlich dicht mit giftigen Haaren besetzt. Schädlich in Eichen.

---

*) Die folgenden drei Arten werden jetzt meist in die Gattung Gastropacha (Glucke) vereinigt, so daß sie nicht Bómbyx pini, B. neústria, B. processiōnĕa, sondern Gastropacha pini 2c. bezeichnet werden. Die Schmetterlinge haben den dicken schwerfälligen Leib und braune, schwach gezeichnete Färbung gemein. Die behaarten großen Raupen überwintern meist halbwüchsig und spinnen große Cocons.

**) Wo zwei Maaße angegeben sind, wie hier z. B. 5—8 cm, bezieht sich die kleinere Maaßzahl auf das Männchen, die größere auf das Weibchen, da fast bei allen Schmetterlingen die Männchen kleiner sind.

Bómbyx (Lípăris) mónăcha, Nonne (Figur 14). 4—6 cm. Weiß mit schwarzen Fleckenbinden, halber Hinterleib rosenroth. Eier haufenweis an Nadelholzstämmen mit Schleim überzogen. Die behaarte schwarzfleckige Raupe mit einem blauen Nackenfleck, außerordentlich schädlich im Nadelholz.

B. díspar, Schwammspinner. 4—7 cm. Männchen graubraun, Weibchen weißlich mit dunklen Zackenlinien (wie die Nonne, nur größer und ohne rothen Hinterleib). Die Eier haufenweis mit brauner Wolle (Schwamm) überzogen an Stämmen. Meist in Laubholz, seltener in Nadelwäldern schädlich.

B. sálYcis, Weidenspinner. 5 cm. Glänzend weiß, Beine schwarz und weiß geringelt. Raupe mit gelb-röthlichen Knöpfen und großen breiten weißgelben Flecken auf dem Rücken. Auf Pappeln sehr schädlich.

B. crysorrhōēa, Goldafter 4 cm. Kleiner, ebenfalls weiß mit braunem wolligem Hinterleibsende. Die behaarte braune Raupe mit zinnoberrothem Streifen neben der Mittellinie. In großen Raupennestern überwinternd. Stellenweise im Laubholz, namentlich in Eichen recht schädlich.*)

Die gemeinschaftlichen Hauptfeinde sämmtlicher Spinnraupen sind der Kukuk und der Puppenräuber (cárăbus sycophăntus); als behaarte Raupen haben sie sonst wenig Feinde.

§ 42.

6. **Familie: Holzbohrer.** Diese Schmetterlinge zeigen sehr verschiedene Bildungen. Die weißgelblichen flachen stark eingekerbten Raupen haben einen stark hornigen flachgedrückten Kopf mit kräftigen Kiefern und durchwühlen Holz und Rinde von Bäumen und Sträuchern. Puppen mit Dornen.

Cóssus lignipērda, Weidenbohrer. 6—9 cm. groß; grau mit vielen feinen schwärzlich-weißen Zeichnungen. Die Flügel sehr gestreckt wie bei allen Cossus-Arten. Die Raupe wird sehr groß, ist nackt und auf dem Rücken blutroth; entwickelt sich in 3 Jahren; zerstört in großen Gängen Weiden und Schwarzpappeln.

C. aescŭli, Blausieb. 4—7 cm. Sehr gestreckter Leib; Vorderflügel milchweiß mit stahlblauen Punkten. Raupe citronengelb mit schwarzen Punkten. Im schwachen Laubholz schädlich.

Sésia ápifōrmis, Bienenschwärmer. 4 cm. Einer Hornisse ähnlich; in Pappel- und Weidenstämmen schädlich.

S. céphifórmis in Weißtannen, S. ásilYfórmis in Pappeln. Die Sesien haben die glasartigen Flügel gemein, wodurch sie den Wespen sehr ähnlich werden. Sie gebrauchen zwei Jahre zur Entwicklung und werden in den meisten Holzarten unmerklich schädlich.

Sphinx pināstri, Kiefernschwärmer. 7 cm. Ein grauer Schmetterling mit gestrecktem Leib und zugespitzten Flügeln; die 16beinige Raupe ist rothbunt und hat ein Horn auf dem vorletzten Ringe; in Kiefern etwas schädlich.

Die letzte Familie der Tagfalter mit ihren oft prächtig gefärbten Schmetterlingen können wir, da sie forstlich von fast gar keiner Bedeutung ist, ganz übergehen.

---

*) Diese vier Arten faßt man jetzt gewöhnlich unter dem Namen Liparis zusammen und bezeichnet sie: Liparis monacha etc. Die Schmetterlinge haben die weiße Grundfarbe, die Weibchen den dicken plumpen Hinterleib gemein; die schwach behaarten Raupen haben Knöpfe mit kürzeren Haaren; lockeres Gespinnst.

§ 43.

Die nächstfolgende 4. Ordnung der Fliegen (Diptĕra) hat gar kein forstliches Interesse; von der 5. Ordnung der Netzflügler (Neurópĕra) werden die Larven und Insekten mancher Familien durch Vertilgen von Blattläusen und anderen schädlichen Insekten nützlich.

Wichtig z. B. sind die bekannten Libellen oder Wasserjungfern, welche im Fluge allerlei schädliche Insekten ergreifen und verzehren; ferner die Gattung der Florfliegen (Hemerŏbĭus), welche kleinen Libellen sehr ähneln, aber sofort an den langen den Körper überragenden Fühlern kenntlich sind; die Fühler sind äußerst zart, der Körper grün oder braun. Ihre Larven vertilgen viele Blattläuse. Zu den Florfliegen gehört auch der bekannte Ameisenlöwe, dessen Larve in einem künstlichen Sandtrichter die nützlichen Ameisen abfängt. Schließlich ist durch eifrige Vertilgung von Nonneneiern als hervorragend nützlich die Larve der Kameelhalsfliege (Raphĭdĭa megacéphăla) zu nennen; die Fliege ähnelt den Libellen, nur hat sie einen sehr langen Hals und langen Legebohrer.

§ 44.

Von der 6. Ordnung der Gradflügler (Orthóptĕra) sind als schädlich zu bezeichnen der bekannte Ohrwurm, der in Gärten Blumen ꝛc. abfrißt, ferner die in Häusern oft lästigen ekelerregenden Schwaben und die so überaus auf Wiesen und Feldern schädlichen Heuschrecken, namentlich die berüchtigte grünlich bis grünlich-gelbe Wanderheuschrecke (Acrīdĭum migratōrĭum), kenntlich an den schwarzen Flügeldecken und dem auf der Innenseite blauen Hinterschenkel. Für uns am wichtigsten ist jedoch die Maulwurfsgrille (Gryllus gryllotalpa), 4 cm lang, Vorderbrust eiförmig, die Fühler lang, braun. In Saatkämpen außerordentlich schädlich. Nur halb so groß ist die Feldgrille (Gr. campēstris), mit viereckiger Vorderbrust, schwarz, welche mehr in Sandäckern schädlich wird. Auch das Heimchen gehört hierher.

§ 45.

Aus der 7. Ordnung der Halbflügler (Hemíptĕra) ist nur wichtig die Familie der Blattläuse, welche dadurch, daß sie Blättern, Stengeln, Zweigen und Wurzeln den Saft aussaugen, oft recht schädlich werden. Am bekanntesten sind Áphis abiĕtis in den zapfenähnlichen Auswüchsen der Fichtentriebe, A. pini an den Kiefernwurzeln, A. ulmi in den Auftreibungen der Ulmenblätter, A. strŏbi an Weymouthskiefern ꝛc. Mit den Meisen, Finken ꝛc. vertilgen sie eifrig die Larven der Marienkäferchen, der Florfliegen, manche Schlupfwespen, die Larven der Schwirrfliegen (Syrphus) ꝛc. Ferner gehören noch hierher die Familien der Cikaden oder Zirpen und der Wanzen.

Die 8. Ordnung der ungeflügelten Insekten (Áptĕra) umfaßt die Familie der Läuse (Pedĭcŭlus capĭtis, Kopflaus, P. vestimŏnti, Leiblaus), die Familien der Pelzfresser ꝛc.; sie sind für uns unwichtig.

§ 46.

Die übrigen Klassen der Thiere greifen in den Forsthaushalt in keiner bemerkenswerthen Weise ein und werden deshalb übergangen.

Das zweite große Naturreich, das Pflanzenreich, hat für uns ein noch viel höheres Interesse als das Thierreich und wird deshalb von den Grundwissenschaften am eingehendsten behandelt werden. — Wir werden jedoch nicht das ganze Pflanzenreich behandeln, sondern es ebenso machen wie beim Thierreich und nur das auswählen, was für den Wald und den Forstmann von Bedeutung ist; wir werden uns also nur mit einem Theil der Naturgeschichte des Pflanzenreichs beschäftigen, nämlich mit der sog. Forstbotanik, und zwar zuerst das Allgemeine (Wachsthum, Blüthe, Fruchtentwickelung, inneren Bau, Systematik ꝛc. Betreffende) besprechen und demnächst die Holzgewächse und sonstige forstlich wichtige Pflanzen genauer beschreiben.

b. Forstbotanik.
I. Allgemeiner Theil.
§ 47.
Begriff und Eintheilung.

Die Botanik oder Pflanzenkunde behandelt die Erforschung der in der Pflanzenwelt herrschenden Naturgesetze und ist der Inbegriff aller das Pflanzenreich betreffenden Kenntnisse. Die Pflanze ist an den Standort (vergl. § 82) gefesselt und hat deshalb nicht wie das Thier Bewegungsorgane (Organ = Werkzeug), sondern nur zu ihrer Erhaltung Ernährungs- und Fortpflanzungsorgane. Hierauf beruht die ungemeine Wichtigkeit des Standortes für die Pflanze, daß sie Zeit ihres Lebens auf denselben angewiesen ist und absterben muß, sobald er nicht mehr genug Nahrungsstoffe ihr bieten kann, während das Thier mit den ihm außerdem noch verliehenen „Empfindungs-" und „Bewegungsorganen" sich überall Nahrung suchen kann (vergl. § 7).

§ 48.
Die Ernährungsorgane.

Die Ernährung der Pflanze*) spricht sich aus in ihrer Entwickelung, ihrem Wachsthum und schließlich, sobald die Ernährung stockt,

---

*) Es wird hervorgehoben, daß der Inhalt der folgenden Paragraphen hauptsächlich sich auf Holzpflanzen bezieht.

in ihrem Absterben. Die Nahrung wird der Pflanze aus dem Boden und der Luft durch besondere Werkzeuge zugeführt und zwar:
1. Durch die Wurzeln als Bodennährwerkzeuge.
2. Durch die Blätter als Luftnährwerkzeuge.

§ 49.
Die Wurzeln.

Die Wurzel ist der Theil der Pflanze, mit welchem sie sich im Boden befestigt und die in demselben befindliche nährende Feuchtigkeit aufsaugt. Man unterscheidet folgende Wurzelarten:

Die Pfahlwurzel, eine gerade unter dem Stamm befindliche Hauptwurzel, die wenig verzweigt ist und in beträchtlicher Stärke senkrecht in den Boden hinabsteigt. Meistens Eiche, Kiefer, Nußbaum und die Tanne in der Jugend, Abweichungen nur in flachgründigem Boden.

Die Herzwurzel, eine gerade unter dem Stamm befindliche Hauptwurzel, die sich bald in wenige sehr starke und tiefgehende Seitenwurzeln theilt. Meistens Rothbuche, Ahorn, Rüster, Linde, Lärche.

Die Seitenwurzeln, welche in der Regel mehr wagerecht als in die Tiefe streichen. Die übrigen Waldbäume.

Die Thauwurzel, jede ganz nahe und weithin unter der Oberfläche hinstreichende Seitenwurzel.

Faser- und Zaserwurzeln, die kleinsten bis feinsten Würzelchen, die sich an den Enden und Seiten der stärkeren Wurzeln befinden und vermöge der an den Spitzen befindlichen häufig behaarten zarten Oberhaut-Gewebe (Wurzelschwämmchen) die Nährfeuchtigkeit aufsaugen und dem Stamme resp. der Pflanze zuführen. Sie sind also die eigentlichen Träger der Ernährung, während die starken Wurzeln mehr zur Befestigung des Baumes im Boden dienen.

§ 50.
Die Blätter.

Die Blätter dienen dazu, gewisse gasförmige Nährstoffe aus der Luft zu entnehmen, dieselben mit dem aus den Wurzeln aufsteigenden Nahrungsstoffe zu verbinden (zu assimiliren) und das überflüssige Wasser zu verdunsten. Durch diese Zusammenwirkung von Wurzeln und Blättern entsteht der Bildungssaft, der Holz und Rinde ausbildet. Man unterscheidet am normalen Blatt: Blattstiel und Blattfläche,

46 Blattformen.

(Fig. 17), den unteren verdickten Theil des Blattstieles nennt man Scheidentheil. Die Blattfläche hat namentlich unten zahlreiche Spalt= öffnungen, durch welche die Ernährung und Verdunstung stattfindet; außerdem unterscheidet man im Blatt noch die aus Gefäßbündeln

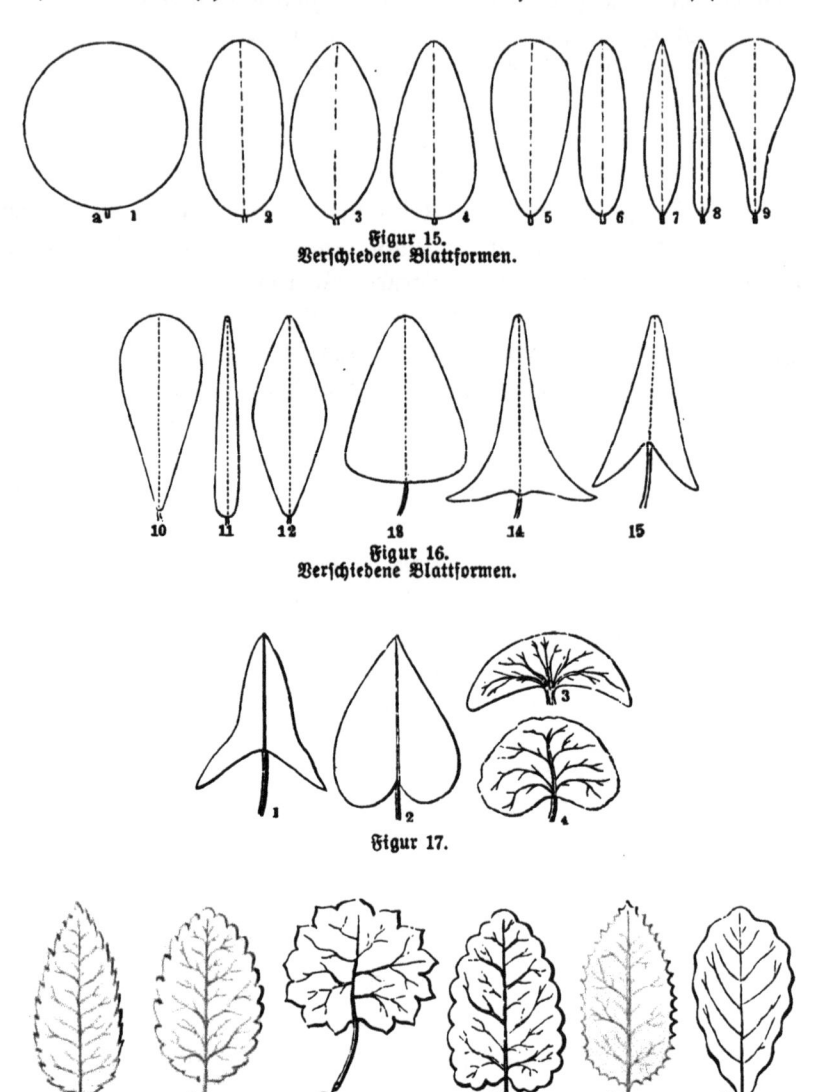

Figur 15.
Verschiedene Blattformen.

Figur 16.
Verschiedene Blattformen.

Figur 17.

Figur 18.
Verschiedene Blattformen.

bestehenden Blattrippen und Blattnerven und zwischen der oberen und unteren Blattfläche das aus lockerem und mit wässerigen Säften erfüllten Zellgewebe bestehende Blattfleisch. Nach ihrer Gesammtform unterscheidet man hauptsächlich rundliche (Figur 15, 1), eiförmige (Figur 15, 2), elliptische (Figur 15, 3), dreieckige (Figur 15, 4), herzförmige (Figur 16, 13), lappige, lanzettliche (Figur 15, 7) und nabelförmige (Figur 15, 8) Blätter; nach der Beschaffenheit des Randes ganzrandige (Figuren 15 u. 16), gesägte (Figur 18, 1) gekerbte (Figur 18, 2), gezähnte (Figur 18, 3), gebuchtete (Figur 18, 4) eingeschnittene 2c. Blätter, nach ihrer Behaarung gewimperte, flaum=, seiden=, woll=, stachelhaarige oder kahle, ferner warzige, klebrige, drüsige schuppige Blätter, mit Beziehung auf ihre Zusammensetzung einfache und zusammengesetzte Blätter, nach der Art und Ordnung der Befestigung an den Zweigen einzelne, wechselständige, gegenständige und büschelweis sitzende Blätter, nach der Dauer sommer= und wintergrüne Blätter.

§ 51.
Der Stamm.

Der Stamm ist derjenige Theil der Holzpflanze, der sich als holziger dauernder Schaft meist senkrecht hoch aus der Wurzel erhebt und mit einer gewissen Regelmäßigkeit in Aeste und Zweige theilt, welche die Blätter tragen. Stamm, Aeste und Zweige zusammen nennt man Baum im Gegensatz zum Strauch, der keinen Stamm hat, sondern sich gleich aus der Wurzel in viele Aeste und Triebe zertheilt und eine geringere Höhe erreicht. Aeste nennt man alle oberen Zertheilungen aus dem Stamm, die jüngeren Aeste nennt man Zweige, die jüngsten und letzten Triebe. Die Aeste sind gerade so angesetzt wie die Blätter, d. h. wechselständig, gegenständig, quirlständig 2c. Manche Holzarten sind an der Rinde mit Waffen — Stacheln oder Dornen — ausgestattet. Stacheln lassen sich mit der Rinde abziehen, Dornen nicht.

Der Stamm besteht aus dem Mark (Figur 19, m), dem eigentlichen Holzkörper (ps) mit den Markstrahlen (rm) und der Rinde (k) mit dem Baste (en).

Das Mark, in der Mitte des Holzkörpers, besteht in der Jugend aus saftigem Zellgewebe; später vertrocknen die Zellen und ver=

48 Jahresring, Markstrahlen.

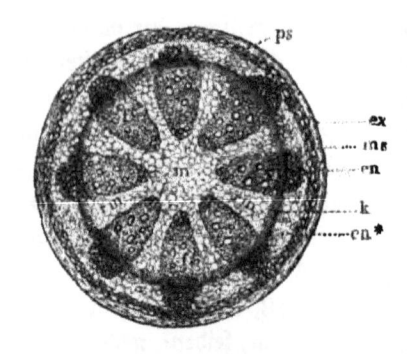

Stammquerschnitt
Figur 19.

schwinden oder verholzen; bei manchen Holzarten bleibt das Mark als Markröhre immer sichtbar.

Der eigentliche Holzkörper besteht bei den Laubhölzern aus Holzzellen und Holzgefäßen, die Luft führen und auf dem Querschnitt oft als kleine Löcher (Poren) erscheinen. Bei den Nadelhölzern werden die Gefäße durch Harzkanäle, die Harz und Luft führen, ersetzt.

Der Holzkörper bildet von oben genannten Zellen zwei deutlich unterschiedene Gruppen.

1. Die Jahresringe (Figur 20), von denen in jedem Jahre mantelartig rings um den schon vorhandenen Holzkörper ein neuer gebildet wird, weshalb man aus der Anzahl der auf dem Querschnitt oft deutlich erkennbaren ringförmigen Jahresringe das Alter des Baumes genau abzählen kann. Der innere Theil jedes Jahresringes (das Frühlingsholz) (Fig. 20, gr) ist weicher und lockerer als der äußere Theil desselben (das Herbstholz k), wodurch sich die Grenze der einzelnen Jahresringe meist deutlich markirt. Die Stärke der Jahresringe richtet sich nach dem Standort und nach den übrigen Faktoren des guten Zuwachses; je günstiger diese sind, desto breiter wird der Jahresring.

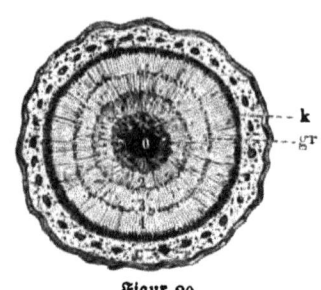

Figur 20.

2. Die Markstrahlen oder Spiegelfasern, welche von dem Marke strahlenförmig durch das Holz nach der Rinde zu gehen und die Verbindung der äußeren und inneren Theile des Stammes in horizontaler Richtung unterhalten. cfr. Figur 19, rm.

Das innere ältere saftlose immer härtere meist auch dunklere Holz, in welchem die Markstrahlen vollständig verholzt sind, heißt Reifholz, das äußere weiche und blasse Holz, in welchem die Markstrahlen noch Säfte führen, heißt Splintholz. Unter „Kernholz"

Rinde, Bast, Fortpflanzungsorgane.

ist solches Reifholz zu verstehen, das sich vom Splintholz oder anderem umgebendem Reifholz durch dunklere Farbe kennzeichnet. Es ist dauerhafter und härter; die genaue Beschaffenheit desselben ist noch nicht festgestellt.

An der Rinde hat man die äußeren und inneren Rindenlagen zu unterscheiden. Den äußersten Ueberzug an jungen Stämmchen und Zweigen nennt man Oberhaut (Epidermis), welche mit zunehmendem Alter zerreißt und abstirbt, wofür dann eine Art Korkbildung eintritt.

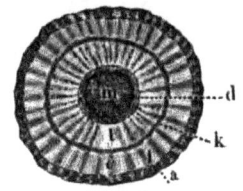

Figur 21.

Wenn schließlich mit dem Wachsen des Holzkörpers die Ausdehnung der Rinde nicht mehr gleichen Schritt halten kann, so zerreißt sie häufig und es bildet sich jene äußere grobe rauhe rissige Rindenmasse, welche wir Borke nennen.

Bast (Figur 21, a) ist die innerste Rindenschicht, welche sich mit der Rinde vom Stamm ablösen läßt, aus zähen und biegsamen Faserzellen besteht und ebenso wie der Holzkörper jedes Jahr einen neuen Zuwachsring erhält.

Dicht unter dem Baste, zwischen diesem und dem Splint, befindet sich ein sehr schmaler Ring, das sog. **Cambium** oder der **Fortbildungsring** (Fig. 21, c i), welcher aus sehr dünnwandigen äußerst saftreichen Zellen besteht. Der Saft des Cambiums wird zur Bildung neuer Zellen und Gefäße verwendet, welche sich allmählig einerseits als Bastzellen an die innerste Rindenschicht, andrerseits als Holzzellen an den äußersten Holzkörper koncentrisch anlegen und so den Jahresring bilden. Die Säfte des Cambiums bilden also den Zuwachs des Holzes. Vergl. § 56.

§ 52.
Die Fortpflanzungsorgane.

Die Hauptfortpflanzungsorgane (neben der Fortpflanzung durch Ausschläge 2c.) der Pflanzen sind die Blüthen, welche in ihrer weiteren Entwickelung Samen und Früchte erzeugen.

Die Blüthen (umgebildete Blattorgane) werden meist erst in späterem Alter (nach erreichter Mannbarkeit) hervorgetrieben. Zur Erzeugung von Samen müssen zweierlei Blüthentheile zusammenwirken, welche man männliche und weibliche Geschlechtstheile nennt; sie sind nach

Männliche und weibliche Blüthen.

ben Holzarten sehr verschieden geformt und mit mancherlei Hüllen versehen; die äußere dieser Hüllen, meist grün, nennt man **Blumenkelch** (Figur 22, D), die innere, meist bunt, **Blumenkrone** (Figur 22, C). Jede vollkommene Blüthe muß männliche (Figur 22, B) und weibliche Geschlechtstheile (Figur 22, A) enthalten.

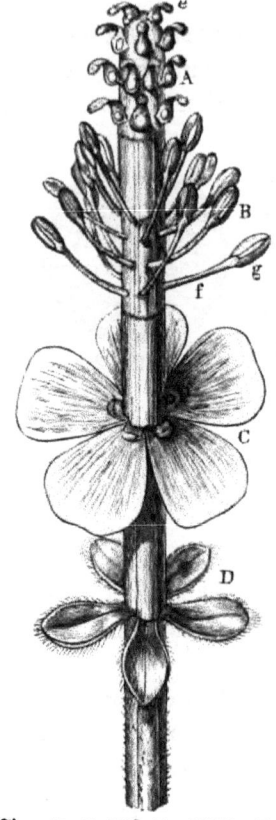

Das männliche Befruchtungsorgan (Fig. 23) besteht aus dem Staubfaden (f) mit dem Staubbeutel (a), welcher den Blüthenstaub (Pollen) mit der männlichen Samenfeuchtigkeit enthält. Diesen ganzen männlichen Geschlechtsapparat nennt man zusammen „**Staubgefäß**".

Staubgefäß. Figur 23.

Figur 22. Vollständige Blüthe, die einzelnen Theile untereinander gerückt.

Das weibliche Befruchtungsorgan (Figur 24) besteht hauptsächlich aus dem Fruchtknoten (f) mit den Samenknöspchen (v) (Eiern) im Innern, (Figur 25 g), feiner Verlängerung, **Griffel** (g) genannt und dessen oberstem Theile, der **Narbe** (n). Den weiblichen Geschlechtsapparat zusammen nennt man „**Stempel**".

Außenkelch, Kelch und Blumenkrone bilden nur Decken zum Schutz der Befruchtungsorgane.

Stempel. Figur 24.

Die Befruchtung.

Beiderlei Geschlechtstheile befinden sich entweder in einer Blume vereinigt und heißen dann Zwitterblüthen (Figur 25), z. B. die

Zwitterblüthe mit den Staubgefäßen a und aufgeschnittenen Fruchtknoten, so daß die Eier (g) sichtbar sind.
Figur 25.

Einhäusige Blüthe der Hainbuche.
Figur 26.

Blüthe der Linde, oder auf ein und derselben Pflanze, aber von einander getrennt (Figur 26 b ♂ Blüthe und a ♀ Blüthe der Hainbuche), dann heißen die Pflanzen einhäusige (monoecisch), z. B. die Nadelhölzer, Eiche, Rothbuche, Hainbuche, Birke, Erle, Haselnuß, oder männliche und weibliche Blüthen auf zwei verschiedenen Pflanzen, dann heißen sie zweihäusig (bioecisch), z. B. Wachholder, Eibe, die Weiden und Pappeln; bei letzteren ist zur Befruchtung nöthig, daß in der Nähe ein anderer Baum mit den andersgeschlechtlichen Blüthen steht. Kommen Zwitterblüthen und Blüthen getrennten Geschlechts auf derselben Pflanze vor, so heißt sie „polygamisch" oder vielgeschlechtlich. Sind keine deutlichen Geschlechtsorgane zu unterscheiden, so heißt die Pflanze „kryptogamisch" oder verborgengeschlechtlich, z. B. die Pilze, Moose ꝛc.

§ 53.

Die Befruchtung (Figur 27) geschieht in der Weise, daß zur Befruchtungszeit (bald nach Entwickelung der Blüthe, meist im Frühjahr) die Narbe (n) Feuchtigkeit ausschwitzt, auf welcher vom aufgeplatzten Staubgefäß abfallende Pollenkörner kleben bleiben und unter dem Einfluß von Wärme äußerst feine wurzelartige Schläuche (u v) durch den Griffel (g) in den Fruchtknoten (oo) treiben und die hier

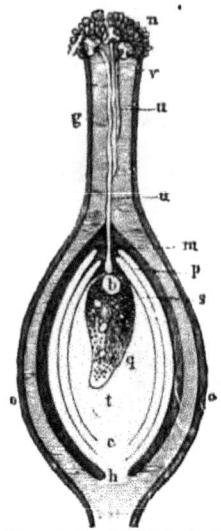

52 Die Befruchtung, Blüthenstände.

liegenden Samenknöspchen, (Eierchen) (b) umfassen und befruchten. Nach stattgehabter Befruchtung welken die männlichen und weiblichen Blüthentheile bis auf den Fruchtknoten ab, der anschwillt und sich allmählich zur Frucht oder zum Samen ausbildet. Bei den ein- und besonders zweihäusigen Pflanzen wird das Ueberführen des Blüthenstaubes durch Insekten beim Honigsammeln, noch mehr aber durch leichte Winde bewirkt. Ist es nun in der Blüthezeit sehr regnerisch oder sehr kalt, so daß die Ueberführung des Blüthenstaubes resp. sein Anschwellen auf der Narbe schwer stattfinden kann, so haben wir schlechte Samenjahre.

Je nach der Stellung und Anordnung der einzelnen Blüthen eines Zweiges unterscheidet man hauptsächlich folgende Blüthenstände:

Figur 27. Stempel halb durchschnitten, um den Befruchtungsprozeß zu zeigen.

A. Einfache Blüthenstände, wo die Blüthen einzeln oder büschelig stehen.

B. Zusammengesetzte Blüthenstände:

Aehre
Figur 28.

Kätzchenblüthen der Hainbuche.
Figur 29.

1. Die Aehre (Figur 28), an einer gemeinsamen Spindel ungestielte Blüthen. Die bekannten Getreidearten.

Zusammengesetzte Blüthenstände.

2. **Kätzchen** (Figur 29 a, b), an gemeinsamer schlaffer Spindel ungestielte Blüthen hinter sich meist dachziegelartig deckenden Schuppen. (Die meisten Waldbäume!)
3. **Traube**, an gemeinsamer Spindel mehrere an verschiedenen Punkten derselben entspringende gleich lange Blüthen. Akazie.
4. **Doldentraube** (Figur 30), von verschiedenen Punkten einer gemeinsamen Spindel gehen verschieden lange — theils verästelte, theils unverästelte Blüthenstiele aus, so daß die Blüthen oben einen Schirm bilden. Kienpost.

Doldentraube des Kienpost.
Figur 30.

Rispe des Hafers.
Figur 31.

5. **Rispe** (Figur 31), an einer gemeinsamen Spindel von verschiedenen Punkten aus ungleich lange verästelte Blüthenstiele, so daß die Blüthen etwa einen Kegel bilden. Roßkastanie, Hafer.
6. **Köpfchen** (Figur 32), an einer gemeinsamen kurzen Spindel dicht gedrängt ungestielte oder kurzgestielte Blüthen. Klee, Buche. ♂.

54 Blüthenstände.

Figur 32. Köpfchen. Figur 33. Trugdolde.

7. **Dolde**, von einem Punkte des gemeinsamen Stieles strahlig verschieden lange Blüthenstiele, so daß die kurz gestielten Blüthen einen Schirm bilden. Kornelkirsche, Epheu.

8. **Trugdolde** (Figur 33), eine zusammengesetzte Dolde mit nochmals getheilten Strahlen, so daß die Hauptstrahlen aus einem — die Nebenstrahlen aus verschiedenen Punkten entspringen. Spitzahorn, Vogelbeere.

9. **Strauß** (Figur 34). Traube oder Rispe mit verästelten

Figur 34. Strauß.

Knospen- und Fruchtformen. 55

Seitenzweigen, welche mit ihren Blüthen einen eiförmigen Stand bildet. Liguster.

Knospen (Augen) sind unentwickelte Blätter oder Blüthen, die sich

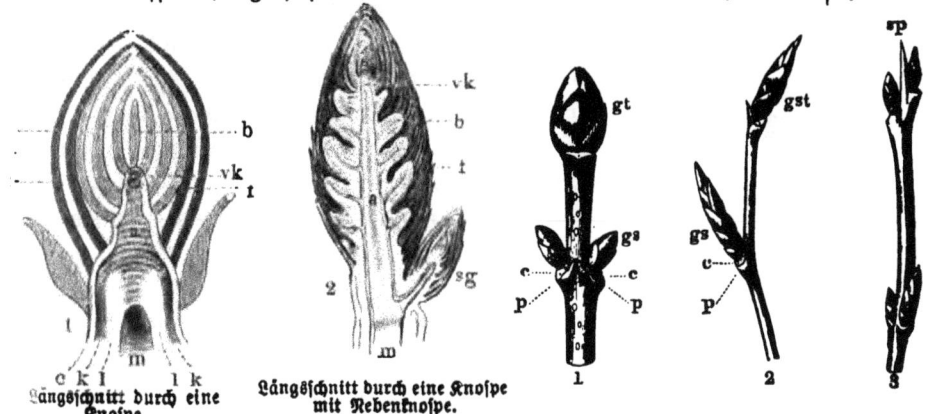

Längsschnitt durch eine Knospe.

Längsschnitt durch eine Knospe mit Nebenknospe.

Figur 35. Verschiedene Knospenbildungen.

unter einer schuppigen Bedeckung verbergen. Man unterscheidet deshalb Blatt- und Blüthenknospen (stets größer), nach der Stellung auch Gipfel- (Fig. 35 1 gt, 2 gst) und Achselknospen (Fig. 35 1 gs); außerdem befinden sich zuweilen noch Knospen am Stamm, an den Wurzeln ꝛc (Adventivknospen), die oft Wasserreiser, Wurzel- oder Stockausschlag ꝛc. bilden. Die Knospen sind gerade gegenständig (Fig. 35 1 cc) oder schief gegenständig (Fig. 35 3) oder wechselständig (Fig. 35 2) und ruhen auf Blattkissen (Fig. 35 1. pp).

Die Entwicklung der Samen und Früchte erfolgt bald sehr schnell (bei Ulme), bald sehr langsam (bei Kiefer) und zeigt die verschiedensten

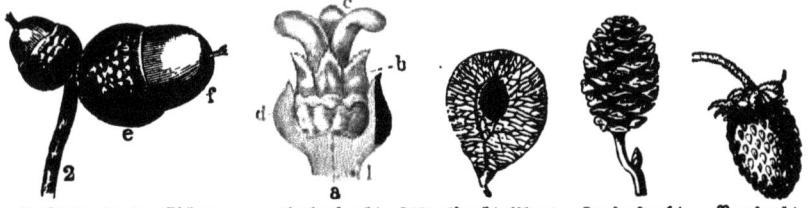

Becherfrucht der Eichel. Figur 36.

Becherfrucht (Hasel).

Flügelfrucht (Ulme). Figur 37.

Zapfenfrucht (Erle). Figur 38.

Beerfrucht. Figur 39.

Formen. Man unterscheidet: Kernfrüchte (Apfel), Steinfrüchte (Pflaume), Beerfrüchte (Erdbeere Fig. 39), Zapfenfrüchte (Nadelhölzer, Erle Fig. 38), Flügelfrüchte (Ulme Fig. 37, Esche, Ahorn, Birke), Hülsenfrüchte (Akazie), Kapselfrüchte (Weißdorn), Becherfrüchte (Eichel, Hasel Fig. 36 2. e). Der Samen ist bei allen Pflanzen (ausgenommen die

Kryptogamen) der Träger der Fortpflanzung und enthält in seinem Innern als wesentlichsten Theil „den Keimling", welcher von den bald glatten, bald netzartigen, bald geflügelten, bald wollig oder seidenartig behaarten Samenhäuten umschlossen ist. Der „Keimling" (émbryo, Fig. 40) besteht aus den Grundorganen der Pflanze: 1) dem Stengelchen, dessen unteres Ende „Würzelchen" (r Fig. 3) heißt, 2) den „Keimblättern oder Samenlappen" (Cotyledónes) (kk Fig. 4), welche man wieder in einsamenlappige (Mónocotyledónes), zweisamenlappige (Dícotyledónes) und vielsamenlappige (k) (Pólycotyledónes) trennt. Auf dieser Eintheilung der Samenlappen beruht das sog. „natürliche Pflanzensystem". 3) Dem „Knöspchen oder Blattfederchen" (plúmula). Die meist fleischigen und verdickten oder blattartigen Samenlappen sind gewöhnlich einfach, aber auch rundlich oder elliptisch oder herzförmig.

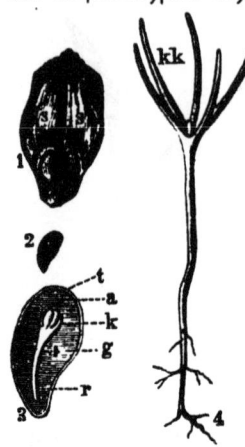

1. Kiefernschuppe ss mit beiden Samen.
2. Kiefernsamenkorn.
3. Keimling k in Samenkorn.
4. Entwickelter Kiefernkeimling.
Figur 40.

Bei den Kryptogamen oder Lagerpflanzen wird die Fortpflanzung von einem eigenthümlichen, allseitig wachsenden strauchartigen oder blattartigen (Tangen, Algen, Flechten) oder krustenartigen (Rinden- und Steinflechten) oder fadenförmigen (Pilzen) oder einzelligen Körper — Lager (Thallus) genannt, bewirkt. Eigentliche Träger der Fortpflanzung sind die sog. „Keimkörner oder Sporen", welche entweder frei in der Substanz des Lagers oder aus sich abgliedernden Zellen desselben oder in besonderen Organen — den sog. Keimfrüchten oder Sporangien — sich entwickeln. Die letzteren sind bald kapselartig, bald kopf- und schlüsselförmig, bald kernartig verschlossen, bald bilden sie, wie bei den Pilzen ein fadenförmiges Gewebe (Mycélium). Bei der Fortpflanzung entleeren die Sporangien ihre Sporen, die sich dann weiter entwickeln. Manche Sporen vermögen vermittelst beweglicher Wimpern frei umher zu schwirren (Schwärmsporen) und sich weithin zu verbreiten (z. B. bei den Pilzen).

§ 54.

Außer der Fortpflanzung durch Samen vermehren sich einige Holzarten noch durch Wurzelbrut, — es entstehen dann aus den Knospen der horizontal streichenden Wurzeln oberirdische Triebe, welche auch nach Abtrennung vom Mutterstamm fortwachsen; am besten treiben die Aspe und Weißerle Wurzelbrut. Einige Holzarten haben ferner die Eigenthümlichkeit, daß versenkte oder abgeschnittene Zweige (Senker), in die Erde gebracht, sich bewurzeln und fortwachsen; es zeichnen sich besonders die Weiden und Pappeln dadurch aus; schließlich treiben viele Holzarten noch sog. „Stockausschläge", indem der dicht über dem Boden abgetrennte Stamm aus dem verbleibenden Wurzelstocke zahlreiche Triebe hervorbringt (Eiche, Erle, Hainbuche ꝛc.).

§ 55.
Pflanzensystem von Linné.

Um das selbstständige Bestimmen nicht nur der wichtigen Holzarten, sondern auch der zahlreichen im Walde vorkommenden für den Forstmann wichtigen Forstunkräuter zu ermöglichen, folgt hier das Linné'sche Pflanzensystem.

Es berücksichtigt ausschließlich nur die Befruchtungstheile der Blüthe und theilt die Pflanzen danach (künstlich!) zunächst in zwei Hauptabtheilungen:

I. Pflanzen mit deutlichen Geschlechtstheilen, die sog. Phanerogamen oder Blüthen- und Geschlechtspflanzen.

II. Pflanzen mit undeutlichen oder ganz fehlenden Geschlechtstheilen, die sog. Kryptogamen oder Pflanzen ohne sichtbare Blüthen — mit verborgenen Geschlechtstheilen.

Die letzteren bilden die niederen Pflanzen. Alle übrigen Pflanzen gehören zu den Blüthenpflanzen oder Phanerogamen und werden leicht nach folgender Tabelle bestimmt.

Pflanzensystem nach Linné.

1. Klasse Monándria. 1 freies Staubgefäß in einer Zwitterblüthe. (Die Canna.)
2. „ Diándria. 2 freie Staubgefäße in einer Zwitterblüthe. (Esche, Flieder.)
3. „ Triándria. 3 freie Staubgefäße in einer Zwitterblüthe. (Viele Gräser.)
4. „ Tetrándria. 4 freie gleichlange Staubgefäße in einer Zwitterblüthe. (Hartriegel, Stechpalme, Waldmeister.)
5. „ Pentántria. 5 freie Staubgefäße in einer Zwitterblüthe. (Rüster, Schneeball, Spindelbaum, Hollunder.)
6. „ Hexándria. 6 freie gleichlange oder abwechselnd längere Staubgefäße in einer Zwitterblüthe. (Binse, Berberitze.)

7. Klasse Heptándria. 7 freie Staubgefäße in einer Zwitterblüthe (Roßkastanie.)
8. „ Octándria. 8 freie Staubgefäße in einer Zwitterblüthe. (Ahorn, Heidekraut. Heidel-, Preißel-, Moosbeere, Rauschbeere.)
9. „ Enneándria. 9 freie Staubgefäße in einer Zwitterblüthe. (Lorbeer.)
10. „ Decándria. 10 freie Staubgefäße in einer Zwitterblüthe. (Sumpfporst, Nelken.)
11. „ Dodecándria. 12—19 Staubgefäße in einer Zwitterblüthe. (Wolfsmilch, Reseda.)
12. „ Icosándria. 20 und mehr freie Staubgefäße auf dem Kelchrand einer Zwitterblüthe. (Die Obstarten, Eberesche, Elsbeere; Weißdorn, Brom-, Him- und Erdbeere.)
13. „ Polyándria. 20 und mehr freie Staubgefäße auf dem Blüthenboden einer Zwitterblüthe. (Linde.)
14. „ Didynámia. 2 lange und 2 kurze freie Staubgefäße in einer Zwitterblüthe. (Fingerhut.)
15. „ Tetradynámia. 4 lange und 2 kurze freie Staubgefäße in einer Zwitterblüthe. (Hederich, Raps.)
16. „ Monadélphia. Staubfäden in einem Bündel verwachsen; Zwitterblüthe. (Strohschnabel.)
17. „ Diadélphia. Staubfäden in 2 Bündel verwachsen; Zwitterblüthe. (Akazie, Ginster, Lupine, Besenfriem.)
18. „ Polyadélphia. Staubfäden in mehrere Bündel verwachsen; Zwitterblüthe. (Johanniskraut, Hypéricum.)
18. „ Syngenésia. Staubbeutel untereinander verwachsen; Blüthen in Köpfchen. (Sonnenblume, Topinambur.)
20. „ Gynándria. 1 oder mehrere Staubgefäße dem Stempel angewachsen. (Die Orchisarten.)
21. „ Monoécia. Eingeschlechtige Blüthen; männliche und weibliche getrennt auf derselben Pflanze. (Die wichtigsten Waldbäume).
22. „ Dioécia. Eingeschlechtige Blüthen; männliche und weibliche getrennt auf verschiedenen Pflanzen. (Pappel, Weide, Wachholder.
23. „ Polygámia. Eingeschlechtige und Zwitterblüthen auf derselben Pflanze. (Feige.)
24. „ Cryptogámia. Blüthenlose Pflanzen, mit undeutlichen Geschlechtstheilen. (Moose, Farne, Pilze.)

Ordnungen nach Linné.

Die Ordnungen des Linné'schen Systems.

1. Ordnung:	Monogýnia,	1	Stempel.	
2. „	Digýnia,	2	„	
3. „	Trigýnia,	3	„	
4. „	Tetragýnia,	4	„	
5. „	Pentagýnia,	5	„	In den Klassen 1—13 werden die Ordnungen nach der Zahl der Stempel (oder auch nur der Griffel und Narben) gebildet.
6. „	Hexagýnia,	6	„	
7. „	Heptagýnia,	7	„	
8. „	Octagýnia,	8	„	
9. „	Enneagýnia,	9	„	
10. „	Decagýnia,	10	„	
11. „	Dodecagýnia,	11—12	„	
12. „	Polygýnia, mehr als 12		„	

1. Ordnung: Gymnospérmia nacktsamig.   } Klasse XIV. Didynámia,
2. „   Angiospérmia bedecktsamig.

1. Ordnung: Siliculósa mit Schötchen.   } Klasse XV. Tetradynámia,
2. „   Siliquósa mit Schoten.

1. Ordnung:	Pentándria	5 unt. verwachs. Stbgf.		
2. „	Hexándria	6 „ „ „		Die Klassen 16, 17 u. 18 bilden die Ordnungen nach der Zahl und Stellung der Staubgefäße.
3. „	Heptándria	7 „ „ „		
4. „	Octándria	8 „ „ „		
5. „	Decándria	10 „ „ „		
6. „	Dodecándria 12—19 „ „ „			
7. „	Icosándria 20 und mehr Staubgef. auf dem Kelchrande.			
8. „	Polyándria 20 und mehr Staubgef. auf dem Blüthenboden.			

1. Ordnung: Polygámia aequális. Alle Blumen sind Zwitter und von gleicher Gestalt.
2. „   Polygámia superflúa, Köpfchen gestrahlt; Scheibenblümchen Zwitter, Strahlenblümchen weiblich und fruchtbar.
3. „   Polygámia frustánea. Wie vorige, aber unfruchtbare Strahlenblüthen.

} Klasse 19. Syngenésia Ordnungen nach dem Geschlecht der Blümchen im Blüthenkopf.

4. Ordnung.	Polygámia necessária. Strahlenblumen sichtbar, Scheibenblumen aber unfruchtbar.	Klasse 19. Sygenēsia Ordnungen nach dem Geschlecht der Blümchen im Blüthenkopf.
5.	Polygámia segregáta. Strahlenblumen zwittrig, jedes Blümchen mit besonderem Kelch.	
Die Ordnungen werden nach Zahl (und Stellung) der Staubgefäße genau wie bei den Klassen 1—13 oder nach ihrer Verwachsung wie die Klassen 16—19 gebildet und erhalten dieselben Namen wie jene.		Die Klassen 20, 21, 22 und 23.

1. Ordnung: Fílices (Farne)	
2. „ Músci (Moose)	Klasse 24. Cryptogámia.
3. „ Álgae (Algen)	
4. „ Fúngi (Pilze)	

§ 56.

Entstehung und Wachsthum der Pflanzen.

Wenn guter und reifer Samen in die Erde gelegt ist, so beginnt bei einer Durchschnittstemperatur von 8—10° R. unter Einwirkung von Erd=Feuchtigkeit und der atmosphärischen Luft die Keimung in der Art, daß der Same durch Wassereinsaugung anschwillt und seine Häute sprengt, vergl. Figur 40 3. Zunächst tritt das Würzelchen hervor und bringt senkrecht in den Boden. Das Stengelchen mit dem auf seiner Spitze sitzenden Knöspchen (Figur 40 4) wächst in entgegengesetzter Richtung aufwärts, während die Keimblätter (Cotyledonen) als grüne laubartige Blattgebilde sich entweder in der Luft entfalten (bei den meisten Holzarten) oder noch von den Samenhäuten umschlossen im Boden bleiben (Eiche). Durch fortwährende Nahrungsaufnahme mit Wurzeln und Blättern und dadurch bedingte Zellenvermehrung entwickelt sich das Pflänzchen weiter bis zur natürlichen Größe; die Holzpflanzen verholzen schließlich und werden Bäume und Sträucher. Diejenige Stelle, an der im Verlaufe des Wachsthums fortwährend die neue Zellbildung stattfindet, heißt der Vegetationspunkt; er liegt bei den Blättern unten am Stengel, bei den Zweigen, Trieben und Wurzeln unmittelbar unter der Spitze. Durch Einsaugen der Nährfeuchtigkeit durch die Wurzeln (im Frühjahr unter Wärmeeinwirkung beginnend) entsteht der von Zelle zu Zelle weiter wandernde aufsteigende Strom, der durch Anbohren im Frühjahr deutlich nachzuweisen ist (Abzapfen von Birkensaft). In den Blättern wird der aufsteigende Strom durch die Nahrungsaufnahme (von Kohlensäure) der Blätter einerseits verdickt, unter Einwirkung des Lichtes in Bildungssaft verwandelt und steigt nun als absteigender Strom im Fortbildungsring (Cambium) wieder zu den Wurzeln hinab, indem er nach innen einen neuen Holzjahrring, nach außen einen neuen Basthautring anlegt und so das Dickenwachsthum vermittelt (vergl. § 51). Der nicht verbrauchte Bildungssaft lagert sich in den Markstrahlen als Reservestoff ab, überwintert dort und leitet im Frühjahr die Vegetationsperiode ein, in dem er Blätter und Knospen zum Ausbruch bringt. Die Jahresringe der verschiedenen Aeste sind ungleich, der ältere Trieb zeigt selbstverständlich einen Jahresring mehr.

Das Wachsthum der Holzpflanzen beginnt im Frühjahr und dauert bis zum Winter. In die Länge wachsen manche den ganzen Sommer hindurch, viele machen nur einen Frühjahrstrieb (Nadelhölzer), andere außerdem noch einen Johannistrieb. In die Dicke wachsen alle während des ganzen Sommers.

II. Specieller Theil.
§ 57.

In den umstehenden Tabellen*) werden die für den Forstmann wichtigsten Holz- und Straucharten nach ihren charakteristischen Merkmalen näher beschrieben:

---

*) Wer sich noch eingehender mit den Holzgewächsen bekannt zu machen wünscht, vergleiche des Verfassers Bestimmungstabellen der Waldbäume und Waldsträucher. Berlin, Verlag von Julius Springer. Preis Mk. 2,—.

Botanische Uebersichtstafel der Waldbäume

A. Laub

Namen	Klasse, Ordnung nach Linné	Keimling	Wurzelform	Holz	Knospe resp. Triebe
Stieleiche. Quércus pedunculáta.	XXI. 5—10. Monoécia polyándria.	Die dickfleischigen Samenlapp. im Boden bleibend, Federblätter fast ganzrandig.	Pfahlwurzel.	Kern röthl. bis dunkelbraun mit kleinem helleren Splint, großen und kleinen Markstrahlen, kl. 8eckigen Poren, nur im Frühjahrsholz gr. Porenring. Werthvolles, schweres, hartes, dauerhaftes — spaltiges Holz. Brennkraft mittelmäßig; vorzügliches Bau- und Nutzholz. Rinde vorzügliches Gerbmaterial. Qu. róbur ist werthvoller.	Fast nackt stumpf dförmig, dunkelbraun, den Spitzen der Trie gehäuft, auf stark vedickten Blattkissen. De schuppen breit, ob rundlich. Mark 5 strahl
Traubeneiche. Quércus róbur.	dito.	dito.	dito.		Längl. eiförmig — gespitzt hellbraun — der Spitze behaart. De schuppen schmal u. spi sonst wie oben.
Rothbuche. Fagus sylvática.	dito.	Samenlapp. nierenförm., dickfleischig gefaltet; Federblätter wie die gewöhnlichen Blätter, nur oft gesägt.	Herzwurzel mit vielen Seitenwurzeln.	Ohne Kern mit zahlr. breiten Markstrahlen. Poren einzeln oder zu 2—5 gruppirt; Jahrringgrenze wellig. Ziemlich hart — spaltig, nur ganz unter Wasser dauerhaft, bestes Brennholz.	Spindelförmig—spitz zimmetbraun — weißlich behaarte Schuppen, me lang bewimpert, fastzwe zeilig—die Zweige knie gewachsen, Triebe we bis braunfilzig. Blüthe knospen viel dicker u eiförmig. Mark dreieckig
Bergahorn. Acer pseudoplátanus. „weißer Ahorn".	VIII. 1. Octándria monogýnia. (auch 5—10 Stbgef.)	Samenlapp. große, längl., lanzettförmige, streifen-nervige Blätter; Federblätter längl.eiförm. zugespitzt, gesägt.	dito.	Ohne Kern, weiß., hartes, sehr dichtes und zähes Holz m. vielen sehr feinen Markstrahlen und gleichmäßig zerstreuten feinen Poren und deutlichen Jahrringen; vorzügl. Brenn- und Nutzholz, aber schwerspaltig.	Grüne, schwarz berü berte, kreuzweis geg ständige eiförmige ab stehende zugespitzte Knosp Mark rund und groß.
Spitzahorn. A. platanoïdes.	dito.	Samenlapp. breiter wie 4, zungenf. Federblatt herzförmig, lanzettlich mit buchtigem Zipfel.	dito.	dito.	Rothbraune, anliegend Milchsaft führende Kno pen, meist stumpfer w bei Nr. 4.
Feldahorn (Maßholder). A. campéstre.	dito.	Samenlapp. wie vorsteh., nur kleiner, Federblatt eiförmig zugespitzt, ganzrandig, unten und Blattstiel weißlich behaart.	Flachstreichende, zahlreiche Wurzeln.	dito.	Kleine braune bis rot stumpfeiförmige Kno pen, weißlich behaar die 2–5jährigen Trieb meist mit Korkvorsprü gen. Alle Ahorne haben kreu weis gegenstd. Knospe und Blätter.

… sommerlichen und winterlichen Zustande.

ölzer.

	Blatt	Blüthe	Frucht	Bemerkung
	Wechselständig, meist kurz ...tielt, am Grunde beider-s mit Oehrchen, verlängert ...rmig — tief gebuchtet ...d lappig—Unterseite kahl; ...ttrippen verlaufen in d. ...ppen und Buchten (bei ...ur nur in die Lappen).	Einhäusig. Die roth und grünen ♀ Knöpfchen zu 1—5 an verläng. Axe mit 3 Narben u. 3 fächerig. Fruchtknoten; ♂ 2 lockere büschelförm. stehende Kätzchen mit 6—10 Stbgef. — im Mai, ♀ stets an d. Spitze der Maitriebe, ♂ an vorjähr. Trieben.	Längliche Nuß in schuppenartigem Becher an langen Stielen; unterscheidet sich von 2 l. durch die scharfen schwarzen Längsstreifen. Trägt meist nur in Freilage reiche Mast; keimt schwerer. — Im October.	Lichtpflanze, mit groß schlagsfähig., nur au rem frischem, humose gründigem Boden. L. Größe*); kommt in al triebsarten — theils in — noch mehr in gemisch ständen vor. Von weiter durch ihr regelmäßiges bach von 2 zu unter beren Laub kraus und verworren erscheint. Qu hält sich geschlossener, sich beff. z. natürl. Verjü und bringt höhere Er
	Blattstiele meist über 1 cm lg. Bl. regelmäßiger, flacher ...uchtet—Unterseite behaart am Grunde keilig nach dem ...attstiel verjüngt. —	Wie oben, aber 14 Tage später!	Mehr kugelig — ohne Stiele; traubenförmig bicht beieinander; kurze Keimkraft.	
	Wechselständig eiförmig — deutlich gezähnt — am ...nde mit Seidenhaaren, er...eint im Mai.	Einhäusig; langgestielt. ♂ herabhängende kugl. Kätzch. in 5—10 theil. trichterisörm. Blüthenhülle m. 8—12 lang. Stbgef.; die ♀ fast kuglige Kätzchen am jungen Triebe in 4 zipfig. borstig. schuppiger Kapsel mit 3 langen Narben, im Mai.	2 (auch mehr) breitkantige braune Nüsse in einem stacheligen vierklappigen Becher; kurze Keimkraft. Im October. Nach der Reife mit 4 Klappen kreuzweis aufspringend.	Schattenpflanze, mit f Ausschlagskraft auf krä humosem frischem til bigem Boden; die rein stände nur in natü Verjüngung, eingespre allen Betriebsarten. 1. Größe.
	Kreuzweis gegenständig. ...nbförmig 5 lappig, ...kerbt gesägt, oben runzlig, ...nten matt u. bläulich, ...ld meist roth gestielt; Buch- ...n spitz, Lappen rund. ...nfang Mai. Gutes Vieh-...tter.	Zwitterblüthen in langen herabhängenden grünlichgelben Trauben, 8— (seltener 5—10) Stbgef. in 5 bis 9 blättrigem Kelch und Blumenkrone, Fruchtknoten 2 lapp. und 2 fächr. mit 1 Griffel u. 2 Stempel. Mit Blattausbruch.	2 flügig, bei der Reife in 2 bicke, nußartige einsamige, geflügelte Früchtchen sich trennend, deren Flügel fast parallel laufen; keimt nach 6 Wochen; im October reifend.	Lichtpflanze, mit ...licher Ausschlagskraf langt guten Boden. nur eingesprengt in Holzarten vor. Baum
	Kreuzweis gegenständig, die Lappen des Blattes mit ...htigen u. zu langen Spitzen ...sgezogenen Zähnen ver...hen, beiderseits glatt und ...nn, an röthlichem milch...tführendem Stiel. Lappen ...tz, Buchten rund.	Vor Blattausbruch, aufrecht stehende gelbe Trugdolden — sonst wie oben.	Rundliche plattgedrückte nußartige Flügelfrucht, die Flügel in stumpf. Winkel; stets reichliche Früchte, bereits im September.	dito.
	Gegenständig, kleine ganzrandige Blätter mit 5 stumpfen Lappen, jung flaumhaarig, alt beiderseits kahl ...nd dunkelgrün.	Kurz nach Blattausbruch, aufrechte, später überhängende Sträuße mit kleinen grünen Blüthen.	Die Nüßchen etw. graufilzig behaart, die Flügel horizontal, im October.	Schattenpflanze, mit Ausschlagskraft auf Boden, meist Strauch Baum 2. Größe. am im Niederwald.

*) Bäume 1. Größe 20—50 m, Bäume 2. Größe 10—20 m und Bäume 3. Größe 5—10 m hoch.

Uebersichtstafel der Waldbäume.

Namen	Klasse, Ordnung nach Linné	Keimling	Wurzelform	Holz	Knospe resp. Triebe
Roth-Feldrüster. Úlmus cámpestris var. subërósa Ehrh.	V. 2. Pentándria digynia.	Samenlapp. klein, verkehrt eiförmig, an der Spitze gebuchtet; Federblätter längl., stark sägezähnig, kurz behaart.	Neben starker Pfahlwurzel viele tief und auch flach streichende Seitenwurzeln.	Kern braun — Splint gelblich, grob und verschlungenfasrig, Frühlingsporenring m. groß. Poren, die übrigen Poren fein und in Wellenlinien. Hart, zäh, elastisch, sehr schwerspaltig, brennkräftig, werthvoll.	Klein, schwarzbraun kegelfm. auf dicken Kissen abstehend. Triebe braun — öfter dünn behaart sind die 3—5 jähr. Triebe korkig, so unterscheid man noch U. suberos Blüthenknosp. kugl., w die Blätter 4—6 schuppi Mark weit und eckig.
Flatterrüster. Úlmus effúsa.	dito.	dito.	dito.	Ohne Kern, sonst wie vorstehend, jedoch viel schlechter — weiß weich, ziemlich brennkräftig, ziemlich werthlos. Aeltere Stämme über d. Wurzelhals dreieckig.	Spitz, hellbraun. Ta schuppen mit dunkl. Rä dern, kahl. Dünne b braune glatte Zweig Triebe glänzend bra
Esche. Fráxinus excélsior.	II. 1. Diándria monogynia. (Vielfach auch polygamisch.)	Samenlapp. lineal, fiedernervig. Federblätter einfach, gesägt, dann zwei 2- bis 3theilig gefiederte Blätter.	Zuerst tiefe Pfahlwurzel — bald aber sehr viele Seitenwurzeln entwickelnd.	Kern hellbraun, breiter weißer Splint, weißes deutliches Mark, aber unbeutl. feine Markstrahlen, sehr deutliche Jahrringe, feine Poren, nur Frühlingsring grobporig. Hartes — schweres zähes, brennkräftiges werthvolles Holz.	Charakteristisch schw verschieden grob, f halbkuglig, kreuzstän mit lederigen Schuppe
Hainbuche. Cárpinus bétulus.	XXI. 13. Monoécia polyándria.	Samenlapp. linsengroß, rundlich; an d. Basis mit Läppchen, Federblätter einzeln, den alt. Blättern ähnlich.	Viele schwache flach streichende Seitenwurzeln.	Ohne Kern und ohne deutliche Poren, gleichmäßig u. fein, wellenförmiger Jahresring, schwer, hart, sehr zäh — nur am glatten Schaft gut spaltb., bestes Brennholz — nicht dauerhaft, schwindend, spannrückig. Schaft; werthvoll.	Hellbraun, klein, lei gekrümmt, angebr spindelförmig, an Ra und Spitze weißlich b haart.
Gem. Birke. Bétula álba (verrucósa) Ehrh. var. pendúla mit hängenden Zweigen.	XXI. 5. Monoécia pentándria.	Samenlapp. klein längl., glatt, Federblätter doppeltzähnig, stark behaart.	Flach streich., schwache Seitenwurz., Stock mit vielen eigenthüml. Wurzelknospen (Masern).	Ohne Kern — weiß bis röthlich mit vielen feinen Markstrahlen, meist zahlreiche Markflecken, die kleinen Poren zu 1—8 gruppirt — gleichmäßig zerstreut u. in sehr feinen Zickzacklinien, werthvoll. Weiße Rinde.	Kurz, oval, braun u wenigen Schupp. —nackt—klebrig. Zwei braun bis grünl., we warzig u. ruthenförm
Haarbirke. Bétula pubéscens.	dito.	dito.	dito.	dito.	dito, doch Deckschuppen u Triebe bewimpert.
Schwarzerle. Álnus glutinósa.	XXI. 4. Monoécia tetrándria.	Nach 5 Wochen, sehr kl. eiförmige, ganzrandige Samenlapp., Federblätter fast spitz.	Zahlreiche tiefgehende Seitenwurzeln.	Ohne Kern, roth, feines Holz, viele breite u. auch feine Markstrahlen, Poren kaum erkennbar. Weich — leicht — brüchig, leicht spaltig, nur unter Wasser dauerhaft, ziemlich brennkräftig, werthvoll.	Gestielt, braun, blau bereift, eiförmig, a großem Kissen.

Ueberſichtstafel der Waldbäume.   65

Blatt	Blüthe	Frucht	Bemerkungen
grund ſchief; Bl. meiſt ſtumpfzähnig — unten Nervenwinkeln haar-g, oval oder elliptiſch, ig abwechſelnd, Ende	Faſt ſitzende Zwitterbl. in Büſcheln: Stbgef. weit aus dem glockenförmigen rothen Blüthenkelch hervorragend, im März, vor Blattausbruch.	Verkehrt eiförm., glatte, hartflüglige Frucht, der Flügel oben wenig geſpalten; geflügelte Flügel; reift Ende Mai.	Gut ſchattenertragend, große Ausſchlagskraft, reichliche Wurzelbrut, auf gutem tiefgründigem friſchem Boden. Nur eingeſprengt in Laubholz — beſ. in Auwäldern, Baum 1. Größe. Gutes Schneidel- und Kopfholz.
vorigem ſchwer zu ziehen — ſehr wandel-Zweigbildung mehr ig, Blatt dünn, oben en ſcharfhaarig, ſehr	An langen Stielen hängend, Stbgef. etwas kürzer, lockere flattrige Büſchel bildend; ſonſt wie Nr. 7.	Wie oben, aber kleiner, länglich, gewimpert, oben tief geſpalten; gränliche Flügel.	dito, etwas anſpruchsloſer mit dem Boden, nur vereinzelt in Wäldern, an Wegen und Hecken. Meiſt Baum 2. Größe.
ſtändig, unpaarig gemit meiſt 7 längl. förmig. geſägten ſitzentchen; vorzügl. Vieh- Im Mai.	Polygamiſch, auch häufig 2—4 Stbſtd., in büſchelweis ſtehenden röthl. braunen Riſpen mit 1 nackten Fruchtknoten; ohne Kelch. Kurz vor Blattausbruch.	Zungenförmige, braune lederartige einſamige Flügelfrucht; im October, liegt 1 Jahr über.	Lichtpflanze, ziemliche Ausſchlagskraft, ſehr ſchnellwüchſig, verlangt guten, friſchen ſelbſt feuchten Boden; große Reproduktionskraft. Baum 1. Größe. Selten in reinen Beſtänden, in Niederungen; meiſt auf feuchteren Bodenſtellen horſtweis, aber auch einzeln eingeſprengt.
ſtändig, eiförmig zu-doppelt geſägt, faſt ig — mit gleichlaufd. 2. Ord. — jung nackt. Blattſtiele u. riebe behaart; gutes er. Im Mai.	Eingeſchlechtig; ♂ und ♀ einfache lange Kätzchen — ♂ ſitzende walzenförmige hängende Kätzchen mit vielen Stbgef., die ♀ mit langen rothen Narben von breilapp. Deckſchuppe eingehüllt. Mit Laubausbruch.	In lockeren Trauben, holzige zuſammengedrückte, längsgerippte, an d. Spitze gezähnte einſamige braune kleine Nüſſe in dreilappigem Deckblatt; im October, liegt 1 Jahr über. Blüht ſtets ſehr reichlich.	Schattenpflanze, vorzügliche Ausſchlagskraft, nur auf beſſerem und friſchem Boden: vorzügliche Heckenpflanze. Baum und Strauch. Nur im äußerſten Oſten reine Beſtände mit natürlicher Verjüngung, ſonſt einzeln und horſtweis in Laub- u. Nadelholz.
ſelbſtänd., rautenförm.. z doppelt geſägt, nackt mit arzen — bitterſchmeck., rz.	Eingeſchlechtig! ♂ ſchon im Sommer vorher ausgebildet; hängende lange walzige Kätzchen, ♀ aufrechte kleinere ſpindelförmige Aehrchen, mit Blattausbruch.	Kleine hängende walzenförmige holzige Zapfen — hinter deren Schuppen je 1—2ſehr kleine Samen mit breiten, durchſichtigen Flügelchen. (Juli—Auguſt.) Flügel 2—3 mal ſo breit als Nuß.	Lichtpflanze, mäßige Ausſchlagskraft, auf allen Böden gedeihend. Rinde weiß. Selten Baum 1. Größe. Bei uns ſeltener in reinen Niederwaldbeſtänden — meiſt in Brüchern, ſowie in Nadelhölzern eingeſprengt.
dito, förmig — oder ſtumpfförmig, unten in den nkeln bärtig. Blätter iebe ſammtig behaart ere ohne Harzwarzen.	dito.	Wie oben, doch Samenflügel nur 1½ mal ſo lang als Samen; im Juli bis Auguſt, kurze Keimkraft.	dito, doch mehr auf moorigem Boden.
ſelbſtänd, umgekehrt ig, meiſt doppelt geoben eingebuchtet, oft . April—Mai.	Einhäuſig — getrennt geſchlechtig; ♂ Kätzchen cylindriſch mit geſtielten 3blüth. Deckſchuppen —; ♀ eirunde traubig ſtehende röthl. Aehrchen, Fruchtknoten mit 2 rothen Narben, im März.	In kleinen eiförmig. holzigen Zapfen 5eckige rothe faſt ungeflügelte Nüßchen; im October, verdirbt leicht.	Lichtpfl., gute Ausſchlagsfähigkeit, Baum 2. Größe! verlangt feuchten humoſen Boden, Hauptholzart der Brücher in Niederwaldform.

eſtermeier, Leitfaden. 8. Aufl.

Nr.	Namen	Klasse, Ordnung nach Linné	Keimling	Wurzelform	Holz	Knospe resp. Trie
14	Weißerle. Álnus incána.	XXI. 4. Monoecia tetrándria.	Wie vor.	Viele flache Seitenwurzeln, sehr reichliche Wurzelbrut, schlecht ausschlagend.	Wie vor. doch heller — ädler und etwas brennkräftiger.	Wie vor. nur dicker u. grauer
15	Sommerlinde Tilia grandifólia.	XIII. 1. Polyándria monogýnia.	Samenlapp. breiter als lang. 5 und mehrspaltig — Federblätter eiförmig zugespitzt — ungleich gesägt.	Starke Herz- und Seitenwurz.	Ohne Kern — sehr weich, weiß mit bunklen Ringen, Poren zu 1—5 gleichmäßig zerstreut, feine Markstrahlen, wenig brennkräftig, leicht spaltig, Schnitzholz, sehr werthvoll.	Stumpf eiförmig grünlich-gelb — an Sonnenseite roth, weichhaarig.
16	Winterlinde. Tilia párvifólia.	dito.	dito.	Herz- und starke Seitenwurzeln.	dito, etwas fester, brennkräftiger, werthvoller.	Rauhhaarig, klebrig.
17	Zitterpappel, Aspe. Pópulus tremúla.	XXII. 8. Dioécia octándria.	Klein mit runden Samenlappen.	Zahlreiche schwache u. sehr flache Seitenwurzeln, sehr reichl. Wurzelbrut.	Ohne Kern — fein, weiß ohne Kennzeichen — sehr weich — elast. — leicht gut spaltbar, unter Dach sehr dauerhaft; das beste v. allen Pappeln, werthvoll, wenig brennkräftig.	Kegelförmig, zugespitzt glänzend braun, sechsschuppig, nicht oder nur wenig harzig.
18	Schwarzpappel. Pópulus nígra.	XXII. 12. Dioécia polyándria.	dito.	Tief und wagerecht weit ausstreichend.	Kern hellbraun — Splint breit, weiß, doch leichter als das der Aspe, ausgezeichnete Maserbildung, Möbelholz.	Lang — spitz — roth braun — an den Seiten höckrig —, mit golbacknem wohlriechendem Gummharz überzogen. Junge Triebe gelb glänzend.
19	Pyramidenpappel (italienische). Pópulus pyramidális (itálica, dilátata).	dito.	dito.	dito.	dito, doch sehr weich und sehr leicht.	dito, doch nicht klebrig, Trie sehr spitzwinkl. z. Stam
20	Sahlweide. Sálix cáprea, (sehr ähnlich Sálix aurita mit umgekehrt eiförmig, unregelmäßig gezähnt oben fein behaarten, unten dicht behaarten Blättern).	XXII. 2. Dioécia diándria.	2 kleine eiförmige rundl. Samenlappen, nach dem kurz. Stiele zugespitzt.	Viele flache Seitenwurz., zuerst Pfahlwurzel.	Kern röthl. bis braun, gelblich bis röthlich weiß. Splint, leicht — weich — gut spaltbar — wenig dauerhaft u. brennkräftig — grobes u. dauerhaftes Flechtwerk (d. Holz aller Weiden technisch wenig brauchbar, nur die Triebe als Flechtwerk verwendb. resp. sehr gesucht).	Laubknosp. stumpf förm. — ebenso breit lang, angedrückt mit Knospen dick und schwach braun, kahl, Triebe fe filzig.
21	Knackweide. Sálix frágilis.	dito.	dito.	dito.	dito, ohne Markflecken, kein besonders gutes Flechtw. (reichlicher Holzertrag!).	Spitz kegelförmig krumm, glatt glänzend — schwarzbraun. 1 jähr. Triebe glatt — graugrün glänzend; sehr leicht brechend (knackend).

Uebersichtstafel der Waldbäume.

Blatt	Blüthe	Frucht	Bemerkungen
iförmig — oben zugespitzt, n weißfilzig — nte Neb- sehr weich.	Wie vor., nur ♂ Kätzchen graufilzig.	Wie vor., doch plattgedrückt u. deutlich geflügelt; September.	Wie vor., Rinde glatt — hell silbergrau, rasch wachsend, auch auf flachgründ. undurchlassend. Boden, wie auf saurem Torfboden. Baum 2. Gr.
echselständig schief herzig, unten kurz behaart, hnt, — in den Rippen eln grünl. Wolle, Blattkürzer als Blatt; im l.	Gelbl. Zwitterblätter in mehrstrahl. Trugdolde, mit 5theil. hinfäll. Kelch — 5blättriger Krone, vielen Staubgef. und einf. Stempel auf langen mit zungenförm. Deckblatt gezierten Stielen, im Juni.	Filzig behaarte erbsengr. Nuß mit 5 starken Kanten, im October; 1 Jahr überliegend.	Schattenpflanze, vorzügliche Ausschlagskraft, auf besserem, tiefgründigem frisch. Boden, Rinde liefert Bast. Baum 1. Größe. Nur eingesprengt in Laubhölzern — oder als Alleebaum, viel in Dörfern.
lattstiel 1½ mal länger Blatt, Blatt kleiner n bläulich grün — oben zend, in den Rippen en bräunliche Wolle.	dito, doch 5—7blüthige Trugdolden, 14 Tage später.	dito, nackt und mit ganz schwachen Rippen.	dito.
echselständig lang gestielt, kreisrund, nackt, buchtig rbt, mit Drüsen an den bzähnen; Stockausschläge Wurzelbrut mit sehr eichenden Blättern, doch Sägezähne krumm, im .	♂ hängende grüne Kätzchen mit dicht zottig bewimperten Schuppen und je 8 Staubgef. ♀ Kätzch. haben in den Blüthentellchen viele längl. eiförm. Fruchtknoten, im März vor Blattausbruch.	Sehr kleine Körnchen mit seidenartiger Haube, fliegen sofort ab — behält die Keimkraft nur kurze Zeit, reift im Mai.	Lichtpflanze, mit vorzügl. Ausschlagskraft, auf fast allen Bodenarten. Baum 1. Größe. Bei uns nur eingesprengt in fast allen Holzarten, oft lästig mit ihrer Wurzelbrut. Verdient jedoch wegen ihres sehr werthvoll. Holzes Beacht.
auten- bis deltaförmig, ig, ungleich schwach ge t — am Grunde fast zrandig, nackt, auf langen rechten Stielen.	dito, jedoch nierenförm. purpur. bewimp. Kätzchenschuppen, ♂ m. gelb., ♀ m. braunen Schuppen, ♂ mit 12—30 Staubgef.	dito, doch länglich und 2nähtig.	dito, viel am Wasser, sonst auch in Alleen und auf feuchten und überschwemmten Boden.
Reift breiteckig, kahl.	dito, nur ♂ vorkommend.	dito.	dito, Pyramidenvarietät der vorigen, sehr verbreiteter Alleebaum — auch Kopf- und Schneidholz.
echselständig, eiförmig, r elliptisch, am Rande lenförmig, oben kahl oder lzig, unten weißfilzig, lich mit nierenförmigen enblättern, im Mai.	Aufrechte Kätzchen mit ganzrand. gewimp. Deckschuppen. ♂ mit 2 Staubblätt. a. lang. Staubfäd. u. mit einer grünl. Honigdrüse, ♀ mit eiförm. Fruchtknot. u. 2theil. Narbe, grün, im März. Die noch nicht aufgeblühten ♂ Kätzchen m. glänzd. silberw. Haaren (Schäfchen, Palmkätzel).	Eiförmige, unten lanzettförmig verlängerte Kapseln mit kleinen Samen, die einen langen weiß. Seidenschopf haben (Weidenwolle). Viel tauber Samen.	Lichtpflanze, fast in allen Holz- und Bodenarten eingesprengt. Baum u. Strauch, große Ausschlagskraft; die Hauptbedeutung der Weiden liegt in ihrer Verwendung als Flechtwerk; sie werden als Niederwald mit sehr kurzem Umtrieb (sog. Weidenheeger) bewirthschaftet.
echselständig lanzettlich, kahl (nur in der Jugend vimpert), an den Zähnen t braunen Drüsen, ebenso t Blattstiel, glänzend, im ai.	dito.	dito.	dito, auf frischem, feucht. Boden, zu Ko fholz tauglich, hoher Strauch, auch Baum.

5*

Ueberſichtstafel der Waldbäume.

Nr.	Namen	Klaſſe, Ordnung nach Linné	Keimling	Wurzelform	Holz	Knospe reſp.
22	Silberweide. Sálix álba.	XXII. 2. Dioecia diandria.	2 kleine, eiförmige rundl. Samenlappen, nach dem kurz. Stiele zugeſpitzt.	Viele flache Seitenwurz., zuerſt Pfahlwurzel.	dito, mit Markfleckchen, ziemi. gute Flecht-, Binde- und Futterweide.	Längl., faſt —angedrückt, weißen Haar Triebe behaart.
	Abarten: S. argéntea mit beiderſeits glänzend ſeidenhaarigen Blättern und die ſehr häufige					
23	Korbweide. Sálix viminális.	dito.	dito.	dito.	Beſte Flechtweide, Holz wie vorſtehend.	Zweige und flaumig; Kn gelblich, Knoſ ſehr gedrängt.
24	Purpurweide. Sálix purpúrea var. Sálix hélix mit gelb.Trieben.	dito.	dito.	dito.	Vorzügl. feine Flechtweide.	Knoſpenſchup roth. Triebe röthl., innen gelb. Rinde, la
25	Mandelweide. Sálix amýgdalina (triándra).	dito.	dito.	dito.	Kern roth, allmählich in den weißen Splint übergehend; die 1jähr. Triebe gutes Flechtwerk.	
26	Aſchgraue große Werftweide. Sálix cinérea (acumináta).	dito.	dito.	dito.	Geringwerthiges Flechtmaterial — wird nicht kultivirt.	Kugelig die jungen Zweige gr grünlicher J
27	Kaspiſche Weide. Sálix pruinósa Wendt. (acutifólia Wild.)	dito.	dito.	dito.	Ziemlich gutes Flechtwerk.	Glatt, ju violett-roth bereift.
28	Holzbirne. Pyrus communis.	XII. 5. Icosándria pentagýnia.	2 längliche Keimblätter.	Starke Seitenwurzeln.	Ohne Kern — gleichmäßig braunroth ohne erkennbare Poren mit ſehr fein. Markſtrahlen, hart — ſchlecht ſpaltig, ſehr geſuchtes Drechslerholz.	Dunkelbraun ſpitze abſtehend knoſpen. Trieb untere Zweige m
29	Holzapfel. Pyrus málus.	dito.	dito.	dito.	dito, doch Kern braunroth und Splint röthlich.	Aehnlich jedoch röthl gedrückt, Tr braun.
30	Ebereſche. Sórbus aucupária.	XII. 2. Icosándria tri-péntagynia.	Eiförmige Samenlapp.	Weitſtreichende und tiefgehende Seitenwurz. — Wurzelbrut.	Kern rothbraun, Splint röthlich — fein — glänzend — ziemlich leicht und hart, zäh, von Stellmacher und Drechsler ſehr geſucht.	Bläulich ſch telgroß, anlieg u. weiß behaa mit vielen Ro
31	Akazie. Robinia Pseudoacácia.	XVII. 3. Diadélphia decándria.	2 kleine runde Samenläppchen.	Tiefgehende ſtarke Seitenwurzeln.	Kern gelbbraun, Splint hellgelb, Poren auffallend, feine Markſtrahlen. Hart — ſchwer ſpaltig, geſucht.	Knoſpen eing meiſt unter jeder Stacheln.

Ueberſichtstafel der Waldbäume. 69

Blatt	Blüthe	Frucht	Bemerkungen
ẁie bei 21, mehr zugeſpitzt, ꝛerſeits ſeidenhaarig, im t.	Wie bei 21.	Wie bei 20, reift im Juni.	Wie bei 20, an feucht.Standort, häufigſtes Kopfholz, Baum 1. Größe.
vittellina, Dotterweide mit leuchtend gelber Rinde an den jungen Zweigen (ſehr gute Flechtweide).			
ſehr lang, zugeſpitzt, unten t haar., ſehr ſchmal, Blatt⸗ d gewellt, Nebenblätter emlich.	Aufrechte Kätzchen mit ganzrandigen gewimperten Deckſchuppen; die Kätzchen kurz u. ſilberhaar., Schüpp⸗ chen oben dunkel, vor Blatt⸗ ausbruch.	Eiförm. verlängerte fil⸗ zige Kapſel mit kleinen behaarten Samen. Mai bis Juni.	Meiſt nur Strauch, nur am Waſſer auf lockerem Boden.
aſt gegenſtändig, lang, mal, vor der Spitze am lteſten, nur dort geſägt⸗ en bläulich.	dito, ſitzend, Kätzch. lang walzig, ♂ roth — einmännig, ♀ mit roth⸗weiß behaarten Schupp. vor Blattausbruch.	dito.	dito, kommt auch auf trockenerem Boden fort.
em Blatt der Knackweide lich, doch unten blau und größeren Nebenblättern, der Mitte gelb. Nerv.	dito, aber breimännig.	dito.	Rinde roth u. in Platten abſpringend, häufig an Bach⸗ rändern. Baum 3. Größe.
mgekehrt eiförmig mit zu⸗ gekrümmt. Spitze, ſeider⸗ s — unten jedoch ſtärker aart.	dito, ♂ am Grunde behaart (2 Staubgef.).	dito.	Sehr verbreiteter Strauch an feuchten Orten, Ufern ꝛc.
ebenblätter ſchmal, lang eſpitzt, geſägt und kahl.	Sitzende Kätzchen, blüht vor Blattausbruch.	dito.	Bäume oder hohe Sträucher, neuerdings vielf. an Straßen u. Dämmen angepflanzt. Ge⸗ deiht auch a. ärmer. Sandbod.
Wechſelſtändig — langge⸗ lt eiförmig, mit vielen ppen.	Zwitterbl, Viele Staub⸗ gef. in 5zipfl. Kelch mit weißer Blumenkrone zu 6—12 in Doldentrauben; rothe Staubgef. im Mai.	Apfelfrucht nicht ge⸗ nabelt, im September.	Schattenpflanze, ziemlſ hoher Baum mit ſpitzer Krone, auf kräftigem Boden; mit ge⸗ ringer Ausſchlagskraft. Baum 2. Größe. Eingeſprengt in Laubhölzern.
ehnlich den vorigen, jedoch rz geſtielt mit wenigen Paar) Rippen.	dito, jedoch m. röthlich. Blumen⸗ krone, gelbe Staubgef.	Genabelte Apfelfrucht.	dito, doch mit ſperriger Krone.
Wechſelſtändig unpaar. ge⸗ dert, unten ſchwach be⸗ art; Fiederbl. kurz geſtielt geſägt. Gutes Schaffutter.	Endbtg. gewölbte Dol⸗ dentrauben mit weißen 3griffl. Blüthen, Ende Mai—Juni.	Kugelrunde kleine rothe Beeren in Trugdolden. September.	Lichtpflanze, auf allen nur etwas friſchen Bodenarten, Baum 2. Größe. Vielfach eingeſprengt, ſowie beliebter Allee⸗ und Chauſſeebaum.
Wechſelſtändig unpaar. ge⸗ dert, Fiederbl. eiförm., att, am Grunde mit Stacheln.	Lockere hängende Trau⸗ ben mit weißen Schmetter⸗ lingsblüthen im Juni.	Glatte kleine Schoten mit ſchwarzen nierenförmigen Samen. October.	Lichtpflanze, von unverwüſt⸗ licher Reproduktionskraft — großer Ausſchlagsfähigkeit an Stock und Wurzeln — gedeiht auf allen Bodenarten, Baum 2. Größe.

Nr.	Namen	Klasse, Ordnung nach Linné	Keimling	Wurzelform	Holz	Knospe resp.
32	Kiefer, Föhre. Pinus silvestris (sylvestris).	XXI. 2. Monoecia diándria.	5—7 flache, nabelförm., ganzrandig. Samenlapp., Federbl. gesägt, im 2. Jahre 2 Nad. aus 1 Scheide; i. 3. Jahre Quirle.	Starke Pfahlwurzel mit starken Seitenwurzeln.	Kern hell- bis dunkelbraun, breites Herbsth.— viele Harzgänge, ziemlich brennkräft.; weich — leicht, spaltig, gutes Bau- und Nutzholz	Eikegelförmig — fleischroth. b
33	Weymouthskiefer. Pinus strobus.	dito.	7—8 langee schmale quirlständige Samenlappen.	Pfahl- und starke Seitenwurzeln.	Kern bräunlich, Splint gelblichweiß, harzarm, dem obigen ähnlich, sehr leicht und weich, leicht spaltig, dauerhaft, ziemlich brennkräftig, werthvoll.	Eiförmig mit gezogener Spitz barztg. Junge kahl.
34	Zirbelkiefer (Arve). Pinus cembra.	dito.	9—12 lange zugespitzte Samenlapp.	Zuerst Pfahlwurzel — später nur kräftige Seitenwurzeln.	Kern röthlich — Splint weiß — sehr gleichmäßig wohlriechend — weich, dauerh. — wenig brennkräftig, sehr gesuchtes Nutzholz.	Weißl. fe fein zugesp mit Franzen Triebe mit 5 (Sicherer von 33.)
35	Schwarzkiefer. Pinus austriaca (sehr viele Abarten).	dito.	5—7 große, bläuliche Samenlapp.	Flach streichende Wurzeln.	Von dem der gemeinen Kiefer kaum zu unterscheiden — sehr harzreich — sehr viel Splint, gutes Bau- und Nutzholz.	
36	Weißtanne. Abies pectinata Dec., Pinus abies Du roi. P. picea Linné.	dito.	Meist 5—8 sternförmig stehende Samenlappen mit 2 weißen Streif. oben, im 3. Jahre ein langer Seitentrieb — im 4. Jahre erst. Quirl.	Auf tiefgründig. Boden Pfahlwurzel, sonst starke Seitenwurzeln.	Ohne Kern, weiß — ohne Markstrahlharzgänge, harzarm, leicht weich — ziemlich brennkräftig, gutes Bau- und Nutzholz.	Eikegelförmig ständig, gelbbraezend, am Gru weißem Harzüb
37	Fichte (Rothtanne). Abies excelsa Dec., Pinus picea, Du roi, P. abies Linné.	dito.	Meist 7—9 flache gesägte Samenlappen, hellgrün, Blätt. d. erst. Jahrestriebes ebenfalls sägezähnig, im 4. Jahre Quirl.	Flach streichende Wurzeln.	Ohne Kern, weißes bis röthlichweißes, etw. glänzend, porenarm. Holz — leicht — weich — spalt. sehr elastisch — dauerhaft, wenig brennkräftig; gutes Bau- u. Nutzholz.	Eikegelförmig, Knospen fast quir Zweige in regel Quirlen.
38	Lärche. Pinus larix (larix europaea Dec.).	dito.	An rothem Stengelchen meist schmale, ganzrandige, bläul. Samenlapp., im 1. u. 2. J. wintergr. —	Anfangs Pfahl- später Herzwurz., von welchen schwache Seitenwurzeln verlaufen.	Kern röthlich, scharf abgesetztes bunti. Herbstholz; ziemlich schwer — dauerhaft — weich — spaltig — sehr werthvolles Bau- und Nutzholz.	Wechselständig knopfförmig.

Uebersichtstafel der Waldbäume.

e r.

Blatt	Blüthe	Frucht	Bemerkungen
...er Scheide 2, selten gestreifte, kantige ...fein gezähnelte grau... ...nadeln, nach 3—5 Jahr. ...	♂ gelbe oder röthl. aufrechte Kätzchen gedrängt am Grunde des jung. Triebes, ♀ eirunde rothe bis grünl. aufrechte gestielte Zäpfchen. — 1—5 an der Spitze der Maitriebe, im Mai.	Kegelf., 3—6 cm lange, holzige, hängende Zapfen; hinter jeder Schuppe 2 schwärzlich-bräunliche, eirunde Samen an durchsichtigen Flügeln — in einem brillenartig. Loch; reift erst nach 18 Monaten und fliegt erst im Frühjahr ab.	Lichtpflanze, auf fast allen Bodenart., schnellwüchs., hohe Erträge gebend, ohne Reproduktionskraft, mit tief rissiger abblätternder Schuppenborke Baum 1. Größe. Hauptsächl. in rein. u. gemischt. Beständen des Hochwalds ob. Oberholz im Mittelwald. Verbreitetster Waldbaum der Ebene.
...ein aus einer Scheide, ...cm lang, schlank, ...Alle 2 Jahre wech...	♂ Gelbe Kätzchen zu 10—20 um den Grund des jungen Triebes, ♀ ovale gelbliche Kätzchen zu 2—3 auf der Spitze desselben, Mai.	Harzreiche 14 cm lange gekrümmte dünne walzige Zapfen, der lang geflügelte große Samen braun und schwarz marmorirt. October des 2. Jahres.	Schattenpflanze, sehr schnellwüchsig, große Reproduktionskraft, auf allen Böden, nur nicht reinem Sand u. strengem Thon, hoher Baum m. glatter grauer Rinde.
...a 8 cm lange krasse ...aus einer langen ..., alle 2 Jahre wech...	♂ eiförm. gedrängte Kätzchen, roth — später gelb, ♀ 1—6 gestielte aufrechte haselnußgroße violette Zapfen, im Juni.	In kleinen hellbraunen Zapfen eine hartschalige, dicke rothe fast unbeflügelte Nuß, wohlriechend. Reift nach 18 Monaten.	Lichtpflanze, Gebirgsbaum, auf frisch u. feucht. Boden, große Reproduktionskraft, hoher Baum mit glatter Rinde; mit der vorigen leicht zu verwechseln.
	♂ Kätzch. gelb bis 25 mm lang, gestreckt, ♀ Kätzchen meist paarweis, schön roth, an der Spitze d. Maitriebe, Mai—Juni.	Zapfen 8 cm, stiellos, gelbbraun — glänzend, die großen, lang geflügelten Samen beiderseits nebr. grau, öfter gefleckt. Oct. 2. Jahres.	Lichtpflanze, mitb. Bod. anspruchsl., langsamwüchs., hoher Baum mit sperrig. Aesten u. grober dunkl. Borke. Meist Baum 2. und 3. Größe.
...örm. stehende, flache ...an der Spitze ein... ...nadeln — unten mit ...Streifen — alle ...wechselnd. Stumpfe ...rone. (Im Alter sicher ...erschied von 37.)	♂ Kätzchen oval — grünl. gelb auf der Unterseite des vorigen Triebes, ♀ zierl. hellgrüne Zäpfchen auf der Oberseite der vorjähr. Mitteltriebe, stets nur an den obersten Quirlästen am Wipfel; im Mai.	Große aufrechtstehende walzige Zapfen mit großen braunen, fast 3kantigen, terpentinhaltigen Samen, der eng mit dem großen braunen Flügel verwach. September. Die Zapfen fallen einzeln ab, die Spindel bleibt noch längere Zeit stehen.	Schattenpflanze, auf ziemlich tiefgründ., frisch., kräftigen Gebirgsboden, große Reproduktionskraft, in der Jugend sehr langsamwüchsig, später schnellwachsd., Baum 1 Größe mit weißer Rinde. Im Hochwald u. Plenterbetrieb meist mit andern Holzarten gemischt; natürl. Verjüngung.
...lftstehende 4 kantige ...Nadeln — rings um ...eige stehend — alle ...e wechselnd. Spitze ...rone.	♂ Kätzchen groß — gestielt — roth — später gelbl. an den vorjährige Trieben ♀ Kätzchen zierlich — hochroth — aufrecht an der Spitze der neuen Triebe, nach der Befruchtung grün und hängend, im Mai.	Langer hängender Zapfen mit dünnen Schuppen. Der rothbraune, an der Spitze gedrehte Same in einer löffelartigen Vertiefung des Flügels. (Sicheres Kennzeichen von 32.) Im October, fliegt im Winter ab.	Schattenpflanze, auf frischem Gebirgsboden und in luftfeuchtem Klima, ziemli. Reproduktionskraft; zuerst langsam, später schnellwüchsig, Baum 1. Größe mit rother Rinde. In reinen und gemischten Hochwaldbeständen mit künstl. u. natürl. Verjüngung. Verbreitetster Waldbaum des Gebirges.
...ich abfallende weiche ...kleine Nadeln — au ...Triebe einzeln — an ...in Büscheln.	Die breiten grüngelb. — oft nach unten gekrümmt. ♂ Kätzch. am 2- und mehrj. Holze, die ♀ aufrecht, ziemlich große hochroth. Köpfchen an Kurztrieben; mit Blattausbruch.	Kleine aufrechte Zapfen mit lederartig. Schuppen, kleinen 3eckigen hell glänzenden gelblichen mit den Flügeln verwachsenen Samen, der sehr schlecht, oft erst nach Jahren ausfliegt.	Lichtpflanze, liebt kräftigen, ziemli. tiefgründigen Gebirgsboden, bedeut. Reproduktionskraft, Bäume 1. Größe mit meist säbelförm. Wuchs und graubrauner Borke, deren Schuppen gekrümmt sind.

Systematische forstliche Bestimmungstabelle a
lichen und winterlichen Busta

Nr.	Namen	Blatt resp. Knospe	Blumenstan
	II. Classe: Diandria: Zweigeschlecht. Blüthen m		
1	Hartriegel. Ligŭstrum vulgăre.	Gegenstd., längl.lanzettl.- ganzrand. **wintergrün**, grüne angedrückteSeitenknospen.	
2	Flieder. Syringa vulgāris.	Gegenständig, herzförmig ganzrandig; Knospen grün mit gestielten Schuppen, an der Spitze stets paarweis.	
	IV. Classe: Tetrandria: Zweigeschlecht. Blum		
3	Hornstrauch. Cŏrnus măscŭla.	Gegenstd., eiförm. zugespitzt mit oben zusammenlauf. Nerv., Seitenknosp. feinflz.—abstehd.,Blüthenknosp.gelbl.,fugl.,gestielt.	Kleine gelbe Dolde mit Hülle am Grunde.
4	Rother Hartriegel. Cŏrnus sanguĭnĕa.	Wie vorig.; breiter und kurzhaarig, am Rande wellig, Seitenknospen lang — angedrückt, die letzten Schuppen blattartig.	
5	Weißer Hartriegel. Cŏrnus alba.	Wie vorige, nur unten **weiß behaart**.	
6	Stechpalme. Ilex aquifŏlium.	Wechselständ., **glänzend**, lederig, stachlig gezähnt, wintergrün.	Kurzgestiel auch Büsche
	V. Classe: Pentandria: Zweigeschlecht. Blüthen mit freien Staubge		
7	Pfaffenhütchen oder Spindelbaum. Evŏnўmus europǣus.	Gegenstbg., lanzettl. fein gesägt — Knosp. abstehend, 4kantige Endknospen. Die auffallenden grünen Zweige sind 4kantig und mit grauen Leisten besetzt.	Gablige gelb-grünliche dolben.
8	Warz. Spindelbaum. E. verrucōsus.	Wie vorig., nur längl. — eirund, Triebe mit Warzen.	dito.
9	Kreuzdorn. Rhămnus cathărtĭca.	Wechselständ., eirund — fein gesägt, zugespitzt — Nerven convergirend, Knospen schwarzbraun — spitzig, fein bewimpert. Die Dornen stehen kreuz-gegenständig.	
10	Faulbaum (Pulverholz) Rhămnus frăngŭla.	Wechselständig, oval, ganzrand. zugespitzt, Nerven parallel, Knospen nackt —³gefaltete filzige Blätter bildend.	
11	Schwarze Johannisbeere. Ribes nigrum.	5lappig, gesägt, **unten drüsig behaart**, Knospen mit filzigen Schuppen und gelben Oeldrüsen.	Hängende weichhaarig mit langen Deckblättch
12	Gemeiner Epheu. Hĕdĕra hĕlix.	5lappig, lederig — glänzend; 3—5eckig — an b. blühenden Zweige oval, ganzrandig, **wintergrün**.	Grünl. weiße Dolde.
13	Heckenkirsche. Lŏnicĕra xylŏsteum.	Stumpf — eirund, weichhaarig; Seitenknospen weit abstehend — innere Schuppen lang behaart.	Je 2 gelbl. ob. röthl. S lingsblüthen au einem

Bestimmungstabelle der wichtigen strauchartigen Holzgewächse.

wichtigen strauchartigen Holzgewächse im sommer=
Nach dem Linné'schen System.

Blüthe und Frucht	Blüthezeit	Ordnung	Bemerkungen
nd doppelten 4zähnigen oder 4spaltigen Blüthendecken			
Blumenkrone trichterig, 4spaltig — Kelch zähn. — **weiß**, schwarze 2fächr. Steinfrucht	Juni—Juli.	1. 1 Stempel.	
Wie vorige, aber größer, violett bis eiß, stark riechend; Frucht 2fächr. Kapsel mit 4 hängenden Samen.	April—Mai.	dito.	
freien Staubgefäßen und 4theiliger Krone.			
4zähn. Kelch m. 4blättr. **gelber** Blumenkrone, 1 Griffel; eirunde **rothe** Steinbeere mit 2 Samen.	**Vor** Blattausbruch.	1. 1 Stempel.	Strauch bis kleiner Baum mit Drechslerholz,. liebt **Kalk**, durc linge leicht zu vermehren.
Wie vorige, aber **weiße** Blumenkrone, frucht **schwarze** Steinbeere.	Mai—Juni.	dito.	Strau **rothen**
dito.	dito.	dito.	viele 3
Radförmige **weiße** 4—5 theil. Blumenkr. n 4—5zähn. Kelch — Narben ohne Griffel, othe 3samige Beeren; Samen liegt über.	Juni—Juli	4 4 Stempel.	**Immergrün** schattenliebend— häufig in nordöstl
nd doppelter Blüthendecke (5spaltiger Kelch und 1 oder 5blättriger Krone).			
Gelb-grünl. 4—5blättr. Blumenkrone wisch. 4—5theil. auf einer Scheibe stehend. Kelch; sehr auffallend.**orangegelb**. Mant. um rosenroth. Kapseln m. weißem Samen.	Mai—Juni.	1. 1 Stempel.	Ueberall verbreiteter kleiner Baum Strauch mit **auffallenden** grü 4kant. Zweigen, das blaßgelbliche feine **Drechslerwaare.**
Grünl. **roth punktirte** Blüthe, schwarz. Samen mit **blutrothem** Mantel.	dito.	dito.	
Gelbgrüne 4blättr. Blumenkrone in vierspaltigem Kelch, **schwarze** erbsengroße Steinbeere.	dito.	dito.	Hoher Strauch mit gegenstdn Dornen an der Spitze; das wei gestammte Holz fest und schwe Schreiner und Drechsler sehr Rinde zum Gelb- u. Braunfärb
Weiße 5 blättr. Blumenkr. in 5spaltig. Kelch mit röthl. Staubgef.; erst **rothe**, dann **schwarze** Steinbeere.	dito.	dito.	Mittl. Strauch in feuchtgründi holze, oft wuchernd. **Wurzelbr** weiche leichte Holz zu Pulverkohl Rinde zum Gelbgerben.
In weichhaarig **glockenförm.** Kelch die röthl. 5blättr. Blumenkrone — schwarze wanzenartig riechende vielsamige Beere.	dito.	dito.	Kleiner Strauch a Orten und an Bäch
Grünl. weiße 5—10blättr. Blumenkrone auf einer Scheibe, 5—10 Staubgefäße am Rande derselben, schwarze 5—10fächrige Beerenfrucht.	Aug.—Sept.	dito.	
Gelbl. weiße — nicht quirlständ. 2lippige röhrige Blüthe m. einem Höcker am Grunde, weichhaarig; rothe 4sam. Zwillingsbeere.	Mai—Juni.	dito.	Aufrecht. Strauch in Hecken u. an W säumen mit **sehr hartem** zu Pfeifen Peitschenstöcken 2c. sehr gesuchtem H

Bestimmungstabelle der wichtigen strauchartigen Holzgewächse.

Namen	Blatt resp. Knospe	Blüthenstand
		V. Cl
Je länger je lieber. Lonicēra caprifolium.	Die oberen Blätter zu rundlich. Scheiben verwachsen, sonst längl. zugespitzt — gegenständig; die scheinbare Endknospe gepaart. Nicht blühend. Triebe rückw. zottig behaart.	Sitzende gelbe ob. röthl. chen und Quirle in den winkeln.
Gaisblatt. Lonicēra periclymenum.	Eiförmig stumpf, die obersten Blätter nicht verwachsen, Triebe kahl.	
Schneeball. Viburnum opulus.	Gegenständig, 3—5 lappig, gezähnt, Blattstiele kahl und mit Drüsen, Knospen glänzend, angedrückt, braun-grünlich.	Endständ. w
Wolliger Schneeball. Vib. lantāna.	Gegenstb., breit eiförm., gesägt — runzl. — unten und Stiele filzig, ohne Drüsen, Seitenknospen frei — mehlig, aufrecht.	dito.
Gem. Hollunder. Sambūcus nigra.	Gegenstb., unpaarig gefiedert, die 5 Fiederblätter gesägt, Knospen kegelf. abstehend, violett, kreuzständig 2—4 übereinander.	Endständige weiße S mit 5 Aesten.
Traubenhollunder. Sambūcus racemōsa.	Wie vor, Knospe groß-kuglig, Endknospe paarweis.	
	VIII. Classe: Vollständige regelm	
Heidekraut. Callūna vulgāris.	Kleine Nadeln mit Schuppen, 4reihig um den Stengel dachziegelartig gestellt, immergrün.	Einseit. röthliche
Heidelbeere. Vaccinium myrtillus.	Klein — eirund — gesägt, Knospe klein — grünlich.	Einzelne nickende Bl
Rauschbeere. Vaccinium uliginōsum.	Klein — eirund, ganzrandig, unten grau, immergrün.	dito, gipfelständig zu meh
Preißelbeere. Vaccinium vitis idaea.	Klein lederig, ganzrandig, spitz, gerollt, unten punktirt, immergrün.	Gipfelständi weiße Träu
Moosbeere. Vaccinium oxycoccos.	Klein — ohrförm., am Rande umgeschlagen — unten grau, immergrün.	2—3 langgestielte r an der Spitze der rothen Stielen
	X. Classe: Decandria: Vollständige	
Sumpfporst. Ledum palūstre.	Lineal — am Rande umgerollt — unten rostfarbig, filzig, immergrün.	Gipfelständige weiß
	XII. Classe: Icosandria: Vollständige Blumen mit 5blättriger	
Traubenkirsche. Prūnus padus.	Ellipt. gesägt — runzlig — 5zellig; die Blattstiele 2drüsig, Knosp. spindelförm. mit braunen runzl. an d. Spitze weißl. Schupp.	Lange überhäng
Schwarzdorn. Prūnus spinōsa.	Längl. eirund, gesägt, unten behaart, kleine halbkugl. Blüthenknospen gehäuft über der Blattnarbe, Seitenzweige senkrecht absteh. und in Dornen auslaufend.	Einzelne oder zu Seiten.
Weißdorn. Cratægus oxyacantha.	Verkehrt — eirund — 3—5lappig — eingeschnitten — gesägt — kahl — Knospe rundl. kahl — glänzend braun.	Weiße Dolde — auch Dol traube.

Bestimmungstabelle der wichtigen strauchartigen Holzgewächse.

Blüthe und Frucht	Blüthezeit	Ordnung	Bemerkungen.
Pentandria.			
Langröhrige gelbl. oder röthl. Blumenkrone mit 2lipp. zurückgebog. Saum in kleinen 5zähnig. Kelch; orangefarbige eirunde Beere.	Mai—Juni.	1. 1 Stempel.	Wild nur in Süddeutschland, wo riechende Schlingpflanze.
Wie vorige, jedoch rothe birnförm. Beeren.	Juni—Aug.	dito.	
Weiß, die inneren glocken- u. röhrenförmigen Zwitterblätter fruchtbar, die äußeren Randblätter mit breitem Saum unfruchtb.; längl. rothe Beeren.	Mai—Juni.	3. (3 Griffel oder 3 Narben.)	Strauch — selten Baum, Hecken und Wäldern
Weiße gleich große fruchtb. Blüthen, klein — glockig, flach, eirunde — bei der Reife schwarze eßbare Beeren.	Mai.	dito.	Hoher Strauch in Hecken u. auf Lette- u. Kaltboden; die b linge zu Pfeifenrohren, Stöck Rinds korkig.
Radförm., fünfspalt., weiße Blumenkrone, stark riechend, schwarze Beeren.	Juni—Juli	dito.	Kleiner weiß. M Drechsle
dito, aber gelbl.-weiße Blüth., rothe Beeren.	April—Mai.	dito.	Einim flächen h
geschlechtige Blüthen mit 8 Staubgefäßen.			
Glockige 4spalt. röthl. Blumenkrone in länger. 4theilig. Kelch; Früchte: 4fäch. Kapseln in der dürren Blumenkrone.	Juli—Sept.	1. 1 Griffel.	Gerbstoff Strauch, wuchernd
Auf einem Scheibch stehend. kugliges ganzrandiges grünes röthliches angelaufenes Glöckchen; schwarze Beeren, oben mit Nabel, im Juli.	Mai.	dito.	Sehr klein. Strauch mit scharfka Aesten. auf sandig. und auf Gebirgs stets in etw. beschatteten Lagen (Best lücken oder zu lichten Beständen).
dito, weißröthl. eiförm. Krone in 5zähn. Kelch; blaue, etwas schleimige Beeren.	Mai—Juni.	dito.	dito, aber größer mit grauen runden A auf Moorboden.
Weiße glockige Blumenkrone in 4zähn. Kelch; rothe Beeren.	Mai—Juli.	dito.	Klein, Strauch mit run Gebirge auf feuchtem lock in der Ebene auf quellig. sonnigen Stellen. Oft bo
Purpurrothe Blumenkr. m. 4 zurückgerollt. 3tpf.-sternförm.; 8—10 Staubgef. wie bei all. Vaccinien; roth. Beeren.	Juni—Aug	dito.	Kleiner Strauch mit fadenförm kriechenden Stämmen und Aeste Moos auf Torfboden.
oder 5spaltige Blumen mit 10 Staubgefäßen.			
Weiß; radförm. 5blättr. Blumenkrone in kleinen 5zähn. Kelch; Frucht: 5fäch. Kapsel.	Mai—Juli.	dito.	Kleiner niederliegender Strauch m filzigen Zweigen und betäubenden an sumpfigen Moorstellen. Giftig
vielen am Schlunde oder Rande der Kelchröhre befestigten Staubgefäßen.			
Weiße 5blättr. Blumenkrone; Früchte: kleine schwarze herbschmeckende Kirschen.	Mai vor Blattausbruch.	dito.	Kleiner Baum und seh mit schwärzlicher Rinde, Niederung.; sehr werthvo
Weiße rundliche Kronenblätter; Früchte; schwarze blau bereifte kuglige aufrechte Steinbeeren.	April—Mai vor Blattausbruch.	dito.	Dorniger Strauch m Rinde und sehr festem in Grabirwerken. Auf so Boden. Sehr gesuchtes
Weiße rosenförm. 5blättr. Blumenkr. — ebenso wie die Staubgef. am Schlundringe des Kelches befestigt, Kelchröhre kahl, haselnußgroße rothe Steinfrüchte.	Mai—Juni.	2. 2 Griffel.	Kl. Baum ob. Strauch 1. Ordn. mit wei Rinde u. viel. Dorn. auf besserem Bod., se festes feinfaser. vorzügl. Drechslerh, Gr birwerkstr., auch zu lebend. Hecken geeign

Bestimmungstabelle der wichtigen strauchartigen Holzgewächse.

Namen	Blatt resp. Knospe	Blüthenstand
		V. Cl
Je länger je lieber. Lonicēra caprifolĭum.	Die oberen Blätter zu rundlich. Scheiben verwachsen, sonst längl. zugespitzt — gegenständig; die scheinbare Endknospe gepaart. Nicht blühend. Triebe rückw. zottig behaart.	Sitzende gelbe od. röthl. chen und Quirle in den winkeln.
Gaisblatt. Lonicēra periclymenum.	Eiförmig stumpf, die obersten Blätter nicht verwachsen, Triebe kahl.	
Schneeball. Viburnum opŭlus.	Gegenständig, 3—5 lappig, gezähnt, Blattstiele kahl und mit Drüsen, Knospen glänzend, angedrückt, braun-grünlich.	Endständ. w
Wolliger Schneeball. Vib. lantāna.	Gegenst., breit eiförm., gesägt — runzl. — unten und Stiele filzig, ohne Drüsen, Seitenknospen frei — mehlig, aufrecht.	dito.
Gem. Hollunder. Sambūcus nigra.	Gegenstf., unpaarig gefiedert, die 5 Fiederblätter gesägt, Knospen kegelf. abstehend, violett, kreuzständig 2—4 übereinander.	Endständige weiße mit 5 Aesten.
Traubenhollunder. Sambūcus racēmōsa.	Wie vor., Knospe groß-kuglig, Endknospe paarweis.	
	VIII. Classe: Vollf	
Heidekraut. Callūna vulgāris.	Kleine Nadeln mit Schuppen, 4reihig um den Stengel dachziegelartig gestellt, immergrün.	
Heidelbeere. Vaccinium myrtillus.	Klein — eirund — gesägt, Knospe klein — grünlich.	Einzelne nickende B
Rauschbeere. Vaccinium uliginōsum.	Klein — eirund, ganzrandig, unten grau, immergrün.	dito, gipfelständig zu meh
Preißelbeere. Vaccinium vitis idaea.	Klein lederig, ganzrandig, spitz, gerollt, unten punktirt, immergrün.	Gipfelständi weiße Träub
Moosbeere. Vaccinium oxycoccos.	Klein — ohrförm., am Rande umgeschlagen — unten grau, immergrün.	2—3 langgestielte r an der Spitze der rothen Stielen
	X. Classe: Decandria: Vollständige	
Sumpfporst. Lēdum pallūstre.	Lineal — am Rande umgerollt — unten rostfarbig, filzig, immergrün.	Gipfelständige weiß
	XII. Classe: Icosandria: Vollständige Blumen mit 5blättriger	
Traubenkirsche. Prūnus padus.	Ellipt. gesägt — runzlig — 5zeilig; die Blattstiele 2drüsig, Knosp. spindelförm. mit braunen runzl. an d. Spitze weizl. Schupp.	Lange überhäng
Schwarzdorn. Prūnus spinōsa.	Längl. eirund, gesägt, unten behaart, kleine halbkugl. Blüthenknospen gehäuft über der Blattnarbe, Seitenzweige senkrecht absteh. und in Dornen auslaufend.	Einzelne oder zu Seiten.
Weißdorn. Cratægus oxyăcantha.	Verkehrt —eirund — 3—5 lappig — eingeschnitten — gesägt — kahl, Knospe rundl. kahl — glänzend braun.	Weiße Dolde — auch Doltraube.

Bestimmungstabelle der wichtigen strauchartigen Holzgewächse.

Blüthe und Frucht	Blüthezeit	Ordnung	Bemerkungen.
Pentandria.			
Langröhrige gelbl. oder röthl. Blumenkrone mit 2lippig. zurückgebog. Saum in kleinen 5zähnig. Kelch; *orangefarbige eirunde Beere*.	Mai—Juni	1. 1 Stempel.	Wild nur in **Süddeutschland**, wo riechende **Schlingpflanze**.
Wie vorige, jedoch *rothe birnförm. Beeren*.	Juni—Aug.	ditto.	An Zäu Schling:
Weiß, die inneren glocken- u. röhrenförmigen Zwitterblätter fruchtbar, die äußeren Randblätter mit breitem Saum *unfrucht*.; längl. *rothe Beeren*.	Mai—Juni	3. (3 Griffel oder 3 Narben.)	Strauch — selten Baum, in feuc Hecken und Wäldern.
Weiße *gleich große frucht.* Blüthen, klein — glockig, flach, eirunde — bei der Reife *schwarze* eßbare Beeren.	Mai.	ditto.	Hoher Strauch in Hecken u. Vorhöl auf Lette- u. Kalkboden; die dicken S linge zu Pfeifenrohren, Stöcken ge **Rinde korkig**.
Radförm., fünfspalt., *weiße* Blumenkrone, stark riechend, *schwarze Beeren*.	Juni—Juli	ditto.	Kleiner *weiß*. J Drechsle
ditto, aber *gelbl.-weiße* Blüth., *rothe Beeren*.	April—Mai.	ditto.	Einm flächen b
geschlechtige Blüthen mit 8 Staubgefäßen.			
Glockige 4spalt. *röthl. Blumenkrone* in länger. 4theilig. Kelch; Früchte: 4fäch. Kapseln in der dürren Blumenkrone.	Juli—Sept.	1. 1 Griffel.	Gerbstoff u. Wachsharz haltend, Strauch, auf *sonnig. Sandbod wuchernd*; kennzeichnend für arm
Auf einem Scheibch stehend. *kugliges ganzrandiges grünes röthliches angelaufenes Glöckchen*; schwarze Beeren, oben mit Nabel, im Juli.	Mai.	ditto.	Sehr klein. Strauch mit *scharfk Aesten*. auf sandig. und auf Gebirg stets in etw. beschatteten Lagen (B lücken oder zu lichten Beständen).
dito, *weißröthl. eiförm.* Krone in 5zähn. Kelch; blaue, etwas schleimige Beeren.	Mai—Juni.	ditto.	dito, aber größer mit grauen r auf Moorboden.
Weiße glockige Blumenkrone in 4zähn. Kelch; rothe Beeren.	Mai—Juli.	ditto.	Klein, Strauch mit run Gebirge auf feuchtem lock in der Ebene auf quellig. sonnigen Stellen. Oft bo
Purpurrothe Blumenkr. m. 4zurückgerollt. Zipf.—*sternförm*; 8—10 Staubgef. wie bei all. Vaccinien; *roth. Beeren*.	Juni—Aug	ditto.	Kleiner Strauch mit fadenför *kriechenden* Stämmen und Aest Moos auf Torfboden.
oder 5spaltige Blumen mit 10 Staubgefäßen.			
Weiß: radförm. 5blättr. Blumenkrone in kleinen 5zähn. Kelch; Frucht: 5fäch. Kapsel.	Mai—Juli.	ditto.	Kleiner niederliegender Strauch n filzigen Zweigen und betäubenden an sumpfigen Moorstellen. **Gifti**
vielen am Schlunde oder Rande der Kelchröhre befestigten Staubgefäßen.			
Weiße 5blättr. Blumenkrone; Früchte: kleine schwarze herbschmeckende Kirschen.	Mai vor Blattausbruch.	ditto.	Kleiner Baum und seh mit schwärzlicher Rinde, Niederung.; sehr werthvo
Weiße rundliche Kronenblätter; Früchte: schwarze blau bereifte kuglige aufrechte Steinbeeren.	April—Mai vor Blattausbruch.	ditto.	Dorniger Strauch m Rinde und sehr festem in Gradirwerken. Auf f Boden. Sehr gesuchtes
Weiße rosenförm. 5blättr. Blumenkr. — ebenso wie die Staubgef. am Schlundringe des Kelches befestigt, Kelchröhre kahl, haselnußgroße rothe Steinfrüchte.	Mai—Juni.	2. 2 Griffel.	Kl.Baum ob.Strauch 1. Ordn. mit we Rinde u. viel. Dorn. auf besserem Bod., se festes feinfaser. vorzügl. Drechslerh , G birwerkstr., auch zu lebend. Hecken geeign

Bestimmungstabelle der wichtigen strauchartigen Holzgewächse.

Namen	Blatt resp. Knospe	Blumenstand
Himbeere. Rubus idaeus.	3—5zähl. gefiedert — unten weißfilzig, Knospe spitz, kegelförmig abstehend auf starkem Kissen.	Lockere weiße Doldentr.
Brombeere. Rubus fruticosus.	3—5fingerig — seltener einfach, unten öfter behaart, wintergrün.	Röthl.-weiße Rispe oder Doltraube.
XVIII. Classe: Diadelphia: Schmetterlingsblumen, 6—10 St		
Goldregen. Cytisus laburnum.	Dreifingerig, Fingerbl. elliptisch, Knospe weißfilzig, silberglänzend, Seitenknospen abstehend.	Große gelbe hängende seitenständig
Schwarzer Goldregen. Cytisus nigricans.	Wie vor., Fingerbl. lanzettl., Knospe wie vor., doch schwärzlich.	
Färberginster. Genista tinctoria.	Lanzettlich einfach, am Rande flaumig, immergrün.	
Besenpfriem. Spartium (Sarothamnus) scoparium.	3fingerig, auch einfach, die Blättchen eiförmig, weichhaarig, immergrün.	Gelbe Schmetterlingsbl., ei an den Seiten der Zweige.
Stechginster (Heckensame). Ulex europäus.	Obere Blätter einfach, lineal — dornspitzig, die unteren 3zähl., immergrün.	Einzeln! in den Blattwi gelb.
XXI. Classe: Monoecia: Unvollständige eingeschlecht		
Gem. Hasel. Corylus avellana.	Zweizeil., rundl., herzf. mit kurz. Spitze — doppelt gesägt, Blattstiele mit Nebenbl., Knosp. stumpf-abgerund. — Trieb. flaumhaarig und mit roth. Borsthaaren.	♂ Kätzch. walz. hängend; ♀ klein, knospenförmig.
XXII. Classe: Dioecia: Unvollständige eingeschlech		
Sandborn. Hippophaë rhamnoïdes.	Lineal — lanzettl., unten silberweiß, wechselständ., fast sitzend, Knosp. bucklig — rostbraun glänzend.	♂ in N. Kätzch. mit Büs ♀ in röhrenf. silberhaar. Blü hülle.
Gem. Wachholder. Juniperus communis.	Pfriemenf. abstehende Nadeln, alle 5 Jahre wechselnd, stehend, zu 3, immergrün.	♂ in kugl. gelben Kätzch einzeln in ringförmiger Becherhülle.
Eibenbaum. Taxus baccata.	Lineal — flach — oben glänzend dunkelgr. — unten hellgrün, immergrün.	Wie vor.

Bestimmungstabelle der wichtigen strauchartigen Holzgewächse. 77

lüthe und Frucht.	Blüthezeit	Ordnung	Bemerkungen
	Mai—Juni.	3. mehr als 5 Griffel.	1 m hoher Strauch auf sandig. **feucht**. Boden in lichten Laubhölzern — Wurzelbrut — oft wuchernd.
	Juli—Aug.	dito.	Oft lästiges Unkraut auf frisch. feucht. besserem Boden, mit bogigen glatten, grünen bis rothen Schößlingen mit gekrümmten Stacheln.

, meist in zwei (seltener in 1 Bündel) verwachsen.

etterlingsförmige Blumenkr. mit ern, von denen die 2 unteren zu tiel (Schiffchen) zusammengew. — 5zähnig. Kelch; Frucht: lineale iar. vielsamige Hülse. Giftig.	Mai—Juni.	10. 10 Staubgef., meist in **einem** Bündel oder zu 9 in **einem** Bündel, 1 frei.	Kleiner Baum oder hoher Strauch mit grüner Rinde im Gebirge des südöstlichen Deutschland, viel in Anlagen ꝛc., auch verwildert. In allen Theilen der Pflanze das **höchst giftige** Cytisin.
or., nur **kleinere** rothe Blüthen.	Juni—Juli.	dito.	Bis 2 m hoher Strauch mit weichhaar. Zweigen, auf Haiden (Kiefernwald) und an **trocknen** Waldrändern u. Gebüschen.
or., jedoch **kahle** Hülsen.	dito.	dito.	Kl. Strauch m. rund. **gerieften** Stengeln — niederlieg. und dann auffstreb. Häufig auf Schläg., sandig. Haiden, trockn. Triften. Das Kraut zum Färben verwandt.
vor., jedoch groß, sattgelb; sehr schneckenförmigen gewund. Griffel; : schwarze Hülsen — an den Nähten gewimpert.	Mai—Juni.	dito.	Aufrechter, 1—2 m hoher Strauch mit grünen, oft blätterlosen scharft., steifen Zweigen, auf trocknem sandig. u. sandig. Lehmboden, **lichtst**, oft lästig. Wucherholz, als Wildfutter., Brenn- und Besenmaterial verwerthbar.
lb — rauhhaarig; Frucht: **aufgedunsene** Hülse mit	dito.	dito.	Kleiner Strauch mit **gefurchten** spitz. stechend. grün. Zweig. a. sand. Haid. (L.gut. Heckstrauch!), gequetscht vorzügl. Viehfutt.

nnte Blüthen auf demselben Stamm.

| en Schuppen der gelbl. Kätzchen Staubgef. ♀ **ein** Fruchtknoten mit . **fadenf. Narben**; Steinnüsse ttart. Becherhülle umschlossen. | März. | 5. mehr als 5 Staubgef. in ♂ | Sehr hoher Strauch mit fein behaarten braunen Aesten auf besserem frisch. Boden im Nieder- und Mittelwald; sehr gesucht zu Bandstöcken. Klärholz in Brauereien ꝛc. |

nnte Blüthen auf verschiedenen Stämmen.

uragestilte 2fächer. Staubbeutel ig; ♀ ein freier eiförm. Fruchtmit zungenförm. Narbe (Silber	April—Mai.	4. 4 Staubgef. in ♂	Hoher Strauch **mit rostfarbigen bis silberweiß. Trieben** und stark. Dornen an feuchtsandig. Küsten und Flußufern; Hecken- und Grabirholz.
rm. Deckbl., auf ubbeutel; ♀ ein einem Beerenblauen Beeren-	April	12. 5 u. mehr Stbgf. und in 1 Bündel verwachsen.	Stehender, gern pyramidal wachsender Strauch, öfter z. Stamm sehr lang; aufwachsend, auf frischem humosen Boden. Drechslerholz. Zweige zum Räuchern, Beeren als Arznei und Gewürz gesucht.
vor.; Frucht fleischig, **hochroth**, uguft desselben Jahres.	dito.	dito.	Kleiner Baum und Strauch, namentlich im Kalkgeb., von langsam. Wuchs, selt. in d. Ebene. Laub, Zweige, Samen **giftig**; härtestes schwerstes zähestes Holz Europas.

C. Forstunkräuter.

§ 58.
Bodenanzeigende Unkräuter.

Der Boden ist der Hauptfaktor des Standortes und die Kenntniß seiner Güte ist von hervorragendster Bedeutung für den Forstmann bei der Auswahl der anzubauenden Holzarten. — Außer den weiter unten in der Standortslehre angegebenen Methoden der Bodenuntersuchung liefern auch der Bodenüberzug und die an Ort und Stelle sich von selbst einfindenden Unkräuter einen gewissen Anhalt zu seiner Beurtheilung. Ein vollkommen sicheres Resultat ist jedoch dabei keineswegs zu erzielen, weil die einzelnen Faktoren der Bodenfruchtbarkeit noch nicht genau bekannt und weil die Ansprüche der Pflanzen an den Boden noch nicht festgestellt sind; schließlich kommt noch die äußerst mannigfache Zusammensetzung des Bodens aus den verschiedenen Bodenarten und der stete Wechsel derselben hinzu, so daß man nur in selteneren Fällen mit einer einzigen Bodenart zu thun hat; kommt zu den verschiedenen Bodenmengungen nun noch ein verschiedener Feuchtigkeitsgrad hinzu, wirken die beiden anderen Faktoren des Standorts — Lage und Klima — noch in verschiedener Weise ein, so haben wir es oft mit ganz anderen Unkräutern auf derselben Bodenart zu thun. So viel nur zur Begründung, wie unsicher ein Ansprechen (Beurtheilen!) des Bodens nach seiner Flora (Gesammtheit der wildwachsenden Pflanzen) ist.

Von den mineralischen Bestandtheilen des Bodens werden fast nur Sand und Kalk durch bestimmte Pflanzen charakterisiert:

Kalk zeigen an: Klee und Wickenarten, die Anemonen, die Gentiane, die Brombeeren, Schneebälle, die Cornus- und Rhamnus-Arten.

Sand zeigen an: Heidekraut, Besenpfriem, Ginster, Stiefmütterchen, Thymian, gelbe Immortellen, von Grasarten die Dürrtrespe, der Bocksbart und Grauschmiele; auf ärmerem Sandboden wachsen obige Pflanzen in geringerer Zahl und Güte; auf ganz armem Boden wachsen nur noch Hungerflechten und Hungermoose, z. B. Agrostis pica venti, ferner Preißelbeere, Widerthon, Haarmoos c. Wird dagegen der Boden besser, erhält er Lehmbeimengungen, so erscheinen Wolfsmilch, Pilosette, Glockenblumen, Ehrenpreis, Himbeere und

Adlerfarren, auf noch besserem Boden Kletten und Disteln und edle Farren (Aspidium); die letzteren sind gleichzeitig ein Beweis von Humushaltigkeit. Für die anderen Bodenarten sind nur wenige Pflanzen mit Sicherheit zu nennen; für Thonboden eigentlich nur Reinfarren und Huflattig.

Humusboden zeigen an: Sauerklee, Waldmeister, Brennnessel, Weidenröschen, Kreuzkraut (Senecio vulgaris und Jacobaea), Fingerhut, Päde ꝛc.

Nassen und sauren Boden zeigen an: Binsen, Riedgräser und Schilfe, die Sumpfmoose und Schafthalme.

H. Cotta stellt folgende Bodengüteklassen auf, die jedoch nur für normale Verhältnisse einigen Anhalt gewähren:

1. Bodenklasse: charakterisirt durch das Vorkommen der Waldrebe, Tollkirsche, des Sauerklees, kräftig wachsender Ahorne, Eschen und Rüstern.

2. Klasse: obige Gewächse in minder üppigem Zustand neben fetten und guten Gräsern.

3. Klasse: gewöhnliche Waldgräser, häufig mit Schmielen und Simsen.

4. Klasse: Heidelbeere, Heide, Preißelbeeren und manche Moose.

5. Klasse: wie die 4. Klasse, aber in dürftigstem Zustand und unter Bedeckung des Bodens mit Flechten.

Einen viel sichereren Anhalt für die Bodengüte, überhaupt für die Standortsgüte bietet ein unter normalen Verhältnissen erwachsener älterer Bestand mit seinen Holzmassen und den charakteristischen Merkmalen des Schlusses, der Höhe, Glätte und Reinheit der Stämme, ihre Vollholzigkeit, Dichtigkeit der Belaubung ꝛc.

§ 59.

Das dritte große Naturreich, **das Mineralreich**, wird in dem ersten Theil der Fachwissenschaften, nämlich in der Standortslehre, und zwar in deren erstem Theile, der Bodenlehre, so ausführlich und eingehend besprochen werden, daß es in den Grundwissenschaften, um Wiederholungen zu vermeiden, nicht mehr besonders behandelt werden kann. Es wird deshalb auf die betreffenden Paragraphen der Standortslehre verwiesen.

C. Mathematik.

§ 60.

Einleitung.

Unter Zahl versteht man den Begriff einer bestimmten Menge gleichartiger Dinge; wie groß die Menge dieser gleichartigen Dinge ist, giebt die Zahl an. Eine Zahl, welche allein dasteht, ohne irgend welche Dinge zu benennen, ist eine unbenannte (abstrakte) Zahl; fügt man der Zahl dagegen irgend eine Benennung hinzu, so entsteht die benannte Zahl; z. B. 5 ist eine unbenannte Zahl, 5 Bäume dagegen ist eine benannte Zahl. Jedes Ding, welches durch eine benannte Zahl ausgedrückt ist oder doch als solche ausgedrückt werden kann, nennt man eine Größe.

Will man nun wissen, ob irgend eine Sache eine Größe ist, so hat man nur zu ermitteln, ob sie sich durch eine benannte Zahl ausdrücken läßt; dazu bedarf man jedoch einer anderen Größe, mit welcher man die zu untersuchende Sache messen kann, die man Einheit oder Maaß nennt und irgend einer unbenannten Zahl, welche die Anzahl der Einheiten angiebt, die in der zu ermittelnden Sache enthalten sind. Diese unbenannte Zahl, welche sich beim Messen als Resultat ergiebt, nennt man das Maaß der Größe in Bezug auf die gewählte Einheit.

Geld ist z. B. nach Obigem eine Größe, denn es läßt sich durch eine benannte Zahl, z. B. 7 Mark, ausdrücken; in diesem Falle ist eine Mark die Einheit oder das Maaß und die unbenannte Zahl 7 das Maaß dieser Größe in Bezug auf die Einheit „eine Mark".

Aendert sich die Einheit, so ändert sich natürlich auch das Maaß, so kann man z. B. die obige Größe auch durch die benannte Zahl 700 Pfennig ausdrücken. Hieraus folgt, daß jede Sache eine Größe ist, für welche es irgend eine Einheit giebt, mit welcher man dieselbe wirklich messen kann.

Die unbenannte Zahl ist keine Größe, da sie nach obiger Erklärung nur ein Mittel bietet, um Größen messen zu können.

Die Mathematik ist nun diejenige Wissenschaft, welche sich mit der Vergleichung der Größen als solcher beschäftigt. Sie zerfällt in zwei Haupttheile:

Arithmetik: Allgemeines.

a. in die Zahlenlehre oder Arithmetik, welche sich nur mit den Zahlen beschäftigt und zugleich die Grundlage der ganzen Wissenschaft bildet, und

b. in die Größenlehre oder Geometrie, welche die Beziehungen der Größen unter sich untersucht. Je nachdem sich die Größenlehre nun mit Flächen oder Körpern beschäftigt, zerfällt sie in die Unterabtheilungen:

1. Flächenvermessung oder Planimetrie;
2. Körpervermessung oder Stereometrie.

a. Zahlenlehre oder Arithmetik.

§ 61.

Allgemeine Begriffe.

Rechnen ist die Kunst, aus gegebenen Zahlen unbekannte Zahlen zu finden; die gesuchten unbekannten Zahlen nennt man das Ergebniß oder Resultat; man gelangt zum Resultate durch vier Hauptrechnungsarten — das Addiren, das Subtrahiren, das Multipliciren und Dividiren —, auch die vier Species genannt, welche hier als bekannt vorausgesetzt werden dürfen.

In der Einleitung haben wir gesehen, daß die Einheit eine Größe ist, mit welcher man benannte Zahlen mißt; denkt man sich diese Einheit in mehrere gleiche Theile getheilt oder gebrochen, so bildet jeder dieser Theile einen sogenannten Bruch, und die Zahl, welche denselben ausdrückt, ist eine gebrochene Zahl. Ist die Einheit z. B. in acht gleiche Theile getheilt, also in acht Theile oder kürzer in Achtel, so bilden $\frac{1}{8}, \frac{2}{8}, \frac{3}{8}, \frac{4}{8} \ldots \frac{7}{8}, \frac{8}{8}$ Brüche, welche man in der angegebenen Weise schreibt. Diejenige Zahl, welche die Theile nennt, in welche die Einheit getheilt wurde, steht unter dem Strich und heißt Nenner, diejenige Zahl, welche die Theile der Einheit zählt, steht über dem Strich und heißt Zähler. Ist Nenner und Zähler gleich, wie oben in dem Bruch $\frac{8}{8}$, so haben wir wieder die Einheit; ein jeder derartiger Bruch ist gleich 1. Zeigt ein Bruch im Zähler eine größere Zahl als im Nenner, so erhalten wir eine größere Zahl als 1 oder einen sogenannten unechten Bruch. Jeder unechte Bruch besteht demnach aus der Einheit oder dem ganzen und noch einem echten Bruch, wie man jeden Bruch nennt, in welchem der Zähler kleiner ist als der Nenner.

§ 62.
Die vier Species der gemeinen Brüche.

Jeder Bruch ist der sovielste Theil seines Zählers als sein Nenner anzeigt; der Bruch $\frac{6}{8}$ ist demnach der achte Theil von sechs; der Bruch deutet mithin nichts anderes an als ein Dividiren, bei dem der Nenner der Divisor und der Zähler der Dividendus ist; der Bruch selber ist ein eigenthümlich geschriebener Quotient; $\frac{6}{8}$ heißt demnach genau soviel als 6 dividirt durch 8 oder 6:8.

Bei unechten Brüchen führt man zur Ermittelung der in demselben enthaltenen Ganzen die Division auch aus, z. B. der unechte Bruch $\frac{59}{8}$ bedeutet soviel als $59:8 = 7\frac{3}{8}$.

Multiplication von Brüchen. Brüche werden mit einander multiplicirt, wenn man Zähler mit Zähler und Nenner mit Nenner multiplicirt.

z. B. $\frac{5}{7} \cdot (\times) \frac{9}{21} = \frac{45}{147}$; $\frac{7}{5} \cdot \frac{3}{4} = \frac{21}{20} = 1\frac{1}{20}$.

Ein Bruch wird mit einer ganzen Zahl multiplicirt, indem man den Zähler desselben mit der ganzen Zahl multiplicirt.

z. B. $\frac{4}{5} \cdot 6 = \frac{4 \cdot 6}{5} = \frac{24}{5} = 4\frac{4}{5}$.

Division von Brüchen. Zwei Brüche werden durch einander dividirt, indem man den Divisor (Nennerbruch) umkehrt (d. h. den Nenner zum Zähler macht) und den Dividendus (Zählerbruch) nach vorstehender Regel mit demselben multiplicirt.

z. B. $\frac{6}{8}$ dividirt durch $\frac{3}{5}$ oder auf andere Weise geschrieben $\frac{6}{8} : \frac{3}{5}$ oder $\frac{\frac{6}{8}}{\frac{3}{5}}$ ist gleich $\frac{6}{8} \cdot \frac{5}{3} = \frac{30}{24} = 1\frac{6}{24} = 1\frac{1}{4}$.

Ein Bruch wird durch eine ganze Zahl dividirt, indem man den Nenner desselben mit der Zahl multiplicirt.

z. B. $\frac{6}{8} : 5$ oder $\frac{\frac{6}{8}}{5} = \frac{6}{8 \cdot 5} = \frac{6}{40}$.

Alle Brüche bleiben unverändert, wenn man sie im Zähler und Nenner mit derselben Zahl multiplicirt.

Theilen von Brüchen.

z. B. $\frac{3}{4} = \frac{3.2}{4.2} = \frac{3.3}{4.3} \cdots \frac{3.8}{4.8}$ u. s. w.;

wenn man nämlich die Multiplication ausführt, so erhält man immer wieder $\frac{3}{4}$ nach richtiger Hebung der Brüche.

z. B. $\frac{3.2}{4.2} = \frac{6}{8}$ oder $\frac{3.3}{4.3} = \frac{9}{12}$, da $\frac{6}{8}$ und $\frac{9}{12} = \frac{3}{4}$;

in gleicher Weise bleiben Brüche unverändert, wenn man Zähler und Nenner durch dieselbe Zahl dividirt.

z. B. $\frac{6}{8} = \frac{6:2}{8:2} = \frac{3}{4}$.

Letzteres nennt man das Heben der Brüche.

Brüche, in welchen Zähler und Nenner große Zahlen bilden, vereinfacht (reducirt oder hebt) man dadurch, daß man Zähler und Nenner mit denselben Zahlen so lange dividirt, bis sie sich nicht mehr mit einer gemeinschaftlichen Zahl weiter theilen lassen.

z. B. den Bruch $\frac{21420}{30240}$ verwandelt man zunächst durch Theilung von Zähler und Nenner mit 10 in den Bruch $\frac{2142}{3024}$, durch weitere Theilung mit 2 in $\frac{1071}{1512}$, durch weitere Theilung mit 3 in $\frac{357}{504}$, durch nochmalige Theilung mit 3 in $\frac{119}{168}$, durch nochmalige Theilung mit 7 in $\frac{17}{24}$; da sich 17 und 24 durch keine gemeinschaftliche Zahl weiter theilen lassen, so ist $\frac{17}{24}$ der kleinste andere Bruch, durch den sich $\frac{21420}{30240}$ ausdrücken läßt.

Hierbei sei gleich erwähnt, daß man alle Zahlen, deren größter gemeinschaftlicher Theiler gleich eins ist oder die außer eins und sich selbst keinen anderen Theiler haben, Primzahlen nennt; also 17 ist z. B. eine Primzahl, außerdem sind noch Primzahlen z. B. 1, 2, 3, 5, 7, 11, 13, 19, 23, 29 ꝛc.

Um sich das Vereinfachen, (Reduciren, Heben) von großen Brüchen zu erleichtern, hat man folgende eigenthümlichen Gesetze herausgefunden:

6*

1. Läßt sich eine Zahl durch eine andere theilen, so ist auch jedes Vielfache dieser Zahl durch dieselbe Zahl theilbar.
2. Lassen sich zwei Zahlen durch eine andere theilen, so lassen sich auch ihre Summen und Differenzen durch dieselbe Ziffer theilen.
3. Eine Zahl ist durch 10 theilbar, wenn deren letzte Zahl eine 0 ist.
4. Eine Zahl ist durch 5 theilbar, wenn die letzte Ziffer eine 5 oder 0 ist.
5. Eine Zahl ist durch 2 theilbar, wenn deren Einer durch 2 theilbar sind.
6. Eine Zahl ist durch 4 theilbar, wenn deren Zehner und Einer durch 4 theilbar sind.
7. Eine Zahl ist durch 8 theilbar, wenn deren Hunderte, Zehner und Einer durch 8 theilbar sind.
8. Eine Zahl ist durch 3 und 9 theilbar, wenn ihre Quersumme durch 3 und 9 theilbar ist.
9. Eine Zahl ist durch 6 theilbar, wenn sie durch 2 und 3 theilbar ist.

Um Brüche zu einander abbiren oder von einander subtrahiren zu können, muß man ihre Nenner gleich machen, b. h. für sie einen gemeinschaftlichen Nenner, Generalnenner und zwar den kleinsten Generalnenner finden. Ist dieser gefunden, so hat man die Zähler zu abbiren oder zu subtrahiren und ihrer Summe oder ihrer Differenz den Generalnenner zu geben; der kleinste Generalnenner wird einfach dadurch gefunden, daß man die Nenner der Brüche neben einander hinschreibt und so lange als möglich in dieselben mit den kleinsten Primzahlen hineindividirt; das Produkt sämmtlicher Theilzahlen und Primzahlen ist der gesuchte kleinste Generalnenner. Die beiden folgenden Beispiele werden das Verfahren verdeutlichen:

Es sind zu abbiren: $\frac{2}{3} + \frac{2}{7} + \frac{4}{9} + \frac{1}{4} + \frac{7}{8}$;

	3	7	9	4	8
2)	3	7	9	2	4
2)	3	7	9	1	2
3)	1	7	3	1	2

Abbiren und Subtrahiren von Brüchen.

Da sich die in der untersten Linie stehenden Ziffern nicht mehr theilen lassen, so sind es Primzahlen und haben wir sie nur mit den an der Seite stehenden gemeinschaftlichen Theilern, die ebenfalls Primzahlen sein müssen, zu multipliciren, um den Generalnenner zu erhalten.

$$2 \cdot 2 \cdot 3 \cdot 7 \cdot 3 \cdot 2 = 504.$$

Um nun zu erfahren, wie sich die einzelnen Brüche $\frac{2}{3}$, $\frac{2}{7}$ 2c. zum Generalnenner 504 verhalten, haben wir mit jedem Nenner in den Generalnenner hinein zu dividiren und die so erhaltene Zahl mit den einzelnen Brüchen zu multipliciren; der Uebersichtlichkeit wegen schreibt man sämmtliche Nenner, wie es das Beispiel zeigt, vor einen senkrechten Strich und über denselben den Generalnenner.

$$\frac{2}{3} \Big| \frac{504}{3} = 168 = \frac{168 \cdot 2}{168 \cdot 3} = \frac{336}{504} \qquad 336$$

$$\frac{2}{7} \Big| \frac{504}{7} = 72 = \frac{72 \cdot 2}{72 \cdot 7} = \frac{144}{504} \qquad 144$$

$$\frac{4}{9} \Big| \frac{504}{9} = 56 = \frac{56 \cdot 4}{56 \cdot 9} = \frac{224}{504} \qquad 224$$

$$\frac{1}{4} \Big| \frac{504}{4} = 126 = \frac{126 \cdot 1}{126 \cdot 4} = \frac{126}{504} \qquad 126$$

$$\frac{7}{8} \Big| \frac{504}{8} = 63 = \frac{63 \cdot 7}{63 \cdot 8} = \frac{441}{504} \qquad 441$$

$$\text{Summa } \frac{1271}{504} = 2\tfrac{263}{504}.$$

Beim Subtrahiren wird in gleicher Weise verfahren; z. B. es ist von $\frac{7}{8}$ abzuziehen $\frac{5}{12}$.

$$4) \frac{8 \cdot 12}{2 \cdot 3}$$

Generalnenner $= 4 \cdot 2 \cdot 3 = 24$.

$$\frac{7}{8} \Big| 24 \atop 21$$

$$\frac{5}{12} \Big| 10$$

$$\text{Rest} = \frac{11}{24}.$$

Für dieses Beispiel ist die abgekürzte Rechnungsschreibweise gewählt, um auch diese zu zeigen; die Rechnung vollständig ausgeführt, würde sich folgendermaßen darstellen:

$$\frac{7}{8}\Big|\frac{\overset{24}{24}}{8} = 3; \quad \frac{7 \cdot 3}{8 \cdot 3} = \frac{21}{24}; \quad 21$$

$$\frac{5}{12}\Big|\frac{24}{12} = 2; \quad \frac{5 \cdot 2}{12 \cdot 2} = \frac{10}{24}; \quad 10$$

$$\text{Rest} = \frac{11}{24}.$$

Auf einem anderen Wege kann man zwei Brüche von einander subtrahiren, indem man den Zähler des Minuendus mit dem Nenner des Subtrahendus und ebenso den Nenner des Minuendus mit dem Zähler des Subtrahendus multiplicirt, das letztere Produkt vom ersteren abzieht und den Rest als Zähler, das Produkt der Nenner beider von einander abzuziehenden Brüche aber als Nenner des neuen Restbruches hinschreibt.

z. B. $\dfrac{7}{8} - \dfrac{5}{12} = \dfrac{7 \cdot 12 - 8 \cdot 5}{8 \cdot 12} = \dfrac{84 - 40}{96} = \dfrac{44}{96} = \dfrac{11}{24}$,

also genau dasselbe Resultat wie vorher.

§ 63.
Rechnen mit zehntheiligen Decimalbrüchen.

Alle Brüche, deren Zähler eine ganze Zahl, deren Nenner 10 oder eine Potenz*) von 10 ist, nennt man einen zehntheiligen oder Decimalbruch. Der Bequemlichkeit wegen läßt man beim Schreiben den Nenner allemal fort und deutet denselben dadurch an, daß man im Zähler von rechts nach links soviel Stellen durch ein Komma (Decimalstrich) abschneidet, als der Nenner Nullen haben würde. Diejenigen Ziffern, welche links vom Komma stehen, sind die Ganzen, welche rechts vom Komma stehen sind die Decimalstellen, d. h. sie drücken einen Bruch aus, dessen Zähler die betreffenden Ziffern, dessen Nenner eine 1 und außerdem so viele Nullen als der Zähler Ziffern hat, bilden.

Sollten im Zähler nicht genug Ziffern oder keine Ganzen vorhanden sein, so ergänzt man sie durch Nullen. Die erste Stelle rechts

---

*) Wenn man eine Zahl (Grundzahl) 2, 3, 4 ꝛc. mal mit sich selbst multiplicirt, so nennt man dies die Zahl potenziren, z. B. 10 viermal mit sich selbst multiplicirt, ist die 4. Potenz von 10 = 10000.

vom Komma steht immer in der Stelle der Zehntel, die zweite in der Stelle der Hunderte u. s. w.

z. B. $213\frac{24}{100}$ schreibt man als Decimalbruch 213,24:
$2132\frac{4}{10}$ = 2132,4 u. s. w. $\frac{23}{1000}$ = 0,023;
$\frac{234}{100}$ = 2,34; $\frac{234}{10}$ = 23,4.

Abbiren von Decimalbrüchen. Decimalbrüche werden abbirt, indem man die Brüche so unter einander schreibt, daß sämmtliche Kommata genau unter einander stehen, worauf man die Brüche wie ganze Zahlen abbirt und nur das Komma stehen läßt.

z. B.   3564,121
    1,2
   5430,003
    62,102
   2000,2
   ―――――――
   11057,626 = $11057\frac{626}{1000}$.

Subtrahiren von Decimalbrüchen. Man verfährt ähnlich wie beim Abbiren, d. h. man schreibt die abzuziehenden Zahlen genau mit den Kommas unter einander und füllt, wenn die Stellen rechts vom Komma in beiden Brüchen nicht gleich sein sollten, dieselben durch Nullen aus, die das Nichtvorhandensein von Stellen andeuten.

z. B. 17,04 ― 2,005783 =   17,040000
          ―   2,005783
          ―――――――
           15,034217

oder z. B. 301,00572 ― 101,01 =   301,00572
            ―   101,01000
           ―――――――
            199,99572

Multipliciren von Decimalbrüchen. Zwei Decimalbrüche werden multiplicirt, indem man sie wie ganze Zahlen multiplicirt und dem erhaltenen Produkt soviel Decimalstellen (rechts vom Komma!) giebt, als beide Faktoren zusammen haben. Reichen die Ziffern nicht aus, so werden sie durch Nullen ergänzt.

z. B. $\frac{2,10 \cdot 3,1}{210}$ oder $\frac{2,3 \cdot 0,04}{0,092}$
    630
   ―――
   6,510

Der erste Decimalbruch (2,10) hat zwei Decimalen, der zweite

(3,1) eine Decimale, folglich muß das Produkt 2 + 1 = 3 Decimalen haben.

Ein Decimalbruch wird mit 10, 100 u. s. w. multiplicirt, indem man einfach das Komma um soviel Stellen von links nach rechts rückt, als der Multiplicator Nullen hat.

z. B. 40,372 · 100 = 4037,2, da 100 zwei Nullen hat, so rückt das Komma zwei Stellen von links nach rechts, also hinter 7; oder 2,1357801 · 100000 = 213578,01.

Dividiren von Decimalbrüchen. Decimalbrüche werden dividirt, indem man Divisor und Dividend gleichstellig macht und dann verfährt wie mit ganzen Zahlen.

z. B. 0,5 : 0,35?   5 : 0,35?
       0,50 : 0,35   5,00 : 0,35
       50 : 35 = 0,7.   500 : 35 = 0,07.

Ein Decimalbruch wird durch 10, 100, 1000 u. s. w. dividirt, indem man das Komma um soviel Stellen von rechts nach links rückt, als obige Zahlen Nullen haben. Sollten die vorhandenen Nullen nicht ausreichen, so setzt man soviel Nullen vor, als erforderlich sind.

z. B. 1000 : 0,567 = 0,000567.

Umwandlung von Brüchen in Decimalbrüche. Wie oben bereits angedeutet wurde, ist jeder Bruch als eine Division des Nenners in den Zähler anzusehen; führt man diese Division aus, so kann man jeden Bruch in einen Decimalbruch verwandeln; man hängt bei echten Brüchen dem Zähler soviel Nullen an, daß die Division möglich ist und schreibt soviel Nullen, als man angehängt hat, als erste Stellen des Quotienten hin. Zwischen die ersten Nullen kommt das Komma.

z. B. $\frac{5}{125}$ in einen Decimalbruch zu verwandeln?

$$125 : 500 = 0,04;$$

geht die Division nicht auf, so kann man sich durch Anhängen von Nullen an den Zähler und fortgesetzte Division dem wahren Werthe bis zu jeder gewünschten Genauigkeit nähern.

Abkürzen von Decimalstellen. Die letzte Stelle, bei welcher man abkürzen muß oder will, wird um 1 erhöht, sobald die folgende Stelle 5 oder größer als 5 ist; ist die folgende Stelle kleiner als 5, läßt man nur die letzte Stelle unverändert.

Einfache Regelbetri.

z. B. 3,4157 würde bei 5 abgekürzt lauten 3,416 (7 ist größer als 5), dagegen 3,4154 unverändert 3,415 (4 ist kleiner als 5). 3,4155 abgekürzt 3,416, weil 5 selbst ebenfalls erhöht.

§ 64.
Einfacher Regelbetri-Dreisatz.

Alle Aufgaben der Regelbetri bestehen aus drei gegebenen Gliedern, zu welchen das vierte gesucht werden soll. Bestandtheile einer solchen Aufgabe sind:

1) das Frageglied (gewöhnlich mit einem ? oder x bezeichnet); 2) das Haupt- oder Parallelglied, welches mit dem Frageglied gleiche Benennung hat; 3) zwei bedingende Glieder.

Die gegebenen Größen stehen nun in den Regelbetri-Aufgaben in einem bestimmten Verhältnisse; nehmen dieselben gleichmäßig zu oder ab, so stehen sie im geraden (direkten) Verhältnisse und die Verhältnisse selbst sind im ersten Falle steigend, im letzteren fallend; steigt aber das eine Verhältniß, während das andere fällt, so sind dieselben ungerade zusammengesetzte (indirekte) Verhältnisse, z. B. je mehr Zeit zu einer Arbeit, desto weniger Arbeiter sind erforderlich. Wir lösen alle diese Aufgaben durch Schluß. Bezüglich der Schlüsse können unterschieden werden:

a. Der Schluß von der Einheit auf die Mehrheit;

b. umgekehrt von der Mehrheit auf die Einheit.

Alle diese Aufgaben lassen sich als bloße Multiplications- und Divisions-Aufgaben betrachten.

c. Der Schluß von einer Mehrheit auf ein Vielfaches derselben;

d. der Schluß von einer Mehrheit auf einen verwandten (aliquoten) Theil derselben.

Auch diese beiden Arten sind durch einfache Multiplication und Division zu lösen.

e. Der Schluß von einer Mehrheit auf eine andere Mehrheit vermittelst des gemeinschaftlichen Maaßes. Hierbei läßt sich heben und kürzen;

f. der Schluß von einer Mehrheit auf eine andere Mehrheit vermittelst der Einheit.

Dieses Verfahren findet die häufigste Anwendung.

Beispiele

zu a. Wenn 1 kg Kiefernsamen $2\frac{3}{4}$ M. kostet — wie theuer sind $4\frac{3}{4}$ kg?

$$2\frac{3}{4} \cdot 4\frac{3}{4} = \frac{11}{4} \cdot \frac{19}{4} = \frac{209}{16} = 13\frac{1}{16} \text{ M.}$$

Zu b. 19 m Zeug kosten 60 M. 80 Pf.; was kostet 1 m?

$$60 \text{ M. } 80 \text{ Pf.} : 19 = 3 \text{ M. } 20 \text{ Pf.}$$
$$\underline{57}$$
$$380.$$

Zu c. Eine Festung hat Proviant für 1600 Mann auf $5\frac{1}{2}$ Monat; wie lange würden mit demselben Vorrath 4800 Mann reichen?

1600 Mann reichen $5\frac{1}{2}$ Monat
4800   „   ?   „

$$? = \frac{11 \cdot 1600}{2 \cdot 4800} = \frac{11}{6} = 1\frac{5}{6} \text{ Monat.}$$

Zu d. 6 Zimmergesellen fertigen einen Dachstuhl in 8 Wochen 3 Tagen an; wieviel Gesellen muß der Meister anstellen, wenn die Arbeit in 2 Wochen 5 Tagen fertig sein soll?

2 W. 5 Tag. = 17 Arbeitst. sind der 3. Theil von 8 W 3 Tag. (51 Tag.). Soll also der Dachstuhl in dem 3. Theil der Zeit fertig werden, so braucht man die dreifache Arbeitskraft.

Ansatz: Um in 51 Tag. fert. z. werd., br. m. 6 Ges.
„ „ 17 „ „ „ „ „ „ ? „

$$? = \frac{6 \cdot 51}{17} = 18 \text{ Ges.}$$

Zu e. 12 Pfd. Fleisch kosten 14 M. 40 Pf., wie theuer sind 9 Pfd.?

Wir schließen zunächst auf das gemeinschaftliche Maaß der Zahlen 12 und 9; das ist 3. Wir fragen nach dem Preis von 3 Pfd.; 3 Pfd. ist der 4. Theil von 12 Pfd.; folglich kosten sie den 4. Theil von 14 M. 40 Pf.

Ansatz: 12 Pfd. kosten 14,40 M.
9 „ „ ? „

$$? = \frac{14,40 \cdot 9}{12} = \frac{14,40 \cdot 3}{4} = \frac{43,20}{4} = 10 \text{ M. } 80 \text{ Pf.}$$

Zu f. 7 Buch Zeichenpapier kosten 5 M.; was kosten 9 Buch?

Wir schließen zunächst von der Mehrheit auf die Einheit und dann auf die andere Mehrheit. Wenn 7 Buch 5 M. kosten, so kostet

Zusammengesetzte Regelbetri.

1 Buch den 7. Theil von 5 M. $= \frac{5}{7}$ M., mithin 9 Buch 9 mal so viel.

Ansatz: 7 Buch kosten 5 M.
$\quad\quad\quad\;\; \cdot 9 \;\;\;\;\;\;\;\;\;\;\;\; \cdot ?$

$? = \frac{5 \cdot 9}{7} = \frac{45}{7} = 6\frac{3}{7}$ M.

Weitere Uebungsaufgaben.

1. Wenn man täglich 60 Pf. ausgiebt, so reicht man 7 Wochen 4 Tage; wie lange reicht man, wenn man täglich nur 40 Pf. ausgiebt? (11 Wochen 2½ Tag!)

2. 27 Arbeiter brauchen zu einer Arbeit 7½ Tag, wie lange brauchen zu derselben Arbeit 12 Arbeiter? (16⅞ Tag!)

3. Ein Saal soll mit Decken belegt werden. Liegt der Stoff 0,6 m breit, so sind 50,75 m nöthig; wieviel m gebraucht man, wenn der Stoff: a. 0,9; b. 0,65; c. 1,05; d. 1,18 m breit liegt? (a. 33,833, b. 46,846, c. 29, d. 25,805 m.)

4. 51⅓ m 1¾ m breites Zeug wird gegen 1⅜ m breites umgetauscht; wieviel erhält man? (53,9 m.)

5. Aus einer Kiefer können 25 Bretter von 4½ cm Stärke geschnitten werden; wieviel erhält man, wenn dieselben 3¾ cm dick werden sollen? (30 Stück.)

6. Ein Fuhrmann ladet auf ein Pferd 10 Scheffel Weizen; wieviel auf 2 Ochsen, wenn 3 Pferde soviel ziehen als 4 Ochsen? (15 Scheffel.)

§ 65.
Zusammengesetzte Regelbetri.

Zusammengesetzte Regelbetri-Aufgaben entstehen, wenn sie aus mehr als 3 — also z. B. aus 5, 7, 9 u. s. w. gegebenen Gliedern bestehen, zu welcher das 6., 8., 10. u. s. w. Glied gesucht werden soll.

Da in diesen Aufgaben immer eine Zahl vorkommt, die mit der gesuchten gleichartig ist, außerdem aber je zwei gleichartige, so enthalten die Aufgaben immer eine ungerade Zahl von Gliedern.

Wir lösen diese Aufgaben ebenfalls durch Schluß und bedienen uns dabei des Bruchsatzes, weil er am natürlichsten und verständlichsten ist.

Beispiele:

1) 9 Mädchen stricken in 18 Tag. 54 Paar Strümpfe; wieviel Paare stricken 12 Mädchen in 4 Tagen?

$\quad$ 9 M. str. in 18 Tag. 54 Paar
$\quad$ 1 „ „ „ 18 „ 54 : 9 = 6 Paar
$\quad$ 1 „ „ „ 1 „ 6 : 18 = ⅓ „

Zusammengesetzte Regeldetrie.

$$12 \text{ M. str. in } 1 \text{ Tag. } 12 \cdot \tfrac{1}{3} = 4 \text{ Paar.}$$
$$12 \text{ ,, ,, ,, } 4 \text{ ,, } 4 \cdot 4 = 16 \text{ ,,}$$

oder mit Hilfe des gemeinschaftlichen Maaßes.

$$9 \text{ M. str. in } 18 \text{ Tag. } 54 \text{ Paar}$$
$$3 \text{ ,, ,, ,, den 3. Theil } = 18 \text{ Paar}$$
$$12 \text{ ,, ,, ,, das 4fache } = 72 \text{ ,,}$$

72 P. strickten 12 M. in 18 Tag., da str. sie in 2 Tag. den 9. Th. von 72 P. = 8 P. und in 4 Tag. das Doppelte = 16 Paar.

Ansatz: 9 M. str. in 18 Tag. 54 Paar
$$12 \text{ ,, ,, ,, } 4 \text{ ,, } ? \text{ ,,}$$

$$? = \frac{54 \cdot 12 \cdot 4}{9 \cdot 18} = \frac{12 \cdot 4}{3} = 16 \text{ Paar.}$$

2) 4 Pflüge bearbeiten in $3\tfrac{1}{2}$ Tag. $8\tfrac{3}{4}$ ha Kulturfläche; in wieviel Tag. können mit 5 Pfl. $12\tfrac{1}{2}$ ha bearbeitet werden.

$$4 \text{ Pfl. br. } 3\tfrac{1}{2} \text{ Tag.}$$
$$1 \text{ ,, ,, } 4 \cdot 3\tfrac{1}{2} \text{ T. } = 14 \text{ Tage.}$$
$$5 \text{ ,, ,, den 5. Theil } = 2\tfrac{4}{5} \text{ Tage.}$$

$2\tfrac{4}{5}$ Tage brauchen sie, um $8\tfrac{3}{4}$ ha umzupflügen, um $\tfrac{1}{4}$ ha zu bearbeiten, brauchen sie den 35. Theil von $\dfrac{14}{5}$ Tag $= \dfrac{2}{25}$ Tag.

$$\text{Um } \tfrac{1}{2} \text{ ha zu bearb. br. sie } 2 \cdot \tfrac{2}{25} = \tfrac{4}{25} \text{ Tag.,}$$
$$\text{,, } \tfrac{25}{2} \text{ ,, ,, ,, ,, ,, } \tfrac{25 \cdot 4}{25} = 4 \text{ Tage.}$$

Ansatz: 4 Pflüge brauchen um $8\tfrac{3}{4}$ ha zu bearbeiten $3\tfrac{1}{2}$ Tag
$$5 \text{ ,, ,, ,, } 12\tfrac{1}{2} \text{ ,, ,, ,, } ? \text{ ,,}$$

$$? = \frac{7 \cdot 4 \cdot 4 \cdot 25}{2 \cdot 5 \cdot 35 \cdot 2} = 4 \text{ Tage.}$$

Weitere Uebungsaufgaben.

1. Wieviel verdienen 8 Arbeiter in 10 Wochen bei täglich zweistündiger Arbeit, wenn 20 Arbeiter in 12 Wochen bei täglich fünfstündiger Thätigkeit 1000 M. verdienen? ($133\tfrac{1}{3}$ M.)

2. An einem Wege haben drei Abtheilungen gearbeitet, und zwar 16 Mann 10 Tage, 20 Mann 12 Tage und außerdem noch 25 Mann. Sie erhalten zusammen 1350 M., wovon die 3. Abtheilung 550 M. bekommt; wie lange hat sie gearbeitet? (11 Tage!)

§ 66.
Zinsrechnung.

Leiht man einem Anderen Geld, so nennt man diese Summe Kapital, der Verleiher heißt Gläubiger, der Beliehene Schuldner. Der Schuldner soll stets einen Schuldschein in der gesetzlich vorgeschriebenen Form (Namen des Verleihers und Beliehenen, Kapital, Zinsfuß, Zeit, Ort und Datum der versprochenen Rückerstattung, Unterschrift) ausstellen.

Bei großen Summen und bei Unsicherheit des Schuldners fordert der Gläubiger eine obrigkeitliche Sicherstellung (Hypothek), durch welche im Falle der Rückzahlungsunfähigkeit als Unterpfand Häuser und Grundstücke zugesichert werden; man unterscheidet nach der Reihenfolge der Beleihungen erste, zweite u. s. w. Hypothek; bei gerichtlichen Verkäufen (Subhastationen) haben die ersten Hypotheken das Vorrecht der Rückzahlung vor den letzten. Für die Hingabe des Kapitals hat Schuldner dem Gläubiger eine Vergütung zu zahlen, welche man Zinsen oder Interessen nennt. Die Bestimmung, wieviel Mark Zinsen von je 100 M. Kapital in einem Jahre zu zahlen, nennt man Zinsfuß oder Procente (lat. pro centum — fürs Hundert), gewöhnlich p. c. oder % bezeichnet.

Ein Kapital verzinst sich zu $4\frac{3}{4}\%$ heißt, je 100 M. bringen in 1 Jahr $4\frac{3}{4}$ M. Zinsen. Die Zinsrechnung hat es mit 4 Größen zu thun und zwar: Kapital, Zinsen, Zeit und Zinsfuß. Drei Größen müssen stets gegeben sein, die vierte wird gesucht; ist die Zeit nicht bestimmt, so wird immer ein Jahr genommen und zwar zu 360 —, der Monat zu 30 Tagen.

Einfache Zinsrechnung.

Das Frageglied ist von zwei bedingenden Gliedern abhängig; wir lösen diese Aufgaben nach Art der einfachen Regeldetri.

a. Die Zinsen werden gesucht.
(Gegeben sind Kapital, Zinsfuß und Zeit.)

1. Wieviel betragen die Zinsen von 532 M. zu 4%?

Wenn 100 M. 4 M. geben, so geben 500 M. 5 . 4 = 20 M. 25 = $\frac{1}{4}$ Hundert geben 1 M. und 7 M. geben 7 . 4 Pf. = 28 Pf. zusammen 21 M. 28 Pf. (20 + 1 M. + 28 Pf.)

Merke: Soviel M. das Hundert bringt, soviel Pf. die Einheit.

Ansatz 100 M. Kap. bringt 4 M. Zinsen
532 „   „   „   ? „

$$? = \frac{4 \cdot 532}{100} = 21{,}28 \text{ M.}$$

2. Ein Haus — für 7600 M. gekauft — verzinst sich zu $5\frac{1}{2}\%$; wieviel Ertrag bringt es jährlich?

Wenn 100 M. $5\frac{1}{2}$ M. einbringen, so bringen 1000 M. 55 M.
    7000 M. br. 7 . 55 = 385
    600 „ „ 6 . $5\frac{1}{2}$ = 33
                 Sa. = 418 M.

Ansatz: 100 M. Kap. br. $5\frac{1}{2}$ M. Z.
       7600 „   „   „   ? „

$$? = \frac{11 \cdot 7600}{2 \cdot 100} = 418 \text{ M.}$$

b. Das Kapital wird gesucht.
(Gegeben: Zinsen, Zeit und Zinsfuß.)

1. Wieviel Geld müßte man zu $4\frac{1}{2}\%$ ausleihen, wenn man jährlich $31\frac{1}{2}$ M. Zinsen beziehen will?

Um $4\frac{1}{2}$ M. Zinsen zu bekommen, muß man 100 M. verleihen, um $31\frac{1}{2}$ M. Zinsen zu erhalten, muß man soviel Mal 100 M. verleihen, als $4\frac{1}{2}$ in $31\frac{1}{2}$ = $\frac{9}{2}$ in $\frac{63}{2}$ = 7 mal enthalten ist, also 700 M.

Ansatz: Um $4\frac{1}{2}$ M. Z. zu erh. muß m. 100 M. verl.
       „ $31\frac{1}{2}$ „ „ „ „ „ „ ? „

$$? = \frac{100 \cdot 2 \cdot 63}{9 \cdot 2} = 100 \cdot 7 = 700 \text{ M.}$$

Weitere Uebungsaufgaben.

4 M. 25 Pf. Zinsen zu 5% (85 M.). 12 M. 80 Pf. Zinsen zu 4%? (820 M.)
23 „ — „ „ $4\frac{1}{2}$ „? (512„). 37 „ $45\frac{1}{2}$ „ „ „ $5\frac{1}{2}$? (681„)

c. Die Zeit wird gesucht.
(Gegeben: Kapital, Zinsen und Zinsfuß.)

Wann tragen 1000 M. zu 5% 50 M. Zinsen?

Größenlehre.

1000 M. tragen in 1 Jahr zu 5% 50 M. Zinsen. Um 50 M. Zinsen zu erheben, muß das Kapital 1 Jahr verliehen werden, um aber 125 M. Zinsen zu erhalten, muß das Kapital so viel Jahre verliehen werden, als 50 in 125 enthalten; = 2½ Jahre.

Ansatz: Um 50 M. zu erhalten, muß das Kapital 1 Jahr stehen,
„ 125 „ „ „ „ „ „ ? „ „

$$? = \frac{1 \cdot 125}{50} = 2,5 \text{ Jahre.}$$

Weitere Uebungsaufgaben.

Berechne die Zeit, in welcher die Zinsen die Höhe des Kapitals erreichen, wenn letzteres a. zu 5, b. zu 4, c. zu 6, d. zu 4½, e. zu 3,2, f. zu 3,3, g. zu 4,9 % verliehen ist? (a. 20, b. 25, c. 16²/₃, d. 22²/₉, e. 31¼, f. 30¹⁰/₃₃, g. 20²⁰/₄₉ Jahre.)

d. Der Zinsfuß wird gesucht.
(Gegeben: Kapital, Zinsen und Zeit.)

Zu wieviel % muß man 800 M. ausleihen, um jährlich 36 M. Zinsen zu bekommen?

Wir fragen nach den Zinsen, welche 100 M. bringen! Wenn 800 M. Kapital 36 M. Zinsen bringen, so bringen 100 M. den 8. Theil von 36 M. = 4½ M.; das Kapital ist also zu 4½ % verliehen.

Ansatz 800 M. Kapital geben 36 M. Zinsen.
100 „ „ „ ? „ „

$$? = \frac{36 \cdot 100}{800} = 4\tfrac{1}{2} \text{ M.}$$

Weitere Uebungsaufgaben.

Bei wieviel % sind die Zinsen a. ¼, b. ⅕, c. ⅙, d. ¹/₁₀, e. ¹/₂₀, f. ¹/₂₅, g. ¹/₃₀, h. ¹/₅₀ des Kapitals? (a. bei 25, b. 20, c. 12½, d. 10, e. 5, f. 4, g. 3½, h. 2 %).

b. Größenlehre.
§ 67.
Raumlehre und Geometrie.

Mit der Raumlehre gelangen wir zur sogenannten angewandten Mathematik, die für den Forstmann eine hohe praktische Bedeutung hat, indem sie ihn Flächen und Körper vermessen lehrt. Man hat in Deutschland folgende gesetzlich vorgeschriebene Maaße:

Längenmaaße.

Die Einheit ist das Meter.

1 Meter (m) = 10 Decimeter (dm),
1 Decimeter = 10 Centimeter (cm),
1 Centimeter = 10 Millimeter (mm),
1 Meter = 100 Centimeter,
1 Kilometer (km) = 1000 Meter (7,5 Kilometer = 1 deutsche Meile).

Flächenmaaße.

Die Einheit bildet das Quadratmeter, d. h. ein Quadrat, das 1 Meter lang und 1 Meter breit ist.

1 Ar (a) = 100 Quadratmeter (qm); ein Quadrat, das 10 Meter lang und breit.
1 Hektar (ha) = 10000 „ = 100 Ar; ein Quadrat, das 100 Meter lang und breit.

Körper und Hohlmaaße.

Die Einheit ist das Kubikmeter oder ein Würfel, der 1 Meter lang, 1 Meter breit und 1 Meter hoch ist.

1 Kubikmeter (cbm) = 10 · 10 · 10 Kubikdecimeter (cdm) und gleich 100 · 100 · 100 = 1 Million Kubikcentimeter (ccm).

Die Einheit der Hohlmaaße in cylindrischer Form ist ein Kubikdecimeter, Liter genannt, gleich 1 Tausendstel eines Kubikmeters.

100 Liter (l) = 1 Hektoliter (hl). Der alte preußische Scheffel = 54,96 Liter. Ein Neuscheffel = 50 Liter.

Gewichte.

Die Einheit des metrischen Gewichtes ist das Kilogramm = 2 Zollpfund oder das Gewicht des in einem Würfel von $\frac{1}{10}$ m Seitenlänge enthaltenen destillirten Wassers bei + 4° C.

50 Kilogr. (kg) oder 100 Pfund = 1 Centner.
1000 „ = 1 Tonne (t).

Der tausendste Theil eines Kilo = 1 Gramm (g).

$\frac{1}{10}$ Gramm = 1 Decigramm (dg).
$\frac{1}{100}$ „ = 1 Centigramm (cg).
$\frac{1}{1000}$ „ = 1 Milligramm (mg).

Holzmaaße.

Die Einheit für die Holzmaaße bildet der Würfel des Meters und heißt derselbe in fester Holzmasse Festmeter (fm), dagegen mit losen Holzstücken ausgefüllt, wie z. B. in den Schichtmaaßen, Raummeter (rm).

Um Raummeter in Festmeter zu verwandeln, wie dies zur Buchung und gleichmäßigen Schätzung in der Praxis oft nöthig wird, muß man die Anzahl der Raummeter je nach den Sortimenten reduciren, z. B. Derbholz=Raummeter mit $\frac{7}{10}$ multipliciren; will man dagegen Festmeter in Derbholz=Raummeter verwandeln, muß man ihre Anzahl mit $\frac{10}{7}$ multipliciren.

z. B. 87 Raummeter Derbholz sind $= 87 \cdot \frac{7}{10} = \frac{609}{10} = 60{,}9$ Festmeter.

87 Festmeter $= 87 \cdot \frac{10}{7} = \frac{870}{7} = 124\frac{2}{7} = 124{,}29$ Raummeter Derbholz. Reiser I. Cl. und Stockholz reducirt man mit 0,4, Reiser II. Cl. mit 0,2.

§ 68.
Vermessung von Flächen oder Planimetrie.

Bevor wir zur wirklichen Vermessung übergehen können, müssen wir uns mit einigen Größenverhältnissen von Flächen und den sie begrenzenden Linien und Winkeln bekannt machen.

Unter einem Winkel versteht man die Neigung von zwei sich schneidenden Linien; die den Winkel bildenden Linien heißen seine Schenkel, der Schneidepunkt Scheitel. Zwei auf einer geraden Linie durch eine dritte schneidende Linie gebildete Winkel heißen Nebenwinkel; sind dieselben gleich, so heißen sie rechte Winkel, die schneidende Linie steht in diesem Falle senkrecht auf der durchschnittenen.

Zwei rechte Winkel mit gemeinschaftlichem Schenkel (siehe Figur 41) bilden einen gestreckten oder flachen Winkel, dessen beide Schenkel eine Gerade bilden. Die Größe der Winkel richtet sich nach der Größe der Neigung ihrer Schenkel und wird nach „Graden" gemessen; der rechte Winkel hat 90 Grad (90°); der Grad

Figur 41.

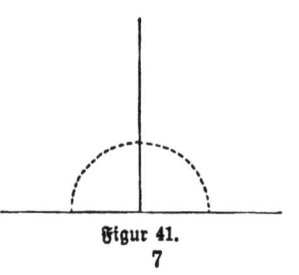

wird in 60 Minuten, die Minute in 60 Sekunden getheilt. — Einen Winkel von 33 Grad 27 Minuten 6 Sekunden schreibt man in der Meßkunst 33⁰ 27′ 6″ und werden nach dieser Eintheilung sämmtliche zu messende Winkel bezeichnet.

Alle nicht rechten Winkel nennt man schiefe Winkel, welche wieder, wenn sie größer sind als ein rechter, stumpfe Winkel (siehe Figur 42 Winkel a c b), wenn sie kleiner als ein rechter sind (Figur 42 Winkel b c d), spitze Winkel genannt werden. Alle Winkel werden stets so bezeichnet, daß der Scheitelpunkt (in der Figur 43 der Punkt c) in der Mitte genannt wird. Die Summe zweier Nebenwinkel ist immer gleich zwei Rechten oder gleich 180⁰; ist die Größe eines Nebenwinkels bekannt, so findet man die Größe des anderen Winkels durch Subtraction des bekannten Winkels von 180⁰;

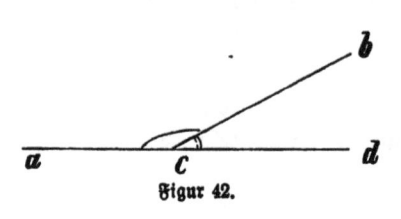

z. B. Winkel b c d = 43⁰ 24′ 7″, so ist
Winkel b c a = 136⁰ 35′ 53″.

Der Winkel a c d (Figur 42) ist ein Beispiel des flachen Winkels = 180⁰. Denkt man sich die Linie b c (Figur 43) über den Punkt c hinaus bis zu e verlängert, so entstehen jenseits von a d zwei neue Winkel a c e und d c e, welche zusammen ebenfalls 180⁰ oder zwei Rechte betragen; folglich sind die vier Winkel um c herum gleich 360⁰. Hätte man nun durch Drehung eines Winkelmeßinstruments in c den in Figur 43 mit einem Haken versehenen überstumpfen Winkel d c e = 220⁰ 13′ 11″ gefunden, so würde sich die Größe des übrigbleibenden Winkels d c e durch Subtraction des überstumpfen Winkels d c e von 360⁰ berechnen lassen;

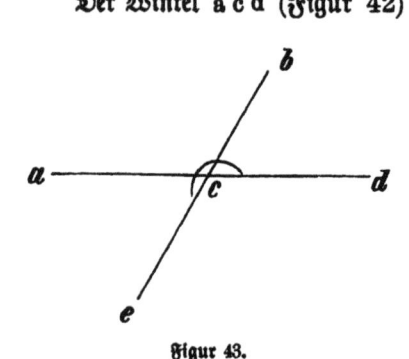

also 360⁰ — 220⁰ 13′ 11″ = 139⁰ 46′ 49″.

Das Verhältniß der Winkel b c a und b c d in Figur 42 drückt man dadurch aus, daß man sagt: sie ergänzen sich zu zwei Rechten, das Verhältniß der vier Winkel um den Punkt c herum (Figur 43): sie ergänzen sich zu vier Rechten.

Die beiden Winkel b c d und a c e in Figur 43 heißen Scheitelwinkel, ebenso b c a und d c e.

Je zwei Scheitelwinkel sind sich immer gleich, b c d = a c e oder b c a = d c e.

§ 69.
Die Dreiecke.

Durchschneiden sich drei gerade Linien (Gerade!) in drei Punkten, so entsteht das Dreieck (Fig. 44). Nach der Größe der Seiten unterscheidet man gleichschenklige Dreiecke, wenn zwei Seiten einander gleich sind, oder gleichseitige Dreiecke, wenn alle drei Seiten gleich sind; ihnen gegenüber stehen die ungleichseitigen Dreiecke.

Nach der Größe der Winkel unterscheidet man rechtwinklige Dreiecke, in welchen ein Winkel ein rechter, stumpfwinklige Dreiecke, in welchen ein Winkel ein stumpfer, spitzwinklige Dreiecke, in welchen alle Winkel spitz sind.

In dem rechtwinkligen Dreiecke heißt die dem rechten Winkel gegenüber liegende Seite Hypotenuse, die denselben einschließenden Seiten heißen Katheten.

Für die Messungen sind folgende wichtige Sätze über die Dreiecke zu beachten:

Im Dreiecke sind sämmtliche Winkel zusammen gleich zwei Rechten; sind deshalb zwei Winkel bekannt, so ergiebt sich der dritte durch Subtraction ihrer Summe von 180°.

Im gleichschenkligen Dreiecke sind die Winkel an der Grundlinie (die dritte ungleiche Seite) einander gleich. Im gleichschenkligen rechtwinkligen Dreieck ist jeder spitze Winkel = 45°. Im gleichseitigen Dreiecke sind alle Winkel gleich; jeder ist gleich $\frac{2}{3}$ Rechte = 60°.

Im rechtwinkligen Dreieck ist die Hypotenuse größer als jede Kathete, da in jedem Dreiecke immer dem größeren Winkel eine größere Seite gegenüber liegt. Ein über der Hypotenuse errichtetes Quadrat ist gleich der Summe der beiden über den Katheten errichteten Quadrate. (Pythagoräischer Lehrsatz!)

Unter Höhe eines Dreiecks ist das von der Spitze auf die Grundlinie gefällte Loth zu verstehen; dasselbe fällt, wie die nebenstehenden

7*

100 Vielecke.

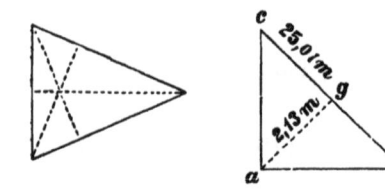

Figuren zeigen, da man jede Seite als Grundlinie annehmen kann, beim spitzwinkligen Dreieck (Figur 44) in jedem Falle in das Dreieck, beim rechtwinkligen Dreiecke (Figur 45) fällt nur das auf die Hypotenuse (c b) gefällt in das Dreieck; beim stumpfwinkligen Dreieck (Figur 46) bei den den stumpfen Winkel einschließenden Seiten außerhalb des Dreiecks, nur das Loth vom stumpfen Winkel aus fällt innerhalb.

Figur 44. Figur 45.

Figur 46.

Der Inhalt eines jeden Dreiecks ist gleich dem Produkt aus Grundlinie und Höhe dividirt durch 2, oder gleich der halben Grundlinie mal der Höhe oder gleich der halben Höhe mal der Grundlinie, z. B. in Figur 45. J = Inhalt.

$$J = \frac{ag \cdot bc}{2} = \frac{2{,}13 \cdot 25{,}01}{2} = \frac{53{,}27}{2} \text{ qm} = 26{,}60 = \text{rot. } 27 \text{ qm.}$$

§ 70.
Die Vielecke.

Mehr als drei Grade schneiden sich in mehr als drei Punkten; je nach der Anzahl der sich schneidenden Linien erhält man Vierecke, Fünfecke, Achtecke ꝛc., wobei zu bemerken ist, daß die Zahl der Durchschnittspunkte oder Ecken genau der Zahl der Linien entspricht.

Am wichtigsten sind die Vierecke, welche nach der Beschaffenheit der Seiten und Winkel in folgende Arten zerfallen:

1) **Parallelogramme** — bei welchen je zwei gegenüberstehende Seiten parallel (||) sind:

Hiervon giebt es nachstehende vier Arten:

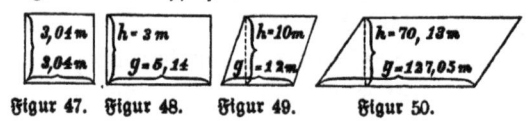

Figur 47. Figur 48. Figur 49. Figur 50.

Vierecke. 101

a. Das Quadrat, bei welchem alle Seiten gleich und alle Winkel rechte sind. (Figur 47.)
Inhalt = Grundlinie mal Höhe oder Seite mal Seite.
= 3,04 . 3,04 = 9,2416 qm = rot. 9,242 qm.

b. Das Rechteck, bei welchem nur zwei gegenüberstehende Seiten parallel und alle Winkel rechte sind. (Figur 48.)
Inhalt = Grundlinie mal Höhe = dem Produkt zweier anstoßender Seiten.
g . h = 5,14 . 3 = 15,42 qm.

c. Der Rhombus (Raute), bei welchem alle Seiten gleich und die Winkel schiefe sind. (Figur 49.)
Inhalt = Grundlinie mal Höhe (Höhe = jeder beliebigen Senkrechten zwischen zwei gegenüberliegenden Seiten).
g . h = 12 . 10 = 120 qm.

d. Das Rhomboid, bei welchem nur je zwei gegenüberliegende Seiten gleich und die Winkel schiefe sind. (Figur 50.)
Inhalt = Grundlinie mal Höhe.
g . h = 127,05 . 70,13 = 8910,0165 qm = 8910,01 qm.
= 0,8910 ha.

Merke: Bei allen Parallelogrammen ist der Inhalt gleich dem Produkt aus Grundlinie mal Höhe.

2) Trapeze, bei welchen nur zwei Seiten parallel sind. (Fig. 51.)

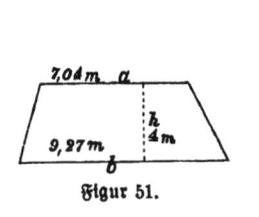

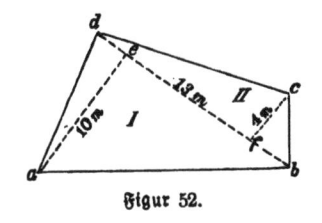

Figur 51.   Figur 52.

Inhalt = dem Produkt aus der halben Summe der beiden parallelen Seiten und der Höhe.
$$= \frac{a+b}{2} \cdot h = \frac{7,04 + 9,27}{2} \cdot 4 = 32,62 \text{ qm.}$$

3) Trapezoide, bei welchen kein Paar Seiten parallel sind. (Figur 52.)

Um diesen Inhalt zu berechnen, verbindet man zwei (beliebige!) gegenüberliegende Ecken, z. B. b und d durch die „Diagonale" b d und berechnet die so entstandenen beiden Dreiecke nach der bekannten Formel für sich und abbirt die gefundenen Inhalte.

$$\text{z. B. a b d} = \triangle \text{I. J} = \frac{ae}{2} \cdot db = 5 \cdot 13 = 65 \text{ qm}$$

$$\text{b c d} = \triangle \text{II. J} = \frac{c}{2} \cdot db = 2 \cdot 13 = 26 \text{ „}$$

$$\text{Sa.} = 91 \text{ qm.}$$

Die Verbindungslinien von je zwei gegenüberliegenden Ecken in den Vier- und Vielecken heißen Diagonalen.

In jedem Vieleck beträgt die Summe sämmtlicher Winkel, wenn man dieselbe mit n bezeichnet, 2n—4 Rechte; die Anzahl sämmtlicher Diagonalen $\frac{n(n-3)}{2}$, im Siebeneck also $\frac{7(7-3)}{2} = 14$.

Den Inhalt eines Vielecks findet man, indem man dasselbe in Dreiecke, Parallelogramme oder Trapeze zerlegt, nach obigen Formeln die Inhalte der einzelnen Stücke berechnet und dieselben schließlich zusammen abbirt (vergl. oben sub 3 und § 75).

Denkt man sich eine auf beiden Seiten begrenzte Linie in derselben Ebene um einen ihrer Endpunkte gedreht, so entsteht eine krumme Linie (Kreislinie), welche vom Drehpunkt (Mittelpunkt oder Centrum) überall gleich weit entfernt ist. Die Fläche heißt Kreis, jede Verbindungslinie zwischen Centrum und Kreislinie, auch Peripherie genannt, Halbmesser oder Radius; bilden zwei Halbmesser eine gerade Linie, so heißt diese Durchmesser. Jede Linie, die zwei Punkte der Peripherie verbindet, ohne durch das Centrum zu gehen, heißt Sehne.

In Figur 53 ist a b ein Durchmesser, f c ein Radius, d e eine Sehne. Alle Radien desselben Kreises, ebenso alle Durchmesser sind unter sich gleich; der Radius ist die Hälfte des Durchmessers; alle Kreise mit gleichen Radius sind einander gleich. Der Durchmesser theilt den Kreis in zwei Halbkreise. Das Verhältniß des Durchmessers zum Umfang ist bei allen Kreisen ein ganz bestimmtes, nämlich = 1 : 3,14159 oder abgekürzt = 3,14

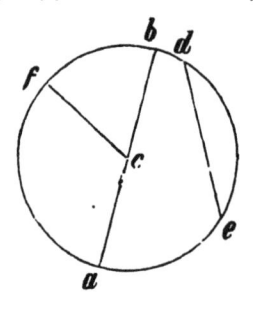

Figur 53.

oder etwas ungenauer $\frac{22}{7}$. Diese Verhältnißzahl wird Pi genannt und π geschrieben. Hat man also den Durchmesser eines Baumes $= 57$ cm gefunden, so ist der Umfang $= 57 \cdot 3{,}14 = 178{,}98$ cm. In gleicher Weise findet man den Durchmesser aus dem gemessenen Umfang durch Division mit 3,14. Nennt man den Radius $= r$, so ist der Umfang des Kreises $= 2\,r\,\pi$ und sein Inhalt $= r^2\,\pi$ ($r^2 = r \cdot r$), z. B. $r = 5$ cm, so ist $J = 25 \cdot 3{,}14 = 78{,}50$ ☐cm.

§ 71.
Vermessungen mit Instrumenten.

Flächen können nur wieder durch Flächen gemessen werden, deshalb nimmt man als Flächenmaaße die Quadrate der Längenmaaße; hat man eine Fläche z. B. mit einem Metermaaß vermessen, so wird die Fläche als Inhalt Quadratmeter haben, hätte man sie mit Ellen oder Fußen gemessen, so würde das Resultat Quadratellen oder Quadratfuße bilden u. s. w.

Um irgend welche Vermessungen von Flächen ausführen zu können, muß man Meßinstrumente haben. Diese bestehen in Meßketten oder Meßbändern resp. Meßlatten, den Signalstangen und den Winkelinstrumenten.

a. Instrumente zur Linienmessung.

Die **Meßkette** besteht aus 0,5 m langen mit abwechselnd größeren und kleineren Messingringen verbundenen Gliedern; zwischen je 10 solcher Glieder ist ein anders geformter Ring eingefügt und an beiden Enden ein Ring angebracht, um den Kettenstab durchstecken zu können.

Die Ketten sind meist 10 oder 20 m lang.

Zum Gebrauch dieser Kette (Band) sind zunächst die etwa 1,5 m langen unten mit Eisenschuhen und einem Riegel versehenen Kettenstäbe, dann 10 etwa 1 Kettenglied lange unten spitze, oben mit einem Oehr versehene eiserne Stäbchen (Zähler, Sticken) nebst 2 größeren Ringen zum Transport derselben nöthig; ferner ein genau 5 halbe Meter langer mit Decimaltheilung versehener Stab — das Anschlagmaaß — zum Messen kleiner Linien, und endlich eine Anzahl 3—6 m langer roth und weiß angestrichener resp. mit roth und weißen Fähnchen versehener Stäbe — die Signalstangen —, Meßfähnchen.

104 Instrumente zur Winkelmessung.

In Preußen sind gesetzlich die aus dünnem Stahlblech mit genauer Metereintheilung versehenen und an einer hölzernen Kreuzscheibe aufrollbaren Meßbänder vorgeschrieben, die ebenso wie die Meßkette angewandt werden.

Die Meßlatten sind runde 5 m lange und entweder durch verschiedene Farben oder durch eingeschlagene Messingnägel (bei je 0,10 m 1 Nagel, 0,50 m 2 Nägel, 1 m 3 Nägel) eingetheilte Latten.

b. Instrumente zur Winkelmessung.

Der Winkelspiegel wird zum Abstecken rechter Winkel gebraucht; seine Form ist aus nebenstehender Figur 54 ersichtlich. Das dreieckige, vorn offene Gehäuse hat in den Seitenwandungen oben bei a und b Visiröffnungen; unter demselben sind auf jeder Innenseite (durch aa und bb angedeutet) zwei kleine Spiegel angeschraubt, die genau unter einem halben rechten Winkel gegen einander geneigt sind.

Figur 54.

Um einen rechten Winkel auf einer Linie zu suchen, z. B. zum Punkt d außerhalb der Linie ac (Figur 55), stelle man sich auf dieselbe mit dem Gesicht nach c zu und halte den Winkelspiegel senkrecht so an die Nase, daß das eine Auge durch die vordere Oeffnung und die Visiröffnung b die in c stehende Meßfahne sieht. Geht man nun auf der Linie vorwärts nach dem Punkt b zu, so wird die Meßfahne bei d bald in dem unter der Visiröffnung b liegenden Spiegel erscheinen; je nachdem man nun vorwärts oder rückwärts geht, wird die sich spiegelnde Fahne bei d bald der anvisirten Fahne bei c sich nähern, bald wieder sich entfernen; in dem Augenblick jedoch, wo sie genau übereinander stehen, so daß die Fahne bei c die Verlängerung der

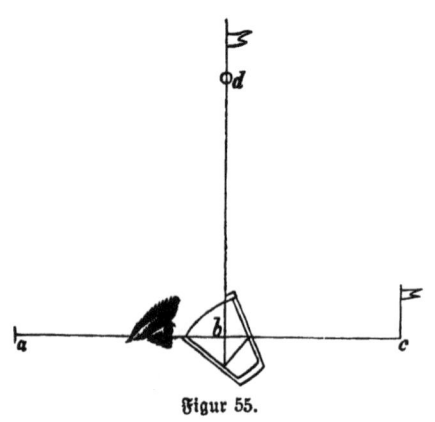

Figur 55.

Winkelprisma, Winkelkreuz.

Fahne bei d zu sein scheint, hat man den rechten Winkelpunkt gefunden und läßt genau zwischen die beiden Füße und lothrecht unter dem Spiegel eine Signalstange einstecken; die Linie bd steht dann in b senkrecht auf ac.

Wie wir später sehen werden, ist das Abstecken von rechten Winkeln von der größten Wichtigkeit für die praktische Messung; der vorbeschriebene Winkelspiegel ist neben dem ganz ähnlichen Winkelprisma das handlichste und beste derartige Instrument, allerdings giebt es auf sehr weite Entfernungen nicht ganz so scharfe Resultate wie das im Uebrigen nicht so handliche Winkelkreuz, was in seiner einfachsten Form — die sich jeder leicht selbst herstellen kann — aus zwei etwa 30 cm langen, genau rechtwinklich zusammengenagelten Linealen (Figur 56)

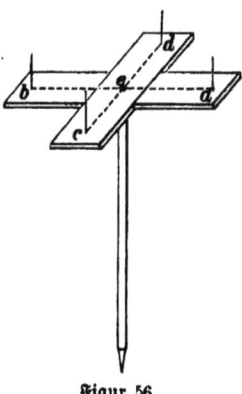

Figur 56.

besteht, auf welchen wieder in genau gleichem Abstande von der Mitte des Kreuzes e und in genau rechten Winkeln zu einander Stifte a, b, c und d eingebohrt sind; zur bequemeren Handhabung wird das Kreuz auf einen mit eiserner Spitze versehenen Stock aufgesteckt oder aufgeschraubt. Durch kreuzweises Einvisiren von a nach b resp. von c nach d richtet man rechte Winkel, dagegen durch Visiren, z. B. von c nach e und b auch halbe rechte Winkel ein.

Schließlich kann man auch auf die einfachste Weise durch Linienmessung sich rechte Winkel abstecken. Man haue drei ganz gerade dünne Stangen oder Latten von 3 m, 4 m und 5 m Länge, lege die 4 m lange Latte auf ab (Figur 57), auf welcher der rechte Winkel nach o zu bestimmt werden soll, etwa nach ce; in c lege man nach dem Augenmaaß im rechten Winkel die 3 m lange Latte nach dem Punkt o zu an, schließlich legt man die 5 m lange Latte so zwischen die Endpunkte d und e, daß die drei Latten ein festgeschlossenes

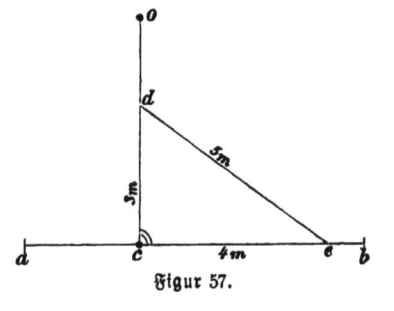

Figur 57.

Dreieck cde bilden, dann ist nach dem pythagoräischen Lehrsatz (§ 69) cd senkrecht auf ce (resp. ab), da ja $3^2 + 4^2 = 5^2$ und man hat cd nur bis o zu verlängern; ebenso kann man auch das mehrfache von 3, 4 und 5 m nehmen, z. B. 9, 12, 15 m lange Stangen oder hanfene Schnuren, die Meßkette ꝛc. Noch einfacher bei ganz kleinen Linien ist folgendes Verfahren:

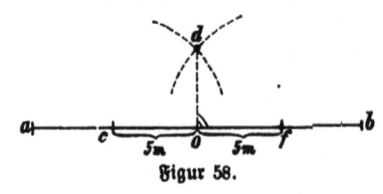

Auf der Linie ab soll in einem beliebigen Punkte, z. B. in o (Figur 58), eine Senkrechte errichtet werden; man messe von o nach a und b zu zwei gleiche Linien, z. B. je 5 m ab und bezeichne die gefundenen Punkte c und f mit Stäbchen; dann nehme man eine mehr als 5 m lange Schnur, befestige sie bei c und beschreibe einen Halbkreis, ebenso verfahre man bei f; der Schnittpunkt beider Halbkreise, z. B. bei d, steht im rechten Winkel zu o.

Um andere als rechte oder halbe rechte Winkel zu messen, giebt es noch verschiedene, nach Graden eingetheilte complicirter construirte Winkelinstrumente, z. B. die Boussole, den Theoboliten u. s. w., deren Beschreibung hier übergangen wird, da hier nur die einfachsten Vermessungen behandelt werden können.

§ 72.
Abstecken von Linien im Felde.

Gesetzt, die im Freien abgesteckte Linie ab (Figur 59) soll über b hinaus verlängert werden, so nehme man eine dritte Fahne in die Hand, gehe nach der Verlängerung etwa in c und visire, die Fahne senkrecht vor sich haltend, nach b und a hin; man verändert nun seinen Standpunkt so lange, bis alle drei Fahnen sich decken; ebenso hat man es mit d zu machen.

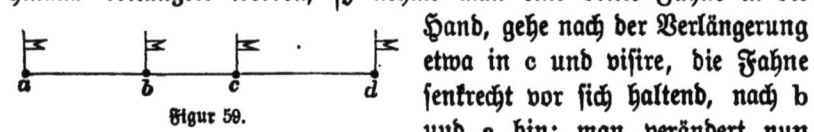

Sollte nun zwischen den festen Punkten a und c ein Punkt b einvisirt werden, so schickt man, nachdem man sich in a oder c aufgestellt einen Gehilfen in die Richtung des andern Punktes und visirt dessen Fahne nach dem anderen Endpunkte, immer mit der Hand nach rechts oder links winkend ein; decken sich die Fahnen, so macht man eine Handbewegung nach unten und die Fahne wird dort genau senkrecht eingesteckt; man vermeide hierbei möglichst alles Rufen, da Winken bei Entfernungen stets verständlicher ist.

Messung von Linien.

Merke: Alle Signalstangen sind stets genau senkrecht einzustecken.

Eine gerade Linie über einen Berg abzustecken.

Gegeben sind die Punkte a und b (Figur 60); wegen eines Berges kann man weder von a nach b noch umgekehrt sehen; einige Zwischenpunkte (f und g) sind mit a und b in eine gerade Linie zu bringen.

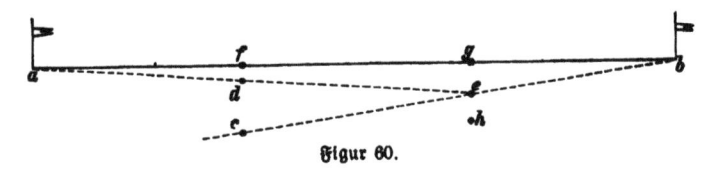

Figur 60.

Man geht in Begleitung eines Gehilfen und mit einem Signal in der Hand in die vermeintliche Richtung der auszusteckenden Linie, etwa nach c und h, so daß man von c aus nach b und der Gehilfe von h aus nach a sehen kann; nun richtet man den Gehilfen von c aus nach b ein, so daß er nach e zu stehen kommt; dann richtet der Gehilfe nach a ein, so daß man nach d zu stehen kommt und so wird weiter fortgefahren, bis man schließlich von beiden Endpunkten Deckung hat und nach f und g gekommen ist, d. h. g f a und f g b in gerader Linie liegen. Hier werden die Signale eingesteckt.

§ 73.
Messung von geraden Linien.

Mißt man mit Kette oder Meßband, so sind dieselben zunächst zu revidiren, ob die Glieder nicht verschlungen sind oder das Band nicht verdreht ist; hierauf steckt jeder Kettenzieher seinen Endring an den Kettenstab und der vordere nimmt den Ring mit den 10 Zählern und geht in die Richtung der mit Signalstangen bezeichneten Linie; der hintere Kettenzieher setzt nun den Stab fest im Anfangspunkt ein und visirt mit Handbewegungen den vorderen so lange, bis dessen Stab genau mit dem nächsten Signal eingerichtet steht; der Punkt wird in der Erde markirt, die Kette mit beiden Händen am Kettenstabe gerade gewuchtet und dann dieselbe so straff als möglich am Stabe an dem betr. Punkt eingesteckt; dann holt man einen Zähler, nimmt die Kette heraus und steckt denselben genau in das Loch, tritt einen Schritt seitwärts und geht weiter; hat der hintere Kettenzieher den Zähler erreicht, so ruft er laut: "Halt", setzt seinen Stab an die Stelle des Zählers und hängt letzteren an seinen Ring; soviel Zähler er am Ringe hat, soviel ganze Kettenlängen sind gemessen; der Rest wird an den Gliedern abgezählt. Beim Wechseln der Zähler, wenn alle 10 abgegeben sind, ist genau aufzupassen, auch zu beachten, ob nicht ein Zähler verloren ist; in letzterem Fall muß die Linie von Neuem gemessen werden.

Befinden sich kleine Hindernisse in der abzumessenden Linie, durch welche man nicht hindurchmessen kann, z. B. Gebäude, kleine Teiche, starke Bäume u. s. w., so verfährt man wie folgt: In nebenstehender Figur 61 liege in a d ein Teich T; dann nehme man am Ufer etwa bei b sowie etwa 20 m vorher, etwa bei x mit dem Instrument nach derselben Seite rechte Winkel mit den genau gleich langen Schenkeln x z und b u, die so lang sein müssen, daß man bequem an dem Ufer vorbei visiren und vorbei messen kann; hierauf errichtet man hinter dem Teiche etwa in c und y entweder wie vorher die mit x z und b u gleich langen Lothe c v und y w oder noch einfacher, man verlängert die Verbindungslinie z u durch Einvisiren über u hinaus soweit wie der Teich lang ist, z. B. bis v, und nehme dann einen rechten Winkel nach a d hinüber = v c als Controllinie; dieselbe muß genau ebenso lang sein als b u, wenn man richtig eingerichtet hat. Nun mißt man u v resp. z w, welche Linien als Parallelen zwischen Parallelen selbstverständlich genau so lang sein müssen als b c resp. x y.

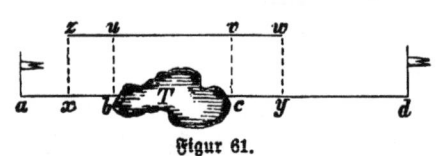

Figur 61.

Aus Obigem ist gleich ersichtlich, daß man durch Messung der parallelen Linie fast jedes Hinderniß in der Messungslinie umgehen kann, sowie, in welcher Weise man die Parallellinien construirt; man legt einfach an den geeigneten Punkten rechte Winkel mit genau gleich langen Schenkeln an und verbindet deren Endpunkte durch eine (Parallel-)Linie.

Bei sehr großen Hindernissen wird das Verfahren jedoch ungenau, weil das Abstecken der rechten Winkel mit sehr langen Schenkeln zu ungenau wird.

Für den Fall, daß auch die Parallellinie nicht gut zu überblicken ist (u v in Figur 61), verfährt man wie folgt:

Meffungslinie über Waffer ɩc.

In der Linie a d liegt ein unzugänglicher mit hohen Bäumen dicht bestandener Sumpf, dessen Länge b c (Figur 62) in Meffungslinie a d direkt nicht zu messen ist. Aus irgend einem Grunde, z. B. weil kein Winkelinstrument vorhanden, kann die bequemere Parallellinie h i nicht gewählt werden; dann suche einen bequemen Punkt seitwärts, von dem du aus nach b und nach c hin sehen kannst, etwa g, miß g b und g c, theile die gefundenen Maßzahlen durch dieselbe beliebige Zahl, z. B. 5, und miß die gefundenen Zahlen von g aus auf g b und g c ab, etwa g e und g f, und miß dann die Linie e f; sie wird ebenfalls gleich sein $1/5$ von b c, mithin die gesuchte Linie b c = 5 mal e f sein; z. B. g b = 100 m g c = 80 m; dividirt durch 5 giebt $\frac{100}{5}$ = 20 und $\frac{80}{5}$ = 16, mithin g e = 20 m und g f = 16 m; e f gemessen = 15 m, mithin b c = 5 . 15 oder 75 m.

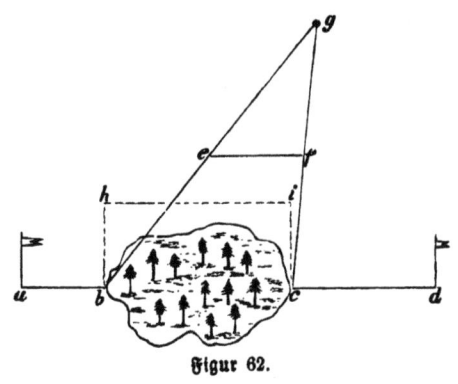

Figur 62.

Für den Fall, daß von der direkt nicht meßbaren Linie a b (Figur 63) nur der Punkt b zugänglich ist, weil zwischen a und b ein Hinderniß, z. B. ein unüberschreitbarer Fluß liegt, so lege zu der Visirlinie a b den rechten Winkel in b und trage auf einem beliebigen Punkt des Lothes b y, z. B. von c aus, die genau gleich langen Linien b c und c d ab und lasse in c eine Meßfahne aufstellen; dann nimm zu b d in d wiederum einen rechten Winkel und suche auf d x einen Punkt, etwa e, von dem du über c hinweg a sehen kannst, dann ist d e genau

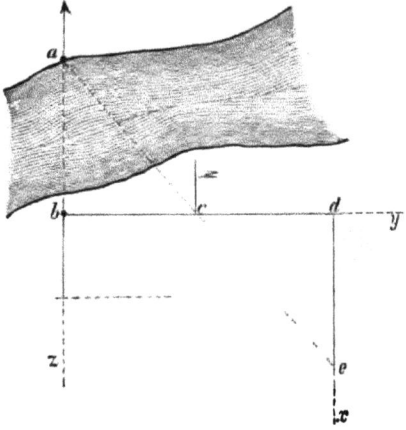

Figur 63.

so lang als ab; sollte von b aus wegen Terrainhindernissen ein Loth auf ab nicht möglich sein, so kann natürlich auch jeder beliebige Punkt in der Verlängerung von ab nach z zu, soweit bis das Loth genommen werden kann, gewählt werden. Die Richtigkeit des Verfahrens ist leicht aus der Congruenz der beiden Dreiecke acd und dce zu beweisen.

§ 74.
Messung von krummen Linien.

Jede krumme Linie verwandelt man dadurch, daß man an den Hauptkrümmungspunkten Pfähle einschlägt, z. B. a, b, c, d, e (Fig. 64), in eine gebrochene Linie, indem man annimmt, daß die zwischen den Eckpunkten a, b, c u. s. w. liegenden Linien ab, bc u. s. w. gerade sind; man hat dann nur von Punkt zu Punkt zu messen, um die Größe der Linie zu finden;

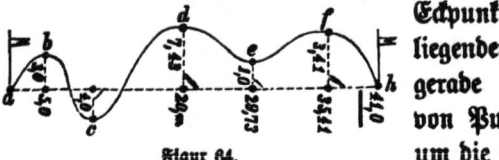

Figur 64.

eine derartig gemessene Linie kann man jedoch nicht in Karten eintragen, z. B. eine Grenzlinie, dazu verfährt man wie folgt:

Man visirt zunächst zwischen den Endpunkten a und h die gerade Linie aus und vermißt dieselbe; sobald man zu den seitwärts liegenden und vorher bezeichneten Brechungspunkten b, c, d, u. s. w. in rechte Winkel kommt, was mit dem Winkelspiegel resp. Winkelkreuz, bei unwichtigeren Messungen allenfalls auch nach dem Augenmaaß festzustellen ist, so bezeichnet man den Fußpunkt des Lothes mit seiner Maaßzahl in ah, z. B. bei dem Loth b mit 5 m und mißt mit dem kleinen Abschlagsmaaß das Loth nach b und trägt dessen Maaß ein; wie aus der Zeichnung ersichtlich, entweder unter das Loth oder auch an dessen Endpunkt; kommen in kleinen Zeichnungen zu viel Zahlen dicht neben einander, so daß Platz fehlt, so macht man einen längeren Haken seitwärts und schreibt an dessen Endpunkt die betreffende Zahl. Ebenso verfährt man bei allen anderen Punkten; der Punkt, von wo aus man in ah abgelothet hat, ist stets mit einem Signal genau zu markiren, damit man ihn schnell und sicher wiederfindet, wenn man weiter messen will. Um nun zu bezeichnen, welche Winkel mit dem Instrument, welche nach dem Augenmaaß genommen wurden, macht man bei ersteren am Fußpunkte zwei, bei letzteren nur ein Häkchen (vergl. die Figur). Ist die Linie fertig gemessen, so unterstreicht man die letzte Maaßzahl.

Zur Kartirung hat man dann nur die gerade Linie auf Papier

Vermessung von Grundstücken.

zu bringen, die Maaße auf dieser, der sog. „**Constructionslinie**", mit Cirkel und Maaßstab abzugreifen und mittelst rechtwinkliger Dreiecke resp. des Transporteurs von den Fußpunkten aus die Lothe einzutragen und deren Maaße auf denselben wie vor abzugreifen. Die Verbindungslinie der Lothendpunkte ist die krumme Linie.

§ 75.
Vermessung eines Grundstückes.

Soll irgend eine Vermessung vorgenommen werden, so muß man sich zunächst die vorhandenen Karten verschaffen und die auf diesen festgelegten Grenzen in der Natur abstecken, indem man das Grundstück umgeht, die krummen Grenzen möglichst zu Geraden ausgleicht und an den angenommenen Eckpunkten nach der Reihenfolge nummerirte Pfähle einschlägt. Hierauf entwirft man sich eine möglichst getreue Handzeichnung. Nun sucht man sich durch das Grundstück eine möglichst bequeme Constructionslinie, z. B. von Pfahl II bis Pfahl VI (in Fig. 65) auszufluchten, die so gewählt wird, daß man von ihr nach allen Grenzpfählen am bequemsten messen und sehen kann. Ist dies geschehen, so fängt man z. B. von II an zu messen und bezeichnet mit Hilfe des Winkelspiegels oder Winkelkreuzes den Punkt auf Linie II bis VI, der zu Pfahl III im rechten Winkel liegt; nachdem man die Maaßzahl des Punktes notirt, mißt man nach Pfahl III hinüber, während dessen auf der Hauptlinie an dem Punkte, von dem man abmißt, ein Signal sehr genau eingesteckt wird. In gleicher Weise macht man es mit den übrigen Pfählen IV, I und V. Alle diese Constructionslinien werden nur gestrichelt; auf die eben angegebene Weise hat man sich das Grundstück in 4 Dreiecke und 2 Trapeze zerlegt, deren Inhalte man nach den bekannten Formeln unter Zugrundelegung der gefundenen Maaßzahlen für Grundlinie und Höhe, wie aus unten stehender Berechnung ersichtlich berechnet und zusammen addirt, um den ganzen Inhalt zu finden. Ist das Grundstück von krummen Linien begrenzt (siehe Figur 65), so steckt man an den stärkeren Krümmungspunkten eben-

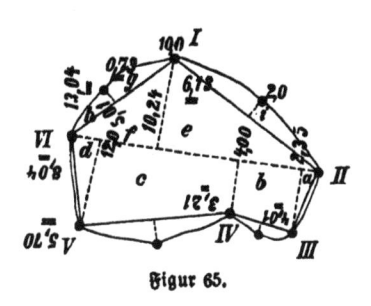

Figur 65.

Berechnung von vermessenen Grundstücken.

falls Pfähle ein, mißt das größte in daſſelbe beſchriebene Vieleck und legt in derſelben Weiſe, wie dies bereits mit den Eckpunkten von der Hauptconſtructionslinie aus geſchah, die Hauptkrümmungspunkte von den Verbindungslinien aus unter rechten Winkeln feſt (ſchneidet oder bindet ſie ein!).

Beiſpiel zu Figur 65.

Berechnung des Flächeninhalts			Figur	Product qm
a = 2,35 . 4,01 235 940 9,4235 = rot. 9	b = 4,01 3,12 7,13 . 1,65 (4,0 − 2,35) 3565 4278 713 11,7645 = rot. 12	c = 3,12 5,70 8,82 . 8 (12−4) 70,56 = rot. 71	a b c d	9 12 71 0
d = 5,70 . 1,04 2280 570 5,9280 = rot. 6	e = 10,24 . 6,13 3072 1024 6144 62,7712 = rot. 63	f = 10,24 . 2,80 (13,04 − 10,24) 8192 2048 28,6720 = rot. 29	e f g	63 29 .
g = 5,01 . 0,73 1503 3507 3,6573 = rot. 4	h = 0,73 . 3,03 (8,04 − 5,01) 219 219 2,2119 = rot. 2	i = 10,0 . 2,0 20	h i	2 20
		Summa	.	216

NB. Der ganze Bogen j iſt nur als ein Dreieck berechnet und die übrigen Bogen zwiſchen III/IV, IV/V und V/VI bleiben wegen ihrer Geringfügigkeit außer Berechnung.

dividirt durch 2 = 108
J = 108 qm = 0,0108 ha.

Die auf dieſe Weiſe erhaltenen neuen Figuren berechnet man als Dreiecke für ſich, indem man die nur wenig gekrümmten Linien als Gerade annimmt; ganz ſchwache Krümmungen, z. B von II nach III oder V nach VI, betrachtet man als Gerade und läßt ſie, falls nicht größere Genauigkeit erforderlich, außer Acht, da ſie bei ihrer Ausmeſſung doch nur äußerſt kleine Dreiecke geben würden! — ſchließlich addirt man alle Inhalte zum Inhalt des Vielecks.

Um eine Karte von dem ſo gemeſſenen Grundſtücke anfertigen zu können, trägt man die Conſtructionslinien II—VI auf ein Kartenblatt

Vermessung von Grundstücken. 113

und greift nach dem gewünschten oder vorgeschriebenen verjüngten Maaßstabe, z. B. 1 : 5000 oder 1 : 2500, den man sich bei jedem Mechaniker kaufen und von dem man sich zugleich über seine Anwendung belehren lassen kann, die Linien auf Grund der Handzeichnung nach den Maaßen genau so ab, wie man sie draußen gemessen hat. Die Verbindungslinien der Grenzpunkte geben schließlich das Bild des Grundstücks auf der Karte.

Den Flächeninhalt des Teiches T zu bestimmen, der in seinem Inneren direkt nicht meßbar ist (Figur 66).

Man visirt die das Ufer berührende Linie a b aus und errichtet in a und b mit Hilfe des Winkelspiegels Senkrechte, welche die Ufer ebenfalls berühren, in d errichtet man

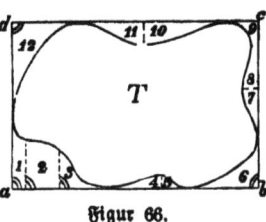

Figur 66.

wiederum nach b c zu eine das Ufer berührende Senkrechte d c; den Inhalt des so um den Teich construirten kleinsten Rechtecks berechne aus dem Produkt von a b . a d; dann errichte von sämmtlichen Umfangslinien auf alle Krümmungspunkte Senkrechte, wodurch die Dreiecke und Trapeze 1 bis 12 entstehen. Nachdem auf bekannte Weise ihre einzelnen Inhalte berechnet und addirt sind, zieht man den Gesammtinhalt von dem vorher berechneten Inhalt des Umfassungsrechtecks ab und erhält in der Differenz den gesuchten Flächeninhalt des Teiches T.

Hat man größere Flächen zu vermessen, bei denen die Senkrechten von der durch dieselbe zu legenden Constructionslinie aus vielfach zu lang werden würden oder wenn die Grenzlinien sehr viele Krümmungspunkte haben, so legt man noch Hilfsconstructionslinien an, z. B.: die große Brandfläche A a b B c d C e f D (Figur 67) ist genau mit Kette und Winkelspiegel zu messen. Construire das der Grenzlinie möglichst nahe liegende Viereck A B C D durch Signale und miß die Constructionslinie B D mit den Senkrechten nach C und A (um das Viereck auftragen zu können); dann miß A B, B C und C D mit sämmt-

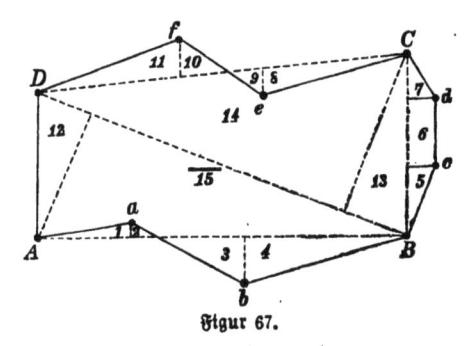

Figur 67.

Westermeier, Leitfaden. 8. Aufl.

lichen Senkrechten nach den vorher bezeichneten Krümmungspunkten und berechne die entstandenen Figuren.

Zunächst berechne das Viereck ABCD aus Figuren 12+13+14+15; hierzu sind zu addiren die Figuren 3+4+5+6+7+10+11 und zu subtrahiren die Figuren 1+2+8+9, um den gesuchten Flächeninhalt zu finden.

Aus obigen beiden Beispielen ist zu ersehen, wie man in schwierigeren Fällen sich leicht durch Construction praktischer Hilfslinien helfen kann.

Zum Schluß sei noch hervorgehoben, daß man auf geneigtem Boden nicht die geneigte Linie, sondern die bezügliche Horizontale zu messen hat, indem man das Meßband ic. stets wagerecht hält und vom Endpunkte durch ein Loth den Punkt auf der Erde bestimmt, von dem man aus wieder die Wagerechte anlegen kann u. s. w., wie dies aus nebenstehender Figur 68 ersichtlich ist. Man nennt diese Art Messung „Staffelmessung".

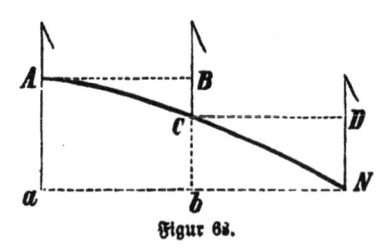

Figur 68.

§ 76.
Das Theilen der Grundstücke. (Feldertheilungslehre).

Bei Abgrenzung von Kulturflächen, von Schlägen, Austausch von Grundstücken, bei Verpachtungen kommt der Forstmann öfter in die Lage, von größeren Flächen kleinere Flächen von einem bestimmten Inhalt abgrenzen zu müssen. Wie hierbei zu verfahren, wird am besten aus den folgenden Beispielen klar werden.

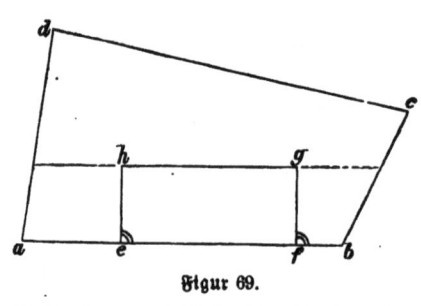

In Figur 69 soll von abcd an Seite ab und zwar an den Punkten e und f ein Rechteck von 105,8 qm Größe abgetheilt werden.

Figur 69.

Miß ef = 23 m, dividire 105,8 durch 23, um die Höhe 4,6 m zu erhalten, errichte die Senkrechten eh und fg von je 4,6 m Länge und ziehe hg, so ist efgh = 105,8 qm, denn Höhe = 4,6 m mal Grundlinie = 23 m = 105,8 qm.

Theilen von Dreiecken und Trapezen.

In Figur 70 soll von a b c ein Dreieck von 58,8 qm abgetrennt werden.

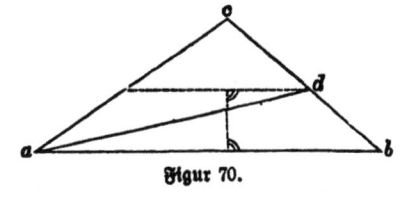

Miß zunächst a b = 29,4 m, multiplicire die gesuchte Fläche 58,8 qm mit 2 und dividire das Produkt 117,6 mit 29,4 = 4 m, welches die Höhe des gesuchten Dreiecks sein muß, da

$$J = g \cdot \frac{h}{2} = 58,8 \text{ oder } 29,4 \cdot \frac{h}{2} = \frac{2 \cdot 58,8}{29,4} = 4.$$

In einem beliebigen Punkte von a b errichte nun eine 4 m lange Senkrechte und nimm von ihrem Endpunkte wieder eine Senkrechte nach einer Dreiecksseite — etwa nach d, verbinde a d, so ist a d b das gesuchte Dreieck von 58,8 qm Größe, da $\frac{\text{Grundlinie mal Höhe}}{2}$ = 58,8 qm.

In Figur 71 soll von a b c d an a b eine Kulturfläche in Form eines Trapezes von 17616 qm abgegrenzt werden.

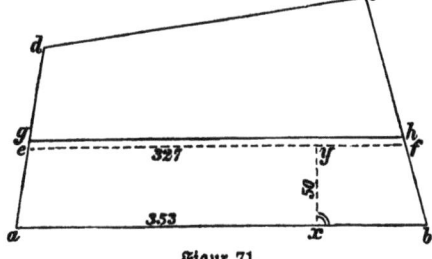

Diese Aufgabe läßt sich genau nur mit Hilfe der höheren Mathematik lösen, in der Praxis verfahre man nach folgender Näherungsmethode:

Miß a b = 353 m und dividire mit 350 in 17616 = 50 m; bei zusammenlaufenden Trapezseiten wie hier nimmt man die Meßzahl etwas knapper — hier also etwa nur 350 als Divisor — bei auseinanderlaufenden etwas reichlich (356). Diese 50 m trägt man als Senkrechte auf a b = x y ab und nimmt auf x y von y aus die Senkrechten auf a d und b c zu, welche Linie = e f = 327 m Länge man mißt; nun ist a b e f = $\frac{353 + 327}{2} \cdot 50 = 17000$ qm, also um 616 qm zu klein; nun beträgt 327 in 616 = etwa 2 m, um welche x y zu verlängern ist, um das ziemlich genau 17616 qm große Trapez a b h g zu erhalten. Hat man beim ersten Versuch eine zu große Fläche erhalten, so ist das Loth und die Fläche in gleicher Weise zu verringern.

8*

§ 77.
Nivelliren oder Abwägen des Bodengefälls.

Bei der Ziehung von Gräben, beim Bau von dauernden Wegen in den Revieren ꝛc. kommt der Forstmann öfter in die Lage, das Gefäll des Bodens ermitteln zu müssen. Zunächst muß man die abzuwägende Linie durch fortlaufende nummerirte Pfähle in gleichlange Stationen eintheilen. Neben die Stationspfähle schlägt man über dem Boden kleine Pfähle ein, die alle gleich hoch über dem Boden hervorragen und untersucht dann durch Horizontalvisiren, um wieviel von je 2 Pfählen der eine höher im Terrain steht als der andere; aus der Schlußberechnung aller Stationshöhenunterschiede findet man den Höhenunterschied des Anfangs- und Endpunktes der zu nivellirenden Linie. Bei kürzeren Linien sind natürlich keine Stationen nöthig.

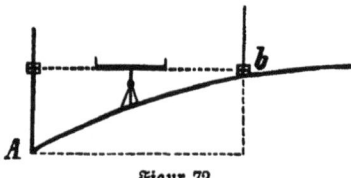

Da die genaue Beschreibung des Verfahrens zu viel Raum erfordern würde, so sei nur soviel erwähnt, daß zwischen je zwei Stationspunkten ein Nivellirinstrument zum Horizontalvisiren (Kanalwage, Setzwage, Libellenfernrohr ꝛc.) in genau wagerechter Richtung, auf den Pflöcken der Stationen eine mit Meter- und Centimetereintheilung versehene sogenannte Nivellirlatte genau senkrecht aufgestellt wird und man nun die Latten anvisirt und den anvisirten Punkt auf der Latte durch einen beweglichen Schieber, dessen Auf- und Abwärtsschieben man dem Gehilfen durch Handzeichen angiebt, festlegt. Bei Fernrohrinstrumenten kann man mittelst des Fadenkreuzes in denselben sofort den Punkt auf der Latte selbst ablesen.

Hat man z. B. die Höhe des Visirpunktes der Latte in A = 2,75 m gefunden (siehe Figur 72), so läßt man in derselben Weise die Latte in b aufstellen, visirt und findet die Höhe des Punktes in b = 0,24 m; der Höhenunterschied der Punkte A und b würde = 2,75 — 0,24 = 2,51 m oder das Gefäll von b nach A = 2,51 m betragen. Da man immer in der Mitte der ersten Station anfängt und stets rückwärts und vorwärts visiren muß, so nennt man die Lattenhöhen, die nach dem Anfangspunkt der Messung liegen, die hinteren, die entgegengesetzten die vorderen Lattenhöhen, das Schlußresultat, d. h. den Höhenunterschied von Anfangs- und Endpunkt er-

Figur 72.

Nivelliren. 117

hält man, in dem man alle vorderen, ebenso alle hinteren Lattenhöhen zusammenaddirt und die Summe der vorderen von der Summe der hinteren Lattenhöhen abzieht. Das Steigen bezeichnet man mit + (Plus), das Fallen mit — (Minus) vor der Zahl. Die nähere Ausführung eines Nivellements wird aus folgendem Beispiel ersichtlich:

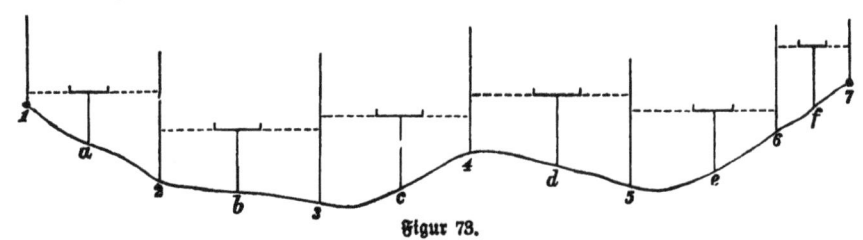

Figur 73.

Es ist in Figur 73 der Höhenunterschied zwischen Punkt 1 und 7 festzustellen; die Linie 1—7 wird zunächst in der Entfernung von je 30 m in die Stationen 2, 3, 4 u. s. w. getheilt, die mit nummerirten Pfählchen und dicht daneben mit bis an den Boden eingeschlagenen Pflöcken zum Aufstellen der Nivellirlatte besetzt werden. Dann stelle das Instrument in a, die Nivellirlatte genau senkrecht in 1 auf und visire nach 1; hierauf geht der Gehilfe mit der Latte nach 2 und man visire vorwärts nach 2; hierauf gehe mit dem Instrument nach b und visire erst rückwärts nach 2 und — nachdem der Gehilfe vorwärts nach 3 gegangen ist — auch nach 3 und so fort. — bis das Instrument auf allen übrigen Zwischenpunkten c d e und f nach rückwärts und vorwärts visirt hat; nur zuletzt visirt man vorwärts. Die Maße trage in folgende Tabelle ein:

Stations-punkt	Rückwärts visirt cm.	Vorwärts visirt cm	Bemerkungen	
a	4,12	30,20		Vorwärts = 132,94 cm
b	10,50	14,10		Rückwärts = 90,71 „
c	25,13*	18,14	*Teichufer	also Steigung: 42,23 cm
d	22,10	26,10		NB. Sollte das Rückwärtsvisiren eine größere Summe ergeben als das Vorwärtsvisiren, so findet natürlich Senkung statt.
e	28,86	24,30*	*Grabensohle	
f	—	20,10		
Summa	90,71	132,94		

Die Länge der Stationen richtet sich nach dem Instrument; je weiter man visiren kann, desto länger nimmt man die Stationen.

Um das Gefäll in Procenten angeben zu können, hat man einfach folgende Proportionen anzusetzen: gesetzt, daß die Stationslängen 75 m betragen z. B. die Stationslänge = 75 m, Gefäll = 1,27 m:

auf 75 m Länge = 1,27 m Gefäll
„ 100 „ „ = x
75 : 100 = 1,27 : x

$$x = \frac{1{,}27 \cdot 100}{75} = 1{,}69\,\%.$$

Das Kartiren eines Nivellements geschieht in der Weise, daß man auf dem Kartenblatte eine horizontale Linie (Normalhorizontale) anlegt, auf dieser die Stationen nach dem Maaßstabe aufträgt und das Steigen und Fallen auf auf den Stationspunkten errichteten Senkrechten abgreift und die abgegriffenen Punkte schließlich verbindet. Die Horizontale ist zu orientiren.

Da die Höhendifferenzen der einzelnen Höhenpunkte im Verhältniß zu den Stationslängen meist nur gering sind, so erhält man unter Beibehaltung desselben Maaßstabes kein anschauliches Profil auf der Karte; deshalb wählt man für die Höhen stets einen größeren Maaßstab z. B. Längenmaaßstab 1 : 5000, Höhenmaaßstab 1 : 200.

Ebenso vermeidet man nach unten gehende (—) Senkrechte, weshalb man zur Senkrechten des Anfangspunktes mindestens soviel Meter in runden Zahlen (5, 10 .. 100 m) addirt — als die größte nach unten anvisirte (—) Senkrechte lang ist.

§ 78.

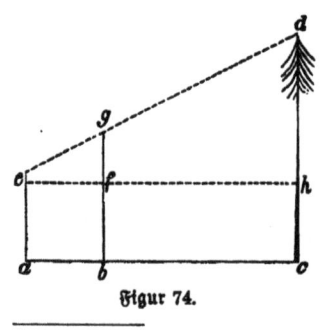

Höhenmessen.

Figur 74.

Das Messen von Höhen kommt in der Praxis zur Ermittelung des Massengehaltes stehender Bäume und ganzer Bestände häufig vor. Das gebräuchlichste Instrument dazu ist der Faustmann'sche Spiegelhypsometer*), welcher aus einem Brettchen mit einer Visirvorrichtung und einem kleinen Pendel besteht; hat man die Spitze des Baumes anvisirt, so kann man

---

*) Zu beziehen für 6 Mark von Frau Oberförster Faustmann, Babenhausen im Großherzogthum Hessen. Praktischer, aber theurer (12 Mark) ist der Weise'sche Hypsometer (Mechaniker Buddendorf, Berlin, Schützenstr. 57).

mit Hilfe eines kleinen Spiegels die Höhe des Baumes direkt ablesen; sie wird durch den Faden des Pendels an der Skala des Brettchens, deren Theilstriche mit entsprechenden Zahlen versehen sind, markirt.

Einfacher kann man die Höhe eines Baumes nur mit Hilfe eines Stabes messen, wie aus Figur 74 ersichtlich:

Man mißt den Stab a e = 1,5 m, den Stab b g = 2 m, steckt g b soweit vom Baum c d in die Erde, als man ihn ohngefähr hoch schätzt und so, daß man d sehen kann! dann schickt man einen Gehilfen mit a e soweit zurück, bis er über g hinaus d anvisiren kann, hier wird a e in den Boden gesteckt; dann visirt man noch senkrecht auf g b und c d und läßt die Punkte f und h mit Kreide bezeichnen.

Schließlich sind zu messen z. B. a b = 1 m, a c = 26 m, g f = 0,5 m, c h = 1,5 m; dann verhalten sich zunächst im Dreieck e h d = e f : f g = e h : h d, oder da e f = a b und e h = a c ist, wie

a b : f g = a c : h d oder die gemessenen Zahlen eingesetzt:
1 m : 0,5 m = 26 m : h d

$$\frac{0,5 \cdot 26}{1} = hd$$

13 = „ hierzu ist noch h c = 1,5 m zu addiren, mithin d c = 14,5 m.*)

Hat man die Durchschnittshöhe eines Bestandes zu ermitteln, so mißt man die Höhen mehrerer Normalbäume und nimmt daraus das Mittel, bei ungleichaltrigen Beständen bildet man Höhenklassen und schätzt oder mißt die einzelnen Stämme in diese ein. Hat man an Berghängen Baumhöhen zu messen, so muß man sich in horizontaler Entfernung aufstellen, nicht ober- oder unterhalb des zu messenden Baumes.

§ 79.
Vermessung von Körpern oder Stereometrie.

Unter Körper versteht man jeden nach allen Seiten hin von ebenen oder krummen Flächen oder von beiden zusammen begrenzten Raum.

Ein Körper, der von zwei parallelen Grundflächen und so viel

---

*) Ein weit einfacheres Verfahren ist folgendes: „Man nimmt einen Stock von eigener Körperlänge, legt sich soweit vom Stamm ab auf die Erde, als man den Stamm hoch schätzt und steckt den Stock zwischen seine Füße; nun rutscht man die Baumspitze immer über die Stockspitze anvisirend, so lange hin und her, bis Auge, Stockspitze und Baumspitze genau in einer geraden Linie liegen. Dann ist die Entfernung vom Baum bis zum Auge gleich der Höhe des Baumes."

Parallelogrammen, als die Grundflächen Seiten haben, eingeschlossen ist, heißt Prisma oder Säule (Figur 75). Je nachdem die Grundflächen Drei=, Vier=, Fünf= ꝛc. Ecke sind, ist das Prisma ein drei=, vier=, fünf= ꝛc. seitiges. Die Höhe des Prismas ist die Senkrechte zwischen beiden Grundflächen. Der Inhalt ist gleich dem Produkt aus Grundfläche und Höhe. Je nachdem die Seitenflächen senkrecht oder schief auf den Grundflächen stehen, unterscheidet man gerade und schiefe Prismen; ist die Grundfläche ein Parallelogramm, so heißt das Prisma Parallelepipedon; sind die Grund- und Seitenflächen Quadrate, so heißt das Prisma Würfel.

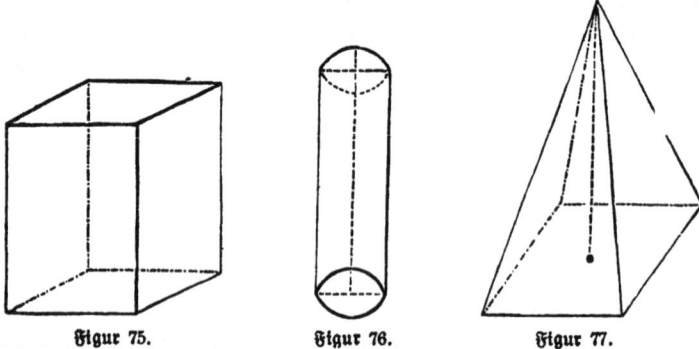

Figur 75.   Figur 76.   Figur 77.

Ein gerades Prisma, dessen Grundflächen Kreise sind, nennt man Cylinder oder Walze. Die Verbindungslinie der Mittelpunkte der Grundflächenkreise heißt Axe und ist gleich der Höhe und Länge des Cylinders. Der Inhalt ist ebenfalls gleich Grundfläche mal Höhe (Figur 76).

Ein Körper, dessen Grundfläche ein Drei=, Vier=, Fünf ꝛc. Eck ist und der von ebenso vielen Dreiecken eingeschlossen wird,

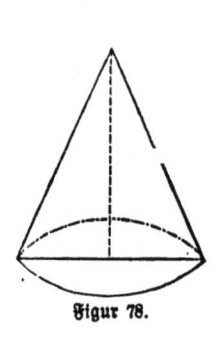

Figur 78. 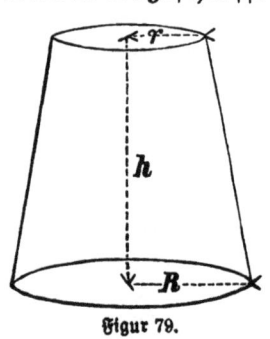   Figur 79.

Inhalt von Kegel und Pyramide.

als die Grundfläche Seiten hat, heißt Pyramide (Figur 77). Eine Senkrechte aus der Spitze auf die Grundfläche bildet die Höhe. Man unterscheidet nach der Seitenzahl der Grundfläche 3=, 4=, 5= 2c. seitige Pyramiden.

Besteht die Grundfläche der Pyramide aus einem Kreis, so heißt der Körper ein Kegel (Figur 78). Der Inhalt von Pyramide und Kegel ist gleich dem Produkt aus Grundfläche und Höhe dividirt durch 3.

Legt man in einem Kegel durch einen Punkt der Höhe einen Schnitt parallel zur Grundfläche, so entsteht der abgestumpfte Kegel (Figur 79), dessen Inhalt (J), wenn man den Radius des oberen Kreises mit r, den des unteren mit R und die Höhe mit h bezeichnet, gleich ist:

$$J = (R^2 + Rr + r^2) \frac{\pi \cdot h}{3};$$

sind z. B. durch Messung mit der Kluppe für den Durchmesser eines so gestalteten Baumabschnittes gefunden: unterer Durchmesser = 80 cm, oberer Durchmesser = 40 cm, Länge des Abschnitts = 100 cm (h), so würde sich aus obiger Formel ergeben (R und r = ½ der Durchmesser).

$$(40^2 + 40 \cdot 20 + 20^2) \cdot \frac{3{,}14 \cdot 100}{3} = 2800 \cdot 104{,}66$$
$$= 2800 \cdot 105 \text{ (abgekürzt)}$$
$$= 294000 \text{ Kubikcentimeter} = 0{,}294 \text{ cbm.}$$

Diese Methode ist auch anzuwenden, wenn man ohne Tafeln den Inhalt eines Baumstammes ermitteln will. Einfacher ist jedoch, wenn man nur den halben mittleren Durchmesser mit sich selbst multiplicirt und die gefundene Quadratzahl mit 3,14 und dieses Produkt mit der Länge des Stammes multiplicirt.

§ 80.
Berechnung von prismatischen Körpern.

Die Einheit des Körpers, mit welchem alle Körper gemessen*) werden, ist der Würfel oder Cubus, d. h. ein vierseitiges gerades

---

*) Linien wurden mit Linien, Flächen mit Flächen gemessen, Körper können ebenfalls nur mit Körpern gemessen werden. Zum Ausmessen der Flächen nehmen wir das Quadrat (Quadratmeter), zum Ausmessen der Körper wählen wir den Würfel (vergl. § 79) des Kubikmeter.

Prisma, dessen sämmtliche Flächen Quadrate sind. In Deutschland ist als Einheitsmaß der Kubikmeter vorgeschrieben, also ein Würfel, dessen Länge, Breite und Höhe = 1 Meter ist; Körper, die kleiner als 1 Kubikmeter sind, werden in Decimalbruchtheilen desselben ausgedrückt.

Ein Holzschichtmaaß ist z. B. solch ein vierseitiges Prisma, dessen Inhalt durch Multiplikation der Maaßzahlen von Länge, Breite und Höhe gefunden wird.

Ist ein Schichtmaaß z. B. 4,00 m lang, 1,75 m breit und 2,63 m hoch, so beträgt der Inhalt

$$4,00 \cdot 1,75 \cdot 2,63 = 18,410 \text{ Kubikmeter.}$$

Um die Höhe eines Schichtmaaßes oder irgend eine andere Dimension zu finden, wenn der Inhalt und zwei andere Dimensionen gegeben sind, hat man einfach mit dem Produkt der bekannten Dimensionen in den Inhalt hineinzudividiren: Wäre z. B. gefragt, wie hoch wird ein Schichtmaaß von 18,41 Kubikmeter Inhalt, 4 Meter Länge und 1,75 Meter Breite aufgesetzt, so würde man dies finden, wenn man mit 4,00 . 1,75 rot. 7,00 in 18,41 hineindividirte; man erhält wie oben 2,63 Meter, mithin müßte das Schichtmaaß 2,63 Meter hoch gesetzt werden. Für die Praxis merke folgende aus Obigem leicht ersichtliche Regel: „Man erhält die gesuchte dritte Dimension am schnellsten, wenn man mit dem Produkt der beiden bekannten Dimensionen in 10,000 dividirt." Z. B. die Kiefernknüppel sollen im Jagen 88 c 83 cm lang und in Schichtmaaßen von 1—4 m ausgehalten und 1,3 m hoch gesetzt werden; wie breit sind sie zu setzen?

1,3 . 0,83 | 10,000 | = 92,7 = rot. 93 cm, mithin ist das Schichtmaaß von 1 m = 93 cm breit, von 2 m = 186 cm breit u. s. w. aufzusetzen. Probe: 1,3 . 0,83 . 0,93 = 1,0035 rm rot. 1,00 rm.

Werden Schichtmaaße an Berglehnen aufgesetzt, so muß die Entfernung der Stützen stets horizontal gemessen werden, worauf streng zu halten ist.

In ähnlicher Weise werden die Inhalte von Gräben als prismatische Körper berechnet, ebenso Sand- und Steinhaufen ꝛc.

Die sog. Pontons, deren Form aus Figur 80 ersichtlich und die häufig z. B. als Torfmiethen, Stein- oder Kieshaufen an Chausseen u. s. w. zur Berechnung kommen können, berechnet man aus dem Produkt der halben Summe der beiden Grundflächen mit der Höhe, also $J = \frac{A+a}{2} \cdot h$; find a und A z. B. Rechtecke, so berechnet man deren Flächeninhalt aus dem Produkt zweier anstoßender Seiten u. s. w. Diese Höhe mißt man am bequemsten außerhalb, indem man z. B. einen Stock auf den Kieshaufen parallel zur Erde legt und dessen senkrechte Entfernung vom Boden ermittelt. Schneller führt zum Ziel die Multiplikation der Höhe und der „mittleren" Querfläche.

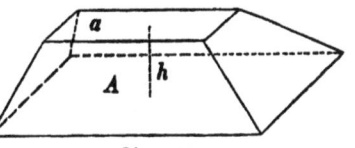

Figur 15.

Den Inhalt kleinerer unregelmäßiger Körper findet man am leichtesten, indem man dieselben in ein würfelförmiges und mit Wasser oder feinem trockenem Sand gefülltes Gefäß thut; den Stand der Füllmasse mit dem Körper darin merkt man mit einem Strich an; dann nimmt man den Körper vorsichtig heraus und gießt mit einem Gefäß von bekanntem Inhalt wieder soviel Füllmasse zu, bis der Strich erreicht ist. Dies Verfahren wird bei sehr genauen Derbholzgehaltsermittelungen von Schichtmaaßen angewandt. Man hat hierzu auch eigene mit Grabeintheilung versehene Gefäße, die sog. Holzmesser oder Xylometer konstruirt.

§ 81.
Berechnung von kegelförmigen Körpern (Bäumen) und von Beständen.

Ganze Baumstämme haben bei abgeschnittener Spitze, in welchem Zustand dieselben in unseren Schlägen ausgehalten zu werden pflegen, die Form eines abgestutzten Kegels, nur daß sie in ihrer wirklichen Form etwas von der normalen Kegelform durch Aus- und Einbuchtungen abzuweichen pflegen. Derartig geformte abgestutzte Kegel werden in der Praxis aus dem Produkt der Mittelfläche und ihrer Höhe berechnet (vergl. § 79), indem man annimmt, daß das Zuviel unter der Mittelfläche und das Zuwenig über der Mittelfläche sich zum Cylinder ausgleichen, mithin, daß man es mit einem Cylinder zu thun hat, dessen Grundfläche gleich der Mittelfläche ist. Dies Verfahren ist das Gewöhnliche und genügt vollständig für die Praxis.

Ist es jedoch nöthig, z. B. bei Taxationen, einen Probestamm genau zu berechnen, so theilt man denselben in gleich lange (1 bis 2 Meter) Stücke, berechnet jeden Abschnitt aus Mittelfläche und Länge und addirt die Inhalte der einzelnen Theile. Zweige, Wurzeln und Aeste werden, wie gleich hiermit bemerkt sein mag, entweder in Procenten geschätzt oder sie werden aufgearbeitet, gemessen, berechnet und schließ=

lich nach ihrem Festgehalte zum Inhalt des Stammes abbirt. Bei größter Genauigkeit wendet man den Xylometer an.

Zur schnellen Berechnung des Inhalts von stehenden Bäumen im Kopfe biene folgendes von mir an zahlreichen Versuchen erprobte, sehr einfache und doch ziemlich genaue Verfahren:

Man mißt resp. schätzt den Durchmesser des zu taxirenden Baumes in Brusthöhe, z. B. 47 cm, streicht die letzte Zahl, hier also 7 ab und erhebt die bleibende Zahl 4 in das Quadrat = 16; von der Quadratzahl streicht man von rechts nach links wiederum eine Decimale ab und erhält somit 1,6. Dies ist der Festgehalt des Baumes = 1,6 fm. Bei allen Zehnern, z. B. 50, 60, 70 ıc. cm Durchmesser, erhält man den Festgehalt genau in den Quadratzahlen 2,5, 3,6, 4,9 fm. Je weiter sich das Maaß des Durchmessers in den Einern von den Zehnern entfernt, um so ungenauer wird das Resultat, d. h. um so größer wird die Quadratzahl und muß man sich dann durch Interpolation helfen; im obigen Beispiel liegt der Durchmesser 47 cm näher bei 50 als bei 40, mithin näher beim Quadrat von 5,0 = 25 als beim Quadrat von 4,0 = 16! man wird also dementsprechend den Festgehalt nicht auf 1,6 fm annehmen, sondern auf etwa 2,3 fm; in gleicher Weise würde man beim Durchmesser von 43 cm den Festgehalt auf etwa 1,8 fm, von 45 cm auf 2,1 fm, von 49 cm auf 2,4 fm ıc. annehmen. Bei den in der Mehrzahl im Walde vorkommenden Stärkeklassen haubaren Holzes von 30—70 cm Durchmesser stimmt die Berechnung ziemlich genau, bei schwächeren Durchmessern haben die Stämme verhältnißmäßig einen geringeren, bei stärkeren Durchmessern verhältnißmäßig höheren Festgehalt, außerdem bedingen die Faktoren der Höhe und der Formzahl eine Aenderung des Festgehaltes; die obige Berechnung gilt nur für mittlere Verhältnisse.

Will man den Inhalt stehender Stämme genau ermitteln, so mißt man deren Grundfläche in Brusthöhe, kluppt sie, (hat man viele Stämme zu messen, so mißt man sich von unten 1,3 Meter am Körper ab und läßt sich an dieser Stelle, die meist in mittlere Brusthöhe fallen wird, einen Kreidestrich machen, um so einen Anhalt zu haben, daß man sämmtliche Bäume in derselben Höhe gemessen hat) und ermittelt ihre Höhe auf bekannte Weise. Würde man nun einfach die Grundfläche mit der Höhe multipliciren, so würde man einen großen Fehler machen, da man dann den Inhalt eines Cylinders über der Grundfläche finden würde; der Baum fällt aber ab und hat mehr oder minder die Gestalt eines Kegels. Um nun das Verhältniß des wirklich kegelförmigen Bauminhalts zum Inhalt des Cylinders über derselben Grundfläche zu ermitteln, muß man denselben als Probestamm fällen, ihn genau messen und berechnen und mit dem Inhalt des berechneten Cylinders vergleichen.

Hätte man z. B. den Kubikinhalt des wirklichen Stammes = 0,98, den der Walze über derselben Grundfläche = 1,36 gefunden, so würde sich der Stamm zur Walze verhalten wie 0,98 : 1,36. Um nun die Zahl zu finden, mit welcher man den Baumcylinder (1,36) multipliciren müßte, um den wirklichen Stamminhalt zu finden, hat man 0,98 durch 1,36 zu dividiren und mit diesem Quotienten = 0,72 hätte man 1,36 zu multipliciren, um den wirklichen Stamminhalt = 0,979, abgekürzt = 0,98 zu finden, wie es ja unsere Rechnung bestätigt. Diese Zahl, die also weiter nichts ist, als der Quotient aus Stamm dividirt durch seine Stammwalze oder welche in Zahlen das Verhältniß der wirklichen Stammform zu einer Baumwalze von gleicher Grundfläche und Höhe ausdrückt, heißt Formzahl.

Es verhält sich der Inhalt des Cylinders zum Inhalt des Kegels wie 3 : 1, also würde ein Kegel ⅓ = 0,33 eines Cylinders von gleicher Höhe und Grundfläche sein, d. h. die Formzahl des Kegels ist = 0,33. Da nun Bäume selten so stark abfallen, daß sie richtige Kegel darstellen, ebenso wenig aber so vollholzig sind, daß sie einem Cylinder gleichen, so wird sich die Formzahl sämmtlicher Bäume zwischen 0,33 (Kegel) und 1,00 (Cylinder) bewegen; die Formzahl wird um so größer, d. h. der Stamm um so vollholziger sein, je mehr sie sich 1,00 nähert. Ein Stamm mit der Formzahl 0,78 ist demnach bedeutend vollholziger oder hat eine bessere (höhere Formzahl) als ein Stamm mit der Formzahl 0,41. Unsere Waldbäume schwanken gewöhnlich in ihrer Formzahl zwischen 0,40—0,60.

Bei Stämmen, welche mit dem oben gefällten Probestamm gleich geformt sind, wird ein gleiches Verhältniß zum Cylinder (von gleicher Höhe und Grundfläche) bestehen und kann man ihren wirklichen Inhalt finden, wenn man ihren berechneten Walzeninhalt (Grundfläche mal Höhe) mit der ermittelten gemeinschaftlichen Formzahl multiplicirt.

Hat man nun die Holzmasse eines ganzen Bestandes aufzunehmen, so theilt man denselben in Höhen= oder Stärkeklassen und ermittelt durch Fällen eines oder mehrerer Probestämme die Formzahl jeder Klasse; nachdem man nun den Inhalt jedes einzelnen Stammes nach Grundfläche und Höhe berechnet und die Inhalte sämmtlicher Stämme abbirt hat, hat man den Gesammtinhalt jeder Klasse noch mit der gemeinschaftlichen Formzahl zu multipliciren (resp. zu reduciren.)

Zur Erleichterung dieser Berechnungen hat man Tabellen angefertigt, in denen die Inhalte nach Höhe, Durchmesser (oder Grundfläche) und Formzahl sich gleich ausgerechnet finden. Solche Tabellen heißen Massen- oder Ertragstafeln.*)

Ebenso hat man den Inhalt liegender Stämme nach Mittelfläche (oder Durchmesser) und Länge für alle möglichen Dimensionen ausgerechnet und in Tafeln zusammengestellt, so daß ihr Inhalt gleich abgelesen werden kann. Der Gebrauch solcher Tafeln ist nach den vorgedruckten Anweisungen leicht zu erlernen.

Da es nun meist zu umständlich sein wird, alle Stämme eines Bestandes zu messen, sucht man sich gewöhnlich Probeflächen aus (Probeflächenverfahren), die ein möglichst genaues Bild des ganzen Bestandes geben, mißt ihre Fläche aus, ermittelt genau den Massengehalt und findet dann die Masse des ganzen Bestandes, die mit x bezeichnet werden mag, einfach aus folgender Proportion:

Probefläche : Grundfläche = Probeflächenmasse : x

$$x = \frac{\text{Gesammtfläche} \cdot \text{Probeflächenmasse}}{\text{Probefläche}}$$

Beispiel: Probefläche = 5 Ar, Gesammtfläche = 15 Hectar
Probeflächenmasse = 30 Festmeter

$$5 : 1500 = 30 : x$$

$$x = \frac{1500 \cdot 30}{5} = 9000 \text{ Festmeter.}$$

Bei ungleichwüchsigen Beständen muß man mehrere Probeflächen nehmen, aus welchen man dann das Mittel zieht, um eine möglichst richtige Probeflächenmasse zu ermitteln. Kann man nicht messen, so genügt es auch, sämmtliche Stämme des Bestandes zu zählen, z. B. 5174 und hiermit die Masse des Probestammes z. B. 1,38 fm zu multipliciren (Probestammverfahren); dann ist die Bestandsmasse = 5174 . 1,38 = 7140 fm. Dies Verfahren ist aber ungenau, da man sich beim Auszählen großer

---

*) Die bekanntesten Massentafeln sind die von Behm. Berlin, Verlag von Julius Springer; in 2 Ausgaben: für liegendes Holz (nach Höhe und Durchmesser) und für stehendes Holz (nach Höhe, Durchmesser in Brusthöhe und Formzahl). Es hat jedoch seine Gefahren, Ertragstafeln für große Gebiete anzufertigen, da hier zu verschiedenartige Verhältnisse obwalten können; richtiger ist jedenfalls Localmassentafeln für engbegrenzte Wuchsgebiete der einzelnen Holzarten aufzustellen.

Bestände leicht irren kann und Alles von der Richtigkeit des Probestammes abhängt; deshalb erhöht man die Genauigkeit, wenn man aus den am meisten vertretenen Höhen- und Stärkeklassen je einen oder mehrere Probestämme ermittelt und aus ihnen einen mittleren Probestamm berechnet. Der Probestamm muß jedesmal nach Höhe, Durchmesser und Formzahl den Durchschnitt aller Stammklassen darstellen.

Zur Messung des Durchmessers bedient man sich eines Schiebemaaßes, der bekannten Kluppe; zur guten Kluppe gehört, daß beide Schenkel senkrecht zum Maaßstab stehen und daß der bewegliche Schenkel sich ohne Schlottern und Klemmen bequem verschieben läßt. Es verdienen solche Kluppen den Vorzug, welche gegen die Nachtheile des Schwindens und Quellens des Holzes durch Spiralfedern geschützt sind. Beim Gebrauch des weniger praktischen Meßbandes ist sehr darauf zu achten, daß es genau senkrecht zur Achse des Baumes umgelegt wird und die Theilung sich auf der Innenseite des Bandes befindet (für genaue Untersuchungen). Für die Notirung legt man sich ein Manual an, in welches die Stämme nach Holzarten, Stärke- und Höheklassen schematisch geordnet, so eingetragen werden, daß man sie zu 5 gruppirt. Am übersichtlichsten ist es, 4 Striche nebeneinander und einen Strich quer durch dieselben zu machen z. B. ⁄⁄⁄⁄ ⁄⁄⁄⁄

Beim Messen des Durchmessers mit der Kluppe ist zu beachten, daß man das Gabelmaaß nicht zu locker und nicht zu fest andrückt, daß man den liegenden Stamm genau in der Mitte mißt und daß man, da nur selten ein Stamm genau rund ist, denselben am schwächsten und stärksten Durchmesser, also zweimal mißt; befinden sich in der Mitte Unebenheiten am Stamm, so mißt man in gleichen Abständen den Stamm ober- und unterhalb; aus mehreren Messungen ist dann stets das Mittel zu nehmen; überschießende Bruchtheile von Centimetern werden gewöhnlich außer Acht gelassen, wodurch man nach neueren Untersuchungen allerdings einen zu kleinen Massengehalt erhält. (cfr. Dankelmanns Zeitschrift für Forst- und Jagdwesen 1888 S. 247 und 1888 S. 64).

In neuerer Zeit sind vielfach neue Baummeßinstrumente erfunden so z. B. der Höhenmesser von Christen und Harlick, eine Kluppe von Hirschfeld, Kluppe und Höhenmesser vereint von Seitz und Rueprecht, von denen das Instrument von Hirschfeld (50 M. bei Rosenberg in Schweidnitz) und der Baummesser von Seitz (Kluppe, Höhen- und Längsmesser) besonders gerühmt werden.

Fragebogen
zu den
Grundwissenschaften.

Einleitung.

Zu § 1. Was ist Wald? Was ist Forst?

Zu § 2. Worin liegt die Bedeutung des Waldes?

Zu § 3. Was versteht man unter Forstwissenschaft? Was unter Forstwirthschaft?

Zu § 4. Nenne die Haupttheile der Forstwissenschaften.

Zu § 5. Aus welchen Haupttheilen bestehen die Naturwissenschaften? Was begreift und bezweckt die Naturgeschichte? Was begreift und bezweckt die Naturlehre?

I. Grundwissenschaften.

A. Naturgeschichte.

Zu § 7. Wodurch unterscheiden sich die organischen Naturkörper von den unorganischen? In welche Haupttheile zerfällt das Naturreich? Welche Naturkörper nennt man Thiere, welche Pflanzen, welche Mineralien?

Zu § 8. Was versteht man in der Naturgeschichte unter einem System? Weshalb müssen Systeme aufgestellt werden?

a) Forstzoologie.

Zu § 9. Wie heißen die fünf Klassen des ersten Thierkreises? Wie heißen die Ordnungen der Klassen der Säugethiere und Vögel? Wodurch unterscheiden sich die Säugethiere von den Vögeln? Wiederhole die übrigen Kreise mit ihren Klassen.

Zu § 10. Beschreibe die Haar-, Haut-, Knochen- und Zahnbildungen der Säugethiere. Was bedeuten die Zahnformeln? Beschreibe die Sinnes- und Verdauungsorgane der Säugethiere.

Zu § 11. Welche Thiere gehören zu den Handflatterern? Woran erkennt man die Handflatterer?

Zu § 12. Woran erkennt man das Gebiß der Raubthiere? Woran die Familie der Marder? Wodurch unterscheidet sich der Steinmarder vom Baummarder? Woran erkennt man den Iltis, das Hermelin und den Fischotter? Wodurch unterscheidet sich die Familie der Hunde von der der Katzen? Woran erkennt man den Luchs? Woran die Wildkatze?

Zu § 13. Woran erkennt man die Nagethiere? Wodurch unterscheiden sich die Mäuse von den Wühlmäusen? Welche Mäuse werden im Walde schädlich? Beschreibe sie.

Zu § 14. Wo haben die Hirscharten keine Schneidezähne? Wieviel Zehen haben dieselben? Welche Familien gehören zu den Wiederkäuern? Nenne die in Deutschland vorkommenden Hirscharten.

Fragebogen: Forstzoologie.

Zu § 15. Beschreibe die Zehenbildung des Wildschweins.

Zu § 16. Wozu dient der Schwanz bei den Vögeln? Welche Federarten unterscheidet man beim Vogelgefieder? Aus welchen Theilen besteht der Flügel? Was bedeutet die Mauser der Vögel? Welchen Zweck hat die Bürzeldrüse? Was versteht man unter dem Singmuskelapparat? Was versteht man unter Nestflüchtern und was unter Nesthockern?

Zu § 17. Wie sehen Raubkrallen aus? Was versteht man unter Gewölle? Woran erkennt man im Allgemeinen die Raubvögel? Welche Eulenart ist allein schädlich? Woran erkennt man die echten Falken, die Adler, die Rothfalken? In welche Arten zerfallen sie? Nenne die nützlichen Raubvögel. Wodurch werden sie nützlich? Nenne und beschreibe die gefährlichsten Falkenarten, Milane, Habichte, Bussarde und Weihen.

Zu § 18. Woran sind die Singvögel zu erkennen? Welche sind entschieden schädlich und wodurch? Welche sind theils schädlich, welche nützlich und wodurch? Welche sind besonders nützlich? Unterscheide die einzelnen Drosselarten.

Zu § 19. Nenne und beschreibe die beiden nützlichen Arten aus der Ordnung der Schreivögel.

Zu § 20. Woran erkennt man die Klettervögel? Wodurch wird der Kukuk besonders nützlich? Nenne und beschreibe die wichtigsten Spechtarten.

Zu § 21. Wodurch unterscheiden sich Ringel-, Hohl- und Turteltaube? Sind Tauben nützlich?

Zu § 22. Woran sind die Hühnervögel zu erkennen? Nenne und beschreibe die deutschen Hühnerarten.

Zu § 24. Woran erkennt man die Wasserhühner? Beschreibe den Kranich. Unterscheide die große und kleine Bekassine, die Waldschnepfe und Doppelschnepfe. Woran erkennt man die Brachvögel und Regenpfeifer? Beschreibe die Fischreiher.

Zu § 25. Wie sieht der große Haubentaucher aus? Ist er werthvoll? Wodurch unterscheiden sich die Schwimmenten von Tauchenten? Woran erkennt man die Enten? Woran den Erpel von der Ente? Wodurch unterscheiden sich Stock- (März-)Ente und Krickente? In welcher Ordnung fliegen die Enten? Wie heißen die beiden Arten der Wildgänse? Wodurch werden sie schädlich?

Zu § 28. Beschreibe Kopf, Brust und Hinterleib der Insekten mit ihren wichtigsten Organen, namentlich Fühler, Mundtheile, Flügel, Füße, die Umbildungen einzelner Hinterleibsringel. Wie athmen die Insekten? Welche Verwandlungen kommen vor? Wie wächst das Insekt? Wodurch wird es nützlich oder schädlich? Wie theilt man die Insekten ein?

Zu § 29. Nenne die schädlichen Pflanzenwespen? Woran erkennt man die Schlupfwespen und Ichneumonen? In wiefern werden sie nützlich? Sind die Ameisen schädlich? Wodurch wird die Hornisse schädlich?

Zu § 30. Wodurch unterscheiden sich die Käfer in ihrem Bau von den Nacktflüglern? Wonach sind die Käfer eingetheilt?

Zu § 31. Wodurch sind die Marienwürmchen nützlich?

Zu § 32. Woran sind die Larven der Bockkäfer zu erkennen? Woran die Bockkäfer? Nenne die schädlichsten Bockkäfer und die Holzarten, in welchen sie

Westermeier, Leitfaden. 8. Aufl.

freſſen. Woburch unterſcheiben ſich die eigentlichen Borkenkäfer von den anberen Borkenkäferarten, die unter bem Namen der Baſt- und Splintkäfer bekannt ſind? Welche wichtigen Borken-, Baſt- und Splintkäfer ſind dir bekannt? Welche wichtigen haben Loth- und welche Wagegänge?

Zu § 34. Woburch iſt der Ameiſenkäfer nützlich? Wie wird der Buchenprachtkäfer ſchäblich?

Zu § 35. Nenne die wichtigſten Laufkäfer; welche ſind am nützlichſten und woburch?

Zu § 36. Beſchreibe die Entwicklung der Schmetterlinge und die verſchiedenen Formen von Raupen.

Zu § 37. Wie ſieht die Lärchenminirmotte aus?

Zu § 38. In welcher Weiſe werden die Eichen- und Kieferntriebwickler ſchäblich? Woburch unterſcheiben ſich die Motten von den Wicklern?

Zu § 39. Woran ſind die Spannerraupen zu erkennen? Woran die Spannerſchmetterlinge? Nenne wichtige Spannerarten.

Zu § 40. Woran ſind die Eulenſchmetterlinge und Eulenraupen kenntlich?

Zu § 41. Woran ſind die Spinnerraupen und Spinnerſchmetterlinge kenntlich? Nenne und beſchreibe ſämmtliche genannte Spinnerarten und bezeichne die Holzarten, in welchen ſie freſſen.

Zu § 43. Nenne und beſchreibe die nützlichen Inſekten aus der Ordnung der Netzflügler.

Zu § 44. Nenne die ſchäblichen Grabflügler. Woburch werden ſie ſchäblich?

Zu § 45. Nenne die ſchäblichen Halbflügler und ihre Feinde.

b. Forſtbotanik.

Zu § 47. Worin liegt die Bedeutung des Standorts für die Pflanzen? Welche Werkzeuge haben die Pflanzen zu ihrem Leben?

Zu § 49. Wozu dienen die Wurzeln? Welche Arten von Wurzeln giebt es? Beſchreibe ſie.

Zu § 50. Wozu dienen die Blätter? Nenne verſchiedene Blattarten.

Zu § 51. Nenne den Unterſchied zwiſchen Baum und Strauch, zwiſchen Stacheln und Dornen. Wie heißen die verſchiedenen Theile des Holzſtammes? Was iſt Mark? Wie bilden ſich die Jahresringe? Was ſind Markſtrahlen? Was iſt Kern- und Splintholz? Was iſt Baſt und Borke? Wo liegt der Fortbildungsring und welche Aufgabe hat er?

Zu § 52. Wozu dienen die Blüthen? Was iſt Blumenkelch und Blumenkrone? Wie heißen und woraus beſtehen die männlichen und weiblichen Befruchtungsorgane? Was verſteht man unter Zwitterblüthen? Was unter getrennt geſchlechtigen Blüthen?

Zu § 53. Wie geht die Befruchtung der Pflanzen vor ſich? Wovon hängt die Befruchtung der getrennt geſchlechtigen Pflanzen ab? Beſchreibe die einzelnen Blüthenſtände und Fruchtformen, ſowie den Keimling.

Zu § 54. Was iſt Wurzelbrut und Stockausſchlag?

Zu § 55. Nach welchen Merkmalen theilt Linné die Pflanzen ein Beſchreibe die Klaſſen und Ordnungen dieſes Syſtems.

Zu § 56. Wie wächst die Pflanze?

Zu § 57. Beschreibe die in der Tabelle beschriebenen Bäume und Sträucher im sommerlichen und winterlichen Zustande nach den charakteristischen Merkmalen.

Zu § 58. Nenne die Pflanzen, welche Kalk-, Sand- und Thonboden, sauren und nassen, sowie Humusboden anzeigen.

C. Mathematik.

a. Zahlenlehre.

Zu § 60. Was ist eine benannte Zahl? Was ist eine Größe? Wie theilt man die Mathematik ein?

Zu § 61. Was ist ein Bruch? Was ist ein echter und unechter Bruch?

Zu § 62. Wie multiplicirt man einen Bruch mit einer ganzen Zahl? Wie mit einem andern Bruch? Wie dividirt man zwei Brüche? Wie dividirt man einen Bruch durch eine ganze Zahl? Wie hebt man einen Bruch? Wann ist eine Zahl durch 2, durch 3, 4, 5, 6, 8, 9 und 10 theilbar? Wie werden Brüche addirt und subtrahirt?

Zu § 63. Was ist ein Decimalbruch? Wie addirt, subtrahirt, multiplicirt und dividirt man Decimalbrüche? Wie rundet man sie ab?

Zu § 64. Welche Glieder stehen im Dreisatz gegenüber? Was versteht man unter geradem, was unter ungeradem Verhältniß? Welche Arten von Schlüssen giebt es beim Dreisatz?

Zu § 65. Wie löst man zusammengesetzte Regeldetri-Aufgaben?

Zu § 66. Wie löst man Aufgaben der Zinsrechnung?

b. Raumlehre.

Zu § 67. Wie theilt man den Meter ein? Welches ist die Einheit für Flächenmessungen? Nenne die Körper- und Hohlmaaße, die Gewichte und die Holzmaaße? Wie verwandelt man Raummeter in Festmeter und umgekehrt?

Zu § 68. Wann steht eine Linie senkrecht auf einer anderen? Was ist ein flacher Winkel? In welche Maaße theilt man Winkel? Wie groß ist ein rechter, wie groß ein flacher Winkel?

Zu § 69. Wie theilt man die Dreiecke nach Seiten und Winkeln ein? Was ist die Höhe eines Dreiecks? Wie groß ist der Inhalt jedes Dreiecks?

Zu § 70. Was versteht man unter einem Parallelogramm, Rechteck, Quadrat, Rhombus und Trapez? Wie wird der Inhalt derselben berechnet? Wie findet man den Inhalt eines Vielecks? Wie berechnet man den Inhalt eines Kreises?

Zu § 71. Welche Maaße wendet man bei Messung von Linien und Flächen an? Welche Instrumente gebraucht man zum Messen von Linien und Winkeln, namentlich zum Abstecken rechter Winkel?

Zu § 72. Wie steckt man eine gerade Linie über einen Berg ab?

Zu § 73. Wie verfährt man bei Messung von Linien, wenn diese wegen kleiner Hindernisse direkt nicht zu messen sind?

Zu § 74. Wie mißt man krumme Linien, um dieselben kartiren zu können?

Zu § 76. Wie vermißt man ein Grundstück mit Kette und Winkelspiegel, wie berechnet und kartirt man dasselbe? Wie vermißt man im Inneren unzugängliche Flächen mit Kette und Winkelspiegel?

Wie theilt man von Flächen beliebige Theile von gegebener Form und Größe ab?

Zu § 77. Wie nivellirt man eine Linie aus der Mitte? Wie führt man das Manual? Wie berechnet man das Gefäll?

Zu § 78. Welche Arten der Baumhöhenmessung kennst du?

Zu § 79. Was versteht man unter einem Prisma, Würfel, Cylinder, Pyramide, Kegel und wie berechnet man ihren Inhalt?

Zu § 80. Wie berechnet man die Höhe eines Raummeters, wenn der Inhalt, Länge und Breite bekannt sind?

Zu § 81. Wie berechnet man den Inhalt von liegenden und stehenden Bäumen sowie den ganzer Bestände? Was versteht man unter Formzahl? Wozu dient die Kluppe, wie mißt man mit ihr?

Praktischer Theil.

II. Fachwissenschaften.
A. Standortslehre.
§ 82.
Einleitung und Definition.

Die Holzpflanzen sind an ihren Standort gebunden und in ihrer ganzen Entwicklung und Fortpflanzung von den durch die drei Faktoren desselben — Boden, Lage und Klima — vermittelten Lebensbedingungen abhängig. Ihre Ernährung und Befestigung hängt vom Boden und den denselben bedeckenden Luftschichten, ihr weiteres Gedeihen außerdem noch vom Klima ab. Das Klima ist wiederum durch die Lage beeinflußt. Demnach verstehen wir unter „Standortslehre" die Lehre von den Bedingungen des Wachsthums der forstlichen Holzarten, soweit sie von Boden, Lage uud Klima bestimmt werden. Da die Bedeutung der Lage des Standorts in seinem Klima liegt, so behandeln wir die Standortslehre nur in zwei Hauptgebieten, nämlich:

1. Der Lehre vom Boden.
2. Der Lehre vom Klima.

I. Die Lehre vom Boden.
Entstehung und Zusammensetzung des Bodens.
§ 83.

Wie man mit ziemlicher Sicherheit annehmen kann, ist der erste Zustand unserer Erde ein heiß flüssiger gewesen. Es sprechen dafür ihre kugelige an den Polen abgeplattete Form, die krystallinische Form vieler Gesteinsarten, die sie nur bei langsamem Erstarren aus einem flüssigen Zustande annehmen konnten, ferner die übereinstimmend beobachtete Wärmezunahme nach dem Erdinnern (um 1^0 C. bei 30 m), die heißen Quellen und die Vulkane, welche noch heute heiße flüssige Massen auswerfen.

Da der Weltraum, in welchem sich die Erde um die Sonne bewegt, eine niedrigere Temperatur haben muß als die größte auf der Erde beobachtete Kälte (56° C.), so muß der Erdkörper sich durch Wärmeausstrahlung an seiner Oberfläche abkühlen und erstarren. Die erstarrende Kruste zog sich bei der Abkühlung zusammen, übte dadurch einen enormen Druck auf die noch nicht erstarrten Massen aus, barst zuweilen und drängte durch so entstandene Risse beträchtliche Massen des noch flüssigen Erdinnern hervor, erste Durchbrüche (Eruptionen). Endlich mußte sich der die Erde umgebende Wasserdampf im Verhältniß der fortschreitenden Abkühlung auf der Erdoberfläche tropfbar flüssig niederschlagen, welche Niederschläge zur Bildung von stehenden und fließenden Gewässern Veranlassung gaben.

§ 84.

Nach den Lagerungs= und Strukturverhältnissen sind es wahrscheinlich:

1) Die krystallinischen Schiefergesteine (das Urgebirge):
    a. älterer Thonschiefer,
    b. Glimmerschiefer.
    c. Gneiß,

welche als erstes Erstarrungsprodukt angesehen werden müssen, weil sie immer zu unterst liegen, von allen später abgelagerten (neptunischen) Massen überdeckt und von allen Eruptiv= (d. h. aus dem Erdinnern hervorgebrochenen) Gesteinen durchbrochen sind.

Charakteristik: mehr oder minder schieferige Absonderung und unregelmäßige Schichtung.

§ 85.

Die Niederschläge aus der Atmosphäre sammelten sich in den Mulden und Vertiefungen der Erdhülle zu Seen und Meeren, welche auf die unter ihnen gelagerten Gesteinsarten zerstörend und auflösend wirkten; es fanden immer neue Durchbrüche statt und bewirkten Fluthungen und Strömungen, welche die mechanisch und chemisch aufgelösten Erdtheilchen durcheinander mengten, vielleicht wegschwemmten, sie jedenfalls nach eingetretener Ruhe in gewisser Gesetzmäßigkeit übereinander ablagerten. So wurden:

2) die sog. Flötz= und aufgeschwemmten (neptunischen) Gebirge gebildet. Hierher gehören:

Die Flöz- und Durchbruchsgesteine.

Grauwacke und jüngerer Thonschiefer, Steinkohle, Rothliegendes, Zechstein, bunter Sandstein, Lias und Jura, Quadersandstein und Kreide, Braunkohle, Diluvium und Alluvium.

Charakteristik: Deutlich geschichtet, Conglomerate, Sandsteine, Thone, Mergel und Kalksteine mit vorweltlichen Pflanzen und Thieren.

§ 86.

Neben den Niederschlägen aus dem Wasser fanden, wie schon erwähnt, noch fortwährende Eruptionen (Durchbrüche) statt. Die aus dem Erdinnern drückenden Massen hoben die Gesteine, welche sie durchbrachen, verrückten ihre ursprünglich horizontalen Lagen in mehr oder weniger geneigte und verstürzte Stellungen und gaben so die wesentlichste Veranlassung zum Aufbau unserer heutigen Gebirge und Berge. Sie bildeten:

3) die sog. Eruptiv- oder Durchbruchsgesteine, welche sich folgendermaßen ordnen:

a. Granitische Eruptionen, deren Hauptgestein der Granit, ein krystallinisch körniges Gemenge von Feldspath, Quarz und Glimmer*) ist und der viel weniger vorkommende Syenit (Hornblende und Orthoklas) bildet.

b. Die Grünstein-Eruptionen, mit den Hauptgebirgsarten Diabas und Diorit, von vorherrschend unrein grüner oder graugrüner Farbe; beide kommen körnig, dicht und schiefrig vor.

c. Die Porphyr-Eruptionen, sehr verbreitet, eine gelblich weiße oder graue thonige Grundmasse mit eingesprengten Körnern von Quarz und Orthoklas (Feldspath mit vorherrschendem Kaligehalt).

d. Die basaltischen Eruptionen, eine bläulich schwarze dichte Masse, sehr fest, mit auffallenden gelbgrünlichen Krystallen (Olivin). Unterabtheilungen sind: Phonolith und Trachyt.

e. Die vulkanischen Eruptionen der noch thätigen oder noch nicht lange erloschenen Vulkane; dazu gehören Lava, basaltische und trachytische Massen, Bimssteine, Tuffe rc.

Nachdem endlich die Erde ihre heutige Oberfläche erhalten und das Wasser sich in gewisse Grenzen (Meere, Seen, Flüsse) zurückgezogen,

---

*) Der Feldspath ist perlmutter- und porzellanglänzend, fleischfarbig, grünlich oder weißlich. Der Quarz ist glasähnlich, meist ungefärbt, giebt mit dem Stahle Funken. Der Glimmer ist blättrig, weich, metallisch silber- und goldglänzend.

die Wirkungen des unterirdischen Feuers sich auf wenige Punkte (Vulkane) beschränkt hatten, finden doch auch noch heute Veränderungen statt, z. B. durch Verwitterung der Gesteine, durch Ueberschwemmungen, durch die Hand des Menschen (Erdbauten) ec.

Auf dieser festen, von oben genannten Gebirgsarten gebildeten Erdhülle liegt nun das, was wir im eigentlichen Sinne „Boden" nennen, nämlich die obere lockere Erdschicht, welche dem Waldwuchse vorzugsweise zur Anwurzelung und Ernährung dient. Sie besteht in der Regel aus Erden und Steinen, die sämmtlich Verwitterungsprodukte der oben aufgeführten Gesteinsarten untermischt mit verwesten organischen Substanzen sind. — Die hauptsächlichsten Erdarten sind folgende:

§ 87.
Der Sand.

Der Sand besteht aus kleinen Quarzkörnern, die ein Verwitterungsprodukt der besonders quarzführenden Gebirgsarten (Granit, Gneis, Glimmerschiefer, gewisser Porphyre ec.) sind. Gesellt sich zum Quarz ein Bindemittel, so entsteht der Sandstein und je nach Art desselben unterscheidet man: Kalk-Thon-Kieselsandstein ec., welche felsbildend auftreten. Untergeordnet eingewachsen kommt der Quarz vor als „Horn- und Feuerstein, Kieselschiefer ec."; er kommt dicht und in sechsseitigen Krystallen vor. Chemisch besteht der Quarz aus Kieselsäure, welche zahlreiche Verbindungen (sog. Silikate) mit anderen Stoffen bildet.

Der Sandboden besteht in den seltensten Fällen aus reinen Quarzkörnern, wo er als lockere Masse zuweilen den sog. „Flugsand" bildet, meist kommt er mit Beimengungen von Erdarten (Lehm, Thon, Kalk, Humus ec.) vor und heißt dann lehmiger, thoniger ec. Sand; jemehr er davon enthält, um so fruchtbarer wird er. Sandboden nimmt und verliert sehr schnell die Feuchtigkeit, er erwärmt sich schnell, verliert aber die Wärme bald wieder. Er ist Hauptträger der Lockerheit im Boden und wird hierdurch in den Bodenmengungen sehr bedeutungsvoll. Reiner Sandboden ist unfruchtbar. Man erkennt die Sandbeimengung im Boden theils schon durch das Auge, theils fühlt man die scharfen Quarzkörner beim Zerreiben zwischen den Fingern deutlich heraus; Sand fühlt sich immer rauh an. Scharfen grobkörnigen Sand nennt man Kies.

§ 88.
Der Thon, Mergel und Lehm.

Der Thon ist eine dichte feinerbige Masse und besteht aus etwa 43% Thonerde, 43% Kieselsäure und 14% Wasser. Rein kommt er selten (als sog. Porzellanerde) vor, meist ist er mit anderen Erdarten, ferner Eisen 2c. gemischt, wodurch er verschieden gefärbt wird. Er ist ein Verwitterungsprodukt der besonders feldspathaltigen Gebirge (Porphyre, Thonschiefer 2c.) oder stammt aus dem thonigen Bindemittel vieler Flötzgebirge oder findet sich auch in letzteren als besonderes Thonlager vor.

Der Thon ist in Wasser unlöslich, auch nicht durch mineralische Säuren zersetzbar, also ebenfalls unfähig, allein Pflanzen zu ernähren. Seine Bedeutung liegt im geraden Gegensatze zum Sande in seiner Bindigkeit. Er saugt große Wassermengen auf, hält sie aber fest; trocknet er dennoch aus, so wird er nicht wieder locker, sondern äußerst fest, ja steinhart, schwindet zusammen und berstet. Ebenso saugt er alle fruchtbringenden chemischen Bestandtheile begierig auf und hält sie zur Ernährung der Pflanzen fest.

Ist der Thon mit etwas Kalk und mit Sand gemengt, so nennt man ihn Mergel; doch unterscheidet man je nach dem Vorherrschen von Sand, Thon 2c. thonigen, sandigen 2c. Mergel; derselbe ist besonders fruchtbar und findet sich in den jüngeren Sandstein- und Kalkformationen; die Farbe ist weißlich-grau; er ist nicht zu formen.

Im feuchten Zustande fühlt der Thon sich klebrig, weich und fettig an und hat einen eigenthümlichen Geruch; er läßt sich leicht formen und brennen. (Töpferthon.)

Eine äußerst wichtige Abart des Thones ist der Lehm, unter welchem man eine Mengung von schwach kalkhaltigem Thon mit Sand, beide etwa zur Hälfte gemengt und verschieden gefärbtem Eisenocker versteht. Zum Unterschied von Thon ist er magerer anzufühlen, schwindet beim Austrocknen nicht so stark, läßt sich formen und hat eine charakteristische rothbraune bis gelbe Färbung. Schiefrigen Lehm nennt man Lette. Lehm ist fruchtbar und meist reich an Kalisalzen, auch fehlen selten Phosphate.

Thonboden ist naßkalt und dem Pflanzenwuchs erst dann günstig, wenn er mit anderen Erdarten in richtigem Verhältniß gemengt vorkommt (vergl. die Bestimmungstabelle zu § 101).

§ 89.
Der Kalk.

Die Bedeutung des Kalkes liegt im Gegensatz zu den bereits genannten Erdarten, die hauptsächlich physikalisch auf die Ernährungsfähigkeit des Bodens wirken, in seiner chemischen Wirkung. Der kohlensaure Kalk (Kalk im gewöhnlichen Sinne) zersetzt und zerlegt die übrigen mineralischen Bodenbestandtheile und Pflanzenabfälle und wandelt sie in Pflanzennahrung um. Er ist daher von den genannten Bodenarten am thätigsten.

In physikalischer Beziehung steht er in der Mitte zwischen Sand und Thon, er nimmt das Wasser ziemlich leicht auf und trocknet mäßig schnell, erhärtet dann aber nicht zum Klumpen, sondern zerbröckelt. Er ist kenntlich am Aufbrausen beim Begießen mit starken Säuren (z. B. Scheidewasser), am Geruch und der weißlich grauen Farbe. Kalkboden ist im Allgemeinen fruchtbar; er kommt ebenfalls fast immer in Untermengung mit anderen Erdarten (Thon, Lehm) vor, von dem gewöhnlich seine Fruchtbarkeit abhängt. Der Kalkboden ist ein Verwitterungsprodukt der sehr verbreiteten Kalkgebirge, in welchen der Kalk in den verschiedensten Formen auftritt; den krystallinisch körnigen und politurfähigen Kalk nennt man „Marmor", den dichten Kalk „Kalkstein" (sandiger, thoniger, bituminöser Kalkstein), schiefrigen Kalk „Kalkschiefer", porösen Kalk „Kalktuff", schwefelsauren Kalk „Gips" ꝛc. In der Geologie treten die Kalke unter den verschiedensten Namen auf: Zechstein-, Jura-, Lias-, Muschel-, Wellen- ꝛc. Kalk, Dolomit ꝛc.

§ 90.
Eisenverbindungen im Boden.

Von großer Wichtigkeit für die Ernährung sind noch die Eisenverbindungen im Boden, sowie die auflöslichen Salze.

Die Eisenverbindungen finden sich in den meisten Bodenarten, besonders im Thonboden (§ 88); sie sind kenntlich an ihrer braunrothen Farbe und am rauhen Bruch. Ihr günstiges oder ungünstiges Verhalten hängt von ihrer Löslichkeit oder Unlöslichkeit ab, welche wieder von der chemischen Verbindung des Eisens mit größeren oder geringeren Quantitäten Sauerstoff und Wasser abhängt. Das unlösliche und fein vertheilte Eisenoxyd und Eisenoxydhydrat lockert den zu bindigen Thon und macht ihn wärmer, anderseits giebt es zu lockerem Boden größere Bindigkeit und wasserhaltende Kraft. In zu nassem oder in saurem Moor- und Sumpfboden sammeln sich jedoch leicht übermäßige lösliche Eisenverbindungen an und schaden durch Bildung des bekannten „Wurzelrostes" oder durch Zuführung von zu viel Eisen. Der Forstkultur sehr hinderlich ist der sog. „Raseneisenstein", der hauptsächlich aus phosphorsaurem Eisenoxyd resp. Eisenoxydhydrat mit allerlei Beimengungen von Sand, Thonerde, Humus, Mangan ꝛc. besteht: er bildet eine blasige erzartige Masse, die sich nesterweis vermuthlich durch Absetzen der Eisentheile von zusammenfließendem und dann stagnirendem Grundwasser bildet.

Weniger gefährlich ist der sog. „Ortstein", der aus Sand mit humosen oder eisenschüssigen Bindemitteln und etwas Eisenoxyd besteht. Er kommt in zusammenhängenden Schichten oder Nestern von 15 bis 30 cm Stärke in geringer constanter Tiefe auf armem Sandboden vor und zerbröckelt, an die Oberfläche gebracht, zu fruchtbarer Erde, während der Raseneisenstein erzartig bleibt. Seine Bearbeitung ist viel leichter als die des Raseneisensteins. Offenbar nachtheilig tritt das Eisen im Sandboden auf, wenn es demselben bis zur Stärke von etwa 10% beigemengt ist; es bildet dann den bekannten scharfrothen „Fuchssand", der sehr unfruchtbar ist.

§ 91.
Die auflöslichen Salze im Boden.

Die auflöslichen Salze sind das Produkt der unaufhörlichen chemischen Thätigkeit des Bodens unter dem Einflusse der atmosphärischen Luft, namentlich ihres Sauerstoffs, der Kohlensäure, des Ammoniaks, der Salpetersäure ꝛc., der Bodenfeuchtigkeit und der Verwesung der Pflanzenabfälle. Obschon die Quantität der auflöslichen Salze nur gering ist ($1/2$—1%), so sind sie doch für die Ernährung von der allergrößten Wichtigkeit und hängt von ihrem Vorhandensein besonders die Fruchtbarkeit ab. Deshalb sind viele thonige Bodenarten so fruchtbar, weil sie die auflöslichen Salze vorzüglich in sich aufnehmen und festhalten und sie durch ihre Feuchtigkeit den Wurzeln als Nahrung zuführen; deshalb hat der Kalkboden so große Nährkraft, weil er die Bildung der auflöslichen Salze so ungemein befördert, deshalb verhält sich der Sandboden so ungünstig, weil er nur sehr wenig lösliche Verbindungen erzeugen kann und das Wasser, den Hauptvermittler der Zuführung der löslichen Salze an die Wurzeln, zu schnell verdunstet. Hieraus erhärtet ferner die große Wichtigkeit einer Bedeckung des Bodens mit

Walbabfällen, weil dieselben die Feuchtigkeit halten und durch ihre Verwesung eine Bildung und Zuführung der nährenden auflöslichen Salze ermöglichen. Solche Salze sind: kohlensaures Kali, Natron, Kalk, Eisensalze, Kalk- und Magnesiasalze ꝛc.

§ 92.
Die Bodenmengungen.

Die genannten Hauptbestandtheile des Bodens: Sand, Thon und Kalk finden sich fast nie in ganz reinem Zustande, sondern sie sind immer mehr oder weniger durcheinander gemengt, um ihre Vorzüge mit einander auszutauschen und zu ergänzen. Je nachdem nun die eine oder andere Bodenart vorherrscht, spricht man von sandigem, thonigem und kalkigem Boden: man nennt deshalb einen Thonboden mit etwas Sand gemengt einen sandigen Thonboden, einen Thonboden etwa zur Hälfte mit Sand gemengt Lehmboden, mit noch mehr Sand gemengt thonigen Sandboden; den Lehmboden nennt man mit Sand gemengt sandigen Lehmboden, dagegen Sandboden mit etwas Lehmbeimengung lehmigen Sandboden ꝛc. Ist der Boden im richtigen Verhältniß mit den anderen Bodenarten gemischt, die seine Nachtheile möglichst aufheben, so wirkt ein jeder von ihnen günstig auf das Wachsthum; herrscht jedoch in ihnen zu sehr eine Hauptbodenart vor, so wirkt sie meist nachtheilig, dann wird der sandige Boden zu trocken, der thonige zu naß und kalt und der kalkige zu hitzig, namentlich wenn zu der ungünstigen Bodenmischung noch eine ungünstige Lage kommt; in solchen Fällen erhalten wir einen „schlechten Standort".

§ 93.
Humusboden.

Auf dem bewachsenen Boden sammelt sich, wenn nicht besondere Störungen eintreten, durch Abfall von Stengeln, Blättern, Nadeln, Reisern ꝛc. nach und nach eine mehr oder weniger mächtige Bodendecke an, die in Verwesung übergeht und jene schwärzliche lockere modrige Masse bildet, welche man Humus nennt.

Diese natürliche Bodendecke besteht gewöhnlich aus drei Schichten. Oben die jüngsten noch unverwesten Abfälle, sog. Rohhumus, darunter in fortgeschrittener Zersetzung lockere faserige und schimmlige Bildungen und zuletzt in allmähligem Uebergange der eigentliche erdige krümelige Humus, welcher sich dann mit der oben beschriebenen verwitterten Mineralerde zur sog. Dammerde verbindet. Außer Walbabfällen bildet den Humus noch die absterbende Bodendecke von Unkräutern, Gras, Flechten, Moosen und verwesenden Thierüberresten.

Der Humus hat eine doppelte Bedeutung: in **physikalischer***) Hinsicht lockert er den Boden, wärmt denselben als schlechter Wärmeleiter und hält ihn frisch und fruchtbar, indem er Feuchtigkeit und nützliche Gase ansammelt; in chemischer Beziehung bildet er nährkräftige Aschenbestandtheile, die gasförmigen Zersetzungsprodukte (Kohlensäure, Salpetersäure, Ammoniak 2c.) und schafft dadurch den Pflanzen die wichtigen Nahrungsmittel. Der Humus macht also den Boden **locker, warm, frisch und nahrhaft**. Er mildert den strengen Boden (Thon), bindet den losen Boden (Sand), er schützt gleichzeitig gegen Frost und Hitze (vergl. § 95a).

Wird der Humus durch plötzliche Freistellung der Sonne freigegeben, so erhält er zuweilen eine pulverig staubige Beschaffenheit, die sog. **Stauberde**, welche zwar viele Nährstoffe enthält, aber in ungelöstem, daher nicht verwerthbarem Zustande; ebenso ungünstig ist der **Taub- oder Hagerhumus**, ein trockenes, kraft- und bindungsloses Fasergebilde, besonders von Moos und Angergras, welches Luft und Feuchtigkeit abhält. Der gewöhnliche Humusboden überlagert den Mineralboden gewöhnlich in einer Mächtigkeit von 3—20 cm, wonach die Bezeichnungen „etwas — ziemlich — sehr — äußerst humusreich" oder „humusarm" zu wählen sind. Je humusreicher der Boden im Allgemeinen ist, desto fruchtbarer ist er; ein Uebermaaß macht jedoch den Boden naß, schwammig, kalt und sauer, wie z. B. im Torf- und Moorboden.

Physikalische Eigenschaften des Bodens.
§ 94.

Die unendlich verschiedenartige Zusammensetzung des Bodens bringt natürlich sehr verschiedene Bodenwirkungen hervor; außerdem wirken noch auf den Boden seine physikalischen Eigenschaften ein, von denen als die bedeutendsten folgende vier hervorzuheben sind: 1. Boden-

---

*) Unter **physikalischem** Verhalten versteht man das Verhalten der Körper in Bezug auf ihre Formveränderung durch physikalische Kräfte, wie Wärme, Feuchtigkeit, Licht, Elektricität, Festigkeit, Schwere 2c.; unter **chemischem** Verhalten ihr Verhältniß zu vollständiger Umwandlung in ganz neue Körper durch chemische Kräfte, z. B. chemische Verwandtschaft, Säuren, Salze 2c.

mächtigkeit und Gründigkeit, 2. Bodenfeuchtigkeit, 3. Bodenbindigkeit, 4. Bodenneigung.

§ 95.
1. Bodenmächtigkeit.

Unter Bodenmächtigkeit oder Gründigkeit versteht man die Eigenschaft des Bodens, mittels welcher sie die Gewächse nährt und festigt.

Man unterscheidet bei dem naturgemäß geschichteten Waldboden, wie er sich unter dauerndem Schlusse gebildet hat, zwei Schichten:

a. die Nahrungsschicht, d. h. den eigentlichen Heerd der Ernährung,

b. darunter liegend den Untergrund.

a. Die Nahrungsschicht.

Bei dieser kann man im normalen Zustande wieder drei Schichten deutlich unterscheiden: oben den Rohhumus, der allmählig zartfaserig wird und in den älteren schon erdigen Verwesungshumus übergeht, in der Mitte liegt das eigentliche Keimbett, ein feines mit Humuslösung geschwängertes graues oder schwarzes Erdgemenge, endlich zu unterst der eigentliche Wurzelbehälter, in welchem die noch in Verwesung begriffenen Humustheile mehr fehlen, fast reine Erde (Feinerde), die sog. „Dammerde". Diese 3 Schichten sind die hauptsächlichsten Ernährer des Pflanzenlebens: ihre Tiefe oder Mächtigkeit hängt ab von der Lage, vom Muttergestein, der Bewaldung resp. dem Kulturzustand.

b. Untergrund.

Der Untergrund besteht aus festem Fels, zertrümmertem Gestein oder in der Ebene aus bindenden Thonschichten, aus Sand, Kies, Lehm, Kalk, Ortstein ꝛc.

Von der tieferen oder flacheren Lage des Untergrundes hängt die sogenannte Gründigkeit des Bodens ab, welche man nach der Tiefe, in welche die Baumwurzeln einzudringen vermögen, etwa als:

sehr flachgründig unter und bis 15 cm
flachgründig „ 30 „
mitteltiefgründig „ 60 „
tiefgründig „ 100 „

sehr tiefgründig über 1 Meter tief anzusprechen pflegt.

Die meisten Waldbäume begnügen sich mit einer Wurzeltiefe von 30—60 cm, während als äußerstes Maaß wirksamer Bodentiefe

1,50 m anzunehmen ist. Im Allgemeinen ist jeder tiefgründige Boden dem Wachsthum günstig.

§ 96.
2. **Bodenfeuchtigkeit und Bodenwärme.**

Sie sind von der allergrößten Wichtigkeit für den Pflanzenwuchs, da ohne sie keine Pflanze keimen, wachsen und gedeihen kann. Die Feuchtigkeit ist nicht nur selbst Nahrungsstoff (Wasserlieferant), sondern dient auch zum Ersatz der großen Wassermengen, welche die Pflanzen ununterbrochen verdunsten (durch die Blätter), löst die Nährstoffe auf und führt sie den Wurzeln zu, sie regulirt die Bodentemperatur wie die Zusammensetzung desselben, indem sie strengen Boden mildert, zu losen Boden bindet.

Je nach der Feuchtigkeit unterscheidet man:

a. dürren Boden (er zerstäubt beim Zerreiben und trocknet in einigen Tagen nach starkem Regen bis 0,3 m Tiefe aus),

b. trocknen Boden (zeigt noch geringe Bindigkeit beim Zerreiben und trocknet etwa nach einer Woche bis 0,3 m aus),

c. frischen Boden (hinterläßt Feuchtigkeit in der Hand und trocknet selbst im Sommer nie über 0,2 m aus),

d. feuchten Boden (tropft beim Zerdrücken und trocknet nie über 3 cm Tiefe aus),

e. nassen Boden (tropft von selbst aus der Hand und trocknet selbst in der Oberfläche nie aus).

So vortheilhaft das richtige Maaß von Feuchtigkeit ist, so schädlich wirkt ein Uebermaaß; es führt zur Versumpfung, verursacht Wurzel- und Stammfäule, versauert und erkältet den Boden, befördert das Auffrieren und erschwert das Keimen und Anwurzeln.

Stagnirende Nässe ist fast allen Waldgewächsen nachtheilig, oft tödtlich. Sie wird herbeigeführt durch undurchlässigen Untergrund, der hauptsächlich durch hochanstehenden Gebirgsboden, feste Thonschichten, verkittete Kieslager, Ortstein, Raseneisenstein ꝛc. bei mangelhaftem Abfluß gebildet wird. Quellen der Bodenfeuchtigkeit sind die Niederschläge (Regen, Thau, Nebel) und die Grundfeuchtigkeit; letztere wirkt durch ihre Verdunstung wohlthätig. Das Vermögen, Wasser in sich aufzunehmen und zu halten, hängt, wie schon oben erwähnt, von der Zusammensetzung des Bodens ab.

Mit der Feuchtigkeit des Bodens hängt auch seine Wärme auf das Innigste zusammen. Je feuchter ein Boden ist, desto kälter ist er, weil einmal das Wasser ein schlechter Wärmeleiter ist, besonders aber, weil das Wasser durch seine Verdunstung dem Boden viel Wärme entzieht (vergl. § 107). Aus demselben Grunde ist ein trockner Boden warm. Also nasser und kalter Boden, trockner und warmer (hitziger) Boden sind gleichbedeutend. Thonboden ist gewöhnlich kalt, Sand- und Kalkboden warm, letzterer oft hitzig; analog verhalten sich ihre Mengungen.

Ferner hängt die Wärme von der Lage und Farbe des Bodens ab; West- und Südhänge sind wärmer als Ost- und Nordhänge, die dunklen Bodenarten wärmer als die helleren.

Die Wärme des Bodens begünstigt die Keimung, den Harzreichthum, die Fruchtentwicklung und die Gerbstoffentwicklung (Schälwälder). In Bezug auf Feuchtigkeit machen die Holzarten sehr verschiedene Ansprüche; Bodentrockniß ist jedoch fast immer ungünstig.

§ 97.
3. Bodenbindigkeit.

Hierunter ist der größere oder geringere Zusammenhang des Bodens zu verstehen. Die Bindigkeit hängt von der Zusammensetzung des Bodens ab: Thon bindet, Kalk bindet mäßig, Sand lockert, Humus mäßigt resp. befördert die Bindigkeit wie Lockerheit. Ein steiniger Boden mäßigt ebenfalls die Bodenextreme in vieler Beziehung und macht den Boden schwerer und frischer, ebenso verhält sich ein eisenhaltiger Boden moderirend. Feuchtigkeit lockert zu bindigen und bindet zu lockeren Boden, der Frost lockert durch die sich bildenden Eiskrystalle. Wärme lockert den Boden.

Bindungsgrade.

Die Bindigkeit bezeichnet man durch folgende Ausdrücke:

a. **Fest.** Zeigt den höchsten Grad des Zusammenhangs. Beim Trocknen leicht rissig und blättrig, etwas tiefer steinhart. (Thonboden.)

b. **Streng** (schwer). Etwas weniger zusammenhängend, beim Trocknen aber tief rissig, schwer zerbröckelnd. (Thoniger Lehm-, Kalk- und Mergelboden, also Boden, in dem Thon überwiegt.)

c. **Mild** (mürbe). Nicht rissig, leicht zerkrümelnd und Feuchtigkeit aufnehmend. (Günstige Mischungen von Thon-, Sand- und Kalkboden, Lehm), also Boden, in welchem Sand oder Kalk überwiegt.

d. **Locker.** In feuchtem Zustand noch zu ballen, zerfällt aber beim Trocknen. Lehmiger Sandboden, sandiger Mergel.)

e. **Lose.** Mit dem geringsten Grad von Bindung (reiner Sandboden, Flugsand).

Ein milder, resp. lockerer Boden ist am günstigsten für unsere

Bodenneigung.

Waldbäume, er wird am besten gewonnen und erhalten durch richtigen Schluß derselben.

§ 98.

4. Bodenneigung.

Bodenneigung ist die Neigung des Bodens gegen die Wagerechte, welche man auch Böschung nennt. Das Profil der Böschung AC (Fig. 81) wird erhalten, wenn man durch C eine Horizontalebene legt und von A aus auf dieselbe das Loth AB fällt; das entstandene rechtwinklige Dreieck ABC, nach welchem man die Böschung bestimmt, heißt das Böschungsdreieck.

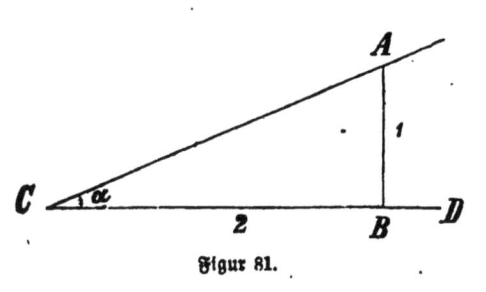

Figur 81.

Die Hypotenuse AC ist die Böschungslinie, die horizontale Kathete BC heißt Auslabung, die senkrechte Kathete AB die Höhe der Böschung, während der die Neigung angebende Winkel a der Böschungswinkel heißt. Die Bezeichnung der Böschungen kann nun auf zweierlei Weise geschehen:

1. Durch einfache Angabe des Neigungs- (Böschungs-)winkels in Graden, Minuten u. Man spricht z. B. von einer Böschung von 23° 12′ 3″.

2. Durch Angabe des Verhältnisses der Auslabung zur Höhe und zwar in Form eines Bruches, bei welchem die Maaßzahl für die Auslabung den Zähler, jene für die Höhe den Nenner bildet $= \dfrac{BC}{BA}$. Man spricht z. B. von einer einfachen Böschung, wenn AB = BC, von einer doppelten oder zweifachen Böschung, wenn $BC = 2AB \left(\dfrac{2}{1}\right)$ ist, umgekehrt wird die Böschung ½metrig, ⅘metrig, wenn BC : AB = 5 : 4 sich verhält u. s. w.

Je größer der Böschungswinkel wird, desto kleiner wird der Bruch und die Böschung, und umgekehrt.

Die Bodenneigung kann man schon mit einer gewöhnlichen Latte messen. Man wähle einen beliebigen Punkt der Neigung MN, z. B. A (Figur 82), lege die Latte a b horizontal an die Bergwand und messe

Figur 82.

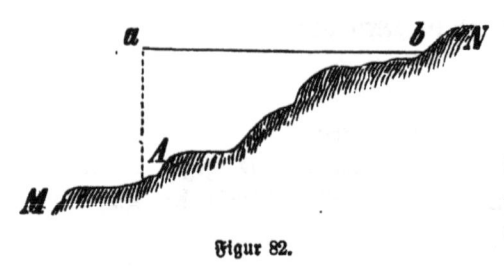

ben Abstand der Latte vom Boden, b. h. A a; der Bruch $\frac{ab}{Aa}$ drückt dann die Bodenneigung im Verhältniß zur Horizontalen aus. Diese Böschungsmessungen kommen besonders bei Wege-, Damm- und Grabenanlagen zur Anwendung. Es giebt auch besondere Instrumente (Böschungsmesser) zum Bau von Böschungen.

Man nennt eine Bodenneigung:

Sanft abhängig bei 1—5⁰,   Steil bei   10—15⁰,
Mäßig steil bei   5—10⁰,   Sehr steil bei 15—20⁰.

Außerordentlich steil bei über 20⁰, bei 45⁰ ist die Neigung unpracticabel, b. h. vom Menschen kaum noch zu erklimmen, jedenfalls nicht mehr regelmäßig forstlich zu bewirthschaften.

Die Neigungen bei größeren Berglehnen ꝛc. werden mit Meßinstrumenten (gewöhnlicher Theodolit, Hoßfeld's Wagebrettchen, Wasserwaage ꝛc.) gemessen; hat man solche Instrumente nicht, so kann man obiges einfaches, allerdings etwas ungenaues Verfahren anwenden.

Die Extreme in der Bodenneigung sind dem Waldbau schädlich; die absolute Ebene ruft leicht Versumpfung hervor, zu steile Hänge leiden unter Wegschwemmung, es entstehen Erdstürze, Erdrutschungen, sie sind auch schwer anzubauen und abzuholzen, während mäßige Neigungen dem Wachsthum der Holzarten günstig sind, da sie dem Wasser bequemen, aber nicht zu starken Abfluß verschaffen; die Wechselwirkungen zwischen Atmosphäre und Boden erleichtern namentlich die Aufnahme aller Feuchtigkeit der fruchtbaren Luftarten ꝛc. und befördern so die Verwitterung. Die Exposition (Neigung nach einer bestimmten Himmelsgegend) gleicht die Nachtheile des Bodens aus oder vermehrt sie noch, z. B. kalter Boden wird in warmen Lagen besser und umgekehrt, ebenso trockner Boden in frischen Lagen und umgekehrt. Nord- und Ostlagen sind kalt, Süd- und Westlagen warm, Ost- und Südlagen sind trocken, West- und Nordlagen frisch; Ostlagen leiden leicht unter Frost, Südlagen unter Dürre, Westlagen unter Sturm; die Zwischenlagen, z. B. Nordost, Südwest u. s. w., gleichen die Gunst und Ungunst etwas aus; ob die eine oder andere Lage für bestimmte Holzarten günstig ist, richtet sich nach ihren besonderen Ansprüchen resp. ihrer Empfindlichkeit. Im Allgemeinen sind die Nord- und die Ostlagen in waldbaulicher Beziehung günstig.

§ 99.
Steiniger Boden.

Der Boden besteht in den seltensten Fällen aus feinkörniger Erde, sondern ist meist mit kleinen und größeren Steinen durchmengt. Man unterscheidet Kies- und Grandboden und Grus. Der erstere besteht aus kleinen unzersetzbaren kieseligen oder quarzigen Gesteinsbrocken. Ist dieser Boden ohne genügende Erdbeimengungen, so kann er die Feuchtigkeit nicht genug halten, hat auch zu wenig Nahrung für eine Waldvegetation. Ein mäßiges Vorkommen von kleinen Steinen ist dagegen entschieden günstig, namentlich in jedem schweren Boden, da dieselben der Cultur keine wesentlichen Hindernisse bereiten und den Boden lockern.

Unter Grus oder Gries versteht man bis 3 cm dickes Gestein, soweit es weiter zersetzbar ist. Er ist ziemlich nahrungskräftig.

Außerdem kommt in Gebirgen häufiger ein großsteiniger Waldboden (Gerölle) vor, meist mit einem dichten Ueberzug von Deckmoosen. In feinen mit Erde ausgefüllten Gesteinslücken finden wir nicht selten gute Buchen- und namentlich Fichtenbestände; diese muß man sich hüten, kahl abzutreiben, weil dann die Bodendecke schwindet und eine Cultur aus der Hand mit den größten Schwierigkeiten verbunden ist. Hier ist Plenterbetrieb am Platze.

§ 100.
Beurtheilung des Bodens.

Zur genauen Beurtheilung des Bodens sind ausgebreitete chemische und physikalische Kenntnisse erforderlich (die hier nicht vorausgesetzt werden dürfen), wir können uns daher nur mit der praktischen Seite derselben befassen.

Man beurtheilt den Boden am richtigsten durch genaue Untersuchung seiner Zusammensetzung oder Beurtheilung dessen, was er hervorbringt, d. h. der auf ihm stockenden Bestände und Pflanzen.

§ 101.
a. Die Untersuchung des Bodens selbst.

Zunächst belehrt uns die Abstammung über die Beschaffenheit des Untergrundes, seine mineralische Zusammensetzung, darüber,

§ 101.
Boden-Bestimmungstabelle nach Thaer und Schübler.

Bodenbestimmungstabelle.

Nr.	Benennungen der Bodenarten – Klassen	Ordnungen	Arten	Thon	Bestandtheile in 100 Theilen – Kalk	Humus	Sand	Verhalten dieser Böden zur Waldvegetation
1	Thonboden	kalkloser / kalkhaltiger	mittelkräftig / "	über 50 / " 50	0 / 0,5—5	0,5—1,5*		günstig für Eiche u. Hainbuche; auf kalkhaltigem Boden gedeihen noch Buche, Fichte und Tanne; starker Graswuchs.
2	Lehmboden	kalkloser / kalkhaltiger	" / "	30—60 / dito	0 / 0,5—5	dito		bei genügender Tiefgründigkeit resp. Frische für alle Holzarten sehr günstig. Auf besserem Boden Graswuchs — auf ärmerem Haide.
3	Sandiger Lehmboden	kalkloser / kalkiger	" / "	20—30 / dito	0 / 0,5—5	dito		
4	Lehmiger Sandboden	kalkloser / kalkiger	" / "	10—20 / 0—10	0 / 0,5—5	dito	Uebrige	nur unter günstigen Standortsverhältnissen noch für Laubholz und Hochwald, sonst Kiefer — auf frischem Boden Fichte vorherrschend.
5	Sandboden	kalkloser / kalkiger	" / "	dito / dito	0 / 0,5—5	dito		fast nur Kiefernboden; bei größerem Humus- und Feuchtigkeitsgehalt auch andere Nadelhölzer und anspruchslose Laubhölzer. Haide und Beerkräuter.
6	Mergel	thoniger / lehmiger / sandiger Lehmmergel / lehmiger Sandmergel / Humoser	thoniger / lehmiger / sandiger	über 50 / 30—50 / 20—30 / 10—20 / über 50 / 30—50 / 20—30	5—20 / dito / dito / dito / 5—20 / dito / dito	dito / über 5		die besten Böden für alle Laubhölzer, ausgenommen Erlen und Weiden; auch die Nadelhölzer gedeihen gut; die nicht gesellig Laubhölzer, z. B. Ahorn — Esche — Rüster, finden sich häufig ein. Sehr starker Graswuchs — oft lästig beim Anbau.

Bodenbestimmungstabelle. 149

7 **Kalkböden**	thoniger lehmiger sandiger Lehm-Kalkboden lehmiger Sand-Kalkboden	mittelkräftig " " "	über 50 30—50 20—30 10—20	über 20 Theile	das } für **Buchen, Ahorne, Ulmen, Eschen,** **Beerbäume 2c. der beste Boden. Fichte,** **Tanne, Lärche, Schwarz- und Zirbelkiefer** gedeihen gut; geringere Neigung zum Graswuchs; trocknet leicht aus, deshalb stets sorgfältiger Schutz erforderlich.
	Humoser	thoniger lehmiger sandiger	über 50 30—50 20—30	0,5—1,5	} für **Laub- und Nadelhölzer** — ausgenommen Kiefer ausgezeichnet. Starker Graswuchs.
	aufsösl. mil- der Humus	thoniger lehmiger sandiger	über 50 30—50 20—30	mit oder ohne Kalk	} für **Fichten, Erlen, Birken auch Zirbelkiefer**, weniger für Kiefer. Heidebeerüberzug.
8 **Humusböden**	unauflöslicher verkohlter od. saurer Humus	thoniger lehmiger sandiger	über 50	dito	} für **Fichte, Erle, Schwarzbirke**. Starker Ueberzug von Haide, Heidelbeeren oder Torfmoosen.
	unauflösliche faulige Pflanzenstoffe	Torfboden Moorboden	mit oder ohne Kalk	über 5	

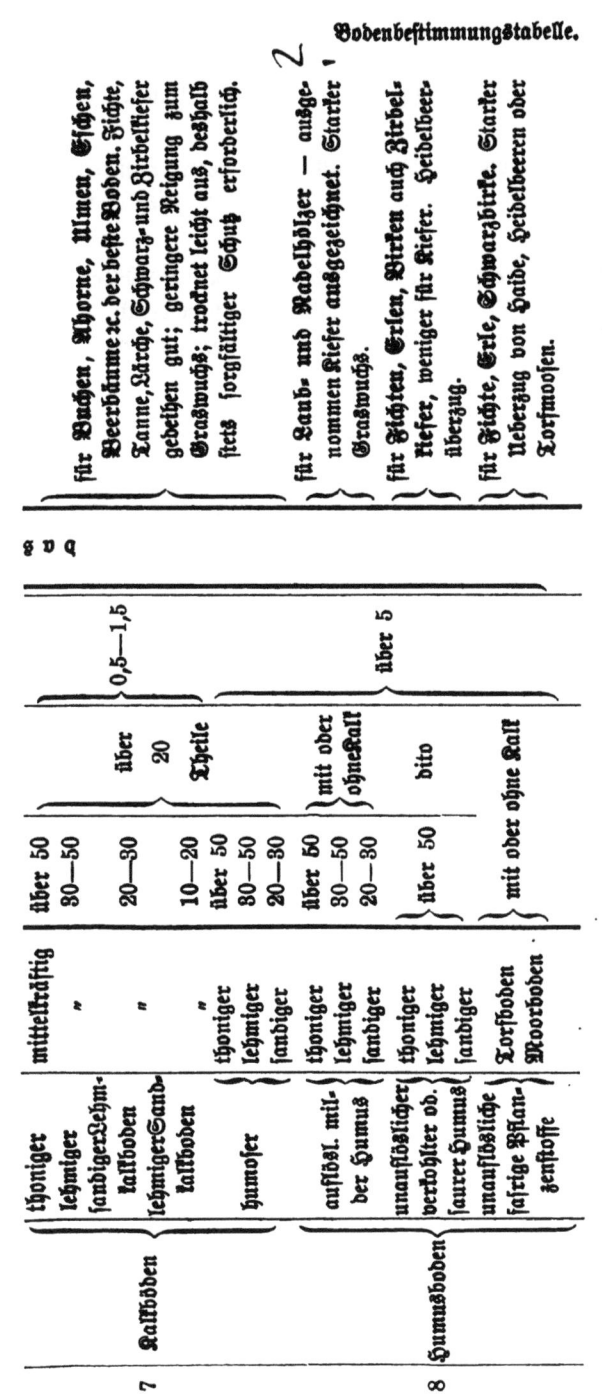

Aufzuführen ist noch der **Ortstein** (§ 90), stets in geringer Tiefe und Mächtigkeit; eine durch Eisenbeimengung röthlich bis schwärzlich und durch ein organisches Bindemittel verhärtete Sandsteinschicht, welche bei der Cultur durchbrochen werden muß und an der Luft zerbröckelt; ferner der **Raseneisenstein** — eine erzartige meist blasige — aus kohlen- und phosphorsaurem Eisenoxyd mit einigen organischen Substanzen bestehende Bodenart; muß überall durchbrochen werden und zerbröckelt nicht.

*) Arme Böden haben nur 0—0,5 und reiche Böden 1,5—5 Theile Humus, wonach man die oben aufgezählten Bodenarten noch je in 3 Unterarten, nämlich — arme — mittelkräftige (vermögende) und reiche Böden eintheilen kann. Im Uebrigen ist bei Benutzung obiger Tabelle zu beachten, daß das Gedeihen der Holzarten weit weniger von der Gemengen-Zusammensetzung als von dem physikalischen Verhalten des Bodens — namentlich vom Feuchtigkeitsgehalt, von der Lockerheit und Tiefgründigkeit abhängt. Vergl. §§ 95—101.

ob wir es mit einem mineralisch kräftigen oder armen Boden zu thun haben.

Hierauf müssen wir den Boden selbst genau mit unseren Sinnen, mit den Augen, dem Geruch, den Händen und dem Geschmack prüfen.

Thongehalt giebt sich durch große Bindigkeit, fettiges Anfühlen, Anhängen an der Zunge resp. Lippe, Wasserhaltung, Thongeruch zu erkennen, im trockenen Zustande durch Rissigkeit und Blätterung. Beim Schaben mit dem Fingernagel zeigt er Glanz.

Sandboden erkennt man an Lockerheit, Rauhheit und Knirschen beim Zerreiben mit der Hand.

Kalkboden ist bemerklich durch helle graue Farbe, Zerbröckeln, Mittelbindigkeit, Aufbrausen beim Begießen mit Salzsäure, Kalkgeruch.

Eisenbeimengung kennt man an der schwarzen bis rothbraunen Farbe, an der rauhen Bruchfläche; stagnirendes eisenhaltiges Wasser an seiner buntschillernden Oberfläche.

Sofort sichtbar wird der Grad der Steinbeimengung und der Humusgehalt; letzterer ist an der schwärzlichen Farbe, Leichtigkeit, Lockerheit und modrigem Geruch kenntlich.

Die Procentsätze der Mengung findet man leicht durch den sog. Schlämmversuch. Man füllt den Boden in eine große Glaskruke, gießt genügend Wasser hinein, rührt tüchtig um und untersucht und mißt dann oder wiegt, nachdem die umgerührte Masse sich nach dem Gesetz der Schwere abgelagert hat, die Lagerungsschichten und berechnet danach die Procentverhältnisse der einzelnen Bodentheile.

Die Tiefgründigkeit, Bindigkeit und mittlere Feuchtigkeit findet man durch Bodeneinschläge bis auf den Untergrund resp. durch den ganzen Wurzelraum. Am besten lernt ein Forstmann seinen Boden jedoch durch aufmerksames Beobachten bei Culturen, Graben- und Wegebauten, beim Stockroden ꝛc. kennen; hierbei hat er reichliche Gelegenheit zu untersuchen, zu prüfen, vergleichende Beobachtungen anzustellen und danach seine Wirthschaftsmaßregeln zu treffen. Zur genauen Bestimmung des Bodens nach seinen einzelnen Bestandtheilen diene die vorstehende Tabelle (Seite 148, 149), wobei bemerkt wird, daß die Fruchtbarkeit eines Bodens von der Menge und dem Grad der Löslichkeit aller darin enthaltenen Pflanzennährstoffe abhängt.

§ 102.
b. Beurtheilung nach der Bodenflora.

In gewisser Weise läßt sich die Bodengüte auch wohl nach den Pflanzen beurtheilen, jedoch nur unter Berücksichtigung der anderen Einflüsse auf den Pflanzenwuchs als Lage, Klima, Bewirthschaftungsart 2c. Sind diese günstig, so wird ein schlechterer Boden besser produciren und umgekehrt. Es ist hier also eine gewisse Vorsicht nöthig.

Nichts desto weniger sollen einige Pflanzen aufgezählt werden, welche meist für charakteristisch gelten:

1. Kalkpflanzen. Viele Orchideen und Anemonenarten, Klee, Wicke.
2. Sandpflanzen: Haidekraut, Heidelbeere und Angergräser, Aira canescens und flexuosa. Sandhafer auf Dünen (Elymus arenarius), Carex-Arten, See-Kreuzdorn (Hippóphaë rhamnóïdes); hierher gehört auch, besonders auf Kieselboden, die Preißelbeere, der Besenpfriem und Ginster.
3. Lehm- und Thonboden: Besonders gute Grasarten (Anthoxantum odoratum, Holcus mollis, Avena pratensis, Aira caespituosa etc.).
4. Sehr humosen Boden zeigen an: Brennnessel, Distel, Sauerklee, Kreuzkraut. Im Halbschatten in sich zersetzender Bodendecke: Himbeere, Fingerhut 2c.
5. Auf frischen Schlägen (ohne Schatten): Storchschnabel, Kreuzkraut, Fingerhut, Brombeere.
6. Torfboden: Sumpfheide, Rauschbeere, Sumpfheidelbeere, Sumpfdotterblume, Wollgras (Erióphorum vaginátum).
7. Auf nassem und saurem Boden: Binsen, Riedgräser, Schilfe, Schafthalme und die Sumpfmoose (Equisétum, Spágnum).

II. Die Lehre vom Klima.

§ 103.

Unter „Klima" verstehen wir die Gesammtwirkung aller in der Atmosphäre vorgehenden Witterungserscheinungen, wie Frost und Hitze, Regen und Schnee, Thau und Reif, Sturm und Gewitter 2c. Die Lehre vom Klima erklärt uns die Witterungserscheinungen und ihren Einfluß auf den Wald.

§ 104.
Die atmosphärische Luft.

Die Luft ist stets in demselben Verhältniß aus den beiden Urstoffen, Sauerstoff und Stickstoff in mechanischer (nicht chemischer) Mengung, zusammengesetzt, und zwar stets aus etwa $\frac{1}{5}$ Sauerstoff und ⅕ Stickstoff; daneben finden sich noch in wechselnden Quantitäten zahlreich Gase, z.B. Wasserdampf, Kohlensäure (Kohlenbioxyd), Ammoniak, Salpetersäure ꝛc. Von größter Bedeutung für den Wald ist ferner ihr Wassergehalt, der großen Schwankungen unterworfen ist. Von ihm rühren alle Niederschläge: Thau, Nebel, Regen, Reif, Schnee, Hagel her.

§ 105.
Bedingungen des Witterungswechsels.

Bekanntlich wechselt das Wetter beständig. Die Ursache davon liegt in der ungleichen Erwärmung der Erde durch die Sonne. Die Sonne erwärmt am stärksten, wenn sie ihre Strahlen senkrecht entsendet, je schiefer die Sonnenstrahlen auffallen, desto mehr büßen sie an Kraft ein; daher ist es am Aequator am wärmsten, an den Polen am kältesten. Die größte Wärme wird an der Erdoberfläche hervorgerufen, hierdurch dehnen sich die erdauflagernden Luftschichten aus, werden leichter und steigen in die Höhe, die kälteren Luftschichten sinken nieder, um dann denselben Proceß durchzumachen. Hierdurch entsteht die Bewegung der Luft, sie ist ein stetes Auf= und Niederwallen, das durch die Gestaltung des Bodens, die Erdumdrehung, ungleiche lokale Erwärmung u. f. w. auch seitliche Abweichungen erhält, welche die Winde hervorrufen. Die erste Ursache der verschiedenen Wärmeeinwirkung ist der Tag= und Nachtwechsel, ferner der Wechsel der Jahreszeiten, bedingt durch die verschiedentliche Stellung der Erde bei ihrem Laufe um die Sonne, schließlich die verschieden starke Erwärmung am Aequator und an den Polen.

§ 106.
Luftwärme.

Wie aus dem Vorhergehenden erhellt, wird die Luftwärme durch die Jahres und Tageszeit bedingt, ferner durch die geographische Lage (heiße, gemäßigte, kalte Zone), schließlich durch die Höhe über dem Meeresspiegel. Die Temperatur nimmt erfahrungsmäßig bei größerer Erhebung über dem Meeresspiegel allmählich ab, im großen Mittel um etwa 0,5⁰ C bei je 100 m Steigung, bis sie bei etwa 2900 m (in unseren Alpen) die Region des ewigen Schnees erreicht; in heißeren Gegenden in höherer Lage und umgekehrt.

Mit dieser Temperaturabnahme in den Höhenlagen hängt das Gedeihen des Pflanzenwuchses auf's Innigste zusammen. Die Grenze des deutschen Waldbaues liegt bei einer Jahres=Durchschnittstemperatur von 5⁰ C.

Eine mäßige Wärme ist für unsere deutschen Waldgewächse am förderlichsten; starke Hitze oder Kälte stören eine gedeihliche Entwicklung. Die Wärme erregt die Keimung und Knospung, unterstützt die Aufnahme von Nahrungsstoffen und deren Umbildung und befördert die Verdunstung. Manche Holzarten verlangen mehr Wärme; so die meisten Laubhölzer und die Kiefer; die anderen Nadelhölzer und die Birke verlangen weniger Wärme. Warme Lagen befördern die Blüthen= und Fruchtbildung wie die Holzproduktion und erhöhen den Harz= und Gerbstoffgehalt.

Kältere Lagen haben einen langsameren Wuchs, geben dafür aber meist festeres und dauerhafteres Holz. Größere Wärme befördert die Zersetzung des Humus, die Verdunstung jeder Bodenfeuchtigkeit und vermehrt somit die fruchtbaren Niederschläge, trocknet dagegen den Boden aus.

Große Hitze steigert die Fähigkeit der Luft, Wasserdämpfe aufzunehmen und ruft eine zu starke Verdunstung und damit Trockniß hervor; hierdurch wird die Vegetation gestört, die Pflanzen erschlaffen, vertrocknen und sterben schließlich aus Wassermangel ab (verwelken!).

Große Kälte wirkt am schädlichsten, wenn sie (als Spätfrost) bei der Keimung und Knospung auftritt und die jungen und zarten Pflanzentheile vollsaftig und noch nicht gehörig verholzt sind. Besonders leiden die zarten Laubhölzer, Buche, Eiche, Ahorn, Esche, Erle darunter, die Triebe sterben ab und sind dann kenntlich an der rostbraunen Farbe, die oft weithin die jungen Schonungen und Culturen bedeckt.

Am gefährlichsten sind zuglose Winkelthäler, Buchten und Kessel, sog. Frostlöcher; auch solche Löcher, wie sie innerhalb der Bestände durch Wind= und Schneebruch, falsche Hiebsführung 2c. entstehen; sie strahlen die Wärme aus, die kalten Luftschichten lagern sich fest auf ihnen ab und es erfrieren alle zarten Pflanzen, da kein günstiger Luftzug sie retten und wärmere Luft zuführen kann. Schädlich wirkt in jungen Saaten auch das sog. Auffrieren; es entsteht dadurch, daß die Feuchtigkeit bei plötzlich eintretender Kälte zu Eiskrystallen erstarrt, sich ausdehnt und mit dem Boden die jungen noch flach bewurzelten Sämlinge in die Höhe hebt, welche dann beim Zurücksetzen des Bodens auf der Oberfläche liegen bleiben und verdorren, am meisten in Moor=, Thon= und Kalkboden.

Eine andere Wirkung des Frostes ist das Zersprengen starker Stämme in sog. Frostrisse. Bei sehr heftiger Kälte ziehen

Die Luftwärme wird durch das bekannte Thermometer gemessen. Der Zwischenraum zwischen dem Gefrierpunkt und Siedepunkt, die durch Eintauchen in schmelzenden Schnee und kochendes Wasser festgestellt sind, wird in 80 Theile (Réaumur), zu wissenschaftlichen Zwecken meist in 100 Theile (Celsius) getheilt, so daß bei 0 der Gefrierpunkt, bei 80 resp. 100 der Siedepunkt sich befindet. Da die Wärme bekanntlich alle Gegenstände ausdehnt, die Kälte dieselben zusammenzieht, so steigt und fällt das Quecksilber in der Glasröhre nach dem Wechsel von Wärme und Kälte und wir können an der Skala ablesen, um wieviel es kälter und wärmer geworden ist; abgekürzt 15⁰ R = Réaumur, 15⁰ C = Celsius.

Der Blitz ist ein elektrischer Funken im Großen, welcher durch Ausgleichung entgegengesetzter Elektricitäten entweder zwischen zwei Gewitterwolken oder einer Gewitterwolke und der Erde entsteht, im letzteren Falle sagt man: es schlägt ein. Der Donner entsteht in Folge der plötzlichen und gewaltigen Ausdehnung, welche die Luft durch den durch sie hinzuckenden heißen Blitzstrahl und durch das unmittelbar darauf folgende rapide Zusammenstürzen der Luftmassen nach den durch die Ausdehnung stark verdünnten Luftschichten hin erleidet. Die Entfernung des Gewitters kann man leicht berechnen, indem man genau die Sekunden zählt, welche zwischen Blitz und Donner vergehen; jede Sekunde entspricht einer Entfernung des Gewitters von etwa ⅓ Kilometer; bei 3 Sekunden ist das Gewitter also 1 Kilometer, bei 22 Sekunden eine deutsche Meile entfernt.

Gewitter entstehen bei sehr schneller Verdichtung des in der Luft reichlich enthalten Wasserdampfes durch plötzliche Abkühlung, z. B. wenn bei großer Hitze, wo die Luft am meisten Wasserdampf fassen kann, plötzlich sich ein kälterer Wind (Nord- oder Ostwind) erhebt, oder wenn der Süd- oder Westwind in Nord- oder Ostwind umspringt.

Das Wetterleuchten steht im Zusammenhange mit entfernten Gewittern, deren Donner man wegen zu großer Entfernung (über 25 Kilometer) nicht hören kann, oder es ist der Widerschein von unter dem Horizonte befindlichen Gewittern. Der Regenbogen entsteht bei gleichzeitigem Regen und Sonnenschein, indem sich die Sonnenstrahlen im herabfallenden Regen nach bestimmten Gesetzen brechen oder zurückgeworfen werden und so Farbenerscheinungen hervorrufen.

Auf ähnlichen Gesetzen beruht die Morgen- und Abendröthe, wie auch die sog. Höfe um Mond und Sonne; befindet sich die durch seine allmähliche und tief einbringende Befeuchtung sehr günstig auf den Pflanzenwuchs.

Schlägt sich der Wasserdampf an bis unter den Gefrierpunkt erkalteten Gegenständen — ohne erst flüssig zu werden — direkt in fester Form nieder, so entsteht der „Reif". Eine besonders schädliche Art des Reifes ist der sog. Raureif oder Duft, welcher dadurch entsteht, daß Nebel sich auf meist unter Einfluß von Ostwind stark erkaltete Kronen und Zweige niederschlägt und reifartig festfriert. In größerer Masse beschwert er die Zweige und giebt Veranlassung zum bekannten Duftbruche.

Schnee entsteht, wenn der in der Luft befindliche Wasserdampf gefriert; er wird dann so schwer, daß er (in sechsseitigen Krystallen) auf die Erde zurückfällt.

Der Schnee wirkt als warme Bodendecke günstig, ebenso als Erzeuger von Feuchtigkeit beim Schmelzen. Schädlich wirkt er, namentlich im Gebirge dadurch, daß sich große Massen auf den Bäumen, besonders den Fichtenbeständen ablagern und dieselben niederdrücken (Schneedruck) oder niederbrechen (Schneebruch). Am meisten leiden darunter Hänge und rothfaule Bestände. (Siehe § 197.)

Die Entstehung des Hagels ist noch nicht genügend aufgeklärt. Glatteis entsteht, wenn nach Frost warmer Regen oder Nebel fällt und als Eiskruste am kälteren Boden auffriert.

§ 108.

Wie alle anderen Körper, so übt auch die atmosphärische Luft einen Druck auf ihre Unterlage aus, mithin auf die Erdoberfläche mit Allem, was darauf befindlich. Je nach der Windrichtung, nach der Temperatur, dem Feuchtigkeitsgehalte der Luft, insbesondere nach der Erhebung über der Meeresfläche ist der Luftdruck sehr verschieden und wird durch ein Instrument, das bekannte Barometer gemessen, welches uns den wechselnden Druck der Luft durch das Steigen und Fallen des Quecksilbers in der Röhre anzeigt. Ein plötzlich starkes Fallen des Barometers zeigt Sturm an, die Süd-, die Südwest- und Westwinde bringen uns wärmere leichte mit Wasserdünsten geschwängerte Luft, der Druck derselben läßt nach, das Barometer fällt, und wir haben Regenwetter zu erwarten; umgekehrt bringen die Nord- und Ostwinde uns kältere schwerere trockene Luft und schönes Wetter, der Luftdruck wird stärker und das Barometer steigt.

Mäßige Winde sind nothwendig, um die Nachtheile der Temperaturextreme auszugleichen. Die herrschenden Winde bei uns sind die **Westwinde**. Ueber das atlantische Meer herwehend haben sie viel Feuchtigkeit, bringen also meist Regen und wirken deshalb günstig auf trockene Bodenarten und Lagen. Sie arten aber auch häufig in Stürme aus, deshalb muß sich der Forstmann am meisten vor ihnen schützen. Die über Asien und das europäische Flachland wehenden **Ostwinde** haben ihre Feuchtigkeit meist auf dem langen Landwege bereits abgegeben und wehen bei uns nicht nur trocken, sondern auch — aus kälteren Gegenden kommend — kalt und scharf. Der Ostwind hagert deshalb den Boden aus und zerstört häufig die zarten Triebe sowie die Fruchtansätze, hindert auch oft das Gedeihen der Saaten durch Frostgefahr.

Ein ähnlicher rauher Wind ist der Nordwind, er artet leicht in Sturm aus und bringt häufig Schnee und unfreundliches Wetter. Da er jedoch seltener und unbeständig weht, so ist er nicht von großer Wichtigkeit, ebenso wie der seltene Südwind. Dieser ist allezeit weich, mild und fruchtbar, deshalb dem Forstmann nur erwünscht, zumal seine ursprüngliche Wärme in richtiger Weise für uns durch die vorlagernden Alpen gemäßigt ist.

§ 110.
Die verschiedenen Klimaten in Deutschland.

Nach den verschiedenen Einflüssen der herrschenden Winde, der durchschnittlichen Feuchtigkeit und Wärme, welche wieder durch die Lage (geographische Lage, Höhenlage) und Exposition (Neigung einer Fläche gegen die Himmelsgegend) bedingt wird, hat jeder Ort sein eigenes Klima, das je nachdem günstig oder ungünstig auf das Gedeihen der Waldgewächse einwirkt; man spricht demnach von einem milden (Sommermonate überwiegen), einem gemäßigten (Sommer und Winter gleich lang) und rauhen (Winter länger als Sommer) Klima. Das milde Klima ist für Deutschland besonders im Süden vertreten; anhaltende strenge Winter gehören zu den Seltenheiten; Wein und Obst wie edlere Laubhölzer (echte Kastanie, Wallnuß) gedeihen vortrefflich (10 bis 12° C. Durchschnittstemperatur und 7 Monate Vegetationszeit). Das gemäßigte Klima zeigt schon strengere Winter, hat keinen eigentlichen Weinbau und edlere Obstsorten im Freien, ist aber doch dem Anbau unserer Hauptholzarten noch sehr günstig. Es ist das verbreitetste in Deutschland (7 bis 9⁰ C. Durchschnittstemperatur und 6 Monate Vegetationszeit). Das rauhe Klima ist hauptsächlich im Norden und Osten unseres Vaterlandes und in höheren Gebirgslagen vertreten; der Winter dauert im höheren Gebirge bei uns ebenso lange resp. länger als die milde Jahreszeit, die eigentliche Vegetationsperiode ist auf etwa ein Drittel des Jahres beschränkt. Der Obstbau hört auf, Getreidebau ist auf das geringste Maaß zurückgeführt, die Waldbäume zeigen ein mäßiges, in den höchsten Lagen nur ein krüppelhaftes Gedeihen.

§ 111.
Die Standortsgüte.

Das Zusammenwirken des Bodens, der Lage und des Klimas, welche den Standort ausmachen, ist ein so mannigfaches, daß dadurch eine große Verschiedenheit desselben bedingt wird, welche man für die Praxis wohl in Klassen getheilt hat; so hat Cotta 10 Standortsklassen gebildet und sie mit den römischen Zahlen I—X, von der schlechtesten zur besten aufsteigend bezeichnet, ein Anderer hat die beste Klasse mit 1 und die schlechteren mit Zehnteln bezeichnet, z. B. 0,9, 0,8 ꝛc. Für unsere Zwecke genügen die einfachen Bezeichnungen, gut, mittelmäßig und gering, denen als Aushilfe noch die selteneren Bezeichnungen sehr gut und schlecht beitreten mögen.

Was unter den verschiedenen Klassen zu verstehen ist, geht genügend aus dem Vorgetragenen hervor und mag höchstens als Anhalt wiederholt werden, daß der beste Standort der ist, auf welchem durch das günstigste Zusammenwirken von Boden, Lage und Klima der meiste und beste Holzwuchs erzeugt wird; unter schlechtem Standort versteht man das Gegentheil. Die Güte des unter normalen Verhältnissen herangewachsenen Holzbestandes wird im Allgemeinen auch den sichersten Anhalt zur Beurtheilung der Standortsgüte geben.

Bekanntlich macht jede Holzart ihre besonderen und meist ganz charakteristischen Ansprüche an den Standort; diese zu erkennen und zu befriedigen gehört zu den wichtigsten, zugleich aber schwierigsten Aufgaben des Forstwirths und wollen wir im nächsten Theil, dem Waldbau, untersuchen, wie er diese Aufgaben zu lösen hat.

Fragebogen der Standortslehre.

I. Die Lehre vom Boden.

Zu § 82. Was heißt Standort und was versteht man unter Standortslehre? In welche beiden Haupttheile zerfällt die Standortslehre?

Zu § 83. Wie war unsere Erde früher beschaffen und wie ist ihre heutige Gestalt und Zusammensetzung entstanden?

Zu § 84. Welche Gebirge bilden das erste Erstarrungsprodukt? wie ist ihre Struktur?

Zu § 85. Wie sind die Flötzgebirge entstanden, wie heißen sie? woran erkennt man sie?

Zu § 87. Woraus besteht der Sand und welche Eigenschaften hat der Sandboden in Bezug auf die Waldvegetation?

Zu § 88. Woraus besteht der Thon, Lehm und Mergel? Welche Eigenschaften haben sie für den Pflanzenwuchs?

Zu § 89. Woraus besteht der Kalk? nenne seine Eigenschaften!

Zu § 90. Nenne die wichtigsten Eisenverbindungen im Boden. Welche sind dem Anbau günstig? welche ungünstig?

Zu § 91. Welche Bedeutung haben die auflöslichen Salze für die Ernährung der Pflanzen?

Zu § 92. Welche Mengungen und Uebergänge der Hauptbodenarten giebt es? Was versteht man z. B. unter sandigem Thonboden?

Zu § 93. Was versteht man unter Humus? Wie entsteht er? Welche Einwirkung hat er auf Boden und Wachsthum? Was ist Stauberde? Was ist Laub- und Hagerhumus?

Zu § 94. Welches sind die physikalischen Eigenschaften des Bodens?

Zu § 95. Was versteht man unter Bodenmächtigkeit? Welches sind die wichtigsten Schichten des Nahrungsbodens und wie setzen sie sich zusammen? Wann nennt man einen Boden flachgründig? wann tiefgründig?

Zu § 96. Nenne die verschiedenen Feuchtigkeitsgrade des Bodens und ihre Merkmale. Welche Hauptbodenarten repräsentiren sie? Welchen Einfluß hat die Feuchtigkeit auf die Bodenwärme und die Fruchtbarkeit?

Zu § 97. Welches sind die verschiedenen Bindungsgrade des Bodens? woran erkennt man sie? welche sind günstig?

Zu § 98. Was ist Bodenneigung? wie mißt man sie? welche Abstufungen giebt es und welche Bodenlagen sind günstig? resp. wodurch zeichnen sich die einzelnen Expositionen aus?

Zu § 99. Was versteht man unter Kies, Grus und Geröll? wie verhält sich steiniger Boden zum Holzwachsthum?

Zu § 100. Beschreibe die beiden Arten der Bodenbeurtheilung.

Zu § 101. Woran erkennt man Thon-, Lehm-, Sand-, Humus- und Kalkboden? woran das Vorhandensein von Eisen im Boden? Beschreibe den Schlämmversuch und den Bodeneinschlag?

Zu § 102. Nenne die wichtigsten Waldpflanzen, welche die verschiedenen Bodenarten kennzeichnen.

II. Die Lehre vom Klima.

Zu § 103. Was ist Klima und worin liegt seine forstliche Bedeutung?

Zu § 104. Woraus besteht die atmosphärische Luft?

Zu § 105. Wovon hängt die Erwärmung der Erde ab? Wie entstehen die Winde?

Zu § 106. Welchen Einfluß auf das Wachsthum hat Wärme, Hitze, Kälte? Was versteht man unter Frostlöchern? Auffrieren? Frostrissen?

Zu § 107. Wodurch entsteht die Luftfeuchtigkeit im Allgemeinen, der Regen, der Thau, der Reif, der Raureif, der Schnee, der Nebel und die Wolken im Besonderen? In welcher Weise wirkt der Schnee nützlich? wie schädlich?

Zu § 108. Wie mißt man die Luftschwere, die Luftwärme? Wie entstehen die Gewitter, der Blitz, Morgen- und Abendröthe?

Zu § 109. Wie entstehen die großen Weltwinde? wie die örtlichen Winde? Welches sind unsere herrschenden Winde? welche sind schädlich, welche nützlich und wodurch?

Zu § 110. Was versteht man in Deutschland unter einem milden, gemäßigten und rauhen Klima? welches ist das verbreitetste, welches ist das günstigste? und weshalb?

Zu § 111. In welcher Weise werden im Buche die verschiedenen Klassen der Standortsgüte bezeichnet? In welcher Weise sind sie von anderen Schriftstellern bezeichnet.

B. Waldbau.

§ 112.
Einleitung.

Der Waldbau lehrt die Gründung und Erziehung von Holz-Beständen. Die Gründung der Bestände erfolgt entweder durch Saat oder Pflanzung, also auf künstliche Weise oder unter Benutzung von vorhandenen Beständen, indem man ihren abfallenden Samen oder die beim Hiebe erfolgenden Stockausschläge benutzt, auf natürliche Weise.

Ebenso verschieden wie die Gründung ist die Erziehung der Bestände, die im Allgemeinen vom Standort und dem zu erreichenden Zwecke abhängt; man erzieht die Bestände entweder nur zu kurzem Buschholze oder zu mächtigen Stämmen oder zu Beständen, die beides vereinigen, b. h. Buschholz und Stämme von allen möglichen Stärken und Höhen in sich begreifen.

§ 113.

Die Art und Weise, eine Waldwirthschaft zu betreiben, nennt man Betriebsart. Man hat hauptsächlich vier Betriebsarten:

1. Den **Hochwaldbetrieb**. Bei ihm erzieht man die Bestände zu Stämmen bis zu ihrer natürlichen Höhe und zu einem Alter, in welchem sie sich nicht nur selbst durch Samenabfall verjüngen können, sondern auch das meiste und beste Holz geben.*)

2. Den **Niederwaldbetrieb**. Bei ihm läßt man die Bestände nur ein geringes Alter erreichen und treibt sie periodisch ab, wenn sie noch „niedrig" sind. Sie sind noch nicht fähig, Samen zu tragen, und verjüngen sich hauptsächlich durch den Stockausschlag.

Hierbei sind noch zwei Unterbetriebsarten zu erwähnen, die mit dem Niederwaldbetrieb das gemein haben, daß man die Verjüngung und weitere Nutzung durch periodischen Ausschlag an den Nutzungs= stellen erwartet, der sog. „Kopfholz=" und „Schneidelholzbetrieb". Bei dem ersteren nimmt man leicht ausschlagenden Stämmen in ge= ringer Höhe den Kopf (Gipfel) weg; die dort erfolgenden Ausschläge nutzt man dann wieder in kurzen Zwischenräumen.

Beim **Schneidelholzbetrieb** läßt man die Bäume ein höheres Alter erreichen, nimmt ihnen dann periodisch die Seitenzweige und wiederholt diese Nutzung ebenfalls in kurzen Zeiträumen.

3. Den **Plenter=** (Plänter) oder **Femelbetrieb**. Man ver= jüngt und benutzt die Bestände nicht in zusammenhängenden Flächen, sondern nach Bedürfniß, bald hier, bald da, entweder horst= oder stamm= weise. Man hat also im Plenterbetrieb nicht Bestände von gleichem Alter, Stärke und Höhe, sondern alle möglichen Altersabstufungen von der jungen Pflanze bis zum haubaren Stamm in einzelner oder horst= weiser Mischung in derselben Wirthschaftsfigur.

4. Den **Mittelwaldbetrieb**. Er ist eine zusammengesetzte Waldform von Niederwald und so weit geregeltem Plenterbetrieb im Oberholz, daß in letzterem nur dann gehauen wird, wenn das unter

---

*) Vom Hochwald giebt es verschiedene Formen: Schlagweiser Hochwald und zwar: Kahlschlag, Femelschlag, Ueberhalt= und Lichtungsbetrieb — oder in Verbin= dung mit landwirthschaftlicher Zwischennutzung: Röderwald und Waldfeldbaubetrieb.

ihm stockende stets gleichaltrige Buschholz abgetrieben wird. Im Mittelwald befindet sich demnach über gleichaltrigem Unterholz verschiedenaltriges Oberholz und steht er wie der Name besagt in der Mitte zwischen Hochwald und Niederwald.

§ 114.

Die Hauptverschiedenheit dieser vier Betriebsarten liegt neben der Verschiedenheit ihrer Begründung auf künstlichem oder natürlichem Wege, in der Verschiedenheit der Nutzungszeit, d. h. in der Verschiedenheit des Umtriebes. Unter Umtriebszeit eines Bestandes versteht man den Zeitraum von seiner Gründung bis zu seinem vollständigen Abtriebe.*) Die gewöhnliche Umtriebszeit beim Hochwald schwankt etwa zwischen 80—120 Jahren, beim Niederwald etwa zwischen 10 und 20 Jahren, abgesehen von abnorm hohen und abnorm kurzen Umtrieben zu gewissen Zwecken und bei gewissen Holzarten. Im Mittelwald hat man natürlich für das Unterholz die für den Niederwald, für das Oberholz die für den Hochwald gebräuchliche Umtriebszeit; herkömmlicher Weise bezieht man jedoch die Umtriebszeit des Mittelwaldes auf das Unterholz. Im Plenterbetrieb kann von einer Umtriebszeit im gewöhnlichen Sinne nicht die Rede sein, da der Bestand ja nie vollständig abgetrieben wird. Man bezeichnet hier mit Umtriebszeit den Zeitraum, in welchem auf jeder Fläche wieder planmäßig gehauen wird.

Unter Betriebsklasse versteht man die Gesammtheit der zu derselben Schlagreihe gehörigen, nach gleicher Betriebsart und mit derselben Umtriebszeit bewirthschafteten Bestände — ohne Rücksicht auf ihre Lage oder ihren Zusammenhang, für welche ein besonderer Etat (Hiebssatz) aufgestellt wird.

§ 115.

Die Wahl der Umtriebszeit richtet sich meist nach der Verwerthung der Bestände, seltener wird sie bedingt durch allgemeinere

---

*) Ich wähle diese kurze und klare Definition im Interesse des leichteren Verständnisses meines Leserkreises, obwohl mir bewußt ist, daß sie in einzelnen Ausnahmefällen nicht genau paßt; für Fortgeschrittenere erkläre ich sie dahin: sie ist der Zeitraum, innerhalb dessen planmäßig alle zu einer Betriebsklasse vereinigten Bestände einmal zum Abtrieb kommen.

Interessen, z. B. Schutzmaßregeln für den Verkehr ꝛc. Man wählt für die Bestände meist die Umtriebszeit, in welcher sie den höchsten Ertrag an Geld resp. an Holz, namentlich auch an Holz für bestimmte Gebrauchszwecke geben, wenn nicht gewisse rechtliche Verhältnisse, wie Servituten ꝛc. und eigenthümliche Rücksichten eine andere Umtriebszeit vorschreiben. Die Umtriebszeit theilt man gewöhnlich in sog. Perioden ein, d. h. Zeiträume von gewöhnlich 20 Jahren beim Hochwald, von 3—10 Jahren beim Niederwald. Diese Perioden dienen als Anhalt für die Bewirthschaftungsweise resp. für die Abnutzung der Bestände. Ist die Umtriebszeit z. B. auf 100 Jahre festgesetzt, so theilt man diese in 5 Perioden von je 20 Jahren und legt in die letzte (5te) Periode alle Bestände, die am spätesten zur Benutzung kommen, d. h. in der Regel die jüngsten oder solche von vorzüglichem Wuchse, die noch länger wachsen sollen; in die erste Periode legt man alle Bestände, die zunächst genutzt werden sollen, d. h. in der Regel die ältesten resp. die schlechtwüchsigsten. In der Mitte liegen nach der Reihenfolge die II., III. und IV. Periode.

§ 116.
Ueber die Wahl der Holzarten.

Die Holzarten machen bekanntlich die verschiedenartigsten Ansprüche an den Standort, d. h. den Boden, Lage und Klima, und sind deshalb diese drei Faktoren bestimmend für die Wahl der zu erziehenden Holzarten. Welcher Art diese Ansprüche sind, muß ein aufmerksames Beobachten der Hölzer auf ihrem derzeitigen Standort ergeben; die einen verlangen einen tiefgründigen und milden Boden, viel Feuchtigkeit und Wärme, großen Schutz gegen Gefahren, die andern begnügen sich mit flachgründigem und unfruchtbarerem Boden, sind weniger empfindlich gegen Feuchtigkeit oder Trockenheit, gedeihen noch gut in den rauhesten Lagen, kurz, sind ebenso genügsam als die anderen anspruchsvoll sind. Zu den anspruchsvollsten Hölzern gehören die edlen und werthvolleren Holzarten, während die genügsameren oft auch geringeren Werth haben. Oefter ist maßgebend bei der Wahl das Bedürfniß der Umgegend; sind z. B. in einer Gegend reiche Kohlenlager entdeckt, so wird man sich den Anbau von Holzarten angelegen sein lassen, welche zum Grubenbau erforderlich sind. Ist man bei gleich günstigem Standort zwischen zwei Holzarten zweifelhaft, so wird man die wählen, die den höchsten Geldertrag liefert, oder, ist dieser gleich, diejenige, deren Anbau am bequemsten ist u. s. w. Oft geben auch örtliche Calamitäten, Sturm-, Wasser- und Frostgefahr, Gefahr von Insekten und anderen Thieren, ferner Servituten ꝛc. den Ausschlag.

§ 117.
Wahl der Betriebsarten.

Die Betriebsart hängt zunächst von der Holzart ab. Die Nadelhölzer eignen sich am besten für den Hochwald resp. als Oberholz im Mittelwald; für den Niederwald eignen sich alle Laubhölzer mit guter Ausschlagskraft, für den Mittelwald und Plenterwald eignet sich jede Holzart, sobald das Nadelholz oder schlecht ausschlagendes resp. nicht Schatten ertragendes Holz nicht zu Unterholz gewählt wird.

Zum Hochwald wird man alle Holzarten nehmen, die den langen Hochwaldumtrieb aushalten und dabei die **höchste und werthvollste Holzmasse** liefern. Demnach sind zum Hochwaldbetriebe unsere Hauptholzarten, Eiche, Buche, Kiefer, Fichte und Tanne vorzüglich geeignet. Die übrigen Holzarten können im Hochwaldbetriebe bewirthschaftet werden, ob jedoch mit Vortheil, wird die Besprechung der einzelnen Holzarten ergeben. Ferner ist der Hochwald nur geeignet für größere Waldcomplexe, in denen man rationell jährlich soviel hauen kann als zuwächst, ohne das Holzkapital zu verringern. Der Hochwaldbetrieb ist eine verhältnißmäßig kostspielige Betriebsart, weil zwischen Saat und Ernte ein großer Zeitraum liegt, man also sehr lange warten und die meisten Gefahren bestehen muß, ehe man einen Gewinn erzielt. Der Besitzer einer sehr kleinen Waldfläche wird deshalb selten und nur gezwungen den Hochwaldbetrieb wählen. Man kann Obiges dahin zusammenfassen: der Hochwaldbetrieb wird mit Nutzen nur in solchen Wäldern angewandt, die groß genug sind, um eine ordnungsmäßige Hochwalds-Einrichtung mit jährlich gleichen und lohnenden Erträgen zuzulassen. Gewisse Standorte erlauben keinen Hochwaldbetrieb, z. B. ganz steile Hänge oder ganz flachgründiger und exponirter Boden, während umgekehrt rauhere Lagen ihn erfordern können. Verlangt der Markt hauptsächlich Bau- und größere Nutzhölzer, so wird man, wenn es sonst die Verhältnisse erlauben, den Hochwaldbetrieb einführen. Ueberhaupt sei hier gleich hervorgehoben, daß für die Betriebsart in ähnlicher Weise wie für die Umtriebszeit einer der wichtigsten Bestimmungsgründe, sobald die Natur ihr Ja gesprochen, die Absatz- und Verwerthungsverhältnisse sind. Unter Umständen gebieten auch Verpflichtungen, Servituten ꝛc. die Betriebsart, zuweilen auch die benachbarte Bewirthschaftungsart und sonstige örtliche Verhältnisse*).

Für die Einführung des Niederwaldes ist im Allgemeinen das Umgekehrte maßgebend, was für den Hochwald maßgebend ist. Zunächst sind nur solche Hölzer tauglich, die an den Stöcken oder Wurzeln gut ausschlagen, d. h. die meisten Laubhölzer, ganz ausgeschlossen sind die Nadelhölzer. Je mehr Ausschlagsfähigkeit nun eine Holzart hat und je werthvoller sie dabei ist, um so geeigneter ist sie zum Niederwald. Obenan steht die Eiche, dann folgen in der Reihenfolge ihrer Tauglichkeit Erle, Ahorn, Esche, Ulme, Weide, Hasel, Akazie (vergl. § 124). Die Birke giebt nur auf zusagendem Standort, dann allerdings oft vorzügliche Erträge. In letzter Reihe sind zu nennen: Linde, Pappel, Eberesche und Buche, welche letztere wegen geringer Ausschlagsfähigkeit sich am wenigsten eignet. Außerdem eignen sich noch alle Straucharten zum Niederwald, sie kommen dann eingesprengt vor, haben aber meist keine hohe forstliche Bedeutung.

Der Niederwald eignet sich auch für den kleinsten Waldcomplex, vorzüglich für einzelne Parcellen. Er ist sehr passend für flachgründigen Boden, indem der große Wurzelstock mit seinen weitgehenden Wurzeln bequem die verhältnißmäßig geringe überirdische Holzmasse ernähren kann. Auf ganz steilen Hängen ist er neben dem Plenterwald beliebt, da er eine bequemere Abnutzung und Wiedercultur gestattet und den Boden bindet. Er ist am vortheilhaftesten, wo starke Nachfrage nach den schwächsten Nutzsortimenten ist und in allen Fällen, wo es dem Besitzer auf möglichst baldige Ernte aus seinem Waldgrundstücke ankommt, also namentlich für Besitzer kleiner Waldgrundstücke.

Schon die geringe Verbreitung des Mittelwaldes (auch zusammengesetzter Betrieb genannt), wie die in jüngster Zeit sehr vielfach in Angriff genommenen Ueberführungen von Mittelwald in andere Betriebsarten beweisen, daß er sich keines großen Beifalls unter den

---

*) Bernhardt sagt in seiner Forstgeschichte Bd. III: „Das Ziel der Wirthschaft ist die höchste Ausnutzung der konkreten Kraft des Standorts durch Erzeugung des werthvollsten Holzes. Die Aufgabe des Forstmanns gipfelt darin, seine Standorte frei zu individualisiren und an jeder Stelle genau die Holzart zu erziehen, welche hier die relativ werthvollste ist; die Betriebsart ist aber stets diesem Hauptzwecke unterzuordnen."

Forstwirthen zu erfreuen hat. Dies liegt zunächst darin, daß der Mittelwald große Ansprüche an den Boden macht; nur ein guter und tiefgründiger Boden kann unter dem unvermeidlichen Drucke des Oberholzes noch erträgliches Unterholz hervorbringen und den großen Ansprüchen, welche die im Verhältniß zu Hoch- und Niederwald größte Holzmasse des Mittelwaldes in Bezug auf Ernährung macht, nachhaltig genügen. Der Mittelwald ist also auf den guten und besten Standort beschränkt. Die richtige Bewirthschaftung des Mittelwaldes ist mit großen Schwierigkeiten verknüpft, die namentlich den Privatforstwirth wohl bedenklich machen können; denn mit der Größe der Schwierigkeiten steht die Gefahr von Fehlern in gleichem Verhältnisse, nnd Wirthschaftsfehler rächen sich sämmtlich im Ausbleiben der Erträge, d. h. in klingender Münze und in Verschlechterung des Bodenkapitals.

Unter Umständen, d. h. auf gutem Standort, ist der Mittelwald vortheilhaft, da er am besten von kleinen Flächen vielseitige Ansprüche an die verschiedensten Holzsortimente befriedigt; er giebt die bequeme Gelegenheit zur gleichzeitigen Erziehung der stärksten wie schwächsten Nutzsortimente auf den relativ kleinsten Flächen (vergl. § 164).

Dem Plenterbetrieb wendet man in letzter Zeit große Aufmerksamkeit zu und bemüht sich, ihm allgemeinere Verbreitung an Stelle des Hochwaldes zu verschaffen, da er die größte Sicherheit vor allen Calamitäten durch Elemente und Insekten bilden soll, die großen Opfer vermeidet, die mit der Betriebsregulirung des Hochwaldes verbunden sind und den Holzbedürfnissen vielseitiger genügt; er ist jedoch wie aus der Besprechung der einzelnen Holzarten ersichtlich wird, auf gewisse Standortsverhältnisse und bestimmte Holzarten beschränkt.

Gründung der Bestände.
Natürliche Verjüngung.
§ 118.

Unter natürlicher Verjüngung ist die Verjüngung der Wälder durch Samenfall oder Ausschlag zu verstehen, wie sie z. B. in ursprünglicher Form im Urwald vor sich geht. Auch in der geregelten Forstwirthschaft ist diese Art der Bestandsbegründung bei gewissen Holzarten noch sehr beliebt und bei einigen Holzarten sogar nöthig, da sie in der Jugend den Schutz der Mutterbäume gegen Frost und Hitze verlangen, wie z. B. bei Buche und Tanne.

Die Aufgabe des Forstwirths besteht dann darin, die Samenentwickelung, feinen Abfall, die Keimung und fein Wachsen durch richtige Schlagführung zu befördern resp. in Niederwald und Mittelwald die Ausschlagsfähigkeit zu begünstigen und zu erhalten.

Je nachdem nun die Samenbäume auf der zu verjüngenden Fläche oder in nächster Nähe derselben stehen, unterscheidet man zwischen einer Naturbesamung durch den Schirmbestand und einer solchen durch den Seitenbestand. Die erstere hat eine weit unbeschränktere Anwendung und wird deshalb hauptsächlich von ihr in den folgenden Kapiteln die Rede sein.

§ 119.

a. Natürliche Verjüngung durch Samenabfall resp. Schlagbestellung.

Die Bestandsverjüngung durch Samenfall kann mit sämmtlichen Holz- und Straucharten vorgenommen werden, doch findet sie in ausgedehnter Weise im Hochwald- und Plenterbetriebe nur bei Rothbuche und Weißtanne, seltener bei der Eiche, Hainbuche, Esche, Birke, Erle 2c. und bei den anderen Nadelhölzern statt. Nur diese beiden Holzarten erfordern die natürliche Verjüngung, weil sie in der Jugend dringend eines Schutzes bedürfen, den ihnen der künstliche Anbau nicht gewährt.

Um eine gute natürliche Verjüngung zu erhalten, hat man Folgendes anzustreben:

1. Erziehung von Samenbäumen,
2. Reichlichen Abfall von gutem Samen,
3. Herstellung eines guten Keimbettes,
4. Schutz beim Keimen und Anwachsen,
5. Unschädliches Herausschaffen aller dem jungen Bestande schädlichen Mutter- und Schutzbäume.

Dieses erreicht man durch eine richtige Schlagführung, und unterscheidet man nach der fortschreitenden Entwicklung der natürlichen Verjüngung drei Haupthiebsoperationen: die Vorbereitungshiebe, den Besamungsschlag, die Nachhiebe.

Als Beispiel wollen wir in folgendem besonders die natürliche Verjüngung der Rothbuche näher besprechen.

§ 120.
1. Vorbereitungshieb.

Er hat den Zweck: a. Die Samenentwicklung hervorzurufen und zu begünstigen. b. Das Keimbett vorzubereiten.

Die Samenentwicklung erweckt man durch Lockerung des dichten Kronenschlusses, so daß Licht und Wärme freier auf die Samenerzeugung einwirken können. Bei Führung der Vorbereitungshiebe ist große Vorsicht nöthig, um nicht den Boden zu sehr freizulegen und dadurch auf schlechterem Boden Verangerung oder Zurückgehen, auf gutem Boden Verunkrautung herbeizuführen. Unter Begünstigung der Samenbäume, d.h. von Bäumen mit gutem und kräftigem Wuchse und voller hoch angesetzter Krone, nimmt man nach und nach soviel Bäume, namentlich unterdrückte weg, daß durch das noch lose zusammenhängende Laubdach genügend Licht auf den Boden fällt, um eine schnellere und tiefer gehende Verwesung der Bodendecke zu Humus zu bewerkstelligen. Wohl zu merken ist jedoch, daß Vorbereitungshiebe nicht Regel sind, sondern nur da eingelegt werden, wo es die oben angegebenen Zwecke erfordern. Tritt ein Samenjahr ein — ehe der Boden die richtige Gahre, kenntlich an leichter Lagerung — erreicht hat, so muß man künstlich durch Pflügen, Grubbern, Hacken, Eggen, Schweineeintrieb ꝛc. schnell nachhelfen.

§ 121.
2. Besamungsschlag.

Er hat den Zweck, eine gleichmäßige reichliche Besamung zu bewirken und die Keimung und das Anwachsen zu beschützen. Die Samenschläge werden am vortheilhaftesten ausgezeichnet, wenn man aus Beobachtung der Blüthenknospen (bei Kiefer der vorgebildeten Zapfen) auf guten und reichlichen Samenfall sicher rechnen kann. Sobald der Herbst die Früchte voll ausgereift hat, legt man den Schlag ein, in dem man die Samenbäume, namentlich solche, welche den meisten und besten Samen*) tragen, in regelmäßgen Zwischenräumen stehen läßt, hier und da auch, wo es erforderlich ist, noch einige Schirmbäume und solche Stämme, die sich durch vorzüglichen Wuchs auszeichnen und, ohne dem jungen Anwuchs durch Verdämmung zu schaden, mit diesem durchwachsen können. Eine

---

*) Man läßt auch schon etwa im Juli—August einige Samenbäume erklettern und Früchte herunterholen, welche man durch einen Querschnitt (nicht Längsschnitt) mit dem Messer untersucht. Aus der Menge des Samens urtheilt man auf die Quantität, durch die Schnittproben auf die Qualität der Bucheln; dies ist wichtig für Aufstellung der Wirthschaftspläne.

Hauptregel bei der Stellung des Samenschlages ist, zur Vorsicht eher etwas zu dunkel als zu licht zu stellen. Eine zu lichte Stellung läßt sich nie wieder gut machen, die zu dunkle immer, wenn man rechtzeitig eingreift. Als Anhalt für den Grad der Lichtung mag noch dienen, daß Holzarten mit dichtem Laubdach (Buche, Tanne, Fichte) dunkle Schlagstellungen verlangen, ebenso verlangen in dichtem Schlusse erwachsene Bestände dichtere Stellung, weil sie vermöge ihres schlanken Wuchses und schwacher hoch angesetzter Krone den Anwuchs schlechter schützen können. Wichtig ist auch der Standort für die Schlagstellung. Frische und kräftige, zu Unkraut neigende Böden (Kalk und Lehm), ebenso arme und trockene Bodenarten müssen dunkler gehalten werden, Süd- und Westlagen muß man dunkler halten als Nord- und Ostlagen. Das richtige Alter für Samenschlagstellungen tritt erst nach Vollendung des Höhenwachsthums und nach erlangter vollständiger Haubarkeit ein; die Bäume tragen allerdings schon früher, jedoch dann meist tauben oder schlechten Samen. Die Stellung muß jedenfalls so bleiben, daß die Samenbäume die ganze Fläche reichlich mit Samen überwerfen können.

§ 122.

Das Auszeichnen der herauszunehmenden Bäume erfolgt im belaubten Zustande, nachdem man den Boden von unnützen Vorwüchsen und Sträuchern gereinigt hat, weil man dann erst das sicherste Urtheil über Schluß, Verhältniß von Licht und Schatten, Gesundheit der Stämme ꝛc. hat, meist im Spätsommer — indem man den Bestand strichweise durchgeht und die Bäume, welche herausgenommen werden sollen, immer an derselben Seite anplätzen oder anreißen läßt; das erstere geschieht meist in Brusthöhe oder am Wurzelanlauf mit der Axt, das letztere mit dem Reißhaken. Bei unzuverlässigen Holzhauern thut man gut, die Bäume noch mit dem Waldhammer anzuschlagen resp. zu nummeriren. Ist die Masse der herauszunehmenden Bäume größer, so bezeichnet man besser die stehen bleibenden Stämme, z. B. bei Kiefern, Birken, Erlen, durch Umbinden von Wischen.

Das Fällen, Aufarbeiten und Rücken des Holzes muß vor dem Aufgehen des Samens (etwa Mitte April) beendet sein, auch muß man beim Fällen die stehen bleibenden Stämme vor Beschädigung schützen. Ist vor dem Frühling eine Abfuhr nicht zu bewirken, so muß jedenfalls vor beginnender Keimung alles Holz aus dem Schlage resp. an Abfuhrwege gerückt werden, die nöthigenfalls im Schlage selbst auszuzeichnen sind.

Bodenverwundungen zur Aufnahme des Samens sind nur bei Verangerung und Verunkrautung des Bodens nöthig. Sie geschehen vor dem Samenabfall mit Hacken, Harken, Eggen, Pflügen, Grubbern ꝛc. plätze- oder streifenweis. Vor dem Samenabfall ist auch der Eintrieb von Schweinen sehr zu empfehlen, welche den Boden lockern und viel Ungeziefer vertilgen; nur nicht an steilen Hängen und an feuchten Stellen. der Schweineeintrieb erspart oft jede künstliche Bodenverwundung.

§ 123.
3. Die Nachhiebe.

Zweck dieser stufenweis folgenden Nachhiebe in den übergehaltenen Mutterbäumen ist der, den Nachwuchs nach und nach an die Einwirkung von Licht und die damit verbundenen Gefahren zu gewöhnen. Die letzte Räumung nennt man Abtriebsschlag, auch Abräumungsschlag.

Die schattenertragenden Holzarten bedürfen einer sehr vorsichtigen und allmählichen Lichtung; je lichtbedürftiger eine Holzart ist (kenntlich an der lichteren Belaubung), desto schneller muß man lichten und abtreiben.

Bei der Buche umfassen die Nachhiebe einen Zeitraum von etwa 10—20 und mehr Jahren, bei Kiefern ist zuweilen gar kein Lichtschlag nöthig, man kann bei hinreichendem Anflug nach 2—4 Jahren bereits den Abtriebsschlag einlegen; die übrigen Holzarten liegen in der Mitte beider Abtriebszeiten.

Die Nachhiebe erfolgen am besten so, daß man jährlich nach dem Bedürfniß des Anwuchses die verdämmenden Stämme einzeln heraushaut; stets ist jedoch reiflichste Ueberlegung nöthig, da sich ein unnöthig weggenommener Stamm nie sofort wieder in seiner ganzen Größe ersetzen läßt. Den richtigsten Anhalt für die Fortführung der Nachhiebe giebt das Verhalten des Anwuchses; ist dieser gesund und im freudigen Gedeihen, so ist die Schlagführung die richtige; jedes abnorme Verhalten des Unterwuchses muß ein Fingerzeig für Verbesserung der Hiebsführung sein. Sind die Pflanzen gedrückt, von dünnem schwächlichen Wuchse, kränkelndem Ansehen (fleckige Blätter, spindlige Knospen, zurückgehender Höhentrieb ꝛc.), so hat man zu dunkel gehalten; zeigt sich Ueberhandnehmen des Unkrautes, namentlich kennzeichnender Lichtpflanzen, Schaden durch Frost und Hitze (Sonnenbrand), so hat man zu licht gestellt.

Man beginnt zu lichten, wenn der Aufschlag den Schutz entbehren kann (bei $\frac{1}{4}$—$\frac{1}{2}$ Meter Höhe etwa). Kann die Lichtung nicht jährlich mit einzelnen Stämmen gewissermaßen plenternd, — sondern nur in bestimmten Jahreszwischenräumen schlagweise erfolgen, so fällt in diese Zeit der erste Lichtschlag. Man lichtet dann schlagweise weiter, bis man bei etwa Manneshöhe des Anwuchses den Abtriebsschlag einlegt.

Bei Stellung und Führung der Nachhiebe ist Folgendes zu beachten

1. Die Holzauszeichnung muß unbedingt im laubgrünen Zustande erfolgen, weil man nur in diesem Zustande den Grad der Beschattung und das Bedürfniß der Lichtung richtig beurteilen kann, und zwar nimmt man die schlechten, kranken und stärksten Stämme — sofern letztere nicht als Schutzbäume nöthig sind — bei allen Lichtungen zuerst heraus.

2. Das Fällen und Aufarbeiten der Stämme darf nur bei weichem Wetter oder Schnee und unter sorgfältigster Schonung des Jungwuchses geschehen. Schonungsmaßregeln sind:

a. Durch den Schlag sind in der kürzesten Richtung, jedoch unter Vermeidung der besonders gutwüchsigen Stellen, nach den Gestellen Ab= fuhrwege abzustecken, an welche das Holz gerückt (Langholz mit zwei= rädrigen Rückwagen) und möglichst hoch aufgesetzt wird, um Platz zu sparen.

b. Stark und tief beastete Stämme sind vor dem Fällen zu entästen; die Fallrichtung ist so zu wählen, daß weder der Aufschlag noch Nachbar= stämme beschädigt werden; die Stämme sind nicht zu schleifen.

c. Die Abfuhr aus dem Schlage muß vor dem Blattausbruch beendet sein; auf feuchtem Boden erfolgt dieselbe am besten bei Frost, sonst möglichst bei Schnee. Namentlich auf schnellste Abfuhr der starken Stämme ist zu halten.

3. Sämmtliche Weichhölzer, soweit sie hindern und schlecht ver= werthbar sind, sind zu entfernen oder doch zu vermindern; sind stärkere Aspen 2c. im Schlage, so welkt man sie durch Ringeln am besten schon beim Vorbereitungsschlage ab und nimmt sie, wenn sie vollständig ver= dorrt sind (meist nach 3 Jahren), bei den Lichtschlägen mit heraus. Alle nicht nutzbaren Vorwüchse sind möglichst schnell wegzunehmen, namentlich wenn sie schlecht= und sperrwüchsig sind oder durch Randverdämmung schaden; nur sobald sie geschlossen, gutwüchsig und über 2 Ar groß sind, kann man sie erhalten. Diese Regel gilt auch für die anderen Verjüngungsmethoden.

Schlußbemerkung.

Wo keine vollständige Besamung stattfindet, hilft man möglichst schnell durch Saat oder Pflanzung nach, da man mit dem Warten auf nachfolgende Sprengmasten zu viel Zeit verliert, den Boden verschlechtert und eine zu ungleichwüchsige Verjüngung erzielt. Diese Nachhilfe ist eine vorzügliche Gelegenheit, um entsprechende Holzarten einzusprengen; am liebsten wählt man hierzu die Stocklöcher, die wegen ihres Humusreichthums und gründlichster Bodenlockerung den Pflanzen das Anwachsen am meisten erleichtern, auch billig zu kultiviren sind, da die Kosten der Bodenarbeit fast ganz wegfallen.

§ 124.
b. Natürliche Verjüngung durch Ausschlag.
1. Niederwaldwirthschaft.

Das Kennzeichen dieser Betriebsart ist, daß die Holzarten nicht einmal, sondern in bestimmten Perioden öfter genutzt werden, indem man das oberirdische Holz möglichst dicht am Boden wegnimmt und die nachhaltig aus dem Stocke erfolgenden Ausschläge in gleicher Weise behandelt.

Begründung von Niederwaldbeständen. Ueber die tauglichen Holzarten, ihre Umtriebszeit ꝛc. verweisen wir auf die Einleitung (§ 117). Die verschiedenen Laubhölzer besitzen in ihren Wurzelstöcken ein sehr verschiedenes Ausschlagsvermögen; einige schlagen fast ausschließlich nur von dem senkrecht absteigenden Wurzelstocke aus, man nennt solche Ausschläge Stockloden, andere erzeugen nur sogenannte Wurzelloden, d. h. Ausschläge aus den mehr wagerecht streichenden Wurzeln (Tagwurzeln.)*) Stockloden treiben: Rothbuche, Weißbuche, Eiche, Schwarzerle, Birke, Esche, Ahorn, Akazie.

Stock- und Wurzelloden zugleich treiben: Weißerle, Rüstern, Aspe, Pappeln, die meisten Weiden und Straucharten.

Läßt man einen Stumpf beim Hiebe stehen, so treiben die Ausschläge theils aus dem Stumpfe, theils unterirdisch; durch einen recht tiefen Hieb kann man jedoch alle Holzarten zu einem tiefen Stockausschlag zwingen.

Durch ein frühzeitiges, sorgfältiges Abschneiden, sog. Stummeln (ganz glatter und schräger Schnitt dicht über der Erde) der Kernstämmchen läßt sich

---

*) Die Fortpflanzung durch Ausschlag entspringt aus der Fähigkeit, durch Bildung von Adventivknospen am Stammreste den verlorenen oberirdischen Stammtheil zu ersetzen oder aus der Fähigkeit, an den Wurzeln Blattknospen zu erzeugen und diese zu oberirdischen Längstrieben zu entwickeln. In beiden Fällen gründen sich Ernährung und Wachsthum der neuen Stammindividuen auf die fortdauernde Wurzelthätigkeit der Mutterpflanze. Sobald die neuen Pflanzen durch Bildung von Wurzelknospen sich selbstständig bewurzeln, so werden sie unabhängig und ist diese Art der Fortpflanzung als förmliche Vermehrung der Mutterpflanze durch Theilung derselben anzusehen.

sich die Ausschlagskraft erhöhen. Die Masse und Güte des Ausschlags hängt vom freien Zutritt der Sonne, dem Standort und dem Maaße der Feuchtigkeit ab. Deshalb schlagen Durchforstungsstöcke gar nicht oder doch viel schlechter aus.

Die Ausschlagsfähigkeit der Stöcke nimmt mit dem Alter ab; die Loben sind dann weniger kräftig und bleiben kürzer. Man kann diesem Uebel in etwas durch einen recht tiefen Hieb abhelfen, weil dann die Ausschläge sich oft unterhalb bewurzeln und zu selbstständigen Pflanzen ausbilden.

Eine Hauptregel beim Niederwaldhiebe ist deshalb für alle Fälle ein möglichst tiefer Hieb. Nur alte Stöcke sind nicht mehr selbst abzutreiben, sondern die aus ihnen getriebenen Loben sind dicht am alten Stocke wegzunehmen. Die kürzeste Dauer haben Birken- und Rothbuchenstöcke. Gute Ausschläge können noch erwartet werden:

bei Eiche bis zu . . . . 60 Jahren,
„ Schwarzerle, Weißbuche, Rüster, Esche, Ahorn bis 50 „
„ Weißerle, Akazie, Linde bis . . . . 30—45 „
„ Pappeln, Weiden, Birken bis . . . . 20—25*) „

Um reichlichere Holz- und Gelderträge zu erzielen, läßt man jedoch am besten die Stöcke nicht die äußersten Grenzen erreichen. Je besser der Standort, desto länger und besser ist die Ausschlagsfähigkeit.

Da jeder Stock in der Regel viele Ausschläge treibt, so ist eine räumliche Stelluug erwünscht; der durchschnittliche Verband der Stöcke schwankt je nach der Holzart und den örtlichen Verhältnissen zwischen 1,5—3 m; ein noch engerer Verband bis zu 1 m und noch weniger herunter ist gestattet bei Buschholzbetrieb mit den kürzesten Umtrieben, namentlich bei Weidenheegern. Die Anlage erfolgt am besten durch Pflanzung in regelmäßigem Verbande und zwar durch Stummelpflanzung (siehe § 152), bei höherem über 15-jährigem Umtriebe ist Reihenpflanzung in 2,5—3 m Verband, in den Reihen 1,5—2 m Entfernung angebracht, wenn der Standort nicht zu feucht ist. Zwischen

---

*) Ohne bestimmte Altersgrenzen anzugeben, schreibt C. Gayer (Waldbau S. 71) die längste Ausschlagsfähigkeit zu: der Eiche, Ulme, Schwarzerle, Hainbuche, die kürzeste der Buche, Birke, Ahorn, Esche. Vorzüglich am Stocke schlagen aus: Eiche, Hasel, Hainbuche, Buche, Ulme, Kastanie, Linde, Schwarzpappel, Schwarzerle, Esche, Ahorn, Birke; Wurzelbrut treiben: Aspe, Weißerle, Schwarzdorn; an Stock und Wurzel schlagen aus besonders: Weide, Pappel, Akazie, auch Linde, Ulme, Wachholder.

ben Reihen pflanzt man bann gern bobenbeffernbe Nabelhölzer (Kiefer, Lärche). Die eingesprengten beffern Nabelholzstämme kann man hier und da zum höheren Umtrieb überhalten, wo sie nicht verbämmen (sog. Niederwald mit Ueberhältern).

Verjüngungs-Schlagrichtung. Die Niederwaldbestände werden zur Vermeidung der Frostgefahr und Aushagerung stets im Westen angehauen, und wird der Schlag am besten von Südwest nach Nord= oft weitergeführt; an Bergwänden wird vom Fuß nach dem Gipfel gehauen.

Hiebszeit. Die beste Hiebszeit ist im Allgemeinen nach Weggang des Schnees, also vom Winterausgang bis zum Eintritt der Saftzeit, etwa von Mitte Februar bis zum Mai; erfahrungsmäßig treiben die Stöcke in dieser Zeit die reichlichsten und besten Loben. Ausnahmsweis muß man hauen: Erlen in Sümpfen bei Frost, Schälhölzer in der Saftzeit, bessere Nutzhölzer allenfalls schon im Herbst, Weiden im December.

Der Hieb geschieht mit Axt, Beil und Heppe möglichst tief, ganz glatt und schräg von unten nach oben und mit der Schnittfläche nach Norden; auf den Hieb ist die größte Aufmerk= samkeit zu richten; splittriche und wagerecht gehauene Stockflächen faulen ein.

Das gefällte Holz muß unter allen Umständen (dies ist bei der Auktion gleich zur Bedingung zu machen), falls ein vollständiges Rücken nicht stattfindet, vor Laubausbruch, also spätestens bis zum Mai aus dem Schlage geräumt werden. Vergleiche § 182 über Eichenschälwald.

Die Schlagausbefferung umfaßt den Ersatz der abgestorbenen wie der schlechtausschlagenden Stöcke. Sie geschieht am besten durch ältere Pflanzen, selten durch Stecklinge und Senker. Saat ist nicht zu empfehlen, da sie leicht verbämmt wird.

§ 125.
2. Kopfholzbetrieb.

1. Unter Kopfbäumen versteht man Laubholzstämme, die meist als Setzstangen gepflanzt und deren Schaft in einer geringen Höhe (2—3 m) abgenommen wurde, um die im Umkreise der Abhiebsstellen entstehen= den Ausschläge periodisch nutzen zu können.

Der Kopfholzbetrieb beschränkt sich hauptsächlich auf ständige Vieh= weiden und Viehruhen, auf Ueberschwemmungsgebiete, wo der Stockaus= schlag des Niederwalds gefährdet wäre und auf Flußufer zur Abwehr

des Eisgangs. Auch außerhalb der Wälder findet man ihn viel in holz=
armen Gegenden, an Wegen, Rainen, Gräben, auf Weiden und Wiesen.

Zu diesem Betriebe taugen nur Laubhölzer, ausgenommen Roth=
buche, Erle, Birke, Aspe. Am besten eignen sich dazu die Baumweiden,
Hainbuchen, Pappeln und Linden. Man benutzt die Ausschläge zu
Futterwellen, Erbsen- und Deckreisig, von Weiden auch zu Reifstangen,
Flechtruthen, Bindeweiden und Faschinen.

Die Anlage geschieht am besten in weitem Verbande (5—10 m)
mittelst Setzstangen oder Heisterpflanzung; der Kopf wird in einer Höhe
von etwa 3 m weggenommen und dann der Stamm je nach Holzart und
Bedürfniß in 3—9jährigem Umtrieb genutzt. Die Hiebszeit ist dieselbe
wie beim Niederwald, nur Futterwellen müssen im August gehauen
werden. Die Loden werden dicht und glatt am Stamme geschnitten.
Manche Schriftsteller sprechen noch von einer zusammengesetzten
Niederwaldform und verstehen darunter eine Verbindung von ein=
fachem Niederwald und Kopfholz, indem ersterer mit Kopfholz in sehr
weitem Verbande durchstellt ist. Dieser Betrieb muß vorsichtig ge=
handhabt werden, damit weder das Kopfbuschholz die Stockausschläge
verdämmt, noch von letzteren eingeholt resp. überwachsen wird. Das
Kopfbuschholz muß deshalb in sehr kurzem Umtriebe behandelt oder
rechtzeitig freigehauen werden.

§ 126.
3. Schneidelholzbetrieb.

Er unterscheidet sich vom vorigen Betrieb dadurch, daß die Bäume
erst in natürlicher Höhe ihrer Seitenzweige beraubt werden. Der
Schneidelbetrieb liefert gutes Futterlaub, das im August abgehauen
und in Bündeln getrocknet wird; die Stämme geben später beim
Abtriebe oft besonders gutes maseriges Möbelholz. Eichen, Rüstern,
Ahorn, Eschen, Erlen und Pappeln sind die besten Schneidelholzbäume.
Die Triebe werden alle 3—6 Jahre ganz glatt und dicht am Stamme
mit der Heppe weggenommen.

Künstliche Verjüngung.

§ 127.
Saat oder Pflanzung?

Man hat bekanntlich zweierlei Mittel, um auf künstlichem Wege
Bestände zu erziehen, die Saat und Pflanzung.

Welche von beiden Arten die bessere und beliebtere ist, lehrt ein
kurzer Blick auf die Geschichte des Waldbaus. In frühester Zeit plenterte

man, dann verjüngte man durch Schlagstellung auf natürlichem Wege; als das Holz werthvoller und damit der Waldbau intensiver wurde, kam man nach dem Vorbild des Ackerbaus auf die Idee, Vollsaaten zu machen, dann auf Streifen- und Plätzesaaten unter fortwährender Verringerung der Samenmengen; die Anforderungen an den Wald stiegen mit jedem Jahre und man mußte auf Mittel sinnen, schneller brauchbares Holz zu erzielen; die Frucht dieses Nachdenkens war die Pflanzung, bei gewissen Holzarten zuerst in Büscheln mit großer Pflanzenzahl, die im Verfolg immer kleiner wurde, bis auf die Loosung des heutigen Tages, die Einzelpflanzung. Man hat also im Allgemeinen die Saat verworfen und dafür die Pflanzung eingeführt. Hieraus folgt jedoch nicht, daß die Saat zu verwerfen sei. Mit bestem Erfolge wird die Saat z. B. noch bei Eiche und Kiefer angewandt und da, wo es schwierig ist, Pflanzenmaterial zu erziehen. Die Saat hat den Vorzug der Billigkeit vor der Pflanzung und bietet den Vortheil, daß sie gleichzeitig auf dem bequemsten Wege Pflanzenmaterial schafft, auch mehr Durchforstungsmaterial liefert u. s. w. Doch ist die Saat auszuschließen:

1. auf verangertem, magerem und nassem Boden,
2. auf Boden, der dem Auffrieren ausgesetzt ist oder zu Unkraut neigt,
3. in rauhem Klima und zwischen verdämmenden Vorwüchsen; im Allgemeinen überhaupt da, wo die Kultur mit besonderen Schwierigkeiten und mit Gefahren zu kämpfen hat.

Man greift wohl nothgedrungen zur Saat, wenn man sehr ausgedehnte Blößen schnell in Bestand bringen soll, weil sich in solchem Falle die erforderlichen bedeutenden Pflanzenmengen nicht schaffen lassen. Kann man also den Samen billig beschaffen, hat man geeigneten Standort, ist die Beschaffung von Pflanzenmaterial mit Schwierigkeiten verbunden, sind keine örtlichen Gefahren für die Saat vorhanden, wie Vögel, Mäuse, Frost, Nässe, Unkraut ꝛc., so greift man bei Eiche und Kiefer, seltener bei Erle und Fichte und anderen Holzarten lieber zur Saat. Die Pflanzung ist Regel in folgenden Fällen:

1. Wo die oben genannten Gefahren die Saat verbieten.
2. Wenn Samenmangel herrscht.
3. Bei Nachbesserungen.
4. Wo man den Bestand schneller in Schluß bringen und sehr kräftige Pflanzen erziehen muß.

5. Im Niederwald- und Kopfholzbetrieb.
6. Wenn man durch weitere Stellung der Pflanzen auf Nebennutzungen (Gras, Weide) rechnet.
7. An steilen Hängen und in rauhen Lagen.
8. Bei Herstellung eines gleichen Mischungsverhältnisses verschiedener Holzarten.

Holzsaat.
§ 128.
Beschaffung des Samens.

Man verschafft sich den Samen durch Selbstsammeln, durch Kauf oder Tausch.

Das Selbstsammeln geschieht erst, nachdem man sich von der Güte und vollkommenen Reife, auch von der Reichhaltigkeit sorgfältig durch Untersuchung der Samenbäume überzeugt hat. Man nehme den Samen nur von ganz ausgewachsenen, gesunden nicht zu gedrängt stehenden Stämmen auf kräftigem Standort; man vermeide drehwüchsige Stämme, da sich dieser Fehler leicht auf den Samen forterbt. Das Wetter muß trocken sein. Sollen die Stämme noch längere Zeit stehen bleiben, so müssen sie vor allen unnöthigen Verletzungen beim Sammeln (durch Steigeisen, Anprällen, Abbrechen der Aeste ec.) geschützt werden. Am besten gewinnt man den Samen von den gefällten Bäumen, ist dies nicht möglich, so achtet man darauf, daß die Sammler die Zweige nicht nach unten, sondern stets nach oben biegen, weil sie dieselben in ersterem Falle leicht abbrechen oder abreißen. Der erste abfallende Same ist meist schlecht. Am besten läßt man im Accord sammeln.

Nach C. Gayer: Waldbau S. 69, ergiebt sich für die Gesammtsamenproduktion der Holzarten folgende Reihenfolge: Die reichlichste Samenproduktion haben: Birke, Pappel, Weide, Hainbuche; an diese schließen sich an: Kiefer, Fichte, Ulme; dann folgen: Ahorn, Tanne, Lärche, Linde, Eiche, Erle, Esche; zuletzt die Buche. Im Allgemeinen haben die Holzarten mit kleinen, leichten und geflügelten Samen eine reichlichere Fruchterzeugung als jene mit schweren und mit ungeflügelten Früchten.

Beim Ankauf wende man sich nur an die bekannten großen Firmen, bedinge vor der Lieferung Reinheit und Keimprocente des Samens und Abzüge, falls die Bedingungen nicht erfüllt werden; jedenfalls ist der Same stets zu proben.

§ 129.
Aufbewahren des Samens.

Der gewonnene Samen muß so aufbewahrt werden, daß er seine Keimkraft behält, die sehr bald bei allen Samen leidet. Man verfährt bei den wichtigsten Holzarten auf folgende Weise:

Figur 83a.
Zerreichel.

Figur 83b.
Stieleichel.

Figur 84.

Figur 85.
Traubeneichel.

Eicheln.

Die gesammelten Eicheln (Figur 83, 84, 85) werden (nachdem sie getrocknet sind) bis zur Herbstsaat in bedecktem luftigem Raume (auf Tennen, Böden), sonst im Freien unter Schutzdächern und unter Ziehung von Umfassungsgräben gegen Thiere, dünn, nicht über 30 cm hoch, aufgeschüttet und, so oft es nöthig ist, zur Vermeidung der Erhitzung gründlich umgeschippt. Hat man keine Mäuse oder Auffrieren oder Ueberschwemmung zu fürchten, so ist Herbstsaat die Regel, da die Ueberwinterung schwierig ist. Beim Ueberwintern hat man auf trockene Lagerstätte und gehörigen Luftzug zu achten, damit die Eicheln sich nicht erhitzen und schimmeln oder zu früh keimen; zu viel Luftzug oder Frost verdirbt sie ebenfalls. Am besten bewahrt man sie im sog. Alemann'schen Schuppen auf, dessen Construction kurz folgende ist:

In der Nähe von Forsthäusern wird an einem trockenen Ort eine Grube von etwa 2 m Breite, 30 cm Tiefe und, je nach der Menge der Eicheln, von entsprechender Länge unter wallartiger Aufhäufung des Auswurfes so groß gegraben, daß noch ein Theil des Raumes (0,5—1 m) frei bleibt, um die Eicheln dahin umzuschippen. Ueber der Grube wird ein dichtes Strohdach gebaut, in dessen beiden Giebeln man verschließbare Oeffnungen anbringt. Bei strengem Frost und nassem Wetter werden diese Oeffnungen geschlossen. Die Eicheln, die 20—30 cm

12*

hoch gelagert werden, müssen täglich nachgesehen und bei Erwärmung umgeschippt werden.

Sehr empfehlenswerth ist auch die Aufbewahrung der Eicheln in bedeckten Erdgruben, in welche Strohwische so gesteckt werden, daß sie die Eicheln mit der Luft in Verbindung erhalten; ganz in derselben Weise, wie man Kartoffeln, Rüben ꝛc. zu überwintern pflegt.

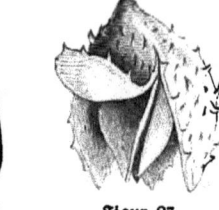

Bucheckern (Figur 86, 87) werden wie die Eicheln durch Auflesen, Abschütteln mit langen Haken oder Abklopfen in untergehaltene Tücher gesammelt und durch Werfen und Sieben von den Hülsen gereinigt.

Das Aufbewahren geschieht entweder im Alemann'schen Schuppen oder in Untermischung mit gewöhnlichem frischem Sande auf Böden und unter Schuppen. Jedenfalls müssen die Bucheln wie alle anderen Samen vor dem Aufbewahren erst gründlich getrocknet werden. Man mischt den Sand entweder gleichförmig unter, oder in abwechselnden Lagen in kegelförmigen Haufen, welche man mit trocknem Laub oder einer Strohhaube bedeckt. In ähnlicher Weise wie mit Sand durchschichtet man die Haufen auch wohl mit trockenem Laub. Uebrigens können diese Methoden auch bei der Aufbewahrung von Eicheln angewendet werden, wenn man die Kosten eines Schuppens sparen will. Um sich von der Keimfähigkeit zu überzeugen, keimt man die Bucheckern vor der Aussaat häufig durch sog. Malzen an. Einige Tage vor der Aussaat feuchtet man nämlich die Bucheln auf Steinböden recht naß an und schaufelt sie in 40 bis 60 cm hohe Kegel. Diese Operation, ein- bis zweimal wiederholt, wird bei der Mehrzahl den weißen Keim hervorlocken, welches der geeignetste Zeitpunkt zum Versäen ist. Die Bucheln, die nicht keimen, werden entfernt.

Weißbuchen- (Figur 88, 89) und Eschensamen (Figur 90) wird im Spätherbst, wenn das Laub abgefallen ist, durch Pflücken oder Abschlagen gesammelt; der erstere wird gedroschen, der letztere behält die Flügel bei der Saat. Ist die Herbstsaat unmöglich, so bewahrt man den Samen in 30 cm tiefen Gräben auf. Man schüttet ihn hier etwa 15 cm hoch auf, bedeckt ihn flach mit ganz trockenem Laub und dann bis zum Rande der Grube mit Erde. Beide Samen

Aufbewahrung des Samens.   181

pflegen überzuliegen, d. h. erst im zweiten Frühjahr zu keimen. Zur Sicherheit sieht man jedoch schon im ersten Frühjahr nach, ob vielleicht

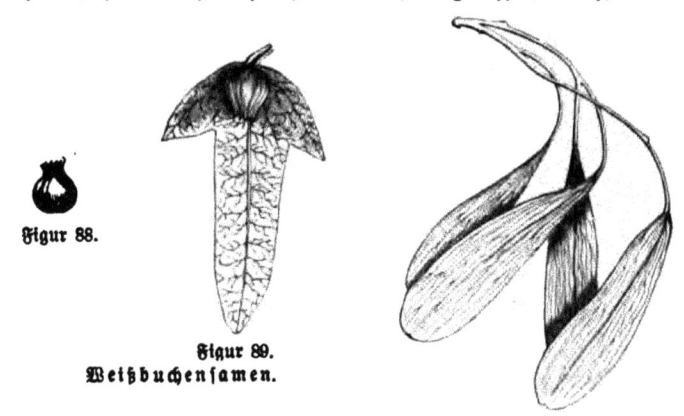

Figur 88.

Figur 89.
Weißbuchensamen.

Figur 90.
Eschensamen.

ausnahmsweis eine Keimung stattgefunden hat, in diesem Fall muß natürlich sofort gesäet werden.

Ahornsamen (Figur 91, 92) gewinnt man im Oktober, wenn die Flügel braun sind, durch Ab= klopfen und bewahrt ihn nöthigen= falls in Säcken in trockenen, aber nicht austrocknenden Räumen, besser noch mit Sand vermengt auf dem Erdboden.

Rüstersamen (Figur 93, 94) reift bereits im Mai oder Juni, er wird abgestreift oder

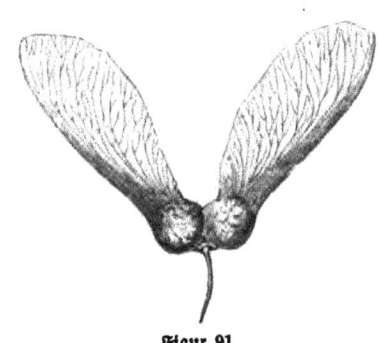

Figur 91.
Bergahorn.

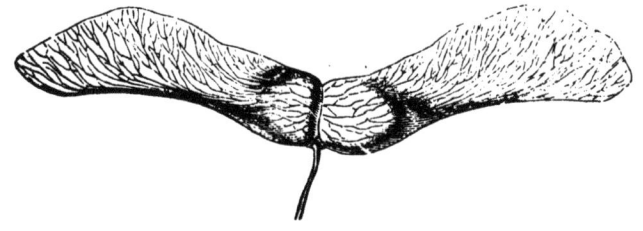

Figur 92.
Spitzahorn.

Aufbewahrung des Samens.

unter den Bäumen zusammengefegt und sofort ausgesäet, da er die Keimkraft sehr bald verliert. Vor dem Sammeln ist jedoch durch Zer-

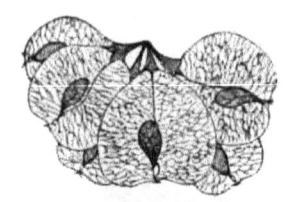

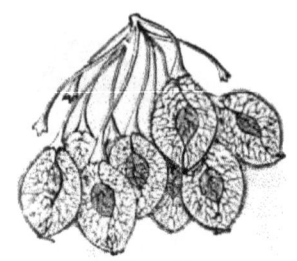

Figur 93.
Feldrüster.

Figur 94.
Flatterrüster.

quetschen mit den Fingernägeln erst zu untersuchen, ob soviel fruchtbarer Same vorhanden, daß das Sammeln lohnt; oft ist aller Samen taub.

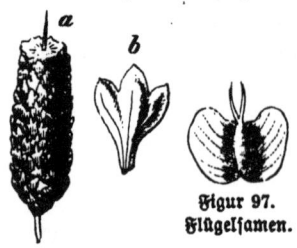

Figur 97.
Flügelsamen.

Figur 95, 96.
Zäpfchen. Samen.
(deckschuppe
vergröß.)
Birkensamen.

Birkensamen (Figur 95, 96, 97) wird Ende August und im September mit den braunen Zäpfchen gesammelt, die zur Gewinnung des Samens erst getrocknet und dann zerrieben und durchgesiebt werden. Vor unvermeidlicher Ueberwinterung muß der Samen gut getrocknet und dann in Haufen auf dem Boden aufbewahrt werden. Oefteres Umschippen ist erforderlich, da er sich sehr leicht erhitzt. Am besten ist sofortiges Säen.

Figur 98, 99.
Zapfen. Samen
(vergröß.)

Erlensamen (Figur 98, 99) reift im Oktober, wird aber erst im November mit den braun gewordenen Zapfen (Figur 98) gesammelt, zerrieben, an warmen Orten ausgesiebt, auf gebretterten Böden ausgebreitet und öfter umgeschippt. Birken- und Erlenzapfen sammelt man am liebsten mit den Zweigen von gefällten Bäumen. An nassen Stellen wird er auch im Frühjahr aus dem Wasser gefischt, muß aber dann sofort gesäet werden.

Weißtannensamen geräth fast immer und wird im Oktober von Steigern gepflückt, bevor die Schuppen von den Spindeln fliegen. An mitteltrocknen und mittelwarmen Orten aufbewahrt, fallen die Schuppen bald ab; den Samen reinigt man durch Sieben. Bei der Aufbewahrung ist große Vorsicht nöthig, da der Same leicht erhitzt

Aufbewahrung des Samens.

und leicht austrocknet und sich nur mit Noth bis zum nächsten Frühjahr hält; öfteres Umschippen ist unerläßlich.

Ein hl Zapfen wiegt 30—40 kg und liefert etwa 2,5 kg entflügelten Samen, der etwa 25 kg à hl wiegen muß.

Fichtensamen (Figur 100, 101) wird durch Abbrechen der Zapfen von Oktober bis März von Kletterern gewonnen. Die Zapfen werden durch Sonnenwärme oder durch Feuerwärme in sog. Samenbarren oder Klenganstalten künstlich vom Samen befreit, der dann in Säcken gedroschen und nachher durchgesiebt wird. Er behält die Keimkraft drei bis vier Jahre; frischer Samen ist jedoch stets der beste.

Flügelsamen hält sich besser als reiner Samen, doch darf er der Luft nicht zu sehr ausgesetzt werden.

Figur 100. Fichtenzapfen.

Figur 101. Samen. a. ohne Flügel, b. mit Flügel.

Ein hl Zapfen giebt etwa 1,5—2 kg reinen Samen, der etwa 46 kg à hl wiegen muß.

Kiefernsamen (Figur 102, 103) gewinnt man ebenso, nur läßt man die Zapfen, damit sie sich leichter öffnen, erst vom December ab sammeln. Zum Ausklengeln ist mehr Wärme (37° C) erforderlich, auch ist der Same viel empfindlicher und hält nur schwer 2, sehr selten 3 Jahre seine Keimkraft, deshalb ist es erste Regel, nur frischen Samen aussäen.

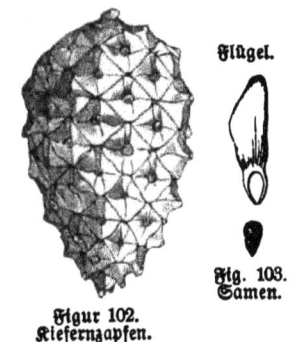

Figur 102. Kiefernzapfen.

Flügel.

Fig. 103. Samen.

1 hl Zapfen giebt etwa 0,8 kg reinen Samen, der pro hl etwa 48 kg wiegt.

Lärchensamen. Die sich schwer öffnenden Zapfen werden im Nachwinter gepflückt, gedarrt und in besonderen Schwingfässern gereinigt, auch Sonnendarren haben guten Erfolg.

1 hl Zapfen giebt etwa 2,5 kg Samen, der pro hl etwa 50 kg wiegt. Lärchensamen hat eine sehr schlechte Keimkraft, deshalb ist vor der Aussaat Einquellen zu empfehlen.

§ 130.
Prüfung des Samens.

Gute Eicheln haben eine gleichmäßig bräunliche glatte Schale, der Kern ist äußerlich gelblich weiß und zeigt beim Zerschneiden inwendig eine frische Wachs=Farbe. Der Kern muß die Hülle ganz ausfüllen. Man schüttet wohl auch die Eicheln in Wasser; die, welche schwimmen, sind schlecht.

Buchenkerne prüft man ebenso wie Eicheln. Hainbuchensamen muß aufgeschlagen einen gesunden und frischen Kern enthalten. Eschensamen wird aufgeschnitten und muß sich im Innern frisch, weich und bläulich=weiß zeigen. Guter Ahornsamen zeigt beim Ablösen der äußeren Schale im Innern frische grüne Samenlappen. Rüster=, Birken= und Erlensamen muß einen mehligen Kern und beim Zerdrücken Feuchtigkeit haben. Weißtannensamen zeigt beim Durchschneiden vollen und frischen Kern und stark terpentinartig riechendes Oel. Den übrigen Nadelholz=samen prüft man durch sog. Keimproben, die stets mit großer Aufmerksamkeit und Vorsicht auszuführen siud.

Die sog. Topfprobe besteht darin, daß man mitten aus dem zu prüfenden Samen 100 Körner nimmt und diese gleichmäßig in einen mit leichter Garten= oder Lauberde gefüllten Blumentopf einsäet. Der Topf muß an einem gleichmäßig warmen Ort stehen und im Untersatz stets Wasser haben. Die keimenden Pflänzchen werden herausgezogen und ihre Anzahl wie der Tag des Keimens notirt bis nach 3—5 Wochen das Keimen aufgehört hat.

Figur 104.
Lappenprobe.

Die sog. Lappenprobe (Figur 104) giebt ein viel schnelleres Resultat. — Man schlägt 100 Körner in einen doppelten Fries= oder Flanelllappen so ein, daß die Körner in der Mitte und die beiden Enden des Lappens in zwei mit Regenwasser gefüllten Untertassen liegen. Durch Beobachten und Notiren des Keimens, wie oben, erhält man die Keimfähigkeit, die in Procenten ausgedrückt wird. Keimen also 77 Körner, so hat der Samen 77 %.

Prüfung des Samens.

Bei zweckmäßig durchgeführter Keimprobe beträgt nach Gayer das Keimprocent etwa:

75—80 % bei Fichte und Schwarzkiefer, 65—70 % bei Kiefer, Esche, Hainbuche, Eiche; 50—60 % bei Tanne, Buche, Edelkastanie, Ahorn, Akazie, Linde; 45 % bei Ulme (sehr hoch!); 35—40 % bei Erle; 30—35 % bei Lärche; 20—25 % bei Birke.

Will man eine größere Genauigkeit haben, so nimmt man nicht 100, sondern 200 und noch mehr Körner.

Recht empfehlenswerth ist der Weise'sche Keimapparat mit sich selbst regulirender Feuchtigkeit. Zu beziehen für 3,50 Mark vom Tischlermeister Fleißig, Magdeburg, Blaubeilstr. 10 und der v. Forstrath Pfitzenmayer in Blaubeuren beschriebene (Allgem. Forst- u. Jagdzeitg. 1893. I.), der 2,50 Mk. kostet und auch für alle sonstigen Sämereien paßt*).

Im Allgemeinen wird die Güte aller Samenarten bedingt durch ihren Reifegrad, Größe, Gewicht, Alter, Herkunft, Reinheit, Farbe, Glanz, Geruch, Vollkörnigkeit und Frische im Innern ꝛc., welche als wichtige Faktoren vor dem Gebrauch zu prüfen sind; besondere Vorsicht ist bei durch den Handel bezogenem Birken-, Erlen- und Lärchensamen, ferner bei Ulmen-, Eschen- und Tannensamen nöthig; man bezieht deshalb die Sämereien nur von alten und als reell erprobten Samenhandlungen, z. B. Helms Söhne in Gr. Tabarz, Heinr. Keller Sohn in Darmstadt. Bei der Prüfung ist auch stets alle Unreinigkeit in Procenten zu ermitteln und ist diese mit in Rechnung zu stellen; wenn man nur gute Körner untersucht, erhält man viel zu hohe Keimprocente; auch darf man die Keimprobe nicht zu lange ausdehnen. Die Keimkraft hält sich im Allgemeinen nicht über die gewöhnliche Auflaufzeit des Samens im Freien hinaus; länger halten sich bei vorsichtiger Aufbewahrung die öl- und wasserarmen, aber stärkemehlreichen Samen (Esche, Hainbuche, Kiefer, Lärche).

Das Säen.
§ 131.

Beim Säen ist darauf zu achten, daß man die richtige Saatzeit, Saatmethode und Samenmenge wählt. Ueber die richtige Zeit belehrt

---

*) In neuerer Zeit sind vielerlei Keimapparate construirt worden und werden noch genannt: die Hanemann'sche Keimplatte, die Apparate von Robbe, von Stainer, die Keimflasche von Ohnesorge ꝛc.

uns die Natur am besten; es ist im Allgemeinen die Zeit die richtigste in welcher die Bäume von selbst ihren Samen fallen lassen; wir säen nur dann zu anderen Zeiten, wenn wir durch die Verhältnisse (Wirthschaftsführung, Gefahren von Thieren, vom Wetter, Arbeitermangel) dazu genöthigt werden. Als Regel betrachte man, schon um das lästige und verlustdrohende Ueberwintern zu vermeiden, für die Laubhölzer die Herbstsaat, für die Nadelhölzer die Frühjahrssaat. Ist für Eicheln und Bucheln große Gefahr durch Mäuse oder Wild, für Bucheln durch Fröste zu fürchten, so säe man im Frühjahr. Weiden-, Birken-, Pappeln- und Rüsternsamen säet man sofort nach erlangter Reife. Die Frühlingssaat nimmt man an trocknen und sonnigen Orten bald nach Abgang des Schnees vor, im Allgemeinen von Ende März bis zum Buchenlaub-Ausbruch; für die Herbstsaat empfehlen wir Oktober; sie richtet sich übrigens nach der Reife und dem Abfall des Samens, dem Eintritt des Frostes oder Schnees, Arbeiterverhältnissen ꝛc.

§ 132.
Saat-Methoden.

Man unterscheidet „Voll-" und „stellenweise Saat". Erstere ist die kostspieligste, sie verlangt am meisten Bodenbearbeitung, Samenmenge und Zeitaufwand, sie wird deshalb jetzt selten angewandt. Bei letzterer unterscheidet man Streifen-, Plätze- und Punktsaat; sie ist die allgemein gebräuchliche, weil sie bei billigerer Herstellung meist auch bessere Erfolge liefert. Den Nachtheil, daß nicht auf der vollen Fläche Pflanzen erzogen werden, wiegt sie dadurch auf, daß sie kräftigere Pflanzen und schnelleren Zuwachs erzielt. Der größten Verbreitung erfreut sich die Streifensaat mit ihren Unterabtheilungen, der Furchen- und Rillensaat. Die Rillensaat wird hauptsächlich in Saatkämpen angewandt; Plätzesaat empfiehlt sich besonders bei Nachbesserungen (in Samenschlägen), ferner auf sehr trocknem und magerem Boden, in rauhen und steinigen Lagen; die Punktsaat (Einstufen) beschränkt sich meist auf den schwersten Samen (Eiche, Buche) und fast nur auf Nachbesserungen, besonders in natürlichen Verjüngungen, sie besteht einfach darin, daß mit einer kleinen Hacke eingeschlagen, der Boden gehoben und darunter der Samen gelegt wird, so daß gewissermaßen nur ein Punkt gemacht wird; auf bindigem Boden ist auch der von Th. Hartig eingeführte Saatdolch zu empfehlen.

§ 133.
Samenmenge.

Sie richtet sich außer nach der zu erstrebenden Bestandesdichte:

1. Nach dem Standort. Auf fruchtbarem und frischem Boden säet man dünner als auf trocknem, magerem und steilem Boden oder auf heißem und rauhem, zu Unkraut und Auffrieren neigendem Boden.

2. Nach der Bodenzubereitung. Auf sorgfältig bearbeitetem Boden säet man dünner.

3. Nach den örtlichen Gefahren. Ist Wild-, Mäuse-, Vogelfraß, Insekten-, Frostschaden ꝛc. zu befürchten, so säet man dichter.

4. Nach der Samengüte. Je besser und frischer der Same, je weniger gebraucht man; Same, der älter ist als ein halbes Jahr, bringt schon $\frac{1}{3}-\frac{2}{3}$ Ausfall, selbst die noch keimfähigen Körner liefern oft schlechteres Material. Je größer und schwerer der Samen relativ ist, um so weniger gebraucht man.

5. Nach der Größe, dem Preis und dem Gewicht der Samenarten; dies ist nach den Holzarten und selbst bei einerlei Holzart je nach dem Alter des Samens, der Jahreswitterung, in der er gesammelt ist, der Standortsgüte ꝛc. sehr verschieden. So verlieren die meisten Samenarten, selbst wenn sie unter den günstigsten Verhältnissen eingesammelt und aufbewahrt sind, durchschnittlich 30 Procent der Keimkraft nach halbjährlicher Aufbewahrung, manche aber noch viel mehr.

6. Nach der Wurzelbildung gewisser Holzarten. Von Holzarten, die früh eine Pfahlwurzel oder starke Herzwurzel entwickeln, kann man verhältnißmäßig weniger Samen nehmen, weil sie erfahrungsmäßig durch die tiefe Bewurzelung gegen die Gefahren vielmehr geschützt sind. Am widerstandsfähigsten nach der Saat ist die Eiche, dann folgen Buche, Ulme, Esche, Ahorn, Erle, Hainbuche, Birke. Die Nadelhölzer stehen in dieser Beziehung in folgender Reihenfolge:

Kiefer, Lärche, Fichte, Tanne. (Tanne macht eine Ausnahme wegen ihrer schlechten Keimkraft.)

Die nachfolgenden Angaben über Samenmengen sind nur annähernde Mittelzahlen und bedürfen nach obigen Gesichtspunkten mehr oder weniger Ergänzungen. Sie beziehen sich auf gut trocknen Samen mit normaler Keimkraft:

1. Eichen: Breitwürfige Vollsaat 10 hl oder etwa 800 kg pro ha. Streifensaat: Streifen 0,5—1 m breit und 1—1,5 m

Entfernung. 7—8 hl pro ha. Einstufen 4 hl pro ha. 1 hl wiegt etwa 72 kg, hat etwa 22000 Eicheln (schwankt sehr).

2. **Buchen**: Vollsaat 4 hl oder 250 kg pro ha, unter Schutzbeständen ½—⅓ soviel. 50—70 cm breite Streifen, 1,25 m entfernt, 2—2,5 hl pro ha.

Löchersaat in 60 cm Verband. 1 hl pro ha. 1 hl Bucheln wiegt 50 kg mit 215000 Stück. Bei Vollmast liefert 1 ha etwa 24 hl Bucheln.

3. **Hainbuchen**: Vollsaat 50 kg, Streifensaat von 50 cm Breite und 1,5 m Entfernung 35 kg pro ha. 1 hl abgeflügelter Same wiegt 50 kg.*) Keimt meist erst im zweiten Jahre.

4. **Eschen**: Vollsaat 35—60 kg, Streifensaat in obigem Verband 20 kg pro ha. 1 hl wiegt 16 kg. Keimt meist erst im zweiten Jahre.

5. **Ahorn**: Vollsaat 50 kg, Streifensaat in obigem Verband 30 kg pro ha. 1 hl wiegt 14 kg.

6. **Rüstern**: Vollsaat 30—40 kg, Streifensaat in obigem Verband 20 kg pro ha. 1 hl wiegt 6 kg.

7. **Erlen**: Vollsaat 20 kg, Streifensaat in obigem Verband 14 kg pro ha. 1 hl wiegt 30 kg.

8. **Birken**: Vollsaat 35—50 kg, Streifensaat in obigem Verband 20 kg pro ha. 1 hl wiegt 10 kg.

9. **Kiefern**: Vollsaat 6—7 kg abgeflügelter Samen, Zapfensaat 9 hl, bei Streifen- und Plattensaat in obigem Verband 4 kg pro ha. 1 hl Zapfen giebt 0,8 kg Samen. Samenjahre alle 3—6 Jahre. 1 kg kostet etwa 3—6 M.

10. **Fichten**: Vollsaat 15 kg, Streifen- und Plätzesaat in obigem Verband 12 kg pro ha. 1 hl Zapfen = 1,5 kg Samen. Samenjahre etwa alle 6 Jahre, kostet pro kg etwa 1,20 M.

11. **Tannen**: Vollsaat 50—75 kg, Streifensaat in obigem Verband 35 kg pro ha. 1 hl Zapfen giebt 3 kg Samen. Samen fast jährlich. 1 kg Samen kostet etwa 60 Pf.

12. **Lärchen**: Vollsaat 15—20 kg, Streifensaat in obigem Verbande 10 kg pro ha. 1 hl Zapfen giebt 2,5 kg Samen; Samenjahre häufig.

---

*) Wo zwei Zahlen angegeben sind, bezieht sich die erstere auf die günstigen, die zweite auf die ungünstigen Verhältnisse; die mittleren Quantitäten ergeben sich hieraus von selbst.

Man prägt sich die Samenmengen der Nadelhölzer am besten nach folgendem Verhältniß ein: Kiefer gebraucht die geringste Samenmenge (7 kg), Fichte und Lärche das Doppelte der Kiefer, Tanne das Fünffache der Kiefer.

Bei streifen- und platzweisen Saaten vermindert sich die Samenmenge im Verhältniß der verwundeten Fläche. Sind die Streifen, Plätze ꝛc. z. B. nur ½, ⅓, ¼ ꝛc. so groß als die Gesammtfläche, so nimmt man auch nur ½, ⅓, ¼ der für Vollsaat bestimmten Samenmenge, doch pflegt man zur Sicherheit der so berechneten Samenmenge noch 10—20 % hinzu zu geben.

Samenmengen für Saatkämpe.

1. Eiche: Vollsaat 0,18 hl, Rillen 30 cm Entfern. 0,14 hl pro ar
2. Buche: „   0,24 „   „   „   „   „ 0,9 „   „ „
3. Hainbuche: „   „   „   „   „   „   „ 1 kg „ „
4. Ahorn: „   „   „   „   „   „   „ 1,2 „   „ „
5. Esche: „   „   „   „   „   „   „ 1   „   „ „
6. Rüster*):   „   „   „   „   „   „   „ 1   „   „ „
7. Erle: „   „   „   „   „   „   „ 1,5—2 „ „ „
8. Kiefer**): „ f. Jährl. 2 kg   „   „   „ 0,7—1 „ „ „
9. Fichte: „   „   „ 1—1,5 „ „ „
10. Tanne: „   „   „ 3—4   „ „ „
    Lärche: Vollsaat   „   „   „ 2   „ „ „

Die zu gemischten Vollsaaten für jede Holzart erforderliche Samenmenge bestimmt sich nach dem erstrebten Mischungsverhältniß resp. nach dem Verhältniß der Güte der Samenarten.

§ 134.
Boden-Bearbeitung.

Jede Bodenbearbeitung hat den Zweck, dem Samen ein günstiges Keimbett zu bereiten; sie bezweckt entweder nur die Entfernung eines der Besamung nachtheiligen Bodenüberzuges oder eine Lockerung des Bodens, nur nicht auf veröbeten Hängen und losem Sandboden.

Entfernung des Bodenüberzugs.

Zur Entfernung des Bodenüberzugs bedient man sich bei kräftigem Unkraut, wie Heide-, Heidel- und Preißelbeere, Ginster ꝛc., einer starken

---

*) Bei sofortiger Aussaat.
**) Je enger man die Rillen wählt, man geht bis zu 8 cm Entfernung herunter, um so mehr Samen muß natürlich genommen werden, vorausgesetzt, daß der Kamp gut gedüngt ist.

Sense mit kurzem und starkem Blatte; schwächeres Kraut, Gras und Moos entfernt man mit Hacke oder Sichel. Ist es möglich, die Arbeit gegen Abgabe des Materials z. B. in streuarmen Gegenden machen zu lassen, so ist dies entschieden rathsam, wenn der Boden nicht zu arm ist, so daß man den Ueberzug zum Bodenschutz und zur Bodenverbesserung gebraucht. Kann man das Material nicht abgeben, so bringt man es auf Haufen und läßt es zu Humus für Forstgärten oder Saatkämpe verwesen oder man brennt oder schmort es zu Rasenasche, die ein vortreffliches Dungmittel bietet. Der Hieb ist unter allen Umständen vor der Samenreife des Unkrautes zu bewirken.

Große und stark verkrautete Flächen befreit man am schnellsten durch Absengen vom Unkraut. Dieses muß jedoch unter folgenden Vorsichtsmaßregeln vorgenommen werden:

1. Die benachbarten Ortschaften müssen benachrichtigt werden, damit nicht unnöthiger Feuerlärm entsteht.

2. Die abzusengende Fläche muß an den Seiten, wo eine Gefahr vom Ueberspringen des Feuers zu fürchten ist, durch Schutzstreifen geschützt werden. Diese werden in der Weise angelegt, daß man 3 bis 6 m breite Streifen mit der Hacke bis auf die Erde abschürft und den Abraum über die zu sengende Fläche ausstreut; ihn wallartig am Rande aufzuhäufen bringt Gefahr.

3. Es sind für den Nothfall alle Vorbereitungen zu treffen, um einem etwaigen Uebergreifen des Feuers durch energische Maßregeln begegnen zu können.

4. Das Brennen muß bei trockener und möglichst windstiller Witterung vorgenommen werden. Ist geringer Luftzug vorhanden, so brennt man am besten mit dem Winde, sonst gegen denselben. An Bergwänden leitet man das Feuer horizontal. Zum Anzünden stellt man die Mannschaft etwa 10—20 m von einander entfernt am Rande auf und läßt sie die Fläche mit trockenem Reisig oder Gras, welches eventuell zwischen die Zinken einer Forke geklemmt ist, anzünden. Sobald die Fläche brennt, müssen die Leute, mit grünen Büschen (am besten Wachholder- oder Birken-) zum Ausschlagen des Feuers versehen, sich an die gefährdeten Stellen zur Beobachtung begeben. Die Brandstelle muß noch einen Tag nachher bewacht werden. Das Abbrennen geschieht im Frühjahr vor der Aussaat: erlauben es die Verhältnisse, so soll man jedoch schon ein Jahr vorher die Fläche abbrennen, damit

sich der durch das Feuer gelockerte Boden*) setzen kann; soll die Saat gleich erfolgen, so muß man den Boden durch Walzen befestigen.

Einen nur benarbten nicht sehr bindigen Boden, der frei von größeren Steinen und Wurzeln ist, verwundet man vortheilhaft mit Grubbern oder leichten Eggen und Pflügen. Auf sehr unebenem Boden mit vielen Stöcken, großen Steinen und Vorwüchsen bedient man sich der Hacke oder Harke, auf leichterem Boden mit hölzernen, auf schwererem mit eisernen Zinken; auch bei Moosüberzug leistet die Harke die besten Dienste.

§ 135.
Lockerung des Bodens.

Die wohlfeilste und zugleich eine sehr wirksame Bodenlockerung bewirkt man durch Schweineeintrieb; der Umbruch derselben paßt für leichte und schwere Samen und trägt zugleich zur Vertilgung der Mäuse und vieler schädlicher Insekten bei. Auf sehr festem Boden muß man zum Eintrieb Regenwetter wählen; an steilen Hängen oder auf nassem und zur Versumpfung geneigtem Boden ist Schweineeintrieb nachtheilig.

Die künstliche Bodenlockerung wird mit Hacke, Harke, Spaten, Eggen, Grubbern und Pflügen vorgenommen, möglichst immer schon im Herbst auf allen schwereren Bodenarten. Die Wahl dieser Werkzeuge richtet sich nach der Stärke der Bodenlockerung, die man bezweckt, nach der Bodenbeschaffenheit und nach der zu kultivirenden Holzart. Die Hacke gebraucht man zu leichteren mehr oberflächlichen Bodenarbeiten, namentlich zum Aufhacken von Streifen, Platten und Löchern; besonders erfolgreich auf ungenügend vorbereitetem Boden ist das grobschollige Umhacken desselben in Samenschlägen vor Abfall des Samens, so daß die Schollen aufrecht stehen. Die Anwendung des Spatens ist wegen seiner Kostspieligkeit fast nur auf Forstgärten, Saat- und Pflanzkämpe resp. auf das Rajolen von Flächen beschränkt. Sehr verbreitet und allein anwendbar ist der Gebrauch des Pfluges, sobald es sich um eine tiefgehende und gründliche Bodenlockerung auf großen ebenen steinfreien nicht zu verunkrauteten Flächen handelt; die Spatenarbeit würde hier zu theuer werden, da ihre Kosten sich zur Pflug-

---

*) Die Einwirkung des Brennens auf den Boden ist von vorzüglichen Folgen, da die Hitze den Boden ausdehnt und lockert, namentlich nassen und kalten (Thon-) Boden trocknet, die Absorptionsfähigkeit erhöht, die Zersetzung der Mineralien befördert und den Boden düngt.

arbeit wie 4:1 verhalten. Die Lockerung des Bodens betrifft entweder die ganze Fläche oder nur Theile derselben, je nachdem man Voll-, Streifen-, Platten-, Löcher- oder Rillensaaten vornehmen will. Je trockner der Boden ist, um so tiefer lockert man im Allgemeinen, da sich tief gelockerter Boden frischer hält. Von Natur lockere und lose Böden lockere man nicht; diese muß man sogar oft binden.

§ 136.
Bodenbearbeitung für Vollsaaten.

Bei Vollsaaten nimmt man, um Kosten zu sparen, häufig entweder vorher oder gleichzeitig landwirthschaftlichen Fruchtbau vor. Der Vor- oder Mitfruchtbau empfiehlt sich nur auf kräftigem, aber stark verunkrauteten Boden, indem durch die mit dem Fruchtbau verbundene Umarbeitung die nöthige Bodenlockerheit ohne Kosten erzielt und gleichzeitig der Boden gründlich von Steinen und großem Gewürzel gereinigt wird. — Je nach der Bodengüte überläßt man das Land unentgeltlich oder gegen einen geringen Pachtzins oder endlich gegen das dabei gewonnene Stockholz. Auf ärmerem Boden ist der Fruchtbau nicht statthaft; ein Voranbau ist selbst bei kräftigem Boden nur 2—3 Jahre zu gestatten. Im letzten Jahre läßt man nur genügsamere Körnerfrucht (Hafer, Buchweizen) bauen. Die rascheste und vollkommenste Lockerung des Bodens wird durch den Kartoffelbau bewirkt, der sich ohne Schaden mehrere Jahre hinter einander betreiben läßt und am besten das Unkraut beseitigt; Kartoffeln sind auch zum Zwischenbau am geeignetsten. Der Fruchtbau wird am häufigsten bei Eiche und Kiefer angewandt, doch muß man sich sehr vor einer zu langen Fruchtnutzung hüten, da sie den Boden leicht ausmagert, auch ist immer strengste Beaufsichtigung nöthig, um Beschädigung oder zu starke Ausnutzung zu verhüten. Die tiefe Bodenlockerung für Vollsaaten gewinnt man durch Pflüge, entweder auf leichtem stein- und wurzelfreiem Boden mit dem Ackerpfluge, sonst mit dem Waldpfluge*) unter Bespannung mit Rindvieh. Ist der Boden stark schollig, so ist ein nachfolgendes Uebereggen erforderlich. Gute Waldpflüge liefert die Maschinenfabrik von Eckert, Berlin N.

§ 137.
Bodenbearbeitung für Streifensaaten.

Dabei ist die Richtung, die Entfernung, die Breite und Bearbeitung der Streifen zu beachten. Sie werden meist von Osten nach

---
*) Der Waldpflug zeichnet sich durch eine Pflugschar mit 2 Streichbrettern aus.

Bodenbearbeitung und Streifensaaten.

Westen, jedenfalls aber senkrecht auf die Gestelle oder Abfuhrwege gerichtet. An Hängen werden die Streifen gegen die Gefahr des Abschwemmens horizontal gelegt und ebenfalls auf der Thalseite mit einem kleinen Schutzwall versehen. Bei der Entfernung des Bodenüberzugs soll man immer noch so viel als möglich Humuserde belassen; ist zu viel (puffige) Humuserde vorhanden, so muß sie mit dem Mutterboden und womöglich mit Sand vermengt werden.

Die Entfernung der Streifen (von Mitte zu Mitte) richtet sich nach der Schnellwüchsigkeit der Holzart, der Bodengüte und den Kulturmitteln; bei ersterer nimmt man die weitere Entfernung von 1,2—1,5*) Meter; auf zur Verangerung geneigtem Boden, der einen schnelleren Schluß erfordert, nimmt man einen engen Verband, etwa 0,5—1,2 Meter; an Bergabhängen empfiehlt sich 1—1,3 Meter Entfernung, da auf der geeigneten Fläche verhältnißmäßig größerer Wachsraum vorhanden ist als auf der ebenen Fläche; die üblichste Entfernung der Streifen ist 1,3 Meter. Die weiteste Entfernung von 2—3 Metern ist zu wählen, wenn man später zwischen den Streifen eine andere Holzart nachziehen will.

Die Breite der Streifen schwankt gewöhnlich zwischen 0,3 bis 1,5 Meter; die breitesten Streifen sind auf sehr zu Unkraut neigendem Boden, namentlich auf Heide- und mit üppigem Beerkraut bewachsenem Boden zu wählen. Werden die Streifen mit Pflügen gezogen, so beschränken sie sich häufig nur auf die Breite der Pflugschar, wo man dann die Entfernung der Streifen entsprechend vermindern muß; diese Unterart nennt man dann Furchensaat. Je breiter die Streifen, desto weiter ist gewöhnlich ihr Verband.

Die Bearbeitung der Streifen richtet sich nach der Bodenbeschaffenheit. Auf leichtem Boden genügt häufig ein bloßes Abschürfen mit der Hacke mit folgender leichter Verwundung, auf festerem Boden muß jedoch noch eine tiefere Bearbeitung folgen; auf ärmerem Boden und kleinen Flächen ist das Unkraut gehörig auf dem Streifen auszuklopfen und das Kraut zur Gewinnung von Composterde oder Rasenasche zu verwenden.

---

*) Die hier angegebenen Zahlen passen nur für mittlere Verhältnisse; unter gewissen Voraussetzungen kann die Entfernung der Streifen resp. ihre Breite je nachdem bald größer bald geringer genommen werden.

Festen Boden oder sehr ausgedehnte Flächen, ferner wenn die Holzart (z. B. Eiche) eine tiefere Lockerung verlangt, bearbeitet man, je nachdem, mit leichteren und schwereren Pflügen.

Die Richtung der Streifen richtet sich nach der Lage und den Gefahren; in der Ebene richtet man sie möglichst senkrecht auf Wege und Gestelle, an Bergen horizontal längs des Hanges.

§ 138.
Ausstreuen des Samens.
Allgemeine Regeln.

Nachdem nach obigen Regeln die Saatzeit und Bodenbearbeitung gewählt, der Samen geprüft und die Samenmenge bestimmt ist, ist das Ausstreuen nach folgenden allgemeinen Gesichtspunkten vorzunehmen:

1. Zum Ausstreuen des Samens wählt man die zuverlässigsten und nur geübte Leute, die das Säen unter unausgesetzter Beaufsichtigung des Försters bewirken.

2. Vor dem Aussäen ist der Samen immer in verschiedene kleinere Haufen zu theilen und sind Probeflächen zu besäen, um so einen Anhalt zu gewinnen, daß der Same ausreicht und die ganze Fläche gleichmäßig stark besäet wird. Bei Vollsaaten theilt man den Samen meist in zwei gleiche Hälften, deren erste man längs, die zweite Hälfte quer über die Fläche ausstreut; letztere dient auch dazu, Fehler der ersten Aussaat zu ergänzen. Bei Streifensaaten macht man, wenn die Fläche klein ist, so viel Häufchen als Streifen vorhanden, bei größeren Flächen nimmt man mehrere Streifen für ein Samenhäufchen zusammen; bei Plätze- und Löchersaat macht man je nach der Größe 3, 4, 5 ꝛc. Häufchen und berichtigt die Größe der übrigen nach den bei der Aussaat der ersten Haufen gewonnenen Erfahrungen.

3. Das Auswerfen der Samen geschieht meist mit der Hand oder aus einer Flasche, durch deren Korken ein hohles Rohrstück gesteckt ist, was abgeschrägt wird. Die Säer sind vorher zu kontroliren und einzuüben, daß sie zu jedem Auswurfe die richtige und immer gleiche Samenmenge greifen. Das Auswerfen des leichteren Samens ist bei möglichst windstiller Witterung vorzunehmen; sobald sich stärkerer Wind erhebt, sind die Leute anzuweisen, den Samen näher gegen den Boden auszuwerfen, bei stürmischer Witterung darf gar nicht gesäet werden. An Bergwänden ist horizontal zu säen. Der Beamte soll sich nur mit

der Aufsicht befassen, nicht etwa selbst für längere Zeit mitsäen. Das Säen ist stets in Tagelohn, nie in Akkord auszuführen.

Säemaschinen, z. B. die Saatflinte, der Saattrichter, die Säemaschinen von Drewitz, Alborn und andere komplicirtere Maschinen, sind nur auf bequemem Terrain, großen Flächen und unter ganz besonderer Aufmerksamkeit auf den stets guten Zustand der Maschine anzuwenden; sie empfehlen sich nur bei dem leichteren und abgeflügelten Nadelholzsamen sowie für sorgsam vorbereiteten Boden. Bei kaum einem anderen Waldgeschäft ist eine solche Gewissenhaftigkeit, Treue und unausgesetzte Aufmerksamkeit des Beamten nothwendig als bei dem Geschäft des Säens; der Beamte soll stets gegenwärtig sein und mit der größten Sorgfalt Alles überwachen, da jeder Fehler sich nachher schwer rächt.

§ 139.
Unterbringung des Samens.

Nur die schwereren Samen (Eichel, Buchel) verlangen eine tiefere Bedeckung mit Erde.

Die Stärke der Bedeckung richtet sich bei allen Holzsamen nach der Größe der Samen, ferner nach der Art der Keimung und dem Boden. Ein zu starkes Bedecken ist entschieden zu vermeiden, da nicht nur das Keimen verzögert und erschwert wird, sondern auch die Pflanzen sich nicht so kräftig entwickeln. Die Eichel fordert je nach der Schwere des Bodens eine Bedeckung von 3—6 cm, die Buchel bis zu höchstens 4 cm; die Hainbuche, Ahorn, Esche und Tanne dürfen nur leicht bedeckt werden (1—3 cm), den übrigen Samen harkt man mit Rechen über, so daß er sich mit der oberen Erdkrume leicht vermengt, bei Erlen- und Birkensamen ist ein nachheriges Anwalzen oder Festtreten erforderlich. Hat man Laub, Moos oder Humus als Deckmaterial, so vertragen die Samen hiervon eine etwas stärkere Bedeckung, ist die Erde dagegen schwer, namentlich sehr thonig, so muß man schwächer decken, ebenso deckt man mit bindigem oder frischem Boden schwächer als mit lockerem und trockenem. Auf sehr trockenem Boden ist Vertiefung, auf sehr nassem Boden Erhöhung des Keimbetts erforderlich (durch Rabatten, Hügel, Grabenauswürfe 2c.). Am besten bedient man sich der Harke, da alle anderen Bedeckungsarten ihre Mängel haben.

§ 140.
Schutzmaßregeln für die Aussaat empfindlicher Holzarten.

Um schattenbedürftige und empfindliche Holzarten, z. B. Buche, Tanne, Fichte ꝛc., gegen Frost und Hitze zu schützen, kann man folgende Maßregeln anwenden:

1. **Fruchtbeisaat.** Mittelgroße und kleine Holzsamen werden gleichzeitig mit leichtem Getreide ausgesäet und untergeegget; doch muß man die Fruchtbeisaat entsprechend schwächer nehmen als bei der Landwirthschaft, auch muß die Ernte unter größerer Schonung der Holzpflanzen ausgeführt werden, am besten mit der Sichel.

2. **Voranbau von raschwüchsigen bodenbessernden und lichtkronigen Holzarten.** Die hierzu geeignetste Holzart ist die Kiefer und die Lärche, welche in weitem Verbande (reihen= und plätzeweis) gesäet oder besser gepflanzt werden; nach 10—20 Jahren wird die empfindliche Holzart (Buche, Tanne, Fichte) untergesäet und nach und nach vom Schutzbestand befreit.

3. **Die Anlage der Saaten unter vorhandenen alten Schutzbeständen gleicher oder auch anderer Holzarten.**

Ein solcher Schutzbestand ist nöthig für Buchen= und Tannensaaten, die im Freien nur sehr selten gedeihen, sehr günstig für Fichten=, Ahorn=, Eschen=, Ulmen= und Erlensaaten. Je nach dem Schutzbedürfniß und dem Standort hat man den Schutzbestand verschieden dicht zu halten und die rechtzeitigen Nachlichtungen nicht zu versäumen. Zu Schutzbeständen eignen sich fast alle unsere wichtigeren lichtkronigen und dabei bodenbessernden Waldbäume, namentlich Lärche oder Kiefer.

§ 141.
Schutz der Saaten.

Ist die Saat nach obigen Angaben ausgeführt, so muß sie unausgesetzt beobachtet werden, ob nicht Gefahren ihr Gedeihen in Frage stellen. Solche Gefahren bringen:

1. **Unkrautwuchs.** Bei Vollsaaten beseitigt man das Unkraut vor der Samenreife durch Ausrupfen mit der Haub, unter Umständen auch wohl durch vorsichtiges und hohes Abmähen oder Absicheln, wenn die Pflanzen noch klein genug sind. Bei Streifensaaten läßt man das Unkraut auf den Zwischenbänken absicheln, bei Rillensaaten hacken, in den Streifen selbst verfährt man wie bei Vollsaaten.

2. **Samenfressende Thiere.** Diese muß man vertilgen oder verscheuchen; gegen Wild schützt Einzäunen oder verstärkter Abschuß, gegen Mäuse Vergiften oder vorheriger Umbruch der Fläche durch Schweine, gegen Weidevieh und Menschen Einschonung. Als probates Mittel gegen Vögel ist das Vergiften mit Bleimennige zu empfehlen. Man verfahre dabei wie folgt: 7 kg Samen schütte man dünn in einem wasserdichten Troge aus und streue darüber 0,5 kg Bleimennige; dann rühre man mit einem Holzspahn, noch besser mit beiden Händen die mit ¼ Liter Wasser besprengte Masse tüchtig um; ist der Samen gleichmäßig gefärbt, so nehme man wiederum 0,5 kg Mennige und ¼ Liter Wasser und rühre so lange, bis jedes Samenkorn mit einer rothen Kruste überzogen ist. Schließlich wird der Samen auf Laken ganz dünn ausgebreitet und an der Sonne getrocknet. In derselben Weise werden auch größere Quantitäten auf gebretterten Böden unter Umschippen gefärbt, indem man auf die zu färbende Samenmenge ¼ des Gewichts Bleimennige und ¼ in Litern Wasser berechnet, welche — wie oben beschrieben — in 2 gleichen Hälften beigemengt werden. Da Mennige giftig ist, so ist Vorsicht anzuempfehlen, namentlich darf man keine Wunden an den Händen haben.

3. **Fehlstellen der Saaten** sind rechtzeitig nachzubessern; am besten durch Pflanzung und zwar mit Wildlingen aus der Kultur selbst.

4. **Gegen Abschwämmen an Hängen** schützt das Ziehen von Horizontalgräben, auch müssen die Streifen stets horizontal längs des Hanges angelegt werden.

Holzpflanzung.
§ 142.

Ueber die Frage, ob im gegebenen Falle Saat oder Pflanzung zu wählen ist, entscheidet das in § 127 Gesagte.

Die Pflanzung hat der Saat gegenüber das Nachtheilige, daß man sich das Material erst mit besonderer Mühe beschaffen muß, was in der Regel mit nicht unbedeutenden Kosten, Risiko und Umständen verbunden ist.

Beschaffung des Pflanzenmaterials.

Zur Beschaffung der Pflanzen giebt es zwei Wege:

1. Man benutzt schon vorhandenes Pflanzenmaterial aus Freisaaten, natürlichen Verjüngungen ꝛc. sog. „Wildlinge".
2. Man erzieht sich das Pflanzenmaterial in sogenannten „Kämpen".

§ 143.

1. Benutzung schon vorhandener Pflanzen, Transport und Verpackung der Pflanzen.

Am wohlfeilsten ist es für den Forstwirth, wenn er seine Pflanzungen mit Wildlingen aus möglichst nahe gelegenen jungen Ansaaten, natürlichen Verjüngungen oder Schlägen herstellen kann. Bei der Auswahl der Pflanzen muß sorgfältig verfahren werden; es sollen zum Ausheben der Wildlinge nur die zuverlässigsten und tüchtigsten Arbeiter verwandt werden. Die zu benutzenden Pflanzen müssen gute concentrirte Bewurzelung, namentlich recht viele Faserwurzeln, gute Beastung und eine gerade, recht kräftige (stufige!) Schaftform haben, dürfen nicht beschädigt und müssen vollkommen gesund sein; dies erkennt man an der Länge und Stärke der letzten Triebe und an den kräftigen Knospen. Werden die Pflanzen ohne Ballen, d. h. ohne die den Wurzelstock umgebende und anhaftende Erde ausgestochen, so müssen sie vor dem Transport sofort eingeschlagen werden; selbst die Ballenpflanzen sollen dicht zusammengetragen und, falls sie nicht an demselben Tage benutzt werden, an den Seiten ringsum mit Erde beworfen werden. Werden die Pflanzen aus Schlägen mit Schutzbäumen entnommen, so gebe man Pflanzen, die recht frei stehen, den Vorzug. Beim Ausheben hüte man sich vor dem Beschädigen der auszuhebenden wie der stehenbleibenden Pflanzen; namentlich muß der Spaten weit genug ab und tief genug eingestoßen werden; die Pflanzen sollen erst, nachdem sie vollkommen gelockert und losgestoßen sind, ausgehoben, nicht etwa mit Gewalt losgerissen werden. Je jünger und kleiner die Wildlinge sind, desto bequemer, billiger und sicherer ist ihr Verpflanzen; zu versetzende Stämmchen sollen über der Erde nicht nicht stärker als höchstens 5 cm sein. Das beste Alter ist das von 2—4 Jahren, in höherem Alter wird das Auspflanzen immer schwieriger und gefahrvoller. Der Transport der Pflanzen wird bei geringer Entfernung in Körben, auf Tragbahren, zweirädrigen Hand- oder auf Schiebkarren ausgeführt; Ballenpflanzen sollen nie am Stämmchen getragen werden, sondern mit der flachen Hand unter dem Ballen, weil sonst leicht die Erde abfällt; Pflanzen mit entblößten Wurzeln werden zusammengebunden und mit feuchtem Moos umgeben. Bei weitem Transport werden Wagen benutzt und müssen die Pflanzen gegen Reibung und Austrocknen durch Einfüttern der Wagenwandungen mit feuchtem Moos, Stroh oder Erde unter öfterem Anfeuchten unterwegs geschützt werden.

Bei weiterem, namentlich Eisenbahntransport ist eine sorgfältige und je nach der Größe verschiedene Verpackung erforderlich.

1) **Kleine Pflanzen:** 1—2jährige Laubholz- und Nadelholzpflanzen versendet man am besten in groben Weiden-(Kartoffel-)körben, in welche man sie, — die Wurzeln nach innen — nachdem der Boden mit feuchtem Moos bedeckt ist, kranzförmig dicht einschichtet; oben deckt man wieder reichlich feuchtes Moos ein und näht den Korb mit Sackleinwand zu.

2) **Mittelgroße Pflanzen** verpackt man in Doppelbunden, indem man etwa 4 Wieden (Birken, Weiden) 20—30 cm entfernt parallel auf den Boden, über dieselben — die Wieden senkrecht kreuzend — recht dichte frische Fichtenzweige und zuletzt ein feuchtes Moospolster legt; nun legt man die Pflanzen, Wurzel gegen Wurzel gekehrt, dicht übereinander, in jedes Doppelbund die gleiche Zahl (100, 200 zc.), deckt sie wieder ringsum mit feuchtem Moos und Fichtenzweigen und schnürt das Bund mit Hilfe der untergelegten Wieden so zusammen, daß auch die an beiden Seiten heraussehenden Wipfel geschützt bleiben.

3) **Große Pflanzen** (Halbheister, Heister zc.) werden je nach ihrer Stärke zu 5—20 Stück verpackt, indem man auf eine entsprechend große Lage von Fichtenzweigen ein feuchtes dickes Moospolster und auf dieses die Pflanzen legt; sind die Wurzeln gut allseitig mit Moos eingefüttert und bedeckt, so schnürt man das ganze Wurzelbündel mit den vorher untergelegten Wieden fest so zusammen, daß die überragenden Fichtenzweige noch den Stamm schützen.

Vor dem Einpflanzen müssen überflüssige, zu lange oder beschädigte Wurzeln und Zweige, jedoch unter sorgfältigster Schonung der kleinen Faserwurzeln, mit glattem schrägem Schnitt nach unten weggenommen werden.

§ 144.

2. Erziehung der Pflanzen.

Die Erziehung von Pflanzen erfolgt in Kämpen, die man Saatkämpe nennt, wenn die jungen Pflanzen direkt zu den Kulturen verwandt werden, Pflanzkämpe, wenn die Pflanzen vor der Verwendung noch ein- oder mehrere Male umgepflanzt: „verschult" werden.

Man unterscheidet ständige und Wanderkämpe. Letztere werden in nächster Nähe der Pflanzstelle oder auf der Kulturstelle selbst meist nur für vorübergehende Nutzung angelegt, erstere sind für langjährige

Nutzung bestimmt und werden mit besonderer Sorgfalt angelegt und gepflegt.

§ 145.
Anlage von Wander-Saatkämpen.

Vorübergehende Kämpe werden, wie erwähnt, in der nächsten Nähe von den zu bepflanzenden Flächen angelegt. Zunächst ist die richtige Lage nach Boden und Exposition zu wählen. Der Boden muß kräftig, tiefgründig, nicht stark bindig, frisch und humos, frei von großen Steinen, Nässe und Boden-Säuren sein; die Lage soll eben oder nur sanft geneigt, frostfrei, dem Luftzuge etwas ausgesetzt und gegen örtliche Gefahren jeder Art möglichst geschützt sein. Man legt sie deshalb gern an nach Osten vorstehendes Holz, doch soweit davon ab, daß der Kamp nicht verdämmt werden kann; Nord- und Osthängen giebt man den Vorzug, Sandboden muß gegen Süden und Westen geschützt sein (Südwestecken). Die Form sei, wenn eine kostspieligere Verzäunung nöthig wird, die genau quadratische. Die Kampfläche wird im Herbst zunächst gesäubert und von allen größeren und bei der weiteren Bearbeitung hinderlichen Stöcken, Wurzeln und Steinen befreit; alles kleinere Holz, was nicht verwerthet werden kann, namentlich kleinere Wurzeln, Aeste, Abfälle ꝛc. wird zu Dungasche verbrannt. Vor der Bearbeitung wird etwaiger Dung (entbehrliche Dammerde aus angrenzenden Beständen, Asche, Compost) gleichmäßig ausgestreut und dann die Fläche etwa 20—40 cm tief sorgfältig umgegraben oder bei etwas flacherer Bearbeitung nur mit einer schweren Umbruchshacke umgehackt, wobei streng darauf zu halten ist, daß der vorhandene Humus und die obere Bodenschicht unten zu liegen kommt. Noch besser erreicht man den Zweck des Unterbringens der nährkräftigen oberen Bodenschicht durch das sogenannte Rajolen.*) Man zieht an einer Seite des Kampes am äußersten Rande einen Graben von der Tiefe der gewünschten Bodenlockerung und zieht unmittelbar hinter dem ersten einen zweiten, dritten, vierten Graben ꝛc. in der Weise, daß der Auswurf des folgenden Grabens in den vorhergehenden Graben geworfen wird. Je längere Wurzeln man erziehen will, desto tiefer muß die Bodenbearbeitung gemacht und die Nährschicht gelegt werden; man

---

*) Das Rajolen empfiehlt sich nur für größere Pflanzen, welche mit ihren tieferen Wurzeln in die gute Erde reichen. Schwache und flach wurzelnde Pflanzen sterben oft in der oberen unfruchtbaren Erde ab, ebenso Saaten.

kann auf diese Weise sehr leicht künstlich selbst abnorm lange Wurzeln erziehen. Das Gegentheil, also recht flache Bewurzelung, erreicht man nicht etwa durch sehr flache Bodenbearbeitung — diese ist unter allen Umständen zu vermeiden — sondern dadurch, daß man die Nährschicht nicht in die Tiefe bringt, sondern mehr an der Oberfläche läßt; jedenfalls muß der Kamp im Frühjahr zum Zweck der vollkommnen Lockerung und Ebnung und zur Beseitigung aller Unreinlichkeit noch einmal überharkt werden. Größere Kämpe (größer als 10 ar) werden durch 0,3 m breite Steige, die nach einer Schnur getreten werden, in entsprechende Beete getheilt. Auf leichtem und trocknem Boden ist das Anwalzen desselben sehr zu empfehlen.

Parallel mit der schmalen Seite des Kampes oder des Beetes resp. entgegen der erfahrungsmäßig gefährlichen Wetterseite werden nach der Schnur (mit einer schmalen Hacke, dem dreikantigen Rillendrücker, dem Harkenstiele ꝛc.) Rillen gezogen, deren Breite und Tiefe sich nach der Größe des Samens richtet. Bei kleinen Samen sind sie etwa 5 cm breit und 3 cm tief, bei großen Samen, und wenn Büschelpflanzen erzogen werden sollen, bis 7 cm breit, die größte Tiefe (bei Eicheln) beträgt etwa 6 cm. Die Entfernung der Rillen richtet sich nach der Holzart und der Zeitdauer bis zur Verpflanzung, sie schwankt zwischen 8—30 cm. Das Besäen der Rillen erfolgt im Frühjahre so dicht, daß fast Korn an Korn zu liegen kommt; man hüte sich vor einer zu starken Erdbedeckung. Die dichte Saat in den Rillen liefert die größte Pflanzenzahl und läßt das Unkraut in den Rillen nicht aufkommen. Eine größere Tiefe der Saatrillen empfiehlt sich gegen das Auffrieren wie auch zur Ansammlung von Feuchtigkeit (auf trocknem Boden), auch lassen sich die durch den Frost gehobenen Pflänzchen leichter wieder mit der Erde bedecken.

Wenig gebräuchlich in Saatkämpen sind noch die Vollsaaten (bei Birken, Erlen und Kiefernballen); diese müssen im gegebenen Falle nicht zu dicht sein, wenn die Pflänzchen länger als ein Jahr stehen sollen.

Alle Bodenarbeiten für Saatkämpe müssen spätestens im Herbst vorher gemacht werden, damit der Boden sich setzen und durchwintern kann; sehr vortheilhaft ist es, wenn die Fläche vorher 1 Jahr lang, nie länger, zum Kartoffelbau in Pacht gegeben wird; dies ist besonders für Laubholzkämpe und auf verwildertem Boden empfehlenswerth.

Die Bewährungen und Verheegungen der Kämpe richten sich nach den Gefahren von Thieren und Menschen; öfter sind sie ganz entbehrlich oder es werden nur Gräben und die allerleichtesten Vermachungen nöthig, um ein achtloses Betreten und Verstampfen durch Menschen und Weidevieh zu verhüten. Hierzu werden ringsum einige Pfähle eingeschlagen und mit einer oder zwei Stangen verbunden. Ist bei starkem Roth- und Rehwildstande ein Verbeißen zu befürchten, so müssen etwa 2 m hohe Flechtzäune (Figur 105) angelegt werden. Am besten läßt man die 1—2 m entfernten Pfähle mit leichtem Durchforstungsreisig

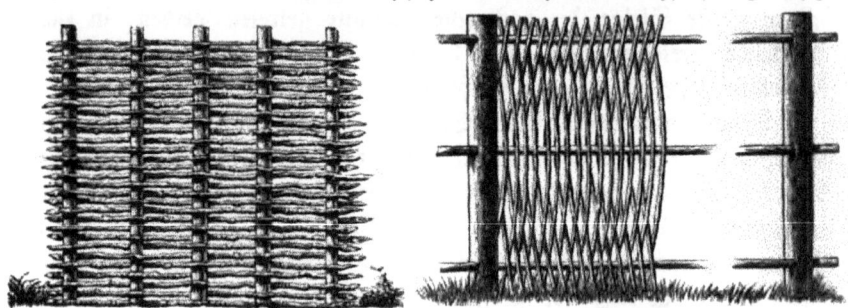

Figur 105.   Figur 106.

resp. Wachholder wagerecht dicht durchflechten, um ein Durchkriechen des kleinen Wildes zu vermeiden. Sollte ein Ueberfallen des Wildes beobachtet sein, so läßt man etwa in 0,5—1 m Höhe über dem Zaun noch Querlatten, die sog. „Sprunglatten" annageln. Die nach unten geflochtenen Zäune (Spriegelzäune Figur 106) sind zu vermeiden, wenn Hasen und Kaninchen zu fürchten sind, da die einzelnen Spriegel sich auseinander zwängen lassen und so ein Durchkriechen des kleinen Wildes ermöglichen. Etwas theurer, aber dauerhafter sind Lattenzäune (Figur 107), deren Höhe und Lattenweite sich nach dem Bedürfniß richten muß. Billiger sind die Splißzäune, zu welchen man anbrüchige Nadelholzstämme in 1,3—1,5 m lange Rollen zerschneiden und aus diesen die erforderlichen Splisse reißen läßt; die Splisse werden in derselben Weise befestigt wie beim Lattenzaun, auch je nach Bedürfniß mit Sprunglatten versehen.

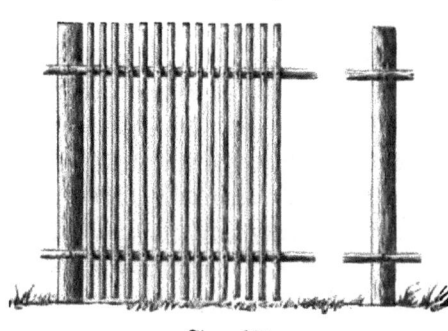

Figur 107.

Bebecken der Kämpe.

Gegen samenfressende Vögel helfen Vogelscheuchen, Windklappern, öfteres Abschießen, Bedecken mit leichtem Deckreisig oder Vergiften mit Mennige (vergl. § 141).

Auf geneigten Flächen muß man gegen Abschwemmung oberhalb des Kampes auf der Bergseite einen etwa 30 cm tiefen Fanggraben, event. auch noch einen oder mehrere Gräben diagonal durch den Kamp ziehen lassen. Diese Arbeiten müssen selbstverständlich vor dem Säen gemacht werden.

Ein besonderes Augenmerk ist auf das Unkraut zu richten und soll im Sommer frühzeitig, wenn sich noch wenig Unkraut zeigt, ein öfteres Ausjäten, am besten nach einem Regen stattfinden, um es im Keime zu ersticken. Hiermit verbindet man zweckmäßig auch das Ausjäten aller schlechten Pflänzlinge, namentlich aus der Mitte der Reihen. Bedecken der Beete zwischen den Reihen mit Moos, Laub (nicht Birken- oder Eichenlaub), Brettern verhindert die Entwicklung des Unkrautes, erhält den Boden frisch und schützt zugleich gegen Auffrieren und Insekten (Eierablegen der Maikäfer); das Bedecken der Kämpe und zwar nach dem Aufgehen der Pflanzen und dem ersten Jäten sollte nie versäumt werden.

§ 146.
Pflanzkämpe.

Pflanzkämpe werden ganz in derselben Weise angelegt wie die Saatkämpe, nur daß man je nach der Holzart und der Größe der zu verschulenden Pflanzen in der Wahl des Ortes und der Bearbeitung des Bodens, auch in dem Schutz gegen Gefahren und in der Pflege sorgfältiger ist. Die größte Sorgfalt erfordern Laubholzpflanzkämpe, namentlich wenn man starke Heister erziehen will. Das Nähere darüber findet sich bei der Besprechung der einzelnen Holzarten am Schluß des Waldbaues und im § 148.

§ 147.
Anlage von ständigen Kämpen (Forstgärten).

Bei der Wahl des Ortes für einen ständigen Kamp nimmt man, soweit es irgend die Standortsverhältnisse gestatten, auf die Nähe der Wohnung des mit der Aufsicht und Pflege betrauten Beamten, bequeme Communication nach den Absatzgebieten und auf die Nähe von Wasser Rücksicht; in zweiter Linie soll man sich die Heranziehung oder Ausbildung eines zuverlässigen und tüchtigen ständigen Arbeiterpersonals angelegen sein lassen.

Die Forstgärten bilden in der Regel eine Vereinigung von Saat- und Pflanzkämpen, da sie jedem Bedürfniß dienen sollen; ferner bieten sie das Mittel, um seltenere Holzarten zu Waldverschönerungen, zur Bepflanzung der Wege und Plätze, auch wohl zur Befriedigung des Publikums, falls diese Holzarten sonst schwer zu beschaffen sind, zu erziehen; ferner sollen sie älteres Pflanzenmaterial verschiedener Hölzer, wenn es nur in geringer Menge erforderlich wird, liefern.

Man suche sich eine möglichst geschützte Lage mit einem guten Mittelboden aus; ist der Boden zu gut, so pflegen die Pflanzen nach dem Umsetzen auf ärmere Böden zu kümmern oder gar einzugehen. Beabsichtigt man die Erziehung von starkem Pflanzmaterial, so muß der Garten groß genug sein, da die Pflanzen bei der Verschulung weiter gesetzt werden müssen. Die Form sei das Quadrat. Der Garten wird durch ständige Wege, worunter mindestens ein einspuriger Fahrweg mit einer Wendestelle sein muß, in Abtheilungen zerlegt. Die Umfriedung muß dauernd und fest sein — mit Flecht-, Latten-, Gitter- oder Drahtzäunen oder mit lebenden Weißdorn-, Hainbuchen- und Fichtenzäunen — die unter der Scheere gehalten werden; namentlich empfehlen sich die immergrünen Fichtenhecken. Man hebt zu diesem Zwecke etwa fingerlange Fichtenstämmchen mit dem Hohlbohrer aus und setzt sie in 15 cm breite flache Gräbchen, etwa 20 cm entfernt ein, auch thun ältere 3—4jährige Einzelpflanzen in 30 cm Entfernung gute Dienste. Die Hauptaufgabe besteht darin, daß man um Johanni die Gipfel- und Seitentriebe dicht über den Knospen abschneidet und dies Verfahren bis zur gewünschten Höhe und Breite der Hecke fortsetzt, wo dann alljährlich um Johanni das regelmäßige Beschneiden mit der Heckenscheere nicht versäumt werden darf. Um das Ausbreiten der Wurzeln in den Kamp zu verhüten, muß man inwendig längs der Hecke einen Graben ziehen. Auf gutem Boden legt man Weißdorn- und Hainbuchenhecken an, indem man 3jährige Stummelpflanzen nach der Schnur in 10—15 cm Entfernung in entsprechend tiefe Gräben pflanzt. Von den ersten Trieben läßt man nur 2 stehen und verflechtet dieselben kreuzweis mit den Nachbarpflanzen und bindet sie mit Bast an einem provisorischen Stangenzaune fest, der erst entfernt wird, wenn die Hecke stark genug ist. Vor der eigentlichen Bearbeitung des Kampes soll immer ein einmaliger Kartoffelbau zur gründlichen Beseitigung des Unkrautes vorhergehen; sonst ist die Behandlung des

Bodens dieselbe, nur noch sorgfältiger wie bei Saatkämpen; die Wege, mit Ausnahme der kleinen und stets wechselnden Beetwege von 0,3 m Breite müssen sorgfältig von Unkraut gereinigt oder mit Kies und Schlacken bestreut werden. In einer Ecke des Gartens soll ein schattiger ständiger Platz zur Aufbewahrung und Bereitung der Dungerden und Komposthaufen eingerichtet werden, da das Düngen sich selbst auf fruchtbarstem Boden nicht umgehen läßt. Auf diese Stelle bringt man zunächst alles ausgejätete Unkraut, soweit es keine ausschlagenden Wurzeln und keinen reifen Samen enthält, die Rasenerden, gebrannten Rasenaschen und Holzaschen (von allem Wurzelwerk gewonnen 2c.), alles nicht mehr brauchbare Decklaub 2c., Abschurf von Chausseen, Wegen 2c.

Dieses Material wird nach Bedarf noch durch Buchen- und anderes Laub (nur nicht von Eiche und Birke!) sowie Farrenkraut vermehrt. Im Herbst werden die Komposthaufen wie folgt bereitet. Man gebraucht pro ar Saatbeete 3 cbm, pro ar Schulfläche 4 cbm jährliche Düngung; (auf gutem Boden etwas weniger, auf schlechtem etwas mehr). Unten legt man eine Schicht des Unkrauts, darauf eine Schicht Asche oder Dungsalze, die so ausgewählt werden, daß sie stets die dem Boden fehlenden Nährstoffe ersetzen, darauf eine Schicht Buchen- oder anderes Laub, darauf eine Schicht künstlichen Düngers, und zwar auf kalk-armem Boden von gebranntem Kalk, auf kali- oder phosphorarmem Boden von Kalisalzen und Phosphaten 2c., darauf wieder Laub oder Unkraut, schließlich gute Walderde als Deckschicht. Dieser Kompost-haufen ist jährlich zweimal (im Frühjahr und Herbst) sorgfältig um-zuschaufeln. Da der Kompost wenigstens 2 Jahre gebraucht, um gar zu werden, so muß immer ein alter und ein neuer Haufen bereitet sein. An Kalk gebraucht man pro ar etwa 1—2 kg, an Dungsalzen etwa 2—3 kg. Auf sandigem Boden wendet man gern noch Bruch- oder Torferde, auf etwas moorigem Boden Sand an. Der fertige Kompost wird gleichmäßig übergestreut und dann mit umgegraben, in kümmernden Pflanzbeeten streut man ihn auch wohl zwischen die Reihen. Vorzügliche Erfolge ergab auch die Düngung mit 18 kg Kaïnit und 9 kg Thomasmehl pro ar im Herbst vorher, auf schwerem Boden auch die Gründüngung mit Lupinen.

Rasenerde gewinnt man durch Abschütteln von etwa 3 cm dicken Rasenplaggen und aus Unkräutern, welche man ein Jahr durchwintern läßt. Weniger zu empfehlen ist Düngung mit durch Verbrennen und Schmoren von Rasen, Unkraut, Holzabfällen ꝛc. gewonnener reiner Rasenasche, die die Pflänzchen zu geil treibt; vorzügliche Dienste thut sie dagegen in Untermengung mit anderer Dungerde.

Außer gegen die schon beim Saatkampe erwähnten Gefahren sind in den Forstgärten besondere Vorsichtsmaßregeln gegen allerlei Ungeziefer nöthig, damit es nicht festen Fuß faßt.

Mäuse fängt man in in den Saat-Rillen eingegrabenen Töpfen, falls das Vergiften sich verbietet, Maulwürfe in besonderen Fallen und am frühen Morgen durch Ausheben mit der Hacke beim Aufstoßen. Gegen Erdflöhe, die auch oft in Saatkämpen lästig werden, hilft das Bestecken der Rillen mit Reisig, da diese Flöhe keinen Schatten vertragen können. Dasselbe Mittel ist gegen Frost (Spätfröste) zu empfehlen und oft nicht zu umgehen, ebenso empfiehlt sich die Erzeugung künstlicher Rauchwolken in windstillen Frostnächten durch Anzünden von feuchtem Reisig; zarte Holzarten bedecke man im ersten Winter mit schwach beschwertem Reisig.

Die Bodenbearbeitung, das Aussäen ꝛc. ist bereits beim Saatkampe besprochen und wird darauf verwiesen. Das Umsetzen — Verschulen — der Pflänzchen wird nach folgenden Regeln bewirkt.

§ 148.
Verschulen von Laubholzpflänzlingen.

Das Verfahren ist ein verschiedenes, je nachdem man Loden — bis 1 m hoch, oder Halbheister 1—2 m hoch, oder Heister über 2 m bis 3,5 m hoch erziehen will; man will dabei für die spätere Verpflanzung durch Beschneiden zu langer Wurzeln ein concentrirteres Wurzelsystem herstellen.

Zur Lodenerziehung werden am besten einjährige, bisweilen auch zweijährige Sämlinge vorsichtig ausgestochen und dann abgeschüttelt.

Etwa beschädigte oder zu lange (über 15 cm), auch sehr krumm gewachsene Wurzeln, aber niemals gesunde Faserwurzeln, werden mit einem scharfen, schrägen und glatten Schnitt auf der Unterseite gekürzt, ebenso werden etwaige Zwiesel und beschädigte Zweige schräg und glatt, womöglich die Schnittfläche nach unten, weggeschnitten. Hierauf werden die so vorbereiteten Pflänzchen auf etwa 30 cm tief umgegrabenen Beeten in nach der Schnur gezogene etwa 40 cm entfernte und 20 cm tiefe Furchen, 20—30 cm von einander entfernt, eingepflanzt oder man pflanzt sie in 30—40 cm Quadratverband in entsprechende Löcher.

Zur Halbheistererziehung werden die Loden in gleicher Weise noch einmal umgepflanzt, nur wählt man dann eine Entfernung von 60 cm und sucht bei dem Beschneiden der Zweige auf eine künftige gute Krone hinzuwirken. Oder man verpflanzt die Sämlinge erst im 2.—3. Jahre und giebt ihnen von vorn herein den weiteren Abstand von 40—60 cm; weniger empfiehlt sich das Ausheben der auf obige Weise erzogenen Lodenpflanzen in der Weise, daß man nur eine um die andere Lode heraushebt, die übrigen aber zu Halbheistern weiter wachsen läßt. Es sind bei dieser Methode zu große Beschädigungen der stehenbleibenden Pflanzen zu befürchten.

Zur Heistererziehung ist ein mindestens 50 cm tiefes Umgraben (Riolen) nöthig. Die etwa 1 m hohen Loden werden unter Ausrangirung alles schlechten Materials vorsichtig ausgehoben und in vorher gemachte etwa 30—50 cm im Kubus haltende Pflanzlöcher in 70—100 cm Quadratverband gepflanzt.

Zur Heistererziehung untauglich sind Pflanzen mit rübenartig langen Pfahlwurzeln, mit nur wenig Faserwurzeln oder schlecht gewachsenen Wurzeln, Pflanzen mit dicken unförmlichen Seitenästen, mit mangelhaftem Höhenwuchs und schlechter, auch zu schlaffer Schaftform. Besonderes Augenmerk ist auf eine gute Bewurzelung zu richten.

In reichen Samenjahren verschult man auch wohl Keimlinge von Stellen, wo sie zu dicht stehen, namentlich von Buchen, Ahornen, Hainbuchen, im Sommer. In der Regel verschult man im Frühjahr vor dem Treiben, nur sehr früh treibende Hölzer im Herbst.

§ 149.

Beschneiden der Pflanzen.

Beim Beschneiden beschränke man sich nur auf zu lange, schlechte und beschädigte Wurzeln, auf Beseitigung von Gabel- resp. Quirlbildungen in der Krone und von beschädigten oder zu lang resp. schlecht gewachsenen Zweigen. **Es darf nie mehr wie nur ein einziger Höhentrieb bleiben.** Dünne oder ruthenförmige Triebe schneidet man zurück, jedesmal, wie bei allen Zweigkürzungen, vor einer kräftigen Knospe mit schräger nach unten gerichteter Schnittfläche.

Falls man im Garten nicht genug Sämlinge oder Loben zum Verschulen hat, greift man auch wohl zu Wildlingen, die dann besonders sorgfältig ausgewählt und behandelt werden müssen.

Bei der erstmaligen Verschulung beschneidet man sehr wenig, bei den folgenden Verschulungen stärker. (Siehe auch folgenden Paragraphen.)

§ 150.
Pflege des Kampes.

Die Pflege der Beete erstreckt sich auf das Freihalten von Unkraut. Sehr empfehlenswerth ist in den Forstgärten das Bestreuen mit Laub zwischen den Pflanzenreihen, wenn keine Mäuse und Erdinsekten zu befürchten sind. Die Pflanzen selbst müssen, jedoch nur wenn es nöthig ist, öfter beschnitten werden. Man kann das ganze Jahr hindurch beschneiden, nur nicht im Frühjahr zwischen Laubausbruch und Verholzung der Triebe. Alle Aeste werden (am besten mit der Dittmar'schen Ast- und Baumscheere) glatt und dicht am Stamme weggenommen, Höhen- und Seitentriebe dicht über einer Knospe mit glattem, schräg nach unten gerichtetem Schnitt gekürzt. Conform der späteren Baumform läßt man bei älteren Laubholzpflanzen die unteren Zweige am längsten und beschneidet die höher stehenden Zweige immer etwas kürzer, so daß die Kronenform annähernd die Form einer Pyramide oder Kegels erhält. Einen derartig ausgeführten Zweigschnitt nennt man den Pyramidenschnitt (Figur 108 a, b). Wenn keine anderen Rücksichten ein besonderes Beschneiden der Krone vorschreiben, so soll man den Pyramidenschnitt der besseren und normalen Kronenausbildung wegen als Regel beibehalten.*) Man beschränke das Schneiden stets nur auf das Nothwendigste; kann es ganz vermieden werden, um so besser.

§ 151.
Verschulen von Nadelholzpflanzen.

Das Verschulen bildet die Regel bei Fichte, Tanne, Lärche und Weymouthskiefer, kommt jedoch auch bei fast allen anderen Nadelholzarten vor. Am besten verschult man 1 jährige Fichten, die mit ent-

---

*) Der Pyramidenschnitt wird auch als Regel beim Verpflanzen und Verschulen aller größeren Laubholzpflanzen und der Lärche angewandt.

Verschulen von Nadelhölzern.

Figur 108a. Unbeschnittenes Stämmchen.

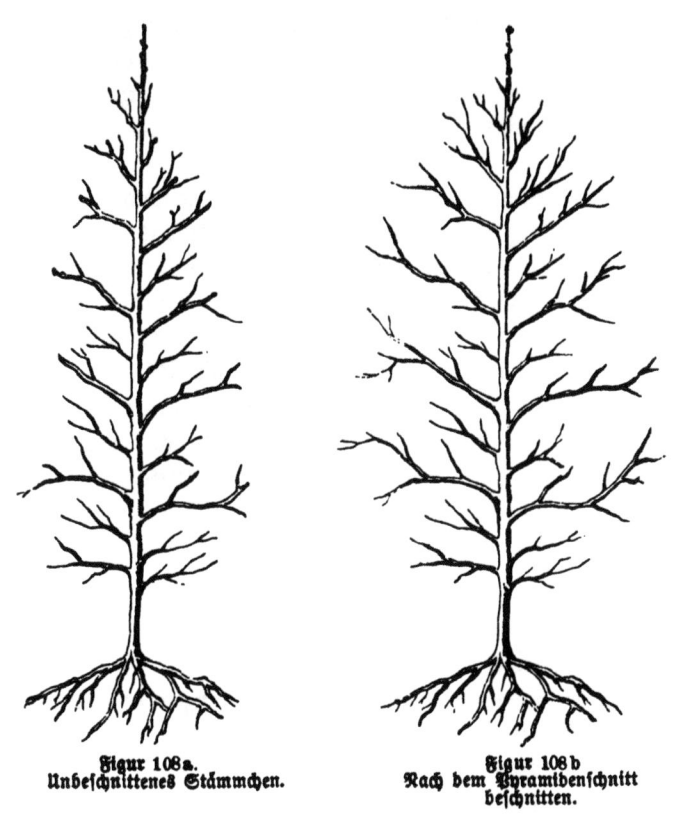

Figur 108b Nach dem Pyramidenschnitt beschnitten.

blößter Wurzel in 20 cm entfernte Gräbchen 6 bis 10 cm von einander entfernt nach der Schnur oder dem Pflanzbrett so tief gepflanzt werden, daß die Wurzeln sich nicht umbiegen. Sollen mehr als dreijährige Pflanzen erzogen werden, so nimmt man den Abstand in den Gräbchen bis 30 cm weit. Beim Einpflanzen sind die Wurzeln gehörig auszubreiten. Zweijährige Fichten verschult man namentlich im Gebirge resp. wenn die einjährigen noch zu klein geblieben sind.

Bei Weißtanne verschult man 1—3jährige Pflanzen, doch wählt man etwas weiteren Verband, etwa 25 cm entfernte Rillen mit 8—12 cm Pflanzenabstand, da die Weißtanne erst später ausgepflanzt zu werden pflegt.

Lärchen verschult man zu Loden in 20—25 cm □-Verband; doch erzieht man auch ältere Stämmchen bis zu Heistergröße, wonach man dann einen weiteren Verband bis zu 1 m im Quadrat zu wählen

hat (die Lärche liebt überhaupt räumliche Pflanzung); Weymouths=
kiefern werden ebenso wie die übrigen Kiefernarten einjährig verschult.

Bei allen Nadelhölzern werden nur die Wurzeln beschnitten,
einzige Ausnahme bildet die Lärche, welche wie Eiche, Buche 2c. be=
schnitten wird.

Die kleinen Pflanzen verschult man entweder nach der Schnur mit
dem Setzholz (Pflanzbolch) oder mit dem Pflanzbrett, einem schmalen
Brett von der üblichen Beetlänge, welches auf beiden Seiten in zwei
der gebräuchlichsten Verbände mit schmalen Einschnitten versehen ist,
so daß die Pflänzchen darin hängen können. Man legt dann das
Brett an den Rand kleiner Gräbchen, hängt die Pflanzen ein, breitet
die Wurzeln über einen zu diesem Zweck im Graben geformten kleinen
Hügel und bedeckt sie mit der Erde des Gräbchens. Die neuerdings
angepriesenen mehr oder weniger complicirten Verschulungsmaschinen
(Hacker'sche Maschine 2c.) haben sich meist nicht bewährt.

Pflanzung im Freien.

§ 152.
Verschiedene Arten der Pflanzung.

Man unterscheidet:

1. Nach der Bewurzelung: bewurzelte Pflanzen und unbewurzelte
Pflanzen sog. Stecklinge.

2. Ballenpflanzen, d. h. solche, die mit einem Erdballen aus=
gehoben und verpflanzt werden und Pflanzen mit entblößter Wurzel.

3. Kernpflanzen und Stummelpflanzen, welche letzteren dicht ober=
halb des Wurzelknotens gestutzt sind.

4. Einzel= und Büschelpflanzung; bei letzterer 2—5, selten mehr
Pflanzen in einem Loche.

5. Pflanzen nach einer bestimmten räumlichen Ordnung, welche
man Verband nennt und — ungeregelte Pflanzungen. Je nach der
Anzahl der Pflanzen und der Figur, die sie bilden, unterscheidet man
einen Dreiecks=, Quadrat= und Reihenverband.

§ 153.
Vorzüge von Verbandspflanzungen.

1. Schnellste Arbeit, weil die größte Ordnung herrscht.

2. Genaue Berechnungen der erforderlichen Pflanzenmengen.

3. Größte Sicherheit, fehlende oder ausgegangene Pflanzen nach=
zubessern.

Verbandspflanzungen.

4. Ermöglichung der gleichmäßigen Mischung von Holzarten.

5. Erleichterung bei der Auszeichnung nachfolgender Ausläuterungen und Durchforstungen des Bestandes.

6. Erleichterung beim Forstschutz und der Jagd, welche die geraden und leicht zu übersehenden Reihen der Verbandspflanzungen bieten.

7. Gleichzeitige Grasnutzung in den Schonungen.

8. Geringeres Verbeißen von Weidevieh.

§ 154.
Wahl des Verbandes.

Bei der Wahl des Verbandes, also der Entfernung der Pflanzen, machen sich folgende Gesichtspunkte geltend:

1. *Der Zweck, den man mit der Pflanzung erreichen will.*

a. Man legt das Hauptgewicht auf die Erziehung von gutem Bau= und Nutzholz. Zu diesem Zweck muß je nach der Holzart, dem Standort und den Gefahren der Verband so gewählt werden, daß, ohne Rücksicht auf alle Vor= und Nebennutzungen, möglichst bald ein guter Schluß erzielt wird, der die Bodenkraft erhält und mehrt, das Holz möglichst astrein und langschäftig erwachsen läßt und ohne Nachtheil für Güte und Schönheit des Holzes die größte Nutzholzmasse liefert. Es ist dies der etwa 1—2 m weite Dreiecks= und Quadratverband mit Einzelpflanzen.

Der Dreiecksverband ist vorzuziehen, weil er am schnellsten einen Schluß bewirkt, den gleichmäßigsten Nahrungs= und Wachsraum verschafft und durch frühzeitigste Reinigung der Stämme den höchsten Nutzwerth liefert, auch bei gleicher Pflanzweite die verhältnißmäßig größte Stammzahl auf den Hektar bringt. Er hat jedoch den Nachtheil schwierigerer Herstellung.

Der Quadratverband hat den Vortheil der bei weitem größeren Leichtigkeit und Bequemlichkeit der Anlage, liefert jedoch pro Hektar 15% weniger Pflanzen als der gleiche Dreiecksverband.

b. **Man legt Gewicht auf reichliche Vornutzungen.** In diesem Falle ist nach Obigem der Dreiecksverband der vortheilhafteste, auch ein enger Verband zu wählen, weil man dann mehr Durchforstungserträge gewinnt. Die reichlichsten Vornutzungen liefert jedoch die Saat, nach ihr erst der engere Verband.

c. **Man hat auf Nebennutzungen Rücksicht zu nehmen.** Hier ist die Reihenpflanzung, und zwar je nach der gewünschten Aus=

dehnung der Nebennutzung mit geringerer oder größerer Entfernung der Reihen am Platze. Sie bietet zwischen den Reihen auf die längste Zeit Acker-, Gras- und Weidenutzung.

Die weitesten Verbände nimmt man bei der Bepflanzung von Weideplätzen und Wegen; eine dauernde Weide verlangt eine Heisterpflanzung von 7—10 m Verband, eine vorübergehende von 3 m Verband, Alleebäume setzt man 4—10 m entfernt.

Der weitere Verband von 3 m und mehr empfiehlt sich, wie wir früher gesehen haben, für den Niederwald, zur Oberholzerziehung im Mittelwalde, zur Untermischung verschiedener Holzarten, indem man die langsamwüchsigeren in weitem Reihenverband zuerst kultivirt, endlich, wenn man ein Bodenschutzholz vorübergehend vorher, resp. gleichzeitig einmischt.

2. Die Mittel, die zu Gebote stehen.

Hat man ungeübte oder ungeschickte Arbeiter oder unzuverlässiges Aufsichtspersonal, so ist man öfter gezwungen, die in der Anlage einfachere Reihen-, resp. Quadratpflanzung anzulegen, wo die Dreieckspflanzung besser wäre.

Das jüngere oder ältere Pflanzmaterial bestimmt gebieterisch die Entfernung der Pflanzen im Verbande; so pflanzt man ein- bis zweijährige Pflanzen in bis 1 m, drei- bis vierjährige in 1,2—1,5 m Verband, Loden und Halbheister in 1,2—2,5 m Verband, Heister schwanken von 2,5—10 m Verband, der gewöhnliche ist der 3 m Verband.

Die Büschelpflanzung gestattet einen weiteren Verband als die Einzelpflanzung. Nicht selten sind die Kulturgelder Veranlassung, einen engeren oder weiteren Verband zu wählen. Bei beschränkten Mitteln greift man zum weiteren Verbande, da er weniger Pflanzen und somit auch weniger kostspielige Pflanzarbeit verlangt.

Eine Pflanzung in 1 m Verband z. B. ist doppelt so theuer als eine in 1,5 m, viermal so theuer als eine in 2 m, hundertmal so theuer als eine in 10 m Verband ausgeführte Pflanzung.

Der Standort giebt in zweifelhaften Fällen stets den Ausschlag für Art und Weise des Verbandes. Auf gutem und frischem Boden und in mildem Klima gedeihen alle Holzarten bei weiterem Verbande am besten, ebenso auf lockerem und der Veröbung nicht ausgesetztem Boden. Magerer Boden verlangt den schnellsten Schluß, deshalb engeren Verband, nur Kiefer, Lärche und Birke gedeihen selbst auf schlechtem Boden in weiterem Verbande. Wo Gefahren durch Sturm, Schneebruch, Insekten ꝛc. drohen, muß man einen Verband wählen, der die kräftigsten und stufigsten Pflanzen liefert.

Der gebräuchlichste Verband für den Hochwald und für kleinere Pflanzen ist der 1—1,3 und 1,5 m Verband; man erlangt mit ihm frühzeitigen Schluß, gutes Nutzholz und den besten Ertrag an Haupt- und Vornutzung. Der weitere Verband von 2, 2,5 und 3 m ist geboten bei Mittel- und Großpflanzen, wenn man vorzugsweise Brennholz und minder feines Nutzholz, eine schnelle Erstarkung der Einzelstämme und etwa gleichzeitige Weide- und Grasnutzung, aber wenig Durchforstungsholz erziehen will.

§ 155.
Regellose Pflanzung.

Sie ist nur ein Nothbehelf, wenn die schon stark mit natürlicher Verjüngung, Vorwüchsen oder mit Terrainhindernissen, wie Felsblöcken ꝛc., bedeckte Fläche die Verbandspflanzung unmöglich macht. In ausgedehnter Weise kommt sie bei der Rekrutirung des Mittel- und Plenterwaldes zur Geltung, sowie in natürlichen Verjüngungen.

§ 156.
Herstellung des Pflanzenverbandes.

Der Verband wird in der Regel mit zwei Schnüren hergestellt, die je nach der gewählten Entfernung mit Holzpflöckchen oder Zeugstückchen gezeichnet sein müssen; die eine dient zur Richtschnur, das heißt, sie bestimmt die Abstandsweite der Pflanzreihen oder die Punkte, in welche die ausgespannte Pflanzschnur beim jedesmaligen Fortrücken mit ihren beiden Endpflöcken eingesteckt werden muß. Die andere — die Pflanzschnur — trägt die Zeichen für die in den Reihen zu fertigenden Pflanzlöcher. Die Schnüre müssen, um sie vor Nässe und dem damit verbundenen Verkürzen zu schützen, getheert werden; die Schnurpflöcke nimmt man am besten von Weißbuchenholz und beschlägt sie oben mit einem eisernen Ring, unten mit einer eisernen Spitze. Nach dem Gebrauch dürfen die Schnüre nicht aufgewickelt, sondern müssen etwa wie Waschleinen zusammengefaßt werden, weil sie sonst sich verlängern. Vor dem Gebrauch sind die Schnüre stets auf richtiges Maaß zu kontroliren.

Quadratverband. Hat man im Revier die Jageneintheilung, so lehnt man sich an die Gestelle an. Bei Distriktseintheilung oder bei Kulturflächen von unregelmäßiger Gestalt muß man in früher gezeigter Weise, um (Figur 109) — oder wenn Terrainschwierigkeiten dies verbieten — in (Figur 110) die unregelmäßige Fläche mit einer Kreuzscheibe oder dem Winkelspiegel das größte rechtwinklige Viereck abstecken, dessen beide zusammenstoßende Seiten AB und mit AD der mit gleicher Eintheilung versehenen Richt- und Pflanzschnur bestecht werden. Auf sehr großen Flächen legt man sich mit der Kreuzscheibe zuerst ein größeres Quadratnetz als Anhalt fest,

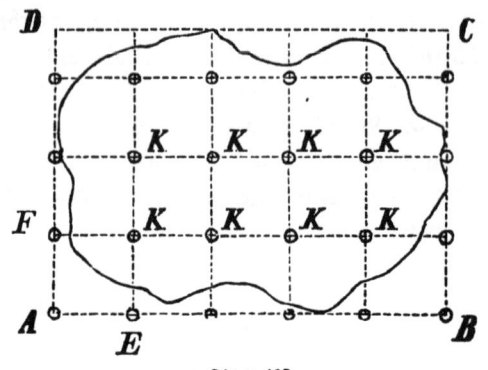

Figur 109.
Schema zum Quadratverband.

indem man von einem Endpunkt des Rechtecks (Figur 109), z. B. von A nach B und D hin gleich große Linien abmißt und von deren Endpunkten z. B. E und F mit der Kreuzscheibe Fluchtlinien über die ganze Fläche einvisirt. Auf diesen Linien hat man dann Entfernungen gleich AE und AF abzumessen und die Kreuzungspunkte, z. B. K, K, K durch Signalstangen zu bezeichnen. Innerhalb der einzelnen Quadrate, z. B. AEKF ist dann der Verband sehr einfach herzustellen. Beim Quadratverband (siehe Figur 109) haben die Richt- und Pflanzschnur dieselbe Eintheilung, die sich natürlich nach dem gewählten Verband richtet.

Beim Dreiecksverband (Figur 111) ist die Entfernung der Reihen von einander um $\frac{1}{15}$ geringer als die Entfernung der Pflanzen in den Reihen, da die erstere durch die Höhe, die letztere durch die Grundlinie des gleichseitigen Dreiecks, das dem Verbande zu Grunde liegt, dargestellt wird. Da sich nun im gleichseitigen Dreieck die Grundlinie zur Höhe verhält wie 1 : 0,866, so ist bei der Eintheilung der Richtschnur, um die richtige Entfernung der Reihen von

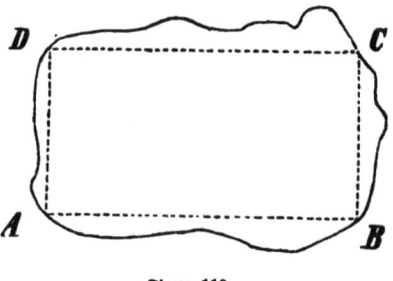

Figur 110.

einander zu bestimmen, die gewählte Pflanzweite mit 0,866 zu multipliciren. Soll also der Dreiecksverband in 1 m Verband ausgeführt werden, so beträgt der Reihenabstand 1 . 0,866 m oder bei 1,5 m Verband 1,5 . 0,866 m = 1,299 m u. s. w.

Wie aus nebenstehender Figur 111 des Dreieckverbandes hervorgeht, stehen die Pflanzen der Reihen 1, 3, 5 und dann wieder die Pflanzen der Reihen 2, 4 rc. senkrecht übereinander. Die Richtung der Pflanzen stellt man am besten dadurch her, daß man die nach dem gewählten Verbande eingetheilte Pflanzenschnur durch Zeichen von anderer Farbe und

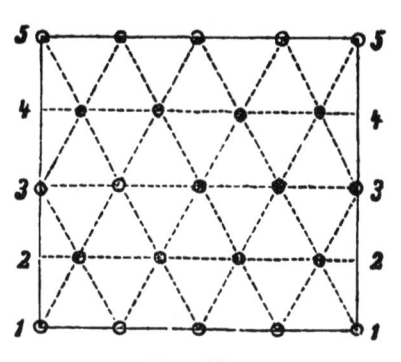

Figur 111.
Schema zum Dreiecksverband.

zwar genau in der Mitte zwischen zwei Pflanzzeichen noch einmal theilt. Angenommen, die verschiedenen Farben der Zeichen sind roth und weiß, so hat man bei dem weiteren Abstecken der Löcher bei jeder folgenden Reihe in jedes Anfangsloch das Zeichen der anderen Farbe einzustecken; hat das 1. Loch der 1. Reihe ein weißes Zeichen gehabt, so bekommt das 1. Loch der 2. Reihe das rothe Zeichen, das 1. Loch der 3. Reihe wieder das weiße, das 1. Loch der 4. Reihe wieder das rothe Zeichen u. s. w.

Auf ebenso bequemem Wege kann man sich den Verband durch das Anlegen von Modellfiguren, die genau die Größe des Verbandes haben, verschaffen; man hat die Modellfiguren nur einfach weiter zu legen, um die Pflanzpunkte zu bestimmen.

Der Verband bei der Reihenpflanzung unterscheidet sich vom Quadratverband nur dadurch, daß die Richtschnur nach der gewünschten Entfernung der Reihen, die Pflanzschnur nach der gewünschten Entfernung der Pflanzen in den Reihen eingetheilt wird, mithin dieselben verschiedene Eintheilung haben.

Die Herstellung des Verbandes wird so zeitig angefangen, daß er ganz oder doch theilweis vor Beginn der Kultur fertig ist. Die Pflanzzeichen werden entweder mit einem Hackenschlag oder mit kleinen Pfählchen genau bezeichnet.

§ 157.
Berechnung von Pflanzenmengen.

Man berechnet die Pflanzenmenge für eine gewisse Einheit, z. B. pro Hektar, indem man das Produkt der Entfernung von je zwei Pflanzen in vertikaler und horizontaler Richtung in Quadratmetern ausdrückt und mit diesem Produkt in die Quadrat=Meterzahl (10000) des Hektar hineindividirt.

Beim Quadratverband hebt man die Entfernung zweier Pflanzen in das Quadrat und dividirt damit in die Fläche, z. B. bei 1,5 m Quadratverband beträgt die Anzahl der Pflanzen pro Hektar

$$1{,}5 \cdot 1{,}5 = 2{,}25; \quad \frac{10000}{2{,}25} = 4444{,}4 \text{ Stück.}$$

Beim Reihenverband multiplicirt man die Pflanzenentfernung in den Reihen mit dem Abstand zweier Reihen und dividirt mit dem Produkt in die Fläche, z. B. bei 1,5 m Entfernung der Reihen und bei 0,75 m Entfernung der Pflanzen in den Reihen beträgt die Pflanzenzahl pro Hektar:

$$1{,}5 \cdot 0{,}75 = 1{,}125; \quad \frac{10000}{1{,}125} = 8888{,}8 \text{ Stück.}$$

Beim Dreiecksverband beträgt die Pflanzenmenge 1,15 (genau 1,15475) mal soviel als beim Quadratverband, daher muß man den gewählten Dreiecksverband in das Quadrat erheben und dann in die mit obiger Zahl multiplicirte Fläche hineindividiren.

Beispiel: Der Dreiecksverband beträgt 1,5 m; die Fläche von einem Hektar beträgt bekanntlich 100 . 100 m = 10 000 Quadratmeter, diese mit 1,15 muliplicirt, giebt

$$10000 \cdot 1{,}15 = 11550 \text{ Quadratmeter.}$$

$$\frac{11550}{1{,}5 \cdot 1{,}5} = \frac{11550}{2{,}25} = 5132 \text{ Stück.}$$

Umgekehrt berechnet man eine ausgepflanzte Fläche durch Multiplication der verwendeten Pflanzen mit ihrem Standraum, z. B. 4444 Eichen sind in 1,5 qm Verband gepflanzt, wie groß ist die Fläche? 1,5 . 1,5 = 2,25 . 4444 = 9999 qm rot. = 1 ha.

Bedeutet F die Fläche, E die Pflanzenentfernung, so berechnen sich die Pflanzenzahlen nach den Formeln für den Quadratverband = $\frac{F}{E^2}$, für die Reihenpflanzung $\frac{F}{E \cdot e}$ (e = Entfernung der Reihe, für den Dreiecksverband = $\frac{1{,}15 \cdot F}{E^2}$.

§ 158.
Pflanzzeit.

Für die Jahreszeit, in welcher zu pflanzen ist, entscheidet natürlich in erster Linie die Sicherheit des Anwachsens der Pflanzen, in zweiter Linie kommen die Beschaffenheit der Pflanzen (Loden oder Heister, mit oder ohne Ballen), der Standort, vorhandene Arbeitskräfte und der Kostenpunkt in Betracht.

Die gebräuchlichste Pflanzzeit ist die Zeit der Vegetationsruhe, also vom Abfall bis zum Wiederausbruch des Laubes mit Ausnahme der Zeit, in welcher die Tage kurz sind und Frost oder Schnee die Arbeit von selbst verbieten; nur Erlenpflanzungen in nassen Brüchern nimmt man zur Zeit des niedrigsten Wasserstandes, also im Spätsommer vor. Es fragt sich nun, ob die Pflanzung am Anfang oder am Ende dieser Periode, d. h. im Herbst oder Frühjahr gemacht werden soll.

Für die Herbstpflanzung spricht das günstige Verhalten des Bodens. Der Boden ist nicht so naß und ungefügig, die Erde sackt sich besser im Pflanzloch um die Wurzeln während des Winters, die Pflanze hat Muße, sich an ihren neuen Standort zu gewöhnen, um sich von den nachtheiligen Einflüssen der Umpflanzung zu erholen, ehe die Vegetationsperiode eintritt; sie wird standfester. Bei Ballenpflanzen hält der Ballen besser im Herbst.

Gegen die Herbstpflanzung spricht die Befürchtung, daß die Pflanzen die Gefahren des Winters nicht überstehen werden. Größere Pflanzen leiden von den Winterstürmen, alle Pflanzen, die von besserem Standort, namentlich aus guten Kämpen auf ärmeren und rauheren Standort verpflanzt werden müssen, unterliegen besonders leicht den Gefahren von Frost und Auffrieren, Sturm und Nässe; Wild und Mäuse schaden den Herbstpflanzungen mehr als den Frühjahrspflanzungen, kleine Pflanzen frieren auf.

Im Herbst sind gewöhnlich Arbeitskräfte schwer zu haben, auch werden die Arbeiten wegen der Kürze der Tage theuer, wenn man nicht Stundenlohn giebt.

Für die Frühjahrspflanzung fallen die eben aufgezählten Gefahren fast ganz weg, auch sind gewöhnlich die Arbeitskräfte wohlfeiler und leichter zu beschaffen. Deshalb ist die Frühjahrspflanzung beliebter, und wo eine oder mehrere der oben genannten Gefahren besonders schädlich werden, muß sie Regel sein.

Ist jedoch, wie im Gebirge, der Frühling sehr kurz oder sind sehr große Flächen zu kultiviren, so macht man theils Herbst-, theils Frühjahrspflanzung. Man dehne jedoch bei Laubhölzern die Pflanzung ohne Noth nicht ganz bis zum Laubausbruch aus, am besten nur bis etwa 14 Tage vor demselben, namentlich nicht auf trockenem Boden: Nadelhölzer (ausgenommen Lärche) vertragen die Umpflanzung noch bis zum Treiben, häufig auch noch, wenn sie schon getrieben haben (Kiefer), neuere Ansichten ziehen das Pflanzen von schon treibenden Nadelholzpflanzen sogar vor.

Empfehlenswerth ist jedenfalls, wo dies irgend angeht, eine Theilung der Kulturarbeit in der Art, daß man im Herbst die Bodenarbeit, im Frühjahr die Saat- und Pflanzarbeit vornimmt.

§ 159.
Anfertigung der Pflanzlöcher.

Auf vielen Standorten ist es möglich, die Pflanzlöcher bereits im Herbst vorher zu machen und man sollte dies stets thun, wenn nicht örtliche Bedenken es verbieten, da die ausgehobene und im Loche befindliche Erde durch Ueberwintern viel fruchtbarer wird. Solche Bedenken sind: Zu lockerer Boden (z. B. Sand), der fortgeführt wird und leicht seine Frische verliert, Thonboden, der sich zu fest zusammensetzt, nasser Boden, der die Löcher mit Wasser füllt, und Mangel an Arbeitskräften. Walten diese oder andere Bedenken nicht ob, so soll man die Pflanzlöcher stets im Herbst anfertigen lassen, besonders nöthig ist es für Heisterpflanzungen und Nachbesserung älterer Laubholzpflanzungen.

Nassen Boden muß man vorher entwässern, zu leichten Boden (Flugsand) durch Coupirzäune, Bedecken mit Strauch, Heidekraut, Plaggen ꝛc. binden, starken Unkraut- und Beerkrautüberzug vor der Samenreife abmähen, Vorwüchse, große Steine, auf Schlägen alles Holz vorher entfernen lassen.

Löcher für Ballenpflanzen sollen mit denselben Werkzeugen angefertigt werden, mit denen die Ballen ausgehoben sind und in ihrer Größe und Form möglichst genau der Größe und Form der Ballen entsprechen, um das zeitraubende Ausfüllen zwischen Ballen- und Lochwand zu vermeiden. Besonders eignen sich zu Ballenpflanzungen der

Pflanzenlöcher. 219

Heyer'sche Hohlbohrer (Figur 112) und zum Löchermachen der eiserne Spiralbohrer (auf schwierigem Boden, Figur 113) und allerlei Formen von Spaten.

Löcher für Pflanzen mit entblößter Wurzel müssen an Weite und Tiefe die durchschnittliche Ausdehnung des Wurzelstocks etwas übertreffen.

Man sticht in genau gleicher Entfernung vom Zeichen, das bei Herstellung des Verbandes gemacht ist, mit dem Spaten die Größe des Loches quadratisch (bei Hügelpflanzung kreisförmig) ab, macht einen Kreuzstich, schält den Bodenüberzug ab und legt ihn gegenüber hin; hierauf gräbt man das Loch in der Weise aus, daß die obere gute Erde rechts und die untere schlechtere Erde links vom Loch zu liegen kommt, hüte sich jedoch thunlichst die Erde auf Beerkraut ꝛc. zu werfen, weil sie in diesem leicht versinkt und schwer wieder abzuschippen ist. Bei sehr trockenem Boden müssen die Löcher tiefer, bei nassem Boden flacher als gewöhnlich gemacht werden; in

Figur 112. Heyer'sche Holzbohrer.

Figur 113. Spiralbohrer.

letzterem Falle wird ein kleiner Hügel aus der Erde dicht neben dem Pflanzloch gemacht. Um eine recht tiefe Lockerung zu erhalten — durchwühle man den Boden des Pflanzenloches stets tüchtig mit dem Spaten — so tief als möglich.

§ 160.
Einsetzen der Pflanzen.

Vor dem Einsetzen müssen alle ballenlosen Pflanzen, die nach dem Ausheben nicht binnen 10 Minuten, bei kleinen Pflanzen in noch kürzerer Zeit eingepflanzt werden, in Erde eingeschlagen werden, indem man Gräben mit schrägen Wänden zieht, in diese die Pflanzen dicht aneinander legt und die Wurzeln ganz mit feiner Erde bedeckt; man kann so Reihe an Reihe einschlagen.

Es ist durchaus zu vermeiden, entweder die ganze Kulturfläche oder nur einen größeren Theil derselben im Voraus mit den Pflanzen belegen zu lassen, ohne sie einzuschlagen. Ein unbeschütztes Freiliegen namentlich in der Sonne, bei warmem Wetter oder scharfem Ostwind, von 10—15 Minuten genügt vollständig, um die kleinen Zaserwurzeln, die Hauptträger der Ernährung, oder die dieselben bedeckenden Nähr=pilze (bei den Becherfrüchtlern) zu tödten oder wenigstens so zu er=schlaffen, daß ein längeres Siechthum der Pflanze die traurige Folge ist. Man legt also am besten nur so viel Pflanzen vorher in die Löcher als sofort verpflanzt werden können.

Bei dem Verpflanzen großer Heister, wozu man am besten 2 Pflanzer nimmt, von denen einer den Stamm hält, der andere im Loch arbeitet, wird der Bodenüberzug meistens zu unterst in das Pflanzloch gelegt, sehr sorgfältig zerstoßen und angetreten. Auf dieses Rasenbett wird zunächst von links eine schwache Schicht der schlechteren Erde gelegt und hierauf das Loch von rechts mit so viel guter Erde gefüllt, als zur Bedeckung der Wurzeln nöthig ist. Nachdem diese Erdschicht geordnet und in der Mitte hügelförmig so weit erhöht ist, wie die Pflanze stehen soll, wird der Stamm mitten darauf gestellt und mit den meisten Zweigen nach Süden gerichtet (gegen Sonnenbrand), worauf seine genaue Einrichtung in die Verbandsreihen vor- und seitwärts erfolgt; dann werden die Wurzeln nach ihrer natürlichen Lage über den Loch=hügel gebreitet und mit lockerer Erde bedeckt, während der Stamm sanft auf und nieder gerüttelt wird, damit die Erde sich zwischen den Wurzeln einfüttert. Um alle Höhlungen zwischen und unter den Wurzeln zu vermeiden, greift man noch mit der Hand unter die Wurzeln, um den Boden dazwischen zu bringen.

Alle Wurzelverschiebungen müssen sofort wieder geordnet werden. In dieser Weise füllt man immer mehr Erde von rechts nach, rüttelt den Stamm, ordnet die Wurzeln und nimmt schließlich die schlechtere Erde von links dazu. Von Zeit zu Zeit muß die Erde mit der Hand fest angedrückt und schließlich oben leicht mit dem Ballen des Fußes angetreten werden; das Feststampfen taugt gar nichts.

Auf trockenem Boden ist es gerathen, anstatt den Rasenplaggen im Loche zu zerstampfen, um feinen Humus zu gewinnen, denselben mit dem Wurzelfilz nach oben zur Erhaltung der Frische um den Pfläng=ling zu legen; an Hängen legt man ihn auf die Thalseite oder man macht einen kleinen Damm daselbst zur Erhaltung der Feuchtigkeit; auf trocknem Boden macht man für Mittel= und Großpflanzen gern noch um die Pflanzlöcher Wasserkränze zur Erhaltung der Feuchtigkeit.

Auf den Winden ausgesetzten Flächen legt man den eingeknickten Rasenplaggen als Stütze (sog. Stuhl) gegen die Stämmchen (auf der der Windrichtung entgegengesetzten Seite).

Die Hauptsache beim Einpflanzen ist, daß der Stamm auf die Dauer genau so tief zu stehen kommt als er gestanden hat, was man ja leicht an der frischeren Farbe des Holzes am Wurzelhalse sehen kann. Auf lockerem Boden und kleine Pflanzen pflanzt man etwas tiefer und zwar je kleiner die Pflanzen, desto tiefer. Bei kleinen Pflanzen sind überhaupt bei weitem nicht so viele Umstände nöthig, doch muß man auch bei ihnen auf natürliche Lage der Wurzeln und das Ausfüttern derselben achten.

Ballenpflanzen müssen gehörig mit der Hand eingefüttert und namentlich am Rande angetreten werden, damit nirgends zwischen Loch- und Ballenwand ein Zwischenraum bleibt; besonders die Südseite muß gut gedeckt werden.

Ueber Ausheben, Transport und Beschneiden der Pflanzen siehe §§ 143, 144, 145 und ff.

§ 161.
Schutz der Pflanzen.

Auf nassem Boden hat man auf gehörige Entwässerung, auf trocknem Boden auf gehörige Zuführung von Feuchtigkeit durch Vertiefung der Erde um den Stamm oder Binden der Frische durch Wasserkränze, Bedecken mit Laub und mit Rasenplaggen zu achten. Das Begießen nach der Pflanzung ist, wenn die Geldmittel eine Fortsetzung desselben gestatten, auf sehr trocknem Boden zu empfehlen, ebenso das Anschlämmen (Eintauchen kleiner Pflanzen in einen dünnen Lehmbrei).

Gegen Weidevieh müssen alle Pflanzungen in Schonung gelegt werden (durch Aushängen von Tafeln und Strohwischen, leichte Bewährungen oder durch Gräben); schlanke Heister werden an Pfähle gebunden, indem man ihre Rinde durch Unterlegen von Moos, Umwickeln mit Stroh, Werg ꝛc. möglichst gegen Reibungen schützt, gegen Wild hilft Scheuchen, Abschießen, Umbornen der größeren Pflanzen, sowie Antheeren kleiner Pflanzen oder Bestreichen mit einer Mischung aus $\frac{1}{3}$ Rinderblut, $\frac{1}{3}$ Kalk und $\frac{1}{3}$ Schweinejauche in der Consistenz von Oelfarbe an der Rinde von größeren Laubholzpflanzungen.

Auf rechtzeitige Nachbesserung der Pflanzungen durch gutes Material ist besonders zu achten; doch ist es besser, man macht die Pflanzung gleich im Anfang so gut wie möglich und bringt etwas mehr Geldopfer, als daß man sich auf etwaige Nachbesserungen verläßt. Jede Nachbesserung ist unverhältnißmäßig viel theurer als die Neukultur, abgesehen von dem Uebelstand, daß man ungleiche Altersstufen erhält und Nachbesserungen besonders von Gefahren durch Thiere zu leiden haben.

Einige besondere Pflanzmethoden für gewisse Holzarten und Verhältnisse, wie die v. Manteuffel'sche Hügelpflanzung, die Heyer'sche Pflanzbohrer=Pflanzung, die Pflanzung mit dem Butlar'schen Eisen, v. Alemann's Klemm= und Klappflanzung suche man in der Besprechung der einzelnen Holzarten am Schluß des Waldbaus.

§ 162.
Pflanzung von Senkern und Stecklingen.

Unter Senkern oder Ablegern versteht man Zweige, welche man, ohne sie vom Mutterstamme zu trennen, in den Boden einlegt, sobald sie Wurzeln getrieben haben, absticht und dann entweder auf ihrem Standort stehen läßt oder weiter verpflanzt. In dieser Weise lassen sich sämmtliche Laubholzarten, einige mit besonderer Sicherheit und Schnelligkeit, vermehren.

Hauptsächlich wird diese Kulturmethode beim Niederwalde angewandt und zeichnet sich durch seine Billigkeit aus. Man wendet das Ablegen bei Zweigen bis zu 7 cm Stärke an.

Figur 114. Künstliche Senker.

Bei stärkeren Stangen werden die Wurzeln auf der entgegengesetzten Seite der Biegung 15—20 cm vom Stämmchen entfernt abgestochen, der Stamm wird umgebogen, in einen kleinen Längsgraben gelegt, mit Haken befestigt und leicht mit Erde bedeckt. Läßt sich das Stämmchen schlecht biegen, so kerbt man es leicht ein (b Figur 114). Größere Zweige werden demselben ganz weggenommen, die kleineren aber 10 bis 20 cm hoch so mit Erde und Rasenstücken bedeckt, daß die Zweigspitzen etwa 20 cm (aa Figur 114) aus der Erde hervorragen. Man kann auf diese Weise leicht bis 30 Ableger aus einem einzigen Stämmchen erziehen, die nach wenig Jahren von Samenpflanzen nicht mehr zu unterscheiden sind. Schwächere Stämmchen und Wurzelausschläge werden umgebogen, fest gehackt oder mit Rasenplaggen belegt und nur schwach mit

Praktisches über Pflanzungen.

Erde bedeckt. Im 2., besser noch im 3. Jahre sind die Ableger zum Verpflanzen geeignet. Die beste Zeit zum Absenken ist das Frühjahr kurz vor Laubausbruch.

Ueber Stecklinge, Setzstangen ꝛc. vergl. § 189 Weidenheeger.

§ 163.
Schlußbemerkungen über das Pflanzen.

Sehr häufig wird beim Pflanzen der Fehler gemacht, daß man alles zur Haud liegende Pflanzmaterial verwendet. Der Forstbeamte hat ganz besondere Sorgfalt auf durchweg gutes und gesundes Pflanzmaterial zu verwenden und vor jeder Kultur entweder selbst oder durch intelligente und zuverlässige Arbeiter die Pflanzen einer genauen Prüfung zu unterwerfen, um alle kranken, verstümmelten und schlechtgewachsenen Pflanzen, sowie solche mit übermäßiger oder abnormer Wurzel- und Zweigbildung auszusondern; lieber pflanze man gar nicht als schlechte Pflanzen.

Liegt die Kultur an älteren Beständen, so muß man mit derselben 3—6 m vom Bestandesrande abbleiben, so daß die Pflanzen nicht verdämmt werden können und nicht unter der Traufe stehen.

Vor der Pflanzung wie überhaupt vor Beginn jeder Kultur ist Alles gehörig vorzubereiten. Die Kulturgeräthe sind zu revidiren und event. vorher auszubessern, die Arbeiter sind frühzeitig zu bestellen und nöthigenfalls vorher mit Instruktion zu versehen. Die größte Pünktlichkeit ist beim Beginn und Aufhören wie bei den Arbeitspausen einzuhalten; der Förster soll der Erste und Letzte auf der Kulturfläche sein, um namentlich bei Tagelohnarbeit das rechtzeitige Anfangen und Aufhören der Arbeit zu kontroliren. Vor Beginn der Kultur, unter Umständen an jedem Morgen ist eine genaue Arbeitseintheilung vorher zu entwerfen und jedem Arbeiter kurz und deutlich zu bezeichnen, was er zu thun hat. Eine Abtheilung hat z. B. das Ausheben der Pflanzen, eine andere das Zusammensetzen und Einschlagen der ausgehobenen Pflanzen, die dritte den Transport, die vierte das Einschlagen auf der Kulturfläche, die fünfte das Beschneiden, die sechste das Löchermachen, falls dieses nicht vortheilhafter schon vorher besorgt ist, die siebente das Zutragen von Pflanzen, die achte das Einpflanzen ꝛc. auszuführen.

Alle diese Arbeiten müssen genau in einander greifen, es darf keine Abtheilung auf die andere warten und so die kostbare Zeit verschwenden. Wenn 30 Arbeiter auch nur eine Minute müßig sind, so beträgt der Ausfall sofort eine halbe Stunde oder der Geldverlust bei einem Tagelohn von 2 Mark pro Mann und 10stündiger Arbeitszeit 10 Pf., bei 10 Minuten 1 Mark!

Am Abend sind die Kulturgeräthe zu prüfen, damit etwaige Reparaturen sogleich vorgenommen werden können oder schadhaftes Werkzeug durch gutes ersetzt wird; man muß deshalb immer einige Reserve-Werkzeuge auf der Kultur haben. Zu den leichteren Arbeiten verwendet man die billigere Kinder- und Weiberarbeit; nur zu schwererer Arbeit Männer.

Alle Arbeiten, die nicht besonderer Aufmerksamkeit bedürfen und deren Güte dabei leicht zu kontroliren ist, läßt man im Accord machen, namentlich Erdarbeiten, Transport ɪc.; Säen, Pflanzen, Ausheben und Beschneiden läßt man in Tagelohn machen.

Während der Pflanzung sind die Pflanzen stets zu kontroliren in Bezug auf die richtige Tiefe und Festigkeit ihres Standes. Halbheister und Heister müssen federn, wenn sie mit dem Finger weggeschnellt werden, kleinere Pflanzen dürfen sich nicht leicht ausziehen lassen; die richtige Tiefe untersucht man, falls sie nicht sofort auffällt, indem man mit dem Finger die Erde um den Stamm etwas wegnimmt und das Merkzeichen des früheren Standes resp. die obersten Wurzeln aufsucht. Vor allen Dingen ist ein zu tiefes Pflanzen zu verhüten. Die schlecht gepflanzten Stämme müssen sofort von demselben Pflanzer noch einmal gepflanzt werden. Thut der Beamte seine Schuldigkeit ganz, so hat er auf der Kulturstelle keine müßige Minute während der Arbeit, da er unausgesetzt kontroliren soll. Sein Stand soll immer hinter der Arbeiterkolonne sein.

Sehr wichtig ist das Auftreten der Beamten den Arbeitern gegenüber. Derselbe muß Freundlichkeit und Strenge in richtige Verbindung bringen, vor allem aber immer entschieden sein und sich die Achtung der Arbeiter bewahren oder erzwingen. Der Beamte hat sich unter allen Umständen des Mitarbeitens zu enthalten, da seine Zeit reichlich mit der Beaufsichtigung und Instruktion der Arbeiter in Anspruch genommen ist. Auf das Arbeiternotizbuch als Grundlage der Löhnungen ist die größte Sorgfalt zu legen. Nachlässige Arbeiter, die man nicht entlassen kann oder will, bestraft man zuvor am besten durch Lohnabzüge, hilft das nicht, durch rechtzeitige Entlassung mit allen ihren Konsequenzen.

Mittelwaldbetrieb.

§ 164.
Allgemeines.

Unter welchen Bedingungen man den Mittelwaldbetrieb einzuführen hat, ist bereits bei der Wahl der Betriebsarten § 117 erörtert worden. Der Mittelwald besteht bekanntlich aus plenterartig zu nutzendem Hochwald und Ausschlagswald und kommen bei ihm sowohl natürliche wie künstliche Verjüngungen zur Geltung, daher er erst hier seine Besprechung finden kann.

Zu Unterholz taugen alle zu Niederwald dienlichen Holzarten mit Ausnahme der entschiedenen Lichtpflanzen (siehe § 116).

Zu Oberholz eignen sich alle baumartigen Holzarten, am besten im Allgemeinen die lichtkronigen; die Laubhölzer stehen, wenn man mit den lichtkronigsten anfängt, in folgender Reihenfolge: Birke, Aspe, Erle, Esche, Ulme, Eiche, Ahorn, Linde, Hainbuche, Buche. Die Nadelhölzer eignen sich nur zu Oberholz; die Kiefer wächst als Oberbaum etwas sperrig.

Die Umtriebszeit des Unterholzes schwankt gewöhnlich zwischen 15 bis 30 Jahren, die Umtriebszeit des Oberholzes ist klassenweis ein Vielfaches (2—7 faches) der Umtriebszeit des Unterholzes und wächst die jüngste Klasse zugleich mit dem Niederwaldbestande auf; man hat also am Ende eines Unterholzumtriebes von 20 Jahren auf der ganzen Fläche gleichmäßig vertheilt, aber überall durcheinanderstehend bis 40, 60, 80, 100 ꝛc. jähriges Oberholz. Nach dem ersten Abtriebe des Unterholzes heißen die übergehaltenen Stämmchen Laßreiser oder Laßreibel, im 2. Umtriebe Oberständer, nachher starke Bäume*); bei 20jährigem Umtriebe würden also Laßreiser ein Alter von 20—40, Oberständer von 40—60 Jahren ꝛc. erreichen; noch jüngere Stämme als Laßreiser, die aber zur Rekrutirung des Oberholzes bestimmt sind, nennt man Kernloden, sobald sie aus dem abgefallenen Samen hervorgehen.

Nach der Zahl der Jahre des Unterholzumtriebes wird der Wald in gleich große Schläge getheilt, auf welchen jedesmal gleichaltriges Unterholz und verschiedenaltrige Oberholzklassen stehen, z. B. bei

---

*) Die Bäume bezeichnet man auch wohl noch spezieller mit:
    a) angehender Baum (während des 3. Umtriebes); mit:
    b) Hauptbaum (während des 4. Umtriebes); mit:
    c) alter Baum während der letzten Umtriebe des Unterholzes).

Stämme zu gewinnen. Das Hauptpflegemittel ist also die Axt, die während des ganzen Umtriebes vom Dickungs- bis zum Baumalter nicht ruhen darf. Je nach dem Alter und Zustand des Bestandes unterscheidet man bei der Pflege des Waldes zweierlei Pflegehiebe, nämlich den Läuterungshieb und den Durchforstungshieb; schließlich dienen diese Hiebe auch noch Zwecken des Forstschutzes, indem Krankheiten und Insektenschäden vorgebeugt werden soll.

§ 167.
Der Läuterungshieb (Reinigungshieb).

Man versteht darunter die Herausnahme von Holz aus Dickungen oder ganz jungen Stangenhölzern, die zu dichten Wuchs haben oder von fremden Holzarten unter Verdämmung oder Seitendruck leiden, um Licht und Luft zu schaffen und einen zu schlanken und schwächlichen Wuchs zu vermeiden. Der Läuterungshieb muß selbst mit Geldopfern zeitig genug eingelegt werden, namentlich wenn allerlei Weichhölzer, Birke, Aspe, Saalweide, Faulbaum ꝛc. zu wuchern drohen; er ist eine Erziehungsmaßregel, die, wie jede Erziehung, auch Opfer fordert.

Bei der Ausläuterung hat man besonders auf das Freihauen der vielversprechenden Stämme zu achten; oft kann man gegen Abgabe des Materials die Ausläuterung kostenfrei bewirken lassen, dann darf aber Instruktion und Aufsicht nicht fehlen; man nimmt am besten eine Verhandlung darüber vorher auf.

Große Vorsicht ist nöthig, wenn die Hauptholzart im Drucke der verdämmenden Hölzer oder im eignen zu dichten Staude schlaff aufgewachsen ist, um ein Umlegen derselben oder die Gefahr von Schnee- und Duftbruch zu verhüten. In solchen Fällen empfiehlt sich ein Einstutzen der verdämmenden Holzart, oder doch eine weniger starke und dafür sehr bald wiederkehrende allmählige Läuterung.

Sind aus irgend welchen Gründen in solchen jungen Beständen Waldrechter stehen geblieben, die verdämmen oder keinen Zuwachs mehr zeigen, so müssen sie, wenn ihre Herausnahme nicht zu umgehen ist, vorher entästet und entgipfelt werden, ebenso müssen unbedingt alle stark vorwüchsigen, sperrigen und verdämmenden Stämme frühzeitig herausgehauen werden, sobald sie noch versprechenden Unterwuchs haben. Beim Fällen, Aufarbeiten und Rücken ist jede Schonung des Jungwuchses anzustreben. Unumgängliche größere Beschädigungen

Um einen ungefähren Anhalt zu geben, wie viel Stämme und in welchem Klassenverhältniß dieselben auf der abgetriebenen Fläche übergehalten werden sollen, mögen folgende Durchschnittszahlen gelten. Bei einem 20jährigen Umtriebe des Unterholzes hält man über etwa:

6 Stämme von 120jährigem Alter pro Hektar
8 „ „ 100 „ „ „ „
12 „ „ 80 „ „ „ „
16 „ „ 60 „ „ „ „
20 „ „ 40 „ „ „ „
30 „ „ 20 „ „ „ „

Das beste Oberholz sind Eichen, dann Eschen, Rüstern, Lärchen, Fichten, Tannen, Kiefern, Birken; zu Unterholz eignen sich bei starker Beschattung Rothbuche, dann vorzüglich Hainbuche, Hasel, Rüster, Schwarzdorn, Linde ꝛc. und alle Niederwaldholzarten mit Ausnahme der Lichtpflanzen, die nur auf bestem Boden und bei geringem Ueberhalt von Oberholz als Unterholz verwendet werden.

Weise (Waldbau 2. Aufl.) unterscheidet folgende Mittelwaldformen: 1. Oberholz und Unterholz sind gleichberechtigt: Mittelwald im gewöhnlichen Sinne. 2. Die Unterholzzucht überwiegt: niederwaldartiger Mittelwald. 3. Die Oberholzzucht wiegt vor: hochwaldartiger Mittelwald. Bei letzterem soll an Stelle der stammweisen Vertheilung der Altersklassen eine horst- und flächenweise treten, die erforderlichen Falls voll künstlich kultivirt, später gelichtet und in die Mittelwaldstellung übergeführt werden.

§ 166.
Pflege der Bestände bis zur Haubarkeit.

Die erste Pflege, die den jungen Kulturen zu Theil wird, ist die rechtzeitige Nachbesserung und Kompletirung, die fortgesetzt werden muß, so lange der Bestand eine Nachbesserung zuläßt d. h. so lange die nachgebesserten Pflanzen nicht mehr verdämmt werden; die fernere Pflege besteht darin, ein möglichst werthvolles Holz zu erziehen und die Bestände in kürzester Zeit der vortheilhaftesten Haubarkeit zuzuführen. Auf die normale Entwicklung eines Bestandes läßt sich nur schwer direkt einwirken, sondern vielmehr indirekt durch Schutz gegen Verdämmung, durch Unterhaltung einer angemessenen räumlichen Stellung der Stämme und Erhaltung und Verbesserung der Bodenkraft, ferner direkt durch geeignete Entastung, um besonders schöne und schaftreine schlaff und bei Laubhölzern mit Wasserreisern bedeckt ist und die unterdrückten Stämme vielfach absterben; dann ist es die höchste Zeit, die Durchforstung einzulegen. Ein aufmerksamer Forstwirth darf jedoch ein solches Zerrbild eines Bestandes gar nicht aufwachsen lassen, sondern muß dasselbe durch frühzeitige Läuterungen verhüten. Für besser gepflegte Bestände ist der Zeitpunkt der beginnenden und später in gewissen Perioden immer zu wiederholenden Durchforstung der, wenn die Stämme nach dem stattgehabten Zuwachse wieder so gedrängt stehen, daß eine gewisse Wuchsstockung stattfindet und die Mehrzahl der herrschenden (dominirenden) Stämme von nebenstehendem Holze, sei es nun im **Vorwuchs** oder im **Unterwuchs** in irgend einer Weise belästigt wird. Man erkennt solche Wuchsstockungen am Zurückbleiben der Höhentriebe und eventuell an Wasserreiserbildung, sofern nicht die zu dicht stehenden Stämme und das Ueberhandnehmen des unterdrückten und trocknen Holzes den ersten Blick eindringlich überzeugen.

§ 170.
Ausführung der Durchforstungen.
A. Allgemeines.

Man hat bei der Ausführung der Durchforstungen dreierlei Zwecke zu verfolgen:

1. Der Bestand — namentlich der künftige Hauptbestand — ist in seinem Massen- und Werthszuwachs möglichst zu fördern.

2. Die Bodenkraft ist zu erhalten, zu mehren und in richtiger Weise auszunutzen.

3. Unbeschadet der vorstehend genannten Ziele ist ein möglichst hoher Geldertrag im Interesse der Waldrente zu gewinnen.

Schon bei Beginn der Durchforstung hat man diejenigen Stämme ins Auge zu fassen, welche den künftigen Hauptbestand bilden werden. Es sind das weder die stark vorwüchsigen noch die stark zurückbleibenden Stämme, sondern pro ha etwa 5—800 gesunde, kräftig und tadellos gewachsene Stämme, welche im gleichmäßigen Kronendach stehen. Wo die Umstände es gestatten, mögen diese Stämme schon in der Jugend in dauerhafter Weise bezeichnet werden (durch farbige Ringe ꝛc.).

Bei den periodisch wiederkehrenden Durchforstungen ist es eine Hauptaufgabe, diese Stämme gegen ihren Nebenbestand zu schützen; werden sie von einem vorwüchsigen sperrig werdenden protzenden Nachbar belästigt, so muß dieser fallen; nimmt ihnen zu dichter Unterbestand Licht und Luft oder konkurriert er zu stark bei der Ernährung, so muß er fallen oder gelichtet werden.

Die Stämme des künftigen Hauptbestandes selbst werden erst angegriffen, wenn sie sich entweder zu Protzen entwickeln oder zurückbleiben oder krank resp. fehlerhaft werden.

In zweiter Linie faßt man den Nebenstand ins Auge. Unbedingt wird alles trockne und stark absterbende Holz herausgehauen, da dasselbe theils keinen Zweck mehr hat, theils eine Gefahr durch Verbreitung von Krankheiten, Feuer und Insekten bildet; solches Material ist schon auf alle Fälle bei der ersten Durchforstung zu entfernen und dann immer wieder, sobald es lästig wird. Schwieriger ist die Entscheidung bei den mehr oder weniger unterdrückten Stämmen. Hierbei gehen die Ansichten sehr auseinander, wie die neueste Literatur beweist, in der die Durchforstungsfrage eine Hauptrolle spielt. Die sicherste Antwort giebt der Boden, der ja durch fehlerhafte Durchforstungen empfindlich berührt werden muß. Greift man die unterdrückten Stämme zu sehr an, so kann durch zu große Lichtstellung guter Boden verunkrautet, schlechter Boden verangert werden, greift man sie zu wenig an, so wird der Humus nicht genügend verarbeitet, und dieses große Kapitel liegt dann fast in todter Hand. Es läßt sich, um beide Fehler zu vermeiden, eine Generalregel nicht geben; hier muß der Wirthschafter an der Hand der lokalen Verhältnisse und Erfahrungen entscheiden, da fast jede Holz- und Bodenart, selbst jede Altersklasse verschieden behandelt sein will; deßhalb soll er auch immer persönlich seine Durchforstungen auszeichnen und diese wichtige Arbeit nicht etwa den Unterbeamten oder gar den Holzschlägern überlassen.

Der Beginn und die Wiederkehr der Durchforstungen richtet sich, wie im vorigen Paragraphen erörtert ist, hauptsächlich nach dem Bedürfniß des Bestandes; diese Rücksicht kann durch die Geldfrage modificirt werden, indem man im Interesse des Waldreinertrags auf keinen Fall den Durchforstungen Geldopfer bringen will oder besonders günstige Konjunkturen auf stärkere oder frühere Durchforstungen hinweisen. Dann legt man natürlich die erste Durchforstung ein, wenn der Ertrag mindestens alle Unkosten deckt. Um ferner den möglichst höchsten Geldertrag zu erzielen, ist eine sorgfältige Sortirung von Nutzholz und Brennholz unerläßlich, namentlich der Stangenhölzer und der zahlreichen kleinen Nutzreisersortimente (Bandstöcke, Faschinen ꝛc. ꝛc.); die Nutzholzausbeute muß das höchste Maß erreichen!

B. Specielles.

Trotz der in neuester Zeit sehr verschiedenartigen Auffassungen hat man doch daran fest zu halten, daß, so lange das Höhenwachsthum nicht vollendet ist, der Schluß gewöhnlich nicht unterbrochen werden darf; selbst wenn derselbe bei manchen Holzarten im Interesse des Lichtstandszuwachses, der ja unzweifelhaft stattfindet, auf längere Zeit unterbrochen wird, muß ein Unterbau stattfinden; namhafte Schriftsteller und Wirthschafter stimmen jetzt meistens darin überein, daß die Durchforstungen nicht mehr bloß die todten und absterbenden Stämme begreifen, sondern auch den Kampf der herrschenden Stämme mit ihren bedrängenden Nachbaren im Interesse eines besseren Massen- und Werthszuwachses und intensiverer Ausnutzung der Bodenkraft möglichst abkürzen müssen; man durchforstet jetzt etwas stärker und wiederholt die Durchforstungen bis zur Haubarkeit, so oft dies das Bedürfniß des Hauptbestandes erfordert, um das meiste und zugleich werthvollste Holz zu liefern und die Bodenkraft es verlangt resp. zuläßt. Man scheut sich nicht mehr, selbst kleine Lücken zu hauen, wenn es gilt, fehlerhafte Stämme zu entfernen, sobald diese Lücken durch die Nachbaren später oder früher wieder geschlossen werden können. Vorwüchsige Stämme, die einen in sich ganz oder fast ganz geschlossenen Unterstand verdämmen, sollen unbedingt fallen, um so eher, je sperriger sie wachsen; stehen zwei gleich gute tadellose Stämme dicht beieinander, so kann man beide stehen lassen, da sie sich, wie unzählige Beispiele im Walde beweisen, trotz aller theoretischen Einwendungen doch gleichwerthig bis ins höchste Alter erhalten können; ist einer jedoch zurückgeblieben, so muß dieser fallen; ebenso verfährt man bei Zwieseln (Doppelstämmen). Alle fremden Holzarten, namentlich werthlose Weichhölzer, fallen nach dem Grade ihrer Entbehrlichkeit und Schädlichkeit für den Hauptbestand zuerst.

Das Auszeichnen hat in derselben Weise, wie im § 122 beim Auszeichnen der Samenbäume vorgeschrieben, im laubgrünen Zustande (im Spätsommer) zu erfolgen. Die Bestandesränder sind, wo ein Auswehen, Austrocknen oder Aushagern zu befürchten ist, wenig oder gar nicht zu durchforsten. Die Stämme müssen so gehauen werden, daß über der Erde kein Stubben bleibt, **also so tief als möglich,**

Entästungen. 233

und das Hauende dahin zeigt, wohin das Holz gerückt werden soll. Es empfiehlt sich in zwei Touren zu durchforsten. Auf der Hintour nimmt man Alles heraus, was heraus muß, auf der Rücktour Alles, was heraus kann.

Die Nadelhölzer, die nicht in dem Grade, wie die Laubhölzer Schattenblätter und Knospen entwickeln, durchforstet man ceteris paribus schwächer, da sie den durch die Lichtung geschaffenen Raum mit ihren Kronen nicht so bald wieder füllen können; am wenigsten kann dies die Kiefer. Ungünstige Standorte durchforstet man vorsichtiger; auch im Mittelwald und Niederwald sollen rationelle Durchforstungen die Erträge erhöhen.

§ 171.
Entästungen.

Die Entästungen haben den Zweck, den Bäumen eine bessere Stammform zu geben, zuweilen auch, um verdämmende oder sonst belästigende Aeste zu entfernen. Entästungen werden in der Zeit der Saftruhe, am besten im November und December bei frostfreiem Wetter vorgenommen.

Große Astwunden bestreicht man, um Fäulniß zu verhüten, bei den Laubhölzern stets mit Steinkohlentheer. Alle wegzunehmenden Aeste werden ganz glatt und dicht am Stamme weggenommen, Aststummel dürfen nie stehen bleiben. Wird mit Hauinstrumenten (Beil, Heppe) entästet, so ist der Ast vorher unten auf ein Drittel seiner Stärke einzukerben, um Stammsplitterungen zu vermeiden; über armstarke Aeste soll man ohne Noth nicht mehr wegnehmen. Schwache Aeste entfernt man mit einem an einer Stange befestigten Stoßeisen (Fig. 115); sehr empfeh-

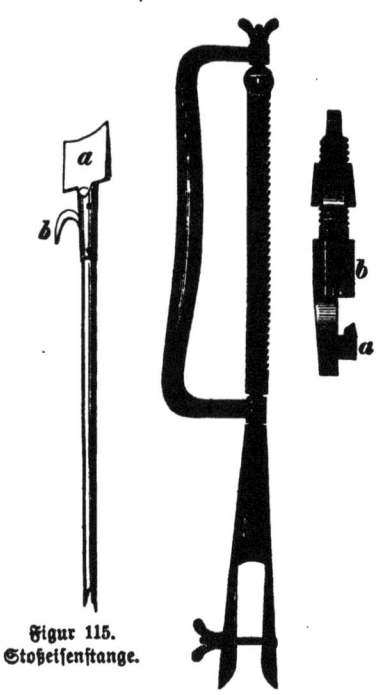

Figur 115. Stoßeisenstange.

Figur 116. Alers' Flügelsäge.

lenswerth ist beim Entästen auch die Stangensäge (Alers'sche Flügelsäge* Figur 116). Hauptsächlich werden die Ausästungen bei Eichen angewandt, die besonders gute Nutzholzstämme werden sollen; man beginnt damit schon früh, oft schon in Heisterpflanzungen, indem man alle störenden Seitenzweige mit der Baumscheere entfernt, auch wohl entbehrliche Knospen ausbricht. Besonders angebracht ist das Entästen bei Waldrechtern und dem Oberbaum des Mittelwaldes; auch durch Schneidelungen von Nadelholzstämmen, namentlich Fichten und Tannen hat man schöne Stammformen und erhöhte Nutzholzausbeute erzielt. Die Wegnahme von trocknen und halbtrocknen Aesten ist unbedingt zu empfehlen; Grünästungen über 8 cm Aststärke haben dagegen vielfach zu Fäulniß im Innern geführt. Man soll jedoch nur solche Stämme entästen, welche unzweifelhaft vorzügliche Nutzstämme geben werden und diese bereits in der Jugend bezeichnen; selbstverständlich müssen sie dann auch in den Durchforstungen besonders berücksichtigt werden. Wenn hohe Stämme zu entästen sind, bedient man sich der Steigeisen oder des Steigrahmens von „Zehnpfund".

§ 172.
Bodenpflege.

Sie erstreckt sich auf Erhaltung, Mehrung und richtige Verarbeitung des Humus und die Sorge für Lockerung des Bodens. Bestandsränder, die vom Winde durch Auswehen des Laubes oder von Aushagerung durch Sonne leiden, erhalten Nadelholzschutzmäntel, zu lichte Bestände müssen rechtzeitig unterbaut werden, jeder Streudiebstahl muß energisch verhütet, jede schädliche Streuabgabe möglichst abgestellt oder auf das geringste Maaß beschränkt werden. Schweineeintrieb ist das vorzüglichste Mittel zur gleichzeitigen Lockerung des Bodens und Festigung des Humus wie zur Vertilgung schädlicher Insekten. Die Waldweide ist möglichst zu beschränken, da namentlich größeres Weidevieh den Humus festtritt und der Bodenlockerung entgegenarbeitet, abgesehen von dem schädlichen Verbeißen.

---

*) Zu beziehen (wie alle forstlichen Instrumente und Werkzeuge) für 11 Mark von Dominikus in Remscheid. Ist sehr zu empfehlen; sie entästet vom Boden aus bis auf 7 m Höhe; neuerdings wurde empfohlen, sie zuverlässigeren Raff- und Leseholzsammlern zu übergeben, damit sie unter Anleitung der Beamten rationell die trocknen Aeste absägen. Vielfache Versuche in Hannover, Braunschweig, Bayern haben sich bewährt (siehe Allgem. Forst- u. Jagdzeitung 1891 Heft 5).

Stagnirende Nässe ist durch Anlage von Saug- und Abführungsgräben zu entfernen (cfr. Forstschutz).

Das wichtigste Pflegemittel ist jedoch die Erhaltung eines dauernd guten Kronenschlusses des Bestandes, der nie stark unterbrochen werden darf.

Flugsand und Ortsteinkultur.

§ 173.

a. Dünenbau.

Flugsand findet sich am häufigsten am Meeresgestade, wo er bekanntlich, nachdem er vom Meere ausgespült ist, zur Bildung der Dünen Veranlassung giebt. Damit dieselben dem weiteren Vorbringen des Meeres einen wirksamen Damm entgegensetzen können, muß man sie mit irgend welchen Gewächsen binden und so Veranlassung zur Bildung einer festen Bodendecke geben, die Stürmen und dem Meere Trotz bietet Am geeignetsten sind zur ersten Befestigung die drei Grasarten Arundo arenaria L. das Sandrohr, Elymus arenarius L. der Sandhafer und Sandsegge Carex arenaria, welche in 0,5 m Quadrat- oder Dreiecksverband auf die mit einer sanften Böschung versehenen Dünen in Büscheln das ganze Jahr hindurch gepflanzt werden. Ist der Boden gebunden, so thut die Anpflanzung von Aspenloden zur weiteren Befestigung vorzügliche Dienste.

Im Schutze der gebundenen Dünen haben öfter die Kulturen mit Erlen, Pappeln, Weiden, Kiefern, der Seestrandskiefer, oder falls Bäume nicht fortkommen können, die Anlage von Flieder (Sambucus nigra), Bocksdorn (Lycium barbarum), Sandborn (Hippophaë rhamnoïdes) gute Erfolge gezeigt.

An den Ostseeküsten hat sich auf den von Sandgräsern in obiger Weise gebundenen Dünen die Reihenpflanzung (in 1 m und 0,3 m Verband) von einjährigen Kiefern in schwacher Untermischung mit Birke und Weißerle bewährt, auf sehr flüchtigem Boden und wo das Material zur Hand war, nachdem die Fläche reihenweis mit Haideplaggen bedeckt war.

§ 174.

b. Binden des Flugsandes im Binnenlande.

Der Flugsand findet sich auch häufig in größeren Flächen im Binnenlande, namentlich in der Nähe von versandenden Flüssen oder auf ganz unfruchtbarem Sandboden. Um die Gefahr der weiteren Verbreitung desselben zu verhüten, muß er oft mit großen Geldopfern befestigt werden. Bei nicht zu losem Flugsande kann man auf kleinen Flächen gleich mit Kiefernballenpflanzung in 1 m Verband (cfr. § 191) vorgehen, auf Sandboden mit frischem Untergrunde pflügt man auch mit Erfolg Pappeln- und Weidensetzlinge ein. Die Kultur muß immer an der gefährdeten Windseite beginnen, nachdem man dieselbe vorher durch einen undurchlässigen Zaun geschützt hat.

Ist dagegen der Boden sehr locker und beweglich, so muß man ihn vor der Kultur künstlich befestigen. Folgende Kulturmethode empfiehlt Forstmeister Meschwitz (Tharand. Jahrbuch Bd. 32 Heft 2) als ausgezeichnet bewährt. Die aus Kiefernreisig zwischen etwa 0,8 m entfernten 7 cm starken Pfosten etwa 0,8 m hoch geflochtenen Zäune werden in 5—10 ar großen Karrés aufgestellt, um den Flugsand zu binden. Nach 2 Jahren werden im engen Verbande mit dem Buttlarschen oder Wartenbergschen Eisen- resp. Klemmspaten ꝛc. in den unvorbereiteten Boden Löcher gestoßen, mit Komposterde gefüllt und 1—2 jährige Kiefern, die mit dünnflüssigem Lehmbrei angeschlemmt waren, fest eingeklemmt; längs der Zäune werden 2 jährige Birken und Weißerlen in gleicher Weise eingeklemmt. Der Meter Zaun kostet etwa 20 Pf., die Kultur außerdem etwa 30 Mark pro ha. Ist der Boden nicht zu flüchtig, so bindet man ihn auch durch das Einstecken resp. Belegen von Kiefernzweigen und bepflanzt ihn, sobald er hinlänglich gebunden ist — mit 1jährigen Kiefern. Diese Zweige werden bald dichter, bald dünner gesteckt resp. gelegt, aber immer mit dem Hauende gegen die herrschende Windrichtung; am Rande führt man (gegen die Windrichtung) einen Flechtzaun auf. Häufiger stellt man auch Coupirzäune gegen die Windrichtung so auf, daß sie entsprechende Winkel mit parallelen Schenkeln bilden, deren Entfernung sich natürlich nach der Beschaffenheit des Bodens richten muß. Immer muß man mit der Kultur warten bis der Boden hinlänglich gebunden ist.

Besser als die gemeine Kiefer hat sich die Pflanzung von ein- bis zweijährigen pinus rigida-Pflanzen bewährt, weil sie selbst auf ärmsten Boden noch freudig wächst und nicht von Frost und Schütte gefährdet ist; sie wird allerdings vom Wild stark verbissen.

Ortsteinkultur.

§ 175.
Ortsteinkultur.

Wie bereits früher auseinandergesetzt ist, besteht der Ortstein aus Sand, der durch Haidehumus verkittet und durch Eisenoxyd durchsetzt ist. Er wirkt durch seine Festigkeit, Undurchbringlichkeit und Undurchlässigkeit mechanisch störend auf den Pflanzenwuchs. Er zieht sich in mehr oder weniger ausgedehnten 15—30 cm starken Schichten in geringer Tiefe unter dem Boden hin und verbietet dem Bestande ein tieferes Eindringen der Wurzeln, namentlich der Pfahlwurzel, verhindert das Eindringen der Niederschläge und das Aufsteigen des Grundwassers. Das einzige Mittel dagegen ist ein gründliches Durchbrechen der Ortsteinschicht, das dieselbe zu Tage fördert und zur Hervorbringung von Pflanzenwuchs wieder geeignet macht.

Die gewöhnliche Methode ist das Umpflügen mit dem Dampfpfluge oder einem starken Schwingpfluge in 2 m breiten Streifen mit 1,5—2 m Entfernung im Lichten. Ebenso zu empfehlen ist das Rajolen in mindestens 1 m breiten Streifen. Die umgebrochenen Stellen werden nach vorherigem Eggen und Anwalzen entweder mit Kiefern voll besäet, besser jedoch (gegen das Auffrieren) mit 1jährigen Kiefern in 1 m Verband bepflanzt (mittelst Klemm= oder Handspaltpflanzung).

In ähnlicher Weise wie der Ortstein setzt eine andere Bildung, der Raseneisenstein der Kultur oft große Hindernisse entgegen; derselbe kann jedoch nicht wie der an der Luft zerbröckelnde und dann wieder kultivirbare und fruchtbare Ortstein in der Erde bleiben, sondern er muß wegen seiner vollständigen Unlöslichkeit und Eisenhärte entfernt werden. Wegen seines großen Eisengehaltes (bis zu 60 Procent) wird der Raseneisenstein auch wohl zur Eisengewinnung verhüttet. Der Raseneisenstein wird gewöhnlich rabatten= oder plätzeweise durchbrochen und dann abgefahren, worauf man erst mit der Kultur beginnen kann.

§ 176.
Gemischte Bestände.

Zu gemischten Beständen, d. h. solchen, in denen auf gleicher Fläche verschiedenartige Holzarten zusammen erzogen werden, geben verschiedene Gründe Anlaß:

1. Gemischte Bestände geben höhere Erträge als reine Bestände, weil Stamm= und Wurzelformen sich besser ineinander fügen und deshalb eine größere Stammzahl stocken kann. — Mischt man z. B. Eichen

und Buchen auf einem Hektar, so erzeugt dieser unter normalen Verhältnissen größere Holzmassen als ein Hektar reiner Eichen oder reiner Buchen.

2. Gemischte Bestände geben die größte Sicherheit gegen Gefahren, z. B. Sturm, Feuer, Frost, Insekten, Rindenbrand ꝛc.

3. Gemischte Bestände bessern den Boden mehr und nützen ihn vielseitiger aus.

4. Gemischte Bestände befriedigen vielseitigere Holzbedürfnisse:

Für die Mischung gelten kurz folgende Regeln:

Die Möglichkeit, zwei Holzarten mit einander zu mischen, hängt ab:

1. Von ihrem Vermögen, die Bodenkraft zu erhalten und zu vermehren.

2. Von ihrem Verhalten gegen Licht und Schatten, wonach man die Holzarten eintheilen kann in*):

- a. Schattenbedürftige Holzarten (Tanne, Fichte und Buche in früher Jugend).
- b. Schattenertragende Holzarten (Tanne, Fichte und Buche in höherem Alter).
- c. Lichtbedürftige Holzarten (alle übrigen Waldbäume).

Je feuchter der Boden, desto mehr Licht und Wärme, je trockner der Boden, desto mehr Schatten verlangt er.

Hieraus lassen sich folgende fünf Generalregeln für die Mischung der Holzarten ableiten.

1. Regel.

Die vorherrschende Holzart soll eine bodenbessernde sein.

---

*) Gayer: Waldbau 1. Auflage S. 44 giebt den Waldbäumen, mit den lichtbedürftigsten anfangend, folgende Reihenfolge: „Lärche, Birke, Kiefer, Aspe, Eiche, Esche, Kastanie, Ulme, Schwarzerle, Schwarzkiefer, Ahorn, Weißerle, Linde, Weymouthskiefer, Hainbuche, Fichte, Buche, Weißtanne, Eibe." Er rechnet zu den echten Lichtholzarten vorzüglich: Lärche, Birke, Kiefer, Eiche, Aspe, zu den entschiedenen Schattenhölzern: Weißtanne, Buche, Fichte, Hainbuche. Die übrigen zwischen diesen beiden Gruppen stehenden Holzarten neigen bezüglich ihres Lichtbedarfes entschieden zu den Lichtholzarten, sie bilden gleichsam die 2. Stufe derselben. Uebergangsholzarten von Licht- zu Schattenholzarten lassen sich schwer bezeichnen, am meisten gehört noch Linde und etwa Weymouthskiefer hierher.

„Kraft" stellt in der Zeitschrift für Forst- u. Jagdwesen 1893. S. 830 in derselben Reihenfolge folgende Skala auf: Kiefer, Schwarzkiefer, Lärche, Birke, Stieleiche, Traubeneiche, Weymouthskiefer, Fichte, Hainbuche, Linde, Ulme, Esche, Ahorn, Tanne, Buche. Feuchte Atmosphäre und frischer Boden verleihen ein größeres Schattenerträgniß.

Gemischte Bestände.

2. Regel.

Schattenertragende Holzarten sind mit einander zu mischen, wenn sie gleiches Wachsthum haben oder die langsam wachsende gegen die schnell wachsende geschützt wird, entweder:

    a. durch Voranbau der langsam wüchsigen Holzart,
    b. durch Anbau derselben in überwiegender Zahl,
    c. Begünstigung bei der natürlichen Verjüngung,
    d. Ausästen, Entwipfeln und Aushauen der vorgewachsenen Holzart. Solche Holzarten sind:

1. **Weißtanne mit Fichte** im Verhältniß von 2:1, auch 1:1; die Tanne schützt die Fichte vor Sturm und liefert höhere Erträge durch ihre Vollholzigkeit.

2. **Tanne und Buche.** Eine vorzügliche Mischung. Sie sind im Allgemeinen gleichwüchsig, die Tanne schiebt sich mit ihrer Baumform sehr gut in die Buchen ein, sie machen gleiche Ansprüche an den Standort.

3. **Fichte und Buche.** Nur dann zu mischen, wenn die Buche gegen die Fichte geschützt wird durch Voranbau, Entästen, Entgipfeln sowie horst- oder bänderweise Einsprengung der Fichte in weitem Verbande (10—20 m), wobei man die Bänder mindestens 4 m breit nimmt; weniger empfehlen sich Einzelreihen.

3. Regel.

Schattenertragende (dichtkronige) Holzarten können mit lichtbedürftigen dann gemischt werden, wenn die lichtbedürftigen einen Vorsprung haben und behalten.

1. a. **Fichte mit Eiche.** Die Eiche muß einen großen Vorsprung vor der später sehr viel schnellwüchsigeren Fichte haben. Deßhalb sprengt man Eichenheister wohl in Fichtenkulturen in Reihen, Bändern, Horsten oder Gruppen ein und schützt sie später durch Entästen resp. Entgipfeln der Fichten, oder man baut die Eichen rein an, legt in 60—80 Jahren einen kräftigen Durchhieb und kultivirt darunter die Fichte mit Saat oder Pflanzung. Aehnlich wie die Eiche verhalten sich noch Ahorn, Ulme, Esche, Hainbuche und Elsbeere, deshalb ist große Vorsicht bei der gleichaltrigen Mischung geboten resp. dieselbe zu vermeiden; die Fichte überholt alle diese Holzarten unter normalen Verhältnissen nach 10—20 Jahren und unterdrückt sie dann. Bei der Mischung von Birke und Fichte schadet die Birke oft durch Peitschen und Abreiben

der Knospen, auch wird sie durch ihre ungemeine Samenausbreitung leicht vorherrschend, deshalb kann letztere stets nur vorübergehend beigemischt werden.

1. b. Fichte mit Kiefer. Die Kiefer darf nur zu ⅐ bis ⅑ eingesprengt werden, wenn sie später die Fichte nicht verdämmen und ihr durch sperrigen Wuchs und Abreiben der Knospen und Triebe schaden soll.

1. c. Fichte mit Tanne ist eine günstige Mischung; die Tanne verhält sich oben genannten Laubhölzern und der Kiefer gegenüber ähnlich wie die Fichte.

2. a. Buche mit Eiche. Sehr gute Mischung; sie sind fast gleichwüchsig, doch ist im Allgemeinen der Eiche ein Vorsprung zu geben, z. B. Eichenheister mit Buchenloden, Ausästen von Eichen zur Beförderung ihres Höhenwuchses, Begünstigen der Eiche bei Durchforstungen, Voranbau in ca. 7 ar großen Löchern ꝛc. Was das Mischungsverhältniß anbetrifft, so kann man auf gutem Standort beide in gleichem Verhältniß anbauen, auf schlechterem läßt man die Buche vorherrschen und nimmt je nachdem ⅓ bis ¼ Eichen.

Ahorn, Ulme, Esche, Elsbeere ꝛc. sprengt man gern als Heistern ein, die Weichhölzer, namentlich Aspen und Saalweiden, muß man in den Buchenschlägen im Allgemeinen als Feinde der Buche behandeln; kommen sie vereinzelt vor, so duldet man sie wohl, da sie vor Frost schützen und eine gute Vornutzung gewähren, es ist aber immer große Vorsicht nöthig, damit sie sich nicht ausbreiten.

2. b. Buche mit Kiefer. Vorzügliche Mischung. Die Kiefer bleibt immer etwas vorwüchsig ohne zu verdämmen, schützt gegen Frost und Hitze und gedeiht zu besonders schönen, allerdings oft grobjährigen Stämmen. Man sprengt die Kiefer im Abtriebsschlage mittelst Saat oder Pflanzung ein.

2. c. Buche mit Lärche. Fast eben so gut wie Buche mit Kiefer, nur macht die Lärche mehr Ansprüche an den Standort, daher ist größere Vorsicht nöthig, auch hält sie selten durch.

4. Regel.

Lichtbedürftige Holzarten dürfen zu dauernden Mischungen nicht verbunden werden, weil der Boden leicht sich verschlechtert. Ausnahmen:

1. Auf sehr kräftigen Boden, wo unter dem dünnen Schirm der lichtbedürftigen Holzarten keine Bodenverschlechterung zu fürchten ist,

z. B. Erle mit Esche, Erle mit Ruchbirke, Eiche mit Kiefer. Die langsamer wachsende Holzart muß einen Vorsprung haben.

2. Auf schlechtem, vorzüglich dem Nadelholz gewidmetem Boden mischt man wohl Kiefer mit Birke, obgleich sie sich oft nicht vertragen, in dem Falle, wenn man für den Markt durchaus ein Laubholz haben muß. Ferner mischt man in Laubhölzer, namentlich in Eichen, die Lärche, Kiefer und Birke vorübergehend ein, weil sie dieselben gegen Frost schützen und günstige Treibhölzer sind.

5. Regel.

Die einzusprengenden Holzarten sollen in der Regel einzeln, nicht horstweise, unter der herrschenden Holzart vertheilt werden. — Ausnahmen sind:

1. Bei sehr wechselnder Bodengüte. Wenn Stellen und Plätze vorkommen, welche sich nur oder vorzugsweise für bestimmte Holzarten eignen, soll man diese hier in Horsten anbauen, z. B. Eschen und Erlen auf den feuchten und nassen Stellen von Buchenrevieren, Eichen in kleinen besonders fruchtbaren Mulden, Fichten auf Steinköpfen, Kiefern auf ärmeren Boden u. s. w.

2. Wenn eine langsam wachsende lichte Holzart neben einer schnell wachsenden schattenertragenden kultivirt werden soll, z. B. Eichen in Fichten- und Buchenbeständen.

3. Beim Ueberhalten von Holzarten zum zweiten Umtrieb, um den Boden während des Heranwachsens des jungen Bestandes unter Schutz zu halten.

4. Auf großen Kulturflächen, wo die Pflege der einzeln eingesprengten Holzarten Schwierigkeiten bereitet, weil sie schwer zu finden sind. Es sei noch bemerkt, daß man eine dauernde und eine zeitweise Mischung unterscheidet; bei dauernder Mischung werden die vermengten Hölzer mit gleichem Umtriebe, bei zeitweiser mit ungleichem Umtriebe behandelt; in letzterem Falle dient eine Holzart entweder als Schutz- oder als Treibholz, die weggenommen wird, nachdem der Schutz entbehrlich oder der Boden gebessert worden ist. Ferner unterscheidet man noch: einzelständige, gruppen- oder horstweise, gleichzeitige und ungleichzeitige, gleichaltrige und ungleichaltrige, platzweise, reihenweise, streifenweise Mischung oder in Bändern (sehr breite Streifen!).

Die gemischten Bestände besitzen eine große Vielseitigkeit und außer den schon oben angeführten im Einzelnen noch folgende specielle Vortheile vor den reinen Beständen:

1. Sie gestatten den Anbau und die Nutzung vieler Holzarten neben einander und erleichtern die Einrichtung eines Revieres, indem nicht für jede Holzart besondere Betriebsklassen gebildet zu werden brauchen

2. Sie gestatten bei vielgestaltigem Wechsel des Standorts jede Berücksichtigung durch Wahl der passenden Holzart.

3. Sie leisten besser Widerstand gegen Kalamitäten:

a. Gegen Feuer, indem man den gefährdeten Nadelhölzern (Kiefer) Laubhölzer in Streifen oder in größeren Gruppen beigesellt oder doch in große Schonungen mindestens 15 m breite Laubholzsicherheitsstreifen (Birke, Akazie) einlegt.

b. Gegen Sturm, indem man sturmgefährdeten (flachwurzelnden!) Holzarten sturmfeste (tiefwurzelnde) Hölzer beigiebt.

c. Gegen Frühjahrsfrost, indem man in Frostlöchern oder an Frostlagen, die meist durch die lokale Terrainformation gebildet werden, frostharte Holzarten (Birke, Hainbuche, Kiefer) anbaut.

d. Gegen Schneebruch, indem man den gefährdeten Nadelhölzern (Fichte, Kiefer) in notorischen Schneebruchlagen Laubhölzer oder Nadelhölzer von verschiedenem Wuchse beimischt, um die Bildung einer zusammenhängenden Schneedecke auf dem Kronendach zu verhüten.

e. Gegen Raupen, soweit sie monophag sind, da diese im gemischten Bestande nicht soviel Futterpflanzen, ungeeignete Existenzbedingungen finden und sich deshalb nie stark entwickeln können.

f. Sie liefern wegen verschiedener Kronenform, Kronendichte, Höhenwachsthums, Bewurzelung, Ernährung ꝛc. mehr und besseres Holz.

Aus diesen Gründen soll man überall gemischte Bestände erziehen, wo sich dieses nicht aus zwingenden Gründen verbietet.

§ 177.
Wechsel der Holzarten.

Ein regelmäßiger Wechsel der Holzarten, wie z. B. der Früchte beim Feldbau, ist beim Waldbau deshalb nicht nöthig, weil die Bäume den größten Theil der Nahrung, die sie dem Boden entziehen, durch Laub- und Nadelabfall, d. h. durch die Bildung des Humus wieder zurückgeben und durch den Schirm ihrer Kronen den Boden vor Aushagerung schützen; man erreicht eine Bodenverbesserung eher durch Mischen verschiedener Holzarten. Man wechselt beim Waldbau nur dann und zwar dauernd, wenn man entweder eine lohnendere Holzart nachziehen oder wenn man andere Holzarten einsprengen und sich so die Vorzüge der gemischten Bestände sichern will.

Charakteristisches unserer wichtigsten Waldbäume.
Die Eiche. Quercus.

§ 178.

Allgemeines.

Ueber den Unterschied der beiden wichtigsten Eichenarten Quercus robur Traubeneiche und Quercus pedunculata Stieleiche vergleiche die Tabelle (§ 57). Die Stieleiche ist der Baum der Ebene, die Traubeneiche kommt auch im Gebirge und in rauhen Lagen fort. Beide Arten gehen oft ineinander über und zeigen in ihrem forstlichen Verhalten keine wesentlichen Verschiedenheiten.

Standort. Der wichtigste Faktor des Standortes ist für die Eiche der Boden; geringerer, namentlich trockner und unkräftiger Boden setzen der Kultur der Eiche ihre Grenzen. Am besten gedeiht sie auf dem humosen und fetten Marschboden und in fruchtbaren Flußniederungen, in gutem Lehm- und humosem frischen Sandboden wie auf durch Steingrus gelockertem Bergboden geringer Höhenlagen. Das Haupterforderniß für die Eiche ist Bodenfrische und einige Tiefgründigkeit; entschieden flachgründiger Boden taugt nicht für die Pfahlwurzel der Eiche.

Betriebsarten. Die Eiche durchläuft alle Betriebsarten; sie bildet im Hochwald reine Bestände und ist den meisten Waldbäumen das willkommenste Mischholz, aus diesem Grunde gedeiht sie auch vorzüglich im Plenterwald; zu Waldrechtern eignet sie sich am vorzüglichsten. Im Mittelwalde ist sie der werthvollste und beliebteste Oberbaum und im Niederwalde giebt sie die werthvollsten und vermöge ihrer ausgezeichneten Ausschlagsfähigkeit die sicherften Erträge.

§ 179.

Eichenhochwald.

Reine Eichenbestände finden sich im Allgemeinen nur in dem fruchtbaren und frischen Niederungsboden, weniger und da schon immer in weit geringerer Güte auf Mittelboden. Auf mittlerem und geringerem Standort erzieht man die Eiche besser in Untermischung mit Buche, Kiefer, Tanne, seltener mit Fichte und ähnlichen Holzarten; ein eingesprengtes Bodenschutzholz ist für die Eiche immer, auch auf günstigstem Boden, sehr vortheilhaft.

In neuerer Zeit empfiehlt man den Lichtungsbetrieb für die Eiche. Man versteht unter Lichtungsbetrieb eine Betriebsweise, bei welcher der Hauptbestand behufs Zuwachssteigerung der Einzelstämme lange vor der Haubarkeit (etwa in der Hälfte der Umtriebszeit) allmählich gelichtet und der Boden gleichzeitig durch ein Bodenschutzholz unterbaut wird. Außer Eiche eignen sich noch andere Licht- und Nutzholzarten, namentlich die Kiefer zum Hauptbestande, zum Unterholze schattenertragende Laubhölzer (Hainbuche und Buche), sowie Tanne für kürzere Zeit; Fichte ist nicht geeignet. Sobald das Höhenwachsthum vollendet ist, legt man die erste Lichtung ein, die alle schlecht gewachsenen Stämme entfernt und auch die mitherrschende Stammklasse angreift. Diese Lichtungen wiederholen sich periodisch, bis nur gute Nutzholzstämme verbleiben. Der Unterwuchs wird durch Plätze-Saat oder Pflanzung nach der ersten Lichtung eingebracht; er soll dicht genug sein, um den Boden zu schützen und zu bessern, darf aber denselben nicht abschließen, wie man dies bei der Fichte öfter erfahren mußte, auch darf er später nicht in die Krone des Hauptbestandes hineinwachsen (Tanne). Der Vortheil des Lichtungsbetriebes liegt in der schnelleren Erziehung werthvollster Nutzeichen durch gesteigerten Lichtzuwachs ohne den Boden zu gefährden, in der Gewinnung früher und reicher Vornutzungen. Auf trocknem und ärmerem Boden verbietet sich der Lichtungsbetrieb.

Die natürliche Verjüngung reiner Eichenbestände erfordert eine lichtere Stellung im Samenschlage, die durch rationellen Durchforstungsbetrieb vorzubereiten ist und nach zwei bis vier Jahren den Abtrieb der Samenbäume, da die Eiche als Lichtpflanze sonst unter Verdämmung des Schirmbestandes empfindlich leiden würde; sie wird seltener angewandt und ist eigentlich nur in reichen Samenjahren zur Erzielung einer wohlfeilen Kultur zu empfehlen. Regel ist die künstliche Verjüngung durch Saat oder Pflanzung, möglichst in Untermischung mit anderen Holzarten; an einem Orte sprechen die Verhältnisse mehr für die Saat, am andern mehr für die Pflanzung, selbst für die

Eichensaat.

Pflanzung von stärkstem Pflanzmaterial; in anderen Fällen kann man zwischen Saat und Pflanzung wählen, wobei für die Saat die geringeren Kosten, eine reichliche und meist sehr gut zu verwerthende Vornutzung, sowie gleichzeitige bequemste Erziehung von Pflanzenmaterial sprechen. In letzter Zeit wendet man der Einsprengung der Eiche in Buchen und Kiefern auf etwa 10 ar großen Löchern oder in 25—50 m breiten Streifen, jedoch des gebotenen Vorsprungs wegen 10—20 Jahre vor der Verjüngung dieser Holzarten, große Aufmerksamkeit zu und sind die bisherigen Erfahrungen meist günstig.

§ 180.
Eichensaat.

Wo nicht Gefahren von Mäusen und Wild (Roth-, Reh-, Schwarzwild, Dächse) oder mangelnde Arbeitskräfte es verbieten, sollen Eichensaaten im Herbst ausgeführt werden. Die Eiche ist noch mehr wie die Kiefer für eine gründliche und tiefe Bodenlockerung wegen ihrer Pfahlwurzel dankbar; eine volle Bodenbearbeitung zu Vollsaaten wird seltener ausgeführt; am üblichsten ist die Furchen- und Streifensaat, dann die Saat auf Plätzen und das Einstufen. Guter, nicht zu graswüchsiger Boden bedarf weniger der eindringenden Bodenlockerung, feuchten und lettigen Boden kultivirt man am besten durch Aufhöhung mittelst Beet- und Rabattenkultur. Ein Uebermaß von Feuchtigkeit schadet den Eichenkulturen in gleichem Maße wie zu trockner Boden, doch vermag sie vorübergehende Bodennässe und Ueberschwemmung wohl zu ertragen.

Besonders häufig wird bei der Eiche auf besserem Boden die landwirthschaftliche Mitbenutzung angewandt, welche eine starke und gründliche Lockerung, Mengung und Reinigung des Bodens bewirkt, den Unkrautwuchs, für den die Eiche sehr empfindlich ist, hindert und durch den Fruchterlös, der jedoch den kräftigen Boden nicht angreifen darf, die höheren Kulturkosten deckt. Hack-, auch wohl Blattfrucht, namentlich in der Form von Zwischenfruchtbau in den 1—3 m entfernten Saat- oder Pflanzreihen ist da am besten, wo es auf Lockerung und Reinhaltung des Bodens ankommt. Für den Voranbau kommen besonders Hafer und Kartoffeln in Frage. Nicht selten findet auch, nachdem bereits Eichen gesäet und gepflanzt sind, eine Uebersaat von Getreide, auf schwerem Boden auch wohl von Flachs statt. Man kann den Fruchtbau im Walde so lange betreiben, als er lohnend ist und den Boden nicht entkräftigt. Die Ernte muß selbstverständlich unter größter

Schonung der Eichenpflänzchen, nur mit der Sichel und hoher Stoppel bewirkt werden.

Eine andere Art der landwirthschaftlichen Mitbenutzung ist der Grasschnitt zwischen weitständigeren (3 m und darüber) Eichenkulturen, der deshalb weniger zu empfehlen ist, weil er den Boden nicht lockert und doch denselben angreift, auch leichte Beschädigungen der Pflanzen durch Unvorsichtigkeit bei der Nutzung mit sich bringt, die Frostgefahr erhöht und den Boden abschließt.

Zu der bei der Eiche nöthigen tieferen Bodenlockerung wendet man den Untergrunds= oder Wühlpflug (Hacken) an oder das Doppelpflügen, indem ein gewöhnlicher Feldpflug vorangeht und ein tiefer gehender und stärker bespannter Umbruchs=(Schwing=)Pflug in derselben Furche nachfolgt; dem Pfluge folgen Kinder, welche die Eicheln etwa eine Hand breit von einander einlegen und sie dann etwa 3—4 cm tief unterharken. Hat man nur flachgehende Pflüge nöthig, so legt man die Eicheln eben so ein und läßt sie von dem zurückkommenden Pfluge bedecken. Ist Kartoffel= oder Hackfruchtbau vorhergegangen, so wird der Boden abgeegget, recht breitwürfig mit Eicheln besäet und wieder zugeegget. Ist Getreidebau mit gründlicher Bodenlockerung vorausgegangen, so besäet man die Stoppeln und pflügt die Eicheln flach unter. Auf frisch gepflügtem Boden wird mit der breitwürfigen Eichelsaat gleichzeitig etwas Frucht (Hafer) ausgesäet. Sehr verbreitet ist auch die Rillensaat, wo in dem bearbeiteten Boden mit einer schmalen Hacke nach der Schnur 1 m entfernte handbreite Rillen gezogen, mit Eicheln belegt und 4 cm tief eingeharkt werden.

Bei der Furchensaat auf schwierigem Boden werden in 1 m Entfernung mit dem Untergrundspflug (oft nachdem vorher der Bodenüberzug mit dem flach arbeitenden Waldpfluge entfernt ist) Furchen gezogen, welche hinter dem Pfluge besäet werden; die Bedeckung geschieht mit der Harke.

Streifen stellt man am wohlfeilsten dadurch her, daß man mehrere Pflugfurchen unmittelbar nebeneinander legt. Plätze und Löcher von 0,3—0,8 m Quadratgröße fertigt man mit Rodehacke und Spaten an. Vielfach verbreitet ist bei Eichenkulturen das sog. Einstufen, d. h. das Einlegen von 1—3 Eicheln unter eine kleine, mit der gewöhnlichen Kartoffelhacke gehobene Erdscholle; es ist die billigste Kulturmethode; sie paßt jedoch nur für lockeren, nicht für stark verunkrauteten Boden.

Auf bindigem reinem Boden empfiehlt sich auch der Pflanzdolch, der unten mit einem Querstift versehen ist, damit die Eicheln in die richtige Tiefe kommen.

Die Beet- und Rabattenkultur besteht darin, daß man auf feuchtem Boden in je 5 m Entfernung 1 m breite und etwa 0,5 m tiefe Parallelgräben aushebt (je nach dem Feuchtigkeitsgehalt), den Erdauswurf auf die Zwischenfelder bringt und diesen besäet oder bepflanzt.

Für Eichensaatkämpe ist zu bemerken, daß die Rillen nach 30 cm tiefem Umgraben und guter Düngung durchschnittlich 4 cm tief, 7 cm breit und 20 cm von einander entfernt gezogen werden. Besondere Sorgfalt ist auf die Unkrautreinigung und öftere Lockerung mit der Hacke sowie auf das Ausstreuen von Laub zwischen den Saatrillen zu legen; man giebt sie gewöhnlich für ein Jahr in Kartoffelvorkultur. Man legt die Eicheln dicht aneinander (0,2 hl pro ha); es ist übrigens nach den Versuchen von Fürst und Kienitz (Allgem. Forst- und Jagdz. 1883 Heft 9) gleichgültig, ob die Eicheln bei der Aussaat quer oder mit der Spitze nach oben oder unten gelegt werden.

§ 181.
Verschulung von Eichen.

Sehr wichtig ist für die Eichenzucht die Anlage von Pflanzkämpen, da verschulte Eichenpflanzen das übrige Pflanzenmaterial bei weitem übertreffen.

Man unterscheidet Lodenpflanzkamp und Heisterpflanzkamp. Der Lodenpflanzkamp hat den doppelten Zweck, Loden für die Kultur und Loden zur Verschulung für die Heisterkämpe zu gewinnen. Man nimmt zum Lodenkamp 1—2jährige Eichen, kürzt nöthigenfalls die Pfahlwurzel, auch etwaige zu lange Seitenwurzelstränge und entfernt alle überzähligen Gipfeltriebe. Zur Erziehung von 1 m hohen Loden gehören 2—3 Jahre und etwa 30 ☐cm Wachsraum pro Lode. Zur Erleichterung der so nothwendigen Kampreinigung und Lockerung wählt man gern die Reihenpflanzung in 20—30 oder 25—35 cm Reihenverband. Zur Erziehung von Heistern werden die etwa 1 m hohen Loden in 60—90 cm Quadrat- (nicht Reihen-) Verband nochmals verpflanzt, nachdem zu lange Wurzeln und Triebe, Gabel- und Quirlbildungen nach den früher erwähnten Regeln entfernt sind. Für Erziehung von Halbheistern genügt der 50—70 cm Quadratverband. Nächst der unablässigen Reinhaltung und Lockerung des Bodens und nachherigem Bestreuen der Zwischenreihen mit Laub, muß man durch fleißiges Beschneiden und Ausbrechen von Trieben, so lange sie noch krautig sind, auf die künftige Stamm- und Kronenform des Heisters hinwirken. Auf gutem bindigem Boden ist die Wurzelbildung meist koncentrirt genug, so daß eine zweite Verschulung erübrigt; in diesem Falle ist der erste Verband gleich weiter zu wählen.

Für die Pflanzung von Eichen verweisen wir auf das in den §§ 147 u. ff., 160, 171 Gesagte.

§ 182.
Eichenschälwald.

In der Ausschlagsfähigkeit und deren Dauer wird die Eiche von keiner Holzart übertroffen; sie eignet sich deshalb vorzüglich zum Niederwald. Solchen Eichenniederwald, der hauptsächlich zur Rindenutzung angelegt wird, nennt man Eichenschälwald. Warme und milde Lagen, sanfte Süd- und Westhänge in frostfreien Thälern erzeugen die gerbstoffreichste Rinde, während Nord- und Osthänge mehr Massenproduktion haben; da, wo der Wein gut gedeiht, wächst die beste Eichenrinde. Nicht geeignet zum Eichenschälwalde ist der magere sandige Flachlandsboden, am besten ist der fruchtbare Niederungsboden und der kräftige Bergboden. Zur Erlangung guter Glanzrinde ist der 15—20 jährige Umtrieb am vortheilhaftesten.

Man legt Eichenschälwälder mittelst Saat und Pflanzung an wie beim Hochwalde. Im Allgemeinen wendet man fingerdicke Pflanzen aus Saaten oder Kämpen, auch wohl Wildlinge in weiterem Verbande (2 m) an; besonders günstig verhalten sich Stummelpflanzen (Figur 117), die jedoch so tief abgestummelt werden müssen, daß der Stummel höchstens 3 cm lang bleibt. Man stummelt entweder unmittelbar vor dem Einpflanzen oder erst einige Jahre nach demselben. Ein lichterer Stand giebt bessere Rinde, die dick, fleischig und markig sein muß. Weichholz muß nach wenigen Jahren ausgeläutert werden, fremde Hölzer dürfen keines Falls verdämmen; auf geringerem Boden wird die Einsprengung von Schutz- und Treibholz (Kiefer und Lärche) in

Figur 117. Stummelpflanze.

Reihen zwischen die Eichenreihen neuerdings empfohlen. In vielen Gegenden wendet man das Ueberlandbrennen (Hainen!) mit Fruchtbau auf Eichenschälschlägen an.

Eichenschälschläge werden zur Saftzeit im Mai oder bei Eintritt des zweiten Saftes im Juli geführt. Man schält die Stangen entweder liegend (meistens!) oder stehend.

Im ersten Falle zerhaut man die Stangen zu Prügeln, klopft die Rinde und schlitzt sie mit Beil oder Heppe der Länge nach bis auf den Splint ein und löst sie dann mit dem meißelförmigen nach oben etwas gekrümmten Lohschlitzer rundum ab. Wo die Rinde gut bezahlt wird, schält man auch noch die Spitzen und Aeste bis zur Daumenstärke herab (Gipfellohe!). Nutzstangen werden im Ganzen geschält.

Man darf an einem Tage nicht mehr Stangen fällen, als man schälen kann, weil am folgenden Tage die Rinde nicht mehr so gut geht. Zum Trocknen wird die geschälte Lohe, ihre äußere Seite nach oben auf dachförmige Gabelgerüste ziegelartig aufgelegt und sofort nach dem Trocknen abgefahren, da Regen der Rinde sehr schadet. Nach einer Ermittlung von Roth (Baurs Centralbl. 1888, S. 72) beträgt der Gewichtsverlust der Rinde nach dem Beregnen 4,2%, der Gerbverlust soll (ibidem) bis 71% betragen. In den letzten Jahren sind Versuche mit der Lieferung regenfreier Rinde gemacht, indem man die Rinden mit wasserdichten Decken bis zum Trocknen bedeckte, die sich aber nicht bewährt haben, weil Käufer die Unkosten nicht tragen wollten.

Sollen die von unten zuvor entästeten Stangen stehend geschält werden, so kerbt man sie vorher rundum unten ein, so daß sämmtliche Bastfasern durchschnitten werden, schlitzt mittelst der Heppe oder des Reißeisens und Löffels die Rinde möglichst hoch von oben an dem Stamm herunter ein und löst dann die Rindenbänder von unten nach oben ab, wo sie zum Trocknen hängen bleiben. Der Abtrieb der Rinde erfolgt erst bei oder nach Abnahme der Rinde. Die Reife der Rinde erkennt man am Aufreißen derselben unten an der Stange.

Ein Hauptaugenmerk ist auf schrägen möglichst ganz glatten und tiefen Hieb der Stöcke zu richten (Fig. 118), auch sollen dieselben zum Schutze sofort mit dem Abfallreisig bedeckt werden.

Figur 118. Normal-Eichen-Schälwaldstubben.

Der Verkauf der Lohrinde geschieht meist

schlagweis und zwar mit Holz und Rinde oder es wird nur die Rinde nach dem Gewicht vor dem Einschlag oder nach dem Einschlag verkauft. In ersterem Fall fällt die Werbung dem Käufer zu. Die Qualität der Rinde hängt vom Alter und Standort ab. Rauhe Rinde ist werthloser als glatte Rinde (Spiegelrinde). Unter mittleren Verhältnissen erhält man pro ha etwa 40 rm Holz und 70 Ctr. Rinde mit einem Werthe von à 4—7 Mark. Die schlechten Rindenpreise bei erhöhten Werbungskosten der letzten Jahre stellen die Rentabilität des Eichenschälwald in Frage, weil die Einführung von allerlei Surrogaten die theurere und langsamer wirkende Lohgerbung mehr verdrängen.

Die Rothbuche. Fagus sylvatica L.
§ 183.
Allgemeines.

Keine andere Holzart ist so abhängig von günstigen Standortsverhältnissen, namentlich von der Bodenart, wie die Buche. Am meisten sagt der Buche ein mineralisch kräftiger Boden, besonders der Kalkboden, ferner der frische Sandboden bei lehmiger oder mergeliger Unterlage, das Küstenklima und im Gebirge bunter Sandstein, Thonschiefer und Grauwacke wie die jüngeren Durchbruchsgesteine zu. Sie gedeiht besser an Nord- und Ostseiten als an Süd- und Westseiten (die schlechteste Lage ist die Südwestseite), besser an Hängen als auf Plateaus und Bergrücken. Sie steigt bei uns im Gebirge bis zu etwa 6—800 m hinauf, nach Norden geht sie bis Dänemark und dem mittleren Schweden, nach Osten bis zur Weichsel. Nässe und Ueberschwemmung kann sie nicht vertragen.

Betriebsarten. Das eigentliche Feld der Buche ist der Hochwald, im Niederwald leistet sie wegen ihrer geringen Ausschlagsfähigkeit und geringen Ausdauer der Stöcke wenig, höchstens noch auf Kalkboden, der die Ausschlagsfähigkeit befördert; im Mittelwalde wird sie angebaut, wenn ein dichter Oberstand ein schattenertragendes Unterholz bedingt.

Die Buche ist der erste Repräsentant der schattenertragenden Holzarten. Als Oberbaum im Mittelwalde kommt die Buche nicht selten vor, doch ist sie ein zu schlechter Nutzholzbaum und mit Vorsicht zu behandeln, da sie mit ihrer dichten Krone stark verdämmt. Hat man im Mittelwalde einen zu starken Buchenoberstand, den man sich zu lichten scheut, so gehe man lieber zum Buchenhochwald über. Unsere jetzige Buchenhochwaldsform zeigt fast durchweg die natürliche Verjüngung in Besamungs- und Lichtschlägen, und verweisen wir in dieser Beziehung auf das in dem Kapitel über natürliche Verjüngung §§ 119 bis 123 Gesagte. Speciell die Buche betreffend bleibt darüber nur noch Folgendes nachzuholen:

Im Allgemeinen vermeidet man heute reine Buchenbestände, da bei der geringen Nutzholzausbeute dieselben zu wenig rentabel erscheinen. Bei der immer mehr steigenden Konkurrenz der Steinkohle, die bei der immer leichter sich gestaltenden Communication sich von Tag zu Tag größere Absatzgebiete erringt, sinkt das Brennholz immer mehr im Preise; große Brennholzquantitäten werden vielleicht bald gar nicht mehr Absatz finden. Die neueren Versuche, die Nutzholzausbeute durch Verwendung im Hochbau (zu Stielen, Dielen ꝛc.), als Bohlen, Straßenpflaster, Treppenwangen, gebogene Möbel, Bahnschwellen ꝛc. zu steigern, bedürfen stellenweis noch der Bestätigung. Man mischt deshalb jetzt der Buche immer gute und verträgliche Nutzholzarten einzeln, Bänder-, Gruppen- und Horstweis so bei, daß die Buche nur etwa die Hälfte der Fläche einnimmt; langsam wachsende Holzarten (Eiche, Tanne) baut man in Horsten, Kulissen und Streifen vor, schlechte Bodenstellen deckt man mit geeigneten Nadelhölzern (Kiefer, Lärche, Fichte), auf besseren Stellen pflanzt man allerlei eble Laubhölzer und die anbauwürdigen Fremdlinge (Carya-alba und amara, juglans-nigra, quercus rubra, abies douglasii, picea sitchensis, Thuja Lawsoniana und gigantea.*) Zum Unterbau ist keine Holzart im Lichtungs- und Lichtwuchsbetriebe so geeignet als die Buche, wo sie überwiegend in Plätzesaaten oder als Ballensaaten kultivirt wird. Vergl. die Literatur: Forstl. Blätter 1883 Heft 4, 1887 S. 129, 1888 S. 98, 133, 281, 364, 1889 Hfet 5, 1890 Heft 10, 11; Baurs Centralbl. 1887 Heft 1 und S. 137, 1888 S. 16, 33, 87; Allgem. Forst- und Jagdz. 1885 Heft 8, 1888 S. 376, 1889 Heft 6; Zeitschrift für Forst- und Jagdwesen 1888 S. 33, 484, 1890 Heft 6.

---

*) Ueber den Anbau fremder Holzarten vergl. die Resultate der deutschen Versuchsstationen in der „Zeitschrift für Forst- und Jagdwesen" 1891, Hefte 1, 2 u. 6, von Forstmeister Dr. Schwappach-Eberswalde.

§ 184.
Vorbereitungshieb.

Ein Vorbereitungsschlag soll nur gestellt werden, wenn es die Verhältnisse dringend erfordern. Er wird geführt, um:

a. den Boden für die Ansamung vorzubereiten. Dazu ist nöthig, daß man die Vorbereitungshiebe nicht auf einmal stellt; dieselben sollen ihren Anfang womöglich bereits bei der letzten Durchforstung (in der II. Periode) nehmen, die man in Berücksichtigung einer durchgreifenden Humusbildung und besserer Lichtstellung der künftigen Samenbäume etwas kräftiger einzulegen pflegt. In allmählichen Aushieben, die besonders solche Stellen, wo sich viel Rohhumus angehäuft hat oder eine Kronenspannung resp. Stammpressung stattfindet, betreffen, erstrebt man eine solche Lockerung — ja nicht etwa eine Unterbrechung — des Kronenschlusses, daß der Humus sich zersetzen, richtige Bodengahre eintreten kann, und hier und da einzelne Schlagkräuter oder eine schwache Begrünung sich zeigen. In diesem Falle darf keine weitere Lichtung mehr erfolgen.

Stark angesammelte Laub- und Modermassen müssen entfernt werden, sie werden entweder an Bodenerhöhungen gebracht, die wenig Humus haben und dort sofort grobschollig untergehackt oder in den Saatkämpen und Koposthäufen als Dungmittel verwendet; Moosdecken müssen entfernt, verhärteter Boden, Kohl- und Staubhumus müssen mit der Hacke grobschollig (so daß die Schollen aufrecht stehen) bearbeitet und gelockert werden; auf ungenügend vorbereitetem Boden werden im Sommer vor dem Samenabfall Schweine eingetrieben oder es wird der Boden streifenweis oder in Plätzen umgehackt oder mit Grubbern (von Ingermann, Balthasar, Bözels Waldpflug) umgepflügt und nach dem Abfall der Mast leicht quer übergeeggt (mit umgekehrten Eggen!).

b. Die Bäume zur Besamung durch Freilegung ihrer Kronen vorzubeiten.

c. Eine freiere Bewegung bei der Samenschlagstellung zu ermöglichen und den Bedarf an Holz gleichmäßiger zu befriedigen.

Auf leichterem sandigen Buchenboden, dessen Humus sich leicht verflüchtigt und der die Gefahr einer Bodenverschlechterung mit sich bringen würde, auch auf hitzigem Kalkboden, der den Rohhumus ohne Beihülfe zu zersetzen vermag, unterläßt man meist den Vorbereitungsschlag.

§ 185.
Samenschlag.

Das Lichtmaaß des Samenschlags richtet sich ganz nach den Standortsverhältnissen. Frischer und sehr graswüchsiger Boden, sowie frostgefährdete Lagen und Kaltboden, werden dunkel gehalten. Die lichteste Schlagstellung und raschen Nachhieb verlangt der trockne und unkräftige Buchenboden.

Schlechtgewachsene, kranke und kronenreiche Stämme wie schwere Nutzholzstämme nimmt man gern schon bei der Samenschlagstellung heraus, tief beastete Stämme müssen entästet werden. Bei allen Nachhieben greift man immer zuerst nach den schwersten und nach den schlechten Stämmen, da sie bei späterer Herausnahme größeren Schaden verursachen würden, die geringeren Stämme spart man am besten als Schirmbäume bis zum Abtriebsschlage auf.

Der Samenschlag wird stets nur in einem genügend reichen Samenjahr geführt, um den abgefallenen Bucheln mehr Licht und Wärme zum Anwachsen zu verschaffen.

Als Maßstab für die Stellung des Bestandes bei den verschiedenen Nachhieben gilt: Entfernung der Zweigspitzen bei dunkelster Stellung: 50 cm, bei mittlerer 1—1,2 m, bei lichter 2—3 m und ist die Hiebsmasse so zu vertheilen, daß in der Vorbereitung etwa 0,2, im Samenschlage ebensoviel, bei den Nachhieben etwa 0,35 und beim Abtriebe der Rest von 0,25 des geschlossenen Bestandes gehauen wird.

§ 186.
Schlagnachbesserungen.

Sie sind selten ganz zu entbehren, doch sollen sie nur auf das vorher genau ermittelte oder für sich selbst sprechende Bedürfniß beschränkt werden. Die Nachbesserung der Verjüngungsschläge trifft entweder den ganzen Schlag oder einzelne bedürftige Theile. Sie bestehen in den oben erwähnten Bodenarbeiten zur Verbesserung des Keimbettes und in einer plätze- oder streifenweisen Nachsaat auf den Fehlstellen. Vorzuziehen ist jedoch unter allen Umständen die Nachbesserung durch Pflanzung von Wildlingen aus den zu dicht stehenden Horsten im Schlage selbst (Ballenbüschel) und mit den vorher erwähnten Mischholzarten, die je nach ihrer Natur in den verschiedenen Verjüngungsstadien einzusprengen sind (im Voranbau [Eiche], gleichzeitig oder später).

§ 187.
Künstliche Pflanzenzucht von Buchen.

Wo die natürlichen Buchenverjüngungen ein zweifelhaftes Gelingen zeigen, ist man genöthigt für die Nachbesserungen, ja sogar für Neukulturen junge Pflänzlinge (nur 2—3 jährige Büschel und Loden) künstlich in Kämpen zu erziehen. Zu den Buchensaatkämpen sucht man guten und alten abgerodeten Waldboden an Stellen, die gegen Spätfröste geschützt sein müssen, aus. Es genügt eine spatentiefe Umarbeitung. Der Kamp wird in handbreiten etwa 20—25 cm entfernten 2—3 cm tiefen Rillen etwa mit 0,2—0,3 hl Bucheln pro ar besäet. Die Bucheln sind vor der Saat durch tüchtiges Ueberbrausen und öfteres Umschaufeln anzukeimen, nach dem Aufgehen bis zum Ansatz der Keimblätter zu häufeln. Das Bestecken mit Schutzreisig, sobald die Keimlinge erscheinen, darf bei der großen Empfindlichkeit der Buche gegen Frost nie versäumt werden. Zur Erhaltung der Bodenfrische und Lockerung bestreut man später die Felder zwischen den Rillen mit Laub ꝛc. Im zweiten Jahre, bei guter Entwicklung schon im ersten Jahre nach der Saat, können die jungen Buchen ausgepflanzt werden. Neuerdings hat man auch kräftige Buchenkeimlinge (aus den Verjüngungen) im Juli mit dem Setzholze verpflanzt, die vorzüglich gediehen sind.

Zuweilen werden zur Erziehung von besonders kräftigem älterem Pflanzmaterial ähnlich wie bei der Eiche Pflanzkämpe angelegt. Bei dem Verschulen der Buche hat man ganz besondere Vorsicht gegen das Austrocknen der feinen Wurzeln anzuwenden, auch muß man das Beschneiden auf das Allernothwendigste beschränken. Da die Buchenrinde außerordentlich empfindlich ist, so muß man den Schaft möglichst rauh beastet lassen und ihn immer so in das Pflanzloch setzen, daß die meisten Aeste nach Süden gerichtet sind; ebenso ist der Fehler des zu tiefen Pflanzens, das stets Kränkeln, oft den Tod herbeiführt, ängstlich zu vermeiden. Recht beliebt sind bei der Buche Büschel- und Ballenpflanzungen, welche auf trocknem schlechterem Boden und in rauhen und windigen Lagen die Regel bilden sollen. Werden unter solchen Verhältnissen Buchenloden oder Büschel mit entblößter Wurzel gepflanzt, so soll man denselben eine Einfütterung mit humoser Pflanzerde geben. Auf lockerem besserem Boden in frostfreien Lagen ohne Graswuchs hat die Spatenklemmpflanzung, mit kleinen Buchen im

Freien ausgeführt recht gute Erfolge, noch bessere Erfolge aber unter lichten Eichen-, Kiefern- und Lärchenschirmbeständen; im andern Falle wendet man auf ungelockertem Boden besser das Buttlarsche Eisen (Figur 126), den Keilspaten (Figur 123) oder das Pflanzbeil für die Klemmpflanzung an, für kleine Ballenpflanzen ist der Heyersche Hohlbohrer das vorzüglichste Instrument.

Die Pflanzungen werden am besten im Frühjahr vor dem Schwellen der Knospen ausgeführt.

Sehr wichtig für die Buchendickungen sind die Ausläuterungen von Weichhölzern, von Hainbuchen und allerlei Stockausschlägen, wie später schwache und schonende, aber oft wiederkehrende Durchforstungen. Die Buche liebt als Schattenpflanze einen dichten Staub, deshalb vermeide man zu starke Durchforstungen, namentlich auf trocknem Standort, an Westseiten und an Bestandsrändern.

§ 188.

Die Schwarzerle. Alnus glutinosa. L.

Die Schwarzerle ist die Holzart der Brücher; überall sucht sie die feuchten humusreichen Bodenarten auf und gedeiht noch freudig auf nassem und schlammigem Bruchboden, der kein stagnirendes Wasser hat. Ohne eigentlich Pfahl- oder Herzwurzel weiß sie doch mit langen und starken Wurzelsträngen genügend festen Fuß auf ihrem meist lockeren Boden zu fassen. Sie ist im Ganzen eine genügsame Holzart, so daß man sie auch außerhalb ihres eigentlichen Standorts, wenn der Boden nur frisch genug ist, an Flußrändern, Böschungen und in den Dünen, sowie überall im Hochwald auf feuchten Stellen horstweis mit Erfolg anpflanzen kann.

Die Hauptbetriebsart ist der Niederwald mit dem relativ hohen Umtriebe von 30—40 Jahren, auf schlechterem Boden muß man die Umbriebszeit verkürzen; der höhere als 40 jährige Umtrieb hat bei ihrer Neigung zu früher Lichtstellung sinkenden Massenertrag und unvollständige Ausschlagsfähigkeit zur Folge. Zur Erziehung von stärkerem Nutzholz läßt man ab und zu beim Abtriebe vereinzelte Laßreidel stehen, doch nur sehr vereinzelt, da die Erle als Lichtpflanze gegen jeden Schirm empfindlich ist. In Bruchwäldern hängt die Hiebszeit vom Eintritt stärkeren Frostes ab, da meist nur ein solcher dieselben zum Abtriebe zugänglich macht. Auf anderem Standort haut man im

Herbst oder Frühjahr, wenn das Holz nicht durchgefroren ist, um das sonst leichte Splittern des Holzes zu vermeiden. Oft ist man gezwungen, hohe Stöcke stehen zu lassen, damit dieselben nicht vom stagnirenden Wasser ersäuft werden; am vortheilhaftesten ist jedoch wie bei allen Ausschlaghölzern ein möglichst tiefer glatter und schräger Hieb.

Der künstliche Anbau geschieht meist durch Pflanzung, da die Saat von dem Graswuchs leicht erstickt wird oder durch Auffrieren zu sehr leidet.

Hat man von dem meist reichlich erfolgenden Anflug nicht genug Wildlinge, so muß man künstliche Pflanzen erziehen.

Sehr empfehlenswerth ist für Anlage von Saatkämpen das Ziehen von kleinen Gräben, deren Auswurf man auf den Zwischenfeldern dünn mit Harken vertheilt und dann in Rillen mit 1,5—2 kg oder voll mit 3 kg Erlensamen pro Ar besäet. Diese stehen am besten mit einem fließenden Graben, der unterhalb des Kampes eine Stauvorrichtung hat, in Verbindung, so daß man den Wasserstand im Kamp in der Hand behält. Das Keimbett des Erlensamens darf nie locker sein, sondern muß vor der Aussaat stets mit der Walze, kleinen Brettchen oder Schaufeln ꝛc. gedichtet werden, auch verträgt der Same nur die allerleichteste Erdbedeckung; am besten ist ein leichtes Einharken oder Ueberkrümeln desselben mit Humuserde. Auf nicht ganz frischem Boden darf man ferner das Bedecken mit dünnem und hohl liegendem Reisig oder Schutzgittern aus Holz nicht versäumen, das bei fortschreitender Keimung der Pflanzen allmählich zu entfernen ist.

Zur Verschulung wählt man zweijährige Pflanzen und giebt ihnen je nach der Größe 30—50 cm im Quadrat Wachsraum. Von den ballenweis ausgehobenen Pflanzen sucht man die kräftigen aus und pflanzt sie mit entblößter Wurzel ein, nachdem man zu lange Wurzeln gekürzt hat; Beschneiden der Zweige ist nicht rathsam, höchstens kann man sehr störende Gipfelunregelmäßigkeiten reguliren.

Sollten sich in den Kämpen Binsen und dergl. Unkräuter einstellen, so ist dies meist ein Zeichen der Versauerung des Bodens; das beste Vorbeugungsmittel dagegen ist die oben beschriebene Rabattenkultur; hat man diese versäumt, so soll man in Kämpen, die noch längere Zeit zur Benutzung stehen, nicht mehr zögern, so schnell wie möglich Gräben anzulegen und zu übersanden.

Die Behandlung des Bodens ist dieselbe wie bei anderen Saatkämpen; man verschult im Frühjahr und verpflanzt die guten und kräftigen Pflanzen nach 2 Jahren, die schwächeren nach 3 Jahren ins Freie.

Brücher werden, sobald sie zugänglich sind im Herbst, sonst im Frühjahr mit Loden bepflanzt, auf besonders nassen Stellen, die mit Gras verfilzt sind, gewinnt man die besten Resultate mit der Alemann'schen Klapppflanzung. Man sticht dabei im Herbst den Bodenüberzug in einem entsprechend großen Plaggen auf 3 Seiten durch, an der 4. Seite bleibt er fest am Boden; der abgestochene Plaggen wird nun bis auf etwa zwei Drittel in der Mitte eingestochen und zurückgeklappt. Auf die so entblößte Erde wird die Lode aufgesetzt, die Wurzeln werden mit wenig Erde bedeckt und dann wird der Plaggen wieder zurückgeklappt und fest getreten, so daß der Kerb die Pflanze vollständig umschließt. — Soweit noch Löcherpflanzung anwendbar ist, wird die Pflanze vor dem Wiederanfüllen mit Wasser schnell in das Pflanzloch eingesetzt; läuft das Pflanzloch dennoch voll, so muß man die Wurzeln mit Erde bedecken und zum Schutz gegen das Wegschwemmen mit Rasenstücken beschweren.

Auf sehr nassem Boden wendet man jedoch besser die Beet- und Rabattenkultur oder die Pflanzung auf Sätteln, die durch den Auswurf von 0,60 m breiten und 2 m entfernten entsprechend tiefen Parallelgräben gebildet werden, an. Moorigen Boden mengt man stets mit Sand.

Billiger und dabei von gutem Erfolge ist die Pflanzung auf 60 cm breiten und 30 cm hohen Hügeln, in welche die Pflanze, nachdem der Hügel in der Mitte auseinandergeschoben ist, so eingesetzt wird, daß sie noch etwa eine Hand hoch Erde unter sich behält und etwas tiefer als vorher zu stehen kommt. Schließlich wird der Hügel mit den umgekehrten vorher abgestochenen Rasenplaggen gegen das Auffrieren belegt. Endlich pflanzt man die Erlenloden auch noch auf den Auswürfen von 30—50 cm breiten und ebenso tiefen Gräben; in trockneren Brüchern unterbricht man die Gräben öfter, um das Wasser fest zu halten, in sehr nassen Brüchern kann man die Gräben je nach Bedürfniß vergrößern und gleichzeitig zur Entwässerung benutzen. Die Pflanzen müssen auf den Grabenauswürfen unbedingt zum Schutz gegen das Auffrieren mit Plaggen bedeckt und muß die Erde womöglich mit Sand vermengt werden. Schlecht gewachsene oder beschädigte Pflanzen, ebenso solche, die vom Erlenrüsselkäfer befallen sind und kränkeln, müssen möglichst schnell tief auf den Stock gesetzt werden. Vergl. Tharand. Jahrb. 1882. Heft 1; Zeitschr. für Forst- u. Jagdw. 1887. S. 502 u. ff., 1889. Hefte 8 u. 9; Vereinsheft des Märk. Forstvereins. 1887.

§ 189.
Die Weide. Salix.

Die Weide ist hauptsächlich die **Holzart der Flußufer und Stromniederungen**. Ihr Werth besteht theils in Befestigung von Böschungen und Flußrändern und in dem Fangen von Schlick und Sand an den Ufern, theils in dem vorzüglichen Nutzholze der Kulturweiden. Die weniger werthvollen Waldweiden finden sich dagegen fast auf allen Standorten und bei allen Holzarten als meist lästiges Mischholz ein und fordern dann bei den Ausläuterungen die besondere Aufmerksamkeit heraus, wo man nicht vorzieht sie für den Winter als vorzügliches Wildfutter aufzusparen; kultivirt und gepflegt werden sie selten. Zu den Waldweiden gehören die bekannte Saalweide, Salix caprea (namentlich in Fichten und Buchen), die Wasserweide, S. cinerea, und die als niedriger Strauch vorkommende Ohrweide, S. aurita. Die Saalweide erreicht meist Baumhöhe und giebt dann ein gutes (leichtes weiches) Nutzholz und von den Weiden das beste Brennholz; zu Kopfholz und zu Stecklingen ist sie nicht geeignet; da sie bald wuchernd auftritt, so muß man sehr vorsichtig gegen sie sein. Die Wasserweide kommt hauptsächlich auf feuchtem Boden und Bruchboden vor; sie hat ebenso wie die auf frischem und feuchtem Standort überall vorkommende Ohrweide nur geringen Nutzwerth, höchstens zu groben Korbstöcken und zähen Bindeweiden.

Die wichtigen Kulturweiden (vergl. Tabelle § 57) verlangen einen sehr frischen (nicht feuchten, den sie nur vertragen, aber nicht verlangen!) Boden, auf trocknem Boden (Sand) kommt nur die kaspische Weide gut fort. Am besten gedeihen sie in den Schlickniederungen mit periodischen Ueberschwemmungen, stagnirendes, namentlich saures Wasser vertragen sie nicht. Zu den Kulturweiden gehören Salix alba, vitellina, russeliana (verbreitetste Kopfweiden), Salix triandra, viminalis, purpurea (die drei besten Korbweiden), Salix helix, acutifolia oder caspica, auch noch gute Korbweiden und Bandstöcke, letztere wegen ihrer großen Wurzelverbreitung vorzüglichstes Befestigungsmittel von Ufern und Böschungen.

Weide, Kulturen.

Die Weiden werden durch Pflanzung von Stecklingen und Setzstangen kultivirt. Zu ersteren nimmt man die besten, im Frühjahr kurz vor dem Setzen geschnittenen, ein- bis zweijährigen auf 20 (schwerer Boden) bis 30 cm (leichter Boden) Länge glatt gekürzten Schößlinge, welche dann in Bunden gebunden und möglichst bald verwendet werden. Sie werden mit der durch ein Leder geschützten Handfläche oder mit Hilfe des Vorstechers (Figur 119) bis an die Schnittfläche — das dicke Ende unten — schräg oder senkrecht in Reihenverband von 10:50 cm eingesteckt. Sorgfältiges Reinigen von Unkraut ist unerläßlich. Diese Kulturmethode ist nur auf riolten Boden zu empfehlen, womöglich nach kurzer landwirthschaftlicher Vornutzung. Setzstangen nimmt man im Frühjahr von 4- bis 6jährigem Holze, entästet und kürzt sie dann auf 3 Meter mit glattem Hieb; sie kommen 60 cm tief zu stehen; bei schlechterem Boden macht man Pflanzlöcher wie bei Heisterpflanzungen.

Fig. 119. Vorstecher.

Fig. 120. Normale Stecklingslage.

Auch werden die Stecklinge auf lockerem oder spatentief gelockertem Boden in 40—50 cm Quadratverband schräg einzeln tief (Figur 120) eingesteckt; falls Fluthandrang zu befürchten ist, müssen die Stecklinge wasserabwärts gerichtet sein. Um Rindenbeschädigung beim Einstecken zu vermeiden, sticht man mit dem Spaten (Klemmpflanzung) oder dem Weidenpflanzer ein Loch vor; die untere (dickere) Schnittfläche des Steckling muß unbedingt fest aufsitzen und dürfen keine Höhlungen vorhanden sein. In feuchtem Boden werden die Stecklinge häufig auf Rabatten gepflanzt, die durch ein rationell angelegtes Grabensystem, das dem Wasserstande genau angepaßt sein muß, gebildet werden. Die Bodenlockerung muß bei allen Weidenkulturen so tief gehen, daß der Setzling ganz in gelockertem Boden steht.

Auf lockerem, namentlich sandigem Boden erzielt man den sichersten Erfolg durch die sog. Nesterpflanzung. Man gräbt in 1—1,3 m Verband ein 30—40 cm in Kubus haltendes Pflanzloch und belegt dasselbe ringsum mit 6—8 Stecklingen: das erste Loch wird mit dem Auswurf des folgenden Loches und so fort ausgefüllt und die Erde vorsichtig angetreten.

Im ersten Jahre ist bei den Weidenkulturen besonders auf das Reinhalten von Unkraut zu achten. Man pflanzt am besten im Frühjahr bis zum Juni hin. Der erste Schnitt erfolgt nach 1—2 Jahren und dann je nach der Verwendung alle Jahre oder, falls man Bandstöcke erziehen will, alle 3—4 Jahre. Die Weide ist möglichst tief zu schneiden. Man schneidet neuerdings von December bis Ende April, wobei man jedoch darauf zu achten hat, daß die geschnittenen Ruthen abgetrocknet, zusammengebunden und unter Dach mit Stroh bedeckt aufbewahrt werden; im Frühjahr (Ende März) werden dann die Bunde 4 Wochen lang 10 cm tief in Wasser gestellt und nachher mit sog. Klemmen weiß geschält. Dies Verfahren hat den Vorzug, daß die Stöcke eine bessere Ausschlagskraft behalten, die bei oft wiederholtem Schnitt zur Saftzeit bald nachläßt.

Bei sorgfältiger Weidenkultur kann der Reinertrag pro Hektar 150—200 Mark und mehr erreichen; im Tharand. Jahrbuch 1887 S. 132 wird sogar ein solcher von 314 Mark verzeichnet. Auf ärmerem Standort, der jährlichen Ueberschwemmungen nicht ausgesetzt ist, ist öftere Düngung mit Kalisalzen, Phosphaten, Kompost oder Stallbünger erforderlich, sobald der Wuchs nachläßt. Wenn bei jährlichem Schnitt der Ertrag nachläßt, so muß die Fläche 2—3 Jahre landwirthschaftlich (mit Runkeln, Möhren, Feldbohnen (in weiten Reihen), oder auch mit Hafer und Buchweizen bei guter Düngung bestellt werden. Nach demselben geben die Weiden immer wieder gute Erträge. Nachbesserungen macht man in den ersten 2 Jahren mit 1 m langen Stecklingen, die 75 cm aus dem Boden hervorragen, später durch Absenker.

Die Kiefer. Pinus sylvestris L.
§ 190.
Allgemeines.

Die Kiefer ist der in Europa verbreitetste Waldbaum, namentlich in Norddeutschland, Skandinavien und Rußland. Sie ist der Baum der Ebene; wo sie sich durch die Kultur in die Berge verirrt hat, zeigt sie kein normales Verhalten, zumal ihr hier Schnee, Eis und Sturm noch mehr anhaben können als in der Ebene. Sie ist die Bewohnerin des großen Tief= und Flachlandes, wo sie sich auf dem tieflockeren Sandboden mit genügender Bodenfrische und Lehmbeimengung am wohlsten fühlt. Ihre Bedeutung für die Kultur liegt in ihrer außerordentlichen Bodengenügsamkeit wie in ihrer Kraft, den Boden zu bessern; strenger und flachgründiger Boden sagen ihr jedoch nicht zu. Dabei wächst sie rasch und erzeugt viel und unter Umständen vorzügliches Holz; sie ist für uns der Hauptlieferant nicht nur des Brennholzes, sondern auch des Bau= und Nutzholzes. Unter normalen Verhältnissen entwickelt die Kiefer stets eine Pfahlwurzel, im anderen Falle bequemt sie sich mit ihrem Wurzelsystem ganz den Bodenverhältnissen an. Die saftige kräftige und reiche Benabelung ist stets ein Beweis für den guten Standort und umgekehrt; sie wechselt mit derselben alle 3—4 Jahre. Die Güte und Brennkraft des Holzes hängt von der Schnelligkeit des Wuchses ab; je langsamer die Kiefer gewachsen, desto höher steht sie in dieser Beziehung; je langschäftiger sie ist, desto besser war die Standortsgüte. So sehr die Kiefer von allerlei Insekten und der ihr eigenthümlichen Schüttekrankheit zu leiden hat, so wenig empfindlich ist sie gegen Frost. Schälwunden überwindet sie leichter als das Verbeißen. Als ausgesprochenste Lichtpflanze leidet sie keine Beschattung, am wenigsten Ueberschirmung, daher sie nur in lichtesten Schlägen natürlich verjüngt werden darf. Vom Druck erholt sie sich langsam, aber sicher wieder. — Vermöge ihres lichten Baumschlages ist sie neben der Lärche der geschätzteste Schirmbaum für Anzucht der Buche, Eiche, Tanne und Fichte, in deren Untermischung sie auch die höchsten Erträge liefert; sie ist vermöge ihrer Schnellwüchsigkeit und nur leichten Beschattung das beliebteste Schutz= und Treibholz für alle Holzarten. Rein angebaut ist ihr der zu gedrängte Stand wegen ihres Lichtbedürfnisses äußerst nachtheilig und muß deshalb die Ausläuterung und Durchforstung ein Uebriges thun. Eigenthümlich ist ihr die lange Entwicklungszeit von Blüthe bis Samenreife, sie dauert 18 Monate; der Same fliegt erst im April nach der Reife ab. Vor ihren zahlreichen Feinden schützt sie am besten die Einsprengung von Laubholz und Nadelhölzern.

§ 191.
Kulturmethoden.

Reiche Samenjahre treten etwa alle 8 Jahre ein, jedoch bringt jedes Jahr etwas. Die Zapfen läßt man am besten im Nachwinter bis März pflücken, da vor December gepflückte Zapfen sich schwer öffnen. Sehr zu beachten ist eine möglichst schwache Aussaat, etwa 6—7 kg reinen Samen pro Hektar bei Vollsaat, zumal bei gutem

Samen immer noch auf Nachlaufen von Samenkörnern im 2., ja selbst im 3. Jahre zu rechnen ist; auf armem und trocknem Boden wie in Pflugfurchen nimmt man verhältnißmäßig noch weniger; nur bei Gefahren von dem Engerling, Auffrieren ɛc. säet man stärker. Bei Flügelsamen setzt man ¼ zu. Bei breiten Streifensaaten genügen 3—4 kg reinen Samens pro ha. Die hier und da noch gebräuchlichen Zapfensaaten geben den besten Samen, sind aber bei der Abhängigkeit vom Wetter sehr umständlich. Man gebraucht 7—11 hl Zapfen pro Hektar. Die beste Saatzeit ist im Frühjahr, wenn die Birken grün werden. Eine ganz schwache (1 cm) Erdbedeckung darf nicht fehlen, am besten ist das Einharken des Samens und Anwalzen mit kleinen Handwalzen auf sehr leichtem Boden. Man säet die Kiefer mit Vorliebe, weil das Verpflanzen bei der langen Pfahlwurzel mit Schwierigkeiten verbunden ist.

Bestandessaaten. Auf trocknem Boden wendet man noch die bereits erwähnte Zapfensaat an. Die Bodenbearbeitung ist dieselbe wie für reinen Samen. Die Zapfen (7—12 hl pro ha) werden bei trocknem und sonnigem Wetter auf Streifen ausgesäet und wenn sie sich an den Spitzen geöffnet haben, mit Rechen, stumpfen Besen oder mit hölzernen Eggen bei warmem Wetter wiederholt umgekehrt. — Charakteristisch für die Bodenbearbeitung zu Kieferkulturen ist die ausgebreitete Anwendung von allerlei Arten Pflügen*), welche auf der ganzen Fläche (je nach dem Boden einfaches und doppeltes Pflügen) in Streifen oder in Einzelfurchen angewandt werden (vergl. § 180). Das Pflügen kann selbstverständlich nur auf genügend ebenem stein- und wurzelfreiem Boden stattfinden. Alle Pflugarbeiten werden möglichst im Herbst ausgeführt und werden die Kulturen im Frühjahr bei weichem Wetter noch einmal umgeeggt oder umgeharkt; möglichst sofort in den frisch bearbeiteten

---

*) Gleich empfehlenswerth ist der Alemann'sche und Eckert'sche Waldpflug, welche 14 cm tiefe Furchen liefern, den Bodenüberzug vollständig umklappen und 4—6 cm starke Wurzeln leicht durchschneiden. Bei 8 Stunden Arbeit und 1,2 m entfernten Furchen bearbeiten sie auf ziemlich günstigem Rodeland 1,9 Hektar pro Tag. Der Rüdersdorfer Waldpflug (Oberförster Stahl) bricht nur 1,7 Hektar um. Der Amerikanische Meißelpflug eignet sich zum Zusammenpflügen des Bodenüberzuges, in dessen doppelte Humusschicht dann gepflanzt wird, zum Entfernen von dünnem Bodenüberzug der „Ruchablo-Pflug". Alle diese Pflüge sind für 50 bis 60 Mk. aus der renommirten Maschinenfabrik von Eckert, Berlin O., Weidendamm 37, zu beziehen.

Boden säet man (am besten, wenn die Birken grünen) und bedeckt den Samen durch Übereggen mit dem Schleppbusch oder Einharken. Es genügt zu derartigen Bodenbearbeitungen meist der gewöhnliche Feldpflug. Bei ungünstigen Bodenverhältnissen (Moor- und Torfboden, Ortstein, schweren Thonunterlagen, lange und stark verunkrautetem, bei verödetem Boden ꝛc.) wendet man zuerst einen leichten Vorpflug und hinter ihm in derselben Furche den schweren Schwingpflug an, der etwa 40 cm tief geht. Am beliebtesten sind 0,3—1 m breite Streifen. Diese Streifen werden besäet, vielfach auch mit einjährigen Kiefern mit Klemmpflanzung oder Handspaltpflanzung in engem Verband (30—60 cm) bepflanzt. Das Furchenpflügen wird meist nur in günstigem Sandboden in 1 m entfernten Einzelfurchen mit dem Feldpfluge, auf schwierigerem Boden mit einem schweren Waldpfluge (siehe Bemerkung auf voriger Seite) ausgeführt. Man pflügt von Osten nach Westen so, daß der Erdaufwurf auf die Südseite fällt oder senkrecht auf die Wege und Gestelle resp. Grenzen zu. Man säet sofort in die frische Furche etwa 4 kg Samen pro ha und harkt ihn ein. Vielfach werden die Streifen und Furchen ohne weitere Lockerung gleich nach Entfernung des Bodenüberzugs mit dem Waldpflug oder mit Breithacke besäet. Eine besonders billige (8—20 Mark pro ha je nach dem Bodenüberzug) Kultur ist eine hier eingeführte Plätzesaat! Die Arbeiter stellen sich in einer Ecke der rechtwinkligen Kulturfläche etwa 1 m von einander mit Rodehacken auf, der rechte Flügelmann (ein ausgesuchter Vorarbeiter!) 1 m vom Gestell resp. der Grenzlinie. Dieser plaggt mit je zwei Hieben auf drei Seiten einen etwa 0,3 qm großen Platz so ab, daß der Plaggen mit der 4. Seite (nach sich zu!) fest bleibt und tritt auf denselben. Dann schlägt er die Hacke so tief als möglich in den Platz ein und lockert die Erde so an, daß der Boden nur angehoben wird; dann geht er einen guten Schritt weiter und macht das 2. Loch und so fort. Ist der Flügelmann mit dem ersten Loch fertig und vorgeschritten, so beginnt der Nachbar seinen Platz abzuplaggen; ist dieser fertig, so folgt der 3., dann der 4. Arbeiter und so fort bis zum Letzten. Es entsteht also eine schräge Front vom rechten bis zum linken Flügelmann; die Plätze der rechten Vordermänner geben genau Richtung und Fühlung für die Hinterleute und ersparen so die Herstellung des Verbandes. Dieser wird — wie ersichtlich — sehr eng, etwa = 1 m². Da die

Plätze etwa nur mit einem Zweifingergriffe besäet und der Samen (2 kg pro ha!) nur angetreten wird, so wird die Kultur sehr billig: nur muß die Saat unmittelbar der Bodenarbeit folgen. Für stark verunkrauteten Boden paßt jedoch diese Säemethode nicht.

Besondere Erwähnung verdient noch die namentlich zur Erziehung von Ballenpflanzen sehr geeignete und sehr wohlfeile Eggesaat. Man wendet sie auf benarbtem Heideboden an, indem man den Boden mit eisernen Eggen kreuzweis übereggt, besäet (8 kg pro ha) und den Samen einschleppt oder durch Schafe eintreten läßt; namentlich auf frischerem Boden erzielt man auf diesem Wege Saaten, die wegen der Bodenbindigkeit die besten Ballenpflanzen liefern.

Früher ist bereits der Kiefernsaat mit gleichzeitigem Feldbau gedacht. Man säet den Kiefernsamen mit beschränkter Einsaat von Sommer=Roggen zusammen oder eggt ihn einfach in die Roggenstoppeln im Frühjahr ein. Bei vorherigem Kartoffelbau eggt man das Feld im Herbst um und besäet es im Frühjahr.

Pflanzung. Ein= und zweijährige Pflanzen werden mit entblößter Wurzel, ältere Ballen nur mit Ballen verpflanzt.

Die Ballenpflanzung findet ihre Anwendung auf bindigem, moorigem, graswüchsigem, sehr trocknem und armem, zum Auffrieren geneigtem und nicht gelockertem Boden, auf dem Flugsande, bei Engerlingfraß und für Nachbesserungen, überhaupt für schwierige Verhältnisse. Der gewöhnliche Verband beträgt 1,2 m oder in Reihen in 1,5 und 1 m Verband. Zur Erziehung von Ballenpflanzen ist die oben beschriebene Eggensaat geeignet, doch muß man sich dazu einen bindigen, lehmigen oder frischen Sandboden mit festem kurzem Bodenüberzug aussuchen; in natürlichen Verjüngungen besäe man in Zweifingerprisen sehr dünn die vorher übererdeten Stubbenrändern zur Erziehung von Nachbesserungspflanzen, die gutes Material liefern und keine Transportkosten verursachen. Auf frischem bindigem Boden nimmt man auch gern die Ballenpflanzen aus den jungen Anflugkiefern in lichten Altbeständen, die in den ersten Jahren allerdings oft einen geringen Wuchs zeigen, nach erfolgter Anwurzelung aber vorzüglich wachsen. Man kann selbst schlecht aussehende Kiefern nehmen, wenn sie nur gute Wurzeln haben. Das Wichtigste ist in den Ballenkämpen, den Boden nicht zu lockern; man plaggt also den Bodenüberzug einfach flach ab, oder man übererdet einen kurz bewachsenen

Boden mit Erde aus Seitengräben; hierauf säet man pro Ar 0,05 kg Samen. Neuerdings empfiehlt man Erziehung von Ballenpflanzen durch Verschulung von einjährigen Kiefern auf abgeplaggetem (nicht gelockertem) Boden in etwa 16 cm □Verband. Die Ballenpflanzen werden sorgsam aufgehoben, in die mit dem Spiral- oder Hohlbohrer resp. mit dem Spaten gemachten Löcher eingesetzt, eingefüttert und besonders an dem Lochrande festgestopft. Im Sandboden setzt man die Ballen tiefer ein, auf Moorboden pflanzt man mit Sandfüllung unter Erhöhung der Plätze. Den Rasenplaggen legt man stets auf den Lochrand an die Sonnen-, Thal- oder Windseite je nach der Exposition.

Pflanzung von einjährigen Kiefern. Die Kiefernjährlinge erzieht man in Saatkämpen auf gutem nahrhaftem und lockerem Waldboden in geschützter Lage. Der Kamp wird im Herbst spatenstich tief umgegraben, sehr günstig ist das Einbringen von Komposterde. Der auf bekannte Weise vorbereitete Boden wird in Hand breiten und 10 bis höchstens 20 cm entfernten Rillen im Frühjahr mit 0,5 bis 1 kg Samen pro Ar besäet und (womöglich mit humoser Erde) 1 cm hoch bedeckt. Frühzeitig im Herbst, ehe kalte Nächte eintreten, ist ein Bestecken mit Schutzreisig als Vorbeugungsmittel gegen die Schütte zu empfehlen. oder man legt die Kämpe in den Schutz des hohen Holzes, indem man mitten im Bestande liegende Lücken von 4—8 Ar Größe benutzt oder einschlägt; am sichersten ist jedoch, die Pflänzlinge etwa im Februar schon auszuheben und in 1 m tiefen sorgfältig bedeckten Gruben reihenweis sehr eng einzukellern. Besondere Sorgfalt ist auf das Reinigen der Kämpe von Unkraut zu legen, wobei aus zu dichten Saaten zugleich schlechte Pflanzen ausgejätet werden, da dieselben sonst fast immer schütten. Beim Ausheben zieht man zur Schonung der Wurzeln vor der ersten Rille ein Gräbchen etwas tiefer als die Wurzeln reichen, setzt auf der andern Seite der Rille den Spaten ein und hebt so die Pflanzen ab. Die Erde schüttelt man ab, indem man die Pflanzen in beiden zusammen gehaltenen Händen vorsichtig rüttelt. Die zarten Wurzeln müssen nach dem Ausheben, beim Transport und vor dem Einpflanzen ganz besonders vor Austrocknen durch Einschlagen, Bebrausen, Einlegen in nassen Sand oder feuchtes Moos ꝛc. geschützt werden. Beim Ausheben ist besonders darauf zu achten, daß die zarten Wurzelschwämmchen nicht verletzt werden. Schon treibende Pflanzen kann man unbedenklich verpflanzen. Am passendsten zu Bestandpflanzungen sind kräftige einjährige Pflanzen mit 20 cm langer Wurzel und mindestens 3 Knospen an den untersten Nadeln, welche in folgender Weise verpflanzt werden:

Man gräbt in 1—1,3 m Quadratverband 30 cm im Kubus haltende Löcher in der Weise aus, daß der Auswurf des folgenden Loches in das vorhergehende Loch geworfen wird; die gute Erde unten, die schlechteste oben. Das so wieder gefüllte Loch wird schwach angetreten. Der Plaggen wird an den Rand des Loches gelegt, falls er nicht auf sehr magerem Boden in zerkleinertem Zustande unten in das Pflanzloch gebracht ist. Hierauf werden mit dem Pflanzstock (Fig. 121. 122) je nach der Länge der Wurzeln zwei Löcher (meist in gegenüberliegenden Ecken), bei weiterem Verbande auch vier Löcher gemacht und die Pflanzen so tief eingesetzt, daß nur die oberen Nadeln mit den Spitzknospen hervorsehen; vielorts werden auch mit einem Spaten Spalte eingestochen und diesem Spalt 1—2 Kiefern eingeklemmt! besser ist es — die Pflanzen in den Löchern oder Spalten nicht einzuklemmen, sondern sie in das wieder gefüllte Loch (Spalt) mit der Hand anzudrücken (Handspaltpflanzung). Man vermeidet so Wurzelmißbildungen.*)

Die Pflanzen werden am besten in Gefäßen, die mit etwas Wasser gefüllt sind, mitgeführt, wo dann die Wurzel vor dem Einpflanzen zur Erleichterung des Einsetzens mit lockerer Erde bestreut wird. Auf bindigem Boden pflanzt man etwas flacher.

Statt in Pflanzlöcher zu pflanzen, legt man auf schlechterem Boden auch wohl 1,5 m entfernte und 30 cm tiefe schmale Rajolgräben an, in welche man die Jährlinge mit Hilfe des Keilspatens 30—40 cm entfernt einsetzt; ebenso bepflanzt man ausgepflügte, zusammengepflügte oder aufge-

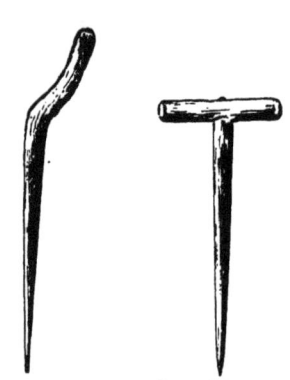

Fig. 121. Pflanzhölzer. Fig. 122.

---

*) Die Ansichten über das tiefe Pflanzen der einjährigen Kiefern gehen vielfach auseinander. Manche pflanzen die Kiefern bis an die Spitzknospen, Manche nur die untersten Nadeln mit ein! Alle oft mit gleich gutem Erfolge. Auf sehr losem Boden wird die sehr tief gepflanzte Kiefer leicht zugeweht, die sehr flach gepflanzte oft entblößt. Die Art des Pflanzens hängt jedenfalls von der Bodenbeschaffenheit ab.

hackte Streifen und Furchen. Auf feuchterem Boden findet meist Hügel- oder Rabattpflanzung statt. Auf lockerem und dabei frischem Boden kann man oft mit vorzüglichem Erfolg und auf dem billigsten Wege ohne jede Bodenlockerung mit dem Keilspaten, dem Buttlar'schen oder dem Wartemberg'schen Eisen einjährige Kiefern pflanzen. Unter schwierigen Verhältnissen pflanze man lieber verschulte 2=jährige Kiefern als Jährlinge.

Mit etwaigen Nachbesserungen darf bei der Kiefer nicht gewartet werden, da die so lichtbedürftige Pflanze sonst im Seitenschatten der Nachbarn nicht aufkommen kann.

Figur 124.
Loch des Keilspatens.

Die natürliche Verjüngung der Kiefer kommt neben der fast allgemein eingeführten Saat und Pflanzung in Revieren mit geringem Absatz und niedrigen Holzpreisen, ferner in sehr ausgedehnten Waldungen mit großen Schlägen, wenn der Boden eine ganz besondere Empfänglichkeit für freiwillige Ansamung verräth und auf besserem Boden unter Begünstigung von Mischhölzern — namentlich der Buche und Eiche, in guten Samenjahren hier und da in Anwendung. Besonderes Gewicht hat man neuerdings auf die natürliche Verjüngung (in dunklen Samenschlägen mit 20—30% Herausnahme) gegen die Gefahr der Maikäferlarven gelegt, da man beobachtet hat, daß Naturbesamungen weniger befallen werden als Saat und Pflanzung.

Fig. 123.
Keilspaten.

Jedenfalls muß man bei Samenschlägen schnell mit der Completirung mit Ballenpflanzen aus zu dichtem Anflug desselben Schlages folgen, da die Besamung meist unregelmäßig, hier zu dicht, dort zu licht, zu erfolgen pflegt; die Samenbäume werden leicht vom Winde geworfen. Gute geschlossene größere Vorwuchshorste kann man erhalten, sonstige Vorwüchse treibe man schnell ab, da sie nur zu lästigen und verderblichen Sperrwüchsen heranwachsen. Die vielen Mißerfolge der natürlichen Kiefernverjüngungen mahnen zu großer Vorsicht bei ihrer Anlage; sie sind vom Rüsselkäfer und Windwurf gefährdet und werden durch hohe Rückerlöhne sowie hohe Nachbesserungskosten meist sehr theuer, die der Lichtzuwachs selten ausgleichen kann.

In zu stark besäeten Jungwüchsen muß als Kulturmaßregel schnell der Läuterungshieb eingelegt und nöthigenfalls wiederholt werden. —

Auf ärmerem Boden treibt man die Kiefer schon mit 60 Jahren ab, der gewöhnliche Umtrieb ist der 80—120jährige; die Erziehung von Starkholz erreicht man am besten durch Ueberhalten von einzelnen Waldrechtern, wenn keine zu große Sturmgefahr droht oder im Lichtwuchsbetrieb; bei letzterem ist jedoch zu beachten, daß der Lichtstandszuwachs der Kiefer höchstens 10 Jahre dauert, da namentlich alte Kiefern ihre Krone und damit das Ernährungsvermögen nicht vermehren.

Enger Stand ist für die Bildung guten Nutzholzes (vollholzig, gleichmäßige feinringige concentrisch gewachsene Jahrringe) sehr wichtig.

Die Fichte. Abies excelsa (DC).
§ 192.
Allgemeines.

Die Fichte*) ist hauptsächlich der bestandbildende Baum des Gebirges, nur im Osten und Norden von Deutschland bildet sie auch in der Ebene ansehnliche Bestände; in jüngster Zeit hat sich ihre Kultur sehr erweitert, sie ist auch in das Hügel- und niedere Bergland, sowie auf den besseren, frischen und bindigen Boden der Ebene des mittleren und westlichen Deutschlands herabgestiegen; auch die Küste zeigt wegen ihrer Luftfeuchtigkeit bessere Bestände. Sie hat eine sehr flach streichende Bewurzelung, die sie zum Hauptopfer der Stürme macht und ist eine halbe Schattenpflanze, wie ihre dunkle und nur alle 5—7 Jahre wechselnde Benadlung anzeigt; bei ihrer Lang- und Geradschäftigkeit wie dichtem Stande giebt sie weit höheren (bis zum doppelten) Massenertrag als die Kiefer. Groß ist ihre Reproduktion von beschädigten oder verbissenen Zweigen und Aesten, dagegen vermag sie Schälwunden oder Entnadlung durch Raupenfraß nur sehr schwer zu überwinden. An den Boden macht sie den Anspruch von Frische und einiger Bindigkeit; zur Bodenverbesserung eignet sie sich fast so gut als die Kiefer, auch trägt sie vermöge ihres weiten Wurzelgeflechts zur Austrocknung von feuchtem Boden bei; doch wird sie auf zu feuchtem Boden leicht, auf früherem Ackerland immer rothfaul.

---

*) Professor v. Burkhn unterscheidet „grünzapfige und rothzapfige" Fichten; die noch nicht verholzten Zapfen sind an den Farben kenntlich; in den reifen grünzapfigen Fichten ist der Same um die Hälfte größer; die anderen angeblichen Unterschiede sind noch nicht endgültig festgestellt. Es wäre wichtig, dieselben weiter zu beobachten und darüber zu berichten.

§ 193.
Kulturmethoden.

Samenjahre pflegen recht unregelmäßig, etwa alle 6 Jahre, geringere alle 2—3 Jahre, einzutreten; man erkennt sie vorher an den Blüthenknospen und den Absprüngen; die Zapfen sammelt man durch Abpflücken den ganzen Winter hindurch.

Fichtensaaten werden seltener ausgeführt, und dann in Form von Plätzesaaten in rauhen und steinigen Lagen resp. auf Stubbenlöchern oder auf 30—50 cm breiten und ca. 1—1,5 m entfernten Streifen (von Mitte zu Mitte). Der Boden wird in ersterem Falle im Herbst sorgfältig umgehackt und mit 10 kg Samen pro Hektar besäet, die ebenso behandelten Streifen besäet man mit 8 kg Samen; namentlich an Berghängen sind sie beliebt (stets horizontal!). Saaten sind billiger, schützen mehr gegen Wildverbiß und den Rüsselkäfer, geben auch höhere Vorerträge, wenn große Nachfrage nach Stangen ist; dagegen leiden sie unter Auffrieren, Schneedruck und dem zu dichten Stand.

Zur Gewinnung von Pflanzen legt man gemeiniglich Saat- und Pflanzkämpe an.

Die Saat- und Pflanzkämpe werden in der Nähe der Kulturfläche auf gutem Boden in windgeschützter Lage angelegt. Den Bodenüberzug und allen Abfall schmort man gern zu Rasenasche für die Saatrillen zusammen und läßt dieselbe mit Plaggen bedeckt und stark mit Kompost vermegt den Winter über verrotten. Die Bodenbearbeitung geht spatentief; der Boden wird gegraben oder etwa 20 cm tief mit der Rodehacke (Figur 125) gehackt; an Hängen zieht man oberhalb einen kleinen Fanggraben, bei größerer Gefahr von Abschwemmungen auch noch durch den Kamp zwei Diagonalgräben. Nachdem die Bodenoberfläche geebnet, werden 2—3 cm breite und (von Mitte zu Mitte) 10—15 cm entfernte Rillen gezogen und mit etwa 1,5 kg Samen pro ar gesäet, der dann etwa 1 cm stark bedeckt wird.

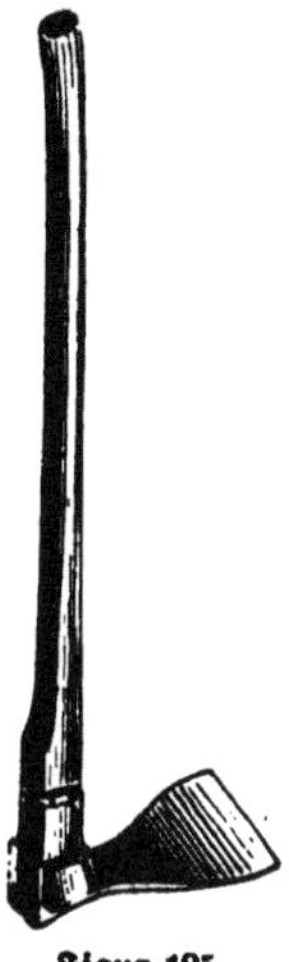

Figur 125. Rodehacke.

Gegen Auffrieren, Dürre und Wind, auch zur Ansammlung von Feuchtigkeit vertieft man gern die Rillen etwas und bedeckt ihre Zwischenräume mit Moos. Aufgefrorene Pflanzen müssen behäufelt werden. Bei schlechtem Wuchs in den Rillen thut das Düngen mit Composterde gute

Dienste. Von Unkraut müssen die Kämpe sorgfältig gereinigt werden, meist 3 Mal im Sommer. Man verwendet die Pflanzen nach 2—3 Jahren.

Die Verschulung aus dem Saatkampe kann unter sehr günstigen Verhältnissen 1—2 jährig, zuweilen erst 3 jährig erfolgen, und zwar in dem sehr engen Reihenverband von 10—15 cm, nur bei größeren Pflanzen etwas weiter. Verschulte Fichten verwendet man unter schwierigen Verhältnissen, auf günstigem Standort erreicht man dasselbe mit den sehr viel billigeren unverschulten 2—3 jährigen Fichten. Dann sind dieselben jedoch vorher in den Saatrillen durch rechtzeitiges fleißiges Ausziehen der Schwächlinge zu kräftigen. Das Ausheben und Transportiren geschieht in Ballen, aus denen dann die Pflanzen mit entblößter Wurzel einzeln oder büschel= weis auf der Kulturfläche ausgesucht werden; gegen Austrocknen sind die Fichtenwurzeln fast ebenso empfindlich als die Kiefernwurzeln.

Bei Büschelpflanzkämpen legt man die Streifen 20 cm von ein= ander und nimmt in einem Büschel immer 2—3 gute Pflanzen. Nach zwei Jahren werden die verschulten Pflanzen ausgepflanzt.

Pflanzung. Man pflanzt mit Vortheil nur bis höchstens 5 jährige Pflanzen; der Zahl nach kommt Einzel= und Büschelpflanzung vor.

Die Büschelpflanzung beschränkt man gewöhnlich auf rauhe Lagen, starken Graswuchs, Frostgefahr, starken Wildverbiß, Rüsselkäferfraß und auf Verhältnisse, die recht viel geringe Nutzhölzer resp. etwas reicheren Vorertrag verlangen. In rauhen Lagen haben die Büschel in sich mehr inneren Schutz. Sobald die Büschel etwa 1 m hoch gewachsen sind, schneidet man gern die größte Pflanze frei, wodurch ein schnellerer Schluß der Kultur und ein Eingehen der nun überflüssig gewordenen anderen Büschelpflanzen bewirkt wird.

Gegen den Schneebruch bewährt sich immer mehr die kräftige ver= schulte Einzelpflanze, die außerdem, in engerem Verband angelegt, den Boden schneller deckt und auf dem schnellsten Wege sehr gutes Nutz= holz[*] liefert; auch ist sie am geeignetsten zu Nachbesserungen.

Im Gebirge, namentlich in den höheren Lagen mit nur kurzem Frühling und auf feuchtem Boden muß man oft schon im August, sonst im September und Oktober pflanzen; ohne diese Notstände pflanzt man jedoch lieber im Frühjahr kurz vor dem Treiben, vorzugsweise auf

---

[*] Aus Fichtenpflanzungen in weitem Verbande erzieht man sehr schnell= wachsendes und deshalb grobjähriges technisch schlechteres Holz. Das beste Nutzholz liefern wie bei allen Nadelhölzern die Saaten und nach ihnen der enge Verband.

trockenem Boden und in Frost- und Wildlagen. Etwas getriebene Pflanzen können ohne Schaden noch verpflanzt werden. Auf gutem Standort und mit kräftigen Pflanzen pflanzt man in 1,3—1,5 m Verband; auf trocknem und magerem Boden mit viel Beer- und Unkraut pflanzt man geschulte Einzelpflanzen in 1—1,2 m Quadratverband. Die geeignetsten Werkzeuge beim Pflanzen sind: zum Ausstechen der Spaten, zum Pflanzen die Hacke, auf schwierigem Terrain zum Löchermachen die Rodehacke, sonst der Spaten. Am gebräuchlichsten ist die Löcherpflanzung, wobei man in dem Pflanzloch einen kleinen Hügel von der guten Erde aufwirft, auf diesem die Wurzeln der Fichte sorgsam ausbreitet und dann mit guter Erde bedeckt. Ganz besonders hat man sich vor dem zu tiefen Pflanzen zu hüten. Die flach wurzelnde Fichte verlangt nur eine flache Bedeckung, man pflanzt sie deshalb nicht tiefer, als sie gestanden hat.

Auf feuchtem Terrain wendet man häufig die v. Manteuffel'sche Hügelpflanzung an, ebenso auch auf magerem und sehr festem Boden mit von Gras oder Unkraut verfilztem Ueberzug. Im Sommer oder Herbst sticht man gute Erde aus, bringt sie auf größere Haufen, schüttelt die gute Erde aus den Plaggen darauf und verbrennt letztere auf dem Haufen, worauf man das Ganze gründlich zu durchmengen hat. Im Frühjahr trägt man in Körben diese Erde auf die Kulturfläche und schüttet sie in kleinen Hügeln auf die Pflanzstelle; die Kampfpflanzen werden so in die Mitte des Hügels eingepflanzt, daß die Wurzeln auf dem benarbten Boden zu stehen kommen; die Wurzeln werden dann auf kleinem Hügel ausgebreitet, mit Erde bedeckt und schließlich der ganze Hügel mit zwei halbmondförmigen Rasenplaggen aus nächster Nähe, der erste an der Nordseite, der zweite an der Südseite bedeckt. Uebrigens läßt sich die Manteuffel'sche Hügelpflanzung mit allen Holzarten und selbst bis zu Heistergröße auf feuchtem resp. schlechtem Boden mit Erfolg anwenden; nur ist sie immer kostspielig.

Auf günstigem Boden, namentlich auf mürbem und frischem Boden im Hügellande, hat man mit der sog. Klemmpflanzung unter Anwendung des Buttlar'schen Pflanzeisens, des Keilspatens und des Pflanzbeils sehr gute Kulturen auf dem billigsten Wege hergestellt.

Man pflanzt auf diese Weise auf gelockertem wie ungelockertem Boden und benutzt meist zweijährige Pflanzen, deren Wurzeln vor dem Einpflanzen in Lehmbrei getaucht sind. Das Buttlar'sche Pflanzeisen

Figur 126. v. Buttlars Klemmpflanzung.

ist ein etwa 30 cm langer und 3 kg schwerer Keil mit kurzem Griff (Figur 126), der senkrecht (eb) eingestoßen resp. eingeworfen wird; der Pflänzer hält die Pflanze an die gegenüberliegende Lochwand, sticht etwa 3 cm vom Pflanzloch noch einmal ein (gb) und drückt („klemmt") die Pflanze innig im Loch an. Das zweite Loch pflegt man wieder leicht zu schließen. Jede gebuttlarte Pflanze, die sich leicht herausziehen läßt, muß noch einmal gepflanzt werden. Die Pflänzer bewegen sich in einer Reihe, etwa 1,2 m von einander entfernt vorwärts in der rechten Hand das Eisen, in der linken die Pflanzen und stecken dieselben nach dem Augenmaß vorwärts etwa 50 bis 60 cm von einander entfernt ein. Der Mann kann täglich 1200 Pflanzen einbringen.

Man pflanzt mit dem Buttlar'schen Eisen auch einjährige Kiefern und Eichen und viele zweijährige Laubhölzer und Nadelhölzer, sobald man es mit steinigem Boden zu thun hat.

Weichhölzer müssen zeitig in Fichtendichtungen ausgeläutert werden, die Durchforstungen sollen in Schneebruchslagen sehr vorsichtig geführt werden. Recht empfehlenswerth ist zur Stammpflege das Absägen von trocknen und halbtrocknen Aesten dicht am Stamme, um das Einwachsen derselben zu vermeiden. Da die Fichte außerordentlich unter Sturmgefahr leidet, so muß man die Hiebsrichtung stets sehr sorgfältig gegen die herrschende lokale Windrichtung auswählen, auch setzt diese Kalamität der sonst so wünschenswerthen natürlichen Verjüngung gebieterisch Schranken; nur in geschützten Lagen wird sie im Interesse des Schutzes des Bodens, der jungen Pflanzen gegen Unkraut, Frost und Dürre, der Erhaltung von etwaigen Mischhölzern (Buche, Tanne), namentlich aber im Interesse des Lichtstandszuwachses noch beibehalten. Der Samenschlag wird dunkel gehalten. Die späteren Lichtungen erfolgen dann entweder plenternd nach Bedürfniß oder periodisch schlagweis sobaß nach etwa 10 Jahren der Abtriebsschlag folgt; viele ziehen ein schnelles Nachpflanzen nach der ersten Besamung den langsamen Nachlichtungen vor. Die Fichte ist ein sehr beliebtes Misch- und Unterholz, besonders geeignet als Windmantel und zur Ausfüllung kleiner Bestandslücken. Regel ist der Kahlschlag, stets der Windrichtung entgegen, im Interesse der Randbesamung führt man auch gern schmale Saumschläge.

Fragebogen zum Waldbau.

Zu § 112. Was lehrt der Waldbau? Welches sind die verschiedenen Arten der Begründung und Erziehung von Beständen?

Zu § 113. Was versteht man unter Betriebsart? Erkläre die verschiedenen Betriebsarten von Hoch-, Nieder-, Mittel- und Plenterwald, von Kopfholz- und Schneidelholzbetrieb.

Zu § 114. Was versteht man unter Umtrieb? Nenne die Hauptumtriebszeiten.

Zu § 115. Was versteht man unter Periode? Nach welchen Gesichtspunkten reiht man die Bestände in die Perioden ein? Nach welchen wählt man die Länge des Umtriebes?

Zu § 116. Wodurch läßt man sich bei den Kulturen zur Wahl gewisser Holzarten bestimmen?

Zu § 117. Was ist für die Wahl des Hochwaldbetriebes, des Niederwaldes, des Mittelwaldes und Plenterwaldes maßgebend?

Zu § 118. Was versteht man unter natürlicher Verjüngung?

Zu § 119. Worauf hat man bei der natürlichen Verjüngung sein Hauptaugenmerk zu richten?

Zu § 120. Was bezweckt der Vorbereitungshieb?

Zu § 121. Was bezweckt der Samenschlag? Wann und wie zeichnet man denselben aus?

Zu § 122. Wann und wie zeichnet man Verjüngungsschläge aus?

Zu § 123. Welchen Zweck haben die Nachhiebe? Nach welchen Regeln stellt man sie?

Zu § 124. Welche Holzarten treiben Stockloden? welche Wurzel- und Stockloden? Zähle die wichtigen Waldbäume in der Reihenfolge ihrer Ausschlagsfähigkeit hinter einander auf. Wie legt man Niederwälder an? Wie ist die Schlagrichtung im Niederwald? Worauf ist beim Hiebe besonders zu achten?

Zu § 125. Welche Holzarten eignen sich zum Kopfholzbetrieb? Wann ist die Hiebszeit des Kopfholzes?

Zu § 126. Welche Holzarten passen für den Schneidelholzbetrieb?

Zu § 127. Wo wendet man noch Saaten an? In welchen Fällen pflanzt man?

Zu § 128. Wie gewinnt man den Holzsamen?

Zu § 129. Wie gewinnt und verwahrt man den Samen unserer wichtigen Waldbäume?

Zu § 130. Wie prüft man die einzelnen Holzsamen in Bezug auf ihre Keimkraft? Beschreibe die Topf- und Lappenprobe?

Zu § 131. Wann ist die beste Saatzeit?

Zu § 132. Welches sind die verschiedenen Saatmethoden?

Zu § 133. Nach welchen Gesichtspunkten wählt man die Samenmenge?

Zu § 134. Wie entfernt man den Bodenüberzug? Welche Vorsichtsmaßregeln gelten beim Ueberlandbrennen?

Zu § 135. Nenne die verschiedenen Werkzeuge, die man im Waldbau zur Bodenlockerung gebraucht. Wann wendet man dieselben an?

Zu § 136. Wie ist die Bodenbearbeitung bei Vollsaaten? Was ist landwirthschaftliche Mitbenutzung? Wie wird sie angewandt?

Zu § 137. Wie ist die Bodenbearbeitung zu Streifensaaten?

Zu § 138. Welche Regeln hat man beim Ausstreuen des Samens zu beobachten?

Zu § 139. Wonach richtet sich die Erdbedeckung der verschiedenen Waldsamen?

Zu § 140. Welche Schutzmaßregeln wendet man an bei der Aussaat empfindlicher Holzarten?

Zu § 141. Wie schützt man sich gegen die Gefahren der Saaten?

Zu § 142. Auf welchen beiden Wegen beschafft man sich Pflanzen?

Zu § 143. Was sind Wildlinge? Was hat man beim Ausheben, Transport und Verpflanzen derselben zu beobachten?

Zu § 144. Woburch unterscheidet man Saat- und Pflanzkämpe, Wander- und ständige Kämpe?

Zu § 145. Wie legt man einen Wander-Saatkamp an? Wann müssen die Bodenbearbeitungen gemacht werden? Was geschieht mit dem Bodenüberzug? Woburch empfiehlt sich im Kamp eine möglichst dichte Saat und schwache Bedeckung? Weshalb vertieft man die Saatrillen?

Zu § 147. Nach welchen Gesichtspunkten wählt man die Lage von ständigen Kämpen aus? Wie umgiebt man einen Kamp mit einer lebendigen Fichtenhecke? Wie bereitet man Dungerde und Rasenasche? Wie schützt man sich gegen Mäuse, Maulwürfe, Erdflöhe und Frost im Kampe?

Zu § 148. Was sind Loben, Halbheister und -Heister? Wie verschult man dieselben?

Zu § 149. Wie beschneidet man Pflänzlinge?

Zu § 150. Was hat man für Pflegemittel in den Kämpen? Was ist ein Pyramidenschnitt?

Zu § 151. Wie verschult man Nadelhölzer?

Zu § 152. Welche Arten von Pflanzen giebt es?

Zu § 153. Welche Vorzüge haben regelmäßige Pflanzungen?

Zu § 154. Welche Gründe fallen bei Auswahl der Pflanzweite ins Gewicht?

Zu § 155. Wie stellt man den Quadrat-, den Reihen- und Dreiecksverband her? Wie legt man den Verband über sehr große Flächen?

Zu § 156. Wie berechnet man die Pflanzenmenge für die obigen Verbände?

Zu § 158. Was hat die Herbstpflanzung gegen und die Frühjahrspflanzung für sich?

Zu § 159. In welcher Jahreszeit sollen die Pflanzlöcher gemacht werden? Wie werden die Pflanzlöcher angefertigt?

Zu § 160. Was muß mit Pflanzen geschehen, die ausgehoben sind, aber nicht sofort eingepflanzt werden? In welcher Weise pflanzt man stärkere Pflanzen ein?

Fragebogen zum Waldbau.

Zu § 161. In welcher Weise hat man nach der Pflanzung die Kultur zu schützen?

Zu § 162. Was sind Senker? In welcher Weise und zu welcher Jahreszeit senkt man Zweige und Stangen ab? Wie pflanzt man Setzreiser? Wie Setzstangen?

Zu § 164. Welche Holzarten eignen sich besonders zu Ober- und Unterholz im Mittelwalde? Was sind Laßreiser und Oberständer?

Zu § 165. Wie zeichnet man die überzuhaltenden Laßreidel beim Abtrieb des Unterholzes im Mittelwalde aus?

Zu § 166. Worauf hat man bei der Pflege der Bestände sein Augenmerk zu richten?

Zu § 167. Was versteht man unter Läuterungshieb? Welche Vorsicht hat man beim Freihauen von schlaff erwachsenen Stangen zu beobachten?

Zu § 168. Was versteht man unter Durchforstung? Welchen Zweck haben die Durchforstungen? Worin sind die Vortheile der Durchforstungen begründet?

Zu § 169. Woran erkennt man in den Beständen die Nothwendigkeit einer Durchforstung?

Zu § 170. Nach welchen Regeln wird eine Durchforstung ausgeführt?

Zu § 171. In welcher Jahreszeit entästet man? Wie werden die Entästungen ausgeführt?

Zu § 172. Wie erhält man die Bodenkraft?

Zu § 173. Wie befestigt man Dünen?

Zu § 174. Was hat man für Schutzmittel gegen die Verbreitung des Flugsandes? Wie kultivirt man Flugsandflächen?

Zu § 175. In welcher Weise kultivirt man Ortsteinflächen?

Zu § 176. Welche Vortheile haben gemischte Bestände? Nenne die fünf waldbaulichen Mischungsregeln und begründe sie.

Zu § 178. Welche Ansprüche macht die Eiche an den Standort?

Zu § 179. Was versteht man unter Lichtungsbetrieb? Welche Vortheile hat er?

Zu § 180. Wann sollen Eichensaaten in der Regel ausgeführt werden? Welche verschiedenen Methoden kann man bei der Eichensaat anwenden? Beschreibe die wichtigsten.

Zu § 181. Was hat man bei der Verschulung von Eichen zu beobachten?

Zu § 182. Welche Standorte eignen sich zur Anlage von Eichenschälwald? Wann und wie wird der Hieb im Eichenschälwald geführt? Wie wird die Rinde geschält und getrocknet? wie verkauft?

Zu § 183. Wie wird die Buche in der Regel verjüngt? was haben reine Buchenbestände gegen sich?

Zu § 184. Welchen Zweck verfolgt die Vorbereitungsdurchforstung in Buchen?

Zu § 185. Welche Stämme werden bei den Lichtungshieben in Buchenverjüngungen zuerst eingeschlagen?

Zu § 187. Wie legt man einen Buchensaatkamp an? Was muß man beim Pflanzen von Buchen besonders beachten?

Zu § 188. In welchem Umtriebe wird die Schwarzerle bewirthschaftet? Wann und wie wird der Abtrieb von Erlen bewirkt? Wie legt man einen Erlensaatkamp an? Wie verschult man Erlenpflanzen? Wo wendet man die Klapppflanzung an? Wie wird sie ausgeführt? Wie kultivirt man die Erle künstlich auf sehr nassem Boden?

Zu § 189. Nenne die wichtigsten Kulturweiden. Beschreibe die verschiedenen Kulturarten bei Weiden. Welches ist die empfehlenswertheste? Wann schneidet man gewöhnlich die Weidenruthen und wie?

Zu § 190. Welchen Standort liebt die Kiefer? Welche Bedeutung hat sie für andere Holzarten?

Zu § 191. Beschreibe einige Saatmethoden der Kiefer. Wie erzieht man Kiefernballenpflanzen? Wie pflanzt man dieselben? Bis zu welchem Alter verpflanzt man die Kiefer mit entblößter Wurzel? Wie pflanzt man einjährige Kiefern? Wie wird ein Kiefernsaatkamp angelegt? Was hat man beim Transport von Kiefernpflanzen zu beachten? Unter welchen Verhältnissen empfiehlt sich die natürliche Verjüngung der Kiefer? Wie führt man sie aus?

Zu § 192. Welchen Standort liebt die Fichte?

Zu § 193. Wo und wie legt man Fichtenplätzesaaten an? Wie legt man einen Fichtensaatkamp an? Wie verschult man Fichten? Was hat man bei der Pflanzung von Fichten zu beachten? Beschreibe die Manteuffel'sche Hügelpflanzung und die Pflanzung mit dem Buttlar'schen Eisen. Wann und wie wendet man die natürliche Verjüngung bei der Fichte an?

C. Forstschutz.

§ 194.

Einleitung und Definition.

Es ist eine Thatsache, daß vor Zeiten bedeutend mehr Wälder vorhanden waren als jetzt; es ist ferner Thatsache, daß heute sich die Wälder in einer Weise vermindern, daß zu befürchten ist, wir werden schließlich zu wenig Wälder haben, um unsere Holzbedürfnisse zu befriedigen und unsere heutigen Klimaverhältnisse zu erhalten (vergl. § 2), wenn nicht alle Schutzmaßregeln gegen die zahlreichen Feinde der Wälder, namentlich den Hauptfeind derselben, den Menschen, mit Energie gehandhabt werden. Die Menschen haben zuerst den Wald gerodet und verringert, um ihren vermehrten Bedürfnissen durch Ackerbau, wo früher Wald gestanden, Rechnung zu tragen. Nächstdem trat jedoch die Nutzung des Holzes in den Vordergrund und zwar in dem Grade, als der Werth des Holzes zunahm, bis sie heute fast ausschließlich der Grund der Waldverringerung, sehr häufig leider der vollständigen Waldausrottung seitens der Privatwaldbesitzer ist. Mit den verwüstenden Eingriffen des Hauptfeindes hielten die verderblichen Einwirkungen der anderen Feinde des Waldes in der Natur gleichen Schritt, und zwar einestheils der rohen Naturkräfte — Sturm, Wasser, Frost, Hitze, Feuer ꝛc. —, anderentheils der vielen den Wald beschädigenden Thiere. Die Lehre vom Forstschutz behandelt demnach die Maßregeln, durch welche der Wald erhalten und vor allen Gefahren und schädlichen Einflüssen beschützt wird. Sie macht uns mit den drohenden Gefahren bekannt und lehrt uns ihre Abwehr, soweit sie in der Macht des zunächst interessirten Menschen, nämlich des Waldbesitzers resp. dessen Beamten oder des weiter interessirten Staates liegt, der durch Gesetze und Polizeimaßregeln die dem Gemeinwohle schädliche Verminderung der Wälder oder ihre Beschädigung seitens Unberechtigter zu verhindern hat.

I. Forstschutz gegen Beschädigung der lebenden Natur.

A. Gegen die rohen Naturkräfte.

§ 195.

1. Sturm und Wind.

Wie aus der Standortslehre (§ 109) bekannt ist, entstehen die Stürme durch plötzliche Temperaturveränderungen und kommen dieselben bei der geographischen Lage von Deutschland meistens von Westen, seltener von Norden her. Jede Gegend pflegt jedoch ihre besonders gefährliche Sturmrichtung, die mit ihrer eigenthümlichen Bodengestaltung (Lage hoch im Gebirge, in Thalkesseln, an Thalausgängen, in Flußthälern, an Seen, an der Küste, hinter vorliegenden Höhen- und Gebirgszügen ꝛc.) zusammenhängt, zu haben, gegen welche man sich dann besonders zu schützen hat. Man erkennt die herrschende Sturmrichtung, die nicht selten in demselben Revier verschieden ist, an der Rinde der Bäume, die nach der Sturm- und Windrichtung viel rauher und besonders stark mit Moos und Flechten bewachsen ist, ferner an der Fallrichtung von geworfenen oder gebrochenen Stämmen und an den Erdaufwürfen der alten Windbrüche. Der Sturmgefahr am meisten ausgesetzt sind die flachwurzelnden Holzarten (Fichte, Aspe, Birke, Hainbuche und alle Holzarten auf flachgründigem Boden); von unseren wichtigen Holzarten leidet am meisten die Fichte; jedoch leiden in exponirten Lagen auch Rothbuchen und Kiefern zuweilen sehr bedeutend.

Mit zunehmender Höhe und vorgeschrittenem Alter des Baumes wächst die Gefahr; haubare und angehend haubare, besonders aber stark durchlichtete Bestände oder einzelne übergehaltene Stämme auf Blößen unterliegen am meisten. Lockerer Boden leidet mehr als bindiger, feuchter mehr als trockener. Junge Bestände leiden nur selten.

Der beste Schutz gegen Sturmgefahr liegt in der richtigen waldbaulichen Erziehung und Behandlung sowohl der gefährdeten Holzarten wie der gefährdeten Lage, z. B. das Einsprengen tiefer bewurzelter Holzarten, wie Tannen und Buchen in Fichten. Man hat von vornherein auf besonders kräftiges Pflanzmaterial, auf eine vorsichtige die Stämme des künftigen Hauptbestandes von vornherein kräftigende und sie räumlicher stellende Durchforstung, besonders an den ausgesetzten Bestandsrändern auf feuchtem Terrain auf zeitige Entwässerung vor dem Hiebe und vor Allem auf die richtige Hiebsrichtung — stets der bekannten Sturmrichtung entgegen — zu achten. Eine besondere Bedeutung haben in dieser Beziehung die sog. Loshiebe erlangt; eine Art besteht darin, daß längere Zeit vor dem Hiebe an der gefährdeten Seite in dem alten abzutreibenden Bestande selbst ein etwa 20 m breiter Streifen nach und nach durchforstet und dann unterbaut wird, um durch freiere Stellung künstlich sturmfestere Randbäume zu erziehen und gleichzeitig den Boden zu schützen; bei diesem Lichthauen muß man besonders gefährdete (kranke, auffallend flach wurzelnde, schlanke Stämme mit hoch angesetzter Krone oder schon geschobene) Stämme zuerst wegnehmen und die kräftigen und stufigen Stämme frei hauen. Die verbreitetste Art von Loshieb besteht jedoch darin, daß man zur Vorbeuge jüngeres Holz dadurch an dem gefährdeten Rande sturmfester macht, daß man in dem in der Sturmrichtung vorliegenden älteren Bestande — meist also an dessen Ostseite — einen 30 m breiten Streifen etwa 20—30 Jahre vorher kahl abtreibt und sofort wieder kultivirt; diese Kultur wächst dann gleichzeitig zum Windmantel heran. Auf sehr ausgesetzten Gebirgskämmen oder einzelnen Kuppen muß man die Erziehung älteren Holzes in reinen Hochwaldbeständen vermeiden und nur Plenterwirthschaft betreiben oder den Umtrieb des Hochwaldes herabsetzen; schließlich müssen bei der Betriebsregulirung rationelle Hiebszüge vorgesehen werden.

Sind trotz aller Vorsichtsmaßregeln dennoch Windbrüche eingetreten, so muß man dieselben sofort aufarbeiten und zur Vermeidung von Insektengefahr schnell abfahren oder schälen lassen. Nach der Art des Bruches unterscheidet man Massenbruch, wenn größere Bestandtheile, Nesterbruch, wenn kleine Bestandtheile zusammenhängend gebrochen sind oder Einzelbruch, wenn nur einzelne Stämme getroffen sind; ferner unterscheidet man noch Windwurf, wenn der ganze Stamm mit der Wurzel geworfen ist, oder Windbruch, wenn entweder der Schaft oder der Wipfel gebrochen ist, wobei man wiederum Schaft- und Wipfelbruch unterscheidet. Fortwährende Aufmerksamkeit hat man auf die sog. geschobenen Stämme zu richten, d. h. solche Stämme, die nur aus ihrer Lage gebracht sind, da sie bald kränkeln und so eine Brutstätte der gefährlichen Insekten zu werden drohen. Nach stattgehabten Stürmen ist sofort, namentlich auf den Wegen genaue Revision zu halten. Ist die Masse zu groß, so lasse man die geworfenen Stämme mit Wurzel und Krone liegen, da sie sich so besser halten, Bruch muß aber unbedingt aufgearbeitet werden.

Außer als Sturm kann der Wind auch durch Aushagern der Bestandesränder und Wegführung resp. Aushagerung des Rohhumus gefährlich werden, und muß man dieselben deshalb bei der Durchforstung auf 30—40 Schritthin dunkel halten (vergl. § 170), oder an besonders ausgesetzten Rändern sog. Wind- oder Schutzmäntel anlegen. Am besten eignet sich hierzu die Fichte resp. Tanne, von denen man gleich bei der Kultur 3—5 Reihen in 1 m Dreiecksverband am Rand entlang so pflanzt, daß die hinteren Pflanzen immer die Lücken der vorderen Reihen decken. Sind solche Bestandsränder bereits fehlerhaft durchlichtet und schutzlos dem Winde preisgegeben und können Schutzmäntel nicht angelegt werden, so soll wenigstens der Boden öfter grobschollig umgehackt werden, um das abfallende Laub zu binden und eine Humusbildung zu ermöglichen, so daß keine Verangerung eintritt.

Nach jedem Sturme sind sofort all Wege zu revibiren, um etwaige Verkehrsstörungen zu beseitigen und dann ist die Anzahl, der geschätzte Festgehalt der gebrochenen und geworfenen Stämme, die Sturmrichtung und sonstige nähere Umstände dem Revierverwalter zu melden.

§ 196.
2. Frostgefahr.

Am schädlichsten wirkt der Frost in der Form der Maifröste (sog. Spätfröste), durch welche die unter Frost leidenden Holzarten (Tanne,

Buche, Ahorn, Eiche, Fichte, Esche, Erle, Akazie und alle anderen Holzarten in frühester Jugend) häufig vernichtet oder doch stark beschädigt werden; seltener sind Frühfröste im Herbst*), welche noch nicht verholzte Triebe gefährden, oder die Winterfröste gefährlich, die den Samen zersprengen und Frostrisse sowie schließlich Kern- und Ringfäule erzeugen. — Außer dem Laub, den Gipfel- und Seitentrieben wird häufig die Blüthe zerstört. Die einzigen Holzarten, die (mit Ausnahme der frühesten Jugend) fast ganz frostfrei sind, sind Kiefer, Hainbuche und Birke; sie werden deshalb gern an frostgefährdeten Stellen rein oder zum Schutz empfindlicherer Holzarten in Untermischung mit diesen angebaut. Am gefährdetsten sind feuchte Einsenkungen und Ostlagen resp. Südlagen mit ihrer frühen Vegetation oder windstille von Bestand oder Bergen eingeschlossene Orte, sog. Frostlöcher oder Frostlagen, Kulturen mit Graswuchs ꝛc.

Die zartesten Holzarten — Buche und Tanne, wie überhaupt in Frostlagen auch andere Holzarten — schützt man gegen Fröste dadurch, daß man sie im Schirm der Mutterbäume erzieht, daß man bei Verjüngungen gegen Osten schützende ältere Bestände vorliegen läßt (im Niederwald), daß man die Schläge (namentlich im Niederwald und Mittelwald) von Westen nach Osten, besser noch von Südwest gegen Nordost führt. Bestandeslücken müssen, sobald sie Frostschaden zeigen, mit frostsicheren Holzarten (Kiefer, Birke, Hainbuche) ausgebaut werden. In Kämpen schützt man sich durch Bestecken mit Schutzreisig, decken desselben auf Gabelgerüsten (von Nadelholz), durch Schutzgitter oder den Seitenschutz vorstehender Bestände und Wahl von frostfreien oder wenigstens gegen Osten geschützten Lagen.

Ein zweiter Feind ist das früher beschriebene Auffrieren auf feuchtem und lockerem Boden. Dagegen hilft genügende Entwässerung und Bedecken des Bodens mit Moos, Streu, Laub, Plaggen, Steinen und Sand (in Kämpen besonders), oder Vermeidung der Lockerung auf solchem Boden, in dem man nicht säet, sondern Ballen- resp. Hügel- oder Rabattenpflanzung ꝛc. anwendet.

Unter Stammfrost leiden die Holzarten am meisten in folgender (absteigender!) Reihenfolge: Roßkastanie, Eiche, Buche, Linde, Ulme, Esche, Ahorn, Hainbuche, Aspe, Erle, Birke, welche letztere fast nie leidet; die Blätter, Blüthen und Triebe leiden am meisten bei folgenden

---

*) Der am 28. September 1881 stattgehabte Frühfrost hat sehr großen Schaden, namentlich in den etwas spät ausgeführten Kiefernsaaten aus demselben Frühjahr angerichtet.

Holzarten (absteigende Folge!), Esche, Ahorn, Rothbuche, Eiche, Ulme, Linde, Pappel, Erle, Birke, Hainbuche; von den Nadelhölzern Lärche, Tanne, Fichte, Kiefer. Die Schütte der Kiefer wird vielfach dem Einfluß von Spätfrösten zugeschrieben, so daß diese sonst ganz frostsichere Holzart also in frühester Jugend ebenfalls gefährdet sein dürfte; die Maitriebe derselben erfrieren zuweilen auch noch bis zum 6. Jahre.

§ 197.
2. Gefahr durch Schnee, Duft und Eis.

Der Schnee wird namentlich in den mittleren Gebirgslagen*) in den Fichtenstangenorten gefährlich, indem er sich in großen Massen auf denselben ablagert und sie in ganzen Flächen nesterweis oder stammweis zusammenbricht; älteren Stämmen bricht er die Kronen ab, Stangenhölzer und junge Schonungen drückt er zusammen; die Folgen sind dieselben wie beim Windbruch. In gleicher Weise leidet auch die Kiefer, doch wird dieselbe meist in weniger gefährdeten Gegenden angebaut. Von Laubhölzern leiden bei frühem Schneefall, wenn noch verbleichendes Laub vorhanden ist, namentlich bei gleichzeitigem stärkeren Frost — Rothbuche, Erle, Esche, Akazie, Birke, Eiche. Das sicherste Vorbeugungsmittel besteht in sorgfältigster Pflanzung von kräftigem und verschultem Material und in sorgfältigster Durchforstung, sowie in Mischung mit anderen Holzarten; in sehr gefährdeten Lagen in Einführung des Plenterbetriebs oder natürlicher Verjüngung, welche letztere sich namentlich in den schweren Schneebruchkalamitäten der Jahre 1886 und 1887 bewährt haben, während sonst fast keine Holzart und keine Kulturmethode verschont blieb. Nach stattgehabtem Bruch hat man zur Vermeidung anderer Gefahren (Insekten, Sturm, Frost) alles kränkelnde Material schnell einzuschlagen und alles gefällte Fichtenholz, wenn es nicht schnell abgefahren werden kann, zu schälen; den beschädigten Stangenorten kann man durch rechtzeitigen Unterbau resp. Einbau von schattenertragenden Holzarten (Fichten, Tannen, Buchen, Hainbuchen) helfen; auf Kulturen und in Kämpen, allenfalls in kleinen besonders werthvollen Stangenorten empfiehlt sich ein rechtzeitiges Abklopfen nach starkem Schneefall, falls es nicht zu theuer wird.

Gegen Duft- und Eisbruch, der besonders hart die Ostränder

---

*) Die Schneebruchregion erstreckt sich im Harz auf eine Höhe von 400 bis 950 m, in Schlesien auf 600—1200 m, am Rhein bis zu 600 m, in Thüringen bis 500 m herunter.

von Laubhölzern trifft, indem dabei die stark inkrustirten Zweige und Triebe abbrechen, sucht man sich durch vorstehende Bestände und durch die schon oben berührte Schlagstellung von Südwest nach Nordost, auch durch hohe und tief beastete Nadelholzschutzmäntel gegen Osten zu schützen; am meisten sind Niederwälder und Oberbäume im Mittelwald und die Akazie gefährdet.

§ 198.

4. Gefahr durch Hitze und Dürre.

Die Hitze schädigt besonders den Boden, indem sie ihn seiner Feuchtigkeit und Frische beraubt; sie reizt die Pflanzen zu einer erhöhten Wasserverdunstung, die wieder ein Verwelken und schließliches Absterben derselben hervorrufen muß, wenn der Boden durch seine Grundfeuchtigkeit oder atmosphärische Niederschläge nicht zur rechten Zeit für den Ersatz der zu viel verbrauchten Feuchtigkeit sorgt.

Das einzige Mittel gegen diese Gefahr liegt im Binden der vorhandenen Bodenfrische, das uns der Waldbau in den einzelnen Fällen bereits gelehrt hat, nämlich: Vermeidung plötzlicher Freistellungen trockener Bodenarten, tiefe Bodenbearbeitungen, Pflanzen in vertieften Löchern, Belegen der Pflanzlöcher mit Plaggen an den Süd- oder Thalseiten, Ausstreuen von Laub, Moos und Nadelstreu in die Pflanzenreihen in Kämpen, Ballenpflanzung, Wahl einer Kulturmethode, welche den Boden am schnellsten deckt, beim Pflanzen von Heistern — Richten der meisten Belaubung nach Süden, natürliche Verjüngung, Erziehung von Bodenschutzholz 2c.

Direkt schädlich wird die Sonne durch Abwelken von jungen Pflänzchen und Erzeugung des Rindenbrandes an Buchen; nach den Berichten von Beling (Baurs Centralbl. 1888, S. 29) leiden auch Hainbuche, Eiche und Esche, wogegen man sich durch Vermeidung jeder plötzlichen Freistellung älterer Bestände gegen Süden und Südwesten zu schützen hat. Plötzliches Freistellen und damit verbundene Bodenverschlechterung ruft auch häufig die bekannte Wipfeldürre hervor, der man durch möglichst schnelle Pflanzung einer Bodenschutzholzart begegnen muß.

Am meisten leiden: Roth- und Weißbuche sowie Fichte und alle Holzarten in der Jugend, die Süd- und Westhänge, kalkige, thonige sowie arme Sandböden, lückige und raume Bestände, namentlich von flachwurzelnden Hölzern.

Der an zartrindigen Holzarten (Rothbuche, Hainbuche, Esche, Ahorn, junge Fichte ꝛc.) und zwar an Süd=, Südwest= und Westlagen der Stämme und Bestände namentlich nach plötzlichen Freistellungen häufig auftretende Rindenbrand, in Folge dessen das durch Platzen der Rinde bloßgelegte Holz abstirbt und anfault — ist eine Folge der direkten Sonnenbestrahlung; man vermeide deshalb an den exponir= ten Orten alle plötzlichen Freistellungen und Aufastungen oder lege Fichtenschutzmäntel an.

§ 199.
5. Gefahr durch Feuer.

Eine Folge der Dürre im weiteren Sinne ist das häufigere Vor= kommen von Waldfeuern. Man unterscheidet sog. Lauffeuer, welches im trockenen Bodenüberzuge zu entstehen pflegt und sich dann mit großer Schnelligkeit, indem es die ganze Bodendecke ergreift, weithin verbreitet. Besonders gefährlich wird das Lauffeuer bei starkem Winde, wo es nicht selten sich auch in die Wipfel verbreitet und diese als sog. Wipfelfeuer zerstört; brennt der ganze Bestand, was nur in Schonungen und jüngeren Stangenhölzern vorkommen kann, so entsteht das Stamm= oder Totalfeuer. Schließlich kommt noch Erdfeuer vor, welches brennbare Erde, namentlich den Torfboden ergreift. Am gefährdetsten sind die Nadelholzwaldungen, besonders ihre Schonungen und jungen Stangenhölzer, namentlich die Kiefer in trocknen Früh= jahren und heißen Spätsommern, doch werden auch Laubhölzer heim= gesucht, von denen die zartrindige Buche am meisten zu leiden hat. Eichen pflegen wieder auszuschlagen; bei Erlen ist besondere Vorsicht nöthig, indem diese sehr lange in ihren Stöcken nachglimmen.

Zunächst hat man sich gegen das Feuer durch umfassende Vor= beugungsmaßregeln zu schützen, die entweder polizeilicher oder wald= baulicher Natur sind. Die Polizeimaßregeln umfassen das Verbot und bedrohen mit Strafen:

Das unbefugte Feueranzünden resp. Unterlassen des Aus= löschens von Waldfeuern seitens der Holzhauer, der Hirten, Köhler und des Publikums, das Tabakrauchen in den heißen Monaten im Walde, das Schießen mit Filzpfropfen, das Anzünden von Feld= feuern unmittelbar am Walde, Anlage von feuergefährlichen Etablisse= ments in und am Walde. Bei der Anlage von jeglichen Waldfeuern ist streng darauf zu halten, daß der Bodenüberzug in einem Umkreis von mindestens 0,5 m um das Feuer abgeschürft und daß das Feuer nicht eher verlassen wird, als bis es entweder ganz ausgebrannt oder doch mit Erde vollständig zugeworfen ist. Ueber Vermeidung von Waldfeuern vergl. §§ 308, 360, 368 des Strafgesetzbuches, sowie §§ 44, 51 des Feld- und Forstpolizeigesetzes vom 1. April 1880.

Die waldbaulichen Maßregeln bestehen in Vermeidung von großen zusammenhängenden gleichaltrigen Beständen, in Unterbrechung besonders gefährdeter Bestände durch breite (10—20 m), in den heißen Monaten stets wund zu haltende sog. Feuergestelle, womöglich mit 1—1,5 m breiten Schutzgräben an beiden Seiten, die ev. auch mit perennirenden Lupinen (Lupinus polyphyllus) oder Wicken, mit Wald= platterbse (Latyrus silvestris) 2c. zu besäen sind, und in der Anlage von 5 m breiten Laubholzmänteln an den Bestandesrändern, am besten von Birken, Akazien, Schwarzpappeln 2c. Die größte Vorsicht ist an den Eisenbahnen nöthig, wo man zu beiden Seiten der Bahn 10—20 m breite Sicherheitsstreifen zum Anbau von Feldfrüchten ganz frei haut oder doch ohngefähr ebenso breite Laubholzschutzmäntel (Birke) mit einem senkrecht sich kreuzenden Grabensystem aus flachen 1—1,5 m breiten Gräben anlegt oder die Bestandesränder durch streifenweise gründliche schach= brettartige Entfernung des Bodenüberzugs auf 20—30 m Tiefe schützt. In Schonungen giebt man längs der Wege und Gestelle zu beiden Seiten auf 5—10 m Tiefe die Bodenstreu ab und läßt bis auf Mannshöhe alle trocknen unteren Zweige dicht am Stamme entfernen; diese Streifen sind stets wund zu halten. In den heißen Monaten ist von erhöhten Punkten aus das Revier häufig zu inspiciren und sind etwaige Arbeiter, soweit es die Natur der Arbeit zuläßt, möglichst im Revier zu vertheilen, damit das Feuer sofort nach seinem Ent= stehen entdeckt werden kann. Sobald Feuer im Revier gemeldet wird, sind folgende Löschmaßregeln anzuordnen und zu ergreifen:

Ist das Feuer noch klein, so versucht man es durch Ausschlagen mit belaubten Zweigen, Bewerfen mit Erde und Abschürfen des Boden= überzuges rings um dasselbe auszulöschen resp. zu beschränken. Man lasse die Leute beim Ausschlagen nicht nach Belieben, sondern in Ko= lonnen von je 10 Mann unter einem Führer nach Commando schlagen, womöglich mit Birken= oder Wachholdersträuchern; man wird dann ganz anderen Effekt erzielen. Bei größeren Feuern muß man die Mann=

schaften, deren möglichst viele mit schweren Hacken, Schaufeln, Rechen, Aexten auf schnellstem Wege zu requiriren sind, vor und neben dem Feuer unter gleicher Vertheilung der Werkzeuge anstellen; die Leute in den Flanken suchen es auszuschlagen und auszuwerfen und verhindern so nicht nur das Umsichgreifen nach beiden Seiten hin, sondern suchen es immer mehr einzuengen, so daß es schließlich eine immer isolirter werdende Spitze wird; die ersteren arbeiten ihm entgegen, indem sie die in seinem Wege liegenden Brennstoffe — Dürrholz, Rohhumus ꝛc. — schleunigst entfernen, den Boden abschürfen oder durch Gräben das Feuer zu be= grenzen trachten. Hierbei ist weit genug vom Feuer anzufangen, damit dasselbe die Löschmannschaften nicht vor beendeter Arbeit über= rascht, die Leute sollen immer mit dem Rücken dem Feuer zugekehrt arbeiten und den Abschurf an der Feuerseite ausbreiten; bei ganz großen Feuern in Schonungen, und wenn der Bestand selbst brennt, legt man Gegenfeuer*) an, hinter denen man jedoch besonders aufmerk= sam sein und alle Vorsichtsmaßregeln treffen muß.

Nach jedem Brande ist die Feuerstelle noch längere Zeit zu be= wachen, um einen Wiederausbruch zu verhüten, namentlich Moosdecken und alte Stöcke pflegen noch Wochen lang nachzuglimmen. Leute, welche den Ausbruch des Feuers zuerst melden und sich beim Löschen auszeichnen, soll man entsprechend belohnen; ersteres jedoch mit einer gewissen Reserve.

Erdfeuern kann man nur durch tiefe die ganze glimmende Erd= schicht durchdringende breite Gräben begegnen, Wipfelfeuern durch Fällen von Stämmen, die man in Streifen mit dem Wipfel dem Feuer ent= gegenfallen läßt.

Stark beschädigtes Nadelholz (wenn die Rinde bis auf den Splint verbrannt ist) und Laubholz hat man schnell abzutreiben, damit sich nicht in den kränkelnden und absterbenden Stämmen schädliche Insekten ansammeln resp. damit die Laubholzstöcke durch Ausschlag für schnellste

---

*) Am 16. April 1881 konnte ein bei heftigem Oststurm ausbrechendes Wald= feuer im hiesigen Reviere, was etwa 280 ha zerstörte, nur durch Anlage eines großen Gegenfeuers von etwa 1,8 Kilometer Länge gelöscht werden. Bei Anlage von Gegenfeuern muß man im Rücken derselben breite Gräben, Wege, Bäche ꝛc. haben, an denen man es anlegt und welche natürliche Hindernisse bieten, wenn das Feuer etwa zurücklaufen sollte; auch sind hier stets ausreichende Wachmann= schaften zu placiren, die zurückspringende Funken sofort auszuschlagen haben.

Deckung des Bodens sorgen können. Aeltere Stämme, namentlich von Holzarten mit starker Borke (Eiche, Kiefer) pflegen, wenn die Rinde nur leicht angebrannt ist, weiter zu wachsen; sobald sie jedoch abwelken sollten, müssen sie sofort gefällt werden.

§ 200.
6. Gefahr durch Wasser.

Das Wasser wird in der Nähe von Flüssen und Strömen häufig durch Ueberschwemmungen gefährlich. Gegen große Flüsse werden Deiche und Dämme, deren Ufer mit Weiden zu bepflanzen sind, gebaut, gegen zeitweises Uebertreten von kleinen Flüssen und Bächen muß man die genau zu ermittelnden Ueberfallstellen der Ufer erhöhen und durch Faschinenflechtwerk festlegen; sollte das übergetretene Wasser keinen Abfluß haben und somit Veranlassung zu Versumpfung geben, so ist schleunigst auf dem kürzesten Wege durch einen Abzugsgraben für den Rückfluß, dessen Einmündung in den überschwemmenden Fluß oder Bach durch eine Schleuse zu verschließen ist, zu sorgen. Auf eine gewisse Befestigung und Pflege der Ufer ist sehr zu achten, namentlich an starken Krümmungen sind Schlemmbäume und Faschinen zu legen und etwaige Uferunterwaschungen sind rechtzeitig abzustoßen, um Unglück zu verhüten. In anderer Weise wird das Wasser durch plötzliche oder anhaltende Regengüsse oder Wolkenbrüche namentlich in Saatkämpen auf geneigten Flächen durch Abschwemmungen schädlich. — Gegen diese Gefahr schützt man sich in den Kämpen durch einen Fanggraben auf der Bergseite und einen resp. zwei Diagonalgräben quer durch den Kamp. An steilen Hängen muß der Fanggraben noch zwei Ableitungsgräben an beiden Seiten des Kampes haben. Alle derartigen Gräben müssen selbstverständlich vor der Bepflanzung oder Aussaat gezogen werden.

§ 201.
7. Gefahr durch Nässe und Versumpfung.

Nässe entsteht durch Undurchlässigkeit des Bodens bei mangelhaftem Wasserabfluß, durch Quellen ohne genügenden Abfluß und zeitweise Ueberschwemmungen; besonders sind zu Nässe geneigt Thon, Lette und strenger Lehmboden, alle sog. schweren Bodenarten.

Versumpfungen bilden sich überall da, wo eine ebene oder muldenförmig vertiefte Lage und ein undurchlassender Untergrund das

Entwässerungen.

Ansammeln und Aufstauen einer größeren Wassermenge veranlaßt, welches ober- oder unterirdisch zuströmen kann. — Um die Nachtheile, die durch beide Arten von Bodenzuständen für den Waldbau (krüppelhafter Wuchs, Versäuerung und Verkältung des Bodens, Frostgefahr, Auf- und Ausfrieren der Pflanzen) entstehen, zu entfernen, muß das überflüssige Wasser in Gräben abgezogen werden. Bei nur feuchtem Boden genügen oft einige wenige Gräben, die quer durch die Fläche in der Richtung des größten Gefälles parallel gezogen werden, um den richtigen Bodenfeuchtigkeitszustand herzustellen. Man hüte sich jedoch, gleich zu viele und zu tiefe Gräben anzulegen, weil sonst das Gegentheil, ein zu trockner Boden, der schließlich kulturunfähig wird, entsteht. Alle Entwässerungen sind deshalb nur auf das erforderliche Maaß zu beschränken.

Schwieriger ist die Entwässerung von größeren sumpfigen Stellen, wo man meist ein ganzes Grabensystem zu entwerfen hat. Man unterscheidet dabei dreierlei Arten von Gräben:

1. Sauggräben, welche die kleinsten sind und das stagnirende Wasser aufsaugen sollen.

2. Fanggräben, von denen nur einige angelegt werden, sind eine größere Art von Sauggräben, die das von etwas höher liegenden Stellen zuströmende Wasser auffangen.

3. Abzugsgräben, in welche Saug- und Fanggräben münden und welche das Wasser in Bäche, Flüsse, Seen ic. ableiten. Sie sind größer als die Saug- und Fanggräben.

Die Entwässerung wird nun in folgender Weise (siehe Figur 127) ausgeführt:

Man führt den Hauptabzugsgraben von der niedrigsten nach der höchsten Stelle und folgt dabei der Richtung, in welcher bei hohem Staude das Wasser von selbst abfließt; im anderen Falle hat man das Gefälle durch ein Nivellement zu ermitteln. Es genügt für den Abzugsgraben ein Gefäll von 0,1 m auf 300 m. Die Breite und Tiefe des Abzugsgrabens richtet sich nach der vorhandenen Wassermenge und der Tiefe, bis zu welcher entwässert werden muß. Sind Quellen und Tümpel auf der Sumpfstelle, so wird aus diesen das Wasser in kleineren Abzugsgräben unter einem spitzen Winkel mit dem Gefäll in den Hauptabzugsgraben geleitet. Ueberall, wo es der nasse Boden nöthig macht, werden kleine Sauggräben gezogen und münden ebenfalls spitzwinklig in die kleineren Abzugsgräben, die ihretwegen in der Richtung des größten Gefälles spitzwinklig zum Hauptgraben und in gewisser Entfernung von einander möglichst parallel zu einander gezogen werden.

Die Fanggräben, die nur an Hängen nöthig sind, werden möglichst senkrecht zum Hauptabzugsgraben oder den ihretwegen etwa angelegten besonderen Abzugsgräben gelegt und event. auch noch mit einem Sauggrabensystem versehen.

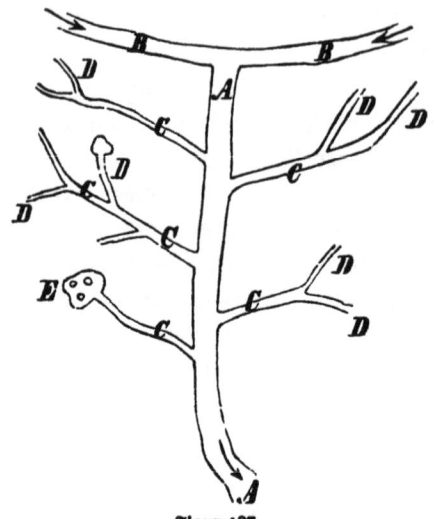

Figur 127.
A Hauptabzugsgraben, B Fanggraben, C Abzugsgräben, D Sauggräben, E Quelle.

Alle diese Grabenarbeiten werden im Spätsommer bei niedrigstem Wasserstande ausgeführt; zuerst wird der Hauptabzugsgraben gestochen, dann die Fanggräben, und zwar arbeitet man immer dem Wasser entgegen, fängt also am weitesten davon an und nähert sich allmählich mit der Grabenarbeit der Sumpfstelle. Vom Hauptgraben aus werden dann die kleineren Abzugsgräben und zuletzt die Sauggräben gestochen. Schließlich mündet man den Abzugsgraben in den betr. See, Bach 2c., welcher das Wasser aufnimmt resp. weiter führt, der jedoch dauernd ein tieferes Niveau als die zu entwässernde Fläche haben muß.

Wie schon erwähnt, steht die Weite und Tiefe der Gräben im Verhältniß zur abzuführenden Wassermenge, zum beabsichtigten Maaß der Trockenlegung und zum ermittelten Gefäll. Für Hauptgräben genügt meist eine Oberweite von 1—1,5 m, für Sauggräben von 0,3—0,5 m; in Mooren muß die Tiefe bis auf den Mineralboden gehen, je tiefer die Sauggräben, desto besser ziehen sie. Die Tiefe hängt auch ab von der Böschung (cfr. § 98). Letztere wird um so schräger angelegt, je lockerer der Boden und je stärker das Gefäll ist; in ganz lockerem Boden macht man die Gräben mehr mulden-

Unkräuter.

förmig, in festem Boden (Thon, Torf ꝛc.) macht man die steilsten Wände.

Den Grabenauswurf wirft man auf vertiefte Stellen oder man übererdet damit gleichmäßig die ganze Fläche; wenn man ihn wallartig am Rande aufhäuft, geht einmal der Grabenrand öfter der Benutzung verloren, dann kann aber auch leicht der Auswurf wieder in den Graben hineingespült und stehendes Wasser am Abfließen in denselben verhindert werden. Sind die Gräben in Thätigkeit, so müssen sie, so oft es nöthig, gereinigt werden, und zwar pflegt man in die Sohle der Gräben kleine Pfähle als Merkmale einzuschlagen, wie tief die Reinigung erfolgen muß. Hier und da werden in die großen Abzugsgräben zum Auffangen des Laubes ꝛc. kleine Flechtwerke (Laubfänge) eingelegt. Will man das Grabenterrain selbst noch benutzen, so füllt man die Gräben etwa zur Hälfte mit dauerhaftem Strauch (Eiche, Erle) oder Steinen und bedeckt sie wieder mit Erde; solche Gräben nennt man im Gegensatz zu den offenen Gräben gedeckte Gräben. (Figur 128.) Ihre weiteste Anwendung finden letztere in der Drainage der Landwirthe.

Den entwässerten Sumpfboden bepflanzt man mit kräftigen und verschulten Pflanzen, wo es noch nöthig ist in Hügeln oder Rabatten; stets jedoch erst, wenn er sich genügend gesetzt hat.

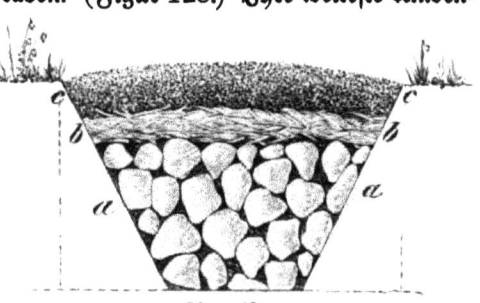

Figur 128.
Unterdrain mit Steinen.
a Steinschicht, b Deckstrauch, c Deckerde.

B. Beschädigung durch organische Wesen.
1. Aus dem Pflanzenreich.
§ 202.

Den Kulturen und Ansamungen wird das große Heer der Unkräuter durch Verdämmung der jungen Pflanzen, durch Aussaugen des Bodens, Vergrößerung der Frostgefahr (Gras), und im schlimmsten Falle durch vollständiges Ueberwuchern der Kulturflächen schädlich, wie: Gras, Ginster, Kreuzkraut, Farrenkräuter, Brombeere, Himbeere, Fingerhut, Heidekraut ꝛc. Als Vorbeugungsmaßregel gegen ihr Er=

scheinen ist vor allen Dingen das Universalmittel gegen alle Unkräuter, nämlich die Erhaltung eines vollständigen Kronenschlusses zu beachten und Unterlassung jeder Streunutzung; sobald zu viel Licht auf den Boden fällt oder wie auf Bestandeslücken und Blößen, gar kein Baumschatten mehr vorhanden ist, finden sich oben genannte Forstunkräuter ein.

Haben sich die Unkräuter irgendwo angesiedelt, so muß man auf ihre Vertilgung bedacht sein, falls man dieselben nicht etwa zur Bindung zu losen Bodens (Sand) oder von steilen Hängen gebraucht; doch soll man dieselben nicht unnütz wegwerfen, sondern sie entweder zu Rasenasche verbrennen oder sie mit Laub und Erde 2c. vermengt zu künstlichem Humus — Composterde —, deren man stets bei den Kulturen so bringend bedarf, auf Haufen in Untermischung mit allerlei Düngesalzen, den Winter über zusammenrotten lassen oder sie als Streu verwerthen. Bei der Vertilgung des Unkrautes sind folgende zwei Generalregeln zu beobachten:

1. Rechtzeitig und dann energisch mit der Ausrottung vorgehen, ehe das Unkraut zu sehr überhand nimmt und wuchern kann.
2. Alles Unkraut vor seiner Samenreife entfernen.

Die Vertilgungsmittel sind so mannigfach, daß nur das Allgemeine hier angeführt werden kann: Alles Unkraut, was sich durch Wurzelbrut und Ausschläge verjüngt, soll man nicht abschneiden, sondern — womöglich mit allen Wurzeln — ausroden lassen; alles Unkraut, was sich nur durch Samenabfall verbreitet, soll man, je nach dem Kulturzustande der Fläche, abmähen oder absicheln lassen und zwar jedesmal vor der Reife seines Samens. Wenn Farrenkraut lästig wird, so köpfe man dasselbe im Frühjahre mehrmals, bevor es die Blätter entfaltet hat. Brombeeren bewältigt man am schnellsten durch Niederlegen und Uebererden.

Beiden Unkrautarten gemeinsam ist die Vertilgung durch Feuer, das sog. Ueberlandbrennen, wodurch man Entfernung des Unkrauts und gleichzeitige Aschendüngung bewirkt. Das Nähere darüber siehe Waldbau § 134.

Die größte Aufmerksamkeit gegen Unkrautwuchs ist in feuchtwarmen Sommern nöthig und muß man dann besonders rechtzeitig und energisch in seiner Vertilgung sein. Der Graswuchs, der leider auf den Kulturflächen häufiger noch Gegenstand der forstlichen Nebenbenutzung ist, wird dadurch schädlich, daß er durch tiefe Bewurzelung und seine vielspitzige

Oberfläche, die die Verdunstung befördert, den Boden aussaugt und austrocknet, auch den Boden durch die Verfilzung seiner Wurzeln und dadurch bedingte Befestigung seiner Oberfläche gegen Luft und Feuchtigkeit abschließt, sowie die Frostgefahr befördert. Wird nun das Gras, das sonst durch seine Verwesung einen Theil der entnommenen Nährkräfte dem Boden durch Humusbildung wieder zuführen würde, genutzt und entfernt, so kann eine den Kulturpflanzen schädliche Entkräftung des Bodens nicht ausbleiben. Nur die besten und die guten Bodenarten gestatten neben der Holznutzung eine gleichzeitige kürzere Grasnutzung. Dazu kommt, daß bei der Nutzung des Grases, die nur durch Sicheln, nie durch Abmähen stattfinden sollte, häufig Holzpflanzen beschädigt werden.

In welcher Weise die schädlichen und verdämmenden Weichhölzer entfernt werden, lehrt die Waldpflege resp. der Waldbau bei Besprechung der Ausläuterungen und Durchforstungen (§§ 167 u. ff.)

Schließlich werden aus dem Pflanzenreiche noch unzählige, häufig nur mikroskopisch deutlich erkennbare Pilzbildungen schädlich; sehr Vieles, was wir unter den Krankheiten der Hölzer verstehen — Fäulniß, Krebs, Rost ꝛc. —, läßt sich auf Pilzwucherungen zurückführen und ist die Wissenschaft im Begriff, das Wesen derselben zu erkennen und uns vielleicht auch specielle sichere Gegenmittel, was die Hauptsache wäre, anzugeben (cfr. § 253).

2. Aus dem Thierreich.

§ 203.

a. Durch Säugethiere.

α. Durch Wild.

Da der Wald sämmtliches Wild größtentheils zu ernähren hat, so ist es natürlich, daß dasselbe — theils um Abwechslung in seiner Nahrung zu haben, theils in der Noth, namentlich im Winter, wenn es an der gewöhnlichen Nahrung gebricht — auch die Waldbäume annimmt und durch Zertreten und Verbeißen der jungen Pflanzenknospen und -Triebe, durch Benagen, Schälen (Weichhölzer, Ahorn, Esche, Buche), Schlagen und Fegen der Rinde, durch Aufsuchen der Mast (Eiche, Buche) und Samen, ferner durch Uebertreten auf benachbarte Felder nicht selten in erheblicher Weise schädlich wird. Der Schaden richtet sich nach der Menge des Wildstandes, und muß man deshalb auf die Erhaltung eines nur angemessenen Wildstandes bedacht

292   Wildschäden.

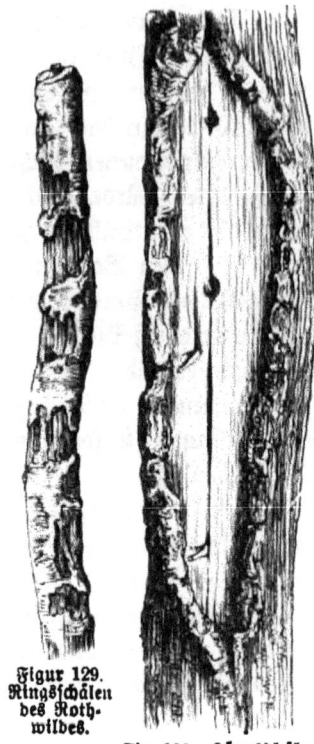

Figur 129. Ringschälen des Rothwildes.

Fig. 130 Längsschälen des Rothwildes.

sein, falls man nicht die Mittel hat, den Schaden zu ertragen oder man absichtlich in Gehegen und Thiergärten großer Jagden wegen einen zahlreichen Wildstand halten will. Das radikalste und billigste Mittel gegen Wildschaden ist natürlich ein verstärkter Abschuß, namentlich von Mutterwild, im anderen Falle muß man die gefährdeten Orte so eingattern (mit altem Telegraphendraht gegen Hochwild, mit Flechtdrahtzäunen, Holzgattern gegen Mittel- und Kleinwild), daß ein Ueberfallen, oder, wie bei kleinem Wilde, ein Durchkriechen des Wildes nicht mehr möglich ist (vergl. §§ 145, 147). Edle Holzpflanzen, z. B. Eichenheister, muß man, soweit dies die Kulturmittel erlauben, durch Umdornen schützen*) oder besonders gefährdete Holzarten (Fichtenstangen an den Fütterungsstellen) mit Kalk oder Theer bestreichen. Sobald hoher Schnee andauernd liegen bleibt, wie dies namentlich im Gebirge der Fall ist, dürfen zur Erhaltung des Wildstandes und zur Ver-

---

*) Gegen das Fegen der Rehböcke lasse ich mit vorzüglichem Erfolge auf zwei Seiten der Heister 1 m lange geschälte Prügel schräg einstecken, die zum Schutz gegen Insekten und Verfaulen vorher etwas angekohlt sind; auch hat sich der Anstrich mit einer dickflüssigen Mischung von 1/3 Schweinejauche, 1/3 Rinderblut und 1/3 Kalk bestens bewährt, welche im April bei trockenem Wetter (vor Beginn des Fegens!) an den notorisch gefährdeten Pflanzen angebracht wird; gegen das Verbeißen hilft das Bestreichen mit einer Mischung aus 1 Theil Steinkohlentheer, 4 Theilen frischen Kuhdung und soviel Kuhjauche, daß die Masse dickflüssig wird, resp. mit bloßem Holzkohlentheer, doch dürfen die Knospen nicht mit gestrichen werden. Gegen das Auswechseln des Wildes hilft das Bestreichen von Randbäumen mit Rinderblut, gegen Schälen (an der Futterstelle) Umbinden von Abfallreisig mit geglühtem Draht oder indem man daselbst Durchforstungsstangen fällen und hohl hinlegen läßt, die dann das Wild lieber annimmt. Diese Mittel helfen jedoch nicht in allen Fällen.

meibung seiner Beschädigungen Wildfütterungen nicht unterlassen werden. Man füttert Heu, Erbsstreu, Klee, Kartoffeln, Runkeln, Eicheln, Mais, Hafer ꝛc., wobei man darauf zu achten hat, daß das Futter in möglichst viele kleine Haufen vertheilt wird, damit jedes Stück Zutritt hat; von den großen Futterhaufen pflegt das schwächere Wild — namentlich beim Rothwilde — vom stärkeren abgeschlagen zu werden. Man sorge auch möglichst für Wasser in der Nähe der Futterstellen oder lege diese an stets offene Quellen und Bäche; ebenso soll man nie Trockenfutter allein geben, sondern neben Heu z. B. noch Hafer, Kartoffeln, Runkeln, Rüben ꝛc. füttern.

Die Futterstellen müssen möglichst abgelegen sein und ruhig gehalten werden (Schutz vor Wilddieben!); das Füttern ist, um Veruntreuungen zu vermeiden, einer strengen Kontrolle zu unterwerfen, auch soll immer zu derselben Tageszeit gefüttert werden. Bei geringerem Wildstande genügt schon das Fällen von Weichhölzern (Aspen) und Weißtannen in der Nähe des Standes oder der Wechsel; dieselben sollen auch stets bei anderer Fütterung gefällt werden, da sie als einzig mögliche Grünäsung das Wild gesund erhalten und den oft gefährlichen Verdauungskrankheiten im Frühjahr vorbeugen. Neben Waldwiesen und Waldfeldern besäet man auch noch geeignete Gestelle, alte Kämpe ꝛc. mit Serabella, Lupinen, namentlich aber mit Vogelknöterig und Topinambur. In Revieren mit viel Haide- und Beerkraut genügt es meist, dem Wilde — namentlich wenn der Schnee eine Kruste hat, — durch Eggen in der Nähe des Lieblingsstandes die Haide ꝛc. zugänglich zu erhalten. Das Roth- und Damwild wird besonders durch Schälen (rings oder von unten nach oben, Figuren 129, 130, an Fichten, Buchen und Eichen), aber auch durch Verbeißen auf den Kulturen schädlich, das Auerwild durch Verbeißen der jungen Knospen, das Schwarzwild durch Uebertreten auf die Felder und Aufsuchen der Mast, ist jedoch auf der anderen Seite durch Vertilgung der Mäuse und Insekten und Verwundung des Bodens wieder sehr nützlich, der Hase (Figur 131 a b) und besonders die Kaninchen durch Benagen von jungen Pflanzen, seltener durch Verbeißen der Triebe. Die Kaninchen soll man auf alle Weise (Abschuß, Tellereisen- und Kastenfallenfang, Frettiren) zu vertilgen suchen, da sie sich ungeheuer vermehren und dann sehr schädlich werden können. Das Verbeißen des Roth- und Rehwildes hinterläßt eine rauhe Schnittfläche, weil es nur rupfen kann, von Hase und Kaninchen eine glatte Schnittfläche — wie mit einem scharfen Messer abgeschnitten.

Bei dieser Gelegenheit wird noch einmal besonders die Verfolgung des Eichhörnchens an das Herz gelegt, welches als arger Zerstörer der Bruten unserer nützlichsten kleinen Vögel und als Schädling an vielen Waldsämereien und Eichel= und Buchelsaaten auszurotten ist.

§ 204.

β. Durch Mäuse. (Vergl. § 13.)

Die Mäuse werden durch Benagen der jungen Laubholzpflanzen (Hainbuche, Buche, Eiche, Ahorn, Esche, Rüster) schädlich, welche sie meist über dem Wurzelknoten an der Rinde (3—7 cm hoch) anfressen oder deren Wurzel sie beschädigen (Figur 131 b c), öfter bringen sie auch in die im Herbst gemachten Eichel= resp. Buchelsaaten und fressen den Samen. In von Mäusen gefährdeten Orten muß man deshalb diese Saaten erst im Frühjahr anlegen. Ein Vorbeugungsmittel ist das Fernhalten von Graswuchs durch dichte Beschirmung, da die Mäuse sich hauptsächlich von den Graswurzeln nähren und nur aus Näscherei oder Noth Holzpflanzen benagen, sowie das Auslegen von Weichholzreisern; die Schonung der Mäusefeinde, der Bussarde, Thurm=falken, Eulen, Krähen, Wiesel, Iltis, Hermelin, Igel, des Dachses und des Fuchses ist geboten. Bereits benagte Laubholzloben oder sehr schwache Stangen schneidet man über dem Wurzelknoten mit einem glatten schrägen Schnitt möglichst tief ab, damit der Stock wieder frisch ausschlagen kann; ist Ueberwuchern des Stockes zu befürchten, so behäufele man ihn 20 cm hoch mit Erde, da sich dann unter dem Haufen neue Wurzeln bilden. Sollte der Fraß unterhalb des Wurzelknotens stattgefunden haben, so giebt es keine Rettung. Das Zurückschneiden soll man jedoch nur anwenden, wenn größere (mehr als 5—6 Quadratmeter) Lücken zu befürchten sind. Alle Verstecke der Mäuse — Wachholder=büsche, Laubanhäufungen, Brombeerhecken, dichte Ausschläge c. — müssen entfernt werden. Als Vertilgungsmaßregeln sind Fanggräben und in diesen Fanglöcher, beide mit ganz glatten senkrechten Wänden oder eingesenkten und mit wenig Wasser gefüllten Töpfen oder Ver=giftung durch arsenik=, strichnin= oder phosphorhaltigen Weizen oder mit Sacharin=Strichnin=Hafer (von Wasmuth=Ottensen), der in enge Drainröhren oder unter Strauch gelegt wird, sehr zu empfehlen und

Schweineeintrieb, falls dieser sonst zulässig ist. Man lege auch z. B. in Buchenverjüngungen viele kleine Reisighaufen auf Stangen und unter diese die Drainröhren mit strychninvergiftetem Hafer. Die Mäuse sammeln sich massenhaft unter diesen Schutzhaufen und vergiften sich; die todten wurden sogar von den lebenden gefressen und so ein **durchschlagender Erfolg** erzielt. Vergl. Zeitschr. für Forst- und Jagdw. 1887, S. 38. Wenn auf benachbarten Feldern sich viele Mäuse zeigen, so sichert man die Schonungen und Dickungen durch an der Grenze gezogene Gräben mit steilen Wänden und Fanglöchern in denselben. Vielfach hat auch die Vergiftung mit dem Löffler'schen Mäusebacillus Erfolg gehabt, der von Schwarzler, Berlin SW., Markgrafenstr. 29 nebst Gebrauchsanweisung zu beziehen ist.

Besonders schädlich wird die der Hausmaus sehr ähnliche auch etwas kletternde Waldmaus (mus sylvaticus) und die Wühlmaus (Wasserratte arvicola amphibius) an Stamm und Wurzeln, auf Kulturen, in Kämpen und Jungwüchsen; die vorzüglich kletternde Röthelmaus benagt

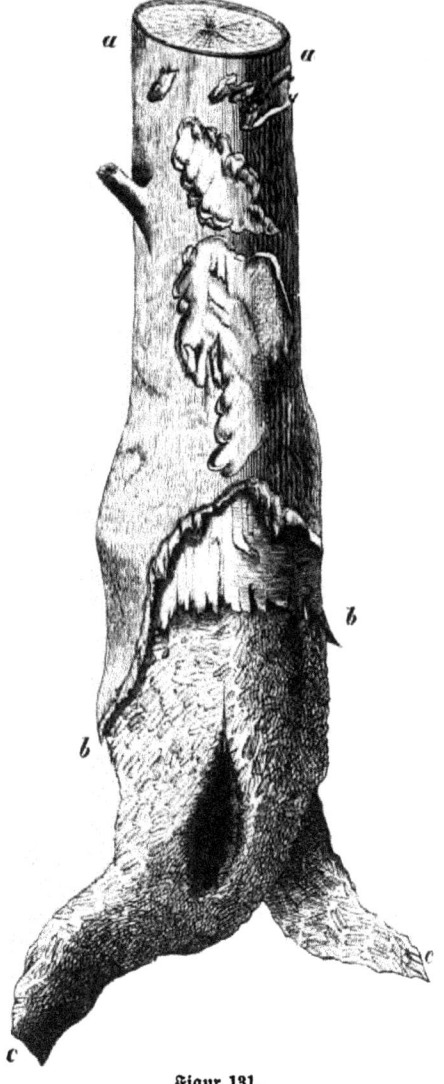

Figur 131.
Hasenfraß (ab) und Mäusefraß (bc) an demselben Stamm.

gern die Lärchen und Laubhölzer in den Spitzen; von benachbarten Feldern wandert häufiger ein die Feldmaus (arvicola arvalis); nach den Mastjahren von 1888 und 1890 ist der Mäuseschaden wieder stärker aufgetreten und hat sich daran auch a. agrestis, die oben schmutzig kastanienbraune, unten grauweiße Feldwühlmaus betheiligt, die in dem Benagen der Wurzeln der a. amphibius und in ihrer Klettergewandtheit a. glareolus fast gleichkommt.

§ 205.
b. Durch Vögel.

Von den Vögeln werden besonders die wilden Tauben — die Ringeltaube, die Hohltaube, die Turteltaube —, die Häher, die Finken und die Kreuzschnäbel durch Vertilgen der Nadelholzsamen, sowie von Eicheln und Bucheln auf den Saaten, den Kämpen und den Bäumen selbst schädlich. Man schützt sich dagegen durch Bewachen, Ausstellen von Scheuchen, Bedecken des Samens mit Reisig, durch Schießen, am besten aber durch Vergiften mit Bleimennige.

Auf der anderen Seite soll man sich den Schutz der nützlichen Vögel, die in den §§ 17—25 meist näher charakterisirt sind, dringend am Herzen liegen lassen, indem man ihre Feinde vertilgt und ihre Vermehrung in jeder Weise fördert. Eine strenge Handhabung des Reichsgesetzes über den Schutz von Vögeln vom 22. März 1888 (R.-G.-Bl. S. 111.) wird dringend empfohlen.

§ 206.
c. Durch Insekten.

Von allen erörterten Gefahren ist die Gefahr durch Insektenfraß, namentlich durch viele Raupen- und Käferarten für den Wald die bedeutungsvollste. Das Laubholz leidet von Insekten erheblich weniger, so daß wir ein Absterben in Folge Insektenfraßes nur selten feststellen können; Laubholz kann vollständig entblättert werden und geht doch selten ein, denn entweder schlägt es noch in demselben Jahre mit dem Johannistrieb wieder aus, wenn es ein Vorsommerfraß war (z. B. Schwammspinner, Nonne, Maikäfer) oder bei Nachsommerfraß, wenn die Knospen bereits zur Ruhe gekommen sind, schläft es allmählich ein und schlägt nach der Winterruhe wieder aus.

Es findet beim Laubholze nur ein nach der Stärke des Fraßes größerer oder geringerer Zuwachsverlust oder ein Verlust des Samens statt. Viel mehr leidet das Nadelholz, namentlich Kiefer und Fichte. Wenn bei Nadelholz Kahlfraß eintritt, so folgt Saftersticknug und Blaufleckigkeit, die sicherste Todesanzeige, weil dann bereits das Cambium (siehe § 51) verwest und sich die Verderbniß dem Innern des Holzes mittheilt.

Das Nadelholz ist das ganze Jahr hindurch auf die Thätigkeit der Nadeln angewiesen und muß in seinem Lebensproceß auf das Empfindlichste berührt werden, wenn diese plötzlich fehlen.

Nächst den Blättern sind die Wurzeln von Bedeutung, deren Verlust der Pflanze, sobald sie wie z. B. vom Engerling, abgefressen werden, sofortigen und rettungslosen Tod bringt. Glücklicher Weise haben wir die todbringenden Wurzelfresser nur an jungen Pflanzen, deren Ersatz leichter ist, als der älterer Bäume. Sobald die Basthaut an Bäumen, wie z. B. von den zahlreichen Borkenkäfern ringsum zerstört wird, so muß der Stamm ebenfalls eingehen, weil dann die Saftcirculation zwischen Wurzeln und Krone unterbrochen ist. Beschädigungen von Knospen sind weniger gefährlich, die Blumen- und Fruchtfresser decimiren oder vernichten nur die Ernte, sie tödten den Baum nur dann, wenn gleichzeitiger vernichtender Blattfraß eintritt. Für das Leben des Baumes am ungefährlichsten ist der Holzfraß z. B vieler Bockkäfer, die nur der Nutzbarkeit desselben schaden.

Im Allgemeinen ist der Vorsommerfraß, weil er die Pflanzen in ihrer wichtigsten Entwicklungsperiode stört, immer bedenklicher als der Spätsommer- und Herbstfraß, wo die Knospen für das nächste Jahr bereits gebildet sind und ein Insektenfraß somit weniger Gefahr bringen kann; schlechte Standorte leiden mehr unter Insektenfraß als gute, weil letztere widerstandsfähiger sind und besser wiedererzeugen.

§ 207.
Allgemeine Schutz- und Vorbeugungsmaßregeln.

Den Insekten gegenüber ist wegen ihrer geringen Größe und ihrer verborgenen Lebensweise eine ganz außerordentliche Aufmerksamkeit nöthig, damit man sie gleich bei ihrem ersten Erscheinen auffindet und die entsprechenden Vorbeugungsmaßregeln ergreifen kann. Bei der ungeheuren Vermehrungsfähigkeit derselben ist frühzeitiges und energisches Einschreiten resp. geeignetes Vorbeugen unbedingte Nothwendigkeit, weil bei dem späteren massenhaften Auftreten eine Abwendung nicht immer möglich ist. Namentlich in allen Nadelholzrevieren hat der Forstmann auf folgende Erscheinungen das wachsamste Auge zu richten:

1. Zahlreiches Schwärmen von Käfern und Schmetterlingen, vorzüglich derselben Art.

2. Auf besonders häufiges Vorkommen der unten näher beschriebenen Insektenvertilger, namentlich der Spechte, Kukuke 2c.

3. Auftreten vieler Raupen oder Herabrieseln von Raupenkoth, resp. das Auffinden desselben unter den Bäumen, auf Wegen und Gestellen in auffallender Menge.

4. Auffallendes Kränkeln von Stämmen, Dickungen und Kulturen, was sich durch welke Triebe, Grau- und Fuchsigwerden der Nadeln Herabfallen von Trieben und Nadeln, Wurmmehlerscheinungen, durchlöcherte Rinde oder Harzausflüsse in der Rinde kennzeichnet.

An solchen Spuren können wir auch meistens sofort das Insekt selbst und die Ausdehnung des Schadens erkennen und danach unsere Mittel ergreifen.

Ein schnelles Welken und Umbiegen an der Spitze und Rothwerden der eben entwickelten Kieferntriebe verräth den Fraß der Eule, theilweises oder ganzes Abfressen von Nadeln, Blättern und Blüthen irgend welchen Raupenfraß, Löcher, Harzausfluß und Verkrümmung der Knospen den von Rüsselkäfern, das Herabhängen des ganzen Maitriebes, der sich bald wieder aufrichtet, den des Kiefernwicklers, versponnene und umgebogene Tannen- und Fichtentriebe, den des Nadelnestwicklers. Der Fraß der Blattkäfer an Laubhölzern ist an den durchlöcherten und skelettirten Blättern, der Blattwespen an Gespinnsten, in denen zahlreicher Koth steckt, oder an stehengebliebenen Nadelresten zu erkennen. Die Borkenkäfer sind an den vielen kleinen Löchern (wie mit schwachem Schrot geschossen) mit Wurmmehl resp. Harzausfluß an den Stämmen kenntlich und werden nach der Art der Fraßgänge unterschieden: ovale und schief mündende Löcher in der Rinde zeigen den Fraß von Bockkäfern und Prachtkäfern an. Fraß an Fichten in der Quirlgegend zeigt den Rindenwickler Tortrix dorsana, ein ähnlicher an Lärchen den Lärchenwickler Tortrix zebeana an, in Erlen fressen gefährlich nur zwei Insekten, an der Rinde und in Pflanzen der Erlenrüsselkäfer Cryptorhynchus Lapathi, im Holz Cossus ligniperda Weidenbohrer. Sobald der Forstbeamte dergleichen verdächtige Erscheinungen bemerkt, hat er näher zu untersuchen und die weiter unten angegebenen Schutzmaßregeln zu ergreifen. Die wichtigsten Vorbeugungsmaßregeln gegen die Borken-, Bast- und Splintkäfer 2c. bestehen in sorgfältiger Reinhaltung der Bestände von allem kranken und trocknen Holze, das den Insekten beliebte Brutstätten bietet, zeitigem Abfahren oder, wenn dies nicht möglich, Schälen des Holzes, rechtzeitigem und zahlreichem Fällen von Fangbäumen, gegen Rüsselkäfer in frühzeitigem Ziehen von Fanggräben und in Stockrodung; ferner in sorgfältiger Pflege der Bestände; schließlich in der Schonung aller Insekten vertilgenden Säugethiere, Vögel und Insekten (Schlupf- und Mordwespen, Lauf- und Raubkäfer).

Insektenfraß in Kiefern.
§ 208.

Die Kiefer wird namentlich von einigen Schmetterlingsraupen, zwei Blattwespenraupen, zwei Rüsselkäfern, dem Kiefernmarkkäfer, dem Engerlinge und der Maulwurfsgrille in oft verheerender Weise heimgesucht.

Der Kiefernspinner, Bómbyx pini L. (Gastrópacha pini O.).

Der Schmetterling ist der größte unter den sehr schädlichen, entweder hell röthlich oder gelblich oder dunkel bräunlich oder grau gefärbt; sofort kenntlich ist er an den schneeweißen Halbmondfleckchen der Vorderflügel und an der breiten anders gefärbten dunklen Querbinde. Die Raupen sind stark behaart, meist dunkelbraun und kenntlich an den beiden stahlblauen Nackeneinschnitten. Die Puppe ist dunkelbraun und in einem festen wattenartigen schmutzig weißen oder graubraunen Cocon eingeschlossen. Die Eier sind hanfkorngroß, zuerst grün, später grau, zerbrochen glänzen sie perlmutterartig, der Koth ist sehr groß und dick, dunkelgrün.

Der Spinner fliegt Mitte Juli, legt 100—250 Eier in kleineren Häufchen an die Rinde, an die Nadeln oder auch um Aestchen, woraus nach etwa drei Wochen die kleinen Räupchen kommen und sofort die Nadeln befallen. Beim ersten starken Frost (etwa 6° C.) oder anhaltendem naßkaltem Wetter im Spätherbst steigen sie herab und überwintern im Moose am Fuß der Stämme, besonders gern an den Südseiten. Gewöhnlich im April bei 7—9° C. Durchschnittstemperatur (es hängt dies sehr vom früheren oder späteren Eintritt beständigen warmen Wetters ab) besteigen sie wieder den Baum, bei kaltem Wetter öfters an der Rinde verweilend und fressen, bis sie sich im Juni, sobald sie ausgewachsen sind, an Nadeln und Zweigen verpuppen. Die Kiefernraupe wird deshalb so gefährlich, weil sie die Nadeln vollständig auffrißt und durch diesen Kahlfraß den befallenen Baum öfter tödtet, am häufigsten wiederkehrt, am größesten und gefräßigsten, dabei unempfindlich ist und wenig Feinde hat.

Vorbeugungsmaßregeln: Außer der stetigen Aufmerksamkeit auf den Koth, auf etwaiges Aufsteigen der jungen Raupen im Spätsommer, Fliegen oder Sitzen von Schmetterlingen im Juli 2c. sind in besonders gefährdeten Kiefernrevieren — d. h. solchen mit schlechten Boden- und Wuchsverhältnissen —, falls im Herbste nach Eintritt des ersten starken Frostes gründliche Revisionen am Fuße der Stämme im Umkreise von 1 m unter dem Moose viele Raupen zeigen, Probesammlungen anzustellen. Hierbei wird zuerst das Moos oder die sonstige Bodendecke bei wieder eingetretenem milden Wetter streifen- oder flächenweis (0,5—1 ar groß) rings um den Stamm aufgedeckt; findet sich keine Raupe, so muß noch mit einem Spähnchen nachgescharrt werden, weil die zusammengerollt liegenden Raupen leicht übersehen werden, sich zuweilen auch tiefer einwühlen. Man kann annehmen, daß selbst bei sorgfältigem Probesuchen die 3—6 fache Anzahl Raupen übersehen werden. Die Zahl der gefundenen Raupen, die Zahl der revidirten Stämme und die Größe der abgesuchten Fläche ist genau zu vermerken; findet man in schlechtwüchsigen jungen Stangenorten mehr wie 30 Raupen, im Altholze mehr wie 60 durchschnittlich pro Stamm resp. mehr wie 15000 pro ha, so muß man die Vertilgung durch Leimringe anordnen. Man muß außerdem in möglichst vielen Reviertheilen Probesammlungen anstellen, am besten in etwa 10 m breiten Streifen durch den ganzen Bestand hin. Eines der wichtigsten Vorbeugemittel in notorisch gefährdeten Revieren liegt in der Erziehung von gemischten Beständen, d. h. in Einsprengung von Eiche, Buche, Ahorn, Fichte, Akazie, Birke 2c., soweit dies der Standort irgend ermöglicht.

Vertilgungsmaßregeln: Das einzige Mittel ist das Fangen der im April wieder aufsteigenden Raupen auf rings um den Stamm angebrachten 5 cm breiten und 2—4 mm dick aufgetragenen Raupenleimringen. Zu diesem Zweck müssen die Stämme vorher angeröthet werden, d. h. man läßt bereits im Winter bis zum 15. Februar in handgerechter Brusthöhe auf 8—10 cm Breite mit einem zweigriffigen

Schnitzmesser an Stangenholz, an Altholz aber besser mit dem Borkenhobel von Seitz*) vorsichtig die grobe Borke glatt wegnehmen. Der Anstrich mit Raupenleim**) wird etwa Mitte März, überhaupt wenn das warme Wetter ein Steigen der Raupen vermuthen läßt, angelegt. Zum Anstrich empfehlen sich ein Spatel oder eine Kelle aus Holz mit bequemem Handgriff und dreieckigen Seitenwänden, wobei der Leim in einem um den Leib befestigten Gefäß mitgeführt wird. Die vielerlei neuerfundenen Apparate (Füllmaschinen, Leimschläuche) sind meist unpraktisch und vertheuern nur die Kosten.

Die Raupen bleiben entweder (die kleineren) auf dem Ringe sitzen oder sie sammeln sich unterhalb des Ringes und wandern dann zurück oder sie sterben in Folge der Besudelung mit dem Anstrich, wenn sie den Ring nur berührt haben, weil der Leim am Maul und Beinen sitzen bleibt und Ernährung wie Bewegung unmöglich macht. Die Kosten des Leimens und Ringelns belaufen sich auf etwa 15—20 Mark pro ha in 20—90 jährigem Holz.

Sollten zahlreiche Raupen bereits auf den Bäumen fressen, ohne vorher bemerkt zu sein, so hilft in Stangenorten ein kräftiges kurzes Anschlagen mit der vorher umwickelten Axt (Anprällen), worauf die Raupen herunter fallen.

Die am Tage unthätig an den Bäumen sitzenden Schmetterlinge können im Juli zur Vorbeuge zerdrückt werden.

Die Raupen werden gefressen von Heher, Kukuk, Pirol, Elster, Ziegenmelker, Meise, Goldhähnchen, Igel, Krähe, Staar und vom Fuchs. Meisen und Staare stellen auch den Puppen, die Eulen und Fledermäuse den Schmetterlingen nach; außerdem haben die Eier in Ichneumonen, Tachinen, Ameisen, Baumwanzen, Raubkäfern ꝛc. ihre Feinde.

Das auffallend häufige Erscheinen von Lauf- und Moderkäfern, besonders aber der Schlupfwespen und Tachinen***), sind das sicherste

---

*) Zu beziehen für 4 Mk. durch Kammerdirektor Seitz zu Carolath (Post).

**) Raupenleim ist z. B. zu beziehen von Schindler u. Mützel zu Stettin, Ermisch in Burg, Pohlborn in Berlin u. s. w. Er muß 2—3 Monate fängisch bleiben, gut streichrecht sein (nicht zu dick oder zu dünn) und muß im Wasser schwimmen. (Siehe Zeitschr. f. Forst- und Jagdwesen 1892. Heft 1.).

***) Welches Gewicht auf den Einfluß der parasitischen Insekten bei Kiefernspinnergefahr gelegt wird, beweist ein Ministerialrescript vom 20. Februar 1877, welches die genaue Untersuchung der im Winterlager befindlichen Raupen auf etwaige Infectionen allgemein anordnet.

Zeichen des Raupenfraßes. Von den Schlupfwespen sind besonders wichtig: Ichneumon circumflexus, gebogener Ichneumon, die größte je eine in einer Raupe oder Puppe als Made vorkommende Schlupfwespe; Ichneumon globatus, Knäuelichneumon, mit seinen im Mai massenhaft auf den Raupen sitzenden weißen zusammengeballten Tönnchen, von dem mehr als 100 Maden in einer Raupe vorkommen. Im Ganzen kommen im Spinner etwa 50 Arten Schlupfwespen vor, welche in der Raupe, der Puppe oder den Eiern als Maden leben und sie schließlich tödten. Häufig decimiren das Insekt auch stark grassirende Pilzkrankheiten.

§ 209.
Die Eule, Forl= oder Kieferneule. Nóctŭa (Tracheá) pinipérda. **Figur 13, Seite 40.**

Ein kleiner Falter; Vorderflügel zimmtröthlich mit graulicher Beimischung und weißen Flecken, Hinterflügel und Hinterleib graubraun mit fadenförmigen Fühlern. Die 16füßige Raupe ist kahl, gelblich grün, mit 3—5 weißen und je einem gelben Streifen auf jeder Seite dicht über den Beinen. Die zuerst grüne, später dunkelbraune Puppe ist leicht kenntlich an 2 Spitzchen am After. Die halbkugeligen grünen Eier stehen zu 3—8 reihenweis (im Frühjahr) an den Nadeln. Der Koth ist lang und dünn und besteht aus drei Stücken. Auffallend ist die Eule durch ihren frühen Flug, bereits Ende März bis Mitte Mai. Sie befällt die jungen Stangenhölzer, auch wohl Schonungen, und die Raupen fressen von Mai bis Mitte Juli nicht nur die Nadeln der Triebe, sondern sie bohren sich auch in den noch weichen Maitrieb ein. Puppe von Ende Juli bis Ende März unter dem Schirm der Fraßbäume. Im Gegensatz zum Spinner, der besonders auf schlechtem Boden haust, kommt die Eule auch auf besserem Boden, namentlich in 20—40jährigen Kiefernstangen, selten in Fichten vor; selbst kahl gefressene Bestände können sich in Folge von Bildung neuer Scheidentriebe wieder erholen; bilden sich aber Rosetten*) an den Zweigen, so ist das

---

*) „Rosetten" nannte zuerst Ratzeburg jene eigenthümlichen büschelförmigen Triebbildungen an den Kiefern, welche als Vorboten des Todes aufzutreten pflegen. Einen Anhalt, ob sich der Bestand halten wird, bieten weniger die Menge der noch erhaltenen Nadeln (Ratzeburg), als der Zustand (Größe und Fülle!) der Knospen. (Robert Hartig.) Jedenfalls treibe man nie vorschnell

Eingehen wahrscheinlich. Zur Vorbeuge achte man Abends im Frühjahre (auf dem Schnepfenstriche!) auf die schwärmenden Falter und untersuche dann später die erreichbaren Maitriebe nach den grünen Eiern oder Ende Mai und Juni nach den Raupen; umgeknickte welke verkümmerte verschrumpfende und entnadelte Maitriebe deuten am besten auf das Vorhandensein von Eulenfraß hin.

Das Hauptmittel dagegen ist Schweineeintrieb von Juli ab, wenn die Raupen zur Verpuppung herabkriechen, womöglich von härteren russischen oder polnischen Rassen, da unsere veredelten Schweine nicht mehr recht geeignet erscheinen. Ist die Kalamität besonders groß, so muß man auch noch die Raupen sammeln, und wenn die Raupe bei eintretendem Futtermangel wandern sollte, Fanggräben ziehen; selbst im Winter treibt man noch Schweine ein, um die Puppen zu vertilgen. Recht wirksam ist das Abprällen von schwachen Stämmen und Aesten in untergehaltene Tücher mit umwickelten Aexten (von Anfang Mai an). Mit ihr zusammen fressen vielfach: Geometra piniaria, lituraria, fasciaria und Sphinx pinastri.

Als nackte Raupe ist die Eule gegen schlechte Witterung empfindlich und hat unter allen Thieren zahlreiche Feinde; von Ichneumonen, Tachinen (Tachina glabrata) und Pilzen wird sie besonders stark befallen, ferner stellen ihr nach: Meisen, Goldhähnchen, Finken, Drosseln, Pirol, Heher; am Boden in der Ruhe: Igel, Dachs, Wildschwein, Spitzmaus, zahlreiche Laufkäfer. Unsere künstlichen Gegenmittel verschwinden dem Gegengewicht dieser Feinde gegenüber und bleiben deshalb auf große Nothfälle beschränkt.

§ 210.

Der Spanner oder Kiefernspanner. Geometra (Fidonia) piniaria. Figur 12.

Der männliche Falter hat doppelt gekämmte Fühler und hellgelbe dunkelbraun gefleckte Flügel, das Weibchen dagegen braunrothe Flügel und fadenförmige Fühler.

Die grüne kahle Raupe hat nur 10 Füße und einen grünen Kopf, der wie der ganze Leib hell und dunkel grün gestreift ist.

---

ab, sondern warte und beobachte möglichst lange, da die Widerstandskraft der Bestände häufig unterschätzt wird und günstiges Wetter viel wieder gut machen kann.

Die Puppe unterscheidet sich von der Eulenpuppe nur durch den einspitzigen After. Die grünen Eier sitzen zu 2—12 an den Nadeln der Krone; die Raupen fressen von Juni bis Oktober die Nadeln, an der Kronenspitze beginnend, worauf sie sich herunterspinnen und unter dem Moose als Puppen wie die Eule unter dem ganzen Baumschirme zerstreut überwintern. Die Nadeln sind meist unten ganz, oben nur am Rand angefressen; die Triebe sehen grob borstenförmig, das Fraßgebiet grau bräunlich von Weitem aus. Im August ist der Fraß meist beendigt. Die Falter fallen im Juni, zuweilen schon früher, durch ihren schnellen, taumelnden Flug auf, im Herbst die an langen Fäden schaukelnden Raupen. Der Koth ist klein, unregelmäßig eckig. Fraß besonders an 20—40jährigen Kiefernstangen.

Das einzige wirksame Mittel dagegen ist Eintrieb geeigneter Schweine von Oktober bis April, die Entfernung der Streudecke und meilerartiges Aufsetzen derselben nach erfolgter Verpuppung hat sich zuweilen bewährt; im Uebrigen sind dieselben Mittel wie gegen die Eule, mit der sie in ihrer Oekonomie viel Aehnlichkeit hat, anzuwenden. Sie hat fast dieselben Feinde wie jene, namentlich: Ichneumonen, Tachinen, Pilze, Raubkäfer, Baumwanzen, Wespen, Ameisen, Drosseln. Da die Raupe die Knospen verschont, so gehen die Bestände, selbst bei Kahlfraß, fast nie ein; man sei deshalb vorsichtig, ehe man sich zum Abtriebe entschließt.

§ 211.

Die kleine Kiefernblattwespe. Tentrēdo (Lophȳrus) pini.

Die kleine dicke und gedrungene, etwa Stubenfliegen-große Wespe hat einen braungelb oder braunschwarz gebänderten Hinterleib, das Männchen ist kleiner und bis auf die rothgelben Beine ganz schwarz, sie summt wie eine Schmeißfliege und ähnelt ganz einer dicken Fliege. Die zarten grünweißen wurstförmigen Eier sitzen in der Nadelkante meist oben in der Krone wie eingesägt.

Die dunkelgrüne schwerfällig wandernde nackte Raupe hat einen rothbraunen Kopf, 22 Füße und über jedem Fußpaare ein sehr charakteristisches schwarzes liegendes Semikolon(·-). Der Cocon ist schmutzig braun, lederartig und tonnenförmig, im Winter an der Erde, im Sommer am Baum. Die Wespen schwärmen im April und Juli, also doppelte Generation, doch ist dieselbe recht unregelmäßig.

Der Fraß ist leicht daran kenntlich, daß die Nadeln selten ganz abgefressen werden, sondern kleine Stümpfchen überbleiben, meist werden auch nur die vorjährigen Nadeln gefressen, von denen die Mittelrippe stehen bleibt, erst in der Noth kümmernde Maitriebe. Bei der Berührung der Zweige verrathen sich die immer in Haufen sitzenden Räupchen durch Emporschnellen des Kopfes.

Der unter den Bäumen liegende Koth hat eine rhombische Form.

Mit Vorliebe werden unterdrückte schlechtwüchsige freiliegende oder Rand-Bestände befallen, erst bei größerer Ausdehnung greifen die Raupen auch das Innere großer Bestände an und werden dann, da sie kahl fressen, sehr schädlich; in kräftige Schonungen kommen sie fast nie.

Das einzige sichere Mittel ist das Sammeln der Raupen im Mai und Juni oder September und Oktober, wenn die Räupchen noch in Klumpen fressen, indem man die befallenen erreichbaren Zweige in untergehaltene Gefäße oder Tücher abschüttelt oder die Raupen mit Handbrettchen zerquetscht oder älteres Holz bei kaltem Wetter anprällt, öfter haben sich auch mit Raupenleim bestrichene Stangen bewährt, die während der Schwärmzeit aufgestellt werden.

Die nackte Raupe hat ebenso zahlreiche und dieselben Feinde als die Eulen- und Spannerraupe. Die natürlichen Feinde in der Thierwelt bilden auch hier das Hauptgegengewicht. Mit ihr fressen meist noch andere ähnliche, meist schwer zu bestimmende Blattwespengattungen zusammen z. B. L. rufus, pallidus ꝛc.

§ 212.

Die große Kiefernblattwespe. Thenthredo (Lyda) pratensis.

Die Wespe ist größer als die vorige, oben schwarz mit vielen gelben Flecken auf Kopf und Bruststück und rother Einfassung des Hinterleibes. Die grüne nackte mit dunklen Punkten besetzte Raupe hat nur 6 deutliche Füße vorn und 2 auswärts gerichtete Spitzen am letzten Ring; die kahnförmigen grünlichen Eier sitzen einzeln an den Nadeln, die Puppen ohne Cocon in kleiner Höhle in der Erde. Die Generation ist 2—3jährig. Koth in einem Gespinnst in den Zweigen. Die Raupe frißt aus ihrem Gespinnst heraus die Nadeln, die sie vorher abbeißt, und wandert allmählich von unten nach oben, das Gespinnst immer vergrößernd. Der Hauptfraß findet vom Juni bis August statt; die Wespen schwärmen lebhaft im Mai bis Juni.

Kenntlich ist der Fraß daran, daß die Bäume unten ganz kahl gefressen sind, während die Zweigspitzen und die Krone noch benadelt sind. Meist wird junges schlechtwüchsiges Holz, später auch 30—40jähriges Stangenholz befallen.

Hauptmittel dagegen ist Schweineeintrieb im Herbst und Winter oder Aufhacken des Bodens, um die überwinternden Raupen und Puppen zu vernichten, sowie Schonung der sie vertilgenden Thiere, wozu wir bei größerem Fraße noch die Mäuse und Spitzmäuse rechnen müssen, die nach neueren Beobachtungen die nackt ruhenden Larven und Cocons fressen. Ferner wird die Aufstellung von 2 m langen geschälten und mit Raupenleim bestrichenen Fangstangen zur Schwärmzeit empfohlen. Die Wirkung der zahlreichen Feinde ist um so größer, als die Larven mehrere Jahre überliegen. Ganz ähnlich verhalten sich die ebenso auftretenden Lyda erythrocephala und campestris.

§ 213.

Die Maikäfer. Melolontha vulgaris und hippocastani.

Das Männchen unterscheidet sich vom Weibchen durch einen breiteren und längeren Fühlerfächer (♂ 7blättrig, ♀ 6blättrig), sowie viel längere Hinterleibsspitze. Der Engerling von M. hippocastani gebraucht 5, von M. vulgaris meist nur 4 Jahre zu seiner Entwicklung vom Ei bis zum Käfer, deshalb kehren die Hauptflugjahre nur alle 4—5 Jahre wieder; die Flugjahre sind in den verschiedenen Gegenden verschieden. Der Käfer frißt von Kiefern und Fichten höchstens die männlichen Kätzchen, sonst nur Laubhölzer, namentlich Eichen, Birken, Pappeln, besonders freistehende Bäume. Der Engerling frißt die Wurzeln aller Holzarten und tödtet dieselben bei intensivem Fraß.

Nach den Untersuchungen des Forstraths Fedbersen, deren Resultate im Folgenden wiedergegeben werden, ist übrigens M. hippocastani in erheblicherem Maße am Fraße betheiligt als man bisher annahm.

Lebensweise: Die Käfer schwärmen in der Dämmerzeit eine halbe Stunde vor bis eine Stunde nach Untergang der Sonne; das Weibchen sucht hochliegende warme lockere Stellen zur Eierablage und legt 18—27 Eier 6—32 cm tief ab, von denen jedoch nur etwa $\frac{1}{3}$ nach etwa 7 Wochen auskommen; bis Mitte Juli bleiben dieselben zusammen, um sich dann zum Fraße zu zerstreuen; bei starkem Fraße wandern die Engerlinge.

Sie vermögen die Kiefer in allen Altersstadien, selbst über 100 Jahre alte Stämme durch Abfressen der Wurzeln zu tödten. Im September vor dem Flugjahre verpuppen sie sich und werden bereits nach einem Monat Käfer, die dann etwa 1 m tief in der Erde überwintern.

Am gefährdetsten sind veröbete trockne heiße Haibeböden; die Kahlschlagwirthschaft fördert die Ausbreitung.

Vorbeuge: Wirthschaftliche Maßregeln. Natürliche Verjüngung durch Freihauen von guten Vorwuchshorsten und ringförmige Vergrößerung derselben, Führung vieler kleiner Löcherhiebe, um die Freilegung des Bodens zu vermindern, jedoch stets mindestens ein Jagen entfernt von Fraßstellen; auf veröbeten Kahlflächen säe man dünn Lupinen auf den im Herbst vor dem Flugjahr umgepflügten Boden und säe und pflanze gleichzeitig die Kiefer hinein. Die Kämpe — eine Hauptbrutstätte — belege man in den Zwischenreihen mit einer dicken Laubschicht und über dieselbe womöglich noch Schilf, was die Weibchen sicher abhält. Die im Vorflugjahre auftretenden Maikäfer sind zu schonen, da sie spätere Bruten fressen sollen. (?)

Abwehrmaßregeln: Die Vorbeugemaßregeln decken sich mit den Vertilgungsmaßregeln und bestehen im Sammeln der Käfer in den Flugjahren. Man biete alle Arbeitskräfte (auch die Schulen, Militair ꝛc. wenn irgend möglich!) auf und lasse von früh 4—10 Uhr die Käfer schütteln, in Blechgefäße (Gießkannen) und Säcke sammeln und dann in großen Kochkesseln tödten. Sind die Käfer nicht als Dungmittel, Schweine- oder Hühnerfutter zu verwerthen, so menge man sie mit Kalk und vergrabe sie. Das Sammeln geschieht am Besten im Accord und kostet nach Febbersen etwa 12 Pfg. pro Liter mit je 4—500 Käfern. Im Juli und August vor dem Flugjahre liegen die Engerlinge sehr flach; wo die vielen welken Pflanzen, die lockere Erde, viele Maulwurfshügel den Feind verrathen, lockere man den Boden mit Kartoffelhacken und sammle die Engerlinge, was nach Febbersen gute Erfolge hatte und pro Liter 24 Pfg. kostete. Todte Maikäfer haben einen Dungwerth von etwa 3 Mk. pro Centner, sind auch ein werthvolles Beifutter für Schweine und Hühner.

Die Feinde: Maulwurf, Krähen, Staare, Würger, Eulen, Fuchs, Dachs, Marder, Igel, Fledermäuse sind in Fraßgegenden zu begünstigen.

§ 214.

Der große braune Rüsselkäfer.*) Curcúlio pini Ratzb. (Hylobius abiētis L.) Figur 7, Seite 36.

Er ist ein mittelgroßer (6—13 mm) brauner Rüsselkäfer mit gelben abgebrochenen Querbinden. Die Larve lebt unschädlich in den Wurzeln der frischen Stöcke und in Astreisig auf den Schlägen, um so schädlicher wird der Käfer, welcher mit seinem Rüssel die kleinen Pflanzen (von 2—8 Jahren) in besonders schädlicher Weise ansticht und dann viele erbsengroße Plätze in der Rinde frißt, die einen Harzausfluß veranlassen und meist tödtlich werden; die Wundstellen haben wegen des Harzausflusses ein grindiges Ansehen.

Er frißt am liebsten an Kiefern und Fichten, selten an allerlei Laubhölzern.

Lebensweise: Auf den frischen (diesjährigen) Schlägen entwickeln sich nach der im Frühling erfolgten Eierlage die jungen Larven im Juni, sind Ende Juli schon halb- im September ganz ausgewachsen; sie nagen in Wurzeln, Stöcken, Abfallreisig 2c. in unschädlicher Weise breite furchenartige auffallende Fraßgänge und bohren am Ende derselben und zwar stets hinter einem Spahnpfropf ihre Puppenhöhle; nach 8—9 Monaten, stets im Anfang Juli des zweiten Jahres verpuppen sie sich, um schon Mitte Juli als junge Käfer sich auszubohren, die dann, ohne bemerkbaren Schaden, fressen und unter Moos und Rinden überwintern. Im folgenden April beginnt der verderbliche Fraß, die Flugzeit und die Eierablage des alten Käfers, der sich dann noch länger fressend herumtreibt.

Mit ihm fressen in der Kiefer 5 wurzelbrütende Hylesinen, nämlich H. ligniperda, attenuatus, angustatus, opacus und ater (letzterer am zahlreichsten), in Fichten nur H. cunicularius zusammen.

Gegenmittel. Die diesjährigen Schlagflächen z. B. 1895 werden vor der Kulturzeit im Frühjahre, sobald die Witterung es gestattet,

---

*) Mit dem großen braunen Rüsselkäfer frißt stets der ihm zum Verwechseln ähnliche, aber meist kleinere Hylobius pinastri (Gyll), namentlich auf Kiefern in derselben Weise zusammen. H. pinastri ist nur 4—9 mm groß (H. abiētis 6—13 mm) und glänzend, die Beine incl. der Schenkel roth — bei H. abiētis schwarz oder dunkel. Uebrigens wechseln bekanntlich die Farben bei diesen Rüsselkäfern, ebenso wie die Größen sehr. H. pinastri ist beweglicher und frißt mehr in der Höhe.

durch spatentiefe und spatenbreite Fanggräben mit nach unten abgeschrägten glatten Wänden umgeben, die alle 10 m ein etwa 0,3 m im Kubus haltendes Fangloch mit ebenfalls nach unten abgeschrägten ganz glatten Wänden haben; etwa durch die Schläge führende Wege sind ebenfalls zu isoliren, da gerade auf diesen die Käfer am liebsten überlaufen. Bei etwa noch nicht beendeter Abfuhr sind die Gräben, wenn sie eingefahren werden, stets zu erneuern, namentlich sind alle Brücken (überliegende Reiser, Strauch 2c.) zu entfernen. Im Juni (1896) sind diese Gräben gegen die im Juli zu erwartenden jungen Käfer wieder fängisch zustellen und auch zur Sicherheit im folgenden Frühjahr (1897) noch einmal zu räumen und fängisch zu halten, so lange alte Käfer bemerkbar sind. An warmen Tagen sind die Käfer nöthigenfalls täglich in Gießkannen, am besten mit kellenartigen Blechsieben von Frauen zu sammeln, die zugleich alle Brücken entfernen und sich dabei vor Beschädigungen der Grabenwände sorfältig zu hüten haben, auch schlechte Stellen der Gräben sofort wiederherstellen. Die abgelieferten Käfer werden von Beamten in einem bestimmten Gefäß, in welchem man vorher Probezählungen der darin enthaltenen Käfer vorgenommen hat, nachgemessen und wird ihre Zahl gebucht, dann werden sie in kochendem Wasser verbrüht und als Futter für Schweine und Hühner verwerthet. Wo die Gräben nicht gut fangen, z. B. in bindigem Boden (Boden I.—II. Cl.), der den Käfern das Heraufkriechen ermöglicht, sowie im Gebirge — lege man reichlich Fangmaterial (Kloben, Knüppel, Reiser, Rinde und zwar stets mit der Rindenseite an die Erde) von Juni auf die Kulturen ab, das alle paar Tage mit den oben erwähnten Hylesinen die sich auch gern darunter fangen, abzulesen und auch im Juli des zweiten Jahres zu erneuern ist; die Schläge sind sorgfältig zu roden und ist alles Brutmaterial, besonders der Abraum zu entfernen, resp. zu verbrennen; wo dies nicht möglich — ist eine 2—3jährige Schlagruhe geboten, ehe man kultivirt; auch sind Springschläge mit 4jährigen Intervallen zu führen.

Lassen sich weder Gräben noch Fangmaterial anbringen, so bestreicht man die Pflanzen (Weiber mit Handschuhen) ringsum mit Raupenleim. Man braucht 1,2 kg pro ha à 30 Pf. Eintausend Pflanzen kosten etwa 0,8 M. Die Spitzknospen dürfen keinen Leim erhalten.

§ 215.
Die kleinen Rüsselkäfer (Pissodes).

Curculio (pissodes) notatus, Weißpunktrüsselkäfer. Ist nur halb so groß als der vorige, hat einen längeren und dünneren Rüssel, ein helleres Braun, zwei große Querbinden und 8 weiße Punkte auf dem Halsschild. Flugzeit Mai—Juni, Larven Juni—Juli, Verpuppung derselben in einer Splintwiege mit Spanpolster im August, Auskommen des Käfers im Herbst, Ueberwintern im Moos 2c.; es kommen aber auch viele Unregelmäßigkeiten vor, so daß Eichhoff sogar eine doppelte Generation behauptet. Von ihm wird die Larve besonders schädlich, die unter der Rinde, gewöhnlich unter den Astquirlen junger 4—12 jähriger Kiefern, auch in Stangen oft in Zahl von 20—30 zusammen auskommt und dann von oben nach unten immer breiter werdende Gänge unter dem Baste frißt, oder sie kommt in den Zapfen aus und zerstört dann oft einen großen Theil der Ernte. Der Fraß ist im Sommer in den Kiefernschonungen an dem Rothwerden der Stämmchen kenntlich, welche an den unteren Quirlen Löcher, wie mit schwachem Schrot Nr. 6—7 geschossen, zeigen. Die absterbenden Pflanzen werden mit den Larven etwa im Juli ausgezogen und verbrannt, auch fängt man die Käfer während der Schonzeit an Kiefernstangen im Mai, die in der Nähe der gefährdeten Kulturen und Schonungen gefällt werden, massenhaft. In Stangen und in Altholz frißt der Käfer jedoch weniger schädlich.

Curculio (pissodes) piniphilus. Stangenrüsselkäfer. Die kleinste von den schwer zu unterscheidenden Pissodes-Arten (2,3 mm); der rostbräunliche Käfer ist fast ganz bedeckt mit weißen Haaren; die für die pissodes sonst charakteristischen zwei Querbinden mehr verwischt, die hintere artet in zwei große rostfarbene Punkte aus. Generation ist von mir endgiltig als 2 jährige festgestellt, während sie bei den übrigen Arten 1 jährig ist.

Er frißt in Stangenholz und nur in dessen gelber abblätternder Spiegelrinde, wie im Gipfel alten Holzes. Sein Fraß fällt, wenn erheblich durch die vielen weißen Flecke — als wenn die Stämme mit Kalk bespritzt wären — und die kurzen buschigen Triebe sofort in die Augen; er befällt namentlich unterdrücktes Holz — soweit die Rinde zart ist, und findet man hier die charakteristischen dünnen schwarzen Schnörkellarvengänge unter dem grünen Baste. Sonstige Lebensweise wie bei p. notatus. Der Käfer thut unter Umständen sehr bedeutenden Schaden in Kiefernstangenhölzern. Die befallenen Stämme müssen vor der Schwärmzeit, im Juni, spätestens im Mai — man hat ja ein Jahr Zeit dazu — herausgehauen und abgefahren werden, auch muß alles Abfallreisig, in dem ich stets viel Brutmaterial gefunden habe — ausgebracht und verbrannt werden.

Weniger wichtig ist der zuweilen in Tannen auftretende p. piceae und der an fast allen Nadelhölzern fressende p. pini.

§ 216.

Der Kiefernmarkkäfer. Hylesinus piniperda.
(Waldgärtner.)

Ein kleiner (5 mm) röthlich brauner bis schwarzer Käfer, sehr fein gestreift, punktirt und etwas runzlig, vom Borkenkäfer wie alle Bastkäfer dadurch unterschieden, daß er einen etwas spitzer zulaufenden Kopf hat. Der Käfer fliegt im frühen Frühjahr und im Juli in geschlagenes Holz und kränkelnde Stämme und legt dort unter der Rinde — einen Lothgang, der oben mit einer charakteristischen Krücke anfängt, fressend — seine Eier ab, woraus sich die jungen Käfer Ende Juli, oft auch wieder im Herbst entwickeln und in die jungen Triebe von Kiefernrandbäumen, seltener weit in die Bestände hineinfliegen, dieselben ausbohren, sodaß sie abbrechen und mit diesen herunterfallen; bei eintretendem Froste bohrt sich der Käfer am Wurzelknoten in den Splint der Bäume, um zu überwintern, seltener bleibt er in den abgefallenen Trieben. Er wird also in dreifacher Weise schädlich: durch Ausbohren der Triebe (am meisten!), Zerstörung der Basthaut mit feinen Larvengängen und Anbohren des Wurzelstocks. Kenntlich ist der Fraß an den im Spätsommer und Herbst unter den Kiefern liegenden zahlreichen hohlen Trieben mit mit einem Harztrichter und schon von weitem an den stark durchfressenen und lückigen Kronen der Bestandesränder. Bei wiederholtem oder starkem Fraß werden die Stämme wipfeldürr und gehen ein, abgesehen davon, daß meistens die Zapfenernte vernichtet wird.

Als bestes Mittel ist das bis Ende Mai zu bewirkende Abfahren alles Schichtholzes aus dem Reviere und sorgfältige Herausnahme aller kranken und trocknen Stämme zu empfehlen; auch sucht man den Käfer auf kranken Fangbäumen, die 1—2mal im Sommer zu erneuern und sobald sie mit Brut besetzt zu schälen sind, wie den Borkenkäfer (siehe § 220) zu fangen. Die ersten Fangbäume müssen etwas vor den beiden erwähnten Schwärmzeiten — etwa im März und Ende Juni — gefällt und bald geschält werden.

§ 217.

Einige sehr kleine Borken- und Bastkäfer, Bostrichus bidens, B. laricis, Hylesinus ater, minor 2c., die öfter durch ihre feinen Larvengänge im jungen Holz den Kiefernkulturen und sonst schädlich werden, fängt man wie die großen Rüsselkäfer, auch oft mit diesen zusammen unter Fangknüppeln, die man jedoch schon von Februar an den Sommer über legen muß, noch sicherer jedoch kurz vor den Schwärmzeiten im Frühjahr und Herbst auf kränkelnden Fangbäumen mit H. pinipérda oder b. typógraphus zusammen. Neuerdings ist besonders über die Beschädigungen von h. ater an den Wurzeln junger Kiefern und Fichten, von h. minor in Kiefernstangen geklagt; ersteren sammle man in Fanggräben, letzteren an Fangstangen.

In den Schonungen wird noch die Raupe des sehr kleinen Kiefernwicklers, Tortrix búoliana, hellbraun mit glänzend schwarzem Kopf und Nacken, durch Anfressen der Triebe in Schonungen im Mai bis Juni, die sich dann umbiegen, aber meist wieder weiter wachsen, schädlich. Der Fraß ist sofort an den auffallend gebogenen Maitrieben zu erkennen, welche man bis Mitte Juni abbrechen und mit der darin sitzenden schmutzig gelben nackten 18 füßigen Raupe vernichten muß. Mit ihr zusammen fressen oft in den Knospen des jungen Kiefernauswuchses noch mehrere der Untergattung „Retinia" angehörige Wicklerspecies (duplana, turionana 2c.) zusammen; die befallenen am Harzausfluß leicht kenntlichen Gipfelknospen sind im April—Mai auszubrechen. Der Schaden ist in Kieferndickungen an den luftigen Triebspitzen kenntlich und kann auf geringem Standort den Wuchs recht reduciren.

§ 218.

Die Werre (Maulwurfsgrille, Reuterwurm)
Gryllus gryllotálpa.

Die Werre ist in Saatkämpen von Kiefern und Fichten, aber auch an jungen Laubholzpflänzchen, in Garten und Feld außerordentlich schädlich. Man erkennt sie an den zahlreichen einzeln absterbenden Sämlingen und Pflänzchen, an den vielen federkiel- bis fingerdicken Gangaufwürfen und an dem unterirdischen Zirpen (des Männchens) Anfangs Juni. Das wirksamste Mittel ist das Aufsuchen und Ausheben der Nester mit ihren 150—300 gelblich weißen Eiern von Anfang Juni bis Anfang Juli in den Saatbeeten oder auf benachbarten Rasenflächen, wo sie sich meist durch plätzeweises Welken des Grases verrathen. Man verfolgt sorgsam die Gänge immer weiter, bis sie spiralig nach unten gehen, wo man schließlich auf das etwa 10 cm tief liegende mit harter Erdkruste umgebene Nest kommt; auch das Wegfangen in in den Gängen eingegrabenen Töpfen hat sich in Kämpen bewährt. Als unfehlbares Mittel empfiehlt ferner Ney (Allgem. Forst- u. Jagdzeitung 1887 S. 69) Folgendes: Anfang Juni an einem heiteren Tage nach starkem Regen verfolge man die Nestergänge bis sie abwärts führen; hier schütte man einen Eßlöffel Brennöl hinein und danach soviel Gießkannen Wasser, daß das Loch überläuft. Die durch das Oel unbeholfenen Werren kommen zu Tage und werden leicht gefangen. Kommen die Werren nicht binnen 10 Minuten, so war das Loch verstopft und muß man das Hinderniß beseitigen.

Insektenfraß in Fichten.

§ 219.

Die Nonne. Lipáris (bombyx) mónacha. Figur 14, Seite 41.

Ein mittelgroßer weißer im Zickzack dicht schwarz gestreifter Schmetterling mit rosenrothen breiten Querbinden am Hinterleib, woran er vor andern ähnlichen Schmetterlingen sofort zu erkennen ist. Die 16 füßige meist röthlich graue, lang und dicht behaarte Raupe ist leicht kenntlich an einem sammetschwarzen Nackenfleck auf dem zweiten Ringe und einer dunklen, einen länglich hellen Streifen einschließenden Rückenbinde. Die dunkelbraune schillernde mit Haarbüscheln versehene Puppe findet sich zwischen einzelnen Fäden versponnen an Nadeln und Rinde. Die röthlich braunen, später grauen schillernden fast kugelförmigen Eier sitzen zu Gruppen von 10—50—100 unter Rindenschuppen. — Der Koth ist schmutzig, grün, dick, walzig mit deutlichen Längsfurchen und Sterneindruck auf dem Querschnitt. Die Nonne fliegt Mitte Juli bis

Anfang August sehr beweglich, legt dann unter der mittelstarken Rinde in Stangenhölzern und Baumholz 5—15 m hoch bis zum Beginn der glatten Rinde nackt überwinternde Eier, aus welchen Anfang April bis Anfang Mai die kleinen Räupchen entschlüpfen und je nach dem Standort und Wetter 1—6 Tage neben dem Neste auf der Rinde in thaler- bis handgroßen Häufchen, sog. Spiegeln, sitzen bleiben, bevor sie baumen. Bis zur Halbwüchsigkeit spinnen sie. Sie fressen von Mai bis Juli, wo die Verpuppung stattfindet, nicht nur die von ihr allerdings bevorzugte Fichte, sondern auch ebenso Kiefern und fast alle Laubhölzer und werden besonders dadurch schädlich, so daß sie nicht nur (Mai) Triebe, Knospen, Nadeln und Blätter angreifen, sondern dieselben verschwenderisch meist nur anfressen, daß sie herunterfallen oder absterben müssen und dann gleich an neue Blätter und Triebe gehen, um es mit diesen ebenso zu machen. Durch dieses unstete Fressen wird die Nonne in so furchtbarem Grade schädlich. In Kiefern frißt sie häufig mit der Forleule und Blattwespe, in Eichen mit dem Schwammspinner und Goldafter, auf Rothbuche mit dem Rothschwanz zusammen. Zuerst zieht sie ältere Stämme vor, bei Ausbreitung des Fraßes greift sie jedoch alles Holz und Unterholz an.

Der Fraß dauert meist drei Jahre hintereinander. Da das Insekt auch die Knospen angreift, so tritt nach Kahlfraß meist Absterben der Bestände ein.

Gegenmittel. 1. Das Tödten der Raupen kann auf Kulturen, Kämpen und zartem Unterholz vorgenommen werden, wohin die Raupen bei starken Stürmen und Winden von den benachbarten befallenen Beständen leicht übergeweht werden. Man zerquetscht sie am besten mit Pincetten, die man sich selbst aus grobem Draht biegt. Bis Ende Juni sind solche Stellen fort und fort zu revidiren und event. abzusuchen.

2. Das Tödten der Weibchen. Diese sind leicht durch Größe, Farbe, fadenförmige Fühler und festes Sitzenbleiben kenntlich. Man sucht sie namentlich in solchen dunklen Bestandtheilen, die in der Nähe von lichten und kahlgefressenen Orten sind, überhaupt im Schatten auf und zerquetscht oder beschmiert sie mit in Raupenleim getauchten Lappen an langen Stangen. Etwa 5—6 Tage nach dem Erscheinen der ersten Schmetterlinge sind sie dort massenhaft zu finden. Das Tödten der Spiegel, die man im ersten Frühjahr gleich nach dem Auskriechen zer-

quetscht oder besser mit Raupenleim betupft, ist ein gutes Vertilgungs=
mittel. Als natürliche Feinde haben sich namentlich bewährt: Kukuk,
der Puppenräuber (Calosóma sycophánta) und die Raupenfliege
(Tachína monáchae, silvatica); Meisen und Baumläufer decimiren
stark die Eier und Puppen.

Ein durchschlagendes Vertilgungsmittel hat uns leider auch der
letzte große Nonnenfraß von 1890/92 nicht gebracht, obwohl viele vor=
geschlagen und versucht sind; der Hauptwerth liegt in der Erziehung
gemischter Bestände als Vorbeugemittel. Der Erfolg des neuerdings
vielfach vorgeschlagenen Leimens der Bestände genau so — wie gegen
den Spinner — oder da, wo oben die glatte Rinde beginnt (Hoch=
ringeln), ist noch nicht genügend bewährt.

Der Harzrüsselkäfer Curculio (pissodes) hercyniae. Lebens=
weise wie bei c. notatus (§ 215); befällt kränkelnde 60—100jähr.
Fichten und bringt sie öfter zum Absterben. Er wird wie c. piniphilus durch die weißen Harzflecke kenntlich und ist ihm ebenso zu
begegnen. Die Fangbäume sind schon im April zu fällen und bis
August zu entrinden. (Näheres im Centralblatt für das gesammte
Forstwesen. 1892, Heft VI.)

§ 220.
Der Fichtenborkenkäfer. Bóstrichus typógraphus.
Figur 6, Seite 36.

Er ist der zweitgrößte Borkenkäfer, hat eine walzige Form — zum
Unterschiede vom Kiefernmarkkäfer auch einen dicken walzigen Kopf, —
gelbbraun bis schwarze Farbe und hinten am Flügelabsturz 8 Zähnchen.
Der Käfer fliegt im frühen Frühjahr, bohrt sich an dickborkigen Theilen
älterer liegender und stehender, am liebsten frisch gefällter Fichten ein,
begattet sich hier und dann frißt das Weibchen in dem Baste einen
Lothgang rechts und links, nach und nach 30—50, ja bis 100 Eier
ablegend. Die auskommenden fußlosen weißen Larven fressen recht=
und spitzwinklig zum Muttergang immer breiter werdende Larven=
gänge, bis sie sich in einer Art Wiege verpuppen. Im Spätsommer
und Herbst entwickelt sich eine zweite Generation. An den zahlreichen
Fluglöchern wie an dem eben beschriebenen Muttergang und den Larven=
gängen ist der Fichtenborkenkäfer deutlich zu erkennen. Meist fressen
mit ihm zusammen auch viele andere Borkenkäfer und Bastkäfer in der

Fichte, die jedoch weniger wichtig und an den kleinen Fluglöchern und anders gestalteten Larvengängen, die für jede Art charakteristisch zu sein pflegen, leicht zu unterscheiden sind.

Der Borkenkäfer zieht kränkelndes und frisch gefälltes Holz den ganz gesunden Bäumen vor; an abgestorbenes geht er nie, während er bei großem Fraße weder das gesunde Holz verschont noch ein meilenweites Ueberfliegen in andere Bestände scheut. Die Gefährlichkeit seines Fraßes liegt im vollständigen Tödten der kränkelnden Stämme, die sich ohne ihn vielleicht erholt haben würden. Meist stellt er sich nach anderen Calamitäten — Windbruch, Schneebruch, Raupenfraß, Feuer ꝛc. — ein, vermehrt sich in den kränkelnden Stämmen ungeheuer schnell und vollendet das von jenen angefangene Vernichtungswerk.

Vorbeugungsmaßregeln. Sie sind das eigentliche Elemente der Begegnung und bestehen darin, daß man den Käfer — besonders nach stattgehabten Calamitäten — vor seiner Vermehrung abfängt. Sobald sich die schwärmenden Käfer in nur etwas bedrohlicher Menge zeigen, verleitet man sie auf sog. „Fangbäumen" zum Ablegen der Brut. Das wichtigste Vorbeugungsmittel ist natürlich sorgfältigste Wirthschaftsführung, gute Kulturen, gute Pflege und richtige Hiebsfolge, so daß keine Calamitäten entstehen können. Sind diese jedoch eingetreten, so müssen die beschädigten Stämme und Bestände sofort eingeschlagen und womöglich vor den Flugzeiten im Frühjahr und Sommer bis auf die zu belassenden Fangbäume entrindet und abgefahren werden.

Fangbäume werden 2—3 Wochen vor der Schwärmzeit, also etwa Mitte März und Juni, mit allen Aesten an den gefährdeten Orten, uamentlich in warmen Lagen, gefällt und mit Unterlagen (Steinen, Knüppeln ꝛc.) versehen, damit der Käfer auch von unten anbohren kann. Man benutzt zum Fangen möglichst zurückgebliebenes Langholz, event. auch Schichtholz, kränkelnde unterdrückte geschobene und gebrochene Stämme ꝛc. Nach dem Anfliegen hat man auch benachbarte, namentlich nicht ganz gesunde Stämme zu untersuchen. Etwa 4 Wochen nach den Flugzeiten, jedenfalls sobald man auf den Fangbäumen die ersten Verpuppungen bemerkt, hat man diese auf untergelegten Tüchern zu entrinden und die Rinde zu verbrennen, womöglich bei kühlem feuchten Wetter. Bei ausgedehntem Fraße ist am besten alles Holz zu entrinden.

In Fichtendickungen wird noch der Fichtenwickler Tortrix hercyniana schädlich, indem er die Nadeln anfrißt, doch tödtet er dieselben nicht; gegen die zahlreichen anderen Borken- und Bastkäfer hilft nur große Aufmerksamkeit auf alles kränkelnde Holz, dann Fällen und Entrinden desselben. Es müssen deshalb in den Fichtenrevieren, namentlich in jedem Vorsommer, gründliche Revisionen nach kranten und Wurmmehl, Harzausfluß, Fluglöcher ꝛc. zeigenden Stämmen angestellt werden, die zu untersuchen und nöthigenfalls einzuschlagen sind. Ein Mann bewältigt in dieser Zeit etwa 100 ha. Eventuell sind gegen die schädlichen Borkenkäfer ꝛc. Fangbäume zu werfen. Ueber den auch auf Fichtenkulturen sehr schädlichen großen Rüsselkäfer siehe § 214.

§ 221.
Insekten auf Lärche und Tanne.

Auf der Lärche wird erheblich schädlich die Lärchenminirmotte, Tinea laricinélla (Figur 10) (Coleophora laricella H.), das kleinste und unansehnlichste aller schädlichen Lepidopteren. Sie befällt am liebsten 10—40jähriges Holz, wo man ihren Fraß, bei welchem sich das Räupchen in die Nadeln einbohrt, zwei Mal im Jahre, im April und Mai und wieder im Nachsommer an der Gelb- und Braunfleckigkeit der Nadeln erkennen kann. Man kann wenig gegen dieses Insekt thun; das Einzige ist Zerquetschung der Raupen und Puppen in ihren Säckchen im April an den jungen und noch erreichbaren Lärchen; im Uebrigen vertilgen die Meisen und Goldhähnchen im Winter sehr viele Raupen; deshalb ist die Schonung der Feinde das Beste.

In Tannen wird der krummzähnige Borkenkäfer Bostrichus curvidens, oft erheblich schädlich. Er ist kenntlich an seinen wagerechten Muttergängen und stimmt in der Lebensweise sehr mit dem Fichtenborkenkäfer überein; es wird ihm ebenso begegnet; er frißt auch zuweilen auf Fichten und Lärchen. In beiden Holzarten werden auch noch viele andere Borkenkäfer (bostrichus chalcographus, laricis, lineatus (nur im Holze!), amitinus ꝛc.) schädlich.

Insektenfraß in Laubhölzern.
§ 222.
Allgemeines.

Die Laubhölzer ernähren mehr Insekten, aber verhältnißmäßig weniger schädliche als die Nadelhölzer. Maikäfer, Werre und Nonne fressen im Laubholz so gut als im Nadelholze, wenn auch weit weniger gefährlich. Der Schwammspinner kommt mehr im Laubholz als im Nadelholz vor. Die Borkenkäfer sind mit Ausnahme des im Eichennutzholz durch seine vielen kleinen Fraßlöcher oft erheblich schädlichen und unter dem Namen „der kleine Wurm" bekannten und gefürchteten Bostrichus monographus von keiner Bedeutung, dafür fressen aber ziemlich viel Blatt- und Rüsselkäfer. Am meisten leiden von Insekten Buche und Eiche, dann Esche, Birke, Pappel, Weide und Obst, dann Rüster, Erle und Linde, fast gar nicht Ahorn und Akazie. Es gehört zu den Ausnahmen, daß Insekten Laubhölzer in größerer Ausdehnung tödten, meist verursachen sie nur Zuwachs- und Ernteverluste. Keine einzige Raupe frißt nur an einem Laubholze, sondern alle lieben die Abwechselung, wobei einige allerdings einer oder der anderen Laubholzart den entschiedenen Vorzug geben.

§ 223.

Der Rothschwanz. Dasýchïra (Bombyx) pudibŭnda L.

Ziemlich großer röthlich bis gelblich weißer Schmetterling mit dunkleren Bindestreifen. Die 16beinige röthlich bis grünlich gelb gezeichnete langhaarige Raupe ist sehr auffallend gezeichnet, vorn mit vier bürstenartigen und hinten auf dem Schwanz einem federbuschartigen rothen Haarbüschel (daher der Name „Rothschwanz") und sammetschwarzen Einschnitten. Der Schmetterling fliegt im Juni, die Raupe frißt, anfangs nur skelettirend, später die ganzen Blätter zerstörend, von Juni bis Oktober, worauf sie sich verspinnt und auf dem Boden überwintert. Am meisten liebt sie die Buche und zwar älteres Holz; hat sie dieses kahl gefressen, so nimmt sie auch junges Holz oder alle anderen Laubhölzer an. Häufig geht nach ihrem Fraß die ganze Mast zu Grunde. Das einzige Mittel dagegen ist das Sammeln der Cocons im Winterlager; die stark behaarte Raupe hat wenig Feinde, dagegen werden die Cocons im Winter stark von Krähen, Hehern und Meisen vertilgt, auch stellen ihnen viele Moder- und Laubkäfer (Staphylīnus olens, Cárabus violáceus) und Ichneumonen (Ichneumon baltĭcus, sehr groß) nach. Die Versuche mit Leimringen, die bei dem neuerdings beobachteten Auftreten mannichfach gemacht sind, haben sich nicht bewährt. Wir stehen diesem Insekt ziemlich ohnmächtig gegenüber.

§ 224.

Der Eichenprocessionsspinner. Cnethocámpa (Bombyx) processiónea L. Der Goldafter- und Ringelspinner.

Ein mittelgroßer schmutzigbraun grauer mit feinen helleren und dunkleren Binden versehener Falter. Die 16 füßige Raupe ist bläulich bis röthlich grau mit röthlich braunen Wärzchen und sehr langen (giftigen!) weißen Haaren versehen. Flugzeit Abends im Juli und August, die Eier überwintern an der Rinde der Eichen, die Raupen fressen von Mai bis Anfang Juli in Familien beisammen, indem sie processionsweise weiter wandern und Morgens in weiße kopfgroße Gespinnste, die sich am Stamme oder in Astgabeln befinden, zurückziehen, um sie Abends zum Fraße wieder zu verlassen; seltener fressen sie am Tage. Die Raupe wird in alten und jungen Eichen erheblich schädlich. Die Gespinnste wie im Juli die Verpuppungsballen kann man mit Lumpen oder Graswischen zerquetschen lassen oder noch besser mit getheerten Wergfackeln, die an Stangen befestigt sind, verbrennen lassen; um die Nester sicher zu entdecken, muß man ganz dicht am Stamme hinaufspähen.

Bei einem Processionsraupenfraße, namentlich aber bei seiner Begegnung, sind ganz besondere Vorsichtsmaßregeln für Arbeiter und Publikum nöthig, da die Haare der Raupe heftige Entzündungen bei Menschen und Thieren hervorrufen können. Während eines starken Fraßes muß der befallene Ort dem Publikum vollständig verschlossen, den Arbeitern aber muß die Gefährlichkeit der Raupe vorgestellt werden und müssen sie Gesicht und Hände durch Einreiben mit Oel oder Fett, den Mund durch Verbinden schützen; bereits entzündete Stellen bestreiche man mit Salmiakgeist oder Sahne, bei Reiz in der Kehle trinke man warme Milch. Bei ernsteren Erkrankungen ist jedoch sofort ärztliche Hilfe zu holen. Die natürlichen Feinde — Kukuk — Baumläufer — Buntspechte, C. sycophanta, Ichneumon instigáta sind zu schonen.

Erheblich schädlich und von den Waldbäumen ebenso, wie die vorige die Eiche besonders vorziehend, frißt der Goldafter, Lipáris (Bombyx) chrysorrhoéa, ein mittelgroßer atlasweißer Schmetterling mit dicker röthlich brauner Afterwolle; die dunkelbraune gelbbraun behaarte Raupe hat zwei zinnoberrothe Streifen auf dem Rücken. Die Raupen überwintern in den bekannten Raupennestern versponnen und fressen, sobald es warm wird, sehr verderblich Blätter und Blüthen der Eichen und Obstbäume bis zum Juni, wo die Verpuppung erfolgt. Einziges Vertilgungsmittel ist das Herabnehmen und Verbrennen der Raupennester im Winter.

In gleicher Weise schädlich an Eichen, auch anderem Laubholz wie an Obstbäumen tritt der Ringelspinner Gastrópacha (Bombyx) néustria auf. Der gelbliche mit Querband auf den Vorderflügeln versehene Schmetterling schwärmt im Juli und legt seine zahlreichen Eier dicht um die Zweige. Im April kriechen die blau, roth und weiß gestreiften Raupen aus und bleiben gesellig; spinnen auch zum Schutz gegen die Witterung graue Nester in den Astgabeln. Generation einfach.

Gegenmittel. Abbrechen der mit Eiern belegten Zweige im Winter, Zerquetschen der Raupennester, Zerdrücken der noch kleinen in Haufen zusammensitzenden Raupen im Frühjahr.

§ 225.

Der Schwammspinner. Lipăris (Bombyx) dispar L.

Der Schmetterling hat die größte Aehnlichkeit mit der Nonne, aber keinen rothen Hinterleib. Die große lang behaarte Raupe hat 5 Paar blaue und 6 Paar rothe Rückenwarzen. Die 200 bis 400 Eier überwintern in Häufchen zusammen und sind mit der schwammartigen braungrauen Afterwolle des Weibchens bedeckt. Der Falter fliegt im Juli—August, die Raupen fressen im Frühjahr und Vorsommer nicht nur alle Laubhölzer, sie befallen auch — allerdings seltener — das Nadelholz. Das Insekt hat in seiner ganzen Lebensweise, auch Fraßweise, die größte Aehnlichkeit mit der Nonne und kann man deshalb dieselben Vertilgungsmaßregeln — das Ringeln, Spiegeln 2c. — anwenden. Ende Mai und im Juni sitzen viele Raupen oft am Stamme und in den Astachseln haufenweis beisammen — namentlich bei schlechtem Wetter — wo man sie dann mit Werg- und Mooslappen 2c., die nöthigenfalls an Stangen befestigt werden, zerquetschen kann.

§ 226.

Der Winterspanner und Blattspanner. Cheimatŏbia (Geomētra) brumāta und Hibernia (geometra) defoliāria L.

Der erstere ist der kleine grauweiße Schmetterling, welcher im Spätherbst und Vorwinter in Laubholzwaldungen und Obstgärten in der Dämmerung schwerfällig herumflattert, um die wurmartigen ungeflügelten langsam am Stamm hinaufkriechenden Weibchen aufzusuchen. Im April bis Mai kommen die 10füßigen kleinen hellgrünen Raupen aus, um Knospen, Blätter und Blüthen, auch die jungen Pflanzen von Eichen, Buchen und Obst so zu zerstören, daß nicht nur die Ernte verloren geht, sondern auch die Bäume ein bis zwei Jahre nachher kümmern, junge Pflanzen, ja auch ältere Bestände ganz eingehen.

Viel größer und lederbraun bandirt ist der Schmetterling des Blattspanners; gut kenntlich ist dessen ziemlich große rothbraune mit schwefelgelben Seitenflecken versehene 10füßige Raupe und das kleine ganz ungeflügelte Wurmweibchen. Er stimmt in seiner ganzen Lebensweise vollkommen mit dem vorigen überein, wird aber wegen seiner größeren Raupe fast noch schädlicher.*)

Die Raupen beider sehr schädlichen Schmetterlinge werden beim Fraße gesammelt oder es werden bei großer Ausdehnung der Kalamität im Herbst die aufbaumenden Weibchen nach Art der Obstgärtner auf Leimringen gefangen, die nach vorherigem Röthen etwa 5 cm breit und ¼ cm stark Ende Oktober angelegt werden. Mit ihnen zusammen fressen auch viele andere ähnliche schwer bestimmbare Raupen, z. B. g. hibernia, boreata, aescularia 2c. auf allen möglichen Laub- und Obstbäumen.

§ 227.

Der Eichenwickler. Tortrix viridana.

Ein kleiner grüner Schmetterling; die wenig behaarte 16füßige Raupe ist dunkelgrün, schwarz punktirt, mit schwarzem Kopfe. Die Schmetterlinge fliegen im Juni—Juli, die Räupchen fressen im Frühjahr Blätter und Blüthen oft in gefährlicher Weise, sodaß ganze Bestände kahl werden. Wenn dieselben im Juni zur Verpuppung zwischen versponnenen Blättern und Rindenritzen herabkommen, kann man sie in Massen tödten. Die Raupen spinnen lebhaft baumauf-baumab, wodurch man auf sie aufmerksam wird. Die natürlichen Feinde, Staar, Blaumeise, Drossel, Weidenlaubvogel, Buchfink und namentlich die Waldfledermäuse (v. noctula!) sind zu schonen.

---

*) Mit diesen beiden Spannerraupen fressen vielfach mehrere Rüsselkäferarten, namentlich der 5 mm lange metallisch grün glänzende Phyllobius (curculio) argentatus und Ph. viridicollis — fast so groß, glänzend, schwarz, zusammen auf Laubholz und richten besonders auf jungen Pflanzen oft große Verwüstungen an.

§ 228.
Die spanische Fliege, Lytta vesicatoria und andere schädliche Insekten.

Ein großer Käfer mit langen Fühlern und weichen smaragdgrünen Flügeldecken, welcher im Juni namentlich Eschen zuweilen massenhaft befällt und kahl frißt. Er wird am frühen Morgen mit Handschuhen gesammelt (ist giftig) oder auf Laken abgeklopft und dann in den Apotheken verkauft.

Unter der Rinde im Splinte der Eschen fressen noch zwei Splintkäfer, der kleinere und bunte gefährliche Hylesinus fráxini (wolkig auf dunklem Grunde) und der größere braunschwarze runzlige glänzende H. crenátus (2 armige Wagegänge); die an den Bohrlöchern und an den welkenden Maitrieben kenntlichen Randbäume soll man Anfang Juli fällen, entrinden und die darin befindliche Brut verbrennen. H. crenatus ist weniger gefährlich, da er nur kranke Eschen befällt. Gegen H. fraxini empfiehlt man Fangstangen Ende April und Entrinden derselben nach 2 Wochen.

Auf Birken frißt noch in größeren Lothgängen Eccoptogáster destrúctor Ol. und auf Rüstern der ziemlich große E. scolýtus F. in lothrechten Muttergängen. Beide sehr ähnlich. Der Fraß an den vielen dicht senkrecht unter einander stehenden Löchern kenntlich. Gegenmittel: Fangbäume im August und Entrinden. In Eichennutzholz wird namentlich ein Borkenkäfer, der gefürchtete kleine Wurm Bostrichus monógraphus oder der große Wurm, die Larve des größesten mit mächtigen Fühlern versehenen rothbraunen Bockkäfers Cerambyx heros gefährlich; in jungen Aspen und Pappeln frißt die Larve des großen gelb und schwarz punktirten Pappelbockkäfers Sapérda carchárias, oft mit der Larve des Wespenschwärmers Sésia apifórmis zusammen; auf Erlen frißt der Erlenrüsselkäfer Cryptorhýnchus (Curculio) lápathi, schwarz mit breiter weißer Zeichnung, namentlich auf Loben und Heistern, die im Juni möglichst tief abgeschnitten und verbrannt werden müssen; seine Generation ist ganz unregelmäßig; auf Kiefern und Birken Brachydéres (Curculio) incánus, der grau bestäubte Rüsselkäfer, ein mittelgroßer grauer Käfer, der massenhaft mit dem großen Rüsselkäfer gefangen wird.

Auf Pappeln, Erlen, Birken und Aspen fressen noch erheblich folgende Blattkäfer nebst ihren Larven, indem sie die Blätter skelettiren:

Chrysomēla (Lina) trémulae, blaßrother Käfer mit stahlblauem Halsschilde, auf Aspenwurzelbrut sehr schädlich, Chrysomela (Gallerūca) caprēae kleiner, gelblich braun und die etwas größere stahlblaue Chrysomela (Galleruca) alni auf Erlen und Birken, schließlich Chrysomela (Lina) popūli wie Chr. tremulae auf jungen Pappeln. Alle Arten sammelt man als Käfer und Larven durch Ablesen, Abklopfen in Tücher oder untergehaltene Schirme und Zerdrücken der Larven auf den Blättern, wenn sie sich nicht — wie die empfindlichen Käfer — herabfallen lassen.

Um die oben beschriebenen schädlichen Waldinsekten genau kennen zu lernen, genügt es nicht, sich deren Beschreibung einzuprägen; dazu ist eine unmittelbare Anschauung nöthig, wie sie kleine Handsammlungen bieten, die sich jeder Forstmann selbst in möglichst umfangreichem Maaße mit den dazu gehörigen Fraßstücken anlegen sollte.

§ 229.
Die nützlichen Thiere.

Ihre Nützlichkeit besteht in der Vertilgung der schädlichen Insekten; sie schützen den Wald oft wirksamer als Menschen und müssen deshalb vom Forstmann — wie bereits oben vielfach hervorgehoben — gehegt und geschont werden. Zu den nützlichen Thieren gehören fast alle Waldvögel mit Ausnahme des Falken, Habichts und Sperbers, des Adlers und des Uhus, der Tauben, Finken, Waldhühner und Reiher; besonders nützlich darunter sind die Höhlenbrüter, die Kletter- und Singvögel. Zu ihrer Erhaltung schone man möglichst die alten hohlen Bäume im Revier oder hänge Nistkästen aus. Nützliche Säugethiere sind das Schwein, der Igel, der Dachs, der Maulwurf und die Fledermäuse; bei Mäusefraß muß auch der Fuchs geschont werden; ferner sind alle Amphibien mit Ausnahme der gefährlichen Giftschlangen und von den Insekten die Raub-, Lauf- und Moderkäfer, die Schlupfwespen, Wegwespen, Mord- und Florfliegen, Libellen, Spinnen und Ameisen nützlich.

II. Schaden durch Menschen.

§ 230.
Allgemeines.

Es gehört zu den wichtigsten Dienstpflichten der Forstbeamten, den Wald gegen seinen event. Hauptfeind, den Menschen selbst, zu schützen, welcher dem Walde durch unberechtigte Nutzungen oder Ueberschreiten der berechtigten Nutzungen, bös- oder muthwillig, aus Unkenntniß oder Unvorsichtigkeit auf alle mögliche Art und Weise Schaden zufügt. Den Schutz des Waldes gegen Menschen nennt man Forstpolizei; dieselbe gründet sich auf allgemein gültige Straf- oder Forstpolizeigesetze (vergl. das hinten angeheftete Forstdiebstahls- und Forst- und Feldpolizeigesetz) oder auf nur lokal gültige Forst- oder Polizeiverordnungen, von denen sich der Beamte die genaueste Kenntniß verschaffen muß, um die in jenen Gesetzen und Verordnungen gegen die Uebelthäter angedrohten Strafen mit Hilfe des Richters oder der Behörden in Anwendung bringen zu können.

A. Uebergriffe der Berechtigten.

§ 231.

Wo die Wälder noch mit Berechtigungen Dritter (Servituten), wie Holz-, Weide- und vielseitigen Nebennutzungsberechtigungen belastet sind oder wo einzelnen Menschen freiwillig derartige Nutzungen unentgeltlich oder gegen Bezahlung gestattet sind, liegt die Gefahr nahe, daß diese aus Eigennutz die berechtigten oder erlaubten Nutzungen überschreiten (sog. Kontraventionen.); daher ist eine unausgesetzte Controle und Beaufsichtigung bei den Ausübungen nöthig, und hat sich der Beamte von dem Umfang der Berechtigungen aus den vorhandenen Berechtigungsnachweisungen, Urkunden, Verträgen, den bestehenden gesetzlichen oder polizeilichen Bestimmungen über Waldservituten event. an der Hand seines Vorgesetzten genau zu informiren. Wenn Nutzungen unentgeltlich oder gegen Bezahlung gestattet sind, so müssen die Betreffenden stets einen Legitimationszettel bei sich führen, der Person, Gegenstand und Umfang der Nutzung genau bezeichnet. Jeder, der in den Staatsforsten ohne Legitimationszettel derartige Nutzungen ausübt, ist strafbar (cfr. §§ 40 bis 42 des Feld- und Polizeiges.*) und §§ 62 bis 64 der J. f. F.)

---

*) Wo künftig das Feld- und Forstpolizeigesetz v. 1. April 1880 citirt wird, geschieht dies mit der Abkürzung: F. u. F. P. G., das Forstdiebstahlsgesetz mit F. D. G., die Dienstinstruktion für Förster mit J. f. F.

§ 232.
a. Uebergriffe Holzberechtigter.

Die Holzkäufer und ihre Fuhrleute sind stets unter aufmerksamer Controle zu halten, da sie sich oft folgende Ueberschreitungen oder unberechtigte Anmaßungen zu Schulden kommen lassen: das gekaufte Holz fahren sie nicht rechtzeitig ab, so daß es bei den Kulturen belästigt oder schädliche Insekten anlockt, beim Abfahren entwenden sie gern kleinere Nutzhölzer z. B. Peitschenstiele, zum Auflaben Hebebäume oder im Gebirge Hemmscheite, sie wählen kürzere Wege durch Bestände oder Schonungen, fahren nicht auf, sondern neben den Wegen, wenn dies bequemer ist, spannen ihr Vieh während des Auflabens aus und lassen es herumlaufen, so daß es durch Verbeißen und Zertreten schadet, fahren unrichtiges Holz ab oder stehlen fremdes Holz dazu, führen den Verkaufszettel nicht bei sich, fahren an unerlaubten Tagen oder Tageszeiten ab 2c., kurz, sie verletzen die allgemeinen und besonderen Bestimmungen über die Art und Weise der Abfuhr, wie sie beim Verkaufe kundgegeben sind.

Auf alle solche Ueberschreitungen ist streng zu achten, auch wird bezüglich etwaiger Beschädigungen des Waldes in Erinnerung gebracht, was im Waldbau über Räumung der Niederwald= und Buchenbesamungsschläge gesagt ist. Alle Schläge sollen im Interesse des Forstschutzes so zeitig geführt, resp. verkauft werden, daß sie im Laubholze vor dem Ausbruch desselben, in Nadelholzbeständen vor Juni geräumt werden können; ist das unmöglich, so muß das Holz gerückt und die Nadelhölzer müssen außerdem noch geschält werden, soweit sie nicht zu Fangbäumen dienen.

Auf sorgfältige Schonung des Waldbodens ist selbstverständlich ein Hauptaugenmerk zu richten; die Wege und Brücken sind zu diesem Zwecke stets in möglichst gutem Zustande zu erhalten und ist über nothwendig werdende Wege= und Brückenbesserungen rechtzeitig dem Vorgesetzten Meldung zu machen.

Die spezielleren Vorschriften hierüber finden sich außer in den speziellen Verkaufsbedingungen in der Preußischen Dienstinstruktion für Förster vom 23. Oktober 1868, §§ 56—63 und §§ 35, 36, 38, 39, 43 des F. u. F. P. G.

Die Uebergriffe der Berechtigten auf Bau=, Nutz= und Brennholz sind auf Grund der bestehenden Bestimmungen zu verfolgen.

Raff- und Leseholzsammler, denen diese Nutzung freiwillig gestattet ist, sammeln gern stärkeres und nicht abgestorbenes Holz, bedienen sich unerlaubter Werkzeuge oder Transportmittel, sammeln an unerlaubten Tagen und Tageszeiten oder ohne Legitimationszettel oder in Schlägen, bevor ihnen diese ausdrücklich geöffnet sind. Namentlich schädlich ist das unvorsichtige Abbrechen von Aesten in den Kronen, wodurch Verwundungen und damit Fäulniß, Schwarzästigkeit und Schwamm hervorgerufen werden kann. Alle derartigen Uebergriffe müssen durch den Schutzbeamten verhindert werden (§ 63 der J. f. F.) oder man giebt zuverlässigen Sammlern die Alers'sche Flügelsäge in die Hand — wie das anderseits empfohlen wird, um Schaden zu verhüten.

§ 233.

b. Uebergriffe Weideberechtigter.

Wenn die Waldweide auf Grund von Berechtigungen ausgeübt wird, so gelten die darüber bestehenden besonderen Bestimmungen. Ist dieselbe dagegen unentgeltlich oder gegen Zahlung, wie dies in futterarmen Gegenden oft nicht zu umgehen und im allgemeinen Interesse auch nicht zu verweigern ist, gestattet, so muß sie streng überwacht werden, weil sie sonst dem Walde in der gefährlichsten Weise durch Verbeißen werthvoller Holzarten schädlich werden kann.

Folgende Regeln sind zu beachten:

1. Das Vieh darf nie ohne Aufsicht, sondern nur unter durchaus unbescholtenen und zuverlässigen Hirten weiden, auch nie einzeln, sondern in Heerden zusammen.

2. Es darf nur die erlaubte Gattung und Stückzahl Vieh eingetrieben werden, über die Buch zu führen (im Weidebuche) und unausgesetzt Controle zu üben ist. Pferde, Schafe und namentlich Ziegen sind nie zur Waldweide zuzulassen, überhaupt streng zu verfolgen, sobald sie im Walde betroffen werden.

3. Die Gras- und Weidenutzung ist nur vom Mai bis Oktober zu gestatten, die Masthütung vom 15. Oktober bis 1. Februar.

4. Kulturen, Pflanzungen, Brücher, Samenschläge ꝛc. sind, bis sie dem Maule des Viehes entwachsen sind, in Schonung zu legen; auch sind feste Viehruhen in hohem schattigem Holze, wo kein Schaden geschehen kann, anzuweisen. Die Schonungen sind deutlich durch Wische

abzugrenzen, welche man auf Stangen steckt oder an angrenzenden Bäumen so hoch anbindet, daß sie schwer zu erreichen sind. Wo Grenzüberschreitungen des Viehes häufig vorkommen oder wenn Vieh viel oder regelmäßig an Schonungen vorbeigetrieben wird, muß man daselbst Zäune errichten oder genügend tiefe Gräben mit Erdauswurf nach der Schonung hin ziehen lassen.

5. Die Weidestriche müssen den Hirten, um Irrthümer und Ausreden abzuschneiden, genau örtlich angewiesen werden und soll der Hirt in diesen mit dem Weidegang nach einer bestimmten Reihenfolge wechseln. (Vergl. § 64 d. J. f. F. und §§ 14, 15, 25, 69, 71 des F. u. F. P. G.)

§ 234.
c. Uebergriffe bei anderen Nebennutzungen.

Ist die Grasnutzung gestattet, so müssen bestimmte Distrikte an bestimmten Tagen hierfür geöffnet werden und ist die Art der Nutzung — ob nur gerupft, ob gesichelt oder ob gemäht werden kann, vorzuschreiben. Aus Unachtsamkeit oder aus Rache werden hierbei öfter Pflanzen beschädigt; dies ist scharf zu überwachen und zu bestrafen. (Vergl. F. u. F. P. G. § 24 u. § 63 d. J. f. F.)

Bei Abgabe der Waldstreu ist die allerstrengste Controle zu üben und sind genau die einzelnen Stellen, wo die Streu entnommen werden kann, anzugeben; solche Stellen sind Laubanhäufungen, Schonungsränder (gegen Feuersgefahr), Gräben, Wege und Gestelle, dichte Beer- und Haidekrautstellen, brüchige oder verangerte Plätze; nie darf eine Stelle im Bestande durch Streuabgabe ganz vom Humus entblößt werden. In Beständen, die jünger als 50 Jahre, ist die Streunutzung auszuschließen, ebenso 5—10 Jahre vor dem Abtriebe; eiserne Harken oder solche mit sehr engen Zinken sind zu verbieten. Bei der Streunutzung soll der Beamte, mehr als bei jeder anderen Nutzung, soweit es irgend möglich ist, persönlich zugegen sein. Bestrafungen nach dem noch gültigen Waldstreugesetz vom 5. März 1843 (für die 6 östlichen Provinzen) und § 96 des F. u. F. P. G., § 63 b. J. f. F.

Beim Sammeln und Pflücken der Waldsämereien werden leicht die Bäume durch unvorsichtiges Anschlagen mit der Axt, durch Herabreißen, Abbrechen und Abhauen der samentragenden Zweige und

Gipfel, auch wohl beim Besteigen unnöthig und stark beschädigt. Dies muß man durch strenge Aufsicht und das Verbot des Mitbringens scharfer Instrumente verhindern; auch sollen die Zweige nie herunter sondern stets heraufgebogen werden. Im Uebrigen siehe J. f. F. §§ 62—64.

Alle unter a—c genannten Uebertretungen finden ihre Bestrafung auf Grund des hinten angehefteten Feld- und Forstpolizeigesetzes vom 1. April 1880 resp. daneben noch gültiger besonderer Verordnungen, die auf jeder Oberförsterei einzusehen sind und werden dieselben in das Rügebuch eingetragen. Da sie jedoch nur Contraventionen sind, so dürfen sie nicht in die Forstdiebstahlsstraflisten eingetragen werden, sondern gehören in die Contraventionslisten, wo solche nicht geführt werden, sind besondere Anzeigen zu erstatten. Die Bestrafung erfolgt durch die Polizeibehörden im Mandatsverfahren, wird Widerspruch erhoben auf Antrag des Amtsanwaltes durch das Schöffengericht.

B. Uebergriffe der Unberechtigten.
§ 235.
a. Der Grenznachbarn.

In jedem Jahre hat der Förster zweimal eine genaue Revision der Grenzen vorzunehmen und sind die betr. Rapporte bis Ende Juni und Mitte November dem Oberförster einzureichen. Die Grenzen sind dann event. ordnungsmäßig wiederherzustellen. Vor allen Dingen müssen die Grenzen dauernd und deutlich durch Gräben, Grenzsteine, Grenzpfähle oder Hügel ꝛc. festgelegt werden oder es müssen natürliche Grenzen, feste Wege, Flüsse, Schluchten ꝛc. vorhanden sein.

Die Grenzen müssen immer von aufwachsendem oder überhängendem Gebüsch so frei gehalten werden, daß man von einem Grenzzeichen bis zum andern sehen kann*); diese Grenzzeichen sollen fortlaufend nummerirt sein (auf der äußeren Seite der Grenzzeichen) und soll auf denselben sich ein Orientirungszeichen befinden, in welcher Richtung die nebenstehenden Grenzzeichen zu suchen sind. Die Grenzen sind in besonderen Grenzvermessungsregistern und in Grenzkarten aufzunehmen und müssen von beiden Nachbarn freiwillig, sonst gerichtlich anerkannt sein. Von

---

*) Nach. Min.-Verf. v. 9. 2. 1834 sollen Grenzlinien 3′ von jungem Holz gereinigt werden.

Grenzüberschreitungen, fehlenden oder versetzten Grenzzeichen, Grenzverdunklungen ꝛc. ist sofort dem Vorgesetzten Meldung zu machen. Vergleiche hierüber § 48 der J. f. F.; über absichtliche Beschädigung, Verrückung von Grenzgräben sowie Ueberschreitung der Grenzen vergl. §§ 303, 274, 370 des Strafgesetzbuches und §§ 24, 30 d. F. u. F. P. G.

Folgende gesetzliche Bestimmungen sind noch von Wichtigkeit: **Grenzraine oder Grenzgräben*)** sollen zwischen verschiedenen Besitzern 0,31 m — zwischen verschiedenen Feldmarken (Gutsbezirken) 1,26 m breit sein. Die Mittellinie bildet bei Grenzrainen dann die Grenze. Ein Hügel ist nur dann gültiges Grenzzeichen, wenn unter ihm unverwesliche Merkmale (Glas, Kohlen ꝛc.) liegen. Jeder kann seine Nachbaren zur Grenzerneuerung auffordern; die Kosten tragen die Nachbaren antheilig. Bei jeder Grenzberichtigung sind die Nachbaren zuzuziehen, in Streitfällen ist der Richter zuzuziehen, um ein Protokoll aufzunehmen. Vergl. Allgem. Landrecht Theil I. Tit. 17. §§ 362—388. Fiskalische Grenzgräben sollen ganz auf fiskalischem Boden bleiben, der äußere Bord bildet die Grenzlinie.

Gehen diese Gräben hart an Gebäuden oder Zäunen vorbei, so muß der Graben an denselben einen Wall von 0,31 m lassen. Allgem. L. R. I. Tit. 8. §§ 128. 187.

§ 236.
b. Diebstahl an Nebennutzungen.

Außer durch die Uebergriffe der Berechtigten haben die mannigfaltigen Erzeugnisse des Waldes in viel höherem Maaße durch Eingriffe und Entwendungen fremder durchaus unberechtigter Personen zu leiden. Der Diebstahl an solchen Waldprodukten, wie **Gras, Kräuter, Heide, Moos, Laub und anderes Streuwerk, Kienäpfel, Waldsämereien und Harz** wird nach dem Forstdiebstahlsgesetz vom 15. April 1878, § 1, dem Holzdiebstahl gleichgeachtet und danach bestraft. Das unberechtigte Viehtreiben in Schonungen wird nach § 368. 9 des Strafgesetzbuches bestraft, nach demselben Paragraphen auch das unberechtigte Gehen, Fahren und Reiten im Walde. Außerdem bestehen für die verschiedenen Regierungsbezirke gewöhnlich besondere

---

*) Fiskalische Grenzgräben sollen nach der Min.-Verf. v. 5. 8. 1843 1 m Bordbreite, 0,3 m Sohlenbreite und 1 m Tiefe haben und mit ihrem äußeren Rande genau an der Grenzlinie liegen.

Forstpolizeiverordnungen, wodurch dergleichen und andere Waldbeschädigungen mit Strafe bedroht werden, oder es finden die Bestimmungen des hinten angehefteten Feld- und Forstpolizeigesetzes statt; von diesen Bestimmungen hat sich der Beamte genaueste Kenntniß zu verschaffen.

Vorbeugen kann man dergleichen Entwendungen dadurch, daß man in Gegenden, in welchen ein lebhaftes Bedürfniß nach den verschiedenen Waldnebenprodukten vorhanden ist, diese Nebennutzungen unentgeltlich oder gegen eine gewisse Bezahlung unter der Controle der Beamten und unter der im Interesse des Waldes gebotenen Einschränkung rechtzeitig gestattet. Man wird überhaupt mit einer entgegenkommenden Behandlung, die allerdings im geeigneten und nöthigen Falle nie der Strenge, welche das Interesse des Dienstes erfordert, entbehren darf, meist weiter kommen, als mit einem harten überstrengen unfreundlichen herausfordernden und verletzenden Benehmen. Dergleichen verbittert das Publikum und reizt es zu Racheakten, unter denen gewöhnlich am meisten der Wald, nicht immer nur der betreffende Beamte zu leiden hat.

§ 237.

c. Diebstahl an Holz.

Zur Vermeidung oder doch zur Verminderung des Holzdiebstahls soll dem Bedürfnisse des Publikums durch genügenden und rechtzeitigen Verkauf von Nutzholz und Brennholz, sowie durch Gewährung der Entnahme von Raff- und Leseholz Rechnung getragen werden; es sollen die Preise nicht übermäßig hoch gegriffen werden, damit der Kauf auch dem unbemittelten Publikum ermöglicht wird; in armen Gegenden tragen Brennholzverkäufe, zu denen nur notorisch unbemittelte Leute zugelassen werden, sehr viel zur Verminderung des Holzdiebstahls bei, sowie Ueberlassen von Stockholz zur Selbstwerbung.

Mit Ausnahme des Diebstahls an geschlagenem Holze aus dem Walde und von Ablagen, welcher unter das Strafgesetzbuch (§ 242) fällt, werden alle Holzdiebstähle nach dem Forstdiebstahlsgesetz vom 15. April 1878 bestraft, das hinten angeheftet ist.

Im Allgemeinen wird nur hervorgehoben, daß der Beamte jeden Uebertretungsfall sofort festzustellen und Folgendes zu notiren hat:

1. Zunamen, Vornamen, Stand, Wohnort und Alter des Freblers.

2. Inhalt der Beschuldigung nach That, Gegenstand, Zeit, Ort und allen näheren Umständen, welche eine Erhöhung der ordentlichen Strafe oder eine Zusatzstrafe — namentlich nach §§ 6, 8 des F.-D.-G. — rechtfertigen, genaue Bezeichnung etwaiger Zeugen und etwaiger in Beschlag genommener Gegenstände sowie der Bestohlenen.

3. Die Zeit ist namentlich beim Uebergang von Tag und Nacht genau festzustellen; die Nachtzeit bedingt erschwerende Strafe und umfaßt die Zeit von Sonnenuntergang bis Sonnenaufgang (Dunkelheit).

4. Die Angabe des Alters muß besonders erkennen lassen, ob der Frevler über 12 und unter 18 Jahre alt oder älter als 18 Jahre ist; in zweifelhaften Fällen, namentlich bei etwa 12 oder etwa 18 Jahre alten Frevlern ist der Geburtsschein zu requiriren. Kinder unter 12 Jahren dürfen als Beschuldigte überhaupt nicht in die Spalten 2 und 3 der vorgeschriebenen Strafverzeichnisse eingetragen werden, sondern an ihrer Stelle die nach §§ 11 und 12 des F.-D.-G. mittel- oder unmittelbar für sie haftbaren Personen; die Namen dieser strafunmündigen Personen sind in Spalte 5 unter Nr. 1 einzutragen. In jedem Falle, wo Haftbarkeit in Frage kommt, müssen die haftbaren Personen in Spalte 3 unter einem besonderen Buchstaben unter genauester Bezeichnung der Person eingetragen werden. (Vergl. die Beispiele zu § 28 der F.-D.-G. im Anhang.)

Alle zum Forstdiebstahl geeigneten Werkzeuge, welche der Frevler bei der Zuwiderhandlung bei sich führt, gleichviel, ob sie ihm gehören oder nicht, sind demselben behufs ihrer Einziehung abzunehmen. Gegenstand solcher Beschlagnahme können außerdem auch andere zur Beweisführung wichtige Sachen, z. B. die Transportmittel sein.

Die Strafverzeichnisse sind für alle im Kalendermonat ermittelten Straffälle als abgeschlossenes Monatsverzeichniß dem Oberförster bis zum 5. des folgenden Monats einzureichen. Muster zu Anzeigen finden sich im Anhange unter § 28 des dort abgedruckten Forstdiebstahlsgesetzes; gleichzeitig werden auch die Contraventionslisten mit eingereicht.

Sollte der Beamte den Frevler nicht kennen oder Verdacht schöpfen, daß ihm unrichtige Namen angegeben werden oder wird ihm die Angabe des Namens verweigert, so hat er den Frevler zu verhaften und ihn sofort seinem Vorgesetzten oder dem nächsten Ortsvorstande zur Feststellung der Person zuzuführen.

§ 238.
Die polizeilichen Befugnisse des Forst- und Jagdbeamten.

Neben obigem Gesetz, welches die Forsten und ihre Produkte schützt, sind andere Gesetze erlassen, welche die Beamten den Frevlern gegenüber unterstützen. Es ist namentlich das wichtige Gesetz **über den Waffengebrauch der Forstbeamten vom 31. März 1837**, welches ebenfalls im Auszuge hinten angeheftet ist. Als das Wichtigste daraus soll hier nur angeführt werden, daß der Beamte bei Angriffen auf seine Person, bei thätlichen oder mit gefährlichen Drohungen verbundenen Widersetzlichkeiten, zur Abwehrung des Angriffs und Ueberwindung des Widerstandes — nicht weiter —, sobald er im Besitze des Waffengebrauchattestes oder auf das Forstdiebstahlsgesetz vereidigt und nicht auf Denunciantenantheil gesetzt ist, auch mit erkennbaren amtlichen Abzeichen versehen resp. in Uniform ist, vom **Hirschfänger** Gebrauch machen darf. Vom Gewehr darf er nur dann Gebrauch machen, wenn der Angriff oder die Widersetzlichkeit mit Waffen, Aexten, Knütteln oder anderen gefährlichen Werkzeugen oder von einer Mehrheit, welche stärker als die Zahl der anwesenden Forst- oder Jagdbeamten ist, unternommen oder angedroht wird. Von jedem solchen Falle, namentlich wenn Verwundungen oder Tödtungen vorkommen, ist sofort auf schnellstem Wege dem Vorgesetzten Anzeige zu machen, nachdem für die Verwundeten die nöthigste Vorsorge getroffen ist.*)

Ferner stehen die Forst- und Jagdbeamten unter dem Schutze der §§ 117—119 des Str.-G.-B., welche den Widerstand gegen dieselben in rechtmäßiger Ausübung ihres Amtes mit besonderen Strafen bedrohen.

Ebenfalls unter dem Schutze dieser Paragraphen stehen die Forstlehrlinge, welche von einem Königl. Oberförster auf Grund des Regulativs vom 1. Oktober 1893 angenommen sind und sind dieselben in allen Forstschutzangelegenheiten als „bestellte Forstaufseher" anzusehen, welche den Forst- und Jagdschutz wie die angestellten Beamten

---

*) Zur näheren Information über unsere Forst- und Jagdgesetzgebung werden empfohlen die bei Julius Springer in Berlin erschienenen preußischen Forst- und Jagdgesetze mit eingehenden Erläuterungen, namentlich das Preuß. Forstdiebstahlsgesetz und das Preuß. Feld- und Forstpolizeigesetz von v. Bülow und Sternberg, sowie „der Preuß. Forst- und Jagdschutzbeamte als Hilfsbeamter der Staatsanwaltschaft" (80 Pf.) bei J. Neumann in Neudamm von Mücke und „der Forst- und Jagdschutz von Berger" (4 Mk.) bei M. Wundermann, Friedeberg N./M.

wahrzunehmen haben. Den Waffengebrauch resp. die weiteren Befugnisse der als Hilfsbeamte der Staatsanwälte bestellten Beamten haben sie jedoch nicht. In Ausführung des § 153 Abs. 2 des Deutsch. Ger.=Verfass.=Ges. vom 27. Januar 1877 sind nämlich die **Revierförster, Hegemeister, Förster, Forstaufseher, Forsthilfsjäger,** sowie die **Waldwärter,** sofern sie regulativmäßige Anstellungsberechtigung besitzen, durch Minist.=Verf. v. 23. November 1881 zu **Hilfsbeamten des Staatsanwalts** berufen. Durch Minist.=Verf. vom 23. Juli 1883 ist diese Befugniß auch auf die Forstpolizeisergeanten ausgedehnt und haben alle diese Beamten den Anordnungen der Staatsanwälte ihres Landgerichtsbezirks Folge zu leisten.

Daneben sind sie jedoch nach den §§ 98 und 105 der Strafproceßordnung **bei Gefahr im Verzuge** auch selbstständig zu Beschlagnahmen und Durchsuchungen ermächtigt. Dieses selbstständige Eingreifen soll sich jedoch im Wesentlichen nur auf die Verletzungen der Forst=, Jagd=, Feld=, Fischerei= u. s. w. Gesetze **in ihrem Schutzbezirke** beschränken. Bei **direkter Verfolgung des Thäters** (unmittelbar oder nach seinen Spuren) und wenn **zugleich eine Verzögerung** die wirksame weitere Verfolgung **unwahrscheinlich** machen würde resp. ein vorheriger Antrag beim zuständigen Richter oder der zuständigen Polizeibehörde nicht angängig ist, soll der Beamte auch **außerhalb seines Dienstbezirks Beschlagnahmungen und Durchsuchungen** selbstständig vornehmen. In diesen Fällen ist aber bald möglichst der Ortspolizeibehörde (Amtsvorsteher, Bürgermeister) Anzeige zu machen.

Die beschlagnahmten Gegenstände brauchen dem Eigenthümer nicht immer direkt entzogen zu werden, sondern es genügt event., wenn demselben die Beschlagnahme amtlich erklärt und damit die Verfügung über die betr. Gegenstände untersagt wird.

Bei derartigen Beschlagnahmen, die bei oder nach der That sowie im Laufe der Untersuchung seitens der Hilfsbeamten der Staatsanwaltschaft in den oben erwähnten Fällen stattfinden können, muß der betr. Beamte innerhalb 3 Tagen die Bestätigung des Richters nachsuchen, wenn weder der davon Betroffene noch ein erwachsener Angehöriger desselben im Falle seiner Abwesenheit anwesend war oder, wenn gegen die Beschlagnahme Widerspruch erhoben wurde. Bei Forstdiebstählen unterliegen der

Beschlagnahme und zwar sowohl **bei der That** wie auch **nach derselben** und selbst **noch im Laufe der Untersuchung**: Aexte, Sägen, Messer ꝛc., kurz alle zu einem Forstdiebstahl geeigneten **Werkzeuge**, welche der Thäter bei sich geführt hat; **Thiere und Transportmittel** aber nur insoweit sie zur **Sicherung der Beweisführung oder des Schadenersatzes** dienen könnten.

Haussuchungen können gegen Thäter oder Theilnehmer, gegen Begünstiger oder Hehler in deren Wohnungen oder in beliebigen anderen Räumen zur **Ergreifung der Person** oder zur **Auffindung von Beweismitteln** gerichtet sein; auch können **die Personen selbst durchsucht** werden. Bei anderen Personen sind nur, wenn verdächtige Umstände vorliegen, Durchsuchungen zulässig und zwar behufs Ergreifung des Beschuldigten oder eines Entwichenen, zur Verfolgung der Spuren einer strafbaren Handlung oder zur Beschlagnahme bestimmter Gegenstände.

Diese Beschränkung findet keine Anwendung auf die Räume, in welchen der Beschuldigte ergriffen ist oder die er auf der Flucht betreten hat. Zur Nachtzeit (vom $\frac{1.\ April}{30.\ September}$ von 9 Uhr Abends bis 4 Uhr Morgens und vom $\frac{1.\ Oktober}{31.\ März}$ von 9 Uhr Abends bis 6 Uhr Morgens) dürfen Haussuchungen nur bei **Verfolgung auf frischer That** oder bei **Gefahr im Verzuge** oder bei **Ergreifung eines Entwichenen** stattfinden.

Soweit dies möglich, sollen die Hilfsbeamten der Staatsanwaltschaft bei Nichtanwesenheit des Richters oder Staatsanwalts bei **Haussuchungen einen Gemeindebeamten oder zwei Gemeindemitglieder, welche aber nicht Sicherheits- oder Polizeibeamte sein dürfen, zuziehen**, auch ist dem von der Durchsuchung Betroffenen auf Verlangen eine schriftliche Mittheilung von dem Grund der Durchsuchung sowie ein Verzeichniß der in Verwahrung oder in Beschlag genommenen Gegenstände zu übergeben. Der Inhaber der zu durchsuchenden Wohnung resp. sein Vertreter oder ein erwachsener Angehöriger, Hausgenosse oder Nachbar ist möglichst zuzuziehen.

Wird Jemand auf frischer That betroffen oder verfolgt, so ist, wenn er der **Flucht** verdächtig oder unbekannt ist, Jedermann zu seiner vorläufigen Festnahme befugt; derselbe ist jedoch unverzüglich dem zuständigen Amtsrichter vorzuführen (durch die nächste Polizeibehörde!)

In Bezug auf Pfändungen gelten die Bestimmungen der verschiedenen Rechtsgebiete, nämlich des Allgemeinen Landrechts (für die 7 alten Provinzen mit Ausnahme des Reg.-Bez. Stralsund, vom Rheinland für die Kreise Rees-Duisburg und Essen, für Ostfriesland und das Eichsfeld), des Gemeinen Rechts die 3 neuen Provinzen mit obigen Ausnahmen, Reg.-Bez. Stralsund, Hohenzollern, der ostrheinische Theil der Rheinprovinz), schließlich des Code Napoléon (der übrige Theil der Rheinprovinz).

Das Allgemeine Landrecht (§§ 413—465 Th. I. Tit. 14) setzt für jede Pfändung eine Beschädigung oder Rechtsverletzung voraus und darf dieselbe nur auf frischer That, innerhalb der Grenzen des Reviers und nur in dem der Beschädigung entsprechenden Umfange, d. h. soweit Werthersatz und Strafe gedeckt werden seitens des Beschädigten selbst oder dessen Bevollmächtigten, erfolgen. Von der Pfändung hat der Pfändende dem zuständigen Gericht unter Ablieferung der Pfandstücke Anzeige zu erstatten.

Das Gemeine Recht fordert dasselbe, außerdem jedoch noch eine direkte Anzeige an den Eigenthümer der gepfändeten Gegenstände. Der Code gestattet kein Pfändungsrecht.

Die Viehpfändung ist zulässig nach den §§ 10, 17, 77—87 des F. u. F. P. G. v. 1. April 1880, ferner nach § 368 ad 9 des Str. G. B. Es kann soviel Vieh gepfändet werden als zur Deckung des Schadens, Ersatzgeldes und der Kosten nöthig erscheint und ist von jeder Pfändung binnen 24 Stunden der Ortspolizeibehörde Anzeige zu erstatten, die dann entscheidet.

Im Gebiet des Preuß. Landrechts steht nur dem Jagdberechtigten in Person die Befugniß zu, fremde, ohne Aufsicht in seinem Reviere umherlaufende Hunde, auch Jagdhunde, zu tödten, soweit nicht Polizeiverordnungen Anderes bestimmen; nach dem Gemeinen Recht ist dies jedoch nicht gestattet.

Der unentgeltliche Jagdschein des Forstschutzbeamten berechtigt denselben, im Auftrage des Oberförsters auch auf einer von der Forstverwaltung gepachteten Feldjagd zu jagen. Auf seinem Schutzbezirk benachbarten Jagdrevieren kann und soll der Beamte die Vorzeigung der Jagdscheine verlangen.

Der Forstbeamte kann sein Waffenrecht auch außerhalb der Forst, ja sogar, wenn er nicht in Uniform, aber persönlich bekannt ist, gegen renitente Contravenienten gebrauchen; er kann einen Jagdcontravenienten auch in ein fremdes Revier und zwar mit schußfertigem Gewehr verfolgen.

Die Preußischen Jagdbeamten sind berechtigt, den verdächtigen Jagdfrevler anzuhalten, nach verstecktem Jagdwerkzeuge zu durchsuchen und ihm dieselben eventuell mit Gewalt abzunehmen.

Als Nachtzeit im Sinne des § 293 des Str.-G.-B. ist die Zeit der Dunkelheit, nicht die Zeit von Sonnenuntergang bis Sonnenaufgang zu verstehen, also auch noch die Dämmerung.

Ueber die Fischereivergehen vergl. namentlich die §§ 11—17, 19—28, 43—45, 46—48 des Fischereigesetzes vom 30. Mai 1874 nebst den betr. provinziellen Verordnungen; außer den bereits erwähnten Gesetzen, also §§ 1—18, 23 und 26 des Forstdiebstahlsgesetzes vom 15. April 1878, §§ 1—47, 62—68, 77—81 des Feld- und Forstpolizeigesetzes vom 1. April 1880, dem Waffengebrauchsgesetz vom 31. Mai 1837 und den damit im Zusammenhang stehenden Bestimmungen des Strafgesetzbuches §§ 113, 117—119, 211—233 hat der Forstbeamte sich noch mit den §§ 123, 134, 137, 240—243, 257—260, 274, 289, 292—296, 303—305, 308—310, 321, 324, 325, 360, 361 ad 9, 366, 367, 370 des Strafgesetzbuchs, dem Jagdpolizeigesetz vom 7. März 1850, dem Wildschongesetz vom 26. Februar 1877, dem Wildschadengesetz vom 11. Juli 1891, den Bestimmungen der Strafprozeßordnung vom 1. Februar 1877 über Beschlagnahme und Haussuchungen §§ 94, 95, 98, 102—107, über Verhaftungen und vorläufige Festnahme §§ 112 bis 132, deren wesentlicher Inhalt im Obigen bereits mitgetheilt ist, namentlich mit den provinziellen und lokalen Polizeiverordnungen über Forstschutz genau bekannt zu machen.

Merke: Bei Verfolgung auf frischer That unbekannten Personen gegenüber, bei Gefahr im Verzuge kannst du zu jeder Tageszeit und in alle Räume hin auch allein die strafbaren Handlungen verfolgen; in allen zweifelhaften Fällen wirst du im Allgemeinen stets richtig handeln, wenn du Alles thust, um die Person und alle zur Bestrafung führenden Beweismittel fest resp. sicher zu stellen. In allen schwierigeren Fällen hast du stets sofort mündlich oder schriftlich deinem Vorgesetzten zu berichten und weitere Instruktionen einzuholen; bei Gefahr im Verzuge aber selbstständig nach bestem Wissen und Gewissen obigen Bestimmungen gemäß sofort energisch und umsichtig zu handeln und erst nachträglich unverzüglich zu berichten.

Fragebogen zum Forstschutz.

Zu § 194. Was begreift die Lehre vom Forstschutze? Wer hat den Wald zu schützen?

Zu § 195. Woran erkennt man im Bestande die herrschende Sturmrichtung? Welche Holzart leidet am meisten vom Windwurf? Wie sichert man sich gegen Sturmgefahr? Was ist ein Looshieb? In welcher Weise wird er eingelegt? Was hat man für Vorsichtsmaßregeln nach stattgehabten Stürmen in älteren Beständen zu ergreifen? Wie schützt man Bestandesränder gegen aushagernde Winde?

Zu § 196. Welche Holzarten leiden am wenigsten vom Frost? Wie schützt man sich gegen Spätfröste? Wie gegen Auffrieren? Welche Arten von Frost unterscheidet man?

Zu § 197. Wie schützt man sich gegen Duft-, Eis- und Schneebruch? Welche Lagen sind am gefährdetsten? Welchen Nutzen bringt der Schnee?

Zu § 198. In wiefern äußert sich der schädliche Einfluß von Hitze und Dürre im Walde? In welcher Weise kann man ihm begegnen?

Zu § 199. Welche Arten von Waldfeuern giebt es? Welche Vorbeugungsmaßregeln giebt es gegen Entstehung von Waldfeuern? Welche Löschmaßregeln hat man gegen Lauffeuer, gegen Wipfelfeuer und Erdfeuer? Was thut man gegen große Waldbrände? Was ist nach jedem Feuer zu beobachten?

Zu § 200. Wie schützt man sich gegen Ueberschwemmungen und wie gegen Abschwemmungen?

Zu § 201. Wie entsteht ein nasser, wie ein sumpfiger Boden? Wie entwässert man nassen, wie sumpfigen Boden?

Zu § 202. In welcher Weise vertilgt man Unkraut, was sich durch Samenabfall vermehrt? Was thut man gegen wucherndes und aus der Wurzel sich vermehrendes Unkraut? Auf welchem Waldboden ist gleichzeitige Grasnutzung gestattet?

Zu § 203. In welcher Weise wird das Wild schädlich? Wie verhütet man Wildschaden? Was hat man bei Wildfütterungen zu beachten? Welche Grünfütterung giebt man im Winter und weshalb?

Zu § 204. Wodurch werden die Mäuse schädlich? Welche Mäusefeinde sind zu schonen? Wie schützt man sich gegen Mäuse? Welches ist das beste Mittel?

Zu § 205. Welche Vögel sind schädlich? Wie hält man sie fern?

Zu § 206. Leiden die Laubhölzer oder die Nadelhölzer mehr unter Insektenfraß? Welche Fraßzeit ist den Waldbäumen am gefährlichsten?

Zu § 207. Nenne die allgemeinen Schutz- und Vorbeugungs-Maßregeln gegen Insektenschaden? Woran erkennt man Insektenfraß?

Zu § 208. Welche Vorbeugungsmaßregeln giebt es gegen die große Kiefernraupe? Welches ist das beste Vertilgungsmittel gegen dieselbe? Welche Feinde sind zu schonen?

Zu § 209. Wann frißt die Eule? Worin besteht ihre besondere Schädlichkeit? Wie vertilgt man sie?

Zu § 210. Wann frißt der Kiefernspanner? Wann und wie vertilgt man ihn? Wie sieht die Raupe aus?

Zu § 211. Woran ist die Raupe der kleinen Kiefernblattwespe kenntlich? Woran erkennt man den Fraß? Wie begegnet man ihm?

Zu § 212. Wie unterscheiden sich die große und kleine Kiefernblattwespe? Wann und wie frißt die erstere? Wie beseitigt man sie?

Zu § 213. Welche Vorbeugungs- und Vertilgungsmaßregeln hat man gegen den Engerling?

Zu § 214. Wann frißt der große Rüsselkäfer und wo? Wie sind die Sicherheitsgräben anzulegen und zu unterhalten? Wie vertilgt man ihn am besten auf den Kulturen? Wie auf bindigem Boden und im Gebirge?

Zu § 215. Beschreibe die schädlichen kleinen Rüsselkäfer und ihre Gegenmittel.

Zu § 216. Woran erkennt man den Fraß des Kiefernmarkkäfers? Wie begegnet man ihm?

Zu § 218. Wodurch wird die Werre schädlich? Wie thut man ihr Abbruch?

Zu § 219. Wann frißt die Nonne? Was sind Spiegel? Wodurch wird die Nonne in so hohem Grade schädlich? Welches ist das wirksamste Vertilgungsmittel?

Zu § 220. In welcher Weise frißt die Larve des Fichtenborkenkäfers? Wie beugt man dem Borkenkäferfraße vor? Wann fällt man die Fangbäume? Wie vernichtet man die Brut in ihnen?

Zu § 221. Welches sind die schädlichen Insekten auf Lärchen und Tannen?

Zu § 222. Welche Insekten fressen in Laub- und Nadelholz? Welche Laubhölzer leiden am meisten von Insekten?

Zu § 223. Wie schadet der Rothschwanz? Was kann man gegen ihn thun?

Zu § 224. Mit welcher besonderen Gefahr ist der Fraß der Eichenprozessionsraupe verbunden? Wie vertilgt man sie?

Zu § 225. Wann frißt der Schwammspinner? Wie begegnet man ihm?

Zu § 226. Wie werden Winter- und Blattspanner schädlich? Wie begegnet man ihnen?

Zu § 228. Wo frißt die spanische Fliege und wie thut man ihr Abbruch? Nenne noch einige auf allerlei Laubholz schädliche Käfer und ihren Schaden.

Zu § 229. Welche Thiere sind nützlich?

Zu § 230. Was versteht man unter Forstpolizei?

Zu § 231. Was ist bei der Entnahme aller Waldprodukte zur Legitimation des entnehmenden Publikums Alles nöthig?

Zu § 232. Worauf hat der Schutzbeamte bei der Holzabfuhr zu achten? In welcher Weise ist das Raff- und Leseholz-Sammeln zu kontroliren?

Zu § 233. Welche forstpolizeilichen Beschränkungen sind bei der Waldweide aufzugeben?

Zu § 234. Wie ist die Grasnutzung zu kontroliren? In welcher Weise muß die Streunutzung im Walde erfolgen? Was ist bei Einsammlung der Waldsämereien zu beachten?

Zu § 235. Wie müssen die Forstgrenzen beschaffen sein? Welche gesetzlichen Bestimmungen kennst du über die Sicherheit derselben?

Zu § 236. Nach welchen Gesetzen und Bestimmungen wird der Diebstahl an Holz und anderen Waldprodukten bestraft?

Zu § 237. Was hat der Beamte zu thun, wenn er Jemand beim Holzdiebstahl betrifft? Was ist bei Haussuchungen zu beachten? Was geschieht mit den Werkzeugen, die beim Holzdiebstahl gebraucht sind? Was hat der Beamte mit ganz unbekannten Holzdieben zu thun?

Zu § 238. Welche Gesetze sind zum Schutze der Beamten bei Ausübung ihres Berufs erlassen? Was hat der Beamte bei Widersetzlichkeit der Frevler zu thun? Wann darf der Beamte von der Schußwaffe Gebrauch machen? Wann darf er und wie weit vom Hirschfänger Gebrauch machen? Was hat der Beamte zu thun, wenn bei der Widersetzlichkeit ein Frevler verwundet oder getödtet ist? Welche Pflichten und welche Rechte hat der Beamte als Hilfsbeamter der Staatsanwaltschaft? Wann kann er als solcher Beschlagnahmen und Haussuchungen selbstständig vornehmen? Welche Räume darf er durchsuchen? Wann darf er allein Haussuchungen vornehmen? In welchen Fällen ist der Richter von Beschlagnahmen zu benachrichtigen? Worauf erstreckt sich die Beschlagnahme? Bei wem können Haussuchungen vorgenommen werden? Zu welcher Tageszeit? Wann kann der Beamte, wann Jedermann vorläufige Festnahme bewirken? Was ist bei Pfändungen zu beachten? worauf erstrecken sie sich? Wann kann Vieh abgepfändet werden? Welche Gesetze muß der Forstbeamte kennen?

D. Forstbenutzung.

§ 239.
Einleitung und Definition.

Die Lehre von der Forstbenutzung begreift die Gewinnung, Verwerthung und Verwendung sämmtlicher Waldprodukte in sich. — Je nachdem man das Holz als Hauptsache selbst Gegenstand der Nutzung ist oder andere Waldprodukte — im Verhältniß zum Holze Nebenprodukte genannnt — theilt man die Forstbenutzung in zwei Haupttheile:

    1. in Hauptnutzung,
    2. in Nebennutzung,

In weiterem Sinne gehört noch in die Forstbenutzungslehre eine Besprechung der das Holz und die Nebenprodukte verarbeitenden Gewerbe und die Lehre von den verschiedenen Eigenschaften, Fehlern und Krankheiten des Holzes.

Die technischen Eigenschaften des Holzes.

§ 240.

Unter technischer Eigenschaft des Holzes ist die besondere Eigenschaft zu verstehen, welche eine Holzart nach irgend einer Richtung hin verwendbar und gebrauchsfähig macht, entweder zu Bauholz oder Werkholz oder Brennholz. Es sind nicht nur die verschiedenen Holzarten in ihren technischen Eigenschaften sehr verschieden, sondern sogar eine und dieselbe Holzart hat oft ganz verschiedene Brauchbarkeit, je nach dem Standort, auf dem sie gewachsen ist. So nehmen z. B. Holzhändler die Eichen aus einer Provinz oder aus einem Reviere lieber als aus einem anderen, Kiefern auf armem Sandboden sind andere als auf frischem lehmigem Sandboden ꝛc. Die Verschiedenheit des Holzes ist begründet in seiner anatomischen und chemischen Zusammensetzung und in seinem Standort, von ersterer ist das Wichtigste in der Botanik § 51 gesagt und wird hier noch Einiges zur Vervollständigung über den Gebrauchswerth angeführt; man vergleiche auch Spalte 5 der Holzarten=Tabelle daselbst (§ 57).

§ 241.

a. Trockenzustände des Holzes.

In dem frischen Holze beträgt der Wassergehalt bei den harten Laubhölzen 30—40%, des Grüngewichts, bei den weichen Laubhölzern 40—55%, bei den Nadelhölzern sogar bis zu 60% (nach Th. Hartig) im Winter und wechselt der Wassergehalt nach der Jahreszeit; er ist im Winter und Frühjahr (zur Zeit des Laubausbruchs) am größten, im Sommer und Herbst am kleinsten; auch im Stamm selbst ist er verschieden, indem er in der Krone oft um die Hälfte größer ist als im unteren Stamm; je jünger das Holz — schwaches Wurzelholz, Zweige, Splint — desto saftreicher ist es. Nach dem Fällen des Holzes verliert es einen Theil des Wassergehalts und unterscheidet man danach:

Reif- und Splintholz. 341

1. grünes Holz etwa   40% Wassergehalt,
2. waldtrockenes Holz etwa 30—30%   „
3. lufttrockenes   „   „ 20—20%   „
4. gedörrtes   „   „   0%   „

Frisches Holz, namentlich von schwereren Holzarten, z. B. Buche, Eiche, Ahorn ꝛc. läßt sich besser bearbeiten als trocknes.

§ 242.
b. Reif- und Splintholz.

Mit dem Waffer- und Saftgehalt des Holzes hängt auch die Unterscheidung von Reif- und Splintholz zusammen; unter ersterem versteht man eine der Kernbildung analoge Veränderung der inneren Baumtheile, aber ohne Farbenveränderung älterer Holzschichten, unter Splintholz den das Reifholz umgebenden meist schmäleren und jüngeren noch lebende Zellen enthaltenden Holzring, durch hellere Farbe und Saftreichthum gekennzeichnet. Dasjenige Reifholz, welches sich durch dunklere Farbe und besondere Härte auszeichnet, auch kein Waffer mehr leitet, nennt man Kernholz.

Reifholz haben:

Fichte, Tanne, Buche im höheren Alter.

Kernholz haben:

Akazie, Eiche, Ulme, Esche, Eibe, Wachholder, Lärche und alle einheimischen Kiefernarten.

Splinthölzer, bei denen die Kernholzbildung nur sehr schwer zu erkennen ist, sind:

Ahorn, Birke, Weißbuche, Tanne, Erle, Aspe, Saalweide, Buche in der Jugend. Der Splint markirt sich hier von dem Kern nur durch seine große Wasseraufsaugungskraft. Das Kernholz älterer Bäume ist bei den meisten Holzarten härter und dauerhafter als Splintholz, dieses muß deshalb im Interesse der Dauerhaftigkeit oft entfernt werden. Die eigentliche Substanz des Kernholzes kennt man noch immer nicht.

§ 243.
c. Widerstandsfähigkeit des Holzes.

Unter Widerstandsfähigkeit versteht man die Festigkeit des Holzes, allen äußeren Einwirkungen zu widerstehen. Den Widerstand äußeren Krafteindrücken gegenüber nennt man Festigkeit. Man unterscheidet folgende Arten von Festigkeit:

§ 244.

1. **Die Tragkraft des Holzes.** Es ist dies die Festigkeit des Holzes gegen das Zerbrechen; sie ist die wichtigste für den Bauwerth des Holzes, für Zimmerleute und Stellmacher. Diese Art Festigkeit hängt vom Bau und Zusammenhang der Holzfasern ab, indem bei derselben Holzart das lang=, gerad= und gleichfaserig gewachsene Holz stets tragkräftiger ist als das kurz= und krummfaserige, ferner ist gleichförmiger Jahrringbau, Reinheit von eingewachsenen Aesten und abnormen Stellen wichtig für die Tragfähigkeit; allzu große Trockenheit schadet der Tragkraft; je zäher und elastischer das Holz, desto tragfähiger ist es; schwach gedrehtes Holz ist tragkräftiger als geradfaseriges oder stark gedrehtes; großer Harzreichthum macht das Holz brüchig; das jüngere Holz und der obere Stammtheil ist tragfähiger, das im December gefällte Holz ist besser als das später gefällte, Winterholz soll kräftiger sein als im Sommer gefälltes, Ausdämpfen und Auskochen vermindert die Tragkraft.

Das tragfähigste Holz liefern in absteigender Reihenfolge: Eiche, Esche, Fichte, Weißtanne; noch beim Bauen als Tragstücke verwendbar sind: harzarmes Kiefernholz, Lärchen und Aspen. Durchaus tragunfähig und sehr brüchig sind: Buche und Erle.

§ 245.

2. **Festigkeit gegen Zerdrücken, Zerreißen und Zerbrechen.** Man nennt die erste Festigkeit auch „die rückwirkende"; sie kommt bei Säulen, Ständern und Pfosten, beim Wagenbau (Speichen ꝛc.) zur Anwendung und hängt von der Dicke und Geradschaftigkeit der betreffenden Holzstücke ab; dem Zerreißen setzen die Hölzer dieselbe Festigkeit wie dem Zerbrechen entgegen, die Drehungsfestigkeit ist bei schweren, zähen und langfaserigen Hölzern (Eichen, Akazien) am größten.

Nach Gayer (vergl. Allgem. Forst= u. Jagdz. 1887, S. 109) ist die Druckfestigkeit das sicherste Kennzeichen für die bautechnische Qualität des Holzes; er stellt als festeste Nadelhölzer hin: Lärche, Fichte, Kiefer, Tanne, Weymouthskiefer; Aeste schaden derselben sehr.

§ 246.

3. **Härte des Holzes.** Unter Härte des Holzes ist der Widerstand desselben gegen das Eindringen von scharfen Werkzeugen zu

verstehen. Das Holz ist im Allgemeinen um so härter, je spezifisch schwerer es ist, je fester die einzelnen Holzfasern in einander schließen, je zäher und je trockner es ist und um mehr Harzgehalt es hat. Langfaseriges Holz mit verschlungenem oder welligem Faserverlauf ist härter als gerad- und kurzfaseriges.

Der Widerstand gegen die Axt ist nach der Richtung, in welcher dieselbe einzubringen sucht, sehr verschieden; wenn dieselbe senkrecht auf die Längsfaser geführt wird, so ist der Widerstand am größten, in der Richtung der Längsfasern am kleinsten, letzteren Widerstand bedingt die unten folgende Spaltbarkeit. Schwere, dicht gebaute und harte Hölzer erfordern leichtere Aexte mit feinerer sehr gut gestählter Schneide, leichtere zähfaserige Hölzer schwerere Aexte; um den Widerstand in senkrechter Richtung auf die Faser abzuschwächen, wird der Axthieb schief geführt, damit er sich mehr der Spaltrichtung nähert; es wird gekerbt. Gefrorenes Holz erfordert schwerere Aexte. In der senkrechten Richtung wirkt besser die Säge auf die Längsfasen, und zwar je fester, härter, kurzfaseriger und frischer das Holz ist, desto besser arbeitet die Säge; einige zähe und locker gebaute leichte Holzarten — Aspe, Birke, Weide, Schwarzpappel — lassen sich dagegen in frischem Zustande, wie überhaupt schlecht zerschneiden.

Eine Eigenthümlichkeit in Bezug auf die Härte ist bei der Kiefer zu merken. Man unterscheidet nämlich oft an der Kiefer die sog. harte und weiche Seite. Hart ist die mehr nach außen vom Mark aus (exentrisch) gewachsene Seite des Baumes; bei Randbäumen immer die Außenseite, im Bestande meist die Nordseite. Die harte Seite ist spaltiger und dauerhafter, ist auch kenntlich an den röthlichen Spähnen. Der Stamm muß immer auf die harte Seite geworfen, das Rundstück auf die harte Seite gelegt werden, da sie dann besser spalten. Der Spalt soll bei Randstücken immer die harte und weiche Seite in der Mitte trennen. Auch bei bogenförmig gewachsenen Fichten unterscheidet man die „rothharte" Seite, ebenso sind die Fichtenäste auf der Unterseite „rothhart". Die harte Seite bei der Fichte ist jedoch eher schlechter als besser.

Unter Zugrundelegung von Noerblinger's Untersuchungen sind folgende Härteklassen aufgestellt:

Sehr hart:	Hart:	Weich:
Weiß- und Schwarzdorn, Maßholder, Ahorn, Hainbuche, Waldkirsche, Mehlbeere.	Esche, Platane, Zwetsche, Akazie, Ulme, Rothbuche, Nußbaum, Birnbaum, Apfelbaum, Elsbeere, Stieleiche, Traubeneiche, Vogelbeere.	Fichte, Tanne, Schwarzerle, Weißerle, Birke, Wachholder, Lärche, Schwarzkiefer, Kiefer, Saalweide, alle Pappelarten, Aspe, die Weidenarten u. Linde.

§ 247.

4. **Spaltbarkeit.** Hierunter versteht man die Fähigkeit des Holzes, sich in der Richtung der Längsfaser durch einen eingetriebenen Keil trennen zu lassen; die Leichtigkeit, mit welcher diese Trennung in der Richtung des Keiles vor sich geht, bestimmt den Grad der Spaltbarkeit.

Hauptbedingung für gute Spaltbarkeit ist Gerad- und Langfaserigkeit (Nadelhölzer und Hölzer mit schnellem Höhenwuchs), Astreinheit, Bau der Markstrahlen (große Markstrahlen wie bei Buche, Eiche erhöhen die Spaltbarkeit), Feuchtigkeitsgehalt (frisches Holz ist spaltiger); geschlossener Stand und frischer Boden begünstigen die Spaltbarkeit.

Hemmnisse der Spaltbarkeit sind: eingewachsene Aeste, gedrehter (namentlich widersonnig, d. h. von links nach rechts) Wuchs, Elasticität, Zähigkeit und Frost.

Den Grad der Spaltbarkeit kann man am stehenden Stamm an folgenden Merkmalen erkennen: langer Schaft, Astreinheit und gleichmäßige Abnahme nach oben, bei grobrindigen Holzarten (Eiche, Kiefer) feinere Rinde, gerades Hinaufsteigen etwaiger vorhandener oder bereits überwallter Rindenrisse, gerader und senkrechter Verlauf der ganzen Rindenbildung ꝛc. (der Borkenrisse); nach Fällung geben Kernrisse und der gerade Verlauf der Fasern an abgehauenen Spähnen oder Kloben ein gutes Zeichen für die Spaltbarkeit.

Die Reihenfolge der Spaltbarkeit ist bei den Holzarten nach Gayer folgende:

leichtspaltig:	schwerspaltig:
Erle, Linde, Kiefer, Eiche, Aspe, Tanne, Fichte, Esche, Buche, Lärche.	Ahorn, Pappel, Elsbeere, Schwarzkiefer, Maßholder, Birke, Hainbuche, Akazie, Ulme.

§ 248.

5. **Biegsamkeit.** Hierunter versteht man die Kraft des Holzes, Formveränderungen zu ertragen, ohne seinen Zusammenhang zu verlieren. Sie hängt von der größeren und geringeren Dehnbarkeit der Holzfaser ab. Bei der Biegsamkeit unterscheidet man noch je nach dem Verhalten nach dem Biegen:

α. Elasticität,

wenn das Holz nach dem Aufhören der biegenden Kraft mit größerer oder geringerer Schnelligkeit seine ursprüngliche Form wieder annimmt.

β. Zähigkeit,

wenn das Holz nach dem Biegen in der gegebenen Form verharrt.

Fast jedes Holz besitzt Elasticität und Zähigkeit neben einander, doch pflegt eine Eigenschaft bald mehr, bald weniger zu überwiegen, wonach wir dann das Holz je nachdem elastisch oder zähe nennen. Beide Eigenschaften stehen in demselben Stück Holz nicht unabänderlich fest, sondern wechseln besonders nach dem Feuchtigkeitsgehalt. — Trockenheit macht im Allgemeinen das Holz elastisch und beschränkt die Zähigkeit, während warme Feuchtigkeit das Holz zähe macht; größerer Harzgehalt erhöht die Zähigkeit, ebenso Abwelken des grünen Holzes auf dem Stocke; Frost hebt Elasticität wie Zähigkeit auf.

Die Elasticität in Verbindung mit der Festigkeit ist, wie wir bereits gesehen haben, wichtig für die Tragkraft, also für das Bauholz ferner für viele kleine Nutzhölzer; die Hölzer stehen in Bezug auf die Elasticität in folgender Reihenfolge: Akazie, Linde, Aspe, Birke, Ulme, Nußbaum, Eiche, Buche, Fichte, Esche, Ahorn; schwach elastisch sind: Lärche, Erle, Hainbuche, Tanne, Kiefer, Pappel, Weißerle. — Diese Reihenfolge bezieht sich auf den Trockenzustand der Hölzer (nach Noerblinger.)

Die **Zähigkeit** hängt mit der Gerad- und Langfaserigkeit und dem räumigen Zellenbau gewisser Hölzer zusammen, weshalb die leichten Hölzer zäher sind als die schweren. Wurzelholz ist zäher als Stammholz und dieses wieder zäher als Astholz, junges Holz und Splintholz ist zäher als älteres Holz und Kernholz, nasser Boden erzeugt oft brüchigeres Holz. Am zähesten sind die Stockloben von Weide, Birke, Hainbuche, Aspe, Esche, Eiche, Ulme ꝛc.; in Bezug auf Zähigkeit stehen die Holzarten in folgender Reihenfolge: Birke, Aspe, Weide, Lärche, Pappel, Stangen von Eichen, Fichten und Haseln. Auf der Zähigkeit des Holzes beruht seine Verwendung zu Schachtel-, Sieb- und Fruchtmaßfabrikation, Faßreifen, Bindeweiden ꝛc.; die Zähigkeit läßt sich durch Dämpfen erhöhen, worauf die Fabrikation der gebogenen Möbel und das Anfertigen aller gebogenen Bretter (Schiffsplanken, Kutschenkasten ꝛc.) beruht; in durch Wasserdämpfe erweichtem Zustande gebogen und so bis zum Trocknen festgehalten, behalten sie für immer ihre Form, werden auch durch das Dämpfen viel dauerhafter.

§ 249.

6. **Dauer des Holzes.** Hierunter versteht man die Widerstandskraft des Holzes allen äußeren zerstörenden Einflüssen aus der Thier- und Pflanzenwelt und den Elementen gegenüber, sowie die Fähigkeit, sich möglichst lange in gebrauchsfähigem Zustande zu erhalten.

Am meisten haben die Hölzer bekanntlich unter Fäulniß zu leiden, welche nach den Untersuchungen der Wissenschaft meist auf der Wucherung mikroskopischer Pilze (cfr. § 202) beruht. Die äußerst feinen Pilzkeimchen gelangen häufig an wunden Stellen in das Holz und bilden sich, sobald sie günstige Keimungsverhältnisse, namentlich die nöthige Feuchtigkeit und Wärme vorfinden, zwischen und in den Holzzellen üppig wuchernd fort, indem sie sich von den dieselben bildenden Elementarorganen ernähren, bis sie schließlich ein vollständiges Zerfallen der Holzfaser bewirken. Saftvolles oder noch nicht völlig trocknes Holz ist der Fäulniß (seines größeren, die Pilzentwickelung fördernden Feuchtigkeitsgehaltes wegen) weit mehr ausgesetzt als trocknes Holz.

Die Dauerhaftigkeit des Holzes hängt im Allgemeinen von Folgendem ab:

a. *Bei derselben Holzart ist das schwerere Holz auch dauerhafter*; bei den ringporigen Hölzern (Eiche, Esche, Ulme) ist Holz mit breiten Jahresringen, aber schmalen Porenkreisen und ganz feinen Poren viel dauerhafter (oft um das Dreifache!) als solches

mit engen Jahresringen; umgekehrt ist Nadelholz mit engen Jahres=
ringen dauerhafter als solches mit breiten Jahresringen.

β. Je günstiger der Standort der ganzen Entwickelung einer
Holzart ist, desto dauerhafter wird sie sein, weil sie auch schwerer zu
sein pflegt, ebenso ist das im freien Stande (Oberholz im Mittel=
walde ꝛc.) erwachsene Holz dauerhafter als das geschlossen erwachsene.

γ. Kernholz ist dauerhafter als Splintholz, Holz von mittlerem
Alter ist dauerhafter als junges und sehr altes Holz.

δ. In wiefern die Fällungszeit (Herbst, Winter, Sommer)
von Einfluß auf die Dauer des Holzes ist, ist noch nicht endgültig
festgestellt, doch ist bei Laubhölzern für die Dauer derselben wohl die
Winterfällung vorzuziehen. Eingehende Versuche, die natürlich einen
langen Zeitraum erfordern, sind wohl angefangen, aber noch nicht ab=
geschlossen.

ε. Von größtem Einfluß auf die Dauer der Hölzer ist ihre Ver=
wendung im Freien oder in der Erde, im Wasser, in geschlossenen
Räumen, an dumpfigen, feuchten, trocknen Orten ꝛc.

Die längste Dauer hat das Holz an trocknen Orten, be=
sonders aber ganz unter Wasser; in ersterem Falle ist dasselbe
möglichst frei von der fäulnißfördernden Feuchtigkeit, in letzterem Falle
ist es von der Luft, in welcher die Pilzkeimchen herumschwärmen, ab=
geschlossen; fauliges und schnellströmendes Wasser ist jedoch schädlich.

Im Wasser dauern am besten: Eichenholz, harzreiches
und engringiges Lärchen= und Kiefernholz und Erlenholz;
sie können unter Wasser über 1000 Jahre ausdauern.

Bei fortdauernder Berührung mit Wasser und Luft gleichzeitig,
wie z. B. Pfähle und Pfeiler bei Wasserbauten ꝛc., dauert das Holz
am wenigsten und verwendet man dazu, wenn dies möglich ist, nur
das oben genannte Holz, im Nothfall auch Fichten= und Tannenholz.

Gegen die Einflüsse der atmosphärischen Luft und der Nieder=
schläge sind am dauerhaftesten die Eiche und die Nadelhölzer,
welche deshalb beim Häuserbau, zu Zäunen und zu landwirthschaft=
lichen und Gartenbauzwecken am liebsten verwendet werden.

Im Erdboden dauert das Holz nur kurze Zeit, namentlich in
lockerem, feuchtem und warmem Boden, z. B. in Thon, Kalk und
ähnlichen Bodenarten. Es dauern außer Eiche und den Nadelhölzern
am besten noch Erle und Akazie im Boden. Sehr verderblich für

alles Holz sind dumpfige feuchte Räume, z. B. Bergwerke, Keller, Ställe ꝛc., wo das Holz in kürzester Zeit der Fäulniß anheim fällt; an solchen Orten bildet sich auch häufig im Bauholze der gefürchtete Hausschwamm (Merulius destruens Pers.), von dem nur schnellste Austrocknung der befallenen Hölzer und Anstrich rettet.

Außer den vielen Fäulnißpilzen schaden dem trocknen Holz noch allerlei Käfer und Würmer, namentlich die Todtenuhr, Anobium striatum, der Trotzkopf, A. pertinax, und viele andere Bohrkäfer, welche Bau- und Nutzholz (Möbel ꝛc.) zernagen. Die Laubhölzer leiden mehr vom Wurmfraß als die Nadelhölzer.

Das ungünstigste Verhältniß, nämlich wechselnde Feuchtigkeit und Trockniß vorausgesetzt, stellt Gayer folgende Dauerhaftigkeitstabelle auf:

Sehr dauerhaft:

Eiche aus mildem Klima und freiem Stande,
Lärche, wenn sie feinringig und harzreich ist,
Kiefer, wenn sie feinringig und harzreich ist,
Schwarzkiefer, wenn sie feinringig und harzreich ist,
Akazie von warmem Standort steht der Eiche gleich.

Dauerhaft:

Kastanie, als Faßholz und im Boden gut, im Trocknen vorzüglich, im Wind und Wetter schlecht,
Ulme, wurmfrei, im Trocknen vorzüglich,
Fichte, wenn sie harzreich ist,
Tanne,
Lärche mit breiten Jahrringen aus warmen Lagen,
Esche, nur im Trocknen gut.

Wenig dauerhaft:

Die breitringigen harzarmen Nadelhölzer sind nur im Trocknen gut, sonst ziemlich vergänglich,
Buche, im Nassen gut, im Trocknen dauerhaft, aber von Würmern sehr heimgesucht,
Hainbuche,
Ahorn, von Würmern fast ganz frei,
Erle, im Nassen vorzüglich, aber sonst sehr vergänglich und von Würmern gefressen,

Birke, im Trocknen gutes Möbel- und Wagnerholz,
Aspe, nur im Trocknen,
Linde, Pappel, Hasel und Weide haben nur im Trocknen einige Dauer.

§ 250.

Mittel zur Erhöhung der Dauerhaftigkeit sind:

Das Austrocknen entweder auf dem Stamme durch Abwelken oder Liegenlassen nach dem Fällen im Laube oder theilweises oder ganzes Entrinden von Stämmen oder Stammabschnitten.

Schutz vor Feuchtigkeit durch wasserdichte Anstriche mit Oelfarbe, Kreosotöl, Holztheer, Steinkohlentheer, Firnisse ꝛc., dazu muß das Holz jedoch erst vollkommen ausgetrocknet sein und der Anstrich vollkommen decken.

Das Ankohlen bei der Verwendung im Boden bei Pfählen, Zaunlatten ꝛc.; soll dieses helfen, so muß der in die Erde kommende Theil vollständig mit einer starken Kohlendecke umgeben sein.

Das Imprägniren oder Durchtränken mit fäulnißwidrigen chemischen Substanzen, Kupfervitriol, Zinkchlorid, Quecksilberchlorid und kreosothaltigen Stoffen, wie es namentlich bei Eisenbahnschwellen vorkommt. Man bringt die betr. Substanzen theils durch den hydrostatischen Druck der Flüssigkeit (Verfahren von Boucherie, meist bei Kupfervitriol üblich), theils durch Dampfdruck in hermetisch abgeschlossenem Raum in das Holz. Das Holz muß gesund und mittleren Alters sein, Splintholz imprägnirt sich am besten.

§ 251.

d. Schwinden, Quillen und Werfen.

Unter Schwinden des Holzes versteht man seine Raumverringerung durch Wasserverdunstung, unter Quillen die Raumvergrößerung durch Wasseraufnahme. Nachdem das Holz lufttrocken geworden ist, wechselt es in Wasseraufnahme und Wasserabgabe je nach dem Feuchtigkeitsgehalte der umgebenden Luft; je größer der Wassergehalt einer Holzart ist, um so mehr schwindet es; am geringsten schwindet das Holz in der Längsrichtung, schon mehr in der Richtung der Markstrahlen, am meisten im Verlaufe der Jahrringe (bis 15 pCt.). In warmen oder geheizten Räumen schwindet das Holz am meisten. Nach Noerdlinger schwinden wenig: Fichte, Lärche, Tanne, Stieleiche, Ahorn, Kiefer, Pappel, Ulme, Kastanie, Esche, Aspe, Akazie — schwinden stark: Erle, Birke, Apfelbaum, Hainbuche, Rothbuche, Kirsche, Linde, Nußbaum.

Da das Holz in verschiedenen Richtungen schwindet, so bekommt dasselbe dabei sog. Trocken- und Schwindrisse, und zwar meist in der Richtung des Radius oder der Markstrahlen, es reißt um so mehr, je schneller es schwindet (je saftreicher es gewesen ist).

Starkes entrindetes Holz reißt mehr als schwaches, am meisten reißen Buche und Esche; man vermindert das Reißen durch langsames Austrocknen der Stämme in der Rinde oder durch nur platzweises Entrinden resp. allmähliges Trocknen in Rinde und Laub. In ähnlicher Weise wie durch den Wasserverlust beim Schwinden, verändert sich das Holz auch bei der Wiederaufnahme des Wassers, beim sog. Quillen, wodurch das Werfen und Ziehen entsteht; letzteres steht in gleichem Verhältnisse zum Schwinden und wird namentlich durch Dämpfen und Bähen verhindert. Nadel- und weiche Laubhölzer quillen und werfen sich weniger als die harten Laubhölzer.

§ 252.

e. Brennkraft des Holzes.

Hierunter ist die Wärmemenge zu verstehen, die verschiedene Holzarten in unseren Oefen zu entwickeln vermögen, wenn man die gleiche Masse in gleichem Trockenzustande die gleiche Zeit brennen läßt. Von Einfluß auf die Brennkraft einer Holzart ist sein **Feuchtigkeitsgehalt** — trocknes Holz brennt am besten, — **seine Schwere und Güte** — bei derselben Holzart pflegt das schwere und bessere Holz, d. h. solches, was auf gutem Standort erwachsen ist, brennkräftiger zu sein — **seine Zusammensetzung und sein Bau** — leichtere und harzreiche Hölzer brennen schnell und heiß, schwere still und andauernd —, **der Gesundheitszustand** — gesundes und Holz von mittlerem Alter ist brennkräftiger als junges und altes resp. krankes Holz.

Noerdlinger stellt die Hölzer in Bezug auf ihre Brennkraft in folgende Reihe:

Sehr brennkräftig: Buche, Hainbuche, Birke, Akazie, harzreiches altes Kiefernholz.

Brennkräftig: Ahorn, Rothrüster, Esche, harzreiches Lärchenholz, Kastanie.

Mittelbrennkräftig: Weißrüster, gesundes Eichen- und Kiefernholz, altes Fichtenholz.

Wenig brennkräftig: Tanne, Linde, junges Fichtenholz, Erle, Eichenanbruchholz, Aspe, Pappel, Weide.

Ein Raummeter gutes trocknes Buchenklobenholz = 6¼ Ctr. guter Steinkohle und etwa 15 Ctr. guten trocknen Stichtorf; 1 rm bo. Nadelholz nur = etwa 4½ Ctr. Steinkohle.

§ 253.

f. Fehler, Schäden und Krankheiten des Holzes.

Hiermit sind die Holzarten in sehr verschiedener Weise behaftet, meistens beeinträchtigen sie die Verwendbarkeit in höherem oder geringerem Grade. Solche Fehler sind:

1. **Kernrisse;** sie bestehen in feinen Rissen und Klüften, welche radial vom Kern nach dem Splint zu verlaufen; eine besondere Art Kernriß ist der Walbriß, welcher quer durch das Mark und den Kern geht. Kernrisse kommen mehr im unteren Stamm und bei starken Bäumen vor, namentlich bei Buchen, Eichen, Kiefern und Hainbuchen; feine Risse schaden weniger, stark kernrissiges Holz wird dagegen zum Bretter- und Bohlenverschnitt untauglich.

Die Ursache ist das Schwinden des Holzes.

2. **Frostrisse (Eisklüfte).** Sie entstehen bei plötzlicher Kälte resp. bei schroffem Temperaturwechsel durch ungleiches Zusammenziehen des Holzes; es sind lange, am Stamme herunterlaufende, nach innen allmählich verlaufende Risse. Besonders leiden darunter starke freistehende gutspaltige Hölzer, am meisten Eichen, Linden und Buchen. Frostrisse beeinträchtigen oft den Nutzwerth bedeutend, so daß der Stamm klein gespalten werden muß (vgl. § 106).

3. **Maserholz** besteht in einem wellenförmig verschlungenen Lauf der Holzfaser, entstanden durch örtliche Wucherung vieler Stammknospen, um welche die sich neubildenden Holzfasern herumlaufen müssen, auch wohl durch Stammverletzungen und Losästungen; am ausgebildetsten bei Schwarzpappel, Ulme, Erle, Birke, Ahorn, auch bei Eiche.

Eine Abart der Vermaserung ist das sog. **Wimmerholz,** wo die Holzfaser nur wellenförmig, nie verschlungen verläuft (Buche, Erle, Eiche).

Viele Höcker, Wülste, Auftreibungen ꝛc. bezeichnen bereits am lebenden Stamme solchen unregelmäßigen Wuchs. Wimmerholz ist zu Nutzholz unbrauchbar, Maserholz ist dagegen bei harten Hölzern zu Möbeln und von den Drechslern sehr gesucht.

4. Drehwuchs verläuft entweder von der linken nach der rechten Seite des Beschauers rechtsgedreht oder widersonnig oder umgekehrt, er verläuft „mitsonnig"; man versteht darunter den spiralförmig um den Stamm gehenden Verlauf der Holz- und Rindenfasern; er kommt besonders bei Eiche, Kiefer, Ulme und Buche vor. Gedrehtes Holz ist zu kantigem Schnitt- und Balkenholz ganz unbrauchbar, zu Ganzholz, zu wahnkantigem beschlagenem Bauholz und ganz kurzem Spaltholz dagegen sehr wohl brauchbar. Er ist ein sehr verbreiteter Fehler.

5. Hornäste sind in den Schaft eingewachsene Aeste und Zweige (Augen!), bei Nadelholz wegen Tränkung mit Harz oft steinhart; sie beeinträchtigen den Werth der Bretter.

6. Baum- oder Borkenschläge entstehen durch Rindenverletzungen aller Art und rufen meist Fäulniß hervor oder es vertrocknet der Splint unter der Wunde und es bleibt, selbst wenn Ueberwallung (Wülste, Kappen) eintritt, ein kurzer Spalt, der das betreffende Stück zu Faßholz und kleinem Schnittholz untauglich macht.

Bei großen Rindenverletzungen, wie sie durch Abbrechen und unvorsichtiges Abhauen der Aeste, durch Anreißen von Lachten zur Harzgewinnung, namentlich aber durch das Schälen des Wildes hervorgerufen werden, tritt in der Regel Fäulniß hinzu; solche Stämme werden dann entweder ganz oder doch in der Umgebung der verletzten Stellen zu Nutzholz unbrauchbar; sie geben nur minderwerthiges Brennholz sog. Anbruchholz. Zur Vorbeuge ist größte Vorsicht beim Aushiebe des Trocken- und Durchforstungsholzes geboten.

Die verschiedenen Arten der Holzzerstörung in lebenden Bäumen wurden bisher nur nach der Farbe des faulen Holzes in Roth- und Weißfäule unterschieden. Jetzt weiß man, daß die Träger der Fäulniß fast lediglich Pilze*) aus der Gattung Polyporus, Trametes ꝛc. sind,

---

*) Vergl. die kleine Schrift: „Die durch Pilze erzeugten Krankheiten der Waldbäume; für die deutschen Förster" von Robert Hartig, Breslau, Morgenstern; deren Anschaffung hiermit empfohlen wird.

welche unsere Waldbäume zerstören. Ein Theil dieser Pilze sind ächte Parasiten und bringen durch Astwunden in das Innere der Bäume ein. Gegen Wurzelpilz, z. B., den unsere Nadelhölzer oft tödtenden Hallimasch, Agaricus melleus (oft kenntlich, wenn im October die großen honigfarbenen Hutpilze an oder bei den Wurzelstöcken der getödteten Bäume hervorkommen), ferner gegen den Wurzelschwamm, Trametes radiciperda, in Nadelhölzern (oft an den Wurzeln in kleinen schmutzig gelben Polstern erscheinend), schließlich den in Eichensaatkämpen so verderblichen Rhizoctonia quercina (am Stengel in schwarzen schrotkörnchengroßen Pilzen) hat man als hier und da wirksames Mittel Isolirungsgräben angewandt, um zu hindern, daß die Pilzstränge im Boden sich weiter verbreiten und die Nachbarwurzeln inficiren. Gegen die parasitischen Pilze des Holzkörpers dagegen hat man kein durchgreifendes Mittel. Das Einzige ist der schnelle Einschlag fauler und mit Schwämmen versehener Stämme in den Durchforstungen und der Totalität, damit weiterem Schaden vorgebeugt wird, also sorgfältige Bestandespflege.

7. Die Fäulniß bringt theils durch die Wurzeln, theils durch die Aeste, theils durch Rindenverletzungen ein und unterscheidet man je nach dem Sitze derselben:

α. Kernfäule, welche den Schaft und somit den nutzbarsten Theil erfaßt; sie geht von Wundstellen am Stamm, Wurzeln und Aesten aus und befällt alte und junge Stämme im Kern sowohl als Rothfäule (Eiche, Erle, Ulme, Linde, die Nadelhölzer ꝛc.), als auch als Weißfäule (Buche, Pappel, Ahorn, Weide, Eiche ꝛc.). Abarten davon sind die rothe und weiße Mondringfäule.

β. Wurzel- oder Stockfäule befällt als Roth- und Weißfäule namentlich Pfahl- und Herzwurzeln alter Bäume; sie ist weniger gefährlich, da sie nicht hoch in den Stamm zu steigen pflegt und andere Seitenwurzeln, die dann gewöhnlich stark unten am Stamm hervortreten und Wurzelausläufe hervorrufen, die Ernährung übernehmen. Solche starken Wurzeln und Wurzelausläufe sind stets verdächtig für die Gesundheit des Baumes.

γ. Astfäule entsteht an absterbenden abgebrochenen oder schlecht abgehauenen Aesten, namentlich an alten Laubhölzern (Eiche, Pappel), seltener an Nadelhölzern; sie ist kenntlich an den Ueberwallungsstellen (Kappen!) und thut der Nutzbarkeit, wenn sie tiefer in den Stamm einbringt oder sich hier gar zu Kernfäule entwickelt, nicht selten erheblichen Eintrag. Am gefährlichsten sind Faulstellen von roth- und weißfleckiger Farbe (Rebhuhnflecke), welche gewöhnlich tiefer zu gehen pflegen, am ungefährlichsten sind schwarze Faulflecken, und pflegen Stämme, welche nur solche Faulstellen zeigen, immer noch gern gekauft zu werden.

Zu den schlimmsten Parasiten in Kiefernbeständen gehört der sog. Astschwamm, Trametes pini, Erzeuger der Rothfäule und Ringschäle der Kiefer, Fichte, Buche, Tanne, dessen konsolförmige Fruchtkörper meist an Aststufen sitzen. In den Tannen und Eichen erzeugt die Weißfäule der Polyporus igniarius.

8. **Krebskrankheiten** sind äußerliche Rindenkrankheiten, die sich durch Wucherung, rissige Aufblasung ꝛc. sofort bemerklich machen.

a. **Eichenkrebs**: Er besteht in einer einseitigen oft große Dimensionen ($1/2$–1 m hoch) annehmenden zerborstenen wulstigen Auftreibung an offenen Rindenwunden junger und mittlerer Eichenstangen, meist am untern Stamme und beeinträchtigt, da er immer mit Fäulniß verbunden ist, die nicht selten in Kernfäule ausartet, den Nutzwerth sehr. Die mögliche Ursache sind Frostrisse! (?)

β. **Tannenkrebs** wird durch die Wucherung eines Pilzes (Peridermium elatinum) verursacht, dessen Wirkung sich zuerst in einer kleinen Rindenbeule zeigt, die nach und nach sich vergrößert, oft den Stamm bis zu seiner doppelten Stärke wulstig auftreibt und das betreffende Stück zu Nutzholz untauglich macht. Sehr verbreitet und schädlich.

γ. **Lärchenkrebs** ist der gefährlichste und verbreitetste Krebs an jungen und mittleren Lärchenstangen, welche oft verheerend befallen werden. Die Ursache ist die Wucherung eines kleinen Lärchenpilzes (Peziza Willkommnii), der sich in der Größe eines Stecknadelkopfes und in Becherform an den Rindenkrebsstellen zeigt. In der weiteren Entwickelung tritt schließlich der schwärzliche Splint zu Tage, der von harziger, zerborstener und wulstiger Rinde umgeben ist. Die Stangen sind zu Nutzholz gewöhnlich ganz untauglich.

δ. **Buchenkrebs.** Die Buche leidet an mancherlei Krebserscheinungen. Ein Krebs wird verursacht durch einen Pilz (Sphaeria ditissima), ähnliche Krebsbildungen ruft eine Rindenlaus (Lacteus exsiccator) und eine Wolllaus (Chermes fagi), ferner der Frost hervor. Der

Kiefernblasenrost (Peridermium pini) erzeugt den Kiefernkrebs, Kienzopf; der Kieferndreher (Caeoma pinitorquum) tödtet oft 1—20jährige Kiefern, die Fichtennadelröthe bewirkt der Schlauchpilz Hypoderma macrosporum (Fichtenritzenschorf).

Die Mittel, um Fehler, Schäden und Krankheiten zu verhüten, liegen einzig in einer richtigen waldbaulichen Begründung und Pflege der Bestände, vor Allem in der richtigen Auswahl des Standorts für jede Holzart; es werden dann die Waldbäume sich kräftig entwickeln und den Angriffen ihrer zahlreichen Feinde siegreichen Widerstand leisten. Wo sich bei der Fällung an Nutzholzstämmen Fehler zeigen, müssen dieselben aufgedeckt werden, namentlich alle **Ueberwallungen, Wülste und Kappen müssen frei gehauen werden**, damit die Käufer sich von dem Schaden überzeugen können und nicht nachher begründete Beschwerde führen, daß ihnen Fehler verheimlicht seien und ihnen krankes fehlerhaftes Holz als gesundes Holz verkauft sei. Vor Allem aber müssen kranke Stämme bei den Durchforstungen und Trockenholz-Aushieben rechtzeitig entfernt und muß bei deren Aushieb dafür gesorgt werden, daß die gesunden Nachbarstämme nicht beschädigt werden?

I. Hauptnutzung.

A. Gewinnung des Holzes.

a. Organisation der Holzhauer.

§ 254.

1. Annahme der Holzhauer.

Um das zu fällende Holz in entsprechender Weise vom Boden zu trennen und für den Gebrauch zurichten zu können, muß man ein zuverlässiges und technisch geübtes Holzhauercorps in ausreichender Anzahl zur Hand haben.

Es hat die größten Vortheile, wenn man immer dasselbe Personal sich erhält und man sucht deshalb die Holzhauer nicht nur durch ausreichenden Verdienst, sondern auch durch Gewährung mancher Vortheile, wie Ueberlassung von billigen Pachtländereien, Waldweide, allerlei Nebennutzungen, ferner durch festere Organisation, Belohnungen ꝛc. vor Allem aber durch eine richtige angemessene Behandlung an sich und den Wald zu fesseln resp. sie in eine engere Genossenschaft zu bringen. Bei der Annahme von Holzhauern muß man nicht nur auf tüchtige Arbeitskraft und gute Leistungen sehen, sondern auch auf Unbescholtenheit und Zuverlässigkeit, namentlich müssen dieselben durchaus ehrlich und nüchtern sein. Ob bei der Annahme mit den Holzhauern schriftliche Verträge oder nur mündliche Verabredungen unter Vorbehalt jederzeitiger Entlassung geschlossen oder ob vielleicht ganze Schläge kontraktlich an Unternehmer verdungen werden, hängt von den Arbeitsverhältnissen ab. Die Aufarbeitung durch einen Unternehmer, auch durch den Käufer, falls dieser den Schlag auf dem Stamm gekauft hat, bietet viele Vortheile.

§ 255.
2. Instruction und Disciplin.

Nur selten kann der Beamte allein die Aufsicht über die Schlagführung und die Holzhauer führen, deshalb wählt er sich den zuverlässigsten tüchtigsten und bei seinen Mitarbeitern in entschiedener Achtung stehenden Holzhauer zum Holzhauermeister (Oberholzhauer, Regimenter) aus, der in seiner Vertretung die Aufsicht im Schlage führt, ihm bei der Abnahme des Schlages, dem Nummerieren, dem Vermessen und bei anderen Waldgeschäften zur Hand geht, den Lohn erhebt und auf Grund der Lohnzettel vertheilt 2c., wofür er nicht nur einen erhöhten (um 3—6%) Lohn bezieht, sondern auch bei Vertheilung der Arbeit, da er selbst mitarbeiten muß und bei sonstigen Gelegenheiten begünstigt wird. Bei der Arbeit im Schlage vertheilen sich die Arbeiter in „Rotten oder Sägen" nach eigener Wahl, welche aus zwei bis sieben Mann bestehen und gemeinschaftlich arbeiten. Vor jedem Schlage sind die Holzhauer, besonders aber der Holzhauermeister, auf das Genaueste zu instruiren, in welcher Weise der Schlag zu führen ist und welche Art von Nutzhölzern auszuhalten sind. Außer diesen speziellen Instructionen vor jeder einzelnen Arbeit müssen noch allgemeine Vorschriften über das Aufarbeiten und Rücken der Hölzer, das Aufsetzen und Vermessen, das Aushalten des Holzes, über Anfangszeit und Aufhören der Arbeit und Disciplinarstrafbestimmungen für Vergehen gegeben werden, welcher sich die Arbeiter im Walde, bei der Arbeit und gegen ihre Vorgesetzten schuldig machen. Alle diese Bestimmungen werden zusammengefaßt zu der sog. meist von den Regierungen zu erlassenden Hauordnung, auf welche die Holzhauer bei der Annahme zu verpflichten sind.

Die Strafen bestehen in Lohnabzügen oder Entlassung; die eingezogenen Geldstrafen werden später zum gemeinen Besten verwendet.

Alles Holz, was von einer Rotte gefällt oder aufgearbeitet ist, wird auch von dieser gerückt und aufgesetzt, wo dann zur leichteren Controle jede Rotte ihr eigenthümliches Zeichen (Nummer ꝛc) an dem von ihr aufgesetzten Holz anbringen muß.

An den geltenden Bestimmungen muß seitens des Beamten streng festgehalten werden; im Schlage muß stets die größte Ordnung herrschen; es darf womöglich an einem Tage nicht mehr Holz gefällt werden als aufgearbeitet und aufgesetzt werden kann; vor Anbruch der Nacht, unbedingt aber vor den Sonn- und Festtagen, soll alles Holz aufgesetzt sein und darf kein zugerichtetes Stück, was in ein Schichtmaaß oder einen Haufen gehört, frei umher liegen.

Vor vollständiger Beendigung des Schlages darf weder Holz abgegeben oder abgefahren werden, noch dürfen die Raff- und Leseholzsammler daraus Holz entnehmen. Die Holzhauer dürfen zum Feuer nur trocknes und sonst nicht weiter zu verwendendes Holz verbrauchen; alles Lärmen im Schlage, Zänkereien, Mitbringen größerer Mengen Spirituosen ꝛc. sind strengstens zu untersagen. Abends beim Verlassen des Schlages sind die Holzhauer regelmäßig zu kontroliren, ob sie nicht unerlaubtes Holz mitnehmen; auch Morgens in der Dämmerung wird vor Beginn der Arbeit oft Unfug verübt.

§ 256.

3. **Verlohnung.**

Die Verlohnung findet statt nach der Holzwerbungstaxe, welche dem ortsüblichen Tagelohn für schwere Arbeit entspricht und die Vergütigung für sämmtliche Arbeiten vom Anhiebe bis zur Abnahme des Schlages begreift; neben dem Hauerlohn darf ein besonderes Rückerlohn nur dann gewährt werden, wenn das Holz auf weiter als 50 Schritt gerückt werden muß. Für jede Position des Hauungsplanes ist ein gesonderter Lohnzettel aufzustellen, der sämmtliche Hau- und Rückerlöhne für jedes Sortiment einzeln angiebt; er wird nach Beendigung und Abnahme des Schlages definitiv festgestellt; vorher kann der Förster jedoch alle 8—14 Tage auf Grund von Vorschuß- und Abschlagslohnzetteln, die vom Vorgesetzten angewiesen werden, durch den Holzhauermeister bei der Kasse Geld erheben und an die Arbeiter vertheilen; nie darf der Förster aber mehr verlohnen, als bereits aufgearbeitet ist (vergl. § 50, 51 der J. f. J.).

b. Werkzeuge der Holzhauer.
§ 257.
1. Zum Fällen und Aufarbeiten.

Die hierzu nöthigen Werzeuge bienen entweder zum Hauen, zum Spalten oder zum Sägen. Hau=Instrumente sind: die Axt, welche zum Bearbeiten im Rohen dient und eine doppelseitige Zuschärfung der Schneide hat, das Beil, welches mehr zum Entästen und Reinigen dient und nur eine Schneidenschärfung hat und die mit einer Hand zu führende kleine mehr haumesserähnliche Heppe. Axt und Beil (vergl. Figur 132, 133) bestehen aus der eigentlichen Axt — Beil und dem in das Oehr des hinteren Theils — Haus oder Haube genannt — eingesteckten Helm (Stiel); der Vordertheil der Axt setzt sich aus den beiden zusammengeschweißten Blättern zusammen, die vorn gut gestählt sein müssen und in die Schneide auslaufen. Am meisten empfehlen sich Aexte mit etwas geschwungenem und unten verdicktem (Nase!) Helm mit einer von der Schneide sich etwas abwendenden Richtung, weil der Hieb dadurch wurfartiger und kräftiger wird, auch die Arme am wenigsten erschüttert werden. Man hat

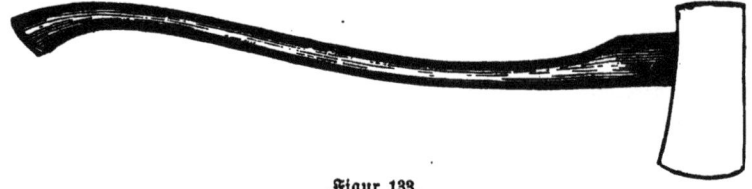

Figur 132.

Figur 133.

zuweilen zweierlei Aexte, die leichtere Fällaxt und die schwerere Spaltaxt.

Das Beil kommt bei den Holzhauern seltener vor, es ist das Hauptinstrument des Zimmermanns. Die Heppe (Faschinenmesser) kommt hauptsächlich beim Entästen und im Niederwaldhiebe vor.

Zum Spalten bedient man sich öfter einer besondern schweren Spaltaxt, stets aber eiserner oder hölzerner Keile; mit ersteren arbeitet man besser, doch springen sie leichter aus; die hölzernen Keile fertigen sich die Arbeiter aus zähem Hainbuchen- oder Buchenholz und lassen meist oben einen eisernen Ring umlegen; hölzerne Keile werden mit der Axthaube, eiserne mit eigenen Holzklöppeln eingetrieben.

Die Waldsägen unterscheidet man folgendermaßen:*)
1. Nach der Art der Befestigung des Griffes:
    A. Oehrsägen: An den Enden des Sägeblattes sind Oehre zum Durchstecken der Holzgriffe angenietet.
    B. Stiftsägen: An Stelle der Oehre sind Stifte angeschweißt, auf welche Holzgriffe aufgetrieben werden. (Figur 134.)

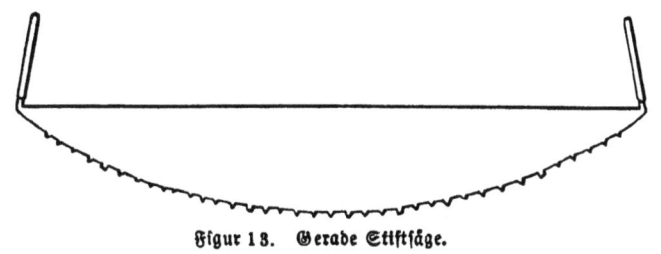

Figur 134. Gerade Stiftsäge.

    C. Bügelsägen: An den Enden des Sägeblattes befindet sich ein rundes Loch, durch welches ein Holzpflock getrieben wird, über den man den hölzernen Bügel spannt. (Figur 135.)

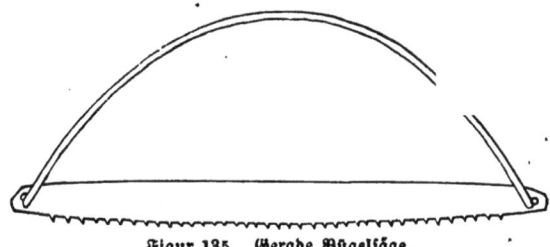

Figur 135. Gerade Bügelsäge.

    D. Sägen mit Patentangeln.
2. Nach der Form des Sägeblattes:
    A. Gerade Sägen, Rücken und Zahnseite sind gerade oder nur schwach gebogen.

---

*) Wer sich genauer über Sägen und Holzhauergeräthe unterrichten will, lese das „Illustrirte Handbuch über Sägen und Werkzeuge der Holzindustrie", zu beziehen von der berühmten Fabrik dieser Branche: J. D. Dominikus u. Söhne zu Remscheid-Vieringhausen. 2. Aufl. 1893. 3 Mk., die auch alle Werkzeuge in bester Qualität zu billigstem Preise liefert.

B. **Geschweifte Sägen**, bei denen sowohl Rücken- wie Zahnseite bogenförmig sein kann. (Figur 136.)

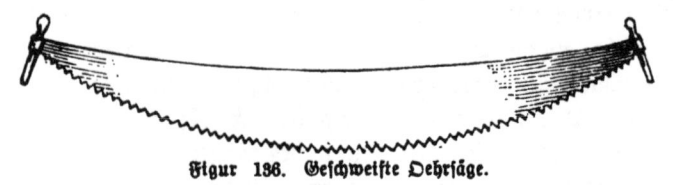

Figur 136. Geschweifte Oehrsäge.

Man kann dabei unterscheiden:
 a. **Bauchsägen** mit geradem Rücken und gebogener Zahnseite. (Figur 134.)
 b. **Bogensägen** mit mehr oder minder auswärts gebogener Zahn- und Rückenseite. (Figur 135.)
 c. **Wiegensägen** mit ausgebogener Zahn- aber eingebogener Rückenseite. Die Stärke der Schweifung wird durch Abweichung der Krümmung von der geraden Linie in Millimetern angegeben. (Figur 136).

3. Nach der Art des Zahnbesatzes.
 A. **Walbsägen** mit M Zähnen und zwar entweder mit hohen M Zähnen, wenn der Zahn hoch über der Zahnlückenlinie liegt, oder mit niedrigen M Zähnen. (Figur 138.)
 B. **Sägen mit Dreiecks-(△) Zähnen.** Es sind dann entweder:
  a. die Zähne dicht aneinander gereiht. (Geschlossener Zahnbesatz!) (Figur 137.)
  b. Zwischen den einzelnen Zähnen bleiben Räume von der Breite der Zähne. (Raumer Zahnbesatz.) (Figur 138.)

Figur 137.   Figur 138.

Eine Zahnhöhe von 18 mm und eine Zahnbasis von 13 mm bei △ Zähnen leisten am meisten.

Das Blatt soll aus Tiegel-Gußstahl und richtig gehärtet sein und muß sich von der Zahnseite nach dem Rücken verjüngen. Zur Verminderung der Reibung und Verbreiterung des Schnittes werden die Sägen geschränkt, d. h. es wird abwechselnd ein Zahn nach der einen, der folgende nach der andern Seite ausgebogen, gewöhnlich um die doppelte Blattstärke; um das Sägemehl besser auswerfen zu können, werden öfter in regelmäßigen Abständen verschieden geformte stumpfe sog. Raumzähne eingefügt. (Figur 139a.)

Figur 139.

Die vielfach angestellten Versuche haben noch kein endgültiges Resultat ergeben über den entschiedenen Vorzug der einen oder anderen Waldsäge. Heute giebt man meist schweren Bogensägen (2,5 kg. mit Krümmungsradius 1,55 m) mit zweischneibigen Dreieckszähnen von 1,4—1,5 m Länge und 18—24 cm. mittlerer Breite den Vorzug. Neuerdings werden die „hinterlochten" Sägen von J. D. Dominikus & Söhne in Remscheid sehr empfohlen, welche es dem Arbeiter ermöglichen, bei einiger Aufmerksamkeit die ursprüngliche Form des Zahnbesatzes auch bei fortgesetztem Schärfen zu erhalten.

§ 258.

2. Zum Roden.

Zu den einfachsten Rodewerkzeugen zur Gewinnung der Stöcke gehören Rodehaue, Spitzhaue und Rodeaxt, Keile, Hebelstangen, Brechstangen, Stemmeisen, Ziehseile, Ziehstangen, Wendehacken ꝛc. Die Rodehaue hat eine breite gut verstählte horizontale Schneide und dient zum Aufhacken des Bodens und zum Durchhauen schwacher Wurzeln, auf felsigem Boden muß man noch die Spitzhaue mit keilförmiger Spitze zu Hilfe nehmen. Die Rodeaxt ist die gewöhnliche Fällart; meist nimmt man dazu ein abgenutztes Exemplar derselben. Außerdem werden noch mannigfache Rodemaschinen angewandt, die jedoch entweder zu theuer oder zu schwer zu handhaben oder zu transportiren oder zu wenig wirksam, stellenweis auch gefährlich sind; sie bewähren sich wenig, die bekanntesten sind: der Waldteufel, die Schuster'sche Stockrodemaschine und das Wohmann'sche Zwickbrett.

Bessere Erfolge haben die Versuche mit der sog. „Uhrich'schen Zündnadelsprengschraube" (zu beziehen für 40 Mark von Dreyse in Sömmerda) ergeben, welche somit für das Roden von Stöcken bestens empfohlen werden kann.

c. Die Holzfällung.

§ 259.
Fällungszeit und Wabel.

Die Hauptfällungszeit, Wabel genannt, fällt gewöhnlich in die sechs Wintermonate, doch kommen im hohen Gebirge der Unzugänglichkeit bei hohem Schnee wegen, auch wohl Sommerhiebe vor. Läuterungs- und Durchforstungshiebe im Laubholz werden gern im belaubten Zustande — im Frühjahr, vielfach auch im Sommer — ausgeführt; wenn man die Rinde oder zu schälendes Material gewinnen will, so wird meist mit beginnendem Saftflusse gehauen; ferner ist der Frühjahrshieb im Niederwalde Regel; in Verjüngungsschlägen — Samen- und Lichtschlägen — wird der Hieb im Winter zu einer Zeit geführt, wo dem Aufschlage der geringste Schaden zugefügt wird — also bei Schnee und gelindem Wetter; sonst unzugängliche Erlenbrücher treibt man bei starkem Frost, wenn die Eisdecke hält, ab. Stockrobungen werden meist im Sommer ausgeführt. Bei sehr starkem Frost wie bei Sturm sind alle Fällungen sofort zu sistiren. Bau- und Nutzholz soll bei Beginn der Saftzeit nicht mehr geschlagen werden. Dieser Termin markirt sich in Deutschland überall, im Gebirge und in der Ebene, im Norden wie im Süden durch die Blüthezeit der Hasel.

§ 260.
Anlegen der Holzhauer.

Die Anweisung und Auszeichnung der Schläge erfolgt immer durch den Oberförster, höchstens bei Durchforstungen ist dem Schutzbeamten in sofern freiere Hand gelassen, als er sich nach der allgemein darüber gegebenen Anweisung richten muß, aber das Auszeichnen der herauszunehmenden Stämme selbständig ausführt.

Bei Kahlhieben wird die Größe des Schlages durch Anschalmen der Grenzbäume vom Revierverwalter genau bezeichnet, bei Lichtungshieben werden die einzelnen herauszunehmenden Stämme mit dem Waldhammer, schwächere mit dem Reißhacken angezeichnet; sollen aber mehr Stämme herausgehauen werden als stehen bleiben, so werden die stehen bleibenden gezeichnet. Die den einzelnen Rotten zufallenden Stämme oder Theile des Schlages werden vom Holzhauermeister an die Rotten verloost, wobei man auf möglichste Gleichwerthigkeit der

Arten der Fällung.

Loose zu halten hat; hierauf wird jede einzelne Rotte noch einmal vom Förster in Betreff des Aushaltens von Nutzholz genau instruirt und werden namentlich die Wege und Plätze, an welche das Holz zu rücken ist, genau angewiesen oder im Schlage mit Signalstangen ausgezeichnet. Ein Loos läßt man gewöhnlich übrig, um darin noch die Arbeiter zu beschäftigen, welche früher fertig werden, da eine Verzettelung der Arbeiter immer vom Uebel ist.

Besonders werthvolle oder schwierig aufzuarbeitende Stämme werden stets den tüchtigsten Arbeitern angewiesen.

§ 261.
Arten der Fällung.

Die gewöhnliche Art der Fällung ist die mit der Axt und Säge. Zunächst wird die Fallrichtung nach dem Hängen der Baumkrone und nach der Richtung, in welcher der Stamm am wenigsten leidet und am wenigsten schadet, sorgfältig ausgesucht, indem man sich mit dem Rücken an den Baum stellt. Auf dieser Seite, der Fall= seite, wird der Stamm möglichst tief auf $1/4$ bis $1/5$ seiner Stärke mit der Axt angekerbt (Fallkerb!) und wird dann auf der entgegen= gesetzten Seite ein wenig höher die Säge eingesetzt, hinter welcher so= bald sie tiefer in den Stamm eingedrungen ist, Keile eingetrieben werden, um die Arbeit der Säge zu erleichtern und dem Stamm die Fallrichtung zu bestimmen.

Ausnahmsweise werden Stämme nur mit der Axt gefällt, wobei dann meist ein gleichzeitiges Roden erfolgt, indem die Stämme an der Wurzel tiefer ausgegraben werden. Wird der Stamm nur möglichst tief mit der Axt vom Stocke losgehauen, so nennt man diese Fäll= methode „Auskesseln" oder „aus der Pfanne hauen".

Das Werfen solcher Stämme erleichtert man sich durch Umlegen von Ziehseilen oder Ansetzen von spitzen hölzernen oder eisernen Druck= stangen. Die Fällung mag nun auf die eine oder andere Weise er= folgen, jedenfalls hat der Beamte streng darauf zu halten, daß die Stämme stets so tief als möglich vom Boden getrennt werden und daß so wenig als möglich Holz in die Spähne gehauen wird. Die Holzhauer sind unausgesetzt zur größten Vorsicht beim Werfen der Stämme anzuhalten, um alle Beschädigungen am fallenden und stehenden Holze sowie Unglücksfälle zu verhüten.

§ 262.
Sortiren des Holzes.

Sämmtliches eingeschlagene Holz wird nach den verschiedenen Holzarten getrennt, in zwei Hauptsortimente getheilt, nämlich in Nutzholz und Brennholz; in welche Untersortimente das Nutzholz und Brennholz zerfällt, ist nach dem Bedarf der verschiedenen Gegenden sehr verschieden und richtet sich ganz nach der Nachfrage; es ist die Pflicht jedes Beamten, dem Holzbedürfnisse des Publikums, soweit es irgend möglich in jeder Beziehung Rechnung zu tragen, um so mehr, weil bei recht vielseitiger Nachfrage der Wald in vielseitigster Weise ausgenutzt und damit in der Regel der höchste Gelderlag erzielt wird.

Bei einem derartigen Entgegenkommen ist beiden Parteien, dem Publikum und dem Waldbesitzer, in gleicher Weise gedient. Treten also bezügliche Anforderungen von bestimmten Nutzhölzern aus dem Publikum an den Beamten heran, so soll er sie nie abweisen, sondern seinem Vorgesetzten zur weiteren Veranlassung Meldung machen. Den nächsten Anhalt zur weiteren Sortirung geben die allgemeinen Ministerial- und Regierungsbestimmungen, die für die Reviere gegebenen Holz- und Holzwerbungstaxen, die jedem Beamten eingehändigt werden müssen, endlich die speziellen Vorschriften des nächsten Vorgesetzten. An der Hand der darüber erlassenen allgemeinen Bestimmungen sind etwa folgende Sortimente bei der Holzfällung in den Schlägen auszuhalten.

§ 263.
a. Sortirung des Nutzholzes.

I. Bau-, Nutz- und Werkhölzer.
A. In Stämmen oder Abschnitten.

a. **Wahlhölzer.** Ausgesuchte Hölzer zu besonderen Gebrauchszwecken von vorzüglicher Beschaffenheit, wie Schiffsbauholz, Maschinenholz, Mühlenwellen ec.

b. **Schneidehölzer** zu Sägeblöcken, welche nach ihrem Kubikgehalt von über 2, über 1 und bis 1 Kubikmeter in Blöcke I.—III. Klasse getheilt werden.

c. **Gewöhnliche Rundhölzer,** welche als Bau- und Nutzhölzer nach ihrem Festmetergehalt*) wieder in verschiedene Klassen (I.—V.) getheilt werden.

d. **Schiffs- und Kahnkniee.** Gebogene Nutzstücke aus den Einbiegungen von Wurzeln oder Aesten in den Stamm ausgehalten, zerfallen nach dem Festgehalt in 2 Klassen.

B. **In Nutzstangen** (14 cm und darunter Durchmesser bei 1 m vom unteren Stammende gemessen).

a. **Zum Derbholze****) **gehörend** (über 7 bis incl. 14 cm Durchmesser am dünnen Ende).

Klasse I—IV von über 7 bis mit 14 cm Durchmesser und 6 bis 18 m Länge, wozu nur nutzfähige, möglichst fehlerfreie und gesunde Stangen ausgehalten werden; sie werden zu mehreren zusammengelegt: ihr Festgehalt schwankt von 0,04—0,18 Festmeter.

b. **Zum Reiserholz gehörend** (7 cm und darunter Durchmesser am dünnen Ende).

Klasse V—X von 4—7 cm Durchmesser und 1,4—11 m Länge. Sie werden hundertweis oder je zehn zusammengelegt und schwankt der Festgehalt von je 100 zwischen 0,60—2 Festmeter.

Diese angegebene Eintheilung ist jedoch durchaus nicht fest, sondern kann nach den verschiedenen Provinzen 2c. verschieden sein, z. B. nur 3 Sortimente Derbholzstangen und 5 Sortimente Reiserholzstangen 2c., jedenfalls sind überall die Holztaxen und Holzwerbungskostentaxen maßgebend.

Zu den Nutzholzreiserstangen gehören auch noch Buhnenpfähle, Faßband-, Tonnenbandstöcke, große und kleine Bandstöcke, Eimerbandstöcke, Gehstöcke 2c., die zu je Hundert zusammengelegt werden und worüber die Holztaxen das Nähere enthalten.

Auch werden hierzu die nach Hunderten oder Zehnern von Bunden

---

*) Es ist in letzter Zeit mehrfach vorgeschlagen — das Stammnutzholz nicht mehr nach seinem Festgehalt, sondern nach der Zopfstärke resp. dem Mittenburchmesser zu klassificiren, da sich hiernach sein Werth als Brettschneidewaare richtet.

**) Nach den Vereinbarungen für das Deutsche Reich ist Derbholz die oberirdische Holzmasse von über 7 cm Durchmesser incl. Rinde mit Ausnahme des bei der Fällung am Stock bleibenden Schaftholzes. Nichtderbholz ist die übrige Holzmasse, welche zerfällt: a. in Reisig: Das oberirdische Holz bis incl. 7 cm Durchmesser am dünnen Ende. b. Stockholz: Das unterirdische Holz und der bei der Fällung am Stock bleibende Schaft.

ausgehaltenen Faschinen, Bindeweiden, Besenreis, Grabierdorn ꝛc. gerechnet.

C. In Schichtmaaßen.

a. Zum Derbholz gehörend.

Schichtnutzholz I. Klasse; fehlerfreie, glatte grabspaltige Scheite oder Rundstücke von über 25 cm Durchmesser am dünnen Ende.

Schichtnutzholz II. Klasse, fehlerfrei ꝛc., aber etwas weniger glatt. Das Bestreben der Beamten muß darauf gerichtet sein, durch sorgfältigste Auswahl der guten Kloben möglichst viel Nutzkloben auszuhalten.

Schichtnutzholz III. Klasse (Nutzholzknüppel) von über 7—14 cm oberem Durchmesser.

b. Zum Reiserholz gehörend.

Peitschenstielholz, Pulverholz, grünes Reisig und Weihnachtsbäume.

II. Rinde (vgl. § 277).

a. Zum Reiserholz gehörend.

Rinde I. Klasse, Glanz- oder Spiegelrinde.

„ II. „ rissige Rinde von jungen Stämmen, die in Raummetern aufgesetzt wird und wovon 1 Raummeter = 3 Centner gerechnet wird.

b. Zum Derbholz gehörend.

Rinde III. Klasse von mittleren Stämmen } werden nach Raummetern
„ IV. „ „ alten Stämmen } verkauft und haben 0,7 m Festgehalt.

a. Sortiren des Brennholzes.

I. Derbholz (von über 7 cm Durchmesser am dünnen Ende der Rundhölzer).

Scheitholz von über 14 cm Durchmesser am dünnen Ende des Rundholzes, wird in Scheite gespalten.

Knüppelholz von über 7 bis incl. 14 cm oberen Durchmesser wird nicht gespalten, sondern bleibt rund; es darf nie gedulbet werden, daß Knüppel in Scheitholzmaaße gelegt werden.

II. **Reiserholz** (7 cm und darunter Durchmesser am dünnen Ende).

Reiserholz I. Klasse; stärkere Astknüppel 7 cm stark, die gereinigt sind, bis incl. 7 cm Stärke und 1 m lang*).

Reiserholz II. Klasse; Stamm- und Astreisig aus Mittel- und Niederwald und Durchforstungen in Raummetern.

Die übrigen Reisigsortimente werden je nach Länge und Güte in Haufen von 1 Quadratmeter Stirnfläche und 2—4 m Länge oder in Wellen zu je Hundert von 1 m Umfang und 1—2 m Länge ausgehalten. (Reiserholz III. und IV. Klasse wird meist zum Selbsthieb vergeben.

III. **Stockholz** (aus Stöcken und Wurzeln).

Zerfällt gewöhnlich in I. und II. Klasse, je nachdem stärkere Stücke oder nur geringes Wurzelholz darin enthalten ist.

§ 264.
Aufmessen, Aufsetzen und Flößen.

1. Die Vermessung der Nutzenden in ihrer Länge ist so vorzunehmen, daß diese mit ganzen Metern oder geraden Zehnteln (0,2, 0,4 . .) von Metern abschneidet; der Punkt, wo abzulängen, soll stets vom Beamten bestimmt werden; am nächsten geraden Decimeter über dem Merkmal wird abgesägt.

2. Der Durchmesser ist auf der örtlich durch einen Schalm zu bezeichnenden Mitte des Stammes oder Stammabschnitts mit der Kluppe, nöthigenfalls (bei nicht rundgewachsenen Stämmen) kreuzweis unter Annahme des Mittels beider Messungen zu messen und hier mit Rothstift zu vermerken; überschießende Bruchtheile eines Centimeters werden nicht berechnet. Ist die Mitte des Stammes uneben, so muß gleichweit ober- und unterhalb gemessen und daraus das Mittel genommen werden. Derbholzstangen werden stückweise zusammengelegt, gezählt und einzeln nummerirt, der Durchmesser wird 1 m oberhalb des unteren Endes gemessen; die übrigen Klassen werden zu vollen Hunderten oder zu Zehnteln vom Hunderte zusammengelegt und nicht gemessen, sondern nur gezählt und die Stückzahl nummerirt und gebucht, je 10 werden

---

*) Alles Brennholz wird in der Regel 1 m lang ausgehalten; sollte jedoch Nachfrage danach sein, so hält man dasselbe auch in jeder verlangten beliebigen längeren oder kürzeren Dimension aus, läßt auch wohl das Klobenholz rund (als sog. „Rollen") liegen, um höhere Preise zu erzielen.

immer durch ein Querholz getrennt; ebenso wird es mit sämmtlichen Sortimenten, die nach Hunderten sortirt werden, gemacht.

3. Das Aufsetzen der Brenn- und Nutzschichtmaaße geschieht stets nach vollen Raummetern, Bruchtheile sind zu vermeiden*). Das Nutzholz soll in jeder vom Besteller gewünschten Schnittlänge ausgehalten und sollen danach die anderen Dimensionen so geändert werden, daß volle Raummeter gesetzt werden. Die Berechnung der anderen Dimensionen wird einfach in der Weise gemacht, daß man die verlangte Scheitlänge z. B. 63 cm mit der vorgeschriebenen Länge oder Höhe, die z. B. 100 cm betragen soll, multiplicirt und mit diesem Produkt, also 100.63, in den Gesammtgehalt eines Raummeters, der ja 100.100.100 cm oder 1 000 000 Kubikcentimeter beträgt, hineindividirt, um die dritte Größe zu finden; sie würde also in diesem Falle abgerundet 159 cm betragen; man kann den Raummeter dann entweder 159 cm hoch und 100 cm lang setzen oder umgekehrt; noch einfacher gestaltet sich die Rechnung, wenn man mit 63 in 10 000 dividirt. Die Probe der richtigen Rechnung darf nie unterlassen werden; die Länge, Breite und Höhe mit einander multiplicirt muß immer 1 Raummeter oder 1 000 000 Kubikcentimeter betragen. Gewöhnlich werden jedoch die anderen Dimensionen der genauen Uebereinstimmung im Revier wegen fest vorgeschrieben.

Die Schichtmaaße werden in Maaßen von gewöhnlich 1—4 Raummetern, nur ausnahmsweise mehr (nicht über 20!) aufgesetzt; in Schlägen setzt man zur Vereinfachung der Buchung ꝛc. und zur Ersparung von Stützen möglichst alles Holz je 4 rm groß, nur die Reste in kleineren Maaßen, falls der Markt dies gestattet. Beim Aufsetzen ist darauf zu achten, daß die Raummaaße, um das Einsinken in den Boden und Anfaulen zu verhüten, auf Unterlagen kommen und, damit die Seitenstützen nicht ausweichen, in mittlerer Höhe (nicht höher) mit hakenförmigen Reisigeinlagen (Ankern) in dem Schichtmaaße befestigt werden. Scheit- und Knüppelholz soll man ohne Noth nicht über 1,50 m hoch setzen.

Die Schichtmaaße sollen mit möglichst wenig Zwischenräumen

---

*) Durch diese für Staatsforsten geltende Bestimmung geht mancherlei Holz verloren; für Privatreviere empfiehlt es sich wenigstens einzelne 0,5 rm haltende Schichtmaaße setzen zu lassen, um das überzählige Holz zu verwerthen. Bei werthvollem Holz (Kloben und Knüppel) und großen Revieren wird diese Einrichtung die Mühe reichlich lohnen, namentlich in den Totalitätsschlägen.

zwischen den Holzstücken, also möglichst dicht und regelmäßig, so daß alle Stücke an der Stirnseite in die gleiche Fläche kommen, gesetzt werden; dies erreicht man am besten so, daß die Spaltflächen der Randscheite oben, unten und an beiden Seiten stets nach außen liegen. An Berglehnen wird die Länge des Schichtmaaßes nicht auf der Bodenneigung, sondern in der Horizontalen gemessen; das Ansetzen des Schichtmaaßes an Bäume ist nicht gestattet, weil die Wurzeln und Wurzelansätze meist kein richtiges Maaß gestatten, auch die Bäume leiden und die Stöße bei Sturm umfallen.

Regel ist, daß jede Holzart für sich in Raummeter gesetzt wird; sollten jedoch zufällig von einzelnen Holzarten nicht ganze Raummeter gefällt werden, so können auch mehrere Holzarten in einem Raummeter zusammengelegt werden; derselbe ist dann nach der Holzart zu bezeichnen, welche überwiegt; das Nummerscheit ist stets von der überwiegenden Holzart zu nehmen, nach welcher gebucht wird.

Das Zusammenbringen des Holzes zu Schichtmaaßen wird verschieden bewirkt; wo man das Holz nicht schleifen, oder, wie z. B. an Hängen, werfen oder rutschen kann, bringt man es am besten auf Schiebekarren oder Schlitten, auch wohl auf Tragen zusammen; das Holz auf Dickungen muß meist auf den Armen oder auf den Schultern getragen werden. In allen Schlägen sucht man das Holz so zusammen zu bringen, daß die Schichtmaaße in regelmäßige parallele Reihen hinter und neben einander zu stehen kommen, damit die Abfuhr soviel als möglich erleichtert und die Abnahme übersichtlich wird. In Aushieben und Verjüngungsschlägen muß das Holz an die Wege, Gestelle oder an erst auszuzeichnende Wege (§ 260) gerückt werden, um bei der Abfuhr und Abnahme dem stehenbleibenden Bestande oder dem Aufschlage möglichst wenig Schaden zuzufügen. Zum Rücken der Bauhölzer eignet sich der „Neuhauser" und „Albornsche" Rück-Wagen, die etwa 70 Mark kosten und den Festmeter für 10—25 Pf. rücken. (cfr. Forstl. Blätter 1886 S. 159 und 1887 S. 38.) Die ganze Aufarbeitung des Holzes muß jedenfalls so erfolgen, daß möglichst viel Nutzholz ausgehalten wird, ohne daß dem Holze selbst wie auch den Beständen der geringste Schaden zugefügt wird (vergl. § 52 der J. f. F.) und dabei der rationell höchste Geldertrag pro Festmeter Holz erzielt wird.

§ 265.
Nummeriren, Buchen und Abnahme.

Ist ein ganzer Schlag oder ein vom Oberförster bestimmter Theil desselben beendigt, so muß der Förster unter Zuhilfenahme des Holzhauermeisters alles Holz in fortlaufender Reihe mit Nummern versehen. Die Nummer ist bei Bau= und Nutzstämmen auf dem Schnitte am unteren Stammende, daneben oder darunter sind die Dimensionen in Bruchform, so daß die Länge in den Zähler, die Stärke in den Nenner kommt, die Kloben=, Knüppel= und Stockholzschichtmaaßen auf ein in der Mitte der Vorderseite um 10 cm vorzuschiebendes Holzstück (Nummerscheit), bei starkem Reiserholz oder Nutzholzstangenhaufen auf die rechte Seitenstütze (wenn man davor steht!), bei geringem Reisig auf einen vor dem Haufen anzubringenden Pfahl deutlich aufzuschreiben.

Die Güteklassen der Schichtnutzhölzer werden mit I und II, Anbruchholz mit † auf dem Nummerscheit und im Buche bezeichnet. Das Nummeriren selbst geschieht entweder mit Roth= oder Blaustift*) oder Kohle (von Faulbaum) oder schwarzer Oelfarbe (Kienruß mit gewöhnlichem Brennöl), oder durch Einschlagen der Nummern mit eisernen Stempeln (Nummerirschlägel von Coehler), mit Schablonen, dem Schuster'schen Nummerirrabe, dem Pfitzenmayer'schen Stempelapparat (für Buchen) ꝛc. ꝛc.

Das nummerirte Holz trägt der Beamte in ein tabellenartiges, übrigens verschieden eingerichtetes Nummerbuch, wobei jeder Nutzholzstamm, jedes Schichtmaaß, kurz Alles, was mit einer besonderen Nummer bezeichnet ist, auf einer besonderen Linie aufgeschrieben wird. Die Reihenfolge der Holzarten bestimmt sich nach der Holztaxe und ist gewöhnlich folgende: Eichen, Buchen und anderes hartes Laubholz, Birken, Erlen (Aspen, Linden, Pappeln, Weiden) und sonstige Weichhölzer, Fichten und Tannen, Kiefern und Lärchen, die in einer Reihenfolge, jede Holzart in sich — gebucht werden. Die Reihenfolge der Sortimente ist: Nutzholzstämme und Stangen, die übrigen Nutzholzsortimente, dann Schichtnutzholz und beim Brennholz: Kloben, Knüppel,

---

*) Nach angestellten Versuchen empfiehlt sich für Kiefern und dauerhaftere Nummern die blaue Kreide des Herrn Mahla in Nürnberg, für geringere Dauer auch die grüne Kreide desselben. Die übrigen Mahla'schen Kreiden haben sich nicht bewährt.

Stockholz und Reisig; entweder laufen die Nummern sämmtlichen Nutzholzes und sämmtlichen Brennholzes einer Hiebsposition fort oder man nummerirt beim Brennholz das Derbholz (Kloben und Knüppel) für sich und dann wieder das Niederderbholz für sich. Jede Holzart wird für sich abgeschlossen, am Schluß ist eine Rekapitulation nach Holzarten geordnet zu machen. Jede Position des Hauungsplanes erhält ein Nummerbuch für sich. Alles Holz, was in Abtheilungen fällt, die keine Positionen im Hauungsplane haben, werden unter „Totalität" gebucht Das Holz der Totalität wird ebenso durchnummerirt, wie in den Schlägen, jedoch getrennt nach Haupt- und Vornutzung.

Unter Zugrundelegung dieses Nummerbuches zählt der Oberförster in Gegenwart des Försters den Schlag ab und läßt als Zeichen der erfolgten Abnahme jede einzelne Nummer mit dem Waldhammer anschlagen. Das richtig befundene oder berichtigte Nummerbuch wird durch Unterschrift abgeschlossen und dient als Grundlage der weiteren Buchungen und der Verlohnung, später auch als Anweisebuch für den Käufer und zur Controle der Abfuhr (vergl. § 53—55 der. J. f. F.).

B. Abgabe des Holzes.
a. Verkauf oder sonstige Abgabe.
§ 266.

Die betreffenden Förster haben an den Versteigerungen theilzunehmen und sich in ihrem Nummerbuche hinter den einzelnen Verkaufsloosen, soweit dies möglich, den Namen des Käufers zu notiren, damit das Nummerbuch ihnen bei der Anweisung des Holzes als Richtschnur und bei der Holzabfuhr als Controle dienen kann. Die Schläge sollen in der Regel 8 Tage vor der Auktion beendigt sein und soll der Beamte den Käufern bei vorheriger Besichtigung behülflich sein und jede verlangte Auskunft geben.

Die Abfuhr des Holzes darf nur gegen Abgabe der vorschriftsmäßigen Holzzettel und nur den durch diese legitimirten Personen gestattet werden. Auf diesen Holzverabfolgezetteln darf niemals die Quittung des Kassenbeamten fehlen; nur in den zwei Fällen, wenn auf dem Zettel vom Oberförster ausdrücklich bemerkt ist, daß entweder gar keine Zahlung nöthig ist oder daß die Verabfolgung des Holzes mit Genehmigung der Regierung vor der Zahlung erlaubt wird, darf die Quittung des Kassenbeamten fehlen. Holzabfolgezettel, auf denen radirt ist oder Zahlen durchstrichen sind, sind ungültig und muß dann die Abfuhr verweigert werden.

Für den Fall, daß das Holz nicht meistbietend verkauft, sondern freihändig nach der Taxe oder nach Durchschnittspreisen verkauft ist, erhalten die Käufer in den Staatsforsten meist grüne Holzverabfolge= zettel; ist das Holz an Berechtigte (Deputanten) abgegeben, so erhalten diese rothe Verabfolgezettel und ist gleichzeitig von denselben über richtigen Holzempfang zu quittiren; in der Regel soll das Holz ohne diese Quittung nicht abgegeben werden.

Ohne Verabfolgezettel oder Legitimation oder schriftliche An= weisung seitens des Vorgesetzten (mündliche Anweisung genügt nicht!) hat der Beamte in keinem Falle Holz oder sonstige Wald= produkte aus dem Walde zu verabfolgen. Die Legitimation haben die Betreffenden stets bei sich zu führen. Die Nummern des abgefahrenen Holzes sind im Nummerbuche zu streichen und ist dahinter die Nummer des Holzzettels zu vermerken; bemerkt der Beamte, daß Holz fehlt, worüber er den Verabfolgezettel noch nicht erhalten hat, so muß er sofort dem Vorgesetzten Anzeige machen, findet er das ohne Zettel abgefahrene Holz beim Käufer oder anderen Personen, so hat er es bis zur weiteren Entscheidung des Vorgesetzten mit Beschlag zu belegen. Die Holzzettel sind sorgfältig aufzubewahren (vergl. § 56—61 der J. f. F.) und nach den Buchstaben resp. der Farbe geordnet in besondere Packete zu heften, um vor Ablauf des Etatsjahres an den Revierverwalter abgegeben zu werden.

Holz zu Kulturzwecken, zu Bauten, Wegebesserungen ꝛc., hat der Förster aufzumessen und in sein Nummerbuch mit einer entsprechenden Notiz versehen einzutragen, ebenso unbedeutende Bruch= und Frevel= hölzer, deren schleunige Verwerthung bei Gefahr im Verzuge ihm über= lassen bleibt.

b. Transport des Holzes.

§ 267.

1. Zu Lande.

Meistens wird das Holz, wie es in den Schlägen liegt, verkauft und abgegeben, seltener wird es auf große an bedeutenden Verkehrs=

straßen liegende Holzhöfe oder Ablagen gerückt*) und hier verkauft. Um nun eine Wegschaffung des Holzes in bequemer Weise zu ermöglichen, hat der Waldbesitzer gute Abfuhrwege im Walde anzulegen und zu unterhalten, welche mit den größeren Verkehrsstraßen in Verbindung stehen, die für den weiteren Transport sorgen. Die Möglichkeit, das Holz bequem aus dem Walde schaffen zu können, hat den größten Einfluß auf die Holzpreise und sind diese, selbst bei geringerer Güte des Holzes, meist da die höchsten, wo die besten Abfuhrwege vorhanden sind. Aus diesem Grunde müssen die Forstbeamten auf Anlage und Ausbesserung ihrer Wege außerordentliche Sorgfalt verwenden und muß der Förster, sobald er Mängel auf Wegen, Brücken, Ueberfahrten ꝛc. bemerkt, die in seinem Reviere oder in der Nachbarschaft liegen, ohne Säumen sofort Meldung machen, oder dieselben, falls die Abfuhr ganz stockt, selbstständig fortschaffen; ist Gefahr mit dem ferneren Passiren der Brücken oder der Wege verbunden, so sind dieselben an Stellen, wo noch ein Ausbiegen möglich ist, zu sperren.

§ 268.
Bau und Erhaltung von Wegen.

Die Wege, mit denen der Forstmann zu thun hat, dienen hauptsächlich zum Holztransport, also zum Transport großer und schwerer Massen und sollen deshalb, namentlich wenn dieselben für längere Zeit dem Transporte dienen, wie z. B. Wege, in die die kleineren Abfuhrwege, die nur zum Transport des Holzes einzelner Schläge oder im Abtriebe befindlicher Wirthschaftsfiguren für kürzere Zeit angelegt sind, münden, solide und dauerhaft gebaut werden. Man kann deshalb dauernde und vorübergehende Abfuhrwege unterscheiden:

Dauernde Abfuhrwege müssen mindestens 8 m Breite und eine Wölbung haben, dürfen, wenn Gefäll und Steigung abwechseln, höchstens auf 100 m 7 m ansteigen (7 pCt. Steigung), müssen mit Gräben und Bäumen eingefaßt sein und einen dauernden Unterbau von Steinen oder fester Erde haben.

Hiernach unterscheidet man zunächst Erdwege, d. h. solche Wege, zu denen ein anderes Material als das gerade im Straßenkörper oder

---

*) Vortheilhaft scheint nach den bisherigen Erfahrungen das Rücken der Hölzer mittelst der transportablen Waldeisenbahnen zu sein, auf welchen große Lasten mit Pferden leicht und sicher bewegt werden.

dessen Umgebung befindliche nicht verwendet wird. Nachdem der Wald in der vorher abgesteckten Linie durchhauen und gerodet ist, wird die Breite des Weges abgemessen und durch Signale, resp. Steine festgelegt; dann werden zu beiden Seiten des Straßenkörpers Gräben ausgeworfen, deren Größe sich nach der Bodenfeuchtigkeit und dem Abflusse richtet. Der Auswurf wird so auf dem Straßenkörper ausgebreitet, daß er in der Mitte um 5—10 cm höher liegt als an den Gräben, also gewölbt wird. Bei etwaigen Durchstichen müssen die Böschungen gehörig abgeschrägt werden (bei festem Boden auf je 1 m Höhe 0,5 m horizontale Abschrägung (Ausladung), bei losem Boden 1,5 m Abschrägung (cfr. § 98) und sollten dieselben mit Faschinen oder Plaggen oder Besäen mit Gras resp. durch Bepflanzung mit Weiden (Salix caspica, acutifolia Willd., pruinosa Wendtl.) oder Akazien nöthigenfalls befestigt werden, um Nachrutschungen und Verschüttungen zu vermeiden.

Das Gleiche muß bei Ueberführungen von Einsenkungen beobachtet werden, oder wenn der Weg um Berglehnen herumgeführt wird. — Etwaige Steigungen sind event. durch Nivellement (siehe § 77) zu ermitteln und ist danach die Steigung des Weges festzulegen. Das Wasser wird von der Straße, jedoch nur wo die Seitengräben nicht genügen sollten oder solche nicht vorhanden sind, durch sog. Abschläge, d. i. gepflasterte Mulden, oder in kleinen gemauerten Durchlässen in Thon-, Cement- ꝛc. Röhren, zuweilen auch in untergelegten Brunnenröhren abgeführt. Die obere Erdschicht solcher Wege besteht am besten zur Beförderung der Trockenheit aus einer Mischung von Lehm und Sand*), von letzterem soll man im Zweifel eher zu viel als zu wenig nehmen (eine Schicht von 5—8 cm hoch Sand im Mittel wird genügen). Diese Erdwege genügen jedoch nur in solchem Boden, der einen sehr festen Untergrund hat. Im andern Falle muß man die Wege, nachdem das Planum hergestellt ist, noch mit Steinschüttungen versehen. Solche Steinschüttungen sind je nach der Bedeutung der Straße sehr verschieden. Bei chaussirten Wegen, die eine Breite von 6—10 m haben, wird entweder in der Mitte der Straße oder auf

---

*) Nach einem Min.-Rescr. vom 23. Mai 1877 wird bei Anlage von Lehmbahnen ganz besonders die Aufschüttung von Kies zur Pflicht gemacht, weil Lehmwege in den nassen Jahreszeiten den Verkehr erschweren und zu wenig dauerhaft sind.

einer Hälfte, während die andere unversteint, sog. Sommerbahn, bleibt, das Planum für die 3—3,5 m breite Steinschüttung 6 cm tief eingegraben (sog. Kasten) und mit kantig behauenen Steinen gepflastert, auf diese sog. Packlage werden eine oder mehrere Schüttungen von klein behauenen Steinen 6—8 cm hoch gelegt, dann wird die Bahn 10 cm hoch abgewölbt, festgestampft oder gewalzt und schließlich eine 7 cm starke Kiesschicht aufgebracht und unter Wassersprengung ebenfalls festgewalzt.

Folgen mehrere Steinschüttungen über einander, so ist als Hauptregel fest zu halten, daß der feinere Steinschlag immer über den gröberen zu liegen kommt und jede Steinlage für sich festgestampft wird. Schäden auf solchen Straßen müssen möglichst schnell mit klein behauenen Steinen ausgebessert und festgerammt werden; diese müssen deshalb immer in Haufen längs der Straße vorräthig gehalten werden. Für nöthigen Wasserabfluß ist durch Abschläge und Durchlässe zu sorgen. Die in solche Hauptwaldstraße mündenden Nebenwege werden je nach dem Bedürfnisse mehr oder minder dauerhaft gebaut; sie sind meist nur 4—8 m breit und haben in kleineren und größeren Entfernungen je nach der Uebersicht der Straße Ausbiege=, hier und da auch Umbiegestellen Bei stark benutzten Straßen und auf ungünstigem Untergrund bringt man auf das Planum 20—30 cm starke Steinschüttungen (Granit, Basalt).

Wege mit Steinschüttungen lassen sich nur auf gutem und festem Untergrund bauen, auf schwer zu entwässerndem nassem und nachgiebigem Untergrund sinken die Steinschüttungen ein und da muß man entweder entwässern oder erhöhen oder den wenig dauerhaften Holzbau zu Hilfe nehmen. Zu einzelnen sumpfigen Stellen auf sonst mit Steinschutt gebauten Wegen benutzt man Fichten= und Kiefernreisig, welches mit dem Stockende nach innen etwa 35 cm hoch gleichmäßig auf dem Planum ausgebreitet, mit Beerkraut, Plaggen ꝛc. bedeckt und schließlich mit gröberem Kies (nicht mit feinem Sand!) überschüttet wird. Eine andere Ueberführung nasser und sumpfiger Stellen bewirkt man mit Knüppeldämmen (Buchen und Kiefern), die jedoch bei dem jetzigen Werthe des Holzes, da sie oft erneuert werden müssen, meist zu kostspielig werden; in solchem Falle muß man, ohne eine einmalige große Ausgabe zu scheuen, für dauernde Abhülfe durch Entwässerung sorgen. Alles, was hier über die Anlage von Wegen gesagt ist, betrifft den schwierigen Straßenbau, wie er namentlich im Hügellande und Gebirge nothwendig zu werden pflegt und sollen die Angaben nur Anhalts=

punkte gewähren, da ein tieferes Eingehen auf den Wegebau zu weit führen würde; in der Ebene werden meistens nur Wege der einfachsten Art nöthig, da die Gestelle gleichzeitig als Abfuhrwege benutzt werden; hier genügt gewöhnlich das Ziehen von den Bedürfnissen angepaßten Gräben*) zu beiden Seiten des Weges und Aufschütten und Abwölben des Grabenaufwurfs; an weicheren Stellen werden Haide- oder Rasenplaggen oder Reisig eingelegt. Zur Erhaltung der Wege dient das sog. Einspuren der Geleise, Bedecken von tiefen Stellen, sofortiges Ableiten der Wasserlöcher, Ausfüllen der Schlaglöcher, Ausebnen ungleicher Stellen, Belegen mit großen Steinen, um einseitiges Befahren zu verhüten. Moorige Stellen übersande man, auf Sandwege bringe man starke Schichten von Lehm, Torf- oder Brucherde, von Moos, von Haideplaggen, die dicht an einander gepflastert werden, auf Lehmwege bringe man Kies ꝛc., alles jedoch erst, nachdem man zuvor einen 5—15 cm tiefen Kasten im Wegeplanum ausgehoben hat; Haideplaggen pflastere man nur in versetztem Verband (wie Ofenkacheln). Zur Unterhaltung der gewöhnlichen Erdwege eignet sich der Elbinger oder Weber'sche Wegehobel am besten; ersterer kostet 15 Mk., letzterer 50 Mk.

Der in einzelnen hohen Gebirgsgegenden vorkommende Transport durch sog. Riesen, die entweder von zusammengelegten Langhölzern gebaut oder einfach muldenförmig im Boden ausgeebnet werden, um Holz von hohen Bergen in Thäler und an die größeren Wege hinabzurutschen, wird hier als zu selten vorkommend übergangen.

In den letzten Jahren hat der Bau von Waldeisenbahnen immer größere Verbreitung gefunden und sollten dieselben überall da, wo sie eine sichere Rente bringen, angelegt werden.

§ 269.
2. **Transport zu Wasser.**

Um den Bau kostspieliger Wege zu umgehen, werden nicht selten Flüsse und Bäche, die aus dem Walde in der Richtung des Hauptabsatzgebietes ihren Verlauf haben, zum Transport des Holzes benutzt; es wird auf ihnen geflößt. Man pflegt Brennholz zu flößen, indem

---

*) Sollten am Wege sturmgefährdete Bestände stehen, so muß die Anlage von Gräben an der Bestandesseite unterbleiben.

die Scheite einfach in das Flößwasser geworfen und an dem Bestimmungsort durch sog. Schwemmbäume, die im Wasser durch Böcke befestigt sind, aufgefangen werden. Das etwa an den Ufern hängen bleibende Holz ist von Floßknechten zu revidiren und abzustoßen.

Langholz wird zu Flößen zusammengebaut und von auf denselben befindlichen Flößern stromabwärts geführt. Da der Bau derselben wohl nie Sache der Beamten sein wird, so wird derselbe übergangen.

C. Verwendung des Holzes.

a. Bauholz.

§ 270.

1. Hochbau.

Der Hochbau begreift den Bau der Gebäude und der etwa bei demselben vorkommenden Einfriedigungen in sich. Alles Bauholz muß durchaus gesund und dauerhaft sein; dauerhaft besonders solches, welches dem verderblichen Wechsel von Trockniß und Feuchtigkeit ausgesetzt ist. Leichtes Bauholz ist beliebter als schweres Holz, um eine übermäßige Belastung, namentlich mit Bedachungsholz zu vermeiden. Die Hauptsache ist, daß das Bauholz möglichst vollholzig, gerade gewachsen und astfrei, möglichst lang und gesund ist. Alles Holz, was diesen Bedingungen genügt, ist als Bauholz in den Schlägen auszuhalten; nur Stämme mit fehlerhaftem Wuchs oder nicht gesunde Stämme sind in das Brennholz zu schlagen, wobei aber die noch irgend wie zum Nutzholz tauglichen Theile in solche auszusortiren sind; das Holz soll im Uebrigen so lang als möglich ausgehalten werden. Besonders vollholzige, ast- und fehlerfreie Baumstücke werden hier und da als werthvollere Schneidehölzer, Blöcke oder Sägeblöcke in gewöhnlich von den Abnehmern genau angegebenen Längen (3—8 m) abgetrennt. Das übrigbleibende Stück ist dann womöglich noch als Bau- oder Nutzholz zu verwerthen. Die Sägeblöcke werden zur Verwendung beim Hochbau in Bretter von 0,7—4,5 cm Stärke oder zu Bohlen von 5,2—10,5 cm Stärke verschnitten. Vor seiner Verwendung wird das Bauholz vom Splint befreit und scharfkantig rechtwinklig beschlagen; entweder giebt ein Rundholz nur ein scharfkantiges Bauholz — Ganzholz — oder durch einmaliges Zersägen zwei Bauhölzer — Halbholz — oder durch kreuzweises Zersägen vier Bauhölzer — Kreuzholz; hierbei entsteht ein Abfall von 30—50 %.

§ 271.
2. Erdbau.

Hierunter sind alle Bauwerke in und unter der Erde zu verstehen. Um nachgiebiges Erdreich für den Häuserbau zu befestigen, werden in der Erde öfter Fundamente von Pfählen, sog. Rostbauten, nöthig, wozu man nur die dauerhaftesten Eichen- und feinringigen harzreichen Lärchen und Kiefernnutzstücke, bei größerer Bodennässe allenfalls auch Erlenholz verwenden darf. (Jetzt meist Eisen.)

Zu Röhrenholz für Wasserleitungen eignen sich am besten Kiefer, Lärche und Schwarzkiefer (das sonst sehr geeignete Eichenholz giebt dem Wasser einen Beigeschmack), welche dann grün gebohrt und gelegt, eventuell unter Wasser aufbewahrt werden müssen. (Jetzt ebenfalls meist aus Eisen, Thon, Cement ꝛc.)

Zu Eisenbahnschwellen*), welche Rundstücke für sog. Fugenstücke (wo zwei Schienen zusammenstoßen) von 2,60 m und für Stoßschwellen von 2,45 m Länge von 30—40 cm Durchmesser erfordern, verlangte man früher nur Eichenholz und feinringiges harzreiches Lärchen- und Kiefernholz, jetzt aber, wo man durch Sättigung mit fäulniswidrigen Substanzen so große Erfolge erzielt, verwendet man auch durchtränktes Kiefern-, Fichten- und Buchenholz, ja selbst andere wohlfeile Hölzer.

Zum Grubenbau gebraucht der Bergmann sehr viel Holz und verwendet jetzt, da das dazu am besten geeignete Eichenholz zu selten geworden ist, die in der Gegend herrschende Holzart, namentlich die Nadelhölzer. (Knüppel und Rundkloben mit bestimmten Dimensionen.)

Zu Brunnenröhren taugen alle harzreichen Nadelhölzer.

§ 272.
3. Wasserbau.

Da alles Holz, was zum Wasserbau verwendet wird, eine große Dauer haben muß, so verwendet man zu den Pfeilern und Pfählen beim Brückenbau, bei Wassermühlen, bei Uferbauten ꝛc., wenn es möglich ist, Eichenholz oder harzreiches Lärchen- und Kiefernholz; wo das nicht zu haben ist, greift man wohl auch zum Fichtenholz. Bei

---

*) Neuerdings hat man wegen der theuren Holz- und niedrigen Eisenpreise mehrfach eiserne und steinerne Schwellen eingeführt, die sich aber nicht recht bewähren.

Uferbefestigungen gebraucht man Faschinen, wozu man alle schnellwachsenden 5—10 jährigen Holz- und Straucharten, wie man sie im Niederwald oder als Unterholz im Mittelwalde, auch als abkömmliches Bodenschutzholz findet oder dazu erzogen hat, verwenden kann. Obenan stehen als Faschinenholz einige Weidenarten: Salix fragilis, S. alba, S. rubra 2c., ferner die Rhamnus-, Viburnum-, Evonymus-, Lonicera-, Ligustrum-, Berberis-Arten, Hasel, Pappel, Schwarz- und Weißdorn, Erle, Fichte, Kiefer 2c. 2c.

Das Faschinenholz wird kurz vor Laubausbruch gehauen.

b. Nutzholz.

§ 273.

1. Handwerkerholz.

Stellmacherholz. Der Stellmacher oder Wagner verarbeitet vorzüglich Eichen, Ulmen, Buchen, Hainbuchen, Eschen, Ahorn, Birken und Nadelholz.

Die Felgen, aus denen der Kranz der Wagenräder zusammengesetzt wird, werden meistens aus Buchenholz gefertigt, da dieses am bequemsten zu beschaffen ist; am besten eignet sich jedoch Ulmenholz und dann Akazie, Esche, Hainbuche und Birke. Da von den Scheiten, aus denen die Felgen so ausgehauen werden, daß ihre Seitenflächen in der Richtung des Jahresringes verlaufen, Kern und Splint getrennt werden, so müssen die Scheite stark genug ausgehalten werden, auch gut spaltbar sein. Holz, was nur im Splint und Kern fehlerhaft oder etwas anbrüchig ist, giebt oft noch taugliches Felgenholz; da die gewöhnliche Felgenlänge zwischen 63 und 75 cm schwankt, so müssen die Nutzscheite entweder diese beiden Längen einfach oder doppelt haben.

Die Speichen werden aus gutspaltigem Eichen-, Eschen- oder Akazienklobenholz 45—80 cm lang gerissen. Die Nabe wird meist aus Stammabschnitten von Eichen, aber auch von Ulme, Esche, Ahorn und Birke 30—35 cm lang abgeschnitten. Zu Deichseln, Leiterbäumen, Raufenbäumen 2c. nimmt man meistens schwache Birkenstangen, auch Esche und Eiche, zu den vielerlei Sprossen in Leitern, an Wagen, an Futterraufen 2c. nimmt man am liebsten gutspaltiges Eichenholz, was meist in Klötzen von verlangter Länge ausgehalten wird, auch eignet sich Eschenholz hierzu sehr gut.

Sehr werthvoll für den Stellmacher sind alle schwachen Stangensortimente von 9—20 cm Durchmesser, namentlich krumm und bogig gewachsene erlangen oft die höchsten Preise, die er zu Karrenbäumen, Pflugsterzen, zu Stielen für allerlei Geräth vortrefflich verarbeiten kann. — Zu Schlittenkufen nimmt man krummgewachsenes Buchen-, Hainbuchen- und Eschenholz. Zu Eisenbahnwaggons verwendet man Eichen-, Eschen-, Pappel- und Nadelholz aus Blöcken.

Böttcherholz. Die Böttcher (Büttner, Küfer oder Faßbinder) verwenden zur Anfertigung von Fässern und Gefäßen aller Art vielerlei Laub- und Nadelhölzer. Das werthvollste und beste Holz erfordern die Weinfässer, wozu ausschließlich gutes spaltiges Eichenholz verarbeitet wird. Sehr gut eignen sich hierzu noch fehlerhafte und anbrüchige Eichen, die als ganze Nutzstücke nicht liegen bleiben können; das unbrauchbare Holz sortirt man aus, das gesunde und dabei gutspaltige Holz hält man in Kloben-Längen von 70 oder 240 cm aus, wobei nur am Kern und Splint leicht anbrüchige oder fehlerhafte Scheite immer noch in die Nutzholzschichtmaaße gelegt werden, da Theile von beiden doch abgespalten werden müssen. Dieses Sortiment heißt Stabholz. Zu den Faßreifen nimmt man junge Stangen, Gerten, Loden, Stockausschläge ꝛc. von Eichen, Birken und Haseln, die als Reiffstäbe in den verschiedenen Längen ausgehalten werden. — Zu Trockenfässern wird auch in gleicher Weise auszuhaltendes Stabholz*) von allen Nadelhölzern, auch von Buchen, Birken und Aspen verwendet, wozu man namentlich die noch nutzbaren Theile von anbrüchigen oder sonst fehlerhaften Stämmen aushält. Gutspaltige Nadelhölzer, oft noch von ganz geringer Länge, verarbeitet der Böttcher zu Eimern, Zubern, Milchgeschirren, Butterfässern und zu Gefäßen, die nur ganz vorübergehend zur Aufbewahrung von werthlosen Flüssigkeiten im Haushalte ꝛc. dienen. — Die Reifen zu diesen Geräthen werden meist aus Stammstücken von gutspaltigem Eschen-, Fichten- und Weidenholz 6 cm breit und 4 cm dick ausgespalten, glatt gearbeitet und, wenn sie durch heißes Wasser gezogen sind, über einem runden Holze (Biegestock) gebogen. Alles Holz, was zu Reifen irgen welcher Art verlangt wird, wird am besten kurz vor Laubausbruch gefällt.

---

*) Zu Fässern für trockne Substanzen (Zucker, Cement ꝛc.) nimmt man neuerdings billiges Brennholz, welches mit der Kreissäge zerschnitten wird (Rundkloben und Knüppel).

Zu Spaltwaarenholz, zu Sieb- und Scheffelrändern, zu Schachteln, Dachspliffen und Dachschindeln, zu Zündhölzchen ꝛc. verwendet man leichtes, astfreies, gesundes und vor allen Dingen gut spaltiges Nadelholz, was in Schichtnuhhölzern von verlangter Länge, gewöhnlich noch die nuhbaren Stücke aus anbrüchigen und fehlerhaften Stämmen, die keine Bauhölzer geben, ausgehalten wird; wo Nadelholz fehlt, verwendet man jedoch auch Laubholz, wie Eichen, Eschen, Aspen, Saalweiden und Buchenholz zu Spaltwaaren.

Zu Schnihwaaren werden fast ausschließlich Laubhölzer verwendet. — Der Muldenhauer verarbeitet möglichst frisches Ahorn-, Buchen-, Hainbuchen-, Aspen-, Pappeln-, Linden-, Birken- ꝛc. Holz, wozu dicke gesunde und fehlerfreie Klöhe jeder Länge ausgehalten werden, vor allen Dingen darf das Holz nicht ästig und nicht drehwüchsig sein; sobald das Holz speziell zu größeren Schüsseln und Mulden verlangt wird, muß es bis zu etwa 1 m Durchmesser haben. Seiner Häufigkeit wegen wird am meisten Buchenholz verwendet.

Der Löffelschnitzer verarbeitet frisches Ahorn-, Birken-, Buchen-, Erlen- und Aspenholz; hierzu werden ganz glatte astreine Stangen ausgehalten; zu kleinen Löffeln genügen schon armdicke Stangen. Die Leistenschnitzer verarbeiten frisches Buchen-, Ahorn-, Birken-, Erlen- und Aspenholz, das in durchaus fehlerfreien und gutspaltigen Nuhschichtmaaßen auszuhalten ist. — Holzschuhe und Pantoffeln werden aus Nuhholzscheiten (Rollen) von Erlen, Birken, Pappeln und Buchen ausgehauen. Zu Flintenschäften und Blasinstrumenten dient besonders Maserholz von Nußbaum, Maßholder, Birken und Spitzahorn, am liebsten aus den Wurzelknoten. Zu Kinderspielwaaren werden fehlerfreie Schichtnuhhölzer von Linden, Erlen, Fichten, Ahorn-, Pflaumen- und Apfelbaum ausgehalten; zu Bildschnitzereien ist am gesuchtesten Linde und Nußbaum, aber auch Spitzahorn, Eiche und Obstholz.

Der Drechsler verlangt entweder Stammabschnitte oder gesundes Schichtnuhholz (meist Rollen) von harten Hölzern mit schöner Textur, wie Buche, Ahorn, Hainbuche, Obstholz, Elsbeere, Eiche, Erle ꝛc., und kann auch noch schlechtgewachsenes Holz oft in den kürzesten Stammabschnitten, sobald es gesund ist, verarbeiten.

Der Glaser verlangt gutspaltiges fehlerfreies Eichenholz, ferner gutes Lärchen- und Kiefernholz zu Fensterrahmen, was aus Nuhholzschichtmaaßen oder aus Bohlen herausgeschnitten wird.

Der Tischler verarbeitet fast alle Hölzer; er verlangt sie in Stammabschnitten, die ganz fehlerfrei, weich, möglichst astrein und gerabfaserig sind, so daß er aus ihnen Bretter, Bohlen, Latten, Pfosten 2c. herausarbeiten kann. Kommen in Schlägen masrig ge= wachsene gesunde seltenere Hölzer, wie Ulmen, Ahorn, Eschen, Kirschen, Elsbeeren, Maßholder, Erle, Birke 2c. vor, so sind diese sorgsam auszuhalten, da sie als Möbel= und Fournirholz sehr hoch bezahlt werden.

Zu Flechtarbeiten (allerlei Korbwaaren, Kober, Schwingen, Hürden 2c.) gewinnt man in erster Linie das Material aus den dünnen Stocktrieben der verschiedenen Flechtweiden (s. § 189), aber auch aus Haseln=, Fichten=, Aspen= und Lindenholz, das in feine Stränge und Fäden aufgerissen wird. Zu den besseren Korbwaaren werden die Weiden meist geschält. Die meisten Korbwaaren werden aus unge= spaltenen meist einjährigen Stocktrieben gefertigt, feinere Waare aber aus gespaltenen Schienen. In großen Tauen, Matten 2c. verwendet man zuweilen die feinen Wurzelstränge von Fichten und Kiefern, die sehr zähe sind; leider werden sie zu solchen Zwecken oft gestohlen.

Der Besenbinder verlangt feine krause, dabei steife Birkenreiser oder Besenpfriem, was man ihn meistens auf Schlägen oder in Läute= rungshieben sich selbst aussuchen läßt; gehauen wird das Besenholz vor Laubausbruch.

§ 274.
2. Acker- und Gartenbauholz.

Erbsenreisig wird aus den Zweigspitzen von allerlei Holzarten etwa 1 m lang ausgehalten; zu den vielerlei Stangen, Pfählen und Stöcken, wie sie die an Gebäuden und in Gärten vorkommenden vielfachen Einfriebigungen oder der Gartenbau erfordern, liefern die Durchforstungen der Nadelhölzer reiches Material. Zu kleineren Wein= pfählen, wie sie der sog. Kammerbau in den Weinbergen erfordert und wo die Pfähle den Winter über stecken bleiben, gebraucht man Eichen=, Kastanien= und Akazienholz; ebenso ist dieses zu recht dauerhaften Ver= zäunungen erforderlich.

§ 275.
3. Holz zu technischen Zwecken.

Schiffbauholz. Das wichtigste Schiffbauholz ist das Eichenholz wegen seiner Dauer und Haltbarkeit; fast der ganze Rumpf der See=

und Flußschiffe ist aus Eichenholz gebaut. Das beste Eichenholz ist kenntlich an den breiten gleichmäßigen Jahrringen, schmalen äußerst feinporigen Porenringen, am recht kräftigen Geruch, Langfaserigkeit und überall gleichmäßiger, nicht zu dunkler Farbe. Zum Schiffbau wird für Kiel und Planken Langholz von mindestens 8—10 m Länge und 35 cm Zopfstärke verlangt; je stärker das Holz ist, desto gesuchter ist es. Zu dem unteren Kiele werden starke gerade Buchen verlangt. Zu den Mastbäumen und Raaen verwendet man feinringige mäßig harzreiche tabellose Kiefern der größten Dimensionen; oft müssen dieselben bei 31 m Länge noch 47 cm Durchmesser haben. Zum Bau des Rumpfes verlangt man die in verschiedenster Weise gebogenen Krummhölzer, Buchthölzer und Kniehölzer, wozu man namentlich die sich vom Stamm abzweigenden Wurzeln und Aeste der stärksten Dimensionen an Eichen verwendet, die deshalb in den Revieren, wo Schiffbauholz verkauft wird, mit peinlichster Sorgfalt am Stamme gelassen und ausgesucht werden müssen. — Je stärker die Krummhölzer sind, desto besser ist es; für die Marinezwecke sind die geringsten Dimensionen für die Länge 3,60 m, für die beschlagene Stärke 20 cm, für Flußfahrzeuge genügen oft 10 cm beschlagene Stärke. Alle Krummhölzer müssen die Bucht entweder in der Mitte oder bis zu $\frac{1}{4}$ vom Ende haben.

Das Schiffbauholz kann gewisse kleine Fehler, die die Stärke des Stückes nicht sehr beeinträchtigen, wie braune Flecke und Ringe am Stockende, die nicht tief gehen, kleinere Weiß- und Rothfaulstellen ꝛc. wohl haben. Unzulässig sind dagegen große Kern- und Frostrisse, Drehwuchs, tief eindringende schwarze und braune, besonders fleckige Stellen, weit vorgeschrittene Ast- und Kernfäule.

Bauholz für Mühlen und Maschinen. Für den Mühlenbau sind am wichtigsten die Wellbäume, welche die Achsen der großen Räder bilden und wozu man tabellose Stammabschnitte starker und stärkster Dimensionen von Eichen, Lärchen, Kiefern, Fichten, ja auch Buchen und Hainbuchen bis zu 15 m Länge und 80 cm Durchmesser verlangt. In großen Hammerwerken werden zu den Stielen der Pochhämmer ꝛc. oft gesunde, astreine und gerade Buchen- und Hainbuchenstammenden von 2,5 m Länge bei 30—100 cm Zopfstärke gesucht. Zu Schlagtrögen in den Stampfmühlen verschiedenster Art verlangt man fehlerlose Eichenstämme von beträchtlicher Stärke, zu den Klotzhölzern daselbst die unteren Stammabschnitte von mittelwüchsigen Buchen oder Hainbuchen. Zu den Kämmen von Mühlrädern nimmt man geradspaltige recht zähe Hainbuchenklötze und Schwarzdorn, ebenso zu Preßschrauben. — Im Ganzen hat die Verwendung des Holzes zu Maschinentheilen sehr nachgelassen, und beschränkt man sich auf das Unentbehrlichste, da man dieselben jetzt dauerhafter und im Ganzen billiger durch Eisen herstellt.

Schließlich sei noch der in neuester Zeit in Aufnahme gekommenen Verarbeitung aller Sortimente (selbst der Sägespähne) von den meisten Holzarten, namentlich aber von Kiefern-, Fichten- und Tannenholz zum Holzstoff (Cellulose) erwähnt, welcher zur Fabrikation von feinem Papier, Packpapier, zur Polsterung, ja selbst als Viehfuttermaterial Verwendung findet. In Amerika verwendet man die Cellulosepappe zu Radreifen, Dichtungsringen, zum Ersatz von Filzsohlen ꝛc., bei uns preßt man den Holzstoff mit Bindungsmitteln in Formen zu allerlei Ornamenten und Luxussachen. Deutschland verarbeitet zur Zeit in etwa 300 Fabriken über 150000 fm schlechtwerthiges Holz zu Holzstoff jährlich. Aus schwachem Reisig, namentlich von Buchen, quetscht man neuerdings versuchsweis Futter für Pferde und Rindvieh. (Forstl. Bl. 1888 I. u. 1891 I.)

c. Brennholz.

§ 276.

Bei weitem das meiste zum Verbrennen bestimmte Holz, das heißt alles Holz, was sich in keiner Weise anders benutzen läßt, oder wofür man keinen anderen Absatz finden kann, wird zum Heizen und Kochen gebraucht; in früherer Zeit wurde dasselbe zur Pottaschenbereitung vielfach zu Asche verbrannt; jetzt ist jedoch diese Verwendung der hohen Holzpreise wegen nur noch selten gebräuchlich. Vielmehr ist dagegen die Holzessiggewinnung namentlich aus Buchen, jedoch auch von vielen anderen Laubhölzern und den Nadelhölzern gebräuchlich, welche in geschlossenen eisernen Cylindern schnell stark erhitzt werden und dann eine saure Flüssigkeit von sich geben; der Holzessig wird wieder zur Darstellung von essigsauren Salzen zu Druckerei- und Färbereizwecken vielfach benutzt. Ueber die Verwendung des Brennholzes zur Theerschwelerei siehe § 288. Das zum Brennen bestimmte Holz soll nur in möglichst trockenem Zustande verbraucht werden, da es sonst viel an Werth verliert

II. Nebennutzung.
A. Vom Holze selbst.
§ 277.
a. Rinde zum Gerben.

Der in den Rinden einiger Waldbäume, der Eiche, Fichte, Birke, Lärche und Weide vorhandene Gerbstoff wird zur Lederzubereitung seitens der Gerber benutzt und werden von ihnen diese Rinden gesucht. — Aus diesem Grunde erzieht man die Eiche, deren Rinde am werthvollsten ist, wie wir im § 182 gesehen haben, zu besonderer Rindennutzung in den Eichenschälschlägen, doch benutzt man auch die Eichenrinde von alten Bäumen, welche im Gegensatz zu der glatten und feinen Rinde der jungen Eiche, der sog. Glanz- oder Spiegelrinde, rauhe auch Grobrinde genannt wird, vergl. § 263, II. a. und § 182. Die Spiegelrinde wird in den Lohmühlen ganz, bei der rauhen Borke werden nur die saftigen Schichten, das sog. Rindenfleisch, zur Lohe zermahlen und dann zum Gerben benutzt.

Der Eichenrinde steht die Fichtenrinde, die fast in allen unseren Gebirgen hier und da als Grobrinde genutzt wird, in der Güte nach: sie wird allein nur zum Garmachen des Oberleders, sonst in Untermischung mit anderen Rinden benutzt; die Gewinnung ist ähnlich wie bei den Eichen. Sie wird im Frühjahr von den Rundstücken abgeschält und entweder auf Trockengerüste horizontal gelegt oder dachförmig zum Trocknen zusammengestellt; zum Schutz gegen den Regen werden da, wo die Rindenstücke oben zusammenstehen, einige Rinden übergelegt. Zur Herstellung von dänischem Leder, aber auch zu anderen Gerbzwecken wird noch die Rinde der Saalweide, seltener die von anderen Weidenarten benutzt. In Rußland, weniger in Deutschland, werden in Gegenden mit vielen Gerbereien die jungen Birken auf Spiegelrinde genutzt, deren Lohe als Zusatz zur Schwellbeize bei Bereitung des Sohlleders gebraucht und häufig gut bezahlt wird. Die Birkenrinde geht erst 14 Tage später als die Eichenrinde.

Die Lärchenrinde wird bei uns vorläufig noch wenig verlangt, die meiste Verwendung findet sie in Rußland und Oesterreich, wo sie stellenweis der Fichten- und Birkenrinde vorgezogen wird. — Da sie sich sehr leicht schälen läßt, so dürfte ihre Gewinnung im Sommer vorzuziehen sein; nach den neuesten Ermittelungen soll ihr Gerbstoffgehalt außerdem im Hochsommer am höchsten sein. In neuerer Zeit verliert die Rindengerbung durch die Konkurrenz der Mineralgerbung.

Außer zum Gerben wird die Rinde von Birke und Linde noch anderweitig genutzt; erstere dient nämlich zur Anfertigung kleiner Dosen, der Bast der letzteren zur Anfertigung von Matten und zum Binden. Da in neuerer Zeit die Mineralgerbung immer mehr um sich greift, die Rindenpreise auch durch die Konkurrenz eingeführter Rinden immer mehr sinken, so verlohnt sich die Rindenproduktion nicht mehr recht.

§ 278.
b. Harz.

In den preußischen Forsten ist die Harzgewinnung nur noch an wenigen Stellen auf Grund von Berechtigungen gestattet, sonst der großen Schädlichkeit wegen, da die harzgenutzten Stämme größtentheils rothfaul werden und dem Windbruche unterliegen, abgeschafft; in großem Umfange wird die Harzgewinnung aus Schwarzkiefern noch in Oesterreich betrieben: es können alle Nadelhölzer geharzt werden. Die besonders harzreichen alten Kiefernstöcke werden zur Theerschwelerei und der bekannten „Kienspähne" wegen vielfach genutzt.

§ 279.
c. Raff- und Leseholz (vergl. § 282).

Unter Raff- und Leseholz ist alles dürre und trockene Holz zu verstehen, welches von selbst von den Bäumen gefallen und zu seiner Benutzung vom Boden aufgelesen oder zusammengerafft wird (A. L. R. § 215 Tit. 22 Th. I). Zum Raff- und Leseholz wird noch das auf den Schlägen liegen bleibende nicht benutzbare Reisig- ꝛc. Holz gezählt, auch wohl die sog. Lagerhölzer, stärkere Stämme, die durch Zufall umgeworfen, theilweis verdorben sind und jedenfalls vom Waldbesitzer nicht mehr genutzt werden.

Die Nutzung des Raff- und Leseholzes wird entweder auf Grund von Erlaubnißscheinen, die stets mitgeführt werden müssen, in den 5 bis 6 Wintermonaten unter forstpolizeilichen Einschränkungen gestattet, oder sie wird auf Grund von Berechtigungen ausgeübt, wo dann die betreffenden Urkunden und gesetzlichen Bestimmungen die Art der Nutzung regeln. Die freiwillig gestattete Nutzung (sog. Heidemiethe) schließt gewöhnlich alle Werkzeuge und größeren Transportmittel aus und beschränkt das Sammeln auf gewisse sog. Holztage und die Person, auf deren Namen der Zettel ausgestellt ist; letzterer muß mitgeführt werden. Uebertretungen der auf Grund von Zetteln oder sonst Berechtigten werden auf Grund der §§ 36—42 des F. und F. P. G. bestraft. Leseholz darf nicht verkauft werden. Die Entnahme von Holz, was nach obiger Erklärung nicht zum Raff- und Leseholz gehört, wird nicht als Contravention, sondern als Forstdiebstahl bestraft.

§ 280.
d. Mast und Baumfrüchte.

Die meisten Früchte der Waldbäume werden von allerlei Thieren als Nahrung aufgesucht, abgesehen davon, daß sie ihre wichtigste Bestimmung in der Verjüngung und Wiederkultur finden. — Die vielen Baumbeerfrüchte werden von Vogelarten eifrig verzehrt (Vogelbeere, Mehlbeere ꝛc.), ebenso allerlei Steinfrüchte — Kirschen, Wachholder, Dornarten; Elsbeeren, wilde Birnen und Aepfel werden von Roth- und Rehwild begierig aufgesucht, namentlich wird aber die Frucht der Buche und Eiche für die Ernährung der Schweine wichtig, und da sich dieselben oft förmlich dabei mästen, auch mit dem technischen Namen „Mast" bezeichnet. Die Jahre, in welchen Buchen- und Eichenwälder durchweg reichliche Frucht tragen, treten selten auf, bei der Buche in günstigen Lagen etwa alle 10 Jahre, bei der Eiche alle 4 Jahre, in rauheren Lagen noch viel seltener. — Solche reichliche Futtererzeugung bei der Eiche oder der Buche, wo alle Bäume gut tragen, nennt man „Vollmast"; trägt etwa nur die Hälfte der Bäume gut, so nennt man es „Halbmast", tragen nur einzelne Bäume, so nennt man es „Sprengmast". Bei voller und halber Mast werden häufig vom 15. Oktober bis 1. Februar Mastschweine eingetrieben und werden zur Mastnutzung die Mastdistrikte entweder meistbietend oder freihändig verpachtet, oder es wird pro Stück ein festgesetztes Einmiethegeld bezahlt. Die Bedingungen, unter welchen die Mast gestattet wird, werden vertragsmäßig festgesetzt. An manchen Orten gebührt die Mastnutzung dazu Berechtigten.

Bei geringerer Mast treibt man unter gleichen Verhältnissen statt der Schweine auch Schafe ein; bei noch geringerer Mast giebt man Sammelzettel aus und läßt diese durch Bezahlung oder Abgabe von Eicheln und Bucheln zu eigenen Kulturzwecken entgelten. Die gesammelten Bucheln werden auch zur Gewinnung von Oel in Oelmühlen geschlagen; sie geben, je nach dem Standort, 10—15 pCt. Oel.

Soweit die Baumfrüchte als Waldsämereien anzusehen sind, wird die Entwendung als Forstdiebstahl bestraft (F. D. G. § 1⁴).

§ 281.
c. Futterlaub.

In futterarmen Gegenden werden nicht selten Esche, Linde, Rüster, Saalweide, Eiche, Aspe, Pappel im Kopf- und Schneidelbetrieb zu sog. „Futterwellen" zur Winterfütterung für Schafe und Ziegen, im Nothfall auch für Rindvieh genutzt, zuweilen werden die Zweige gleich grün verfüttert. Auch die Durchläuterungen der Laubholzjungwüchse in belaubtem Zustande, ingleichen Eichenschälwald- und Niederwaldschläge liefern Futterwellen, die sogleich verfüttert, falls sie recht holzfrei sind, einen hohen Futterwerth haben. Häufig läßt man Läuterungshiebe gegen Abgabe des Materials nach vorherigen genaueren Vereinbarungen machen, wobei sich Publikum wie Waldbesitzer gleich gut zu stehen pflegen. Falls Futterlaub verkauft wird, wird es in Wellen gebunden und hundertweis verkauft. Der Diebstahl an Laub wird nach dem F. D. G. § 1⁴, das schädliche Abbrechen von Laub an Bäumen, Hecken ꝛc. als Contravention nach § 24² des F. und F. P. G. bestraft.

B. Nebennutzungen vom Waldboden.

§ 282.
a. Streu.

Was wir mit dem Namen Waldstreu bezeichnen, besteht aus den vielerlei Abfällen der Waldbäume, der Sträucher und aus den vielerlei Gräsern und Kräutern, Moosen, Farren, Flechten ꝛc., die der Waldboden hervorbringt und die theils als Einstreu in Viehställen zum nachherigen Dung, theils direct, nachdem man sie hat verrotten lassen, zum Dung, theils zur Fütterung benutzt werden. Die Nutzung der Streu kann insofern dem Walde großen Schaden thun, als ihm dadurch ein Theil des zu seiner Ernährung so nöthigen Humus, der durch die Verwesung der entnommenen Streu sich jedenfalls gebildet hätte, entzogen wird.

In allen den Fällen, wo der Boden durch Streuentnahme geschwächt wird oder dem Walde irgend ein Schaden aus derselben erwächst, soll der Waldbesitzer dieselbe freiwillig nie gestatten, sondern da, wo sie als Berechtigung noch geduldet wird, selbst mit bedeutenden Opfern abzuschaffen trachten. Das Nähere darüber siehe im Forstschutz § 234. Ist die Streuabgabe nicht zu umgehen, so soll man sie wenigstens so unschädlich wie möglich machen, indem man Folgendes dabei zu beobachten hat:

 1. **Man giebt die im Walde entbehrlichste Streuart ab.** Am entbehrlichsten ist das Laub und sonstiges Streumaterial von Wegen, Gestellen, Gräben und allen solchen Plätzen, die keine Bodenproduktion haben sollen (sog. „Rechstreu"). Ist diese Streu verbraucht, so kann man wohl das Laub aus den Beständen nehmen, wo es sich in Löchern und allerlei Vertiefungen sehr hoch angesammelt hat, falls es nicht nothwendig wird, um magere hochliegende Bodenpartieen desselben Bestandes, angrenzender Bestände oder Kulturflächen damit zu düngen. In zweiter Linie werden die Kulturflächen angewiesen, um die darauf wuchernden Forstunkräuter, zuerst die schädlichsten — Haide, Beerkräuter, Besenpfriem ꝛc., zu nutzen; die eigentliche Bodendecke — Moos, Gras, Humus ꝛc. — darf jedoch nur in besonderen Fällen angegriffen werden. Solche Unkräuter werden am besten abgemäht, weshalb man diese Art Streunutzung wohl auch Mähstreu nennt. Auf steilere Hänge darf sie jedoch nie ausgedehnt werden. Schließlich kann man auch noch die besseren Schläge zur sog. Aststreu anweisen, wodurch die kleinen Aestchen und Zweige, besonders der Nadelhölzer genutzt werden; diese Abgabe ist sogar im Interesse des Forstschutzes meist sehr erwünscht.

 2. **Man giebt sie nur aus ausgewählten Theilen des Waldes ab.** Die fruchtbareren und besseren Bodenpartieen werden in allen den Fällen, wo eine Streuabgabe aus den Beständen selbst nöthig werden sollte, zuerst angewiesen, namentlich recht frische Tieflagen, feuchte und nasse Orte, Wege, Gräben, Schluchten und zu dichte Moospolster, die oft dadurch schaden, daß sie die Atmosphärilien und die Humusbildung aus den Waldabfällen abhalten, auch die Wurzelathmung hindern, andererseits aber große Erträge bringen können. Unter keinen Umständen darf die Streu genutzt werden von dem Winde und der Aushagerung preisgegebenen Standorten wie Freilagen auf Kuppen, Gebirgsrücken, steilen Hängen, von armem flachgründigem und trockenem Boden; möglichst geschont sollen werden die Südseiten, dann die Westseiten und die nicht ganz geschützten Bestandsränder; am liebsten legt man diese ganz in Schonung.

Aeltere Bestände soll man mindestens 10 Jahre vor dem Abtriebe ganz mit der Streunutzung verschonen, nicht minder die jungen Bestände vor dem mittleren Stangenalter und alle Bestände, die erst vor Kurzem durchforstet sind; ebenso sind von der Streunutzung ausgeschlossen: Eichenschälwald und Buchenniederwald, möglichst auch jeder Mittelwald und Niederwald, weil diese Betriebsarten an und für sich schon den Boden angreifen; ferner alle lückigen und schlecht geschlossenen Bestände, alle Bestände, die von Calamitäten heimgesucht waren, kurz alle solche Bestände, die aus irgend einer Ursache sich in abnormem und schlechtwüchsigem Zustande befinden; eine Streunutzung würde sie nur noch mehr entkräften und vielleicht verhängnisvoll werden.

3. Die Art und Zeit der Streunutzung ist streng vorzuschreiben und zu beaufsichtigen. Was die Ausdehnung und Art der Streunutzung betrifft, so soll nur der obere, noch nicht in Verwesung begriffene, am wenigsten der schon in Humus übergegangene Theil der Bodendecke genutzt werden. Eiserne Harken sind der ev. Wurzelverletzungen wegen zu verbieten, auch greifen sie zu tief in die Bodenschicht.

Obwohl für das streubedürftige Publikum die Nutzung im Frühjahr am erwünschtesten ist, so ist diesem Verlangen aus Rücksicht für den Wald nicht immer zu entsprechen. Die Forstunkräuter sind unter allen Umständen vor Reife und Ausfall des Samens, um ihre Vermehrung zu verhüten, abzugeben; Aststreunutzung wird auf den Herbst und Winter beschränkt; Farrenkräuter werden im Spätsommer, Rech- oder Harkstreu bei möglichst trockner Witterung im Herbst nach vollendetem Laubabfall gewonnen. Dieselben Orte dürfen so selten wie möglich wieder genutzt werden, am meisten schone man unter sonst gleichen Verhältnissen bald haubare Bestände und greife dann lieber in jüngere Stangenhölzer über.

Meist wird Streunutzung auf Grund von Berechtigungen ausgeübt; ist sie freiwillig gestattet, so gewinnen die Betreffenden dieselben auf Grund von Legitimationszetteln entweder selbst oder sie wird von der Forstverwaltung geworben (dies sollte Regel sein!) und nach Raummetern oder fuhren-, karren-, kiepenweis abgegeben oder freihändig verkauft. Die Streunutzung unterliegt den forstpolizeilichen Bestimmungen und wird die Uebertretung derselben nach dem F. u. F. P. G. resp. in den 6 östlichen Provinzen nach der dort noch gültigen Verordnung vom

5. März 1843 G. S. S. 105 bestraft; die Entwendung der Streu wird nach § 1⁴ des F. D. G. bestraft.

§ 283.

b. Weide und Gras.

Das Wesentlichste hierüber ist bereits im Forstschutz §§ 233, 234 gesagt und wird darauf verwiesen. Es sind beide Nutzungen nur mit möglichster Schonung für den Hauptzweck des Waldes, die Holzerziehung auszuüben. Da wo sie aus Rücksicht auf eine große arme ländliche Bevölkerung gestattet werden müssen, ist die ganz besondere Aufmerksamkeit der Beamten nöthig, um Beschädigungen zu verhüten. Sie wird nur gegen Ausgabe von Zetteln gestattet. Wiederholtes Absicheln und Abmähen von Unkrautgras verschlimmert das Uebel und schließt den Boden nur noch mehr ab. Die Entwendung wird nach § 1⁴ des F. D. G., Weideübertretungen werden nach dem F. u. F. P. G. §§ 14 ff. u. 69 ff. bestraft.

§ 284.

c. Torf.

Der Torf ist bekanntlich eine schwammige, vorzugsweise aus Wurzeln und anderen halb und ganz verfaulten Pflanzentheilen bestehende braune bis schwarze Masse, welche sich aus langsam unter Wasser verfaulenden Sumpfpflanzen bildet und nach ihrem nur unvollkommenen Verwesungsproceß zu Boden sackt. Da jedes Jahr neue Sumpfpflanzen entstehen und ebenso vergehen, so kann auf diese Weise im Laufe der Zeit ein Sumpf nicht nur ganz zuwachsen, sondern sich sogar zu einem Hügel erhöhen (Hochmoor). — Die Torfart, an der sich die einzelnen Pflanzentheile noch deutlich unterscheiden lassen, nennt man Stich- oder Wurzeltorf. Bildet der Torf aber eine schwarze schlammige Masse, die man ähnlich wie Lehmziegel in Stücke formt, so nennt man ihn Preß- oder Streichtorf. Torfbildungen entstehen an Orten mit undurchlassendem Untergrund — Fels, Thon ꝛc. — und stagnirendem Wasser, dessen schneller Abfluß und vollständige Verdunstung behindert ist. Entweder steht der Torf zu Tage oder er befindet sich unter Wasser, wo man ihn an der braunen schillernden Oberfläche des Wassers erkennt; liegt er tiefer, so kümmern die Waldbäume auf demselben und der Bodenüberzug besteht aus Binsen, Schilf, Sumpfheide und sauren Gräsern, die das Vieh nicht frißt.

Ist der Torf von Wasser oder einem mehr oder minder starken Bodenüberzug bedeckt, so macht seine Gewinnung mehr Schwierigkeiten. Bei großen Brüchern ist zur rationellen Ausnutzung ein besonderer Wirthschaftsplan nöthig, da man nicht selten auf ein Wiedernachwachsen des Torfes rechnet; in solchem Falle wird ein förmlicher Umtrieb festgehalten nnd darf dann jährlich oder periodisch nicht mehr genutzt werden als nachwächst. Kleinere Torfmoore oder Torfstellen nützt man entweder periodisch oder nützt sie ganz aus, um nachher die Stelle zu kultiviren. Sobald man auf keine Wiedererzeugung des Torfes rechnet, muß man das Wasser, den Hauptvermittler der Torfbildung und Versumpfung, abziehen, und zwar so tief der Torf steht. Man sticht dann den Torf bis auf die Sohle mittelst des Torfspatens oder der Torfstechmaschinen ab. Bei noch nicht vollständiger Entwässerung wird das Ausstechen so betrieben, daß regelmäßige parallellaufende Gräben entstehen, die durch stehenbleibende schmale Bänke getrennt werden, um das Wasser fern zu halten. Die ausgestochenen gleichgroßen, etwa 30 cm langen, 15 cm breiten und 10 cm dicken Torfstücke — Soden oder Torfziegel genannt — werden zum Trocknen auf die Zwischenbänke gelegt und nachher in sog. „Ringen" aufgesetzt.

Hat der Torf keine Bindigkeit oder ist eine Entwässerung nicht möglich oder nicht lohnend, so wird die Torfmasse ausgeschöpft, in einen großen Holzkasten gebracht, gleichmäßig durchgetreten, nachher auf dem Boden ausgeschüttet, durch Schlagen zc. wasserfrei gemacht und, sobald er feststeht, zu einem großen Kuchen geformt, von dem die Soden gleich groß abgestochen werden — Preßtorf.

Den bekannten Streichtorf erhält man noch viel einfacher, indem man den Torfbrei in Formen, die in Fächer getheilt sind, füllt und diese auf trocknem Boden ausklopft und trocknen läßt. Wo das Trocknen des Torfes mit Schwierigkeiten verknüpft ist, baut man Trockenhäuser oder Trockengerüste; der getrocknete Torf ist besonders vor Nässe zu schützen und sofort abzufahren.

In großen Torfmooren wird der Torf hier und da in Fabriken, Maschinen zc., durch Schlämmen, Zerkleinern und nachheriges Pressen, oft in komplizirter Weise brennkräftiger gemacht und kommt dann als sog. Kunst- oder Maschinentorf in den Handel. Zuweilen wird auch der Kunsttorf „Preßtorf" genannt, da zu seiner Bereitung immer ein Preßverfahren angewandt wird. Die Verarbeitung von Torf=

abfällen oder minderwerthigem Torf zu „Torfstreu" gewinnt in den letzten Jahren als Ersatz für Stroh und andere Streu immer größere Bedeutung.

§ 285.
d. Verschiedene Erdarten und Steine.

Sandgruben im Revier werden in sandärmeren Gegenden oft äußerst werthvoll und hat der Förster die Ausnutzung derselben nur mit Erlaubniß des Vorgesetzten und nur gegen Vorzeigung von Legitimationszetteln zu gestatten; für das Revier selbst wird der Sand, besonders der Kies, als wichtiges Wegebaumaterial bedeutsam.

Lehmgruben werden ebenfalls sehr nützlich für den Wegebau event. für Ziegelbrennerei, Mergelgruben werden vom Landwirth, Kalk von Maurern, Thon von Töpfern sehr gesucht; Steine liefern in der Ebene das gewünschte Material zu Brücken- und Wegebauten, werden auch oft theuer vom Publikum bezahlt. Keinesfalls darf der Förster die Benutzung dieser Bodenbestandtheile aus eigenem Ermessen gestatten, hat dieselben im Gegentheil wie alle anderen Waldprodukte und das Holz vor fremden Eingriffen zu schützen. Die Nutzung dieser sogen. Fossilien wird entweder freihändig oder meistbietend an Unternehmer verpachtet oder sie geschieht auf Grund von Zetteln unentgeltlich oder gegen Entgelt, meist unter Selbstwerbung des Publikums.

Die Steinbrüche, Sandgruben 2c. müssen eingefriedigt sein (§ 29 des F. u. F. P. G.), der Diebstahl an Fossilien wird nach § 370 des Str. G. B. bestraft.

§ 286.
e. Waldbeeren, Pilze und ähnliche Produkte.

Alle derartigen geringen Nebenprodukte des Waldes dürfen vom Publikum ebenfalls nur auf Grund von Legitimationszetteln genutzt werden und bilden meist einen sehr willkommenen Nebenerwerb der ärmeren Bevölkerung. Als wichtigste sind zu nennen: Heidelbeeren und Preißelbeeren, welche zum Einmachen, die ersteren leider auch zur Verfälschung des Rothweines verwendet werden, die Himbeeren werden in eigenen Fabriken oder in den Apotheken und Destillationen zu Saft verkocht, Erdbeeren, Brombeeren 2c. werden meist roh gegessen und namentlich in der Nähe von Städten und Bädern oft theuer bezahlt. Die Wachholderbeeren werden in den Apotheken und Destillationen

gekauft; für Apotheken sind außerdem noch wichtig: Belladonna oder Tollkirsche, Fingerhut, Bärlapp ꝛc., der Schachtelhalm wird als Polir=
mittel von Tischlern gekauft, Grassamen von Landwirthen und Gärtnern; Trüffeln, gewisse Moosarten zu Bürsten und künstlichen Blumen geben außerordentlichen Ertrag, wo sie vorkommen. — Von den Pilzen sind am meisten die Champignons, Steinpilze und Pfefferlinge als eßbar gesucht; doch ist bei den Pilzen Vorsicht nöthig, da manche giftig sind. Die giftigen Pilze erkennt man fast durchgehends daran, daß sie beim Einbrechen sich blau färben: vor diesen muß man sich unter allen Umständen hüten. Besonders muß man sich hüten vor dem Fliegenpilz, dem Knollenpilz und dem Speiteufel.

Da das Sammeln von Beeren und Pilzen forstpolizeilichen Be=
stimmungen überlassen ist, so sind diese maßgebend und ist die Ent=
wendung als Kontravention zu bestrafen, nie als Forstdiebstahl.

C. Forstliche Nebengewerbe.
§ 182.
a. Köhlerei.

Bis vor nicht langer Zeit wurde die Köhlerei im Walde vielfach auf Rechnung der Forstverwaltung betrieben und lag den Forstbeamten die Leitung oder Beaufsichtigung derselben ob. Bei den heutigen Preisen des Holzes ist man von dieser Selbstverwendung des Holzes vollständig abgekommen, da man alles Holz, selbst wenn es aus Anlaß von Cala=
mitäten in großen Mengen, sei es als Brennholz, sei es als Nutzholz, auf den Markt gebracht werden muß, noch zu leiblichen Preisen ab=
setzen kann. Die Köhlerei auf Kosten der Forstverwaltung ist wohl überall abgeschafft und ist dieselbe Privatköhlern überlassen; deshalb hat eine eingehende Kenntniß des Köhlereibetriebes für den Forstmann nur noch historisches Interesse, so daß wir sie nur flüchtig berühren dürfen.

Die Köhlerei bezweckt die Umwandlung des Holzes in Holzkohle durch Verbrennung bei unvollkommenem Luftzutritt. Zu diesem Zwecke wird Scheit= oder Knüppel=, Reis= oder Stockholz der Buche und der Nadelhölzer in den sog. Meilern, gewölbten Holzstößen von 11 bis 20 Raummetern (kleine Meiler) oder von 70—130 Raummetern (große

Meiler) so kunstmäßig übereinander geschichtet, daß in der Mitte eine Art Canal, Quandel, bleibt, der mit leicht brennbaren Stoffen gefüllt wird und nachher zum Anzünden dient. Das schwerkohlende Holz kommt dem Quandel zunächst, das am leichtesten brennende und schwächste in den Umfang. Um die Luft vom Holze abzuschließen wird dasselbe zunächst mit einer Rauchdecke von Rasen, Laub, Moos, Nadelstreu, Heide ꝛc. so dicht umgeben, daß keine Erde durchsickern kann, auf diese Rauchdecke kommt dann eine dichte Erddecke, welche auf Rüsten, die rings um den Meiler aus Stangen ꝛc. angebracht sind, ihren Halt findet. Wenn der Meiler durch den Quandel oder mittelst eines besonderen Zündschachtes, der sich am Boden befindet, angesteckt ist, wird das Feuer im Meiler durch Bedecken der zu stark glimmenden und durch Hineinstoßen von Luftlöchern an zu schwach glimmenden Stellen sorgfältig dirigirt. Die kleinen Meiler sind unter mittleren Verhältnissen nach 6—8 Tagen, die großen Meiler nach etwa 3—4 Wochen verkohlt. Da das Holz beim Verkohlen sehr stark schwindet, so beträgt die Kohlenausbeute dem Raum nach nur ohngefähr drei Fünftel der früheren Holzmasse (nur $\frac{1}{4}$ seines Gewichts). Die Holzkohlen werden besonders zum Schmelzen von Metallen, zum Löthen und zu chemischen Zwecken verlangt und theuer bezahlt, da sie eine sehr starke Hitze geben.

§ 288.

b. Theerschwelerei.

Die Theerschwelerei hat die größte Aehnlichkeit mit der Köhlerei, nur daß man zu derselben ausschließlich harzreiches altes Kiefernstockholz verwendet. Die Schwelerei geschieht in sog. Theeröfen und bezweckt die Gewinnung von Theer aus den kienreichen Kiefern=Stöcken. Der Ofen besteht aus einer 4—6 m hohen und 2—8 m breiten gemauerten stumpf kegelförmigen Glocke, „Blase" genannt, die einen hohlen und in der Mitte mit Abflußloch und Abflußröhre versehenen Boden, oben ein etwa 70—80 cm im Quadrat haltendes Loch, das sog. Füllloch, hat. Rings um die Blase wird auf etwa $\frac{2}{3}$ ihrer Höhe in einem unteren Abstand etwa von 40 cm ein mantelförmiger Ofen gemauert und mit Heizholz gefüllt. Nachdem das zu schwelende Stockholz bis auf die kienreichen Theile ausgespalten, wird die Blase damit gefüllt, das Holz im Mantel angezündet und so das Holz in der Blase durch starkes Hitzen von seinen wässerigen und harzigen Theilen befreit.

Zuerst fließt durch das Abzugsrohr, was in den Boden der Blase mündet, die sog. Theergalle ab, welche zu Wagenschmiere verkocht wird; nachher erscheint der eigentliche Theer, welcher entweder direkt verwandt oder zu Pech umgesotten wird. Das Holz in der Blase ist zu Holzkohlen verkohlt.

§ 289.
c. Pech- und Kienrußhütten.

In den Pechhütten wird das aus den Nadelhölzern gewonnene Harz in eingemauerten Kupferkesseln geschmolzen, in nasse Säcke gefüllt, fest in diese eingebunden und ausgepreßt, um das feine klare und ganz gereinigte werthvollste gelbe Pech zu gewinnen, was schon bei gelindem Drucke in untergestellte Tonnen abfließt, hier verhärtet und gleich mit diesen verkauft wird. Das erst bei stärkerem Pressen ausfließende Pech ist dunkler, schließlich schwarz gefärbt und kommt als geringwerthiges sog. schwarzes Pech in den Handel. Die in den Säcken nach dem Preßverfahren verbleibenden Harzrückstände heißen Pech- oder Harzgrieven und werden in den Kienrußhütten zur Gewinnung des Kienrußes verwendet. Die Pechgrieven werden zu diesem Zwecke einfach in Oefen verbrannt, deren Abzugsröhren sämmtlich in einen riesigen auf dem Boden der Hütte befindlichen Flanellsack münden und diesen mit ihrem Rauch durchziehen müssen. Bei dem Durchziehen des Rauches bleiben die feinen Kohlentheilchen, die sich in großer Menge bei der Verbrennung der Harzgrieven bilden, am Flanell hängen und werden hier von Zeit zu Zeit auf den Boden abgeklopft und gesammelt. Die rußigen Kohlentheilchen bilden den bekannten Kienruß, der in Fässern, Tonnen und Tönnchen verpackt in den Handel kommt.

Fragebogen zur Forstbenutzung.

Zu § 239. Was versteht man unter Forstbenutzung?
Zu § 240. Was versteht man unter „technischer Eigenschaft" des Holzes?
Zu § 241. Nenne die verschiedenen Trockenzustände des Holzes.
Zu § 242. Was ist Kern- und Splintholz? Nenne die wichtigsten Kern- und Splinthölzer.

Zu § 243. Was versteht man unter Widerstandsfähigkeit und Festigkeit der Hölzer?

Zu § 244. Was ist Tragkraft? Wovon hängt sie ab? Zähle die tragfähigsten Hölzer nach einander auf?

Zu § 246. Was ist Härte des Holzes? Wovon hängt sie ab? Welche Holzarten gehören zu den sehr harten, harten und weichen Hölzern?

Zu § 247. Was ist Spaltbarkeit? Welche Eigenschaften des Holzes bedingen seine Spaltbarkeit? Nenne die leicht- und die schwerspaltigen Hölzer?

Zu § 248. Was ist Elasticität und Zähigkeit? Wie erhöht man die Zähigkeit künstlich? Für welche Handwerker ist die Zähigkeit wichtig? Nenne Holzarten, die sich durch Zähigkeit und Elasticität auszeichnen?

Zu § 249. Was versteht man unter Dauerhaftigkeit des Holzes? Wovon hängt sie ab? Welche Holzarten dauern am besten im Wasser und Erdboden aus? Welche haben im Allgemeinen die größte Dauer?

Zu § 250. Welche Mittel giebt es, um die Dauerhaftigkeit zu erhöhen?

Zu § 251. Was bedeutet das Reißen der Hölzer? Welche Mittel giebt es dagegen?

Zu § 252. Wovon hängt die Brennkraft der Hölzer ab? Welche Hölzer heizen gut?

Zu § 253. Was sind Kernrisse, Waldrisse, Frostrisse, Maser und Wimmerholz? In wiefern beeinträchtigen solche Fehler die Nutzfähigkeit des Holzes? Was ist widersonniger Drehwuchs? Was sind Hornäste? In welcher Weise werden Rindenverletzungen gefährlich? Was ist Roth- und Weißfäule? Kommen beide in allen Holzarten vor? Welche Fäulnißarten unterscheidet man nach den befallenen Baumtheilen? Sind starke Wurzelanläufe an älteren Stämmen vortheilhaft? Wodurch verräth sich Astfäule? Wodurch wird sie häufig hervorgerufen? Welche Farbe von Faulflecken ist besonders verdächtig? Welche Krebskrankheiten kommen an Eiche, Tanne und Lärche vor? Wodurch schaden sie?

Zu § 254. Was ist bei der Annahme von Holzhauern zu beachten?

Zu § 255. Was bezweckt die Hauordnung? Weshalb müssen vor jedem Schlage besondere Instruktionen seitens des Försters gegeben werden? Wie bestraft man Holzhauer? Was muß vor jedem Sonn- und Festtage im Schlage geschehen? Dürfen Raff- und Leseholzsammler in einem noch nicht beendigten und abgenommenen Schlage sammeln? Wann kann im Schlage mit der Abfuhr begonnen werden? Welches Holz dürfen die Holzhauer verfeuern? Dürfen dieselben irgend welches Holz zu eigenem Gebrauch aus dem Schlage entnehmen?

Zu § 256. Wann kann Rückerlohn gewährt werden?

Zu § 257. Welche Instrumente gebraucht man beim Fällen und Aufarbeiten des Holzes? Nenne den Unterschied zwischen Axt und Beil. Wie heißen die einzelnen Theile der Axt? Wie unterscheidet man die Sägen? Was gehört zu einer guten Säge?

Zu § 258. Welche Rodewerkzeuge giebt es?

Zu § 259. Was ist Wadel? Wann sind die verschiedenen Fällungszeiten?

Zu § 260. Was ist beim Anlegen der Holzhauer im Schlage zu beachten? Was beim Anlegen der Schläge?

Zu § 261. Wie wird ein Stamm gefällt mit Axt, Säge und Keilen? Was versteht man unter Auskesseln? Wonach wählt man die Fallrichtung? Worauf hat der Förster beim Baumfällen besonders zu achten?

Zu § 262. In welche Hauptsortimente wird das Holz in den Schlägen eingetheilt? Nach welchen allgemeinen und besonderen Vorschriften hat sich der Förster beim Sortiren des Holzes zu richten?

Zu § 263. Was sind Wahlhölzer? Wie werden Sägeblöcke, Rundhölzer und Schifsknie eingetheilt? Welche Durchmessergrenze besteht zwischen Rundhölzern und Nutzstangen? Wo ist die Grenze zwischen Derbholz und Reiserholz? Welche Stangenklassen gehören zum Derbholz, welche zum Reiserholz? Wo wird der Durchmesser bei Stangen, wo bei Rundhölzern gemessen? In welcher Zahl werden die Reiserholzstangen zusammengelegt? Woburch unterscheiden sich Schichtnutzholz 1. und 2. Klasse? Wie wird die Rinde sortirt? Was ist Scheitholz, Knüppelholz, Reiserholz und Stockholz? Welche Reiserholzklassen giebt es?

Zu § 264. Wie wird Länge und Durchmesser bei Nutzenden gemessen? Mit welchen Bruchtheilen müssen Langhölzer abschneiden? Ist noch eine Zugabe in der Länge gestattet? Dürfen von Schichtholz Bruchtheile von Raummetern gesetzt werden? Wie berechnet man von Schichthölzern die dritte Dimension, wenn Anzahl der Raummeter und zwei Dimensionen gegeben sind? Wie wird ein Schichtmaaß aufgesetzt? In welchem Verhältniß steht das Spalten der Schichtrundhölzer (Stempel!) zu ihrer Stärke? Wie wird ein Schichtmaaß auf geneigter Fläche aufgesetzt? Nenne die verschiedenen Schwindemaaße? Wie wird das Schichtmaaß bezeichnet, wenn mehrere Holzarten zusammengelegt sind? Wie wird das Holz gerückt?

Zu § 265. Wie wird das Holz nummerirt? Wie bezeichnet man Nutzschichtmaaße? Wie Anbruchholz? Wie wird das Holz gebucht? Wie abgenommen?

Zu § 266. Was ist bei der Holzabgabe seitens des Försters zu beachten? Was bedeuten grüne und rothe Holzzettel? In welchen beiden Fällen darf die Quittung des Forstrendanten auf den Holzzetteln fehlen? Welche genaue Vorschriften enthalten die §§ 56—61 der Försterinstruktion über die Holzabgabe, die Holzverabfolgezettel, die Holzanweisung, Verausgabung im Anweisebuche, Aufbewahrung und Ablieferung der Holzzettel und die Abgabe von nicht aufgearbeitetem Holze?

Zu § 267. Was hat der Förster zu thun, wenn plötzlich eine Gefahr bei dem Passiren von Brücken, Wegen ꝛc. eintritt oder auf Wegen die Abfuhr stockt?

Zu § 268. Wie breit werden dauernde Abfuhrwege angelegt? Was ist über den Bau von Erd- und Steinwegen zu bemerken? Wie führt man Wege über sumpfige Stellen?

Zu § 269. Wie wird Brennholz und wie Langholz geflößt?

Zu § 270. Welche Eigenschaften muß Hochbauholz haben? Was ist Ganzholz, Halbholz und Kreuzholz?

Zu § 271. Welches Holz verwendet man zu Rostbauten, zu Röhrenholz, zu Eisenbahnschwellen, zum Grubenbau?

Zu § 272. Welches Holz verwendet man beim Wasserbau zu Pfählen, welches zu Faschinen?

Zu § 273. Welche Holzarten verwendet der Stellmacher? Wie wird Felgenholz ausgehalten und von welchen Hölzern? Wie werden Speichen und Naben und von welchen Hölzern ausgehalten? Haben krumm gewachsene Stangen noch Werth? Welches Holz nimmt man zu Deichseln und Leiterbäumen?

Wie wird Eichenstabholz ausgehalten? Kann es leichtere Fehler haben? Woraus werden die werthvolleren Faßreifen gemacht? Welches Holz wird zu Trockengefäßen und zu Eimern verwendet?

Welches Holz wird zu Spaltwaaren ausgehalten? Welche Holzarten werden zu Schnitzwaaren ausgehalten? Wie muß Leistenholz ausgehalten werden?

Welches Holz verwenden Drechsler, Glaser und Tischler? Was geschieht mit gesunden Maserhölzern? Welche Hölzer verwendet man zu Flechtarbeiten? Welche zu Besen?

Zu § 274. Welche Sortimente und welche Holzarten verwendet man beim Gartenbau?

Zu § 275. Welche Eigenschaften muß gutes Eichenschiffbauholz haben? Wie wird es ausgehalten? Welches Holz nimmt man zum unteren Kiel und zu Masten und Raaen? Wie hält man die erforderlichen Krummhölzer aus? Welche Fehler kann Schiffbauholz haben? Wie werden Mühlwellen ausgehalten?

Zu § 276. Wozu kann Brennholz außer zum Kochen und Heizen noch verwendet werden?

Zu § 277. Welche Rinden werden zu Gerbzwecken gewonnen? Was ist Glanz-, was ist rauhe Rinde?

Zu § 278. Welchen Nachtheil hat die Harzgewinnung?

Zu § 279. Was ist Raff- und Leseholz?

Zu § 280. Was versteht man unter Voll-, Halb- und Sprengmast?

Zu § 281. Welche Holzarten werden zu Futterlaub benutzt?

Zu § 282. Welche Nachtheile hat die Streunutzung? An welchen Stellen weist man die Streu zuerst an? Welche Orte sind mit der Streunutzung ganz, welche möglichst zu verschonen? In welcher Art und Weise muß die Streunutzung betrieben werden?

Zu § 284. Wie bildet sich der Torf? Welche Torfarten giebt es? Wie nützt man große Torfmoore nachhaltig? Wie nützt man kleine Torfmoore einmal, um sie später zu kultiviren? Wie bereitet man Preßtorf, Streichtorf und Kunsttorf?

Zu § 285. Was sind Fossilien? Wie werden sie verwerthet?

Zu § 286. Wie werden Beeren, Pilze 2c. verwerthet?

Zu § 287. In welcher Weise verkohlt man das Holz?

Zu § 288. Was für Holz nimmt man zur Theerschwelerei? Wie schwelt man den Theer aus?

Zu § 289. Wie gewinnt man Pech und Kienruß?

Einrichtung der preußischen Staatsforsten.
§ 290.

Die Staatsforsten ressortiren von dem Ministerium für Landwirthschaft, Domainen und Forsten und umfassen eine Gesammtfläche von 8 192 505 ha oder 23½% der Gesammtfläche von Preußen. Unter der oberen Leitung des Ministers werden die Geschäfte betrieben:

a. der **Centraldirektion**: von der Abtheilung (III) für Forsten im Ministerio durch den Oberlandforstmeister und die Landforstmeister (4).

b. der **Lokaldirektion, Inspektion und Controle**: von den Bezirksregierungen und zwar der Abtheilung für direkte Steuern, Domainen und Forsten durch die Oberforstmeister und Regierungs- und Forsträthe.

c. der **eigentlichen Administration**: durch die Oberförster (Forstmeister) und hinsichtlich der Geld-Einnahme und -Ausgabe durch die Forstkassenrendanten.

d. des **Forstschutzes** und der speciellen Aufsichtsführung über die Waldarbeiten:

durch die Forstschutzbeamten (Revierförster, Hegemeister, Förster, Waldwärter, Forstaufseher und Hilfsjäger).

Die Forstbeamten haben nach dem Uniformsreglement vom 29. December 1868 im Dienste folgende Uniform zu tragen:

im Walde die „Walduniform" bei allen dienstlichen Verrichtungen, welche aus einem Ueberrock von grau-grün melirtem Tuch mit 2 Brustklappen, 2 Reihen von je 6 broncirten Knöpfen, grünem Kragen mit hinten joppenartigem Schnitt besteht. Die Rangabstufungen sind bezeichnet wie folgt:

A. Kragen von grünem Tuch, Brustklappen im Innern von gleichem Tuch wie der Rock, Hirschfänger mit Messer, Griff von Hirschhorn ohne Bügel mit gelbem Beschlag, schwarzer Scheide durch den Rock gesteckt. Ohne Portepee (auch für ehemalige Feldwebel, Oberjäger ꝛc.).

a. Achselabzeichen bestehen aus zwei Streifen gerade neben einander von 6 mm breiter jagdgrüner Plattschnur:

Waldwärter, Hilfsjäger und Forstaufseher.

b. Achselabzeichen wie oben, jedoch drei Schnüre neben einander. Hegemeister mit einem goldenen Stern mitten auf dem Achselstück:

Förster, Hegemeister.

Als Auszeichnung wird für die Beamten ad b vom Minister ein goldenes Ehrenportepee verliehen.

B. Kragen von grünem Sammet, sonst wie bei A.

a. Achselabzeichen mit 3 Schnüren:

Forstreferendare.

b. Achselabzeichen mit 4 Schnüren und Hirschfänger, Portepee, wie bei C:

Revierförster.

C. Kragen mit grünem Sammet, Brustklappen im Innern von grünem Tuch, Hirschfänger mit Messer, weißem Griff mit vergoldetem Bügel in schwarzer Scheide. Goldenes Portepee mit jagdgrüner Seide und dünnen Cantillen. Reserveoffiziere oder zum Tragen der Offiziersuniform Berechtigte tragen das silberne Portepee.

a. Achselabzeichen mit 5 Schnüren, gerade neben einander:

Forstassessoren.

b. Achselabzeichen mit 5 Schnüren, von denen die drei mittleren geflochten: Oberförster, mit 7 Schnüren, sämmtlich durchflochten und einen goldenen Stern:

Forstmeister.

c. Achselzeichen mit 7 Streifen und 2 goldenen Sternen, sämmtlich geflochten und das Portepee mit starken Cantillen; letzteres auch bei allen folgenden Beamten:

Regierungs- und Forsträthe.

d. Achselabzeichen wie bei c, aber mit 3 goldenen Sternen übereinander:

Oberforstmeister.

e. Achselabzeichen wie bei c, aber mit einer kleinen silbernen Eichel:

Oberforstmeister im Range der Räthe dritter Klasse.

f. Achselabzeichen wie bei c, aber mit 2 silbernen Eicheln übereinander:

Landforstmeister im Range der Räthe zweiter Klasse.

g. Achselabzeichen wie bei c, aber mit 3 silbernen Eicheln übereinander:

Der Oberlandforstmeister.

Die Beinkleider sind von demselben Tuche wie der Rock, mit grünen Biesen; die Kopfbedeckung ein grün=grauer Filzhut mit 7 cm breiter Krämpe, mit 2 cm breitem grünem Bande, Kokarde mit Gemsbart auf der linken Seite, vorn mit königlichem Adler von 3 cm Höhe und 5 cm Flügelspannung. Im Winter (October bis incl. März) kann eine grüne Baschlickmütze mit Kokarde und Adler getragen werden. Als Ueberzieher dient ein Rock von gleichem Tuch und Schnitt wie die Walduniform, nur länger und ohne Achselstücke oder ein Militairpaletot mit grünem Kragen.

Beinkleider, Kopfbedeckungen und Ueberzieher sind für alle Beamte gleich.

Für feierliche Gelegenheiten tragen die Beamten vom Forstreferendar aufwärts eine Staatsuniform, für sonstige Gelegenheiten ist allen Beamten noch das Tragen einer Interimsuniform gestattet. Nur zu letzterer darf eine grüne Tuchmütze nach dem Schnitt der Militairmützen resp. der Hut getragen werden.

Die zum Waffengebrauch berechtigten Forstbeamten dürfen sich der Waffen beim Forst= und Jagdschutz nur bedienen, wenn sie in Wald- oder Interimsuniform sind und den Dienstadler tragen.

Der Gruß erfolgt wie beim Militair durch Anlegen der rechten Hand an die Kopfbedeckung. (Der Hut darf nicht abgenommen werden!)

Die Grundlage der ganzen Einrichtung der Staatsforsten bildet die Eintheilung derselben in Oberförstereien.

Die Oberförsterei wird in der Ebene durch ein Netz von sich rechtwinklig schneidenden Schneißen in kleine Wirthschaftsfiguren eingetheilt, welche man Jagen nennt. Die Schneißen heißen „Gestelle" und zwar nennt man die von Osten nach Westen laufenden „Hauptgestelle" (meist 7 m breit!) und bezeichnet sie mit großen lateinischen Buchstaben; die von Norden nach Süden laufenden (meist 5 m breit) nennt man Feuergestelle und bezeichnet sie mit kleinen lateinischen Buchstaben. Die Jagen haben die Form länglicher Rechtecke, deren Längsseiten (Feuergestelle) meist die doppelte Länge der Querseiten haben.

Im Gebirge schließt sich die Eintheilung an die Terrainbildung an (Bäche, Schluchten, Wege ꝛc.) und heißen diese Wirthschaftsfiguren von mehr oder weniger unregelmäßiger Form „Distrikte". Im Hochwald sind die Jagen und Distrikte 25—30 ha groß. Diese kleineren Wirthschaftsfiguren sind wiederum zu einem Hauptwirthschaftskomplex „Block" genannt vereinigt, d. h. ein mehr oder weniger selbständiges organisches Glied des ganzen Revieres, innerhalb dessen ein nachhaltiger Betrieb entweder sofort geführt oder wenigstens durch Herstellung eines geordneten Altersklassenverhältnisses angebahnt werden soll. Die Blöcke werden mit großen römischen Ziffern, die Jagen und Distrikte von Osten nach Westen fortlaufend — und zwar in der Südostecke anfangend — mit arabischen Ziffern nummerirt; an den Kreuzungspunkten der Jagen werden vierkantig behauene sog. Gestell- oder Jagensteine resp. Pfähle aufgestellt, auf welchen die Nummern der Jagen ꝛc. und die Buchstaben der betreffenden Gestelle aufgemalt werden. Für Bildung der Wirthschaftsfiguren werden weniger die gegenwärtigen vorübergehenden Bestandsverhältnisse als vielmehr die dauernden Terrain-, Boden- und Formverhältnisse des Waldareals sowie die Rücksicht auf eine zweckmäßige Abgrenzung der zu erziehenden Bestände und auf das bleibende Wege- resp. Grabensystem maßgebend.

Die Schlageintheilung in den Mittel- und Niederwaldungen ist meist nur eine rein geometrische, ohne Rücksicht auf die Bestandsverhältnisse ꝛc.

Die in einer Wirthschaftsfigur vorhandenen Bestände werden, wenn sie in einzelnen größeren Theilen nach Alter, Boden oder Bestandsbeschaffenheit wesentlich verschieden sind, in sog. „Abtheilungen" zerlegt, welche mit kleinen lateinischen Buchstaben bezeichnet und auch örtlich im Walde durch Anschalmen der Randbäume oder mit kleinen Hügeln abgegrenzt werden. Abtheilungen mit „Nichtholzboden" (Acker, Fenne ꝛc.) werden mit kleinen deutschen Buchstaben bezeichnet.

Die ganze Wirthschaftseintheilung eines Revieres wird auf der im Maaßstabe von 1:25 000 hergestellten „Wirthschaftskarte" dargestellt, auf welcher die Blöcke, Jagen (Distrikte) und Abtheilungen mit ihren Nummern und Buchstaben eingetragen sind. Die vorherrschenden Holzarten sind durch folgende Farben bezeichnet: Eichen gelb, Buchen braun, Ahorn, Ulmen, Akazien, Erlen, grün, Birke carmin, Aspen und sonstige Weichhölzer blau-grau, Fichten grau-blau,

Tannen grau-grün, Kiefern grau-schwarz und Lärchen grau-roth. Eingesprengte Holzarten werden durch die bezüglichen Baumfiguren markirt wenn sie 0,1 und mehr des Hauptbestandes bilden und zwar bei horstweiser Einsprengung in Gruppen zu 3, sonst einzeln. Die verschiedenen Perioden (cfr. § 115) werden farbig umrändert und zwar die I. Periode mit grün, die II. mit karmin, die III. mit gelb, die IV. mit blau, die V. mit zinnober, die VI. mit braun, außerdem sind sie noch mit römischen Zahlen I, II 2c. bezeichnet. Neuerdings umrändert man nur die I. und II. Periode. Die Vertheilung der übrigen Bestandstheile in die III.—VI. Periode geht ungefähr aus ihrem Alter hervor, welches in der Art bezeichnet wird, daß die beiden ältesten Altersklassen ganz dunkel, die beiden mittleren heller, die beiden jüngsten ganz hell angelegt werden. In demselben Farbentone wird der ältere Bestand durch Unterstreichen des Abtheilungsbuchstabens bezeichnet. Kommt eine Abtheilung während des Einrichtungszeitraumes mehrmals zum Hiebe, so werden beide Perioden, z. B. II, IV, findet nur ein Aushieb statt, so wird die betr. Periode mit kleiner römischer Zahl, z. B. $_{II}$V eingeschrieben. Mittelwaldblöcke und Niederwald werden gelbgrün angelegt, die Holzarten durch Baumfiguren und die Jahresschläge mit liegenden römischen Ziffern bezeichnet. Außerdem zerfällt jede Oberförsterei noch in kleinere Bezirke, welche „Schutzbezirke" oder „Beläufe" genannt werden; meist umfassen dieselben zugleich einen Block; der Schutz sowie die Führung aller Waldgeschäfte in demselben liegt einem Förster (Hegemeister) ob; speziell zur Aushilfe beim Forst- und Jagdschutz sind für einen oder auch mehrere Schutzbezirke noch Forstaufseher und Hilfsjäger resp. Waldwärter angestellt. Liegen einzelne Reviertheile sehr weit vom Sitze des Oberförsters entfernt, so werden gewisse Funktionen des Oberförsters einem „Revierförster" übertragen, der zugleich aber noch einen eigenen Schutzbezirk hat. Hierzu werden theils besonders qualificirte Förster befördert oder Forstassessoren vorübergehend angestellt. Mehrere Oberförstereien werden zu einem Forstinspektionsbezirk unter der Leitung und Controle eines Regierungs- und Forstraths am Sitze der Regierung vereinigt; mehrere Forstinspektionen (ev. auch eine) bilden zusammen den Bezirk eines Oberforstmeisters am Sitze der Regierung, der meist die sämmtlichen Oberförstereien und Forstinspektionen eines Regierungsbezirks umfaßt; liegt in einem Regierungsbezirk nur eine Forstinspektion, so versieht dieser Forstinspektionsbeamte zugleich die Funktionen des Oberforstmeisters. Mehrere Provinzen stehen wieder unter der speciellen Leitung und Controle eines Landforstmeisters am Sitze des Ministerii; die Gesammtleitung der Staatsforsten hat unter der oberen Leitung des Ministers für Landwirthschaft, Domainen und Forsten der Oberlandforstmeister, zugleich Direktor der Ministerialabtheilung für Forsten.

Die Oberforstmeister sind zugleich Mitdirigenten der Abtheilung für direkte Steuern, Domainen und Forsten bei den Regierungen.

Die Ausbildung für den niederen Forstdienst bis zum Revierförster aufwärts ist durch das Regulativ vom 1. October 1893, von dem sich ein Auszug hinten unter den Beilagen befindet, geregelt; die höhere Carriere vom Oberförster an aufwärts ist streng geschieden; die Vorbereitung und Ausbildung dazu ist geregelt durch die Bestimmungen vom 1. August 1883. Die Aspiranten der höheren Carriere heißen während der bei einem Oberförster abzuleistenden 1 jährigen Lehrzeit „Forstbeflissene"; nach absolviertem erstem Staatsexamen „Forstreferendare"; nach dem zweiten Staatsexamen „Forstassessoren".

Anhang.

Jagdlehre.

§ 291.
Einleitung.

Die Lehre von der Jagd hat den doppelten Zweck, zu zeigen:

1. Wie man nützliches Wild erzieht, gegen Schaden und Gefahr schützt, in einer kunstgemäßen Weise erlegt und dasselbe in der besten Weise verwendet und verwerthet (Wildzucht und Wildjagd).

2. Wie man der Jagd schädliche Thiere und Gefahren aller Art möglichst vermindert (Jagdschutz).

Da der Förster sich einestheils mit dem Schutze des Wildes gegen seine Feinde, auf der anderen Seite aber behufs der Verwerthung mit seiner Verfolgung und Erlegung zu beschäftigen hat, so werden wir nur diesen beiden Theilen, namentlich der eigentlichen Wildjagd besondere Aufmerksamkeit widmen und aus den anderen Theilen der Jagdlehre nur das nöthigste und soweit es von unbedingtem Interesse ist, an geeigneter Stelle erwähnen.

Von der Ausübung der Wildjagd.

§ 292.
Welche Thiere sind jagdbar?

Zur ausschließlichen Jagdgerechtigkeit, d. h. dem Rechte, jagdbare wilde Thiere aufzusuchen, sie unter den bestehenden polizeilichen Einschränkungen zu hetzen, zu treiben, zu schießen, zu fangen oder auf andere Weise sich zuzueignen, gehören nach dem Allgemeinen Landrecht die jagdbaren wilden Thiere im Gegensatz zum sog. freien Thierfange, d. h. dem Fange von Insekten und anderen Thieren, welche noch in keines Menschen Gewalt gewesen sind und weder zur Jagd noch Fischereigerechtigkeit gehören. Den freien Thierfang kann jeder auf seinem Besitz ausüben. Was nun zu den jagdbaren Thieren gehört, ist nach den verschiedenen Provinzial-Gesetzen zu entscheiden; soweit diese darüber keine besonderen Bestimmungen enthalten, rechnet das Allgemeine Landrecht dazu: alle diejenigen vierfüßigen wilden Thiere und das wilde Geflügel, welche zur Speise gebraucht werden. Es gehören im Allgemeinen dazu:

a. **Vierfüßige Thiere:** Elch, Roth-, Damm-, Schwarzwild, Rehe, Hasen, Kaninchen, meist auch Dachse, Biber, Fischottern, Füchse, in einigen Landestheilen Luchse, Wölfe, Marder, wilde Katzen.

b. **Wildes Geflügel:** Auer-, Birk-, Haselwild, Trappen, Fasanen, Rebhühner, Wachteln, wilde Tauben, Krammetsvögel, Ziemer, Amseln, Drosseln, Lerchen, Schwäne, wilde Gänse und Enten, Kraniche, Fischreiher, Brachvögel, Taucher, Wasserhühner, Schnepfen.

Soweit die Provinzialgesetze nichts Anderes bestimmen, werden nach dem Allgemeinen Landrecht zur sog. hohen Jagd gewöhnlich nur gerechnet: Elch, Roth-, Damm-, Schwarzwild, Auerwild, Fasanen. — Alle übrigen Wildarten gehören zur niederen Jagd, also auch das Rehwild.

Die übrigen gesetzlichen Bestimmungen und Beschränkungen bei Ausübung der Jagd finden sich in dem Jagdpolizeigesetz vom 7. März 1850 und in dem Jagdschongesetz vom 26. Februar 1870, welche dem Buche hinten angeheftet sind und genau bekannt sein müssen, ehe man an die Ausübung der Jagd selbst geht, sowie in dem Reichsgesetz über den Schutz von Vögeln vom 22. März 1888.

§ 293.
Von den Jagdgewehren.

Ueber die verschiedenen Constructionen und Systeme der als Jagdgewehre jetzt meist benutzten Hinterlader hier zu sprechen, wird zu weit führen, ebenso gehen die Meinungen über den Vorzug der einen oder anderen Construction so weit auseinander, daß es schwer ist, der einen oder der anderen entschieden den Preis zuzuerkennen. Im Allgemeinen jedoch wird immer dem relativ einfachsten System, welches eine möglichst unmittelbare Entzündung, genügende Trefffähigkeit mit Sicherheit u

Bequemlichkeit in der Führung verbindet, der Vorzug zu geben sein. Wenn Jemand dies von seinem Jagdgewehr behaupten kann, so mag er mit demselben zufrieden sein.

Die Pürschbüchse und Büchsflinte.

Im Erlegen des Hochwildes soll sich der gute Jäger nur der Pürschbüchse bedienen, weil beim Schießen mit Schrot oder mit Posten das Hochwild sehr oft zu Holze geschossen wird; man überlasse dies den Aasjägern. Die Pürschbüchse muß eine gröbere Visirung und ein blankes Korn (von Elfenbein oder Silber!) haben, damit man damit auch bei schlechtem Büchsenlicht visiren kann; sie muß deshalb auch stets mit gestrichenem oder vollem Korn eingeschossen sein. Die Pürschbüchse soll nicht zu lang und zu leicht sein, so daß man aus freier Hand gut damit schießen kann. Der Lauf muß gerade sein, genügend starke Wände haben und bis zur Mitte kugelgleich sein (d. h. der Durchmesser der Seele ist überall gleich), um das Flattern des Geschosses zu verhüten; letzteres tritt übrigens auch bei sehr ausgeschossenen Büchsen oder bei solchen mit zu scharfem Drall ein. Der Lauf ist sorgfältig von Rostflecken oder Beulen ec. namentlich in der Nähe der Mündung und bei Hinterladern in dem unteren konischen Uebergang aus dem Patronenlager in den gezogenen Theil zu bewahren. Die Büchse soll bis auf 100—200 m auf allen Distancen eingeschossen sein, d. h. der Schütze muß genau wissen, wohin er auf alle Distancen zu halten hat.

Neben der Pürschbüchse werden auch noch die sog. Büchsflinten geführt, an welchen ein Rohr mit spiralförmigen Zügen für die Kugel, das andere glatt oder mit geraden Zügen für Schrot bestimmt ist, oder die sog. „Drillinge", Gewehre mit 2 Schrotläufen und darunter einem Büchsenlauf oder mit 2 Büchsenläufen und darunter einem Schrotlauf.

Die Flinte.

Damit mit den Schrotgewehren das Wild nicht nur krank geschossen, sondern getödtet wird oder „im Feuer liegt", so ist darauf zu achten, daß dieselben ein nicht zu schwaches Kaliber haben und so stark im Bau sind, daß sie auch eine starke Ladung vertragen, ohne ein Zerspringen befürchten zu lassen. Damit das Schrot zusammenhält, muß der Flintenlauf im Innern glatt sein und die vordere Hälfte ganz kugelgleich und gerade sein. Fast von der Mitte ab muß das

Rohr nach dem Schloß zu einen geringen Fall haben, d. h. sich etwas erweitern, die Mündung muß ganz besonders kugelgleich und recht gerade abgeschnitten, auch gänzlich von Scharten frei sein.

Von größter Wichtigkeit ist, daß die Flinte eine **gute Lage** hat, d. h. daß sie im Anschlage dem Schützen so liegt, daß er beim Anlegen und Zielen nichts von den Läufen, sondern sofort das Korn sieht. Das Korn soll nicht zu fein, sondern gut zu sehen, aber auch nicht zu grob sein, damit es schwaches Federwild beim Zielen nicht bedeckt.

Die Anfertigung der Schießgewehre ist jetzt gesetzlich geregelt durch das Reichsgesetz betr. „**die Prüfung der Läufe und Verschlüsse der Handfeuerwaffen**" vom 19. Mai 1891, wonach nur mehr mit dem amtlichen Prüfungszeichen versehene Feuerwaffen in den Handel kommen dürfen.

§ 294.
Munition und Laden.

Das Pulver muß von der besten Qualität sein; das feinkörnige mattglänzende Pulver, was in Blechbüchsen verpackt ist, hat sich bewährt, doch überzeugt man sich besser jedesmal durch Reiben einer kleinen Quantität auf dem ganz trocknen Handteller mit dem Zeigefinger; läßt es sich nicht zerreiben und schmutzt es möglichst wenig, so ist das Pulver gut. Es besteht meist aus 72% Salpeter und je 14% Schwefel und Kohle. Neuerdings sind viele neue Arten von Pulver in den Handel gekommen, darunter auch das rauchschwache Pulver, über deren Güte die Meinungen noch sehr auseinander gehen.

Die Kugeln werden zur Jagd auf Hochwild gebraucht und sollte sich dieselben **jeder Jäger selbst gießen**. Man verwendet dazu reines, nicht mit Zink vermischtes Blei, was in einen Löffel, der eine Tülle hat, geschmolzen wird und dann in die unten mit Zeug umwickelte Kugelform gegossen wird. Kugeln, die Ringe haben oder etwas hohl sind, werden wieder eingeschmolzen.

Die Rundkugel verdient vor der Spitzkugel den Vorzug, weil beim Schießen im Walde die Rundkugel sich nicht so leicht verschlägt und das Wild besser schweißt; am besten ist jedoch die Vereinigung von beiden, die sog. Kopfkugel, die jetzt unter der Herrschaft des Hinterladers meist eine längliche Form — Langblei — erhalten hat, das jetzt vielfach ganz oder theilweise mit einem Mantel aus anderem Metall versehen wird. Die neuere Technik geht darauf hinaus,

Kaliber zu verkleinern und auf weitere Entfernungen zu schießen, Ziele, die von echt weidmännischem Standpunkte aus nicht ohne Bedenken sind.

Das Schrot wird in Fabriken gegossen und nach seiner Stärke meist in Nummern von 0—10 getheilt; Nr. 0 ist das gröbste, Nr. 10 das feinste Schrot. Die Auswahl der richtigen Schrotstärke auf die verschiedenen Wildarten ist von größter Wichtigkeit; die meisten Jäger pflegen zu starkes Schrot zu schießen und schießen damit viel Wild krank und zu Holze, weil das starke Schrot zu sehr streut; bei zu schwachem Schrot tritt der umgekehrte Fall ein, indem das Wild bei dem engen Streukegel wohl viele, aber nicht tief genug eindringende Schrote erhält; am unsichersten und daher nur auf kurze Distanzen anzuwenden, sind Postenschüsse. Für jede Wildgattung ist also sorgfältig die passende Schrotnummer zu wählen. Neben den gewöhnlichen Schroten werden neuerdings auch sog. Hartschrote aus 60% Blei, 20% Zinn und 20% Antimon hergestellt, welche härter sind und den Vortheil haben, daß sie stärker durchschlagen und somit die Anwendung feinerer Schrotnummern, die besser decken, gestatten.

Von eben solcher Wichtigkeit ist beim Laden der Gewehre und Füllen der Patronen das richtige Verhältniß zwischen Pulver und Schrot und die zu verwendenden Pfropfen. Die Pulverladung soll jedenfalls möglichst stark sein, so daß das Gewehr gehörig stößt; die Geschosse tödten dann um so besser. Bei schwächerem Kaliber soll Pulver und Schrot dasselbe Hohlmaß füllen, bei stärkerem Kaliber soll sich in dem Hohlmaaß das Pulver zum Schrot verhalten wie 1:0,8. Als Durchschnittssätze für die verschiedenen Kaliber der Hinterlader können gelten:

Kaliber	Gramm Pulver	Gramm Schrot
12	5—5,8	35—40
14	4,8—5,2	32—36
16	4,5—5	28—32
20	3,8—4	22—24.

Die gewöhnliche Ladung für Pürsch- und Scheibenbüchsen bis Kaliber 11¼ mm beträgt 3 g Naßbrandpulver, bei Expreßbüchsen steigert man bis zu 6 g.

Der Pfropfen oder Treibspiegel, welcher zwischen Pulver und Schrot zu liegen kommt, soll im Durchmesser stets etwas größer sein als das Kaliber, damit keine Gase entströmen können, z. B. zu

Kaliber 16 Filzpfropfen von Kaliber 14. (Bei Papierhülsen ist es natürlich nicht möglich!) Der Pulverpfropfen wird fest aufgesetzt, der Schrotpfropfen nicht so fest.

Man soll zu Hinterladern nur im Nothfall gekaufte Patronen verwenden, sondern sich die Patronen immer selbst machen, damit man die Ladung nach den eigenen Erfahrungen, falls diese schlecht ausfallen, verbessern kann. Bei Vorderlader=Doppelflinten, die ja in der Hand angehender Jäger noch hier und da gefunden werden, läßt man in dem geladenen Lauf den Ladestock stecken, um nicht denselben Lauf zweimal zu laden; hat man mehrmals denselben Lauf hinter einander abgeschossen (was möglichst zu vermeiden ist!), so muß man den Pfropfen im nicht abgeschossenen Lauf einmal wieder festsetzen. Die Pistons sind vor dem Laden mit Werg, Papier oder den Hähnen zu schließen, nicht mit den Zündhütchen.

Beim Laden der Büchsen benutzt man Pflaster von Barchent oder von Leinwand, welche auf der glatten Seite getalgt werden und so groß sein müssen, daß sie (mit der trocknen Seite!) die Kugel beim Einführen in die Büchse ganz umschließen. Je tiefer die Züge sind, desto dickeres Pflaster nimmt man. Die Kugel muß so fest aufgesetzt werden, daß der Ladestock beim Aufsetzen stark zurückprallt.

§ 295.
Von den Regeln beim Schießen.
a. Mit der Büchse.

Vierläufiges Hochwild soll man eine Hand breit hinter das Blatt schießen, weil dort die edleren Theile die größte Zielscheibe bieten; kann man hier keinen Schuß anbringen, soll man lieber gar nicht schießen. Bei seitwärts vorbei sich bewegendem Wild hat man bei einem trollenden Hirsch auf 90 m etwa 15—20 cm vor die Mitte des Brustrandes zu halten; am besten bringt man ihn jedoch durch einen Pfiff oder Ruf zum Stutzen und schießt dann. Auf flüchtiges Rothwild soll nur ein geübter Schütze einen Kugelschuß von der Seite wagen, man muß in solchem Fall auf 100 m um etwa eine volle Hirschlänge vorhalten, auf 50 m etwa 70 cm, falls man nicht mitzieht. Beim Schießen sowohl bergauf wie bergab muß man immer kürzer halten, und zwar je steiler, um so mehr.

Vor Abgabe des Schusses muß man sich die Stelle, auf der das Wild sich befindet (den sog. Anschuß!), ebenso die Stelle, von der man

412 Charakteristik der Schüsse.

geschossen hat, genau merken oder bezeichnen. Im Schuß selbst hat man auf den Kugelschlag und auf das Zeichnen (Bewegung nach dem Schuß!) des Wildes zu achten. Nach dem Schuß merkt man sich die Richtung, in der das Wild abgeht, ladet seine Büchse, markirt seinen Stand und geht nach dem Anschuß, welchen man durch einen Bruch (abgebrochenen Zweig) so bezeichnet, daß das abgebrochene Ende dahin zeigt, wohin das Wild gegangen ist.

Zur Kennzeichnung der einzelnen Schüsse und der Merkmale des Verhaltens des Rothwildes nach dem Schusse diene die untenstehende Figur eines Hirsches, welche man bei den nachstehend aufgezählten Schüssen in den betreffenden Fächern der Figur vergleichen wolle. (Nach W. Bieling, Königl. Preuß. Förster in Dalle in Neuer deutsch. Jagdzeit vom 26. November 1882.)

Kopfschüsse: 1, 2, 5 und theilweis 6. Das Wild bricht sofort zusammen und verendet.

3, 4 sind schlechte Schüsse; das Wild schweißt wenig und geht meist später ein.

Halsschüsse: 7, 9, 12, 23 und theils 24. Auf dem Anschusse helles langes Haar. Hat der Schuß die Brandader getroffen, so liegt sofort sehr viel Schweiß und das Stück verendet sehr bald; sind andere Hauptadern getroffen, so hört der zuerst starke Schweiß nach und nach auf und muß das Stück 3 Stunden Ruhe haben, ehe man mit dem Schweißhund arbeitet.

Ist die Drossel durchschossen, so thut sich das Stück gleich vom Rudel ab und schweißt bald sehr hellen Schaumschweiß, den es auch oft aushustet, so daß er hoch an den Büschen sitzt. Nach 3—4 Stunden kann man nachgehen.

8, 10, 13 und zum Theil 11. Ist der Halswirbel durchschossen, liegt das Stück im Feuer und verendet; ist derselbe nur gestreift, so bricht es zusammen, kommt aber sehr bald wieder hoch und man hat das Nachsehen.

Rückenschüsse: 14, 15, 16, 17, 18, 19, 20. Ist das Rückgrat durchschossen, bricht das Stück im Feuer zusammen und verendet; ist dasselbe nur gestreift (gekrellt!), so geht es wie vorstehend beim Halswirbel, ausgenommen wenn der Schuß tief 14 und 15 sitzt, wo man nach 3 Stunden nachgehen kann.

Blattschüsse: 25, 35 und theils 24 mit hellem Kugelschlag. Das Stück macht meist eine hohe Flucht und bricht dann nach 30—150 Schritten zusammen; es schweißt meist wenig. Nach 2 Stunden geht man nach; sollte das Stück noch leben, so sitzt die Kugel in 34 oder hoch 44, 45; in diesem Falle hetzt man mit dem Hunde.

Kernschüsse: 26, 27, 36, 37. Hohler, heller Kugelschlag. Dies sind die besten Schüsse. Wildes Fortstürmen mit gesenktem Kopf und Zusammenbrechen nach 50—150 Schritten; zuerst wenig Schweiß, der aber bald zunimmt. Sitzen die Schüsse tiefer in 46, 47, was an den hellen und dünnen Haaren auf dem Anschuß und sehr vielem Schweiß zu sehen, so kann man nach 2 Stunden mit dem Hunde hetzen, da das Stück sich bald stellen wird.

Waidewundschüsse: 28, 29, 38, 48, 49. Dumpfer buffiger Kugelschlag. Das Stück schnellt beim Schuß die Hinterläufe oft nach hinten; der Schweiß auf dem Anschuß ist dunkel und mit Aesung gemischt. Das Stück bleibt nach kurzer Flucht öfter stehen und tritt langsam weiter, um nach etwa 200 Schritt sich unter Deckung nieder zu thun. Nach 3 Stunden arbeitet man mit dem Schweißhund nach oder hetzt.

Sitzt der Schuß in 30, 31, 40, 41, 50, 51, was man an dem saugend flutschigen Kugelschlag, an wenigem Schweiß, meist nur in der Hinterlauffährte und dem Zeichnen mit den Hinterläufen erkennt, so läßt man dem Stück mindestens 4 Stunden Ruhe und arbeitet oder hetzt mit einem guten Hund.

Hohe Keulenschüsse: 21, 22. Das Stück bricht jedenfalls im Feuer zusammen und ist bei Zerschmetterung des Rückgrats sofort verendet, sonst nur gekrellt; jedenfalls muß man — wie stets, wenn das Wild im Feuer liegt — so schnell als möglich hinzueilen.

Keulenschüsse: 32, 42, 52. Heller Kugelschlag, Zeichnen durch Rucken des Hintertheils. Ist der Knochen zerschmettert, so thut sich das Stück bald ab und nieder. Nach 2—3 Stunden hetzen. Hat man einen festen Kugelschlag gehört und weißgelbliche, weiße oder dunkle lange struppige Haare und sofortigen starken Schweiß, der bald nachläßt, gefunden, so ist 33, 43, 53 getroffen; man kann nicht hetzen, sondern nur mit einem erfahrenen Hund arbeiten, wenn das Stück das Rudel verlassen hat.

Vorderlaufschüsse: 54. Heller harter Kugelschlag. Niederknicken mit dem Vordertheil, oft Schlenkern des kranken Laufs; auf dem Anschuß kurze dünne Haare und viel Schweiß, später Nachlassen des Schweißes; oft Knochensplitter neben der Fährte. Hat man einen gewandten Hund, so hetze man sofort; wartet man, so hat man meist das Nachsehen.

Hinterlaufschüsse: 55. Heller Kugelschlag, meist Zusammenknicken des Hintertheils; auf dem Anschuß kurze Haare und ziemlich viel Schweiß; später läßt derselbe nach und man findet oft Knochensplitter; das Lahmen, wie bei allen Keulen- und Laufschüssen, in der Fährte markirt. Man kann bald hetzen, da das Stück sich meist leicht stellt.

Untere Laufschüsse: 56. Heller Kugelschlag, feine dunkle Haare, wenig Schweiß, aber viel Knochensplitter, Schlenkern des kranken Laufs. Einziges Mittel, schnelles Hetzen; meist bekommt man jedoch das Stück nicht.

Geweihschüsse: 57. Heller ganz harter Kugelschlag. Ist das Geweih unten getroffen, so bricht der Hirsch zusammen, kommt aber sehr bald wieder auf die Läufe; ist dasselbe oben getroffen, so duckt der Hirsch den Kopf.

Merke: Findet man viele Haare auf dem Anschuß, so ist das Stück meist nur gekrellt.

Schweißt das Stück sofort und ist nach 200 Schritten nicht zusammengebrochen, so ist es meist am Hals oder an den Keulen getroffen; schweißt es aber erst nach etwa 100 Schritten, so ist dies meist ein gutes Zeichen.

Thut sich das Stück sogleich vom Rudel ab, so ist es tödtlich getroffen.

Man soll mit der Büchse nur ausnahmsweis weiter als auf 100 m, nur mit besonders construirter Büchse weiter als auf 150 m schießen, auch nur im Nothfall mit feinem Korn, sonst immer mit gestrichenem Korn. Sollte wegen falscher Stellung des Visirs oder Korns die Büchse links oder rechts schießen, so kann man dem durch entsprechende Verschiebung von Korn oder Visir abhelfen; will man das Korn klopfen, so muß man es nach derselben Seite, wohin der Schuß fälschlich geht, verschieben; dagegen klopft man das Visir nach der entgegengesetzten Seite. Dies wird so lange fortgesetzt, bis die Büchse Strich schießt.

Die verschiedenen übrigen Regeln über das Schießen selbst, die Visirung, das Schätzen der Distance ꝛc. werden hier übergangen und der Instruktion über das Schießen bei den Jägerbataillonen überlassen.

b. Mit der Flinte.

Mit der Flinte soll man ebenso wie mit der Büchse nie zu weit nach Wild schießen; für gewöhnliche Verhältnisse sollen als weiteste

Entfernungen gelten: im Walde auf Hase und Fuchs 35 m, im Felde 50 m, bei Kesseltreiben im Kessel allenfalls etwas weiter. Das Schießen auf weite Distancen namentlich im Walde, wo der Erfolg vom Zufall abhängt, ist durchaus unwaidmännisch und steht im grellsten Widerspruche mit der pfleglichen Behandlung der Jagd, da dabei viel Wild zu Holze und krank geschossen wird, nachher eingeht und somit verloren ist.

Eine Hauptregel beim Schießen mit der Flinte ist gehörige Sorgfalt beim Laden resp. beim Anfertigen der Patronen, namentlich Anwendung von vielem Pulver und der richtigen Schrotnummer; auf Hasen 2c. nimmt man weniger Schrot als auf kleineres Flügelwild z. B. Schnepfen. Die alte Jägerregel sagt darüber: Viel Pulver und wenig Schrot ist der Hasen Tod und umgekehrt: Wenig Pulver und viel Schrot ist der Schnepfen Tod. Im Sommer kann man auf Haar- und Federwild verhältnißmäßig weniger Pulver schießen als im Winter; bei nassem Winterwetter muß man das meiste Pulver laden.

Beim Schießen auf laufendes oder fliegendes Wild muß entsprechend vorgehalten werden, wenn man nicht mitzieht. Einem seitwärts laufenden Hasen 2c. hält man auf 35 m vorn auf den Kopf, bei Federwild ebenso oder etwas vor. Auf spitz von vorn anlaufendes Wild z. B. Fuchs, Hasen 2c. muß man kürzer halten, je nach der Schnelligkeit auf oder vor die Vorderläufe, besser ist es jedoch, das Wild in solchem Falle vorbei zu lassen und spitz oder schräg von hinten zu schießen. Sitzendes oder schwimmendes Wild läßt man ganz aufsitzen oder hält sogar etwas kürzer. Bei vom Schützen wegziehendem Federwild — zum Beispiel spitz von hinten — hält man etwas darunter, damit es in den Schuß hineinzieht. Beim Zielen soll man darauf achten, daß man das Wild weder zu sehr aufsitzen noch verschwinden läßt, sondern mitten darauf hält; im ersteren Falle schießt man leicht zu kurz und trifft nur Läufe, Ständer 2c., resp. gar nicht, im zweiten Falle streift oder krellt man das Wild oder überschießt es häufig.

Schließlich sei noch jedem Jäger in seinem eigenen Interesse dringend an das Herz gelegt, die peinlichste Vorsicht gegen Andere und sich selbst bei der Handhabung der Feuerwaffen zu beobachten, um Unglück zu verhüten. Die Reue kommt immer zu spät und kann selten das Unglück wieder gut machen; besser ist es, vorher aufzupassen und jede Möglichkeit einer

Gefahr mit der größten Gewissenhaftigkeit zu vermeiden. Ingleichen soll jeder Jäger seine Waffen stets in Ordnung halten; nach jedem Gebrauch sollen Büchse und Flinte mit dem Wischer gereinigt und getrocknet werden und müssen dieselben ängstlich namentlich vor allen Rostflecken in den Läufen und den Schloßtheilen bewahrt werden, auch sollen die Schloßtheile öfter mit bestem Olivenöl oder Vaselinöl geölt werden, nachdem sie gut gereinigt und abgetrocknet sind. Leichtes Einölen der Schrotläufe schadet nichts, auch muß der Schaft zuweilen mit einem Oellappen überfahren werden.

§ 296.
Von den Fangapparaten.*)
Der Schwanenhals.

Eines der sichersten und beliebtesten Fangeisen auf unser Raubwild, namentlich auf Fuchs ꝛc., ist der sog. Schwanenhals, auch „Berliner Eisen" genannt. Es giebt deren von verschiedener Größe: für Füchse, Ottern gebraucht man die mittleren, für Marder ꝛc. die kleineren Eisen. Der Schwanenhals selbst besteht aus 1) den beiden Bügeln, 2) der Feder, 3) dem Stellschlosse, 4) der Pfeife. Das Stellschloß zerfällt wieder in die Schloßkapsel, den Stellhaken, die Stellzunge und den Drücker; außerdem sind noch am rechten Bügel die Schnellstange, am linken Bügel der Stellstift befestigt.

Der Schwanenhals wird in folgender Weise aufgestellt:

Man legt den Schwanenhals auf den Boden, kniet vor demselben so nieder, daß die Bügelschraube unmittelbar an den Knieen liegt und biegt die Bügel unter Zuhilfenahme eines Keiles mit den Händen so weit auseinander, daß sie wagrecht liegen. Indem man dann die Bügel mit den Knieen festhält, greift man nach dem Stellschloß, legt den Stellstift unter die Stellstange, drückt diese herunter und legt den Drücker darüber; dann zieht man den Stellhaken über die Stellzunge und steckt schließlich den Sicherheitsstift hinter den Stellhaken in die in der Schloßkapsel befindlichen Löcher, um das Losschlagen des Eisens zu verhindern. Der Sicherheitsstift ist mit einem Bindfaden an der Feder befestigt. Zum Losschlagenlassen des Eisens befestigt man am

---

*) Als gute Quelle für den Bezug von Fangapparaten ist zu empfehlen die Fallenschmiede von Ad. Rud. Weber zu Hainau, dessen Fallen sich vorzüglich bewähren.

Stellhaken eine 1 m und eine ½ m lange Schnur, zieht erstere durch die Pfeife und nimmt vorsichtig den Sicherheitsstift heraus, während die linke Hand den kleinen Faden (Contrafaden) nach der Feder zu zurückzieht, um den Stellhaken auf der Stellzunge fest zu halten. Zieht man dann am längeren Faden, so schlägt der Schwanenhals los; um ein Springen der Bügel zu verhüten, muß man stets weiche Gegenstände zwischen dieselben halten.

Zum Legen muß das Eisen ganz sauber und rostrein sein. Der Fangbrocken wird mit einer Pferdehaarschnur durch die Pfeife so am Stellhaken angebunden, daß er dicht vor der Pfeife liegt und die Schnur straff ist. Außerdem wird noch der Contrafaden am Stellhaken festgebunden.

Das Tellereisen.

Es giebt ebenfalls ein größeres Tellereisen (für Fuchs, Fischotter, Dachs, Wildkatze) und ein kleineres Tellereisen (für Marder, Iltis ꝛc.).

Die Handhabung ist leichter, aber die Sicherheit im Fangen steht der des Schwanenhalses entschieden nach.

Das Tellereisen besteht aus 1) dem Kranze, 2) den Bügeln, die mit Zähnen besetzt sind, 3) dem Teller, der mit Löchern versehen ist und sich um seine Achse dreht, 4) der Feder, 5) dem Sicherheitshaken.

Zum Spannen drückt man zuerst die Feder herunter, dreht den Sicherheitshaken darauf und legt die Bügel auseinander, stellt dann die Stellstifte so aufeinander, daß der Stellstift des Bügels unter den Stellstift des Tellers zu stehen kommt und dreht dann den Sicherheitshaken wieder vorsichtig zurück. Der Fangbrocken wird entweder einen halben Meter hinter das Eisen über Wind gelegt oder auf dem Teller befestigt. Mit dem Tellereisen kann man auch in flachem Wasser, z. B. in warmen Quellen fangen, wobei das Eisen so unter Wasser gelegt wird, daß der Brocken schwimmt.

Der Schlagbaum.

Er ist die beste Fangmethode für Marder und wird am vortheilhaftesten in der Nähe von Dohnenstiegen angelegt. Man sucht sich vier 12—18 cm starke Stämme a, b, c, d in einem Stangenholz auf, die ein Rechteck von etwa 1 m Breite und 2 m Länge bilden. An zwei (1 m von einander entfernte) Stangen a und b nagelt man in 1,3 m Höhe eine starke Stange mit hölzernen Nägeln wagrecht an, deren obere Fläche breit und glatt beschlagen ist. Auf diese Stange wird eine andere um 20 cm längere und auf der untern Seite behauene Stange gelegt und mit dem einen Ende an dem Baum a mittelst eines hölzernen Kopfnagels beweglich befestigt. Das um 20 cm überstehende Stück der oberen Stange wird als Griff beim Aufstellen benutzt. In gleicher Weise nagelt man an die Bäume c und d, nur etwas höher, eine Stange an und legt über die Verbindungsstangen von a und b, sowie von c und d verschiedene andere Stangen, so daß zwischen den vier Bäumen ein förmliches Dach entsteht, welches schließlich mit Rasen und Moos bedeckt wird.

Als Stellung benutzt man die bekannte Stellung der Studentenfalle, indem man die obere Stange zwischen a und b (Schlagbaum!) in die Höhe hebt und die Stellung so anbringt, daß der Marder, wenn er die untere Verbindungsstange vor a und b mittelst eines zu diesem Zweck vom Boden aus angelegten Baumstammes erklettert hat, sich mit dem Vordertheil unter dem Schlagbaum befindet, ehe er die Stellzunge berühren kann. Der Fangbrocken hängt unter dem Dache, so, daß der Marder von der Stange den Brocken nicht erreichen kann, ohne die Zunge zum Darauftreten zu benutzen.

Der Schlagbaum muß bereits im Sommer gebaut werden, damit das Holz bis zur Fangzeit im Winter gehörig verwettern kann. Vielfach bringt man den Schlagbaum auch nur auf der Erde an. Recht gute Erfolge erzielt man auch mit den vom Förster Starke eingeführten Kastenfallen.

Dohnen.

Man unterscheidet Laufdohnen und Hängedohnen und benutzt dieselben hauptsächlich zum Krammetsvogelfang, erstere auch zum Schnepfenfang.

Zur Anfertigung der **Laufdohnen** nimmt man eine biegsame 1—2 cm starke Ruthe, biegt dieselbe und steckt sie recht tief und fest in die Erde. Zum Schnepfenfang muß der Bogen der Dohne 23 cm hoch und 18 cm breit sein, für Krammetsvögel 15 cm hoch und breit. Drei Centimeter über dem Boden zieht man zwischen den Bügeln der Dohne einen Bindfaden, um die Vögel zu zwingen, den Kopf hoch und zwischen die Schlingen zu heben. In den Bügeln der Dohne werden nun 2—3 (für Schnepfen sechsdrähtig, für Krammetsvögel vierdrähtig) Pferdehaarschleifen gehängt, indem man mit einem spitzen

Messer einen Spalt senkrecht einsticht und die Schleife hindurchdrückt; ein starker Knoten am Ende verhindert das Durchziehen der Schleife durch den Spalt. Für Schnepfen muß die Schlinge 7 cm Durchmesser halten und 5 cm hoch hängen, für Krammetsvögel genügen 5 cm Durchmesser und 3—4 cm Höhe über der Erde.

Die Laufdohnen werden auf alten Viehsteigen angebracht oder es werden eigene Steige dazu angelegt, etwa 0,3 m breit, welche ganz glatt und rein geharkt werden; am besten zwischen Wachholdergebüsch. Vor, hinter und unter die Schlingen streut man Preißelbeeren, Vogelbeeren oder Wachholderbeeren.

Man wählt solche enge Stellen im Steige, wo die Vögel nicht anders als durch die Dohne passiren können. Man kann vom August ab den ganzen Herbst hindurch fangen.

Zum Krammetsvogelfang bringt man die Dohne in einiger Höhe (Brusthöhe) über dem Boden an. Man hat zwei Arten: die Hängedohnen und die Steckdohnen. Die ersteren hängen frei an einem Ast, die letzteren werden mit dem zugespitzten Ende in den Stamm eingebohrt; wir wollen hier nur die letztere als die praktischste beschreiben. Man schneidet sich in Kiefernbickungen unterdrückte recht zähe Stämmchen von 60 cm Länge und 1 cm Stärke (resp. Zweige von Fichten, Wachholder ꝛc.) und formt diese annähernd zu einem Rechteck. Das eine zugespitzte Ende wird durch das andere Endstück gesteckt und letzteres — nachdem mit einem Dohnenbohrer vorgebohrt ist — im Baum so festgedreht, daß der Bügel nach oben steht und der Trittbalken etwa 12 cm lang wird. Dem Trittbalken gegenüber, ohngefähr in den Eckpunkten des Bogens, werden die Schleifen, wie dies bei den Laufdohnen beschrieben, eingezogen. Die Beeren werden in der Mitte des Trittbalkens eingeklemmt, so daß sie hängen.

Alle die eben beschriebenen Fangapparate sollen nur einen ohngefähren Begriff geben; die Beschreibung macht in keiner Weise auf vollkommenste Genauigkeit Anspruch, noch viel weniger darauf, daß ein Jäger nach denselben die Fangapparate selbstständig handhaben könnte; dies ist nur nach mündlicher und praktischer Anweisung an den Apparaten selbst durch einen erfahrenen Jäger möglich; selbst die besten Zeichnungen geben allein noch keinen klaren Begriff für die richtige Handhabung. Jeder, der selbst fangen will oder soll, wende sich deshalb an einen tüchtigen Lehrmeister und benutze obige Beschreibungen

nur als Anhaltspunkte. Ebenso mache man es bei den jetzt zu be=
schreibenden Fangmethoden, wo nur praktische Unterweisung helfen kann.

Von den Fangmethoden und Witterungen.
§ 297.
1. Der Fuchsfang.

Der Fang im Schwanenhals verdient beim Fuchs den entschiedenen
Vorzug; man beginnt mit demselben im Spätherbst und fängt den
ganzen Winter hindurch - mit Ausnahme der Zeit der strengen Kälte,
wo ein Einfrieren der Eisen zu befürchten ist.

Bei schlechtem Wetter fängt sich der Fuchs am besten und muß
man dann am fleißigsten die Eisen revidiren. Die Fangplätze werden
bereits im September und Oktober angelegt und werden dazu Stellen,
welche frei von Bäumen und Sträuchern sind, ausgesucht, am besten
kleinere Felder und Wiesen, die ganz oder theilsweis von Wald um=
geben sind; dieselben müssen möglichst einsam, in der Nähe der Fuchs=
wechsel und nicht zu entfernt von der Wohnung liegen. Hat man den
passenden Platz gefunden, so werden zuerst die Kirrplätze angelegt, zu
jedem Fangort 3—7 Kirrplätze, welche von Gras, Moos ꝛc. sorgfältig
gereinigt und mit Ameisenspreu bedeckt werden.

Den mittelsten Kirrplatz richtet man zum Fangplatz ein, welcher
am besten etwas erhöht und trocken liegt und besonders sorgfältig ge=
reinigt und zum Legen des Schwanenhalses zugerichtet wird.

Bevor der Fuchsfang beginnt, wirft man kleine Vögel ꝛc. auf die
Kirrplätze und den Fuchsfang, um den Fuchs hinzugewöhnen. Erst
wenn der Fang selbst beginnt, d. h. wenn der Balg gut wird, kirrt
man mit eigens zubereiteten sog. Witterungsbrocken, welche nicht nur
den Fangplatz und die Fangapparate unverdächtig machen sollen, sondern
auch vom Wilde schon aus weiter Entfernung gewittert werden und
dasselbe so verlocken und anreizen, daß sie die Brocken schwer liegen
lassen können.

Nach Regener (dessen Buch: Jagdmethoden und Fanggeheimnisse,
neuere Auflage von v. Schlebrügge, hiermit empfohlen wird), empfiehlt
sich folgende Witterung:

Fünf Hammelpfoten werden in je 3—4 Stücke gehauen und in
einem ganz neuen Topf mit 2 Liter Wasser, langsam am Feuer ohne

Der Fuchsfang.

Qualm mit Birkenholz gekocht, ohne daß es überkocht. Der Topf ist dabei fest zugedeckt. Nachdem die Hammelpfoten eine halbe Stunde gekocht haben, nimmt man den Topf vom Feuer und legt hinein: für 5 Pfennige (neue Währung!) gestoßenes foenum graecum, für 5 Pfennige gestoßene Veilchenwurzel, einen Löffel voll Honig, eine Handvoll geschnittenes Mauseholz (Solanum dulcamara) und ein Stückchen Kampfer, rührt Alles um und läßt es im fest zugebundenen Topf langsam erkalten. In diese Witterung wirft man noch einige kleingehauene Hammelpfotenstücke, welche man als Kirr- und Fangbrocken benutzt.

Außerdem benutzt man zum Ankirren noch die sämmtlichen Leckerbissen der Füchse: frisches Geräusch und Gescheide von Wildpret und Hasen, gebratene Häringe, Tauben, Hühner, Katzen, die Kadaver der gefangenen Füchse und allerlei kleine Vögel. Zu Fangbrocken benutzt man außer obigen Hammelpfotenstücken auch noch 2—3 cm große Würfel aus harter Brodrinde, die man einige Zeit in obiger Witterung liegen läßt.

Soll nun der Fang beginnen, so wirft man mitten auf jeden Kirrplatz und den Fangplatz gegen Abend einen kleinen Brocken und ergänzt die vom Fuchs in der Nacht geholten Brocken immer wieder. Zur Erleichterung des Ankirrens wendet man auch sog. Schleppen von Gescheide, Geräusch ꝛc. an, welche vom Fangplatz aus nach den Fuchswechseln geschleppt werden. Am besten dazu ist jedoch eine Katze, die abgestreift und am Wendeholze knusprig gebraten ist. Man bindet dieselbe an eine Leine und durchschleppt die Lieblingsplätze des Fuchses, immer wieder zum Fangplatz zurückkehrend. Bequemer ist es noch, wenn man sich in Leinwand eingenähte Häringsköpfe unter die Absätze bindet und nebenbei aus einem mitgeführten Fläschchen die Schuhsohlen mit Häringslake öfter bestreicht, sobald man auf Fuchswechsel kommt.

Nachdem man nun 2—3 Nächte gekirrt hat und die Brocken abgeholt sind, auf dem Kirr- resp. Fangplatze der Fuchs sich auch gelöst hat (ein sicheres Zeichen, daß er vertraut geworden), legt man, wie oben beschrieben, das Eisen, welches vorher sorgfältig gereinigt und mit Witterung bestrichen werden muß.

Die Revisionen geschehen früh Morgens ohne den Platz selbst zu betreten, wobei man sich unter Benutzung derselben Fährte immer vorsichtig gegen Wind dem Eisen nähert. Stärkere Eisen können 8—10, schwächere Eisen 5—6 Tage liegen, worauf sie, damit die Feder nicht erlahmt, aufgenommen werden müssen.

Der Fang im Tellereisen ist nicht ganz so sicher; die beste Jahreszeit ist der Spätherbst, man wählt zum Fangort frisch gepflügte Ackerstücke, die einsam am oder im Walde liegen.

Hier empfehlen sich eher Schleppen als Kirrplätze resp. das Hinwerfen von kleinen Vögeln oder Gescheide, um den Fuchs in die Nähe des Eisens zu locken. Das Eisen legt man am besten (ohne es zu verankern oder zu verketten) in eine Furche oder dahin, wo sich zwei Furchen kreuzen. Der Raum zwischen Teller und Bügel wird mit Ameisenspreu ausgefüttert und das ganze Eisen dünn mit Erde bestreut; der Teller muß selbstverständlich ganz hohl liegen und bei Frostwetter öfter deshalb revidirt werden. Der Brocken wird besser kurz hinter das Eisen als auf dasselbe, über Wind gelegt.

2. Der Fang des Baummarders, Dachses, Iltis und der Fischotter.

Am meisten hat sich der Fang des Marders mit dem vorher beschriebenen Schlagbaum bewährt. Man sucht bereits im September und Oktober den Marder in dem am besten in der Nähe des Dohnenstieges angelegten Schlagbaum durch Einhängen oder Hinwerfen von kleinen Vögeln anzukirren. Sobald der Balg gut ist, wird der Schlagbaum recht knapp fängisch aufgestellt, aber doch so fest, daß er sich bei einer schwachen Bewegung der Bäume durch Wind nicht leicht abstellt. Der Fangbrocken (von einer gebratenen Katze oder kleinem Geflügel) wird so unter dem Dache aufgehängt, daß der Marder mit den Vorderläufen auf die Stellzunge treten muß, um den Brocken zu erreichen. Zur Ankirrung des Marders ist vorzüglich die Schleppe mit der gebratenen Katze zu empfehlen.

Auch im Tellereisen fängt man den Marder, welches man dann am besten in einem alten Ameisenhaufen anlegt. Als Fangbrocken dient ein frischer Vogel oder gebratener Häring, welcher an einem schräg eingesteckten Stock so befestigt wird, daß er gerade über dem Eisen hängt. Das Eisen, der Fangbrocken ꝛc. müssen mit folgender von Regener empfohlenen Witterung bestrichen werden: Man schüttet in ein Fläschchen 3 Gran Moschus, 1½ Quentchen Bilsenöl und 1½ Quentchen Anisöl, welches man stark durcheinander zu schütteln hat. Die Katzenschleppe thut beim Tellereisen ebenfalls gute Dienste.

In gleicher Weise wendet man das Tellereisen zum Fang des Dachses an, welches man entweder auf den Wechsel nahe vor die Röhre oder besser noch an denjenigen Platz vor die Röhre legt, wo der Dachs sich zu lösen pflegt. Das Eisen braucht nur rein geputzt (nicht verwittert) und ganz mit Erde bedeckt zu werden. Man wählt am besten ein Eisen mit zwei starken Federn, das so an einem Baum befestigt wird, daß der Dachs, wenn er sich gefangen hat, noch ein Stückchen in den Bau kriechen kann.

Den Iltis fängt man am besten im kleineren Tellereisen, welches man entweder dicht vor seinen Aufenthaltsort oder auf seinen Wechsel legt. Man kirrt ihn mit einem Ei, einem Vogel ꝛc. und legt dann das sauber geputzte Eisen in Laub gefüttert ein.

Auf dem Teller befestigt man dieselben Brocken, mit denen man gekirrt hat.

Der Fischotter wird ebenfalls am sichersten mit einem starken (zweifedrigen) Tellereisen gefangen, welches am Aussteigeplatz 2—7 cm unter der Wasseroberfläche an einer gut verwitterten und verdeckten Kette festgelegt wird. Zum Verdecken des Eisens dienen einige stark mit Witterung bestrichene Schilfsblätter, welche gerade über dem Eisen schwimmen müssen.

Man kann das Tellereisen auch auf den Wechsel legen, wo man aber gut verwittern und mit frischen Fischen, Fröschen oder kleinen Vögeln kirren und fangen muß; noch besser bestreicht man einen etwa 5 cm hoch über dem Teller hängenden Zweig mit etwas Bibergeil.

Zum Vertilgen des Raubzeuges namentlich an Fasanerien, aber auch sonst, eignen sich auch die Kastenfallen, wie sie Förster Starke in Belen (Westfalen) in Nr. 1—4 der Deutschen Jägerzeitung, Bd. XVII beschreibt.

3. Der Krammetsvogelfang.

Man wählt zum Dohnensteig solche Orte, wo erfahrungsmäßig die meisten Vögel einfallen; es sind dies gewöhnlich die östlichen und südlichen Waldränder und gemischte Stangenhölzer. Man beginnt mit der Anlage im August und bohrt, möglichst unter Benutzung alter Fußsteige oder lichterer Stellen alle 6—10 Schritt abwechselnd rechts und links die Dohnen ein. Man führt den Steig im Kreise und zwar so, daß man entweder ganz genau am Anfangspunkt wieder ankommt,

ober daß man von der Wohnung nach dem Anfangspunkt und End=
punkt gleich weit hat. Mitte September zieht man die Schlingen ein
und beert den Steig am 1. October, wo der Fang in den Staats=
forsten beginnen darf, ein, in den Privatforsten beginnt der Fang, so=
weit dies nicht Polizeiverordnungen anders bestimmen, nach § 8 des
Vogelschutzgesetzes vom 22. März 1888 (R. G. Bl. S. 111) schon am
21. September; sehr zu empfehlen ist ein sauberes Aufharken desselben.
Die Ebereschen pflückt man im August mit den Stielen und bewahrt
sie am besten in frischem weißem Sande im Keller; kleine Beeren
haben den Vorzug.

§ 298.
Von den Wildfährten und Spuren.

Bei allen zur hohen Jagd gehörenden vierläufigen Thieren heißen
die Abdrücke der Läufe im Boden Fährten, bei allen zur niederen
Jagd gehörenden vierläufigen Wildarten und bei den Raubthieren
Spuren. Die Form des Abdrucks, die Größe desselben und die
Stellung der Fährten und Spuren dienen zur Unterscheidung der ver=
schiedenen Wildarten, sowie zum Erkennen des Alters, zuweilen auch
zum Erkennen des Geschlechts.

1. Die Rothwildfährte. Dieselbe ist vor allen Wildarten
durch ihre regelmäßige, fast länglich herzförmige Form ausgezeichnet.
Man kann an ihr am deutlichsten Alter und Geschlecht des Wildes
unterscheiden. Folgende Kennzeichen sind wichtig:

1. Der Schritt, d. h. die Länge desselben, indem z. B. ein Acht=
   ender weiter schreitet als das stärkste Thier. Ein jagdbarer
   Hirsch schreitet mindestens 72 cm von Spitze zu Spitze der
   Tritte.
2. Die Breite des Tritts; sie beträgt an der breitesten Stelle
   bei einem jagdbaren Hirsche mindestens 7 cm, beim Thiere
   sehr selten so viel.
3. Der Schrank, d. h. die seitliche Abweichung der rechten resp.
   linken Läufe von der Mittellinie der Fährte; diese nimmt mit
   der Stärke des Hirsches zu, während die Thiere mehr schnüren.
4. Die Stümpfe, d. h. die Spitzen der Schalen sind beim Hirsche
   rundlich, beim Thiere mehr zugespitzt.
5. Die Oberrücken (Abdrücke des Geäfters) sind in der Flucht

oder in weichem Boden beim Hirsche weiter von den Ballen ab und viel stärker und stumpfer als beim Thiere.

6. Das Auswärtssetzen der Schalen des Hirsches, während das Thier dieselben parallel richtet.

7. Der Burgstall, eine Erhöhung des Erdbodens in der Mitte des Tritts, die sich beim Hirsche durch seine Schwere und stärkeres Auftreten bildet.

Man darf eine Rothwildfährte niemals nach einem einzelnen Tritt oder nur nach einem der oben aufgezählten Kennzeichen ansprechen, sondern sie so lange verfolgen, bis man zu einem begründeten Urtheil gekommen ist.

Die Losung des Hirsches ist mehr rundlich, dicht und eckig und hängt namentlich in der Feistzeit in einem schleimigen Ueberzuge zusammen; die Spitze der einen Losung paßt in eine Vertiefung der vorhergehenden Losung an deren stärkeren Grundfläche hinein. Die Losung des Altthieres ist mehr walzenförmig.

2. Die Damwildfährte ist etwas rundlicher als die mehr schmale längliche Rothwildfährte und viel geringer, so daß sie mit der Schaffährte große Aehnlichkeit bekommt, jedoch naturgemäß weiter im Schritt ist. Die Fährte des alten Damthieres ist nur kaum 4 cm breit und etwas über 5 cm lang, des Damschauflers etwa über 4 cm breit und 5$\frac{1}{4}$ cm lang, des starken Schauflers 5 cm breit und etwas über 6 cm lang, also bedeutend geringer als die Rothwildfährten. Die Thierfährten unterscheidet man in ähnlicher Weise von den Hirschfährten wie beim Rothwild, jedoch ist die Unterscheidung nicht so streng durchzuführen; Schalen und Geäfter sind auch beim Hirsch spitzer.

3. Die Schwarzwildfährte ist beinahe so gestaltet wie die des zahmen Schweines. Von der Rothwildfährte, mit der sie in ihrer Form eine gewisse Aehnlichkeit hat, unterscheidet sie sich sofort durch die viel geringere Weite des Schritts (um ein Drittel geringer) und besonders durch die Geäfter, welche bei den Sauen viel länger sind, näher an den Schalen und auffallend mehr seitwärts und weiter von einander stehen; die Ballen sind auch flacher. Die jungen Sauen haben ungleiche Schalen, die äußere ist merklich länger, nach dem dritten Jahre hört die Ungleichheit immer mehr auf, bei Hauptschweinen sind sie gleich.

Die Fährte des Frischlings ist im Sommer über die Ballen gemessen (wie auch bei allen früheren Angaben!) 2 cm breit und über 2 cm lang, des Ueberläufers über 3 cm und 4 cm, des zweijährigen Schweines 4 cm und kaum 5 cm, beim dreijährigen Schweine nicht ganz 5 cm und 5 cm, beim Hauptschweine 5,3 cm und 6 cm. Keiler und Bache sind nicht sicher zu unterscheiden in der Fährte.

4. Die Rehwildfährte hat die größte Aehnlichkeit mit der Rothwildfährte, nur ist sie sehr viel kleiner. Der stärkste Bock fährtet geringer als das Rothwildkalb im Sommer. Die Fährte des starken Bocks ist kaum 3 cm breit und 4,5 cm lang, des Schmalrehs etwas über 2 cm und 3 cm, Ricke- und Bockfährte sind nicht sicher zu unterscheiden.

5. Die Fuchsspur hat große Aehnlichkeit mit der Hundespur, doch stehen beim Fuchs die mittleren Zehen nach vorn, sie ist deshalb mehr länglich. Beim Traben schnürt der Fuchs, d. h. er setzt die Läufe in eine schnurgerade Linie (s. hinten die Tafel Fig. 1), in der Flucht setzt er die Läufe nebeneinander (hinten Fig. 2 und 3). Die Spur des alten Fuchses ist knapp 3 cm breit und über 4 cm lang.

6. Dachsspur. Der Dachs zeichnet in der Spur den ganzen Abdruck seines Plattfußes, so daß vor dem breiten Ballen die 5 großen Zehen wie die Finger vor dem Handteller stark markirt stehen; er schreitet auffallend kurz, höchstens 32 cm weit (der Fuchs bis zu 43 cm). Die Spur eines starken Dachses ist 4,5 cm breit und über 5 cm lang. Siehe hinten Fig. 4 in ruhiger, Fig. 5 in flüchtiger Gangart.

7. Die Fischotterspur zeichnet die zwischen den einzelnen Zehen befindliche Schwimmhaut ab, wodurch die Erde zwischen diesen ganz platt gedrückt erscheint. Die runden Zehen drücken sich nur in sehr weichem Boden (Schnee) deutlich ab, bei Schnee kennzeichnet sich die Spur gut durch das fortwährende Nachschleppen der Ruthe. Im Trabe setzt sie 2 Läufe schräg nebeneinander (Fig. 6), in der Flucht stehen alle 4 Läufe schräg hintereinander (Fig. 7).

8. Die Spur des Baummarders gleicht der der Hauskatze, nur ist sie etwas länglich; Ballen und Zehen markiren sich schwach; in hüpfender Gangart setzt er die Läufe schräg nebeneinander (etwas schräger als der Dachs, s. Fig. 8), in flüchtiger Gangart (Fig. 9) mehr unregelmäßig, oft der Hasenspur sehr ähnlich, mit deren Größe und Art des Ballenabdrucks sie überhaupt Aehnlichkeit hat.

Beim Steinmarder drücken sich die weniger behaarten Ballen und Zehen deutlicher ab.

Der Iltis macht kürzere Sprünge, die Spur ist rundlicher und kleiner, auch sind die Zehen besser ausgedrückt als beim Steinmarder, die Hinterläufe stehen enger, die Vorderläufe weiter.

Das Wiesel spürt sich genau wie der Iltis, nur kleiner.

Die Wildkatze spürt sich wie die zahme Katze, nur stärker, auch schnürt sie mehr; die Form der Fährten ist ähnlich der des Fuchses.

Der Wolf spürt sich wie ein starker Hund, nur schnürt er und schreitet weiter, die mittleren Zehen stehen weiter vor in der Spur.

9. Der Hase überschnellt mit den Hinterläufen die Spur der Vorderläufe, so daß er sie vorsetzt. Die Spur der Hinterläufe ist stärker als die der Vorderläufe; die Vorderläufe stehen vor, die Hinterläufe gerade (beim Hoppeln) oder schräg (in der Flucht) neben einander (Fig. 10 und 11).

Das Kaninchen spürt sich wie der Hase, nur schwächer.

Man wolle übrigens auch diese Fährten oder Spuren niemals nach einem einzelnen Tritt ansprechen, sondern stets die ganze Fährte und Spur, womöglich aber mehrere aufsuchen und dann erst urtheilen.

§ 299.

Vom waidmännischen Tödten und Aufbrechen des Wildes.

Alles Wild, was noch lebend in die Hände des Jägers gelangt, wird kunstmäßig auf folgende Weise getödtet:

1. Stärkeres Rothwild und Schwarzwild wird mit dem Hirschfänger abgefangen, indem man denselben auf der linken Seite, etwa 18 cm vom Brustrande dicht hinter der 3. Rippe tief in das Herz stößt, resp. man giebt ihm den Fangschuß dicht hinterm Gehör in den Kopf.

2. Alles Mutterwild, geringes Roth- und Damwild und alles Rehwild wird mit dem Genickfänger abgenickt, indem man das Messer in die kleinere und weichere Vertiefung dicht hinter den Gehören, da wo Schädel und erster Halswirbel sich treffen, hineinstößt. Hat man Gewalt anzuwenden, so ist man an einer falschen Stelle; die rechte Stelle, welche man am besten erst mit dem Finger sucht, ist weich.

3. Hasen und Kaninchen faßt man mit der linken Hand an den Hinterläufen, läßt sie herunterhängen und schlägt sie mit der schmalen Seite der geöffneten Hand senkrecht hinter die Löffel, nickt sie.

4. Alles Raubzeug (Dachs, Fuchs, Marder ꝛc.) wird mit Knüttelhieben auf die Gehirnhöhle oder Nase getödtet. Bei Dachs und Fuchs giebt man zur Sicherheit noch einige Hiebe zu, weil sie zuweilen nur betäubt und sehr zählebig sind.

5. Auerwild, Schwäne, Trappen und Kraniche werden ebenso wie das Rehwild abgenickt.

6. Birkhühner, Fasanen, Haselwild, Rebhühner, Wachteln und Drosseln werden abgefedert, indem man die Spule einer ausgezogenen Schwungfeder beim Genick in den Hinterkopf sticht.

Alles Wild, das zum Essen benutzt werden soll, muß sobald wie möglich, namentlich im Sommer und wenn es waidewund geschossen war, nach gewissen waidmännischen Regeln aufgebrochen und ausgeweidet werden. Bei Keilern und Hirschen muß das Kurzwildpret unmittelbar nach dem Erlegen (besonders in der Brunftzeit) herausgelöst werden. Nachdem das Wild gehörig gestreckt, d. h. auf den Rücken gelegt und der Kopf so zurückgebogen ist, daß der Unterkiefer mit dem Hals und Körper eine gerade Linie bildet, drückt man die Spitze des Nickfängers dicht vor dem Brustknochen mitten auf der Brusthöhle in die Haut ein und schärft diese über die Mitte des Halses bis zum Drosselknopf auf, ergreift den Schlund, löst ihn am Drosselknopf ab und stößt ihn, während die linke Hand das abgeschnittene Ende fest zuhält, mit der rechten Hand von der Drossel ab.

Um das Ausfließen von Aesung zu verhindern, wird der Schlund sorgfältig mit einem Knoten eingeschürzt. Sodann schärft man über das Kurzwildpret weg die Haut über die Mitte des Bauches bis zur Brust auf, indem man das Messer zwischen dem gespreizten Zeige- und Mittelfinger der linken Hand, mit denen man unter die Haut gefahren ist, hält, löst die Brunftruthe aus, macht einen Einschnitt in den Bauchmuskel und schärft dann den Bauch selbst bis zur Brust auf, ohne Blase und Gescheide zu beschädigen. Hierauf greift man mit beiden Händen in den vordern Wanst, sucht den Schlund, zieht ihn an den Wanst heran und wirft das Gescheide rechts neben das Wild. Leber und Nieren dürfen nicht mit herausgerissen werden. Hierauf sprengt man mit dem Messer das durch eine hervorragende Naht zwischen

Aufbrechen des Wildes.

den Keulen markirte Schloß und bricht es vorsichtig auseinander, worauf man das Wildpret zwischen den Keulen bis zum Waibloch aufschärft, den Mastdarm auslöst und dann die Brandadern an den inneren Keulen aussticht. Schließlich schärft man am Kopfe den Drosselknopf ab, löst das Zwerchfell an den Seiten ab, zieht die Drossel an die vordere Herzkammer und das ganze Geräusch: Herz, Lunge und Leber mit der linken Hand heraus, indem man die festgewachsenen Theile abschärft. Zuletzt hebt man das ganze Vordertheil in die Höhe, um sämmtlichen Schweiß hinten auslaufen zu lassen, steckt frische Laubbrüche in den Körper und streckt das Wild auf die rechte Seite.

Beim Aufbrechen dürfen weder die Aermel aufgestreift, noch Hirschfänger und Hut abgelegt, noch darf über das Wild geschritten werden.

In dieser Weise wird alles Roth-, Dam-, Reh- und Schwarzwild aufgebrochen, nur daß man bei letzterem am Halse nicht die Haut aufschärft, sondern Drossel und Schlund mit einem Querschnitt oberhalb des Drosselknopfes absticht. In der Brunftzeit muß beim Keiler der Brunftbrand an der Oeffnung der Brunftruthe ausgelöst werden, indem man die Schwarte eine gute Hand breit ablöst und die darunter befindliche gallertartige Masse entfernt.

Dem Aufbrechen folgt das **Zerlegen** d. i. die Zertheilung des Wildes in die einzelnen für die Küche zur Verwendung gelangenden Stücke, wobei man sich eines starken Nickfängers und einer guten Knochensäge zu bedienen hat.

Dem Zerlegen hat das **Zerwirken** d. i. das Ablösen der Haut und das Abnehmen des Gehörns und Geweihs vorauf zu gehen. Man streckt das Wild auf die linke Seite oder auf den Rücken, schärft die Haut vom Halse bis an die geöffnete Bauchhöhle auf, löst die unteren Theile der Läufe im Fußgelenk ab und dann die Haut vom Halse bis an die geöffnete Bauchhöhle auf, und löst dann die Haut oben an den Vorder- und Hinterläufen, nachdem sie vorn aufgeschärft sind ab; schließlich stößt man mit dem Daumen und der Faust unter Zuhilfenahme des Messers die Haut ganz ab, sodaß möglichst wenig Wildpret oder Feist an der Haut bleibt.

Das zerwirkte Wild bleibt nun auf der Haut liegen und löst man zuerst sauber das rechte, dann das linke Blatt aus; hierauf löst man von den Keulen her nach vorn quer über die Rippen bis zum

Halse die Flanken und trennt die Keulen ab; hierbei hat man sich zu entscheiden, ob man die Keulen oder das Ziemer größer haben will; eins muß auf Kosten des andern geschehen. Will man sie recht groß haben, so werden sie ebenso wie die Blätter aus der Pfanne gelöst, andernfalls unterhalb derselben quer durchgeschärft und am Röhrenknochen durchgesägt.

Nachdem Kopf und Hals vom Rücken getrennt sind, theilt man bei Rothwild 2c. den Rücken meist noch in drei Theile, das Hals=, Mittel= und Wedelziemer; bei Rehen bleibt das Ziemer meist ganz. Aus dem Kopfe wird noch das Gehirn und der Lecker genommen und schließlich die Haut bis zur weiteren Verwendung gut mit Asche ein= gerieben und bestreut, dann mit der Haarseite nach unten auf dem Boden über eine Stange gehängt.

Das Auswerfen der Hafen geschieht in der Weise, daß man kurz vor dem Schloß einen Einschnitt in Balg und Bauchmuskel macht, zwischen Zeige= und Mittelfinger den Bauch etwa 15 cm lang auf= schärft, ohne das Gescheide zu verletzen und dann das Gescheide, indem man mit der linken Hand die Hinterläufe hält und mit dem rechten Fuß auf die Vorderläufe tritt, vorsichtig mit dem Magen herauszieht. Den Mastdarm löst man im Innern kurz vor dem Waid= loche ab. Zum Herausnehmen des Geräusches drückt man mit der Faust der rechten Hand das Querfell ein und zieht, indem man den Hafen wie vorher festhält, das Geräusch heraus.

Bei gelinder oder warmer Witterung müssen die Hafen sobald wie möglich ausgeworfen werden.

Alles zur hohen Jagd gehörige Federwild muß aufgebrochen werden, indem man vom Waidloche aus den Bauch nach der Brust zu etwa einen Finger lang aufschärft und dann mit den Fingern das Gescheide herauszieht.

Bei allem übrigen Federwilde, mit Ausnahme der Schnepfen und Drosseln, welche das Gescheide behalten, wird dasselbe mit einem hölzernen Haken aus dem Waidloche gezogen, nachdem man denselben einige Male umgedreht hat.

§ 300.
Die Jagdkunstsprache.
1. Beim Rothwild.

Das männliche Geschlecht heißt Hirsch, das weibliche Thier oder Altthier. Letzteres setzt ein, selten zwei Kälber, von denen das männ=

liche im erften Jahre (bis 31. December) Hirſchkalb, das weibliche Wildkalb heißt. Sobald das Hirſchkalb etwa im Februar Spieße aufgeſetzt hat, heißt es Spießer, im nächſten Jahre, ſobald es ein Geweih mit 2 Enden an jeder Stange aufgeſetzt hat, Gabelhirſch*), ein Jahr ſpäter, wenn jede Stange 3 Enden trägt, ein Sechſender u. ſ. w. Hirſche mit 8 Enden nennt man gering jagdbar, mit 10 und 12 Enden und einem Mindeſtgewicht (mit Aufbruch) von 150 kg reſp. ebenſo ſtarke mit zurückgeſetztem Geweih jagdbar, mit 14 und mehr Enden und entſprechendem Gewicht ſtark jagdbar oder Kapitalhirſche.

Das weibliche Rothwild heißt vom 1. Januar des erſten bis zum 31. Mai des zweiten auf ſeine Geburt folgendes Jahres Schmalthier, dann Altthier. Altthiere, die in der Brunft nicht aufgenommen haben, nennt man Geltthiere.

Das Geweih (nie Gehörn!) des Hirſches beſteht aus 2 Stangen; der untere krauſe Kranz an den Stangen heißt Roſenkranz, die unter demſelben befindlichen Stirnzapfen Roſenſtöcke; das unterſte den Lichtern zunächſt ſtehende Ende heißt Augenſproſſe, das darüber befindliche Eisſproſſe, die kleinen Kügelchen heißen Perlen.

Geringere Hirſche werfen im April, ſtärkere Hirſche im März oder Februar ihr Geweih ab, Gabler erſt im Mai und ſetzen bis zum Auguſt neue Geweihe auf; ſo lange das Geweih noch weich iſt, heißen die Hirſche Kolbenhirſche; das Abreiben der Haare der Kolben (Baſt) an Bäumen nennt man Fegen; ſobald das Geweih völlig ausgelegt, verhärtet und an den Enden ſpitz iſt, ſagt man: es iſt vereckt. Wechſelwild iſt ſolches Wild, welches häufig ſeinen Stand wechſelt reſp. nicht immer im Reviere bleibt, im Gegenſatz zum Standwild, das ſeinen feſten Aufenthalt hat.

Die Augen des Rothwildes nennt man Lichter, die Ohren Lauſcher, die Zunge Lecker, den Schwanz Wedel, die kleinen über dem Ballen befindlichen Spitzen Oberrücken, die Beine wie bei allem Wild Läufe, das Maul Geäs, die Naſe Windfang, den Ausgang des Maſtdarms Waibloch, die Extremente Loſung, Magen und Gedärme Geſcheide, das Euter Geſäuge, die Gurgel Droſſel, das

---

*) Gabelgeweihe werden ſelten aufgeſetzt; meiſt ſetzt der Hirſch noch einmal aber ſtärkere Spieße auf und dann gleich 6 Enden; häufig werden dann zweimal hintereinander wieder 6 reſp. 8 Enden aufgeſetzt, anſtatt daß in jedem folgenden Jahre 2 Enden mehr aufgeſetzt werden.

Fett **Feist** (Feistzeit vom 15. August bis 20. September), das Fleisch **Wilpret**, das Fell **Haut** oder **Decke**, das Blut **Schweiß**.

Das Sehen heißt **äugen**, das Herumriechen **winden** oder **wittern**, das Erforschen einer vermeintlichen Gefahr mittelst der Sinne **sichern**, das Uriniren **nässen**, das Auswerfen von Extrementen **sich lösen**, das Wechseln des Winter- und Sommerkleides **verfärben**, das Fressen **äsen**, das Saufen **sich tränken**. Es nimmt den Jäger **an**, wenn es angreift, es nimmt die Futterung **an**, es **thut sich nieder**, es sitzt im **Bett** (Lager), es **brunftet**, wenn es sich begattet. Die Brunftzeit dauert etwa von Ende September bis Ende Oktober; das Thier geht 38—40 Wochen hochbeschlagen und setzt Ende Mai 1 bis 2 Kälber. Während der Brunftzeit schreien die Hirsche und kämpfen um den Besitz der Thiere; das weibliche Glied heißt **Feigenblatt**, die Hoden des Hirsches **Kurzwildpret** mit der „**Brunftruthe**". Das Wild ist **vertraut**, wenn es ohne Argwohn ist, es **zieht umher**, wenn es langsam geht, es **trollt** (trabt) und ist **flüchtig** (läuft), es **fällt über Gatter** ꝛc. (springt), es **steht** in einer Dickung; es wird **krank**, wenn das Wundfieber eintritt, es **bricht** (fällt) zusammen, es **klagt** (schreit) und **verendet** (stirbt). Kümmerer nennt man Wild, welches an einer Wunde oder einer Krankheit leidet und dann schlecht wird; Kümmerer haben meist fehlerhafte oder zurückgesetzte Geweihe. Wo es später nicht besonders bemerkt ist, gelten diese Ausdrücke auch für Dam-, Reh- und Schwarzwild. **Zerwirken** heißt das Abtrennen der Haut und des Geweihes, **Zerlegen** das Zertheilen für die Küche. (Für alle größeren Wildarten).

2. Beim Damwild.

Das Männchen heißt **Damhirsch**, das Weibchen **Damthier**; letzteres geht nur 8 Monate hochbeschlagen und setzt nach der Brunftzeit, die von Mitte October bis Mitte November dauert, im Juni bis Juli 1—2 Kälber; das Hirschkalb heißt vom März ab, wo sich die Rosenstöcke zeigen, **Damspießer**, das weibliche Damwild heißt vom 1. Januar des ersten bis zum 31. Mai des zweiten auf seine Geburt folgenden Jahres „**Schmalthier**". Nachdem im folgenden Mai bis Juni der Damspießer die Spieße abgeworfen hat, setzt er ein Geweih von 6 bis 10 Enden auf, welches er im September fegt; dann heißt er **geringer Damhirsch**. Im nächsten (dritten) Jahre wirft er das Geweih im

Mai ab und setzt ein Geweih mit geringen Schaufeln auf, welches er im August bis September fegt; er heißt dann geringer Damschaufler. In den folgenden Jahren werfen die Schaufler bereits April bis Mai ab und fegen im August.

Das Uebrige ist wie beim Rothwild.

3. Beim Schwarzwild.

Sauen ist ein gemeinschaftlicher Ausdruck für beide Geschlechter; das Männchen heißt Keiler, das Weibchen Bache, die Jungen im ersten Jahre bis zum 10. October gefleckte Frischlinge, dann Frischlinge, dann vom 1. April ab bis zum nächsten 1. April Ueberläufer, von da ab ist für die Bestimmung des Alters immer der 1. April maßgebend. Besser ist es jedoch, die geschossenen Sauen nach dem Gewicht anzusprechen. Im Winter geschossen: Unter 100 Pfd. — Frischlinge; 100—150 Pfd. — Ueberläufer; 150—200 Pfd. — 2jährige Sauen; 200 Pfd. und mehr: 3= und mehrjährige Sauen; das Gewicht ohne Aufbruch gerechnet. Ist der männliche Frischling 2 volle Jahre alt, so wird er 2jähriger, nach abermals 1 Jahr 3jähriger, von 4 Jahren ein angehender Keiler, von 5 Jahren ein hauendes, von 6 Jahren ein grobes Schwein.

Die Rauschzeit dauert von Ende November bis Anfang Januar, worauf die Bache nach 16—18 Wochen 4—10 Frischlinge frischt.

Der Rüssel heißt Gebrech, die Hauzähne Gewehre, bei den Bachen Haken, das Haar Borsten, die Ohren Gehöre, die Dünnungen Wammungen, der Schwanz Pürzel, die Haut Schwarte, das Fett Weißes, die kleinen Klauen hinten an den Läufen Geäfter. Die Sau schiebt sich in das Lager, das Lager einer ganzen Rotte heißt Kessel; sie stecken in einer Dickung, sie wechseln aus einer in die andere; sie brechen (wühlen), um sich Fraß (Nahrung) zu suchen; die aufgewühlte Erde heißt Gebräche.

4. Beim Rehwild.

Das Männchen heißt Rehbock, das Weibchen Ricke, die Jungen Kitzchen. Das männliche Kalb*) setzt im November die ersten Spieße auf und heißt dann Spießbock; diese wirft er im Februar bis März

---

*) Als sicheres Kennzeichen der Rehkälber im $\frac{October}{December}$ gilt, daß dieselben in jeder Kinnlade des Ober- und Unterkiefers höchstens 5 Back-

ab und setzt dann bis Mai ein zweites (meist stärkere Spieße) Gehörn oder Gabeln auf, worauf er Gabelbock, sonst Spießer heißt. Die Gabeln fegt er im Mai, wirft sie im November ab und setzt dann ein Gehörn von 6 Enden auf, das er jährlich im November abwirft und März bis April fegt. In den späteren Jahren wird er stärker resp. Kapital= bock und setzt dann zuweilen noch mehr Enden auf. Das weibliche Rehwild heißt vom 1. Januar des ersten bis zum 31. Mai des zweiten auf seine Geburt folgenden Jahres „Schmalreh". Die Brunft findet von Mitte Juli bis Ende August (Blattzeit) statt, worauf die Ricke im Mai 1—3 Kitzchen setzt.

Der Büschel an der Brunstruthe des Rehbocks heißt Pinsel, am Feigenblatt der Ricke Schürze, die weiße Scheibe um das Waibloch Spiegel. Das Wegscharren der Bodendecke vor dem Niederthun heißt Plätzen, das Schreien bei nahender Gefahr Schrecken. Mehrere Rehe zusammen bilden einen Sprung (beim Rothwild „Rudel", bei den Sauen Rotte).

5. Beim Hasen.

Das Männchen heißt Rammler, das Weibchen Setzhase (Häsin). Die Rammelzeit (Begattung) dauert von Februar bis August; die Häsin (Setzhase) setzt nach einer Tragezeit von 1 Monat ohngefähr 4 Mal nach 6—8 Wochen 2—4 Junge, ältere 4—5 Mal, junge nur 2—3 Mal. Der erste Satz heißt vom 24. August ab Drei= läufer. Die Augen heißen Seher, die Ohren Löffel, die Hinter= läufe Sprünge, der Schwanz Blume, die Haare Wolle. Der Hase rückt in's Feld oder in's Holz, er sitzt im Lager, er fährt aus dem Lager, er macht einen Kegel, wenn er sich auf den Sprüngen auf= richtet, er macht Wiedergänge und Absprünge, ehe er sich im Lager drückt. Beim Aufstoßen trägt der Rammler die Blume meist hoch, der Setzhase drückt sie an.

6. Beim Fuchs.

Fuchs und Füchsin hängen, wenn sie sich begatten; die Begattungs= zeit heißt Roll(Ranz=)zeit und fällt in den Februar, worauf die

---

zähne haben, der 6. (letzte!) Backenzahn jeder Reihe erscheint erst nach einem Jahre; der 3. Backenzahn jeder Unterkieferlade (vom Geäse gerechnet) ist beim Kalb stets drei=, beim einjährigen Reh stets zweitheilig.

Alte Rehe sind von Schmalrehen im Winter stets an dem gelblich= weißen Fleck vorn am Halse zu erkennen; bei Schmalrehen ist derselbe kaum sichtbar.

Füchsin 9 Wochen dick geht und 4—7 blinde Nestfüchse wölft (wirft), die zusammen Gehecke heißen. Die Haut heißt wie bei allem zur niederen Jagd gehörenden Haarwild „Balg". Er ist vom November bis März brauchbar. Die Ohren heißen Gehöre oder Lauscher, die Hoden Geschröte, das männliche Glied Ruthe, das weibliche Schnalle, der Schwanz Lunte, die Spitze desselben Blume; sie ist gewöhnlich weiß, bei Brandfüchsen schwarz. Der nach Bisam riechende Fleck unten an der Lunte heißt Viole, das Fleisch Kern, die Fangzähne Fänge, sämmtliche Zähne Gebiß. Der Fuchs kriecht zu Baue, steckt in demselben, fährt heraus; er verklüftet sich darin, wenn er die Röhren hinter sich zugräbt; er frißt den Raub, seine Nahrung heißt wie die aller Raubthiere, Fraß (Riß!).

7. Bei dem übrigen Raubzeug.

Die Bälge sämmtlichen Raubwildes nennt man auch Rauhwerk, die Nahrung Fraß, Witterung die stark riechende Masse, mit der man es auf die Eisen lockt, sie gehen dick (tragend) und werfen (bringen), der Schwanz heißt Ruthe, die Ohren Gehöre, die Beine Läufe, die Zähne Gebiß, die Begattungszeit Ranzzeit. Folgende besondere Ausdrücke sind zu merken:

a. beim Dachs. Nach der im August stattfindenden Ranzzeit wirft die Dächsin (nach 30 Wochen) 2—4 (selten 6) blinde Junge. Der Dachs geht auf die Weide (Nahrung), er sticht, wenn er mit der Nase in der Erde wühlt, um sich Würmer und Wurzeln zu suchen, viele kleine Löcher in die Erde. Die Haut heißt Schwarte, die Haare Borsten, das Fleisch Fleisch, die mit einem Drüsensekret angefüllte Vertiefung unter der kurzen und breiten Ruthe Stinkloch, dessen Inhalt zur Ranzzeit durch „Schlittenfahren" auf den Boden gedrückt wird.

b. bei dem Fischotter. Nach der Ranzzeit, meist im Februar, jedoch auch in anderen Monaten, bringt oder wirft die Otterin nach 9 Wochen 2—3 Junge. Der Otter liegt in seinem Bau, er geht aus, er fischt, er steigt aus und wieder ein, wenn er etwas gefischt hat, er pfeift in sehr kalten Nächten; in der Losung sind immer Fisch= resp. Krebstheile. Das Weibchen heißt „Otterin".

c. beim Marder und Iltis. Ranzzeit ꝛc. ebenso wie beim Fischotter, nur 4—6 Junge. Sie baumen oder holzen auf (erklettern Bäume), sie baumen fort (weiter) und ab. Aufstieg ist die

Stelle an der Erde, wo der Marder aufgeholzt hat, Absprung die Stelle, wo er abgebaumt hat. Wenn man den Marder verfolgt, bis man ihn gefunden hat, so hat man ihn festgemacht.

8. Beim Federwild.

Die Beine heißen meist Ständer, der Schwanz Steiß, die Spuren Geläuf, das Fett Feist, sie fallen ein (fliegen zu Boden).

Besonders zu merken ist:

a. beim Auerwild. Die Henne legt nach der Balzzeit (Ende März bis Anfang Mai) 4—6 Eier. Es schwingt sich ein und reitet ab, wenn es auf einen Baum fliegt, es steht auf demselben; die aus Beeren und Knospen bestehende Nahrung heißt Geäs, der Koth Losung, die rothen Flecke an den Augen „Rosen".

b. beim Birkwild. Nach der Balzzeit im April bis Mai legt die Henne 8—12 Eier, Henne und Junge zusammen nennt man wie bei allen Hühnern Kette. Der weiße Flügelfleck beim Hahn heißt wie beim Auerhahn Spiegel, der Schwanz desselben Spiel (Schar). Er balzt auf der Erde, der Auerhahn auf dem Baum.

c. beim Rebhuhn. Sie paaren sich im Februar, worauf die Henne Anfang Mai 10—20 Eier legt, die sie in 3 Wochen ausbrütet. Der dunkle ringförmige Fleck auf der Brust des Hahnes heißt Schild, der Koth wie bei allem zur niederen Jagd gehörenden Federwild Gestüber. — Sie weiden oder äsen, sie liegen (nicht sitzen) und stehen auf, dicht über der Erde streichen, ziehen sie, höher hinauf stieben sie. Sie rufen (nicht locken!) sich zusammen, wobei man sie verhört. Abends fallen sie auf die Weide, um zu äsen. Im Kessel „stauben" sie.

d. bei der Schnepfe. Sie paart sich während oder gleich nach dem Strich (Zugzeit) im Frühjahr und legt im Mai 3—4 Eier. Sie zieht oder streicht, ihre Aesung sticht sie in der Erde, die Losung heißt „Gekält".

e. bei den Enten. Die Reihzeit (Begattung) fällt in den April, worauf die Ente 5—14 Eier legt. Die Zeit des Gefiederwechsels heißt Mauser (Juni bis Juli), der Erpel, auch Entvogel, heißt dann Mauservogel. Die Beine heißen wie bei allen Schwimmvögeln Ruder. Die jungen Enten, die Ende Juni etwa „beflogen" sind, heißen zusammen Schoof.

f. bei den Raubvögeln. Sie horsten (nisten), ihre Beine heißen Fänge, deren Nägel Krallen, der Koth Geschmeiß, die Haare und Federn, welche sie unverdaut wieder auswerfen, Gewölle, sie kröpfen (fressen), sie stoßen (stürzen) auf den Raub, fangen und schlagen ihn. Sie fußen (sitzen) auf einem Baum.

§ 301.
Die verschiedenen Jagdmethoden.

Bei der Ausübung der Jagd kommt es im Allgemeinen darauf an, mit den einfachsten Mitteln das Wild am sichersten und ruhigsten zu erlegen, so daß möglichst wenig Wild zu Holze oder krank geschossen wird und die Jagd möglichst wenig beunruhigt wird. Diese Bedingungen erfüllen in absteigender Reihenfolge am besten:

1. Der Anstand.

Man sucht sich den Stand des Wildes (durch fleißiges Abspüren und Beobachten) und den Hauptwechsel auf und sucht sich an demselben einen möglichst gedeckten Ort zum Anstand aus, an dem man 1) guten Wind, d. h. solchen Wind hat, der möglichst genau mit dem erwarteten Wilde kommt; 2) auf dem man auf das Wild möglichst frei und ungehindert schießen kann; 3) auf dem das Wild so zeitig kommt, daß man noch Licht genug (Büchsenlicht!) zum Schießen hat. Am vortheilhaftesten sind zum Anstand sog. Kanzeln, d. h. Baumsitze auf leicht ersteigbaren Bäumen (3—5 m hoch), die aber frei genug und auch bequem genug sein müssen, so daß man längere Zeit unbeweglich sitzen kann. Auf freien Stellen, Waldrändern ꝛc. baut man sich, falls keine natürlichen Deckungen vorhanden sind, möglichst unverdächtige Schirme (Ansitze) aus Zweigen und gräbt Löcher in die Erde. Beim Morgenanstand muß man schon vor Tagesgrauen auf den Rückwechsel (am besten dicht vor dem Aufenthaltsort) sein, auf dem Abendanstand etwa eine halbe Stunde vor Sonnenuntergang. Den Morgenanstand darf man erst eine Stunde nach Sonnenaufgang, den Abendanstand erst bei voller Dunkelheit möglichst vorsichtig und geräuschlos verlassen, falls das Wild nicht herausgetreten ist. Beim Anstand ist die peinlichste Ruhe und Unbeweglichkeit die erste Regel, da das Wild lange Zeit am Rande der Dickung verborgen zu winden, zu äugen und zu sichern pflegt, ehe es austritt. Tritt endlich schießbares Wild hervor, so fahre man ganz langsam mit der Büchse an den Kopf, warte bis man das Wild womöglich ganz breit hat und ziele vorsichtig und bedächtig am Vorderlauf entlang fahrend auf das Blatt.

Der Anstand wird mit Vorliebe auf alles Hochwild, aber auch auf anderes Wild ausgeübt. Auf Kaninchen und Füchse (Dächse!) setzt man sich gern auf den Bau an, bei Füchsen und Sauen auch beim Luder. Schnepfen schießt man Abends und Morgens auf dem Strich (resp. Suche), Enten Abends auf dem Einfall, Gänse auf dem Zuge, Raubvögel früh am Horste.

2. Der Pürschgang. (Das Birschen, Waidwerken.)

Er wird besonders auf das vierläufige Hochwild und das Reh= wild exercirt und ist als die beste Bildungsschule für den jungen Jäger ganz besonders zu empfehlen. Er besteht in dem Anschleichen des Wildes auf seinem Stand und Wechsel. Die Hauptsache beim Pürschen ist, daß der Wind stets vom Wilde kommt — es ist dies die goldene Regel bei allen Jagdmethoden auf sämmtliches Wild: „Der Wind muß stets von derselben Seite kommen, woher man das Wild erwartet." Man kann hierauf nicht genug achten!

Man durchschleicht beim Pürschen stets vorsichtig und stets in bester Deckung, unter Vermeidung jeden Geräusches, den vermuthlichen Aufenthaltsort des Wildes. Sobald man Wild sieht, bleibt man sofort, aber stets gedeckt stehen, sucht sich das gewünschte Stück aus und schleicht sich äußerst behutsam, möglichst kriechend näher, und zwar bewegt man sich nur dann vorwärts, wenn das Wild äst und ab= gewendet ist, nie wenn es sichert oder Mißtrauen zeigt. Gewöhnlich pürscht man nur Morgens und Abends, nach starkem Regen auch Vor- und Nachmittags. — Bei schlechtem Wetter pürscht es sich am besten. Man pürscht gehend und kriechend resp. reitend und fahrend. Der Anzug muß möglichst der Waldfarbe angepaßt sein, wie bei allen Wald= jagden; alles Auffallende und Glänzende muß vermieden werden. Beim Anfahren des Wildes ist ebenfalls alles Auffallende am Geschirr zu vermeiden und darf man niemals direkt auf das Wild zufahren, sondern muß sich ihm allmählich und es umkreisend nähern. Wenn man nicht vom Wagen schießen kann, steigt man gedeckt auf der anderen Seite des Wagens ab und läßt den Wagen bis zur nächsten Deckung weiter fahren.

3. Das stille Durchgehen.

Es ist dies ein empfehlenswerthes Mittel, um Rothwild zu jagen Mehrere Jäger stellen sich auf den Wechseln vor und der terrainkundigste und erfahrenste Jäger geht allein oder mit nur wenigen Treibern mit dem Winde an den Ort, wo das Wild stehen soll. Seine Aufgabe besteht darin, das Wild vorsichtig so anzuregen, daß es ruhig aufsteht und langsam auf den Wechseln fort- und an den Schützen vorbeizieht. Zu diesem Zwecke geht er etwas in Schlangenlinien langsam durch, hustet zuweilen leise, bricht hier und da einen trocknen Zweig ab, vermeidet aber jedes zu laute und erschreckende Geräusch. Am geeignetsten sind zu dieser vielfach üblichen Jagdmethode schwache Stangenorte und lichtere Schonungen oder gemischte Bestände mit etwas Unterholz, namentlich Laubholzbestände.

4. Die Treibjagd.

Die Treibjagd ist auf Hochwild möglichst auszuschließen, weil das Wild meist zu flüchtig kommt, um einen guten Kugelschuß anbringen zu können; jedenfalls empfehlen sich dann nur stille Treiben. Will man durchaus laut treiben, so umstelle man jedenfalls das ganze Jagen, besonders die Rückwechsel.

Das Hauptfeld der Treibjagd ist die niedere Jagd.

a. **Holzjagd**. Will man auf Fuchs treiben, so genügen wenige Treiber, sonst rechnet man 2—3 Treiber auf den Schützen, bei Sautreiben noch mehr. Vor der Jagd muß die Reihenfolge der Treiben vom Jagddirigenten genau entworfen sein und treibt man am besten so — die Treiber gehen möglichst immer mit dem Winde —, daß die Treiber stehen bleiben (ganz still!) und die Schützen sich um beide Flügel herumziehen und am nächsten Treiben vorstellen. Man fängt an der Reviergrenze an, treibt nach der Mitte zu und dann, falls keine Wagen da sind, womöglich so, daß der Nachhauseweg nicht zu lang wird. An Tagen, wo das Wild schlecht läuft, oder bei recht starkem Frost macht man kürzere, bei gewöhnlichem und hellhörigem Frostwetter längere Triebe, in letzterem Falle müssen die Treiber stiller gehen; es ist auch bei allen Treibjagden empfehlenswerther, die Treiber einen nicht sehr lauten, dafür aber auf der ganzen Linie einen möglichst gleichmäßigen Lärm machen zu lassen; dieselben sollen nicht zu schnell (namentlich bei Beginn der Jagd) gehen.

Die Treiber stehen unter mehreren (mindestens 3) Führern, welche auf beiden Flügeln und in der Mitte vertheilt sind; sie müssen auf strenge Fühlung und Richtung in der Treiberlinie halten, die auf etwa im Treiben liegenden Schneißen genau kontrolirt wird; es empfiehlt sich die Treiber zu nummeriren. Die Schützen haben sich streng dem Jagddirigenten unterzuordnen, welcher vor der Jagd die nöthigen speziellen Vorschriften der Jagdgesellschaft mittheilt, jedenfalls aber alles Wild, was geschossen werden darf, speziell nennt. Hierauf läßt er die Losnummern ziehen und fängt beim ersten Trieb mit Nr. 1, bei den ferneren Trieben mit beliebigen anderen Nummern, aber stets in fortlaufender Reihenfolge an, die Schützen anzustellen. Sind genug Schützen vorhanden, so besetzt man auch die Flügel, die Entfernung der Schützen schwankt zwischen 50—120 Schritt, je nach der Zahl. Besser stellt man die Schützen mit dem Rücken an den Trieb (namentlich wenn Neulinge und unsichere Cantonisten dabei sind); auf engen Schneißen sollen die Schützen nur nach einer Seite schießen, Schüsse spitz von vorn sollen möglichst vermieden werden. Das geschossene Wild soll mit Ausnahme des Fuchses nicht an den Stand herangeholt werden, angeschossenes Wild darf erst nach Beendigung des Triebes verfolgt werden, der Anschuß ist dann zu verbrechen. Sobald die Treiber auf 150 Schritt heran sind, darf nicht mehr in das Treiben geschossen werden. Vor jedem Triebe wird die Folge angegeben, kein Schütze darf seinen Stand verlassen (den er möglichst gedeckt zu wählen hat!), ohne seinen Nachbar abzupfeifen. Auf seinem Stande hat sich jeder durchaus ruhig zu verhalten, auch beim Anstellen und beim Gang von einem Triebe zum anderen soll Alles möglichst ruhig zugehen.

b. Feldtreiben. Man unterscheidet Kessel- und Vorstehtreiben; man gebraucht zu denselben verhältnißmäßig mehr Treiber als zu Holztreiben. Die Distance, in welcher man zum Kesseltreiben die Schützen und Treiber — immer gleich nach beiden Seiten — ablaufen läßt, richtet sich nach der Zahl der Schützen und der Größe des Kessels; das Weiteste sind 150 Schritte. An der Spitze jedes Bogens gehen kundige Führer; sobald sich die beiden Führer mit den ihnen folgenden Schützenketten treffen, wird das Zeichen zum allgemeinen Vorwärtsgehen gegeben. Niemals darf Jemand stehen bleiben, geladen wird im Gehen. Größte Ordnung ist durchaus nothwendig. Sobald die Schützen so nahe stehen, daß sie bequem zusammen schießen können, schickt man die Treiber auf ein vorher verabredetes Hornsignal in die Mitte, während die Schützen stehen bleiben und Kehrt machen, um nur nach außen zu schießen.

Die Vorstehtreiben werden in ähnlicher Weise angelegt als die Holztreiben; die Schützen werden fest (womöglich in Löcher oder hinter Schirmen) angestellt und die Treiber treiben in einem weiten Bogen heran, dessen Flügel von den Flügeln der Schützen nicht zu weit entfernt sein dürfen.

5. Die Suche.

Man wendet dieselbe nur auf Hasen und Federwild mit Hilfe eines guten Hühnerhundes an, der eine gute Nase haben muß, das Wild gut (mit hoher Nase und flüchtig!) suchen und stehen, dasselbe ohne Quetschen, ohne Rupfen, Anschneiden 2c. apportiren und auf Wort und Wink sofort gehorchen (Appell haben!) muß, wozu er besonders dressirt wird. Man benutzt namentlich deutsche und englische Vorstehhunde; erstere haben einen weit stärkeren Bau, sind schwerfälliger und dadurch charakterisirt, daß der Kopf von der Stirn bis zur Nase fast eine gerade Linie bildet, während bei den englischen Hunden die Stirn zwischen den Lichtern mehr oder weniger scharf absetzt. Die langhaarigen englischen Hunde nennt man Setter, die kurzhaarigen Pointer. Beim deutschen Hunde unterscheidet man außer dem kurz- und lang- (flock-)haarigen, noch den stichelhaarigen Vorstehhund, nach seiner Behaarung so benannt. Man verspricht sich von ihm, dessen Züchtung erst seit kurzer Zeit betrieben wird, die vielseitigste Benutzung. Für Waldjagden eignet sich besser der deutsche Hund, für Feldjagden mehr der leichte und flüchtige englische Hund. Neben diesen reinen Racen kommen zahllose Kreuzungen vor, die das Hauptkontingent unserer Jagdhunde stellen und nicht selten für den praktischen Gebrauch Besseres leisten als die ganz reinen Racehunde. — Man sucht am besten von Morgens 8 oder 9 Uhr bis Nachmittags 2 oder 3 Uhr immer gegen den Wind. Auf Hasen sucht man erst Ende October, weil vorher meist nur die besser haltenden Häsinnen geschossen werden. Am besten hält der Hase bei stillem warmem Wetter, Nebel und Regen. Sturzäcker sucht man besser quer über die Furchen ab, wo der Hase namentlich bei Blachfrost gern sitzt. Rebhühner werden von Ende August bis Ende November, Schnepfen Ende März und April vor dem Hunde geschossen! Auf der Schnepfensuche bindet man im Walde dem suchenden Hunde eine kleine Schelle um, um ihn nicht zu verlieren und zu hören, wenn er steht. Die Bekassine sucht man am besten von August bis November auf nassen Wiesen und sumpfigen Stellen. Junge Enten sucht man Anfang Juli mit dem Hunde an mit Schilf bewachsenen Rändern von stehenden und fließenden Gewässern; wenn nöthig mit Hilfe von Kähnen.

§ 302.
Von dem Schutze der Jagd.

Der Schutz der Jagd besteht hauptsächlich in dem Vertilgen der schädlichen Raubthiere, und sind als solche zu nennen: Wolf, Fuchs, Wildkatze, Baum- und Steinmarder, Iltis, Wiesel, wildernde Hunde und Katzen; von den Vögeln fast alle Raubvögel, die Raben, Krähen und Elstern. Man schont nur diejenigen, welche sich durch Vertilgen von anderen schädlichen Thieren wieder überwiegend nützlich machen. Bei mangelhafter Nahrung im Winter muß man das Wild füttern, wie dies im § 203 beschrieben ist. Gegen die Wilddiebereien schützen die Gesetze, und soll der Beamte die Wilddiebe mit allen Mitteln verfolgen, um sie zur Bestrafung zu bringen. — Siehe darüber das hinten angeheftete Jagd-Polizei-Gesetz vom 7. März 1850.

Die pflegliche Behandlung der Jagd, die jedem wahren Jäger am Herzen liegen soll, wird wesentlich durch das ebenfalls hinten angeheftete Jagdschongesetz vom 26. Februar 1870 unterstützt, das Jedem, der die Jagd ausübt, vollständig bekannt sein muß. Wichtig ist auch, jede unnöthige Beunruhigung des Wildes zu vermeiden durch zu häufige Treibjagden, vieles Schießen im Walde, durch das Publikum; namentlich in der Setzzeit des Hochwildes muß das Revier so ruhig wie möglich gehalten werden.

Beilagen.

I.
Auszug aus dem Jagdpolizei-Gesetz.
Vom 7. März 1850.

§ 1. Die Ausübung des einem jeden Grundbesitzer auf seinem Grund und Boden zustehenden Jagdrechts wird nachstehenden Bedingungen unterworfen.

§ 2. Zur eigenen Ausübung des Jagdrechts auf seinem Grund und Boden ist der Besitzer nur befugt:

- a. auf solchen Besitzungen, welche in einem oder mehreren aneinander grenzenden Gemeindebezirken einen land- oder forstwirthschaftlich benutzten Flächenraum von wenigstens 300 Morgen einnehmen und in ihrem Zusammenhange durch kein fremdes Grundstück unterbrochen sind. Die Trennung, welche Wege oder Gewässer bilden, wird als eine Unterbrechung des Zusammenhanges nicht angesehen;
- b. auf allen dauernd und vollständig eingefriedigten Grundstücken. Darüber, was für dauernd und vollständig eingefriedigt zu erachten, entscheidet der Landrath;
- c. auf Seen, auf zur Fischerei eingerichteten Teichen und auf solchen Inseln, welche ein Besitztum bilden.

§ 7. Grundstücke, welche von einem über 300 Morgen im Zusammenhange großen Wald, der eine einzige Besitzung bildet, ganz oder größtentheils eingeschlossen sind, werden, auch wenn sie nicht unter die Bestimmung des § 2 fallen, dem gemeinschaftlichen Jagdbezirke der Gemeinde nicht zugeschlagen. Die Besitzer solcher Grundstücke sind verpflichtet, die Ausübung der Jagd auf denselben dem Eigenthümer des sie umschließenden Waldes auf dessen Verlangen gegen eine nach dem Jagdertrage zu bemessende Entschädigung zeitpachtweise zu übertragen oder die Jagdausübung gänzlich ruhen zu lassen.

Die Festsetzung der Entschädigung erfolgt im Mangel einer Einigung durch den Landrath, vorbehaltlich der beiden Theilen zustehenden Berufung auf richterliche Entscheidung.

Macht der Wald-Eigenthümer von seiner Befugniß, die Jagd auf der Enklave zu pachten, beim Anerbieten des Besitzers nicht Gebrauch, so steht dem letzteren die Ausübung der Jagd auf dem enklavirten Grundstücke zu.

Stoßen mehrere derartige Grundstücke aneinander, so, daß sie eine ununterbrochene zusammenhängende Fläche von mindestens 300 Morgen umfassen, so bilden dieselben einen für sich bestehenden gemeinschaftlichen Jagdbezirk, für welchen die nämlichen Vorschriften gelten, wie für die gewöhnlichen Jagdbezirke.

§ 13. Sowohl den Pächtern gemeinschaftlicher Jagdbezirke, als auch den Besitzern der im § 2 bezeichneten Grundstücke ist die Anstellung von Jägern für ihre Reviere gestattet.

§ 14. Ein Jeder, welcher die Jagd ausüben will, muß sich einen für den ganzen Staat gültigen, zu seiner Legitimation dienenden, auf ein Jahr und auf die Person lautenden Jagdschein von dem Landrathe des Kreises seines Wohnsitzes ertheilen lassen und selbigen bei der Ausübung der Jagd stets mit sich führen.

An Ausländer kann ein solcher Jagdschein, jedoch nur gegen die Bürgschaft eines Inländers, von dem Landrathe des Wohnorts des Bürgen ertheilt werden. Der Bürge haftet in Folge seines Antrages für Strafen, welche auf Grund des § 16, 17 und 19 gegen die Ausländer verhängt werden, sowie für die Untersuchungskosten.

Für jeden Jagdschein wird auf das Jahr eine Abgabe von Einem Thaler zur Kreis-Kommunal-Kasse des Wohnorts des Extrahenten entrichtet. Die eingehenden Beträge werden nach den Beschlüssen der Kreisvertretung verwendet.

Die Ausfertigung der Jagdscheine erfolgt kosten- und stempelfrei.

Die im Königlichen oder Kommunal-Dienst angestellten Forst- und Jagdbeamten, sowie die lebenslänglich angestellten Forst- und Jagdbedienten erhalten den Jagdschein unentgeltlich, soweit es sich um die Ausübung der Jagd in ihrem Schutzbezirke handelt. In Jagdscheinen, welche unentgeltlich ertheilt sind, muß dies und für welchen Schutzbezirk sie gelten, angegeben werden.

§ 15. Die Ertheilung des Jagdscheines muß folgenden Personen versagt werden:
- a. solchen, von denen eine unvorsichtige Führung des Schießgewehrs oder eine Gefährdung der öffentlichen Sicherheit zu besorgen ist;
- b. denen, welche durch ein Urtheil des Rechts, Waffen zu führen, verlustig erklärt sind, sowie denen, welche unter Polizei-Aufsicht stehen, oder welchen die National-Kokarde aberkannt ist.

Außerdem kann denjenigen, welche wegen eines Forst- oder Jagdfrevels oder wegen Mißbrauch des Feuergewehrs bestraft sind, der Jagdschein jedoch nur innerhalb 5 Jahren nach verbüßter Strafe versagt werden.

§ 16. Die Nichtbeachtung der vorstehenden Vorschriften über Lösung von Jagdscheinen wird bestraft, wie folgt:

Wer, ohne einen Jagdschein gelöst zu haben, die Jagd ausübt, wird für eine jede Uebertretung mit einer Geldbuße von 5 bis 20 Thaler belegt.

Wer seinen Jagdschein bei Ausübung der Jagd nicht bei sich führt, den trifft eine Geldbuße bis zu 5 Thalern.

Wer es versucht, sich durch einen nicht auf seinem Namen ausgestellten fremden Jagdschein zu legitimieren, um sich dadurch der verwirkten Strafe zu entziehen, der wird mit einer Geldstrafe von 5 bis 50 Thaler belegt.

§ 17. Wer, zwar mit einem Jagdschein versehen, aber ohne Begleitung des Jagdberechtigten, oder ohne dessen schriftlich ertheilte Erlaubniß bei sich zu führen, die Jagd auf einem fremden Jagdbezirke ausübt, wird mit einer Strafe von 2 bis 5 Thaler belegt.

Wer die Jagd auf seinem Grundstück gänzlich ruhen zu lassen verpflichtet ist, dieselbe dennoch ausübt, hat eine Geldstrafe von 10 bis 20 Thaler und die Konfiskation der dabei gebrauchten Jagdgeräthe bewirkt.

Wer auf seinem eigenen Grundstücke, auf dem die Jagd an einen Dritten verpachtet ist, oder auf dem ein Jäger für gemeinschaftliche Rechnung der bei einem Jagdbezirke betheiligten Grundbesitzer die Jagd zu beschießen hat, ohne Einwilligung des Jagdpächters oder der Gemeindebehörde jagt, ebenso derjenige, welcher auf fremden Grundstücken, ohne eine Berechtigung dazu zu haben, die Jagd ausübt, wird wegen Wilddiebstahls oder Jagdkontravention nach den Allgemeinen Gesetzen bestraft.

§ 18. Die Bestimmung der Hege- oder Schonzeit erfolgt nach den zur Zeit der Verkündigungen des Gesetzes vom 30. October 1848 geltend gewesenen Gesetzen. Die Verordnung vom 9. October 1842 §§ 1 und 2 (Seite 2) und das Publicandum vom 7. März 1842 (Seite 92) treten wieder in Kraft. Sonstige Uebertretungen der Vorschriften über Hege- und Schonzeit werden mit einer nach richterlichem Ermessen zu bestimmenden Geldbuße bis zu 50 Thalern geahndet.

§ 19. Wer zur Begehung einer Jagd-Polizei-Uebertretung sich seiner Angehörigen, Dienstboten, Lehrlinge oder Tagelöhner als Theilnehmer oder Gehilfen bedient, haftet, wenn diese nicht zahlungsfähig sind, neben der von ihm selbst verwirkten Strafe für die von denselben zu erlegenden Geldstrafen und den Schadenersatz.

§ 20. Wegen einer Jagd-Polizei-Uebertretung soll eine Untersuchung nicht weiter eingeleitet werden, wenn seit dem Tage der begangenen That bis zum Eingange der Anzeige an die Staatsanwaltschaft oder den Richter 3 Monate verflossen sind.

§ 21. Durch Klappern, aufgestellte Schreckbilder, sowie durch Zäune kann ein Jeder das Wild von seinen Besitzungen abhalten, auch wenn er auf diesen zur Ausübung des Jagdrechts nicht befugt ist. Zur Abwehr des Roth-, Dam- und Schwarzwildes kann er sich auch kleiner oder gemeiner Haushunde bedienen.

§ 24. Auch der Besitzer einer solchen Waldenklave, auf welcher die Jagd nach § 7 gar nicht ausgeübt werden darf, ist, wenn das Grundstück erheblichem Wildschaden ausgesetzt ist und der Besitzer des sie umgebenden Waldjagdreviers der Aufforderung des Landraths, das vorhandene Wild selbst während der Schonzeit abzuschießen, nicht genügend nachkommt, zu fordern berechtigt, daß ihm der Landrath nach vorhergegangener Prüfung des Bedürfnisses und auf die Dauer desselben die Genehmigung ertheile, das auf die Enklave übertretende Wild auf jede erlaubte Weise zu fangen, namentlich auch mit Anwendung des Schießgewehrs zu tödten. In diesem Falle bleibt das gefangene Wild Eigenthum des Enklavebesitzers. In den in den §§ 21 und 24 gedachten Fällen vertritt die von dem Landrathe zu ertheilende Legitimation die Stelle des Jagdscheins.

§ 25. Ein gesetzlicher Anspruch auf Ersatz des durch das Wild verursachten Schadens findet nicht statt. Den Jagdpächtern bleibt dagegen unbenommen, hinsichtlich des Wildschadens in dem Jagdkontrakte vorsorgliche Bestimmung zu treffen.

II.
Gesetz über die Schonzeit des Wildes.
Vom 26. Februar 1870.

§ 1. Mit der Jagd zu verschonen sind:
1. das Elchwild, in der Zeit vom 1. December bis Ende August;
2. männliches Roth- und Damwild, in der Zeit vom 1. März bis Ende Juni;
3. weibliches Roth- und Damwild und Wildkälber, in der Zeit vom 1. Februar bis 15. October;
4. der Rehbock, in der Zeit vom 1. März bis Ende April;
5. weibliches Rehwild, in der Zeit vom 15. December bis 15. October;
6. Rehkälber, das ganze Jahr hindurch;
7. der Dachs, in der Zeit vom 1. December bis Ende September;
8. Auer-, Birk- und Fasanenhähne, in der Zeit vom 1. Juni bis Ende August;
9. Enten, in der Zeit vom 1. April bis Ende Juni, für einzelne Landstriche kann die Schonzeit durch die Bezirks-Regierungen aufgehoben werden;
10. Trappen, Schnepfen, wilde Schwäne und alles andere Sumpf- und Wassergeflügel, mit Ausnahme der wilden Gänse und der Fischreiher, in der Zeit vom 1. Mai bis Ende Juni;
11. Rebhühner, in der Zeit vom 1. December bis Ende August;
12. Auer-, Birk- und Fasanenhennen, Haselwild, Wachteln und Hasen, in der Zeit vom 1. Februar bis Ende August;
13. für die Dauer des ganzen Jahres ist es verboten, Rebhühner, Hasen und Rehe in Schlingen zu fangen.

Alle übrigen Wildarten, namentlich auch Kormorane, Taucher und Säger dürfen das ganze Jahr hindurch gejagt werden. Beim Roth-, Dam- und Rehwilde gilt das Jungwild als Kalb bis zum letzten Tag des auf die Geburt folgenden Decembermonats.

§ 2. Die Bezirks-Regierungen (jetzt Bezirksausschüsse) sind befugt, für die im § 1 unter 7, 11 und 12 genannten Wildarten aus Rücksichten der Landeskultur und der Jagdpflege den Anfang und Schluß der Schonzeit alljährlich durch besondere Verordnung anderweit festzusetzen, so aber, daß Anfang oder Schluß der Schonzeit nicht über 14 Tage vor oder nach dem im § 1 bestimmten Zeitpunkte festgesetzt werden darf.

§ 3. Die in den einzelnen Landestheilen zum Schutze gegen Wildschaden in Betreff des Erlegens von Wild auch während der Schonzeit gesetzlich bestehenden Befugnisse werden durch dieses Gesetz nicht geändert.

§ 4. Auf Erlegung von Wild in eingefriedigten Wildgärten findet dieses Gesetz keine Anwendung. Der Verkauf des während der Schonzeit in solchen

Wildgärten erlegten Wildes ist jedoch nach Maßgabe der Bestimmungen des § 7 untersagt.

§ 5. Für das Tödten oder Einfangen von Wild während der vorgeschriebenen Schonzeiten, sowie für das Fangen von Wild in Schlingen (§ 1, Nr. 13) treten hier folgende Geldbußen ein:

1. Für ein Stück Elchwild . . . . . . 50 Thaler.
2. " " " Rothwild . . . . 30 "
3. " " " Damwild . . . . 20 "
4. " " " Rehwild . . . . 10 "
5. " einen Dachs . . . . 5 "
6. " " Auerhahn oder Henne . . 10 "
7. " " Birkhahn " " . . 3 "
8. " " Haselhahn " " . . 3 "
9. " " Fasanen " " . . 10 "
10. " " Schwan " " . . 10 "
11. " eine Trappe " " . . 3 "
12. " einen Hasen . . . . 4 "
13. " ein Rebhuhn . . . . 2 "
14. " eine Schnepfe, Ente oder sonstiges Stück jagdbares Sumpf- und Wassergeflügel . . . . 2 "

Wenn mildernde Umstände vorhanden sind, kann der Richter bei Festsetzung der Geldbuße bis auf ein Strafmaß von einem Thaler herabgehen.

An Stelle der Geldbuße, welche wegen Unvermögens des Verurtheilten nicht beigetrieben werden kann, tritt Gefängnißstrafe nach Maßgabe des § 335 des Strafgesetzbuches.

§ 6. Das Ausnehmen der Eier oder Jungen von jagdbarem Federwilde ist auch für die zur Jagd berechtigten Personen verboten, doch sind dieselben (namentlich die Besitzer von Fasanerien) befugt, die Eier, welche im Freien gelegt sind, in Besitz zu nehmen und sie ausbrüten zu lassen. (cfr. Gesetz betr. Schutz von Vögeln vom 22. März 1888, G. S. S. 111.)

Desgleichen ist das Ausnehmen von Kiebitz- und Möveneiern nach dem 30. April verboten.

Wer diesen Verboten zuwiderhandelt, verfällt in die § 347 Nr. 12 des Strafgesetzbuches festgesetzte Strafe.

§ 7. Wer nach Ablauf von 14 Tagen nach eingetretener Hege- und Schonzeit während derselben Wild, rücksichtlich dessen die Jagd in dieser Zeit untersagt ist, in ganzen Stücken oder zerlegt, aber noch nicht zum Genusse fertig zubereitet, zum Verkaufe umherträgt, in Läden, auf Märkten oder sonst auf irgend eine Art zum Verkaufe ausstellt oder feilbietet, oder wer den Verkauf vermittelt, verfällt zum Besten der Armenkasse derjenigen Gemeinde, in welcher die Uebertretung stattfindet, neben der Konfiskation des Wildes in eine Geldbuße bis 30 Thaler.

Ist das Wild in den § 3 gedachten Ausnahmefällen erlegt, so hat der Verkäufer oder Derjenige, welcher den Verkauf vermittelt, sich durch ein Attest der betreffenden Ortspolizeibehörde über die Befugnisse zum Verkaufe zu legitimiren, widrigenfalls derselbe in eine Geldbuße bis zu 5 Thalern verfällt.

§ 8. Alle dem gegenwärtigen Gesetze entgegenstehenden Gesetze und Verordnungen sind aufgehoben.

III.
Gesetz
über
den Waffengebrauch der Forst- und Jagdbeamten.
Vom 31. März 1837.

Wir Friedrich Wilhelm, von Gottes Gnaden König von Preußen ꝛc., verordnen über die Befugniß der Forst- und Jagdbeamten von ihren Waffen Gebrauch zu machen, und über das wegen mißbräuchlicher Anwendung zu beobachtende Verfahren auf den Antrag Unseres Staats-Ministeriums und nach erfordertem Gutachten Unseres Staatsraths für den ganzen Umfang Unserer Monarchie, wie folgt:

§ 1. Unsere (also alle im Königl. Forst oder in Königl. Jagden zum Schutze derselben angestellten oder auch nur bestellten Personen) Forst- und Jagdbeamten, sowie die im Kommunal- oder Privatdienste stehenden, wenn sie auf Lebenszeit angestellt sind, oder die Rechte der auf Lebenszeit Angestellten haben, nach Vorschrift des Gesetzes vom 7. Juni 1821 § 20 (jetzt vom 15. April 1878 § 23) vereidigt und mit ihrem Diensteinkommen nicht auf Pfandgelder, Denuncianten-Antheil oder Strafgelder angewiesen sind, haben in ihrem Dienst zum Schutze der Forsten und Jagden, gegen Holz- und Wilddiebe, gegen Forst- und Jagd-Kontravenienten von ihren Waffen Gebrauch zu machen:

1. wenn ein Angriff auf ihre Person erfolgt, oder wenn sie mit einem solchen bedroht werden;
2. wenn diejenigen, welche bei einem Holz- und Wilddiebstahl, bei einer Forst- und Jagdkontravention auf der That betroffen, oder als der Verübung oder der Absicht der Verübung eines solchen Vergehens verdächtig in dem Forst- und Jagdrevier gefunden werden, sich der Anhaltung, Pfändung oder der Abführung zu der Forst- oder Polizei-Behörde oder der Ergreifung bei versuchter Flucht thätlich oder durch gefährliche Drohungen widersetzen.

Der Gebrauch der Waffen darf aber nicht weiter ausgedehnt werden, als es zur Abwehrung des Angriffes oder zur Ueberwindung des Widerstandes nothwendig ist.

Der Gebrauch des Schießgewehrs, als Schußwaffe, ist nur dann erlaubt, wenn der Angriff oder die Widersetzlichkeit mit Waffen, Aexten, Knitteln oder sonstigen gefährlichen Werkzeugen, oder von einer Mehrheit, welche stärker ist, als die Zahl der zur Stelle anwesenden Forst- und Jagdbeamten, unternommen und angedroht wird. Der Androhung eines solchen Angriffs wird es gleich geachtet, wenn der Betroffene die Waffen oder Werkzeuge nach erfolgter Aufforderung nicht sofort niederlegt oder sie wieder aufnimmt.

§ 2. Die Beamten müssen, um sich der Waffe bedienen zu dürfen, in Uniform oder mit einem amtlichen Abzeichen versehen sein.

Die übrigen Paragraphen 3—12 haben nach der heutigen Lage der Gesetzgebung keine Gültigkeit mehr; dagegen gelten noch die zu dem Gesetz erlassenen Instruktionen vom 17. April resp. 21. November 1837.

IV.

Gesetz, betreffend den Forstdiebstahl.
(Vom 15. April 1878.)

Wir Wilhelm, von Gottes Gnaden König von Preußen 2c. 2c., verordnen was folgt:

§ 1. Forstdiebstahl im Sinne dieses Gesetzes ist der in einem Forst oder auf einem anderen hauptsächlich zur Holznutzung bestimmten Grundstücke verübte Diebstahl:

1. an Holz, welches noch nicht vom Stamme oder vom Boden getrennt ist;
2. an Holz, welches durch Zufall abgebrochen oder umgeworfen, und mit dessen Zurichtung noch nicht der Anfang gemacht worden ist;
3. an Spänen, Abraum oder Borke, sofern dieselben noch nicht in einer umschlossenen Holzablage sich befinden, oder noch nicht geworben oder eingesammelt sind;
4. an anderen Walderzeugnissen, insbesondere Holzpflanzen, Gras, Haide, Plaggen, Moos, Laub, Streuwerk, Nadelholzzapfen, Waldsämereien, Baumsaft und Harz, sofern dieselben noch nicht geworben oder eingesammelt sind.

Das unbefugte Sammeln von Kräutern, Beeren und Pilzen unterliegt forstpolizeilichen Bestimmungen.

§ 2. Der Forstdiebstahl wird mit einer Geldstrafe bestraft, welche dem fünffachen Werthe des Entwendeten gleichkommt und niemals unter Einer Mark betragen darf.

§ 3. Die Strafe soll gleich dem zehnfachen Werthe des Entwendeten und niemals unter Zwei Mark sein:

1. wenn der Forstdiebstahl an einem Sonn- oder Festtage oder in der Zeit von Sonnenuntergang bis Sonnenaufgang begangen ist;
2. wenn der Thäter Mittel angewendet hat, um sich unkenntlich zu machen;
3. wenn der Thäter dem Bestohlenen oder der mit dem Forstschutz betrauten Person seinen Namen oder Wohnort anzugeben sich geweigert

hat oder falsche Angaben über seinen oder seiner Gehilfen Namen oder Wohnort gemacht, oder auf Anrufen des Bestohlenen oder der mit dem Forstschutz betrauten Person, stehen zu bleiben, die Flucht ergriffen oder fortgesetzt hat;
4. wenn der Thäter in den Fällen Nr. 1—3 des § 1 zur Begehung des Forstdiebstahls sich eines schneidenden Werkzeuges, insbesondere der Säge, der Scheere oder des Messers bedient hat;
5. wenn der Thäter die Ausantwortung der zum Forstdiebstahl bestimmten Werkzeuge verweigert;
6. wenn zum Zwecke des Forstdiebstahls ein bespanntes Fuhrwerk, ein Kahn oder Lastthier mitgebracht ist;
7. wenn der Gegenstand der Entwendung in Holzpflanzen besteht;
8. wenn Kien, Harz, Saft, Wurzeln, Rinde oder die Haupt- (Mittel-) Triebe von stehenden Bäumen entwendet sind;
9. wenn der Forstdiebstahl in einer Schonung, in einem Pflanzgarten oder Saatkampe begangen ist.

§ 4. Der Versuch des Forstdiebstahl und die Theilnahme (Mitthäterschaft, Anstiftung, Beihilfe) an einem Forstdiebstahl oder an einem Versuche desselben werden mit der vollen Strafe des Forstdiebstahls bestraft.

§ 5. Wer sich in Beziehung auf einen Forstdiebstahl der Begünstigung oder der Hehlerei schuldig macht, wird mit einer Geldstrafe bestraft, welche dem fünffachen Werthe des Entwendeten gleichkommt und niemals unter Einer Mark betragen darf.

Die Bestimmungen des § 257 Abs. 2 und 3 des Reichsstrafgesetzbuchs finden Anwendung.

§ 6. Neben der Geldstrafe kann auf Gefängnißstrafe bis zu sechs Monaten erkannt werden:
1. wenn der Forstdiebstahl von drei oder mehr Personen in gemeinschaftlicher Ausführung begangen ist;
2. wenn der Forstdiebstahl zum Zwecke der Veräußerung des Entwendeten oder daraus hergestellter Gegenstände begangen ist;
3. wenn die Hehlerei gewerbs- oder gewohnheitsmäßig betrieben worden ist.

§ 7. Wer, nachdem er wegen Forstdiebstahls oder Versuchs eines solchen, oder wegen Theilnahme (§ 4), Begünstigung oder Hehlerei in Beziehung auf einen Forstdiebstahl von einem preußischen Gerichte rechtskräftig verurtheilt worden ist, innerhalb der nächsten 2 Jahre abermals eine dieser Handlungen begeht, befindet sich im Rückfalle und wird mit einer Geldstrafe bestraft, welche dem zehnfachen Werthe des Entwendeten gleichkommt und niemals unter 2 Mark betragen darf.

§ 8. Neben der Geldstrafe ist auf Gefängniß bis zu 2 Jahren zu erkennen, wenn der Thäter sich im dritten oder ferneren Rückfall befindet. Beträgt die Geldstrafe weniger als zehn Mark, so kann statt der Gefängnißstrafe auf eine Zusatzstrafe bis zu Einhundert Mark erkannt werden.

§ 9. In allen Fällen ist neben der Strafe die Verpflichtung des Schuldigen zum Ersatze des Werthes des Entwendeten an den Bestohlenen auszusprechen. Der

Ersatz des außer dem Werthe des Entwendeten verursachten Schadens kann nur im Wege des Civilprozesses geltend gemacht werden.

Der Werth des Entwendeten wird sowohl hinsichtlich der Geldstrafe als hinsichtlich des Ersatzes, wenn die Entwendung in einem Königlichen Forste verübt worden, nach der für das betreffende Forstrevier bestehenden Forsttaxe, in anderen Fällen nach den örtlichen Preisen abgeschätzt.

§ 10. Die im § 57 des Strafgesetzbuchs bei der Berurtheilung von Personen, welche zur Zeit der Begehung der That das zwölfte, aber nicht das achtzehnte Lebensjahr vollendet hatten, vorgesehene Strafermäßigung findet bei Zuwiderhandlungen gegen dieses Gesetz keine Anwendung.

§ 11. Für die Geldstrafe, den Werthersatz und die Kosten, zu denen Personen verurtheilt worden, welche unter der Gewalt, der Aufsicht oder im Dienst eines Andern stehen und zu dessen Hausgenossenschaft gehören, ist letzterer im Falle des Unvermögens der Berurtheilten für haftbar zu erklären, und zwar unabhängig von der etwaigen Strafe, zu welcher er selbst auf Grund dieses Gesetzes oder des § 361 Nr. 9 des Strafgesetzbuches verurtheilt wird.

Wird festgestellt, daß die That nicht mit seinem Wissen verübt ist, oder daß er sie nicht verhindern konnte, so wird die Haftbarkeit nicht ausgesprochen.

§ 12. Hat der Thäter noch nicht das zwölfte Lebensjahr vollendet, so wird derjenige, welcher in Gemäßheit des § 11 haftet, zur Zahlung der Geldstrafe, des Werthersatzes und der Kosten als unmittelbar haftbar verurtheilt.

Dasselbe gilt, wenn der Thäter zwar das zwölfte, aber noch nicht das achtzehnte Lebensjahr vollendet hatte und wegen Mangels der zur Erkenntniß der Strafbarkeit seiner That erforderlichen Einsicht freizusprechen ist, oder wenn derselbe wegen eines seine freie Willensbestimmung ausschließenden Zustandes straffrei bleibt.

§ 13. An die Stelle einer Geldstrafe, welche wegen Unvermögens des Verurtheilten und des für haftbar Erklärten nicht beigetrieben werden kann, tritt Gefängnißstrafe. Dieselbe kann vollstreckt werden, ohne daß der Versuch einer Beitreibung der Geldstrafe gegen den für haftbar Erklärten gemacht ist, sofern dessen Zahlungsfähigkeit gerichtskundig ist.

Der Betrag von einer bis zu fünf Mark ist einer eintägigen Gefängnißstrafe gleich zu achten.

Der Mindestbetrag der an die Stelle der Geldstrafe tretenden Gefängnißstrafe ist Ein Tag, ihr Höchstbetrag sind sechs Monate. Kann nur ein Theil der Geldstrafe beigetrieben werden, so tritt für den Rest derselben nach dem in dem Urtheil festgesetzten Verhältnisse die Gefängnißstrafe ein.

Gegen die in Gemäßheit der §§ 11 und 12 als haftbar Erklärten tritt an die Stelle der Geldstrafe eine Gefängnißstrafe nicht ein.

§ 14. Statt der in dem § 13 vorgesehenen Gefängnißstrafe kann während der für dieselbe bestimmten Dauer der Verurtheilte, auch noch in einer Gefangen-Anstalt eingeschlossen zu werden, zu Forst- oder Gemeindearbeiten, welche seinen Fähigkeiten und Verhältnissen angemessen sind, angehalten werden.

Die näheren Bestimmungen wegen der zu leistenden Arbeiten werden mit Rücksicht auf die vorwaltenden Lohn- und örtlichen Verhältnisse von dem Regierungs-

Präsidenten (Landdrosten) in Gemeinschaft mit dem ersten Staatsanwalt beim Oberlandes-Gericht erlassen. Dieselben sind ermächtigt, gewisse Tagewerke dergestalt zu bestimmen, daß die Verurtheilten, wenn sie durch angestrengte Thätigkeit mit der ihnen zugewiesenen Arbeit früher zu Stande kommen, auch früher entlassen werden.

§ 15. Aexte, Sägen, Messer und andere zur Begehung des Forstdiebstahls geeignete Werkzeuge, welche der Thäter bei der Zuwiderhandlung bei sich geführt hat, sind einzuziehen, ohne den Unterschied, ob sie dem Schuldigen gehören oder nicht.

Die Thiere und andere zur Wegschaffung des Entwendeten dienenden Gegenstände, welche der Thäter bei sich führt, unterliegen nicht der Einziehung.

§ 16. Wird der Thäter bei Ausführung eines Forstdiebstahls, oder gleich nach derselben betroffen oder verfolgt, so sind die zur Begehung des Forstdiebstahls geeigneten Werkzeuge, welche er bei sich führt (§ 13), in Beschlag zu nehmen.

§ 17. Wird in der Gewahrsam eines innerhalb der letzten 2 Jahre wegen einer Zuwiderhandlung gegen dieses Gesetz rechtskräftig Verurtheilten, frisch gefälltes, nicht forstmäßig zugerichtetes Holz gefunden, so ist gegen den Inhaber auf Einziehung des gefundenen Holzes zu erkennen, sofern er sich über den redlichen Erwerb des Holzes nicht ausweisen kann. Die Einziehung erfolgt zu Gunsten der Armenkasse des Wohnorts des Verurtheilten.

§ 18. Die Strafverfolgung von Zuwiderhandlung gegen dieses Gesetz verjährt, sofern nicht einer der Fälle der §§ 6 und 8 vorliegt, in 6 Monaten.

§ 19. Für die Zuwiderhandlungen gegen dieses Gesetz sind die Amtsgerichte zuständig. Dieselben verhandeln und entscheiden, sofern nicht einer der Fälle der §§ 6 und 8 vorliegt, ohne die Zuziehung von Schöffen.

Das Amt des Amtsanwalts kann verwaltenden Forstbeamten übertragen werden.

Für die Verhandlung und Entscheidung über das Rechtsmittel der Berufung sind die Strafkammern zuständig; dieselben entscheiden in der Besetzung mit drei Mitgliedern einschließlich des Vorsitzenden.

§ 20. Für das Verfahren gelten, soweit nicht in diesem Gesetze abändernde Bestimmungen getroffen sind, die Vorschriften der Strafprozeßordnung über das Verfahren vor den Schöffengerichten.

§ 21. Der Gerichtsstand ist nur bei demjenigen Amtsgerichte begründet, in dessen Bezirk die Zuwiderhandlung begangen ist.

Ist der Ort der begangenen Zuwiderhandlung nicht zu ermitteln, oder ist die Zuwiderhandlung außerhalb des Preußischen Staatsgebietes begangen, so bestimmt der Gerichtsstand sich nach den Vorschriften der Strafprozeßordnung.

Im Falle des § 17 ist der Gerichtsstand bei demjenigen Amtsgerichte begründet, in dessen Bezirke das Holz gefunden worden ist.

§ 22. In dem Verfahren vor dem Amtsgerichte werden sämmtliche Zustellungen durch den Amtsrichter unmittelbar veranlaßt. Die Formen für den Nachweis der Zustellungen werden durch die Justizverwaltung bestimmt.

§ 28. Personen, welche mit dem Forstschutze betraut sind, können, sofern dieselben eine Anzeigegebühr nicht empfangen, ein für allemal gerichtlich beeidigt werden, wenn sie:

1. Königliche Beamte sind, oder
2. vom Waldeigenthümer auf Lebenszeit, oder nach einer vom Landrath (Amtshauptmann, Oberamtmann) bescheinigten dreijährigen tabellosen Forstdienstzeit auf mindestens drei Jahre mittelst schriftlichen Vertrages angestellt sind, oder
3. zu den für den Forstdienst bestimmten oder mit Forstversorgungsschein entlassenen Militärpersonen gehören.

In den Fällen der Nr. 2 und 3 ist die Genehmigung des Bezirksraths erforderlich. In denjenigen Landestheilen, in welchem das Gesetz vom 16. Juli 1876 (Gesetz-Sammlung S. 297) nicht gilt, tritt an die Stelle des Bezirksraths die Regierung (Landdrostei).

§ 24. Die Beeidigung erfolgt bei dem Amtsgerichte, in dessen Bezirk der zu Beeidigende seinen Wohnsitz hat, dahin:

daß er die Zuwiderhandlungen gegen dieses Gesetz, welche den seinen Schutze gegenwärtig anvertrauten oder künftig anzuvertrauenden Bezirk betreffen, gewissenhaft anzeigen, bei seinen gerichtlichen Vernehmungen über dieselben nach bestem Wissen die reine Wahrheit sagen, nichts verschweigen und nichts hinzusetzen, auch die ihm obliegenden Schätzungen unparteiisch und nach bestem Wissen und Gewissen bewirken werde.

Eine Ausfertigung des Beeidigungsprotokolls wird den Amtsgerichten mitgetheilt, in deren Bezirke der dem Schutze des Beeidigten anvertraute Bezirk liegt.

§ 25. Ist eine in Gemäßheit der vorstehenden Bestimmungen, oder nach den bisherigen gesetzlichen Vorschriften zur Ermittelung von Forstdiebstählen beeidigte Person als Zeuge oder Sachverständiger zu vernehmen, so wird es der Eidesleistung gleichgeachtet, wenn der zu Vernehmende die Richtigkeit seiner Aussage unter Berufung auf den ein für allemal geleisteten Eid versichert.

Diese Wirkung der Beeidigung hört auf, wenn gegen den Beeidigten eine die Unfähigkeit zur Bekleidung öffentlicher Aemter nach sich ziehende Verurtheilung ergeht, oder die in Gemäßheit des § 23 ertheilte Genehmigung zurückgezogen wird.

§ 26. Die mit dem Forstschutze betrauten Personen erstatten ihre Anzeigen an den Amtsanwalt schriftlich und periodisch. Sie haben zu diesem Zwecke Verzeichnisse zu führen, in welchen die einzelnen Fälle unter fortlaufenden Nummern zusammenzustellen sind.*) Die Verzeichnisse werden dem Amtsanwalt in zwei Ausfertigungen eingereicht.

---

*) Für die Aufstellung der Verzeichnisse ist Folgendes zu merken:
1. Der Kopf der den Beamten ausgehändigten Verzeichnisse ist auf das Genaueste zu beachten und zwar sind nur die Spalten 2. 3. 5. 6 auszufüllen; die Spalten 1 und 4 werden vom Oberförster, die ganze rechte Seite vom Amtsanwalt und Richter ausgefüllt.
2. Die Beschuldigten werden in Spalte 3, genau in der Reihenfolge, wie sie der Kopf vorschreibt, namentlich aufgeführt: also zuerst Zuname, dann Vorname, dann Stand 2c.; alle Personen, welche bei demselben Straffall betheiligt sind, erhalten in fortlaufender Reihenfolge die Buchstaben a. b. c. 2c. Bei Personen unter 18 Jahren ist genau das Alter anzugeben, z. B. 14 Jahr 9 Monate, 17 Jahr 10 Monate alt, oder geboren am 20. Februar 1867, was noch vorzuziehen ist. Personen unter 12 Jahren werden in Spalte 5 und zwar unter Nr. I. angeführt, wo es dann am Schluß heißt: Thäter, der strafunmündige Albert Schulz geb. am 8. März 1873; in Spalte 3 wird dann die für denselben nach § 11 haft-

In diese Verzeichnisse können von dem Amtsanwalt auch die anderwärts eingehenden Anzeigen eingetragen werden.

Die näheren Vorschriften über die Aufstellung und die Einreichung der Verzeichnisse werden von der Justizverwaltung erlassen.

§ 27. Der Amtsanwalt erhebt die öffentliche Klage, indem er bei Ueberreichung einer Ausfertigung des Verzeichnisses (§ 26) den Antrag auf Erlaß eines richterlichen Strafbefehls stellt und die beantragten Strafen nebst Werthersatz neben den einzelnen Nummern des Verzeichnisses vermerkt.

Der Erlaß eines Strafbefehls ist für jede Geldstrafe und die dafür im Unvermögensfall festzusetzende Gefängnißstrafe, sowie für den Werthersatz und die verwirkte Einziehung zulässig.

Der Strafbefehl muß die Eröffnung erhalten, daß er vollstreckbar werde, wenn der Beschuldigte nicht in einem, sogleich in dem Strafbefehle anzuberaumenden, eintretenden Falls zugleich zur Hauptverhandlung bestimmten Termin vor dem Amtsrichter erscheine und Einspruch erhebe.

Die in dem Strafbefehle getroffene Festsetzung ist von dem Amtsrichter neben jeder Nummer des Verzeichnisses einzutragen und dem Angeklagten mit einem Auszuge aus dem Verzeichnisse zuzustellen.

Die mit dem Forstschutz betrauten Personen, welche nach den Anzeigen als Beweiszeugen auftreten sollen, sind durch ihre Vorgesetzten zu veranlassen, in dem anberaumten Termine zu erscheinen. Die sonst erforderlichen Zeugen sind zu demselben zu laden.

§ 28. Auf den Einspruch kann vor dem Termine verzichtet werden.

Auf die Wiedereinsetzung in den vorigen Stand gegen die Versäumung des Termins finden die §§ 44, 45 Absatz 1, 46 und 47 der Strafprozeßordnung entsprechende Anwendung. Wird dem Gesuche stattgegeben, so ist ein neuer Strafprozeß unter Aufhebung des früheren zu erlassen.

§ 29. Ueber alle Einsprüche, sowie über alle Anträge, welche der Amtsrichter unter Ablehnung des Strafbefehls zur Hauptverhandlung gebracht hat, kann

---

bare Person gerade so bezeichnet, als wenn er der Thäter wäre, nur mit dem Zusatze: „unmittelbar haftbar für seinen strafunmündigen Pflegesohn und Hausgenossen."

3. Ebenso wichtig ist die Ausfüllung der Spalte 5 und sind genau die Ueberschriften des Kopfes zu beachten, namentlich ist unter I die genaue Bezeichnung der That und zwar in der vorgeschriebenen Reihenfolge, also zuerst: Inhalt der Beschuldigung nach That, dann Gegenstand und Zeit derselben, zuletzt die näheren Umstände erforderlich, so daß keine Nachfragen mehr nöthig werden; unter II dürfen nicht nur die Zeugen genannt werden, sondern auch der Grund ihres Zeugnisses muß besonders angeführt werden, z. B. „traf die Beschuldigten bei der That oder beim Verkaufe des gestohlenen Gegenstandes, dessen Diebstahl er einräumt" oder „beim Transport, wo er sich über den redlichen Erwerb nicht ausweisen konnte 2c."; unter Nr. III sind alle bei der That abgenommenen Werkzeuge aufzuführen; unter Nr. IV ist die Benennung der Beschädigten in den Königl. Forsten nicht nöthig, da stets besondere Strafverzeichnisse mit Titel eingereicht werden, woraus die Beschädigte hervorgeht; ist der Diebstahl aber in Communal- oder Privatforsten verübt, so ist der Waldbesitzer zu nennen. In Spalte 6 ist der Werth nach der Holztaxe der Oberförsterei, in Privatforsten nach dem ortsüblichen Preise einzutragen. Unter jedem Straffalle ist von Spalte 1—6 ein Strich zu ziehen und sind alle in einem Monat vorgekommenen Fälle dem Oberförster bis spätestens zum 5. folgenden Monats einzureichen. Unter das Verzeichniß ist Name, Titel, Ort und Datum zu schreiben. Umstehendes Muster möge als Anhalt bei Aufstellung der Verzeichnisse dienen:

Forstdiebstahlsgesetz 455

in Einer Hauptverhandlung verhandelt und entschieden werden. Das Protokoll über dieselbe wird nach den Nummern des Verzeichnisses geführt.

Beispiel für die Beamten.

Laufende Zahl zur Bezeichnung des Straffalles	Laufender Buchstabe, Bezeichnung der bei einem Straffall Betheiligten	Zuname, Vorname, Stand, Wohnort oder Aufenthaltsort, Alter des Beschuldigten	Vorbestrafungen			I. Inhalt der Beschuldigung nach That, Gegenstand, Zeit, Ort und nähere Umstände, welche eine Erhöhung der Strafe oder Zusatzstrafe rechtfertigen, II. Bezeichnung der Zeugen und des Grundes ihrer Wissenschaft, III. Bezeichnung der in Beschlag genommenen Gegenstände, IV. Benennung des Beschädigten	Werth des Entwendeten Mark
			Tag der begangenen That	Tag des Strafbefehls	Tag der Rechtskraft		
1.	2.	3.	4. a.	b.	c.	5.	6.
		Anzeigen des Försters Bieger zu Wolfshorst.					
1.	a. b. c. d.	Minna, 40 Jahre, Ehefrau und Hausgenossin des haftbaren Busch, Johann, Arbeiter zu Neuendorf, 30 Jahre; Busch, Johann, Arbeiter zu Neuendorf, 30 Jahre alt, unmittelbar haftbar für seinen in Spalte 5 genannten strafunmündigen 11jähr. Sohn Wilhelm; Busch, Johann, Arbeiter zu Neuendorf, 30 Jahre alt				I. Gemeinschaftlich 0,4 rm Kiefernreiser I. Kl. mit demselben Beil am 15. März cr. früh 6½ Uhr im Jag. 25b entwendet. Vor Sonnenaufgang! ergriffen die Flucht, wurden aber vom Zeugen eingeholt; Mitthäter Wilhelm Busch, geb. am 5. Juni 1872, Sohn des sub c Genannten. II. Zeuge: Gendarm Kleist zu Seese, welcher die drei Beschuldigten bei der That betraf. III. Ein Beil. IV. Stadtforst Etegenitz.	0,40
2.	a. b. c.	Gerhard, Gustav, Tischlerlehrling zu Paliz, 16 Jahre alt; Brandt, Wilhelm, Tischlermeister zu Paliz, 40 Jahre alt, als Lehrherr und Hausgenosse haftbar für ad a; Brandt, Wilhelm, Tischlermeister zu Paliz, 40 Jahre alt				I. Die ad a und c Genannten sägten zusammen eine Kiefer von 26 cm Durchmesser und 10,4 m Länge = 0,55 fm am 7. April cr. Abends 7½ Uhr im Distrikt Wilhelmsgrund ab; nach Sonnenuntergang! verweigerten die Herausgabe der Säge. Das Holz verblieb der Forst. II. Zeuge selbst. III. Eine Säge, eine Axt und zwei Holzkeile. IV. Forstfiskus.	4,50

Wolfshorst, den 1. April 1895.

Der königliche Förster:
Bieger.

Von einem auf Verwerfung des Einspruches lautenden Urtheile wird dem Verurtheilten nur die Urtheilsformel zugestellt.

§ 30. In den Fällen der §§ 6 und 8 findet der Erlaß eines Strafbefehls nicht statt. Der Amtsanwalt erhebt die öffentliche Klage durch Einreichung einer Anklageschrift, welcher ein Auszug aus dem Verzeichnisse (§ 26) beizufügen ist. Die Hauptverhandlung kann ohne Anwesenheit des Angeklagten erfolgen.

§ 31. Wird gegen ein von dem Amtsrichter ohne die Zuziehung von Schöffen erlassenes Urtheil die Berufung eingelegt, so sind zum Zwecke der Bildung besonderer Akten durch den Gerichtsschreiber beglaubigte Auszüge aus den Akten erster Instanz zu fertigen.

§ 32. Die Revision gegen die in der Berufungsinstanz erlassenen Urtheile findet nur statt, wenn eine der in den §§ 6 und 8 vorgesehenen strafbaren Handlungen den Gegenstand der Untersuchung bildet.

§ 33. Die Vollstreckung der Strafbefehle und der Urtheile erfolgt durch den Amtsrichter.

§ 34. Eine auf Grund dieses Gesetzes ausgesprochene und eingezogene Geldstrafe fließt dem Beschädigten zu. Diese Bestimmung bezieht sich nicht auf eine im Falle des § 8 erkannte Zusatzstrafe.

Weist der Beschädigte im Falle der Nichteinziehbarkeit der Geldstrafen Arbeiten, welche den Erfordernissen des § 14 entsprechen, der Behörde nach, so soll der Verurtheilte zu deren Leistung angehalten werden. Diese Nachweisung ist nicht mehr zu berücksichtigen, sobald mit der anderweiten Vollstreckung der Strafe begonnen ist.

§ 35. Der Amtsrichter ist befugt, wenn der Verurtheilte zu der Gemeinde gehört, welcher die erkannte Entschädigung und Geldstrafe zufällt, die Beitreibung dieser Entschädigung und Geldstrafe nebst den Kosten der Gemeindebehörde in der Art aufzutragen, daß sie die Einziehung auf dieselbe Weise zu bewirken hat, wie die Einziehung der Gemeindegefälle. Es dürfen jedoch dem Verurtheilten keine Mehrkosten erwachsen.

§ 36. Steht mit einer Zuwiderhandlung gegen dieses Gesetz ein nach § 361 Nr. 9. des Strafgesetzbuches strafbares Nichtabhalten von der Begehung von Forstdiebstählen im Zusammenhange, so findet auch auf diese Uebertretung das in diesem Gesetze vorgeschriebene Verfahren Anwendung.

§ 37. Für das weitere Verfahren in dem am Tage des Inkrafttretens dieses Gesetzes anhängigen Sachen finden die Vorschriften der §§ 8 u. ff. des Einführungsgesetzes zur Strafprozeßordnung entsprechende Anwendung.

§ 38. Dieses Gesetz tritt mit dem in dem § 39 bezeichneten Zeitpunkte an die Stelle des Gesetzes vom 2. Juni 1852, den Diebstahl an Holz und anderen Waldprodukten betreffend (Gesetz-Sammlung 1852, S. 305).

Wo in einem Gesetze auf die bisherigen Bestimmungen über den Holz- (Forst-)Diebstahl verwiesen ist, treten die Vorschriften des gegenwärtigen Gesetzes an deren Stelle.

§ 39. Dieses Gesetz tritt gleichzeitig mit dem Gerichtsverfassungsgesetze in Kraft.

Urkundlich ꝛc.

V.
Die Strafbestimmungen des Feld- und Forstpolizei-Gesetzes vom 1. April 1880.

Strafbestimmungen.

§ 1. Die in diesem Gesetz mit Strafe bedrohten Handlungen unterliegen, soweit dasselbe nicht abweichende Vorschriften enthält, den Bestimmungen des Strafgesetzbuchs.

§ 2. Für die Strafzumessung wegen Zuwiderhandlungen gegen dieses Gesetz kommen als Schärfungsgründe in Betracht:
1. wenn die Zuwiderhandlung an einem Sonn- oder Festtage oder in der Zeit von Sonnenuntergang bis Sonnenaufgang begangen ist;
2. wenn der Zuwiderhandelnde Mittel angewendet hat, um sich unkenntlich zu machen;
3. wenn der Zuwiderhandelnde dem Feld- oder Forsthüter, oder einem anderen zuständigen Beamten, dem Beschädigten oder dem Pfändungsberechtigten seinen Namen und Wohnort anzugeben sich geweigert oder falsche Angaben über seinen oder seiner Gehülfen Namen oder Wohnort gemacht, oder auf Anrufen der vorstehend genannten Personen, stehen zu bleiben, die Flucht ergriffen oder fortgesetzt hat;
4. wenn der Thäter die Aushändigung der zu der Zuwiderhandlung bestimmten Werkzeuge oder der mitgeführten Waffen verweigert hat;
5. wenn die Zuwiderhandlung von drei oder mehr Personen mit gemeinschaftlicher Ausführung begangen ist;
6. wenn die Zuwiderhandlung im Rückfalle begangen ist.

§ 3. Im Rückfalle (§ 2 Nr. 6) befindet sich, wer, nachdem er auf Grund dieses Gesetzes wegen einer in demselben mit Strafe bedrohten Handlung im Königreich Preußen vom Gerichte oder durch polizeiliche Strafverfügung rechtskräftig verurtheilt worden ist, innerhalb der nächsten zwei Jahre dieselbe oder eine gleichartige strafbare Handlung, sei es mit oder ohne erschwerende Umstände, begeht.

Als gleichartig gelten:
1. die in demselben Paragraphen oder, falls ein Paragraph mehrere strafbare Handlungen betrifft, in derselben Paragraphennummer vorgesehenen Handlungen;
2. die Entwendung, der Versuch einer solchen und die Theilnahme (Mitthäterschaft, Anstiftung, Beihülfe), die Begünstigung und die Hehlerei in Beziehung auf eine Entwendung.

§ 4. Die im § 57 Nr. 3 des Strafgesetzbuches bei der Verurtheilung von Personen, welche zur Zeit der Begehung der That das zwölfte, aber nicht das achtzehnte Lebensjahr vollendet hatten, vorgesehene Strafermäßigung findet bei Zuwiderhandlungen gegen dieses Gesetz keine Anwendung.

§ 5. Für die Geldstrafe, den Werthersatz (§ 68) und die Kosten, zu denen Personen verurtheilt werden, welche unter der Gewalt, der Aufsicht oder im Dienste eines Anderen stehen und zu dessen Hausgenossenschaft gehören, ist letzterer im Falle des Unvermögens der Verurtheilten für haftbar zu erklären und zwar unabhängig vor der etwaigen Strafe, zu welcher er selbst auf Grund dieses Gesetzes oder des § 361 Nr. 9 des Strafgesetzbuches verurtheilt wird. Wird festgestellt, daß die That nicht mit seinem Wissen verübt ist, oder daß er sie nicht verhindern konnte, so wird die Haftbarkeit nicht ausgesprochen.

Hat der Thäter noch nicht das zwölfte Lebensjahr vollendet, so wird derjenige, welcher in Gemäßheit der vorstehenden Bestimmung haftet, zur Zahlung der Geldstrafe, des Werthersatzes und der Kosten als unmittelbar haftbar verurtheilt. Dasselbe gilt, wenn der Thäter zwar das zwölfte, aber noch nicht das achtzehnte Lebensjahr vollendet hatte und wegen Mangels der zur Erkenntniß der Strafbarkeit seiner That erforderlichen Einsicht freizusprechen ist, oder wenn derselbe wegen eines seine freie Willensbestimmung ausschließenden Zustandes straffrei bleibt.

Gegen die in Gemäßheit der vorstehenden Bestimmungen als haftbar Erklärten tritt an die Stelle der Geldstrafe eine Freiheitsstrafe nicht ein.

§ 6. Entwendungen, Begünstigung und Hehlerei in Beziehung auf solche, sowie rechtswidrig und vorsätzlich begangene Beschädigungen (§ 303 des Strafgesetzbuchs) und Begünstigung in Beziehung auf solche unterliegen den Bestimmungen dieses Gesetzes nur dann, wenn der Werth des Entwendeten oder angerichtete Schaden zehn Mark nicht übersteigt.

§ 7. Die Beihülfe zu einer nach diesem Gesetze strafbaren Entwendung oder vorsätzlichen Beschädigung wird mit der vollen Strafe der Zuwiderhandlung bestraft.

§ 8. Der Versuch der Entwendung, die Begünstigung und Hehlerei in Beziehung auf eine Entwendung, sowie die Begünstigung in Beziehung auf eine nach diesem Gesetze strafbare vorsätzliche Beschädigung werden mit der vollen Strafe der Entwendung beziehungsweise vorsätzlichen Beschädigung bestraft.

Die Bestimmungen des § 257 Abs. 2 und 3 des Strafgesetzbuches finden Anwendung.

§ 9. Mit der Geldstrafe bis zu zehn Mark oder mit Haft bis zu drei Tagen wird bestraft, wer, abgesehen von den Fällen des § 123 des Strafgesetzbuchs, von einem Grundstücke, auf dem er ohne Befugniß sich befindet, auf die Aufforderung des Berechtigten sich nicht entfernt. Die Verfolgung tritt nur auf Antrag ein.

§ 10. Mit Geldstrafe bis zu zehn Mark oder mit Haft bis zu drei Tagen wird bestraft, wer, abgesehen von den Fällen des § 368 Nr. 9 des Strafgesetzbuchs, unbefugt über Grundstücke reitet, karrt, fährt, Vieh treibt, Holz schleift, den Pflug wendet, oder über Aecker, deren Bestellung vorbereitet oder in Angriff genommen ist, geht. Die Verfolgung tritt nur auf Antrag ein.

Der Zuwiderhandelnde bleibt straflos, wenn er durch die schlechte Beschaffenheit eines an dem Grundstücke vorüberführenden und zum gemeinen Gebrauch bestimmten Weges oder durch ein anderes auf dem Wege befindliches Hinderniß zu der Uebertretung genöthigt worden ist.

§ 11. Mit Geldstrafe bis zehn Mark oder mit Haft bis zu drei Tagen wird bestraft, wer außerhalb eingefriedigter Grundstücke sein Vieh ohne gehörige Aufsicht oder ohne genügende Sicherung läßt.

Diese Bestimmung kann durch Polizeiverordnung abgeändert werden. Eine höhere als die vorstehend festgesetzte Strafe darf jedoch nicht angedroht werden.

Die Bestrafung tritt nicht ein, wenn nach den Umständen die Gefahr einer Beschädigung Dritter nicht anzunehmen ist.

§ 12. Mit Geldstrafe bis zu zehn Mark oder mit Haft bis zu drei Tagen wird der Hirt bestraft, welcher das ihm zur Beaufsichtigung anvertraute Vieh ohne Aufsicht oder unter der Aufsicht einer hierzu untüchtigen Person läßt.

§ 13. Die Ausübung der Nachtweide, des Einzelhütens, sowie der Weide durch Gemeinde- und Genossenschafts-Heerden wird durch Polizeiverordnung geregelt.

§ 14. Mit Geldstrafe bis zu fünfzig Mark oder mit Haft bis zu vierzehn Tagen wird bestraft, wer unbefugt auf einem Grundstücke Vieh weidet.

Die Strafe ist verwirkt, sobald das Vieh die Grenzen des Grundstücks, auf welchem es nicht geweidet werden darf, überschritten hat, sofern nicht festgestellt wird, daß der Uebertritt von der für die Beaufsichtigung des Viehes verantwortlichen Person nicht verhindert werden konnte.

Die Bestimmung des Absatzes 2 findet, wo eine Verpflichtung zur Einfriedigung von Grundstücken besteht, oder, wo die Einfriedigung landesüblich ist, keine Anwendung.

§ 15. Geldstrafe von fünf bis zu einhundertfünfzig Mark oder Haft tritt ein, wenn der Weidefrevel (§ 14) begangen wird:
1. auf Grundstücken, deren Betreten durch Warnungszeichen verboten ist;
2. auf eingefriedigten Grundstücken, sofern nicht eine Verpflichtung zur Einfriedigung der Grundstücke besteht, oder die Einfriedigung der Grundstücke landesüblich ist;
3. auf solchen Dämmen und Deichen, welche von dem Besitzer selbst noch mit der Hütung verschont werden;
4. auf bestellten Aeckern oder auf Wiesen, in Gärten, Baumschulen, Weinbergen, auf mit Rohr bewachsenen Flächen, auf Weidenhegern, Dünen, Buhnen, Deckwerken, gedeckten Sandflächen, Graben oder Canalböschungen, in Forstkulturen, Schonungen oder Saatkämpen;
5. auf Forstgrundstücken mit Pferden oder Ziegen.

§ 16. Ein wegen Weidefrevels rechtskräftig verurtheilter Hirt kann von der Dienstherrschaft innerhalb 14 Tagen von der rechtskräftigen Verurtheilung an gerechnet entlassen werden.

§ 17. Mit Geldstrafe bis zu einhundertundfünfzig Mark oder mit Haft wird bestraft:
1. wer eine rechtmäßige Pfändung (§ 77) vereitelt oder zu vereiteln versucht;
2. wer, abgesehen von den Fällen der §§ 113 und 117 des Strafgesetzbuchs dem Pfändenden in der rechtmäßigen Ausübung seines Rechts (§ 77) durch Gewalt oder durch Bedrohung mit Gewalt Widerstand

leistet oder den Pfändenden während der rechtmäßigen Ausübung seines Rechts thätlich angreift;

3. wer, abgesehen von den Fällen der §§ 137 und 289 des Strafgesetzbuchs, Sachen, welche rechtmäßig in Pfand genommen sind (§ 77), dem Pfändenden in rechtswidriger Absicht wegnimmt;

4. wer vorsätzlich eine unrechtmäßige Pfändung (§ 77) bewirkt.

§ 18. Mit Geldstrafe bis zu einhundertundfünfzig Mark oder mit Haft wird bestraft, wer Gartenfrüchte, Feldfrüchte oder andere Bodenerzeugnisse aus Gartenanlagen aller Art, Weinbergen, Obstanlagen, Baumschulen, Saatkämpen, von Aeckern, Wiesen, Weiden, Plätzen, Gewässern, Wegen oder Gräben entwendet.

Liegen die Voraussetzungen des § 370 Nr. 5 des Strafgesetzbuchs vor, so tritt die Verfolgung nur auf Antrag ein.

§ 19. Geldstrafe von fünf bis zu einhundertundfünfzig Mark oder Haft tritt ein, wenn die nach § 18 strafbare Entwendung begangen wird:

1. unter Anwendung eines zur Fortschaffung größerer Mengen geeigneten Geräthes, Fahrzeuges oder Lastthieres;
2. unter Benutzung von Aexten, Sägen, Messern, Spaten oder ähnlichen Werkzeugen;
3. aus einem umschlossenen Raume mittelst Einsteigens;
4. gegen die Dienstherrschaft oder den Arbeitgeber;
5. an Kien, Harz, Saft, Wurzeln, Rinde oder Mittel- (Haupt-) Trieben stehender Bäume, sofern die Entwendung nicht als Forstdiebstahl strafbar ist.

§ 20. Gefängnißstrafe bis zu drei Monaten tritt ein, wenn die nach § 18 strafbare Entwendung begangen wird:

1. unter Mitführung von Waffen;
2. aus einem umschlossenen Raume mittelst Einbruchs;
3. dadurch, daß zur Eröffnung der Zugänge eines umschlossenen Raumes falsche Schlüssel oder andere zur ordnungsmäßigen Eröffnung nicht bestimmte Werkzeuge angewendet werden;
4. durch Wegnahme bestehender Bäume, Frucht- oder Ziersträucher, sofern die Entwendung nichts als Forstdiebstahl strafbar ist;
5. von dem Aufseher in dem seiner Aufsicht unterstellten Grundstücke.

Sind mildernde Umstände vorhanden, so kann auf Geldstrafe von fünf bis zu dreihundert Mark erkannt werden.

§ 21. Auf Gefängnißstrafe von Einer Woche bis zu Einem Jahre ist zu erkennen:

1. wenn im Falle einer Entwendung der Schuldige sich im dritten oder ferneren Rückfalle befindet;
2. wenn die Hehlerei gewerbs- oder gewohnheitsmäßig begangen ist.

§ 22. Bei Entwendungen (§§ 18 und 21) finden die Bestimmungen des § 247 des Strafgesetzbuchs Anwendung.

§ 23. In den Fällen der §§ 18 bis 21 sind neben der Geldstrafe oder der Freiheitsstrafe die Waffen (§ 20), welche der Thäter bei der Zuwiderhandlung bei sich geführt hat, einzuziehen, ohne Unterschied, ob sie dem Schuldigen gehören oder nicht.

In denselben Fällen können die zur Begehung der strafbaren Zuwiderhandlung geeigneten Werkzeuge, welche der Thäter bei der Zuwiderhandlung bei sich geführt hat, eingezogen werden, ohne Unterschied, ob sie dem Schuldigen gehören oder nicht. Die Thiere und andere zur Wegschaffung des Entwendeten dienenden Gegenstände, welche der Thäter bei sich führt, unterliegen nicht der Einziehung.

§ 24. Mit Geldstrafe bis zu zehn Mark oder mit Haft bis zu drei Tagen wird bestraft, wer, abgesehen von den Fällen des §§ 18 und 30, unbefugt:
1. das auf oder an Grenzrainen, Wegen, Triften oder an oder in Gräben wachsende Gras oder sonstige Viehfutter abschneidet oder abrupft;
2. von Bäumen, Sträuchern oder Hecken Laub abpflückt oder Zweige abbricht, insofern dadurch ein Schaden entsteht.

Die Verfolgung tritt nur auf Antrag ein.

§ 25. Mit Geldstrafe bis zu dreißig Mark oder mit Haft bis zu einer Woche wird bestraft, wer unbefugt:
1. Dungstoffe von Aeckern, Wiesen, Weiden, Gärten, Obstanlagen oder Weinbergen aufsammelt;
2. Knochen gräbt oder sammelt;
3. Nachlese hält.

§ 26. Mit Geldstrafe bis zu fünfzig Mark oder mit Haft bis zu vierzehn Tagen wird bestraft, wer unbefugt:
1. abgesehen von den Fällen des § 366 Nr. 7. des Strafgesetzbuchs, Steine, Scherben, Schutt oder Unrath auf Grundstücke wirft oder in dieselben bringt;
2. Leinwand, Wäsche oder ähnliche Gegenstände zum Bleichen, Trocknen oder anderen derartigen Zwecken ausbreitet oder niederlegt;
3. todte Thiere liegen läßt, vergräbt oder niederlegt;
4. Bienenstöcke aufstellt.

§ 27. Mit Geldstrafe bis zu fünfzig Mark oder mit Haft bis zu vierzehn Tagen wird bestraft, wer unbefugt:
1. abgesehen von den Fällen des § 50 Nr. 7 des Fischereigesetzes vom 30. Mai 1874, Flachs oder Hanf röstet;
2. in Gewässern Felle aufweicht oder reinigt oder Schafe wäscht;
3. abgesehen von den Fällen des § 366 Nr. 10 des Strafgesetzbuchs, Gewässer verunreinigt oder ihre Benutzung in anderer Weise erschwert oder verhindert.

§ 28. Mit Geldstrafe bis zu fünfzig Mark oder mit Haft bis zu vierzehn Tagen wird bestraft, wer unbefugt:
1. fremde auf dem Felde zurückgelassene Ackergeräthe gebraucht;
2. die zur Sperrung von Wegen oder Eingängen in eingefriedigte Grundstücke dienenden Vorrichtungen öffnet oder offen stehen läßt;
3. Gruben auf fremden Grundstücken anlegt.

§ 29. Mit Geldstrafe bis zu einhundertundfünfzig Mark oder mit Haft wird bestraft, wer, abgesehen von den Fällen des § 367 Nr. 12 des Strafgesetzbuchs, den Anordnungen der Behörden zuwider es unterläßt:
1. Steinbrüche, Lehm-, Sand-, Kies-, Mergel-, Kalk- oder Thongruben, Bergwerksschachte, Schürflöcher oder die durch Stockroden entstandenen Löcher, zu deren Einfriedigung oder Zuwerfung er verpflichtet ist, einzufriedigen oder zuzuwerfen;
2. Oeffnungen, welche er in Eisflächen gemacht hat, durch deutliche Zeichen zur Warnung vor Annäherung zu verwahren;

§ 30. Mit Geldstrafe bis zu einhundertundfünfzig Mark oder mit Haft wird bestraft, wer unbefugt:
1. abgesehen von den Fällen des § 305 des Strafgesetzbuchs, fremde Privatwege oder deren Zubehörungen beschädigt oder verunreinigt oder ihre Benutzung in anderer Weise erschwert;
2. auf ausgebauten öffentlichen oder Privatwegen die Banquette befährt, ohne dazu genöthigt zu sein (§ 10 Abs. 2), oder die zur Bezeichnung der Fahrbahn gelegten Steine, Faschinen oder sonstigen Zeichen entfernt oder in Unordnung bringt;
3. abgesehen von den Fällen des § 274 Nr. 2 des Strafgesetzbuchs, ähnliche zur Abgrenzung, Absperrung oder Vermessung von Grundstücken oder Wegen dienende Merk- und Warnungszeichen, desgleichen Merkmale, die zur Bezeichnung eines Wasserstandes bestimmt sind, sowie Wegweiser fortnimmt, vernichtet, umwirft, beschädigt oder unkenntlich macht;
4. Einfriedigungen, Geländer oder die zur Sperrung von Wegen oder Eingängen in eingefriedigte Grundstücke dienenden Vorrichtungen beschädigt oder vernichtet;
5. abgesehen von den Fällen des § 304 des Strafgesetzbuchs, stehende Bäume, Sträucher, Pflanzen oder Feldfrüchte, die zum Schutze von Bäumen dienenden Pfähle oder sonstigen Vorrichtungen beschädigt. Sind junge stehende Bäume, Frucht- oder Zierbäume oder Ziersträucher beschädigt, so darf die Geldstrafe nicht unter zehn Mark betragen.

§ 31. Mit Geldstrafe bis zu einhundertundfünfzig Mark oder mit Haft wird bestraft, wer, abgesehen von den Fällen der §§ 321 und 326 des Strafgesetzbuchs, unbefugt das zur Bewässerung von Grundstücken dienende Wasser ableitet, oder Gräben, Wälle, Rinnen oder andere zur Ab- und Zuleitung des Wassers dienende Anlagen herstellt, verändert, beschädigt oder beseitigt.

§ 32. Mit Geldstrafe bis zu einhundertundfünfzig Mark oder mit Haft wird bestraft, wer, abgesehen von den Fällen des § 308 des Strafgesetzbuchs, eigene Torfmoore, Haidekraut oder Bülten im Freien ohne vorgängige Anzeige bei der Ortspolizeibehörde oder bei dem Ortsvorstande in Brand setzt oder die bezüglich dieses Brennens polizeilich angeordneten Vorsichtsmaßregeln außer Acht läßt.

§ 33. Mit Geldstrafe bis zu dreißig Mark oder mit Haft bis zu einer Woche wird bestraft, wer, abgesehen von den Fällen des § 368 Nr. 11 des Strafgesetzbuchs, auf fremden Grundstücken unbefugt nicht jagdbare Vögel fängt, Sprenkel oder ähnliche Vorrichtungen zum Fangen von Singvögeln aufstellt, Vogelnester zerstört oder Eier oder Junge von Vögeln ausnimmt.

Die Sprenkel oder ähnliche Vorrichtungen sind einzuziehen.

§ 34. Mit Geldstrafe bis zu einhundertundfünfzig Mark oder mit Haft wird bestraft, wer, abgesehen von den Fällen des § 368 Nr. 2 des Strafgesetzbuchs, zum Schutze nützlicher oder zur Vernichtung schädlicher Thiere oder Pflanzen erlassenen Polizeiverordnungen zuwiderhandelt.

§ 35. Mit Geldstrafe bis zu einhundert Mark oder mit Haft bis zu vier Wochen wird bestraft, wer unbefugt:
1. an stehenden Bäumen, an Schlaghölzern, an gefällten Stämmen, an aufgeschichteten Stößen von Torf, Holz oder anderen Walderzeugnissen das Zeichen des Waldhammers oder Rissers, die Stamm- oder Stoßnummer oder die Losnummer vernichtet, unkenntlich macht, nachahmt oder verändert;
2. gefällte Stämme oder aufgeschichtete Stöße von Holz, Torf oder Lohrinde beschädigt, umstößt oder der Stützen beraubt.

§ 36. Mit Geldstrafe bis zu fünfzig Mark oder mit Haft bis zu vierzehn Tagen wird bestraft, wer unbefugt auf Forstgrundstücken:
1. außerhalb der öffentlichen und solcher Wege, zu deren Benutzung er berechtigt ist, mit einem Werkzeuge, welches zum Fällen von Holz, oder mit einem Geräthe, welches zum Sammeln oder Wegschaffen von Holz, Gras, Streu oder Harz seiner Beschaffenheit nach bestimmt erscheint, sich aufhält;
2. Holz ablagert, bearbeitet, beschlägt oder bewalbrechtet;
3. Einfriedigungen übersteigt;
4. Forstkulturen betritt;
5. solche Schläge betritt, in welchen die Holzhauer mit dem Einschlagen oder Aufarbeiten der Hölzer beschäftigt, oder welche zur Entnahme des Abraums nicht freigegeben sind.

In den Fällen der Nr. 1 können neben der Geldstrafe oder der Haft die Werkzeuge eingezogen werden, ohne Unterschied, ob sie dem Schuldigen gehören oder nicht.

§ 37. Mit Geldstrafe bis zu einhundert Mark oder mit Haft bis zu vier Wochen wird bestraft, wer unbefugt auf Forstgrundstücken:
1. zum Wiederausschlage bestimmte Laubholzstöcke aushaut, abspänt oder zur Verhinderung des Lohbentriebes (Stockausschlages) mit Steinen belegt;
2. Ameisen oder deren Puppen (Ameiseneier) einsammelt oder Ameisenhaufen zerstört oder zerstreut.

§ 38. Mit Geldstrafe bis zu fünfzig Mark wird bestraft, wer aus einem fremden Walde Holz, welches er erworben hat, oder zu dessen Bezuge in bestimmten Maßen er berechtigt ist, unbefugt ohne Genehmigung des Grundeigenthümers vor Rückgabe des Verabfolgezettels, oder an anderen als den bestimmten Tagen oder Tageszeiten, oder auf anderen als den bestimmten Wegen fortschafft.

Die Verfolgung tritt nur auf Antrag ein.

§ 39. Mit Geldstrafe bis zu einhundert Mark oder mit Haft bis zu vier

Wochen wird bestraft, wer aus einem fremden Torfmoore oder Walde an S
ber ihm vom Eigenthümer durch Verabfolgezettel zugewiesenen Posten von T
Holz oder anderen Walderzeugnissen aus Fahrlässigkeit andere als die auf b
Verabfolgezettel bezeichneten Posten oder Theile derselben fortschafft.

Die Verfolgung tritt nur auf Antrag ein.

§ 40. Mit Geldstrafe bis zu einhundert Mark oder mit Haft bis zu v
Wochen wird bestraft, wer auf Forstgrundstücken oder Torfmooren als Dienst
keits- oder Nutzungsberechtigter oder als Pächter:

1. unbefugt seine Berechtigung in nicht geöffneten Distrikten oder in ei
   Jahreszeit, in welcher die Berechtigung auszuüben nicht gestattet
   oder an anderen als den bestimmten Tagen oder Tageszeiten aus
   oder sich anderer als der gestatteten Werbungswerkzeuge oder Fo
   schaffungsgeräthe bedient;
2. den gesetzlichen Vorschriften, oder Polizeiverordnungen, oder dem H
   kommen, oder dem Inhalte der Berechtigung zuwider ohne Legiti
   tionsschein, oder ohne Ueberweisung von Seiten der Forstbehörde o
   des Grundeigenthümers die Gegenstände der Berechtigung sich aneigr
3. die zur Aufrechterhaltung der Ordnung und Sicherheit bei Ausübu
   von Berechtigungen erlassenen Gesetze oder Polizeiverordnungen übert

In den Fällen der Nr. 1 können neben der Geldstrafe oder der Haft t
Werbungswerkzeuge eingezogen werden, ohne Unterschied, ob sie dem Schuldig
gehören oder nicht.

Die Verfolgung tritt nur auf Antrag ein.

§ 41. Mit Geldstrafe bis zu zehn Mark oder mit Haft bis zu drei Tage
wird bestraft, wer auf Forstgrundstücken bei Ausübung einer Waldnutzung de
Legitimationsschein, den er nach den gesetzlichen Vorschriften oder Polizeiverordnungen, nach dem Herkommen oder nach dem Inhalt der Berechtigung l sen muß,
nicht bei sich führt.

Die Verfolgung tritt nur auf Antrag ein.

§ 42. Mit Geldstrafe bis zu einhundert Mark oder Haft bis zu vier Wochen
wird bestraft, wer als Dienstbarkeits- oder Nutzungsberechtigter Walderzeugnisse
die er, ohne auf ein bestimmtes Maaß beschränkt zu sein, lediglich zum eigenen
Bedarf zu entnehmen berechtigt ist, veräußert.

§ 43. Mit Geldstrafe bis zu fünfzig Mark oder mit Haft bis zu vierzehn
Tagen wird bestraft, wer den Gesetzen oder Polizeiverordnungen über den Transport von Brennholz oder unverarbeitetem Bau- oder Nutzholz zuwiderhandelt,
oder den Gesetzen oder Polizeiverordnungen zuwider Brennholz oder unverarbei-
tetes Bau- oder Nutzholz in Ortschaften einbringt. Dies gilt insgesammt auch
von Bandstöcken (Reifstäben) jeder Holzart, birkenen Reisern, Korbruthen, Faschinen
und jungen Nadelhölzern.

Das Holz ist einzuziehen, wenn nicht der rechtmäßige Erwerb desselben
nachgewiesen wird.

§ 44. Mit Geldstrafe bis zu fünfzig Mark oder mit Haft bis zu vierzehn
Tagen wird bestraft, wer:

Feld- und Forstpolizeigesetz.

1. mit unverwahrtem Feuer oder Licht den Wald betritt oder sich demselben in gefahrbringender Weise nähert;
2. im Walde brennende oder glimmende Gegenstände fallen läßt, fortwirft oder unvorsichtig handhabt;
3. abgesehen von den Fällen des § 368 Nr. 6 des Strafgesetzbuchs, im Walde oder in gefährlicher Nähe desselben im Freien ohne Erlaubniß des Ortsvorstehers, in dessen Bezirk der Wald liegt, in Königlichen Forsten ohne Erlaubniß des zuständigen Forstbeamten, Feuer anzündet oder das gestatteter Maaßen angezündete Feuer gehörig zu beaufsichtigen oder auszulöschen unterläßt;
4. abgesehen von den Fällen des § 360 Nr. 10 des Strafgesetzbuchs bei Waldbränden, von der Polizeibehörde, dem Ortsvorsteher oder deren Stellvertreter oder dem Forstbesitzer oder Forstbeamten zur Hilfe aufgefordert, keine Folge leistet, obgleich er der Aufforderung ohne erhebliche Nachtheile genügen konnte.

§ 45. Mit Geldstrafe bis zu einhundertundfünfzig Mark oder mit Haft wird bestraft, wer im Walde oder in gefährlicher Nähe desselben:

1. ohne Erlaubniß des Ortsvorstehers, in dessen Bezirk der Wald liegt, in Königlichen Forsten ohne Erlaubniß des zuständigen Forstbeamten, Kohlenmeiler errichtet;
2. Kohlenmeiler anzündet, ohne dem Ortsvorsteher oder in Königlichen Forsten dem Forstbeamten Anzeige gemacht zu haben;
3. brennende Kohlenmeiler zu beaufsichtigen unterläßt;
4. aus Meilern Kohlen auszieht oder abfährt, ohne dieselben gelöscht zu haben.

§ 46. Mit Geldstrafe von zehn bis zu einhundertundfünfzig Mark oder mit Haft wird bestraft, wer den über das Brennen einer Waldfläche, das Abbrennen von liegenden oder zusammengebrachten Bodendecken und das Sengen von Rotthecken erlassenen polizeilichen Anordnungen zuwiderhandelt.

§ 47. Wer in der Umgebung einer Waldung, welche mehr als einhundert Hektare im räumlichen Zusammenhange umfaßt, innerhalb einer Entfernung von fünfundsiebzig Metern eine Feuerstelle errichten will, bedarf einer Genehmigung derjenigen Behörde, welche für die Ertheilung der Genehmigung zur Errichtung von Feuerstellen zuständig ist. Vor der Aushändigung der Genehmigung darf die polizeiliche Bauerlaubniß nicht ertheilt werden.

§ 48. Die Genehmigung der Behörde (§ 47) darf versagt oder an Bedingungen, welche die Verhütung von Feuersgefahr bezwecken, geknüpft werden, wenn aus der Errichtung der Feuerstelle eine Feuersgefahr für die Waldung zu besorgen ist.

Die Genehmigung darf nicht versagt werden, wenn die Feuerstelle innerhalb einer im Zusammenhange gebauten Ortschaft, oder vom Waldeigenthümer, oder in der Ausführung eines Enteignungsrechts errichtet werden soll; jedoch darf die Genehmigung an Bedingungen geknüpft werden, welche die Verhütung von Feuersgefahr bezwecken.

Westermeier, Leitfaden. 8. Aufl.

§ 49. Der Antrag auf Ertheilung der Genehmigung ist dem Waldeigenthümer, falls dieser nicht der Bauherr ist, mit dem Bemerken bekannt zu machen, daß er innerhalb einer Frist von einundzwanzig Tagen bei der Behörde (§ 47) Einspruch erheben könne.

Der erhobene Einspruch ist von der Behörde (§ 47), geeignetenfalls nach Anhörung des Antragstellers und des Waldeigenthümers, sowie nach Aufnahme des Beweises zu prüfen.

§ 50. Die Versagung der Genehmigung, die Ertheilung der Genehmigung unter Bedingungen, sowie die Zurückweisung des erhobenen Einspruches erfolgt durch einen Bescheid der Behörde, welcher mit Gründen zu versehen und dem Antragsteller, sowie dem Waldeigenthümer zu eröffnen ist.

Gegen den Bescheid steht dem Antragsteller, sowie dem Waldeigenthümer innerhalb einer Frist von zehn Tagen die Klage im Verwaltungsstreitverfahren offen.

Zuständig ist:

a) der Kreisausschuß, wenn der Bescheid von der Ortspolizeibehörde eines Landkreises, oder in der Provinz Hessen-Nassau von dem Amtmanne ertheilt worden ist;

b) das Bezirksverwaltungsgericht, wenn der Bescheid vom Landrathe (Amtshauptmanne, Oberamtmanne) oder von der Ortspolizeibehörde eines Stadtkreises, in der Provinz Hannover von der Polizeibehörde einer selbstständigen Stadt, ertheilt worden ist.

§ 51. Wer vor Ertheilung der vorgeschriebenen Genehmigung mit der Errichtung einer Feuerstelle beginnt, wird mit Geldstrafe bis zu einhundertundfünfzig Mark oder mit Haft bestraft. Auch kann die Behörde (§ 47) die Weiterführung der Anlage verhindern und die Wegschaffung der errichteten Anlage anordnen.

§ 52. Die Bestimmungen des Gesetzes vom 25. August 1878, betreffend die Vertheilung der öffentlichen Lasten bei Grundstückstheilungen und die Gründung neuer Ansiedelungen u. s. w. (Ges.-Samml. S. 405), werden durch das gegenwärtige Gesetz nicht berührt.

Ist zu der Errichtung der Feuerstelle (§ 47) eine Ansiedelungsgenehmigung erforderlich, so ist in dem Geltungsbereiche des vorstehend genannten Gesetzes das Verfahren nach den §§ 48 bis 50 des gegenwärtigen Gesetzes mit dem Verfahren nach den §§ 13 bis 17 des Gesetzes vom 25. August 1876 zu verbinden.

§ 95. Dies Gesetz tritt mit dem 1. Juli 1880 in Kraft.

§ 96. Mit diesem Zeitpunkte treten alle dem gegenwärtigen Gesetze entgegenstehenden gesetzlichen Bestimmungen außer Kraft.

VI.
Auszug aus dem Regulativ.
über Ausbildung, Prüfung und Anstellung für die unteren Stellen des Forstdienstes in Verbindung mit dem Militairdienst im Jägercorps.
Vom 1. October 1893.

I. Allgemeine Grundzüge.
§ 1.

Einen Anspruch auf Anstellung als Förster oder Forsthülfsaufseher im Staatsdienste haben nur diejenigen Personen, die die Forstanstellungsberechtigung gemäß nachstehender Bestimmungen erlangt haben.

Die gleiche Berechtigung ist erforderlich für solche Forstbeamtenstellen der Gemeinden und Anstalten, die ein Jahreseinkommen von mindestens 750 Mk. — einschließlich des Werthes sämmtlicher Nebeneinnahmen, gewähren, aber keine höhere Befähigung erfordern — wie die eines Königl. Försters.

Auch die Königl. Revierförsterstellen sind vorzugsweis an geeignete Förster zu vergeben.

Als Ausweis für die Anstellungsberechtigung gilt der Forstversorgungsschein (siehe § 25).

Die Anstellungsberechtigung wird erworben:
a) durch vorschriftsmäßige forsttechnische Ausbildung,
b) durch volle Erfüllung der zu übernehmenden besonderen Pflichten des Militairdienstes im Jägercorps (§ 14).

Erstere erfolgt durch:
1. praktische Unterweisung während der Lehrzeit (§ 4),
2. Forstunterricht beim Jägerbataillon (§ 10),
3. weitere forstliche Beschäftigung und Unterweisung während des Militairreserveverhältnisses

und ist nachzuweisen durch das Bestehen zweier Prüfungen (§§ 11, 12 und § 20).

II. Die Lehrzeit.
§ 2.
Eintritt in die Lehre und ihre Dauer.

Die Laufbahn für den Forstschutzdienst beginnt mit einer mindestens zweijährigen forstlichen Lehrzeit. Der Eintritt in die Lehre darf nicht vor Beginn des 16. Lebensjahres und muß spätestens am 1. Oktober desjenigen Kalenderjahres

---

*) Anmerkung. Dem Forstdienst des Staates wird derjenige im Ressort der Hofkammer der Königlichen Familiengüter gleichgeachtet. Es wird jedoch auf § 19 des Gesetzes, betreffend die Pensionirung der unmittelbaren Staatsbeamten vom 27. März 1872 (G. S. S. 268) aufmerksam gemacht. Was in diesem Regulativ von den Regierungen gesagt ist, gilt auch für die Hofkammer der Königlichen Familiengüter.

erfolgen, in dem der Aspirant das 18. oder, wenn er die Berechtigung zum einjährig-freiwilligen Militairdienst erworben hat, das 20. Lebensjahr vollendet.*)

Der Aspirant hat drei Monate vor dem beabsichtigten Beginn der Lehrzeit bei dem Oberforstmeister desjenigen Bezirks, in dem er sich aufhält, oder in dem er in die Lehre treten will, sich schriftlich zu melden und dabei vorzulegen:
1. das Geburtszeugniß,
2. ein Unbescholtenheitszeugniß der Polizeibehörde seines Wohnorts,
3. ein Attest eines oberen Militairarztes, daß er frei von körperlichen Gebrechen und wahrnehmbaren Anlagen zu chronischen Krankheiten ist, ein scharfes Auge, gutes Gehör, fehlerfreie Sprache hat und eine Körperbeschaffenheit besitzt, die kein Bedenken gegen die künftige Tauglichkeit zum Militairdienst begründet**),
4. Zeugnisse der besuchten Schulanstalten oder der Lehrer über Schulbildung insbesondere darüber, daß er bis zur gegenwärtigen Meldung einen stetigen Schulunterricht genossen oder seit dem Abgang von der Schule seine Fortbildung ununterbrochen betrieben hat,
5. einen selbstgeschriebenen Lebenslauf.

Der Aspirant wird hinsichtlich seiner Schulbildung zum Eintritt in die Lehre ohne Weiteres als geeignet erachtet:
a) wenn er das Zeugniß der wissenschaftlichen Befähigung für den einjährig-freiwilligen Militairdienst erworben,
b) wenn er durch den Besuch einer höheren Schule (Gymnasium, Progymnasium, Realgymnasium, Realprogymnasium, Ober-Realschule, Realschule, höhere Bürgerschule) die Reife für die Tertia (bezw. an höheren Bürgerschulen für die dritte Klasse) erreicht hat.

Genügt der Aspirant den Bedingungen zu a und b nicht, so hat er sich einer besonderen Prüfung in den Schulkenntnissen zu unterziehen.

---

*) Anmerkung. Bezüglich der Aspiranten für den Königlichen Forstverwaltungsdienst vergleiche § 6.

**) A. Hinsichtlich der für den Eintritt in die forstliche Lehre erforderlichen Körperbeschaffenheit sind nachstehende Bestimmungen maßgebend:
1. Als Minimalmaße für die Körpergröße und den Brustumfang haben zu gelten:

im Alter von:	Körpergröße	Brustumfang:
15 Jahren	151 cm	70—76 cm
16 „	153 „	73—79 „
17 „	156 „	76—81 „

2. Das rechte Auge muß vollkommen fehlerfrei sein (volle Sehschärfe, keine Refractions-Anomalien). Auf dem linken Auge darf die Sehschärfe nicht weniger als $3/4$ der normalen betragen. Kurzsichtigkeit auf dem linken Auge, bei welcher der Fernpunktsabstand 70 cm oder weniger beträgt, schließt vom Eintritt in die Forst-Lehre aus.
3. Beide Ohren müssen normale Hörweite besitzen.
4. die Sprache muß fehlerfrei sein.
5. Die in der Anlage 1 der Heer-Ordnung vom 22. November 1888 verzeichneten Fehler machen die Mehrzahl nach der Aufnahme ungeeignet, wenn sie nicht sehr unbedeutend sind oder sich noch heben lassen.

B. Zur Erlangung des militairärztlichen Attestes haben sich die Aspiranten mit ihren bezüglichen Gesuchen rechtzeitig an das nächste Landwehr-Bezirks-Kommando zu wenden.

Ist eine Prüfung nicht erforderlich, so ertheilt der Oberforstmeister die stempelfreie Bescheinigung, „daß der N., geboren am ten ....., die Befähigung zum Eintritt in die Forstlehre nach Maßgabe des Regulativs vom 1. October 1893 nachgewiesen hat". Wird eine Prüfung nöthig, so kann der Oberforstmeister geeigneten Falls einen Regierungs- und Forstrath oder einen Oberförster des Bezirks mit deren Ausführung beauftragen.

Die Prüfung soll feststellen, ob der Aspirant befähigt ist, Gedrucktes und Geschriebenes geläufig richtig zu lesen, seine Gedanken über eine einfache Aufgabe in einem kurzen Aufsatze verständlich und ohne erhebliche Fehler in der Rechtschreibung, mit gut leserlicher Handschrift niederzuschreiben, und in den vier Species sowie in der Regel de tri mit benannten und unbenannten Zahlen, ferner mit einfachen und Decimalbrüchen geläufig und richtig zu rechnen.

Ist das Ergebniß genügend, so ertheilt der Oberforstmeister die vorgedachte stempelfreie Bescheinigung.

Ist das Ergebniß nicht genügend, so bemerkt solches der Oberforstmeister auf dem letzten Schulzeugnisse. Die Meldung zur Wiederholung der Prüfung kann nach Ablauf von neun Monaten erfolgen, wenn nach Maßgabe des Alters des Aspiranten die Zulassung zur Forstlehre dann noch statthaft ist.

§ 3.
Wahl des Lehrherrn.

Die Lehrzeit kann während des ersten Jahres bei jedem vom Regierungs- und Forstrath und Oberforstmeister des Bezirks zur Annahme eines Lehrlings ermächtigten, im praktischen Forstdienste des Staates, der Gemeinden, öffentlichen Anstalten oder Privaten angestellten Forstbeamten zurückgelegt, muß aber während des zweiten Jahres bei einem Staats-Oberförster oder bei einem vom Regierungs- und Forstrath und Oberforstmeister des Bezirks zur Ausbildung von Lehrlingen ermächtigten verwaltenden Beamten des Gemeinde-, Anstalts- oder Privatforstdienstes zugebracht werden.

Jeder Forstbeamte, welcher einen Lehrling annehmen will, hat die schriftliche Annahme-Genehmigung für jeden einzelnen Fall bei dem Regierungs- und Forstrath und Oberforstmeister des Bezirks einzuholen. Dem Antrage sind beizufügen die im § 2 unter 1 bis 5 erwähnten Schriftstücke und die im § 2 weiter vorgeschriebene Bescheinigung eines Oberforstmeisters.

Im Versagungsfalle ist die Berufung an den Oberlandforstmeister statthaft, dessen Entscheidung endgültig ist. Dieser entscheidet auch, wenn Regierungs- und Forstrath und Oberforstmeister über Genehmigung oder Versagung sich nicht einigen können.

Die Lehrzeit kann auch ganz oder theilweise auf einer der Königlichen Forstlehrlingsschulen nach Maßgabe der für dieselben erlassenen Bestimmungen zurückgelegt werden.

§ 4.
Zweck der Lehrzeit.

Zweck der Lehrzeit ist, daß der Lehrling sich durch lebendige Anschauung und praktische Uebung mit den beim Forstbetriebe vorkommenden Arbeiten bekannt macht, insbesondere an den Forstkulturarbeiten, der Waldpflege, den Arbeiten in den Holzschlägen, am Forstschutze und der waidmännischen Ausübung der Jagd sich fleißig betheilige, die einheimischen Bäume und die wichtigsten Sträucher, die Lebensweise der Jagdthiere und der sonstigen für den Wald wichtigen Thiere, namentlich auch der nützlichen und schädlichen Vögel und Insekten kennen lernt, in den schriftlichen und Rechnungsarbeiten im Bureau der Oberförsterei sich ausbildet, einfache Vermessungs- und Nivellirungs-Arbeiten ausführen hilft und mit den Gesetzen und Verordnungen über Forstdiebstahl, Forst- und Jagd-Polizei und Handhabung des Forst- und Jagdschutzes sich bekannt macht.

§ 5.
Pflichten des Lehrherrn und des betreffenden Regierungs- und Forstraths.

Eine dem Zwecke der Lehrzeit entsprechende sorgfältige und gründliche Anleitung, Unterweisung und Beschäftigung der Lehrlinge gehört zu den wichtigsten Dienstobliegenheiten der Forstbeamten. Die Lehrzeit soll insbesondere dazu dienen, die sittliche Erziehung des Lehrlings, namentlich durch gutes Beispiel des Lehrherrn, zu fördern, ihn an Gehorsam, Pünktlichkeit, Ausdauer, an Ertragen körperlicher Anstrengungen zu gewöhnen und Lust und Liebe für den Wald und seinen künftigen Beruf in ihm zu wecken.

Ueber die Ausbildung und Führung der von untergebenen Forstschutzbeamten angenommenen Lehrlinge hat auch der Oberförster besondere Aufsicht zu führen, zu diesem Zwecke steht es ihm zu, über die Art der Beschäftigung der in seiner Oberförsterei sich aufhaltenden Lehrlinge Bestimmung zu treffen und ihnen unmittelbar Anweisungen und Aufträge zu ertheilen.

Der Regierungs- und Forstrath ist verpflichtet, nicht nur von dem Gange der Fortbildung sämmtlicher Lehrlinge seines Bezirkes Kenntniß zu nehmen, sondern auch am Schlusse der Lehrzeit erforderlichen Falls durch eine Prüfung sich über den Grad der Ausbildung, welche der Lehrling erlangt hat, ein Urtheil zu verschaffen; er kann zu diesen Zwecken den Lehrling an einen geeignet gelegenen Prüfungsort berufen.

Zeigt sich ein Lehrling wegen unsittlicher Führung, Ungehorsam, Unzuverlässigkeit oder nach seiner körperlichen Beschaffenheit oder aus sonst einem Grunde ungeeignet für den Forstdienst, so hat der Lehrherr denselben aus der Lehre zu entlassen.

Auch gegen den Willen des Lehrherrn kann die Entlassung sowohl durch den Regierungs- und Forstrath als auch durch den Oberforstmeister angeordnet werden.

§ 6.
Lehrzeit der Aspiranten für den Forstverwaltungsdienst.

Für diejenigen Aspiranten, welche die Befähigung zur Anstellung als Forstverwaltungsbeamte erwerben, zugleich aber die Anstellung im Forstschutzdienste sich offen erhalten wollen, sind an Stelle der vorstehenden §§ 2 bis 5 die §§ 1 bis 8 der Bestimmungen über Ausbildung und Prüfung für den Königlichen Forstverwaltungsdienst vom 1. August 1883 maßgebend.

§ 7.
Anmeldung der Lehrlinge zum Militairdienst und ärztliche Untersuchung derselben.

Die Forstlehrlinge haben ihrer Militairpflicht im Jägercorps zu genügen. Um die Einstellung herbeizuführen, hat der Lehrherr in der Zeit vom 1. bis 5. Januar desjenigen Jahres, in welchem der Lehrling bis zum 1. October seine Lehrzeit vollendet haben wird, das Nationale des Lehrlings nach dem Muster A an den Regierungs- und Forstrath des Bezirks einzureichen.

Die im § 6 bezeichneten Aspiranten sind in gleicher Weise anzumelden.

Hat ein Aspirant die Berechtigung zum einjährig-freiwilligen Dienst erworben und will von ihr Gebrauch machen, so ist dem Nationale der Berechtigungsschein beizufügen.

Der Regierungs- und Forstrath hat die bei ihm eingehenden Nationale mit der Bescheinigung zu versehen, daß die vorschriftsmäßige Lehrzeit des Lehrlings bis zum 1. October d. J. beendet sein wird, und, event. mit dem Berechtigungsscheine zum einjährig-freiwilligen Dienste bis spätestens zum 1. Februar jeden Jahres der Inspection der Jäger und Schützen zu Berlin einzureichen, welche darauf die Untersuchung der Lehrlinge durch die betreffende Ober-Ersatzkommission veranlaßt. Außerdem hat der Lehrherr den Lehrling in der Zeit vom 15. Januar bis 1. Februar bei der Ortsbehörde behufs Herbeiführung der Untersuchung durch die Ersatz-Kommission anzumelden, und seine Vorstellung bei der letzteren nach Maßgabe der öffentlich bekannt gemachten Gestellungstermine ohne weitere Aufforderung zu veranlassen.

Forstlehrlinge, welche die Ersatz-Kommission als „zu schwach" bezeichnet, werden der Untersuchung durch die Ober-Ersatzkommission gleichwohl unterworfen.

In der Zeit vom 1. bis 5. October desselben Jahres ist endlich vom Lehrherrn nach dem Muster B ein stempelfreies Lehrzeugniß auszustellen und unter Anheftung der Bescheinigung über die Befähigung zum Eintritt in die Lehre (§ 2), des Attestes des oberen Militairarztes (§ 2 Nr. 3) und der Annahmegenehmigung (§ 3) dem Regierungs- und Forstrath des Bezirks einzureichen, welcher das Lehrzeugniß auf Grund des von ihm über den Lehrling erlangten Urtheils (§ 5) mit einer Aeußerung darüber versieht, ob der Lehrling die Lehrzeit sachgemäß angewendet und eine hinreichende praktische und wissenschaftliche Ausbildung erlangt hat, um zu der Erwartung zu berechtigen, er werde demnächst die forstliche Laufbahn mit genügendem Erfolge fortsetzen können.

Bis zum 20. October hat der Regierungs- und Forstrath das Lehrzeugniß demjenigen Jäger-Bataillon zuzustellen, in das der Lehrling eintreten soll und welches dem Regierungs- und Forstrath rechtzeitig von der Inspection der Jäger und Schützen bezeichnet werden wird. Ist der Lehrling nicht einstellungsfähig befunden, ist das Lehrzeugniß dem Lehrherrn zurückzugeben.

Für die Aspiranten des Königlichen Forstverwaltungsdienstes (§ 6) tritt an Stelle des Lehrzeugnisses das Zeugniß über die praktische Vorbereitungszeit.

Wird der Lehrling vom Militairdienst zurückgestellt, so hat er die Lehre fortzusetzen. Er kann von dem betreffenden Regierungs- und Forstrath zwar zur

Uebernahme einer Beschäftigung im Forstdienste beurlaubt werden, verbleibt aber auch dann unter der Controle des Lehrherrn. Der Lehrherr hat das Rationale des zurückgestellten Lehrlings neu aufzustellen, dessen Lehrzeugniß mit den entsprechenden Zusätzen zu versehen und beide Schriftstücke in den nächsten Jahren so lange dem Regierungs- und Forstrath einzureichen, bis der Lehrling entweder zur Einstellung beim Jägercorps gelangt oder eine anderweitige endgültige Entscheidung über sein Militairverhältniß erhält, beziehungsweise seines Alters wegen (§ 8) zur Erdienung von Forstversorgungsansprüchen im Jägercorps nicht mehr zugelassen werden kann.

Falls ein Lehrling seinen Aufenthaltsort verändert, nachdem das Rationale aufgestellt und bevor die Musterung vor der Ober-Ersatzkommission erfolgt ist, hat der Lehrherr den Ort und Kreis des neuen Aufenthalts unverzüglich der Inspection der Jäger und Schützen anzugeben.

§ 8.
III. Der Militairdienst beim Jägercorps und die Jägerprüfung.
Termin der Einstellung in den Militairdienst.

Die Einstellung der Lehrlinge in das Jägercorps erfolgt als Regel im October. Sie findet nicht vor Vollendung des 18. Lebensjahres statt und ist nicht mehr zulässig nach dem allgemeinen Einstellungstermin des Kalenderjahres, in dem der Lehrling das 21., oder wenn er die Berechtigung zum einjährig-freiwilligen Militairdienst erworben hat, das 22. Lebensjahr vollendet. Für die im § 6 bezeichneten Lehrlinge kann der Eintritt bis zum 1. October desjenigen Jahres hinausgeschoben werden, in welchem der Aspirant das 23. Lebensjahr vollendet.

§ 11.
Zulassung zur Jägerprüfung.

Diejenigen Jäger, welche den vorstehenden Bedingungen genügt und sich gut geführt haben, werden bis zum 25. Januar ihres dritten, oder, wenn sie als Einjährig-Freiwillige dienen, bis zum gleichen Termine ihres ersten Dienstjahres der Inspection der Jäger und Schützen von den Bataillonen mittelst einer Vorschlagsliste nach dem Muster C unter Beifügung der Zeugnisse über die Lehrzeit zur Ablegung der Jägerprüfung vorschlagen. Die Aspiranten für den Königlichen Forstverwaltungsdienst haben sich zwar dieser Prüfung nicht zu unterwerfen, sind aber in der Vorschlagsliste unter Beifügung des Zeugnisses über die praktische Vorbereitungszeit und die Führung im Militairdienste aufzunehmen. Die Inspection prüft die Vorschlagsliste, stellt sie fest und übergibt sie dem Oberlandforstmeister, welcher die Ausführung der Prüfung veranlaßt.

§ 12.
Ausführung der Prüfung.

Die Prüfung soll feststellen, welche allgemeine Bildung in Beziehung auf Lesen, Schreiben, Rechnen und Abfassung kurzer Aufsätze die Jäger besitzen, welchen Grad von Vorbildung in Beziehung auf Waldbau, Forstschutz, Forstbenutzung, Jagd, und welches Maaß von Kenntnissen in Beziehung auf die Forstdiebstahls-,

Forstpolizei- und Jagdgesetzgebung, sowie auf die Vorschriften der Förster-Dienstinstruction sie sich angeeignet haben.

Für jedes Jäger-Bataillon wird vom Oberlandforstmeister ein Prüfungs-Ausschuß bestellt, der nach den bestehenden Prüfungs-Vorschriften die ihm überwiesenen Jäger theils im Zimmer schriftlich und mündlich, theils im Walde zu prüfen und für diejenigen, welche den Anforderungen genügt haben, ein stempelfreies Zeugniß auszufertigen hat, worin das Ergebniß der Prüfung mit einem der Prädikate: Sehr gut — gut — genügend — auszudrücken ist. Für diejenigen, welche den Anforderungen nicht genügt haben, ist hierüber ein Bescheid auszustellen.

Wiederholung der Prüfung ist nur einmal und zwar bei dem nächsten Prüfungstermine zulässig, wenn der Prüfungs-Ausschuß solches befürwortet und der Jäger durch Kapitulation mit seinem Truppentheil sich verpflichtet, wenigstens bis zum Bekanntwerden des Ergebnisses der wiederholten Prüfung im aktiven Dienste zu verbleiben.

§ 14.
Verpflichtung der Jäger zur Klasse A.

Diejenigen Jäger, welche die Prüfung bestanden haben, resp. von ihr befreit waren (§ 11), werden, sofern sie sich fortgesetzt gut führen, im dritten, wenn sie als Einjährig-Freiwillige dienen, im ersten Dienstjahre auf ihren Antrag mittelst einer Verhandlung nach Muster D zu einer ferneren neunjährigen, bezw. wenn sie als Einjährig-Freiwillige dienen, zu einer weiteren elfjährigen Dienstzeit im Jägercorps verpflichtet. Diese Dienstzeit ist gewöhnlich in der Reserve, jedoch mit der Verpflichtung abzuleisten, auch im Frieden, bis zu einer im Ganzen achtjährigen Anwesenheit bei der Fahne stets zur Verfügung zu stehen.

Die zu Oberjägern beförderten bezw. zu dieser Beförderung in Aussicht genommenen Jäger verpflichten sich zu neunjährigem aktivem Dienst.

Die Verpflichteten werden durch Vollziehung der Verhandlung in die Jägerklasse A aufgenommen und erlangen die Aussicht, seiner Zeit im Forstschutzdienste angestellt zu werden.

Die derartig übernommene Verpflichtung kann nicht einseitig durch den Jäger, sondern nur unter Zustimmung der Inspection der Jäger und Schützen wieder aufgehoben werden. Sollte ein Jäger die Aufhebung wünschen, so hat er dies nach anliegendem Muster E bei der Landwehrbehörde, bezw. der Jäger-Compagnie zu Protokoll zu erklären.

§ 15.

Die Jäger der Klasse A werden nach guter Führung und bewährter Zuverlässigkeit, sofern sie eine berufsmäßige Beschäftigung (§ 17) nachzuweisen vermögen, zur Reserve beurlaubt. Die Beurlaubung erfolgt mit dem Ablauf des 3. bezw. für die Einjährig-Freiwilligen des 1. Dienstjahres, soweit die Jäger nicht etwa zu Oberjägern befördert, zu dieser Beförderung in Aussicht genommen sind oder aus anderen Gründen bei der Fahne zurückbehalten werden.

Gegen Ende ihres letzten aktiven Dienstjahres erhalten die Jäger von dem betreffenden Bataillon ein nach Muster F auszustellendes Zeugnis. Sie sind verpflichtet, vor Ablauf dieses Dienstjahres sich bei einer Regierung zu forstlicher Beschäftigung unter Beifügung jenes Originalzeugnisses anzumelden.

Denjenigen Jägern, die Aussicht haben, alsbald im Gemeinde-Anstalts- oder Privatdienst eine berufsmäßige Beschäftigung zu erhalten und diese anzunehmen wünschen, bleibt es unbenommen, dies bei ihrer Meldung anzuzeigen.

Die Regierung hat jeden sich rechtzeitig meldenden Jäger der Klasse A sofort zu notiren.

Die notirten Jäger werden, soweit sich hierzu Gelegenheit bietet im Königlichen Forstdienste berufsmäßig (§ 14) gegen Gewährung der zulässigen Besoldung nach Maßgabe ihrer Beschäftigung und thunlichst fortdauernd beschäftigt. Unter gleich geeigneten Jägern ist dem früher notirten der Vorzug zu geben, doch können diejenigen, die im Gemeinde-Anstalts- und Privatdienste eine berufsmäßige Beschäftigung anzunehmen wünschen, übergangen werden.

Die Regierung wird nach der Notirung unverzüglich den Jäger bescheiden, ob er sogleich nach seiner Beurlaubung aus dem Militairdienste eine Beschäftigung im Königlichen Forstdienste finden wird, oder nicht.

Unmittelbar nach ihrer Beurlaubung zur Reserve haben die Jäger den Militairpaß und das Militairführungszeugniß der Regierung, bei der sie sich angemeldet haben, einzureichen, letztere bemerkt auf dem Militairpasse, daß und wann die Meldung erfolgt ist und stellt den Jägern den Militärpaß und das Militairführungszeugniß baldigst wieder zu.

VII.

Examen-Aufgaben,

enthalten Anzahl und Reihenfolge der Aufgaben, wie solche für ein Examen im preußischen Staate wörtlich gegeben sind.

1. Aufgabe.

a. Welches sind die für den Forstbetrieb wichtigsten einheimischen Holzarten, wann blühen sie, wann reifen ihre Samen, wann fallen letztere ab?

b. Wie läßt die Fichte, wie die Tanne ihre Samen fallen?

c. Welche Holzarten haben Zwitterblüthen, welche haben wolligen, welche geflügelten Samen, welche treiben Wurzelbrut, welche Wurzelausschlag, welche Stockausschlag?

d. Wie lange behalten die Samen der Eiche, Buche, Kiefer und Fichte ihre Keimfähigkeit?

1 Stunde Zeit.

2. Aufgabe.

a. Was versteht man unter Hochwald-, Mittelwald- und Niederwaldbetrieb und welche Holzarten werden vorwiegend in jedem dieser Betriebe bewirthschaftet?

b. Welche Holzarten werden im Hochwaldbetriebe vorwiegend künstlich, welche vorwiegend natürlich verjüngt?

c. Bis zu welchem Alter verpflanzt man die Kiefer in der Regel und bis zu welchem die Fichte, mit entblößter Wurzel?

1 Stunde Zeit.

3. Aufgabe.

a. Welche Vortheile hat der Humus für den Waldboden?

b. Was versteht man unter Spät- und was unter Frühfrösten, in welchen Lagen treten die ersteren meist auf und bei welcher Betriebsart werden die letzteren besonders schädlich?

c. Woran erkennt Examinand im Walde die ständige Windrichtung und Sturmrichtung und weshalb ist es wichtig, dieselbe zu kennen?

d. Welche Holzarten unterliegen am meisten der Sturmgefahr und welche Beschaffenheit des Bodens vermehrt die letztere?

1 ¼ Stunde Zeit.

4. Aufgabe.

a. Wann ist die Feistzeit der Rothhirsche, wann geht während derselben die Sonne auf und unter und wie lange ist im Allgemeinen vor Sonnenaufgang und nach Sonnenuntergang um diese Zeit Büchsenlicht?

b. Die gesetzlichen Schonzeiten des Rothwildes, des Schwarzwildes, der Hasen und Enten und Rebhühner sind anzugeben?

c. Wann setzt das Roth-, Dam- und Rehwild, wie lange gilt das Jungwild als Kalb resp. Kitzchen nach dem Gesetze über die Schonzeiten?

d. Welche Bäume, Früchte und Rinden dienen dem Wilde zur Ernährung?

e. Wo giebt Examinand dem Roth-, Dam-, Reh- und Schwarzwild den Fang und wie tödtet er geschossenes Federwild, das noch lebend in seine Hände kommt?

1 Stunde Zeit.

5. Aufgabe.

a. 1 Fuhrmann fährt für einen Käufer Eichennutzholz an und benutzt einen 2 spänn. Wagen. Das Festmeter des Holzes wiegt 1250 kg. Er ladet für jedes Pferd 500 kg. und erhält für jede Fuhre 7,2 Mark. Was kosten 0,01 Festmeter des Eichennutzholzes Fuhrlohn?

b. Wieviel Kubikmeter enthält eine Schachtruthe, wenn 1 Fuß 41,4 cm ist? (2 Decimalstellen zu berechnen.)

c. In einem Schlage sind an Derbholz aufgearbeitet:

154,73 Festm.	Eichennutzholz	à Festm. 30 Pf. Hauerlohn.
587 Rm.	Eichenscheit	à Rm. 50 „
207 Rm.	Eichenknüppel	à Rm. 40
67,94 Festm.	Buchennutzholz	à Festm. 30
1023 Rm.	Buchenscheit	à Rm. 60
809 Rm.	Buchenknüppel	à Rm. 50
223,33 Festm.	Kiefernnutzholz	à Festm. 25
24,3 Rm.	Kiefernscheit	à Rm. 40
99 Rm.	Kiefernknüppel	à Rm. 30

Es ist zu berechnen die Summe der Festmeter, die Summe der Raummeter, dann wieviel Festmeter im Ganzen aufgearbeitet sind, wenn ein Raummeter = 0,7 Festmeter gerechnet wird, und wieviel das Hauerlohn für das ganze Quantum in Mark und Pfennigen beträgt?

1 Stunde Zeit.

6. Aufgabe.

a. Was versteht man unter Schrank der Säge und wozu dient derselbe?

b. Die Holzarten: Kiefer, Linde, Eiche, Weide, Ulme, Fichte, Buche, Pappel, Birke sind in einer Reihe so untereinander zu stellen, daß die Reihe mit dem brennkräftigsten Holze beginnt und mit dem von der geringsten Brennkraft schließt.

c. Welche Holzarten und Sortimente kauft im Allgemeinen der Stellmacher und was arbeitet er daraus?

d. Auf welche verschiedene Weise läßt sich das Alter eines in der Reinigung begriffenen Kiefernstangenholzes ermitteln und wie ermittelt man das Alter einer gefällten Buche?

1 Stunde Zeit.

7. Aufgabe.

a. Examinand hat einem Holzdiebe eine Axt und eine Karre abgenommen, was geschieht mit diesen Gegenständen?

b. Welche Insekten kennt Examinand als sehr schädlich 1. in Kiefernwaldungen, 2. in Fichtenwaldungen, 3. in Laubholzwaldungen.

c. Die Lebensweise des Maikäfers ist zu beschreiben.

d. Welche Nachtheile hat die Waldweide für den Wald und was hat der Forstschutzbeamte zu beachten, wenn Weideberechtigungen in seinem Bezirke ausgeübt werden?

e. Welche Maßregeln lassen sich anwenden, um in Saatkämpen Beschädigungen durch Auffrieren abzuwenden?

1½ Stunde Zeit.

8. Aufgabe.

a. Auf einer Kulturfläche von 3,5 h Größe haben gearbeitet 8 Männer zum Tagelohn von 1,75 Mark 16 Tage, 11 Frauen von 1,25 Mark 6 Tage. Ferner sind nöthig gewesen 2 Fuhren à 10,50 Mark. Wieviel kostet der Hektar an Kulturkosten?

b. In einem Torfstiche ist eine Grube von 1,25m Tiefe, 6 m Breite und 37,5 m Länge ausgegraben und der Torf darauf soll zu Streichtorf verarbeitet werden, wobei 20 pCt. der Masse durch Abraum, Abfall ꝛc. verloren gegangen sind. Die frischen Torfziegel sind 40 cm lang, 12,5 cm breit und 10 cm hoch. Wieviel Tausend Torfziegel sind gewonnen?

45 Minuten Zeit.

9. Aufgabe.

a. eine Schlagfläche wird begrenzt von 2 sich rechtwinklich schneidenden Gestellen und von einer geraden Linie, welche von einem Punkte des einen Gestells zu einem

Punkte des anderen Gestells läuft. Die Punkte liegen von dem Kreuzungspunkte 120 und 130 m entfernt. Auf dem Schlage sind 2467,36 Festm. Derbholz eingeschlagen worden. Wieviel Festm. haben pro Hektar gestanden?

b. Es soll eine Masse von 137,8 Rm. Brennholz von 1 m Scheitlänge so aufgesetzt werden, daß der Holzstoß 1,50 m Höhe erhält. Wie lang muß er werden?

c. Auf einer Samendarre sind 3832,5 hl Zapfen abgedarrt worden und 3679,2 kg Samen gewonnen worden. Wieviel Kilogr. Samen hat der Hektoliter Zapfen gegeben? (Bis auf 2 Decimalstellen zu berechnen.)

1 Stunde Zeit.

Alphabetisches Register.

(Die Zahlen bedeuten die Paragraphen.)

Es wird auch auf das Inhaltsverzeichniß verwiesen.

	§§		§§		§§
Abfangen von Wild	299	Auerhuhn 28. 198.	300	Betriebsklasse	114
Abfuhrwege	268	Auskesseln	261	Biber	13
Abgabe des Holzes	266	Austernfischer	24	Biegsamkeit	248
Abnicken	299	Ausweiden	299	Bindigkeit	97
Abtriebsschlag	123	Auswerfen	299	Birke	57
Abzeichen (Uniform)	290	Auszeichnen (von Bäu-		Birkhuhn	22
Achselstücke	290	men	122. 260	Birnbaum	57
Adlerfedern	17	Axt	257	Blätter	48. 50
Aequatorialstrom	109	Ballenpflanzen 152.	191	Blaßweihe	17
Aeste	51	Barometer	109	Blattkäfer	228
Aestungen	171	Basalt	96	Blattläuse	45
Ahorne	57	Bast	51	Blattspanner 39.	226
Akazie	57	Bastkäfer	32	Blattwespe (kleine Kie-	
Alemann'sche Schuppen	129	Bauholz	270	fernblattwespe	211
Ameisen	33	Baummarder 12.	296	Blattwespe (große Kie-	
Anbruchholz	253	Baumschläge	253	fernblattwespe	212
Ankohlen	250	Beeren	286	Blitz	109
Anplätzen = mit der		Befruchtung	53	Blüthe	52
Axt zeichnen	122	Befruchtungsorgan	52	Blüthenstaub	52
Anprällen	208	Beil	257	Blumenkelch	52
Anschalmen = mit der		Beine	10. 28	Blumenkrone	52
Axt zeichnen	122	Bekassinen	24	Bockkäfer	32
Anschuß	295	Berberitze	57	Boden	86. 101
Anstand	300	Berechtigungen 231 u. ff.		Bodenbearbeitungen	134
Apfelbaum	57	Bergahorn	57		bis 138
Aspe	57	Besamungsschlag	121	Bodenflora	102
Astfäule	253	Beschlagnahme	238	Bodengüte	58
Astschwamm	253	Beschneiden (der Pflan-		Bodenklassen	58
Auerhahn	22	zen)	149. 150	Bodenuntersuchungen	101
Aufbrechen (des Wildes)	299	Besenpfriem	57	Böschung	98
Auffrieren	106. 196	Besenreisig	273	Böttcherholz	273
Aufmessen (des Holzes)	264	Bestände (gemischte)	178	Borke	51
Aufsetzen (des Holzes)	264	Betriebsart	113. 117	Borkenkäfer 32. 217.	220

Alphabetisches Register. 479

	§§		§§		§§
Borkenkäfer (krummzähnige)	221	Dohle	18	Eruptivgesteine	86
Borsten	10. 53	Dohnen	296	Esche	57
Botanik	7. 47	Dolde (Doldentraube)	53	Eule	17
Brachvögel	24	Dompfaff	18	Eule (Kiefern- ob. Forleule)	40. 209
Braktee	57	Donner	109	Forstwissenschaft	4
Brennholz	276	Dornen	51	Fährtenkunde	298
Brennkraft	252	Drechslerholz	273	Fällungsmethoden	261
Brombeeren	57	Drehwuchs	253	Fällungszeit	259
Bruch (vier Species)	61. 62	Dreieck	68	Fäulniß	253
Brüten	16	Drosseln	18	Falken	17
Brunstzeiten	300	Dünenbau	173	Fallkerb	261
Brunnenröhren	271	Dürre	198	Fangbäume	220
Buche	57	Duftbruch	107. 197	Fangmethoden	297
Bucheckern (Aufbewahren)	129	Dungerbe	147	Fasan	22
Buchung (des Holzes)	265	Durchgehen (stilles)	300	Faschinenholz	272
Büchse	293	Durchforstung	168	Faserwurzeln	49
Büchsflinte	293	Eberesche	57	Faulbaum	57
Bürzeldrüse	16	Eccoptogaster	228	Feldahorn	57
Büschelpflanzung	152. 193	Ei (Vogel-, Pflanzen)	16. 52	Feld- und Forstpolizeigesetz	238. 450
Buntspecht	20	Eibe	57	Feldhuhn	22
Bussard	17	Eiche	57. 178 u. ff.	Feldrüster	57
Cambium	51	Eichelheher	18	Festnahme (vorläufige)	238
Cellulosefabrikation	275	Eicheln (Aufbewahren)	129	Feuchtigkeit (b. Bodens)	106
Chrysomela	32	Eichenwickler	227	Feuchtigkeit (der Luft)	107
Composthaufen	228	Eichhörnchen	13	Feuer	199
Conturfedern	16	Eisbruch	197	Fichte	57. 151. 192. u. ff.
Cotyledonen	33. 56	Eisen	90	Finken	18
Coupirzäune	174	Eisenbahnschwellen	271	Fischadler	17
Cryptogamen	53	Eisenoxyd	88. 90	Fischereivergehen	238
Cylinder (Berechnung desselben)	79	Eisvögel	19	Fischotter	12. 297
Dachs	12. 297	Elasticität	248	Fischreiher	24
Dammerde	93	Elenn	14	Flatterrüster	57
Damhirsch	14	Elsbeere	57	Flechtwaarenholz	273
Dauerhaftigkeit (des Holzes)	249	Elster	18	Fledermäuse	11
Decimalbruchrechnung	63. 64	Engerling	213	Fliegen	43
Derbholz	263	Entästungen	171	Fliegenschnäpper	17
Dicotyledonen	53	Enten	25	Flinte	293
Diöcisch	52	Entwässerung	201	Flößerei	269
Distrikt	290	Erdflöhe	147	Flözgebirge	85
		Erle	57. 188	Florfliege	43
		Erlenrüsselkäfer	228	Flügel (der Insekten)	28
		Ernährungsorgane (der Pflanze)	48	Flügel (der Vögel)	16
		Ertragstafeln	78		

	§§		§§		§§
Flugsand	87. 173	Glimmerschiefer	84	Heuschrecke	44
Förster	290	Gneiß	84	Hilfsbeamte (des Staats-	
Formzahl	78	Goldafter	41. 224	anwalts)	238
Forst	1	Goldhähnchen	18	Himbeere	57
Forstassessor	290	Graben	145. 200	Hirsch	14. 300
Forstaufseher	290	Grabensystem	201	Hitze	104. 198
Forstbenutzung	239	Grabflügler	44	Hochwald	111. 115
Forstdiebstahl	237. 442	Granit	86	Höhenmessung	75
Forstgarten	147	Grasnutzung	234. 283	Hof (um den Mond ꝛc.)	107
Forstmeister	290	Grenzsicherung	235	Hollunder	57
Forstpolizeigesetz	238	Griffel	52	Holzbohrer	42
Forstreferendar	290	Größe (mathematische)	60	Holzdiebstahl	237
Forstschutz	194	Grubenbauholz	271	Holzwespe	29
Forstwirthschaft	3	Gründigkeit (b. Bodens)	95	Holzzettel	266
Forstwissenschaft	3	Grünspecht	20	Hornäste	253
Fortbildungsring	51	Grünsteine	86	Horniß	29
Fortpflanzungsorgane		Grundwissenschaften	4	Hügelpflanzung (Man-	
(der Pflanzen)	52	Grus	99	teuffel'sche)	121
Fossilien	285	Habichte	17	Hühnerhabicht	17
Frost	104. 196	Härte (des Holzes)	246	Hühnervögel	22
Frostlöcher	104. 196	Hainbuche	57	Hymenopteren	29
Frostrisse	106. 253	Halbflügler	45	Humusboden	58. 93
Frostspanner	39	Halbheister	148. 154	Hunde	12
Fruchtbau	136	Hailaëtos	17	Hundsrose	57
Fruchtknoten	52	Hartriegel	57	Hylesinus fraxini und	
Früchte	53	Harz	278	crenatus	228
Fuchs	12. 297	Harzrüsselkäfer	215	Hypsometer	75
Fuchsfang	297	Hase	13. 298 u. ff	Jagd	291. 292
Furchensaat	137	Hasel	57	Jagen	290
Futterlaub	281	Haselhuhn	22	Jagdbare Thiere	292
Gabelweihe	17	Haselmaus	13	Jagdgewehre	293
Gagel	57	Haubentaucher	25	Jagdkunstsprache	300
Gallwespen	29	Hauinstrumente	257	Jagdmethoden	301
Gans	25	Hauordnung	255	Jagdschein	238
Gartenbauholz	274	Hausschwamm	249	Jagdschutz	302
Gemeine Recht	238	Haussuchung	238	Jahresring	51
Geometrie	67	Heckenanlage (lebende)	147	Jchneumonen	29. 208
Geräusch	299	Heckenkirsche	57	Iltis	12. 297
Gerberrinde	182. 263. 277	Heidekraut	57	Imprägniren	250
Gewichte	67	Heidelbeere	57	Insekten	9
Gewitter	109	Heister	148. 154	Insektenschaden	206 u. ff
Gewölle	17	Heppe	257	Käfer	30
Glaserholz	273	Hermelin	12	Kätzchen	53
Glatteis	107	Herzwurzel	49	Käuze	17

Alphabetisches Register.

	§§		§§		§§
Kaiserabler	17	Kornelkirsche	57	Malzen	129
Kalk (Verbindungen)	89	Kornweihe	17	Marder	12
Kalkpflanzen	58	Krähen	18	Marderfalle	296
Kameelhalsfliege	43	Krammetsvögel	18	Marienkäferchen	31
Kampfschnepfe	24	Krammetsvogelfang	297	Mark (des Holzes)	51
Kaninchen	13	Kranich	24	Maschinenholz	275
Kegel	76	Krebskrankheiten	253	Maserholz	253
Keil	257	Kreis	69	Mast	280
Keimblätter	53	Kreuzschnabel	18	Mäuse	13. 147. 204
Keimkörner	53	Kugel	294	Maulwurfsgrille	44
Keimling, Keimproben, Keimprocente	53. 132	Kukuk	20	Mauser	16
		Laden (der Gewehre)	294	Mehlbeerbaum	57
Kelch	52	Lärche	57	Meisen	18
Kernfäule	253	Lärchenminirmotte	38. 221	Mennige (Vergiften mit)	141
Kernholz	51. 242	Läuse	54		
Kernloben	164	Läuterungshieb	167	Mergel	88
Kernpflanzen	152	Landforstmeister	290	Meßinstrumente	73
Kernrisse	253	Landrecht	238	Milan	17
Kiebitz	24	Landwirthschaftliche Mitnutzung	136	Mineralogie	7
Kiefer	57. 190 u. ff. 208			Mineralreich	7. 59
Kieferneule	40. 229	Lappenprobe	130	Mischbestände	116
Kiefernmarkkäfer	216	Laßreidel	164	Mistel	57
Kiefernsaatkamp	191	Lederhaut	10	Misteldrossel	18
Kiefernspanner	39. 210	Lehm	88. 285	Mittelwald	113. 117 164 u. ff.
Kiefernspinner	41. 208	Lenkfittig	16		
Kiefernwickler	217	Lerchenfalke	17	Monöcisch	52
Kienporst (Gagel)	57	Lette	88	Monocotyledonen	53
Kienruß	289	Lichtholzarten	176	Mordwespen	29
Kies	99	Lichtungsbetrieb	179	Morgenröthe	107
Kirrung	297	Liguster	57	Motten	37
Kirschpirol (Pfingstvogel)	18	Linde	57	Mühlenholz	275
		Lindenbast	277	Mundtheile (b. Insekten)	28
Klafter	264	Linné'sches Pflanzensystem	55	Munition	294
Klapppflanzung	188			Mycelium	53
Klemmpflanzung	193	Loben	148. 154	Nacktflügler	29
Klettervögel	20	Lohnzettel	256	Nachhiebe	123
Klima	101. 108	Loniceren	57	Nachtschatten	57
Kluppe	81	Looshieb	195	Nachtschwalbe	19
Knospen	58	Luchs	12	Nässe	201
Köhlerei	287	Luft (Zusammensetzung)	104	Nagethiere	13
Köpfchen	53			Narbe	52
Kolkrabe	18	Lunge	10. 28	Natur	5
Kopfholzbetrieb	111. 125	Maaß	60. 67	Naturgeschichte	6
Korkrüster	57	Maikäfer	34. 213	Naturkörper	5

Westermeier, Leitfaden. 8. Aufl.

482   Alphabetisches Register.

	§§		§§		§§
Naturwissenschaften	5	Pilze	53. 253. 286	Regel de tri	66
Nebel	107	Pissodes	215	Reh	14
Nebelkrähe	18	Planimetrie	68	Reif	107
Nebennutzungen	236	Plenterbetrieb	113.115.117	Reifholz	51. 242
Nebenwissenschaften	4	Plumula	53	Reiher	24
Neigung (des Bodens)	98	Polarstrom	109	Reistgholz	263
Netzflügler	43	Pollenkörner	52. 53	Rebhuhn	29
Nicken	299	Polycotyledonen	53	Resultat	61
Niederwald	113. 117. 124	Polygamisch	52	Revierförster	290
Nivelliren	74	Ponton (Berechnung)	80	Rhombus	69
Nonne	41. 219	Porphyr	86	Riesen	268
Nützliche Thiere	229	Preißelbeere	57	Riesenholzwespe	29
Nummeriren	265	Primzahl	62	Rillen	145
Nußheher	17	Prisma	76	Rinde	51. 263. 277
Oberforstmeister	290	Proceutrechnung	66	Ringeln	208. 219
Oberförster	290	Processionsraupe	41. 224	Ringelspinner	41. 224
Oberhautgebilde	10	Proportionen	65	Ringeltaube	21
Oberholz	164	Pürschgang	301	Robewerkzeuge	258
Oberlandforstmeister	290	Puppe	28. 36	Röhrenholz	271
Oberständer	164	Puppenräuber	35. 41	Röthelfalke	17
Ohreulen	17	Pyramide	76	Röthelmaus	13
Organe	7. 47	Pyramidenschnitt (der Zweige)	150	Rohhumus	93. 95
Organische Körper	7	Quadrat	69	Rohrweihe	17
Ortstein	90	Quarz	87	Rollzeit (beim Fuchs)	300
Ortsteinkultur	175	Rabe	18	Rothbuche	57. 188 u. ff.
Pappeln	57	Raff- u. Leseholz	232. 279	Rothfäule	253
Parallelogramm	69	Rajolen	145	Rothfußfalke	17
Pechsiederei	289	Ranzzeit	300	Rothschwanz	223
Perioden	113	Raseneisenstein	90	Rücken (des Holzes)	264
Pfändung	238	Rasenerde	147. 175	Rüsselkäfer (große)	32. 214
Pfaffenhütchen	57	Ratte	13	Rüsselkäfer (kleine)	215
Pfahlwurzel	49	Raubthiere	12	Saalweide	57
Pflanzbrett	151	Raubvögel	17	Saatkamp	145
Pflanzenmengen (Berechnung)	157	Rauhfußbussard	17	Säge	257
Pflanzensystem	55	Rauhreif	107	Sänger	18
Pflanzenwespen	29	Raumzähne	257	Sakerfalke	17
Pflanzenkamp	146. 148	Raupe	36	Salze	91
Pflanzlöcher	159	Raupennester	41	Samen	53. 129. 130
Pflanzung	152 u. ff. 160	Rauschzeit	300	Samenbedeckung	189
Pflanzzeit	158	Rechnen (Begriff)	61	Samenmengen	133
Pflug	136. 180. 191	Rechteck	69	Sand	87. 285
Pfuhlschnepfe (Gaiskopf)	24	Regen	107	Sandkäfer	35
Phanorgamen	55	Regenpfeifer	24	Sandpflanzen	58
				Schacke	18

Alphabetisches Register.

	§§		§§		§§
Schattenhölzer	176	Setzpflanzen	189	Strichvögel	16
Schellabler	17	Singmuskelapparat	16. 18	Strom (des Saftes)	56
Schießregeln	295	Singvögel	18	Stummelpflanzung	124
Schiffbauholz	275	Soden	284	"	152
Schildamsel	18	Sortiren (des Holzes)	262	Sturm	109. 195
Schlämmversuch	101	"	263	Sturmrichtung	195
Schlagbaum (Marderfalle)	296	Spaltbarkeit	247	Suchjagd	301
Schlupfwespen	29	Spaltwaarenholz	273	System	8. 55
Schmetterlinge	86	Spanische Fliege	228	Tanne	57
Schnarre	18	Spanner	39. 210	Tauben	21
Schnee	107	Specht	20. 210. 226	Taubhumus	93
Schneefall	57	Spechtmeise (Baumläufer)	18	Taxus	57
Schneebruch	107. 197	Sperber	17	Technische Eigenschaften (des Holzes)	240 u. ff.
Schneidelholzbetrieb	113	Sperberbaum	57	Teichhuhn	20
"	126	Spiegel	219	Tellereisen	285
Schnepfe	24. 296 u. ff.	Spinner	41	Thau, Thaupunkt	107
Schnitzwaarenholz	273	Spinndrüsen	28	Thauwurzeln	49
Schreiabler	17	Spitzahorn	57	Theerschwelerei	288
Schreivögel	19	Splintholz	51. 242	Thermometer	109
Schrot	294	Splintkäfer	228	Thon	88
Schutzbezirk	290	Sporangien	53	Thonerde	88
Schutzmantel	195. 199	Sporen (Schwärm-)	53	Thonschiefer	84
Schwalben	18	Sprungklatten	145	Tischlerholz	273
Schwammspinner	41. 225	Spurenkunde	298	Tödten (von Hunden)	238
Schwan	25. 291	Stacheln	51	Torfprobe	130
Schwanenhals	296	Stamm	51	Torf	284
Schwarzdorn	57	Standort	82	Tragkraft	244
Schwarzdrossel	18	Standortsgüte	111	Transport (v. Pflanzen)	143
Schwarzspecht	20	Standvögel	16	Transport (des Holzes)	
Schwein	15	Stangenrüsselkäfer	215		267 u. ff.
Schweiß (Blut!)	295	Stauberde	93	Trapez	69
Schwimmvögel	25	Staubgefäß	52	Trappe	23
Schwindemaaß	264	Stechpalme	57	Traube	53
Schwinden	251	Stecklinge	162. 189	Traubenkirsche	57
Schwindrisse	251	Steinabler	17	Treibjagd	301
Seeabler	17	Steinmarder	12	Trockenzustände (des Holzes)	241
Seekreuzdorn	57	Stellmacherholz	273	Trockniß	106
Seitenwurzeln	49	Stempel	52	Thurmfalke	17
Senker	162	Stockausschlag	54	Tute	24
Servituten	231 u. ff.	Stockloben	124	Ueberlandbrennen	134. 182
Sesten	42	Strauch	51	Uhu	17
Setzreiser (Stecklinge)	162	Streifensaat	137	Umtrieb	114. 115
"	189	Streunutzung	234. 282		

31*

484 Alphabetisches Register.

	§§		§§		§§
Uniform	290	Waldpflug	136	Wildschwein	15
Unkräuter	58. 141. 202	Waldrebe	57	Wimmerholz	253
Unorganische Körper	7	Waldrechter	167	Wind	105. 109. 195
Untergrund	95	Waldtrocken	241	Windbruch	195
Vegetationspunkt	56	Wanderfalke	17	Winkelspiegel	71
Verband	154. 156	Wasseramsel	18	Winkelkreuz	71
Verbandspflanzung	153	Wasserbauholz	272	Winterschlaf	10
Verdauung (Thiere)	10	Wasserdampf-Dunst	107	Winterspanner	226
Verjüngung (natürliche) 118—126		Wasserhühner	24	Wirbel (der Thiere)	10
		Wasserralle	24	Witterungen	297
Verjüngung (künstliche) 127 u. ff.		Watvögel	24	Witterungswechsel	105
		Wegebau	268	Wolf	12
Verkauf (des Holzes)	266	Weidebeschränkungen	233	Wolkenbildung	107
Vermessungen 68. 70. 72		„	283	Wühlmäuse	13
Verpackung (Pflanzen)	143	Weidenarten	57	Würger	18
Verschulen-Umpflanzen 148. 151. 181		Weidenbohrer	42	Wurm (große u. kleine)	228
		Weidenkultur	289	Wurzelbrut	54
Versumpfung	201	Weidenspinner	41	Wurzelfäule	253
Vierecke	69	Weihen	17	Wurzelloben	124
Vierecke	69	Weinvogel	18	Wurzeln	48. 49
Visir	295	Weißdorn	57	Wurzelrost	90
Vogelbeerbaum	57	Weißerle	57	Zähigkeit	248
Vollsaat	136	Weißfäule	253	Zahnbildung	10
Vorbereitungshieb	120. 184	Weißtanne	57	Zahnformeln	10 u. ff.
Vulkane	86	Wendezehe	17	Zahl (Begriff)	60
Wachholder	57	Werfen	251	Zäune (Flecht-Spriegel- zäune)	145
Wachholderdrossel	18	Werre	218		
Wachsthum	56	Wespenbussard	17	Zaunkönig	18
Wachtel	22	Wespenschwärmer	228	Zeichnen (des Wildes)	295
Wachtelkönig	24	Wetterleuchten	109	Zerwirken, Zerlegen	292
Wadel	259	Wickler	37	Ziegenmelker	19
Wärme	106	Wiedehopf	19	Zielen	295
Waffengebrauchsgesetz	238	Wiesensumpfhuhn	24	Zippe	18
Waidewund	295	Wiesenweihe	17	Zoologie	7
Wald	1	Wildfährten	298	Zwergfalke	17
Waldbau	112	Wildfütterung	203	Zwitterblüthe	52
Waldbeeren	286	Wildkatze	12	Zündnadelspreng- schraube	258
Waldfeuer	199	Wildlinge	143		
Waldhühner	22	Wildschaden	203	Zugvögel	16

Uebersichtstafel der wichtigsten Forstinsekten.

№	Namen	Nähere Beschreibung	Lebensweise - Insekt	Ei	Larve	Puppe	Art der Schädlichkeit - Fraßzeit	Fraßweise	Schutzmittel - Zeit	Art der Begegnung	Bemerkungen
						1. In Kiefern.					
1.	Kiefernspinner Bombyx pini (Gastropacha) detoliaria	Groß, dickleibig, graubraun. Falter mit zwei weiß. Flecken; große stark behaarte braune Raupe m. zwei blauen Nackenflecken; dunkelbraune Puppe in grauem Wattencocon; hanfkorngroße Eier	Ende Juli fliegend	im August zerstreut am Stamme, in mächtig dicht Meischen und an den Nadeln	Novbr. bis März, halb gelbbraun. Cocon an Stämmen u. unt. d. Moos, kaum im Hinterwuchs	schwarz, braun, in Cocon am Stamme und unt. d. Moos baumt im	im Herbst und Frühjahr	frißt die Nadeln an allen Altersklassen auf die Scheibe ab; nach Kahlfraß wandert sie weiter	Novbr. bis August	im Winter nach dem ersten Frost Probesammlung d. Raupen unter dem Stamme, im März–April Leimringe, Juli–August Tödten d. Falter (?), im Vorsommer Anprallen	sehr schädlich, Vorsommerfraß
11.	Nonne Bombyx monacha (Liparis)	mittelgr. weiser, im Rückd. dicht schwarz gestreifter Falter m. roth. Hinterleib; die graue 16 füßige Raupe dicht behaart mit einem schwarzen Nackenfleck; dunkelbraun schillernde Puppe m. Haarbüscheln; röthl. braun schillernde Eier	Ende Juli u. August	Sept.–April in Trauben v. 5–150 Stück Rindenschuppen, also nur am rauhen Stammtheil	fast fährl. Laub u. Nadeln und verschieden herab freisend		April bis Juli	zerstört Laub und Nadeln nicht vollständig, sondern meist nur soweit, daß sie eingehen, wandert dann weiter	von Septbr. bis April suchen der Eier a. d. Rinde m. Messerklingen und Meißel; April Spiegeln m. Moos- u. Bergspähnen; Mai–Aug. Tödten d. Raupen, Puppen und Falter, Fangen der Raupen m. Leimringen	sehr schädl. Beide Nonne größte Aufmerksamkeit nöthig. Im Hochgebirgsforst gefährlich, Vorsommerfraß
12.	Schwammspinner Bombyx dispar (Liparis)	Falterb. Nonne sehr ähnlich, aber ohne rothen Hinterleib. Große lang behaarte graue Raupe mit 3 Paar blauen und 6 Paar rothen Rückenwarzen. ♂ graubraun, viel kleiner	Abends im Aug. fliegd. am Tage an Stämmen	von Septbr. bis April an Stämmen m. bräunlich. Schwammwolle	wie b. Nonne freisend		April bis Juli	Laubholz mehr vorziehend. Nicht ganz so gefährlich	Septbr. bis August	im Winter ꝛc. Abkratzen der Eier, im April Spiegeln; wenn sie im April und Juli Morgens in Klumpen beisammen sitzen Zerquetschen der Raupen	Größtentheil. lich ft. in Rinnen Allen mit d. Nonne, Vorsommerfraß
13.	Maikäfer Melolontha vulgaris	bekannt! Männchen vom Weibchen durch breitere und längere Fühlerfächer unterschieden	i. Mai Laubholz und Nadelholzknospen zerstörend	b. 1. Jahres Septbr. des 3. Jahres 20 cm unter der Erde	Herbst und Winter vor dem Flugjahr	Mai	immer	i. Mai d. Flugjahres zerstört der Käfer alle Laubhölzer, in der übrigen Zeit frißt die Larve die Wurzeln von Waldbäumen, namentlich Kiefern	Novbr. bis Septbr.	im Flugjahr früh Morgens Sammeln d. Käfer, im Sommer Tödten der Engerlinge unt. d. abwelkenden Pflanzen, im Frühjahr Umpflügen und Sammeln. Von Herbst bis Mai Schweineeintrieb	
14.	Maulwurfsgrille Gryllus gryllotalpa	die bekannte Grille, das Insekt unterscheidet sich von der Larve nur durch die Flügel, die der letzteren ganz fehlen oder unvollkommen sind	im Mai u. Juni (schrillend?)	Juni u. Juli bis zu 150 in einem Nest unter der Erde	Juni u. Juli b. August theils freisend theils überwinternd	Mai	Herbst und Frühling	zerstört Saatkämpe und junge Pflänzchen in gefährlicher Weise	Juni Juli	Suchen und Ausheben des Gienestes in d. Kämpen oder auf benachbarten Rasenflächen im Juni und Juli resp. Ersäufen d. Larven im Neste mit Wasser und Oel	

4. Auf allerlei Holzarten.